Воспоминания
А. Г. Достоевская

安娜·陀思妥耶夫斯卡娅
回忆录

〔俄〕安娜·陀思妥耶夫斯卡娅 著

倪 亮 译　耿海英 校

广西师范大学出版社
·桂林·

А. Г. Достоевская

Воспоминания

本书据 Художественная Литература, Москва, 1984 年版译出

图书在版编目(CIP)数据

安娜·陀思妥耶夫斯卡娅回忆录/(俄)安娜·陀思妥耶夫斯卡娅 著;倪亮 译;耿海英 校. —桂林:广西师范大学出版社,2013.9(2019.7 重印)

(文学纪念碑)

ISBN 978 – 7 – 5495 – 3544 – 6

Ⅰ. ①安… Ⅱ. ①安… ②倪… ③耿… Ⅲ. ①陀思妥耶夫斯卡娅,A. G.(1846～1918)－回忆录 Ⅳ. ①K835.125.6

中国版本图书馆 CIP 数据核字(2013)第 043351 号

出 品 人:刘广汉
策　　划:魏 东
责任编辑:魏 东
装帧设计:孙豫苏

广西师范大学出版社出版发行

(广西桂林市五里店路 9 号　　邮政编码:541004)
(网址:http://www.bbtpress.com)

出版人:张艺兵

全国新华书店经销

销售热线:021 – 65200318　021 – 31260822 – 898

山东鸿君杰文化发展有限公司印刷

(山东省淄博市桓台县寿济路 13188 号　邮政编码:256401)

开本:690mm × 960mm　　1/16

印张:30　　　　　　字数:410 千字

2013 年 9 月第 1 版　　2019 年 7 月第 2 次印刷

定价:62.00 元

安·格·陀思妥耶夫斯卡娅
（1878年摄）

陀思妥耶夫斯基
（M.M.帕诺夫摄，1880年）

弥留时刻的陀思妥耶夫斯基
（И.克拉姆斯科伊作，1881年1月29日）

家人在作家墓前

作家逝世前的书房

安·格·陀思妥耶夫斯卡娅在莫斯科历史博物馆费·米·陀思妥耶夫斯基的
展览室里（1916年摄）

目　录

安·格·陀思妥耶夫斯卡娅及其回忆录

　　著名的俄罗斯演员 Л. M. 列昂尼德夫这样表述他与安娜·格里戈利耶芙娜·陀思妥耶夫斯卡娅见面的印象："我听到、看到了某种特别的'东西'，透过这种'东西'，透过作家的遗孀，透过与她十分钟的见面，我感觉到了陀思妥耶夫斯基：上百本书也不如这次见面给我的东西多。我如此之近地感觉到了他——陀思妥耶夫斯基——的气息，我确信，在他和妻子周围就曾是这样的气息。"①列昂尼德夫的话完全可以用于安娜·格里戈利耶芙娜对作家的回忆。她的回忆录在数量众多、相互矛盾的回忆文献中占有相当独特的地位。这些回忆建立在仔细筛选、核实素材的基础上，是最为可靠的，它们鲜活地讲述了最富创作成果时期（1866 至 1881 年）的陀思妥耶夫斯基，当时他创作了那些伟大的悲剧小说——从《罪与罚》到《卡拉马佐夫兄弟》。

　　安娜·格里戈利耶芙娜 1846 年 8 月 30 日出生于彼得堡一个小公务员家庭，父亲格里戈利·伊万诺维奇·斯尼特金性情豁达乐观，年轻时着迷戏

---

　　① Л. M. 列昂尼德夫，《回忆，文章、谈话、通信，日记。关于 Л. M. 列昂尼德夫的文章及回忆》，艺术出版社，莫斯科，1960 年，页 126—127。

剧、文学,也是陀思妥耶夫斯基作品的"超级粉丝"。安娜·格里戈利耶芙娜最初就是从父亲那里听说了"陀思妥耶夫斯基"这个名字。十六岁时,她读《涅朵奇卡·涅兹万诺娃》读得痴迷(家里甚至称她为"涅朵奇卡"),还为《死屋手记》流下了痛苦的泪水。也就是说青春年少时,陀思妥耶夫斯基就成了她喜爱的作家。

安娜·格里戈利耶芙娜的母亲——安娜·尼古拉耶芙娜·米利托佩乌斯,芬兰裔瑞典人。与自己易受诱惑、不切实际的丈夫完全相反:她坚毅务实,掌控欲强,是家庭真正的主事人。父亲的快乐和开朗,母亲的自持和沉稳,在斯尼特金家罕见地建立起一种平和、快乐的氛围,因此"涅朵奇卡"的青春时代过得没有任何波折。关于自己的未来她少有考虑,也没有把自己在著名教授奥利欣举办的速记班的功课多么当回事儿。不过正是青年时期爱读书的嗜好,很快在安娜·格里戈利耶芙娜的生活中注定起到了特殊作用。1866 年父亲去世,家境变迁——不愿在物质上依靠母亲的安娜·格里戈利耶芙娜不得不将自己的速记课程用于实际。有人给陀思妥耶夫斯基推荐这位速记员新手,他们于 1866 年 10 月 4 日相识。陀思妥耶夫斯基在一封信中讲:"速记教授奥利欣给我派来了自己出色的学生……我的速记员,安娜·格里戈利耶芙娜·斯尼特金娜,是位年轻且相当招人喜欢的姑娘,二十芳龄,不错的家庭,出色地完成了中学课程,性格极其温和、善良、阳光。我们的工作进行得极好……"[①]

充满诱惑力与新鲜感的紧张、独立的工作,令年轻的姑娘兴奋不已。陀思妥耶夫斯基讲述了自己悲剧的生活经历,它们在安娜·格里戈利耶芙娜内心引起的是对作家极富魅力的气质的欣赏,对这位孤独、坎坷、阅历丰富的人的深切同情与好感。陀思妥耶夫斯基渐渐俘获了她的整个思想。"到小说结束时,我发现我的速记员真诚地爱着我,尽管这一点她从未对我吐露只言片语,我却越来越喜爱她。由于哥哥的去世,我极度苦闷无聊,生活过得相当沉重。我请求她嫁给我……年龄悬殊(二十岁和四十四岁),不过我越来越确

---

① Ф. М. 陀思妥耶夫斯基,《书信集》,第 2 卷,莫斯科-列宁格勒,1930 年,页 3。

信,她会幸福。她有一颗温柔的心,她会爱,善解人意。"①

　　不过,对于安娜·格里戈利耶芙娜来说,陀思妥耶夫斯基的请求并不突然。她内心对此早已做好了准备,没有丝毫犹豫,坚定地答应了他的求婚,这一决定一直令亲人们不快(正像陀思妥耶夫斯基的亲戚们一样)。这一结合令所有人不理解,大家一致认为两人不般配,这太贸然,太轻率。不过安娜·格里戈利耶芙娜对于朋友与亲戚们的"慎重"建议全然没有理会,决绝而勇敢地拒绝了这些劝告,这正是那个时代的青年人所特有的。后来,人们问安娜·格里戈利耶芙娜是怎样决定与一位比自己年纪大一倍的人结婚,而且他还曾是流放犯、鳏夫,负担着无数亲戚和债务,她回答说:"我是六十年代的姑娘呀!"当然,从严格意义上讲,安娜·格里戈利耶芙娜并不是"六十年代"的人,陀思妥耶夫斯基妻子的观念具有宗教性和保守性是显而易见的。但是,充满光明希望的六十年代,令人精神昂扬的时代气氛,也深深触动了安娜·格里戈利耶芙娜。无论是进速记班的决定,还是符合了时代精神的勇敢应婚,以及后来与丈夫关于"虚无主义"和妇女使命的激烈争论,与陀思妥耶夫斯基一起极富成就的生活,作家去世后她不懈努力的工作——所有这一切都根植于六十年代,根植于"有思想的无产者"的伦理,根植于极其勇敢地拒绝屈从于陈规陋习和治家格言准则的那一代青年人的道德。

　　简朴、低调的婚事之后的头几个月却是安娜·格里戈利耶芙娜最艰难的日子:适应陀思妥耶夫斯基因深受无法治愈的癫痫病折磨而显得古怪"病态"的性格并不轻松。将顺与作家亲戚们的关系也相当复杂。另外,这里完全是另一种生活——精神紧张、惶惶不安、混乱无序,与斯尼特金家简单质朴的日常生活有天壤之别。加之,自私不友善的前妻儿子常为琐碎事儿无端地抱怨她,丈夫在许多方面还是既陌生又遥远。一句话,一切一切都如此压抑且吓坏了这位少妇,以致她觉得分手几乎是不可避免了。

　　安娜·格里戈利耶芙娜坦率地写到自己那一时期的怀疑和痛苦:"我的爱纯粹是脑袋里想出来的、理想化了的。这更多的是对一位如此才华横溢,具有高贵精神品质的人的崇拜和景仰。这是对一个饱经磨难,从未有过快乐

────────────

①　Ф. М. 陀思妥耶夫斯基,《书信集》,第 2 卷,页 3。

和幸福的人的一种揪心的同情。只是这些都是高尚的情感和幻想,当严酷的现实来临时,这一切都可以被击碎。由于周围环境的缘故,我渐渐产生了误会与怀疑。我依然热烈地爱着他,可如果我能确信他已不再爱我,我的自尊是不允许我继续留在他身边的。我甚至想象,我应该为他做出牺牲,离开他,既然我们共同的生活对他来说是沉重的。"

　　不过分手、灾难并未发生,主要是因了安娜·格里戈利耶芙娜的果敢、坚定和毅力(甚至令人惊讶,按照她后来自己的说法,她那时还完全是个小孩子)。她为改变现状,为去国外以便远离大家庭的混乱无序,远离不得安宁的彼得堡生活尽了一切努力。诚然,后来在讲述去国外的原因时,安娜·格里戈利耶芙娜有些主观、片面地将它们解释为仅仅是为了拯救家庭。陀思妥耶夫斯基在给 A. H. 迈科夫的信中称这次旅行是出于生活所迫,尽管是艰难的一步。他给朋友写道:"主要原因有二,一是拯救的不仅是健康,甚至是生命……二是我的状况,债权人再也不能等下去了。"①

　　安娜·格里戈利耶芙娜对此次陀思妥耶夫斯基离开俄罗斯时惊惶不安、情绪沮丧的情况只字未提。其实,担心、焦虑撕扯着作家——恐惧轮盘赌的魔力,害怕自己到国外无法写作,担心第一次进行这样旅行的安娜·格里戈利耶芙娜。陀思妥耶夫斯基给 A. H. 迈科夫这样讲述自己沉重的预感:"我启程了,可是一路上心里害怕得要死:我不相信去国外会带来什么益处,也就是说,我相信国外的精神影响将是很糟糕的。一个人带着年轻的妻子旅行,她满怀着天真的快乐,渴望与我分享浪漫的旅行生活;可我却发现在这天真的快乐中有许多不成熟的、情窦初开的热情,这令我非常窘迫与受罪。我的性格是病态的,我预感到她和我生活是会痛苦的。(不过,安娜·格里戈利耶芙娜表现得要比我所了解的更坚强更深刻……)"②

　　远离彼得堡的日常生活,在德累斯顿、巴登、日内瓦、佛罗伦萨,他们之间形成了一种真正的亲密关系,脆弱的、"脑袋里想出来的"那种依恋,出发前还被来自四面八方的各种不幸威胁着的依恋,一下子变成了一种严肃的感

---

① Ф. M. 陀思妥耶夫斯基,《书信集》,第 2 卷,页 25。
② 同上,页 26。

情。从此确信了陀思妥耶夫斯基的真挚恋情，此后安娜·格里戈利耶芙娜便以一种非凡的勇气和罕见的镇定，担当起命运如此慷慨地降临到她头上的无数不幸。陀思妥耶夫斯基最大限度地使安娜·格里戈利耶芙娜了解自己的热情，了解自己的痛苦——做他的妻子，不仅意味着享受与天才亲密接触的快乐，而且意味着要担负起家庭主妇、母亲、监护人—安慰者和"办事员"的职责。陀思妥耶夫斯基需要一种特别的、全身心投入的关照。经常到他家的排版工 M. A. 亚历山德罗夫回忆陀思妥耶夫斯基的妻子说："安娜·格里戈利耶芙娜通常是充满爱恋、无微不至地悉心照料自己丈夫脆弱的身体，按照她自己的说法，经常是像照顾孩子一样'娇惯着'他；与他相处时表现出一种温柔的谦让，同时又不失有教养的分寸感。我可以确定地说，费奥多尔·米哈伊洛维奇及其一家，以及他无数的读者，都应该把他生命中的许多岁月归功于安娜·格里戈利耶芙娜。"[①]

　　关于陀思妥耶夫斯基的疾病，安娜·格里戈利耶芙娜着墨不多，十分节制，这反而使人更明显地感到她隐忍的痛苦，她无时不在为他的生命担惊受怕。她在与 A. A. 伊斯梅洛夫的交谈中流露了那些不要说去写，甚至连想一想都无法承受的感受："回忆我们的家庭生活，就像回忆伟大得似乎不配得到的幸福时光。不过有时我是以巨大的痛苦为代价获得这一幸福的。费奥多尔·米哈伊洛维奇可怕的疾病，每一天都威胁着我们的整个幸福，会毁了它们……无论是防止还是治愈这一疾病，您知道的，都是不可能的。我所能做的，就是解开他的衣领，抱着他的头。可是，看着亲切的面容变得苍白发青，扭曲变形，血管充涨；意识到他痛苦不堪，你却什么也做不了，帮不了他——这就是那种痛苦，我显然就是以这样的痛苦为代价获得自己与他亲近的幸福……和我一起生活的这一时期，费奥多尔·米哈伊洛维奇的健康相对还是比较好的。以前疾病发作得的更经常些，每次发作费奥多尔·米哈伊洛维奇都觉得他要死了。"[②]

---

　　① 《同时代人回忆陀思妥耶夫斯基》，第 2 卷，文艺出版社，莫斯科，1964 年，页 246。

　　② A. A. 伊斯梅洛夫，《走近 A. Г. 陀思妥耶夫斯卡娅——纪念费·米·陀思妥耶夫斯基逝世 35 周年》，《交易时报》，1916 年 1 月 28 日，总第 15350 期。

　　在他们刚认识的那段日子，陀思妥耶夫斯基给年轻的速记员口授小说《赌徒》，其中也反映了作家本人的部分生平特点：强烈、狂热、似乎到死都无法克服的对赌博的痴迷，对"魔女"阿波琳娜·苏斯洛娃又爱又恨的纠结。陀思妥耶夫斯基很在意这位读者关于小说主人公的看法不是没有原因的。安娜·格里戈利耶芙娜以年轻人特有的决绝，批判阿列克塞·伊万诺维奇的性格软弱。不过，文学中的情节很快就变成了现实，在陀思妥耶夫斯基年轻的妻子面前，生活本身再一次提出了同样的问题。

　　经济来源经常性的不确定、债务、逼债人，折磨着安娜·格里戈利耶芙娜。更痛苦的是，她意识到，残酷无情的轮盘赌紧紧抓住了陀思妥耶夫斯基。她说："我很快就明白，这绝不仅仅是'意志薄弱'，而是能吞没整个人的疯狂的欲望，是某种本能，即使最坚强的性格也无法抗拒。对此应当妥协容忍，视其为疾病，没有任何手段可以治愈。"

　　可是安娜·格里戈利耶芙娜视为魔力、疾病的东西，陀思妥耶夫斯基认为是源于自己本性的迫切需求。长期沉迷于轮盘赌，无法自拔，这尤其显示了我们这位艺术家无常、激烈的性情，在这里同样可以感觉到陀思妥耶夫斯基小说里的那种燥热、那种狂暴。安娜·格里戈利耶芙娜本人早已不再相信丈夫会抛弃轮盘赌的誓言和许诺，也不相信他1871年4月28日从威斯巴登写来的忏悔信，不过在这封信之后他确实告别了"幻想"。

　　摆脱轮盘赌的控制，陀思妥耶夫斯基首先应该归功于安娜·格里戈利耶芙娜，归功于她的宽容、勇气和高尚。陀思妥耶夫斯基曾写道："我将终身铭记这一灾难，并且每一次想起它，都要感谢你，我的天使。不，现在我是你的，没有任何切分地属于你，整个是你的。直到如今，我有一半都属于那个该死的幻想。"[①]只是这决定性的一步之后才完成了"结为一体"的过程，在此后岁月的信件中陀思妥耶夫斯基将不断重复，感到自己"粘"在家庭上了，甚至短暂的分离都是无法忍受的。

　　顺便说说，陀思妥耶夫斯基给安娜·格里戈利耶芙娜的许多信件，从另一侧面使我们确信了她的回忆的真诚，而且刻画出作家妻子非凡的坚强个性，她

---

　　①　Ф. M. 陀思妥耶夫斯基，《书信集》，第 2 卷，页 349。

是上个世纪后半期受过教育的俄罗斯妇女的特殊典范。无论是在托氏的书信中,还是在安娜的回忆中,洋溢着同样明快的爱的气氛,他们相互尊重,体贴。只要一离开安娜·格里戈利耶芙娜,陀思妥耶夫斯基就会"思念…… 苦苦思念!""于是我确信,安尼娅,我不仅爱你,而且是迷恋你,你是我唯一的女人,十二年了依然如此。"(这是 1879 年的信。)在将近十四年的婚姻生活中,年轻人般热烈的表白毫无例外地充满了陀思妥耶夫斯基给安娜·格里戈利耶芙娜的每一封信。

这样一种常态的情意绵绵,是因为对于陀思妥耶夫斯基来说,安娜·格里戈利耶芙娜不仅是心爱的妻子、充满魅力的女人,还是一个个性鲜明的个体,令人尊敬,"为人所需","不可或缺"。他赞赏她"极强的领悟力,积极活跃的天性",赞赏她的"完整与明朗"。"安娜·格里戈利耶芙娜是我真正的助手和安慰者"——这些话在他的信中,在与朋友的交谈中,不止一次重复。他在给妻子的信中表达得更激情:"让你成为国王,给你整个王国,我向你保证,没有人会比你治理得更好——你有着怎样的智慧、头脑、爱心和能力!"①

安娜·格里戈利耶芙娜的天赋、求知欲、旅游品位、多种语言知识和"观察和学习的能力",还有她的速记才能,这些都令陀思妥耶夫斯基敬仰不已。特别是速记,在陀思妥耶夫斯基眼里简直就是一门高超的艺术("速记是一种高级艺术",——他给 C. A. 伊万诺夫娜写道,建议她掌握这门专业),它使得安娜·格里戈利耶芙娜成为通常意义上的我们这位艺术家的"同事"。正是她,不辞劳苦的助手,勇于自我牺牲的分担者——分担他的痛苦、挫折、烦恼、忧愁;分享他快乐幸福的日子——陀思妥耶夫斯基把自己最后的扛鼎之作《卡拉马佐夫兄弟》,自己的忏悔,献给了她。将世界文学最伟大的杰作之一献给安娜·格里戈利耶芙娜,不仅是陀思妥耶夫斯基的真挚爱情和深深敬意的表达,还是对她之于俄罗斯文学无可怀疑的功绩的承认。谁知道呢,也许妻子不知疲倦的关爱、分担事务的能力,赐予了作家生命中为创作这部伟大的作品所必需的那些年头。

四年国外的旅居生活之后,安娜·格里戈利耶芙娜完全是另一个人了,

① Φ. M. 陀思妥耶夫斯基,《给妻子的信》,国家出版社,莫斯科,1926 年,页 208。

不再是过去少不更事、可怜无助、天真幼稚的小姑娘,她成为一位掌管诸事,不容外来干预和强加的建议的女主人,已经是一位与陀思妥耶夫斯基一起,既体验了难以承受的痛苦(大女儿索尼娅的死,这一不幸使得夫妇两人反而更亲密了),又品尝了巨大幸福的女人了。安娜·格里戈利耶芙娜总结国外生活,不无感激地回忆这既严酷又美好的时光:"应当感谢我有幸在国外度过的那些美好岁月,几乎是我们两人单独在一起,与这样一位惊人的、有着高贵精神品质的人单独在一起!"现在,她已经为彼得堡的生活做好了充分准备,开始坚决地、处事有方地捍卫丈夫,使其免于令他不快、极度压迫着他的生活琐事和亲戚们无休止的索取。

　　照料孩子,经济上保障生活,并没有排挤掉安娜·格里戈利耶芙娜生活中最主要的东西——陀思妥耶夫斯基的文学工作。她以极大的热情,废寝忘食地速记他的那些小说,她是第一个听众,也是第一个批评者,并以清晰、考究、漂亮的书法誊写书稿,阅读校样,组织书的入库与销售。在难得的空闲时间就重读,更确切地说,是真正第一次读那些前不久速记和校对的作品:"我总是随身携带丈夫的两三本作品旅行,这时已经不是作为校对者(就像出版它们时不得不读)检查排版是否正确,而是作为普通的(一般的)读者。在那样一种不慌不忙的阅读中,我体验到了多少喜悦,在他的小说中有多少对我来说新的、意想不到的东西呀。日子越是过下去,在生活道路上越是不得不经历更多的悲喜,我那令人难以忘却的丈夫的作品对我来说就越加深刻。"①

　　陀思妥耶夫斯基在生命的最后几年,作为作家和政论家的他声望不断提高,《卡拉马佐夫兄弟》和《关于普希金的演讲》也给作者带来了巨大荣誉,这些令安娜·格里戈利耶芙娜心里充满了自豪感。在丈夫的成功中,在读者对其天才的承认中,她也看到了自己的一份劳动成果。不过荣誉有其负面:蜂拥而至的人们,男男女女的崇拜者,没完没了的拜访,出席文学晚会朗读作品的邀请,占了去陀思妥耶夫斯基许多时间,安娜·格里戈利耶芙娜也不由自主地被拖进上流社会的晚会和社交圈,她与之总是格格不入,宁愿远离任何形式的社交,单享与丈夫的交谈和平静有序的家庭生活。在陀思妥耶夫斯基

---

　　① А. Г. 陀思妥耶夫斯卡娅,《回忆录》,苏联列宁国家图书馆,ф. 93, Ⅲ, Ⅰ／Ⅰ, л. 729。

去世和安葬的那些悲痛日子里,安娜·格里戈利耶芙娜几乎无法承受他的离世,这时她尤其感到身为名人之妻的重负。安娜·格里戈利耶芙娜多么想没有任何分心地整个投入悲痛之中,在这一时刻她只想待在亲朋好友中间。可是那些没完没了的代表团,那些不断提示她"俄罗斯失去了谁"的硬邦邦的套话,总是刺激、妨碍着她。

安娜·格里戈利耶芙娜很长时间不能决定是否写回忆录,同样也不愿意公开陀思妥耶夫斯基生前给自己的信件。她对记者 К. Я. 艾特金格尔说:"我不是文学家,而且我也担心人们认为这是我的虚荣心。我也不认为费奥多尔·米哈伊洛维奇给我的书信在我死前适宜公开。我没有个人的虚荣心。作为陀思妥耶夫斯基的遗孀,我已经幸运地从各方人士那里得到如此多的爱和尊敬,对虚荣的期望不是我的个性。"①

作家同时代人中很少有人能够触及陀思妥耶夫斯基作为一个人最隐秘的实质。在那些最精彩最引人入胜的回忆中(Н. 斯特拉霍夫,А. 苏斯洛娃,В. 索洛维约夫,М. 亚历山德罗夫,О. 波钦科夫斯卡娅)各种互不相似甚至截然相反的评价令人吃惊,它们无意中造成了陀思妥耶夫斯基有着双重人格、变幻莫测、不可捉摸的印象。

天才人物离去了,留下了最主要的东西——自己的作品,其中印刻着他的智慧,他的激情,他高贵的精神。当然,在某些方面他永远是个谜。当代及后人只得去解这个谜,就像陀思妥耶夫斯基出色地评价普希金那样。而且,作为范例,我们正越来越完整和清晰地理解普希金。对陀思妥耶夫斯基则远非如此。另一位巨人列夫·托尔斯泰的形象也清晰可及——尽管是粗线条的、近似的,毕竟清晰可辨。关于陀思妥耶夫斯基却不能这么说。其个性中某种有意味的东西似乎被捕捉到了,可仅仅是微弱地闪现了一下;某种本质的东西倏忽一现,就又隐没了,——于是又漂过来另一个传说,另一种谈论,且常常是完全对立的勾勒和描绘。陀思妥耶夫斯基在同时代人的阐述中是喜怒无常、变幻莫测、多面孔的。有时表现得拒人千里,令人极度不快;同时,

_____

① К. Я. 艾特金格尔,《走近陀思妥耶夫斯基遗孀》,《交易时报》,1906 年 1 月 30 日,总第 9178 期。

在另一些人的回忆中，又是一副理想主义、浪漫主义、正人君子的面孔，阳光明媚，充满喜悦。

他，真正的陀思妥耶夫斯基，究竟是什么样的人？他独特的天性中什么东西直接进入了他的创作，熔铸成具有震撼力的虚构作品？陀思妥耶夫斯基的个性与艺术家的成就有怎样的联系？每一个触及他的艺术世界及其个人生活的人都不可能不向自己提出类似的问题，甚至作家的妻子也向自己提出了这些问题。

出现的同时代人的众多回忆，常常粗暴地歪曲了陀思妥耶夫斯基的形象，胡乱捏造，与事实真相相去甚远，把陀思妥耶夫斯基最主要的个性特点描写成天生的病态分裂，忧郁、阴沉的受难者。这正是刺激安娜·格里戈利耶芙娜着手文学工作的最主要原因，其目的是恢复真相，讲述真正的陀思妥耶夫斯基；而这一工作对她来说是如此陌生而艰难。

圆满完成这样一项任务是不可能的，总的来说，这对这位回忆者几乎是力所不及的。众所周知，陀思妥耶夫斯基一时激动，毫不留情地说出了坦诚的话："最糟糕的是，我的本性卑劣，又激烈迷狂：在所有的地方，在一切事情上，我一定要走到极限，我的一生都在越界到魔鬼那里。"[①]关于陀思妥耶夫斯基的"越界到魔鬼那里"，安娜·格里戈利耶芙娜什么也没说，她不打算陷入作家复杂的精神深渊及其创作生活。通过自己的心灵，通过自己的意识，将拉斯柯尔尼科夫、伊万·卡拉马佐夫、斯塔夫罗金、梅什金公爵的痛苦与希望、怀疑与失望展现出来的思想家、艺术家陀思妥耶夫斯基的形象，基本上没有进入回忆录。安娜·格里戈利耶芙娜的回忆主要是生活中真实的费奥多尔·米哈伊洛维奇。不过，最重要的不正是真实！

安娜·格里戈利耶芙娜对作家、批评家 A. A. 伊斯梅洛夫说："无论是信件，还是回忆，所有这些对于人们最终看清这个人的真实面貌是必要的。那些关于他的回忆，经常完全扭曲了他的形象。"[②]这份回忆录的论辩性也常被

---

① Ф. М. 陀思妥耶夫斯基，《书信集》，第 2 卷，页 29。

② A. A. 伊斯梅洛夫，《走近 A. Г. 陀思妥耶夫斯卡娅——纪念 Ф. М. 陀思妥耶夫斯基逝世 35 周年》，《交易时报》，1916 年 1 月 28 日，总第 15350 期。

作者自己特别强调:"我常常莫名其妙,那些难以置信的事儿是怎么杜撰出来的,说他似乎性格忧郁、阴沉。我不可思议,人们怎么臆造出那些我经常在报上读到的,从熟人那里听到的无稽之谈。"

回忆录写于1911—1916年,耗费了安娜·格里戈利耶芙娜巨大的精力。它们写得极其缜密翔实,其程度甚至对于这样一种体裁来说也是不多见的。在解释和提供各种各样陀思妥耶夫斯基的生活事实时,可以清楚地感到作者力求准确、客观;只有这一点可以解释为什么作者要如此经常强调,她援引了陀思妥耶夫斯基的书信和笔记,援引了作家友人们的回忆和书信以及同时代人的各种论述。思维缜密,论证翔实,文字简洁自然,这些是陀思妥耶夫斯基妻子叙述的特点,它们博得了人们普遍的好感;她最大的希望是给读者一个带着他的全部优点和缺点的陀思妥耶夫斯基,给出他"在自己的家庭生活和个人生活中"的本来样子。

在小说《温顺的女性》中,陀思妥耶夫斯基解释所采用的"幻想"叙事手法时,建议读者想象一个速记员——他记下了一个因妻子自杀而痛苦半疯的丈夫混乱无序的意识流。这个类比,无疑是在部分暗示,这一故事源于陀思妥耶夫斯基自己直接的观察。他自己的家庭速记员与自己生活了十四年,记下了他的某些事情,并对所见所闻给出了自己的印象和评价。陀思妥耶夫斯基极其好奇地琢磨那些谜一样的小钩钩(速记法),他非常想猜透那些与自己有直接关系的小钩钩的隐秘意义。"我的日记引起了我丈夫的极大兴趣,他多次对我说:安涅奇卡,如果我能知道你用自己的那些小钩钩都写了些什么,给你什么都行。也许你在骂我吧?"

"秘密的"的速记日记以及与丈夫的谈话笔记就是其回忆录的基础。在回忆录的前言中,安娜·格里戈利耶芙娜写道,她主要的精力是集中在把速记语言"翻译"为"通用"语言。但这完全不是机械地转写,而是把速记笔记混乱的材料重新结构,并进行修辞上的润色。她从日记中引用那些纯属事实的资料,从过去的记忆中只选取那些在她看来令人感兴趣的东西;她重新理解一切,使得年轻时候的印象和情绪与后来的经验和认识相吻合。随着时间的流逝,记忆中痛苦与沉重的东西变得模糊不清,它们被快乐与明快的东西所遮蔽;当时自己在许多事情上的情感与感受,对于回忆录的作者来说都显得天真幼稚，只有很少一些事值得一提。

　　通过比较"解密"的 1867 年的《日记》及回忆录中相应的章节可以判断出，安娜·格里戈利耶芙娜怎样重新处理了原来那些及时记下的日记。一个二十岁姑娘的日记——思绪是混乱的，有时是孩子般直接的；她只是**为自己**记下那些发生过的事和当时的想法，是私人的、隐秘不便公开的资料，其中一切都实在是过于夸张，扯得太远，且杂乱无章，不过脑子。不过正因为如此，《日记》在某种程度上更是一份可信的回忆文献，其中极其敏锐地传达了他们新婚第一年陀思妥耶夫斯基家戏剧般紧张的生活。而回忆录则完全不同——由于长期复杂生活的历练而变得更加智慧的这位女性，完全意识到了自己对丈夫对广大读者的责任和义务。

　　回忆录中只有一处是从 1867 年的《日记》中完整详细地摘录下来的。她略去了大量片段和细节，删减了或与陀思妥耶夫斯基没有直接关系，或重复的地方，避免了日记中频繁出现和局限于个人、仅涉及安娜·格里戈利耶芙娜一人的事情，这样，回忆录的叙述显得更完美。安娜·格里戈利耶芙娜在回忆录中不仅排除了一些"细节"和过于个人化的东西，国外生活的许多事情尽管没有掩饰，也明显缓和了其紧张性。那些悲观失望，神经质的变化无常，狂热的、失去理智的巴登-巴登的生活，日记中都生动地呈现出来，而在回忆录中则保留不多。她完全没有提及阿波琳娜·苏斯洛娃，陀思妥耶夫斯基在与安娜·格里戈利耶芙娜相遇前不久与其一起经历了暴风雨般的浪漫。在回忆录中费奥多尔·米哈伊洛维奇也被描写得更温和更"理想化"（不同于《日记》中的那个"费佳"那样热烈、暴躁，行为总是令人意想不到）。

　　安娜·格里戈利耶芙娜找到了一种不显矫饰造作、令人信服的"编年史"的客观叙述的基调。这位回忆录作者十分有分寸地把握着自己主观的好恶（后者她并不总是能做到，比如，忽然就会流露出对陀氏前妻儿子的厌恶，当然，在许多事上，都是他的问题）；她努力不凸显自己对陀思妥耶夫斯基无限的爱恋，但有时还是失之分寸——会欣喜若狂、五体投地。例如，安娜·格里戈利耶芙娜有一次冲动地甚至是兴奋过度地对托尔斯泰谈论陀思妥耶夫斯基："'我亲爱的丈夫，'——我无比激动地说，'是人的典范！所有使人得以高尚的道德和精神品质，都最完美地表现在他身上。他善良，慷慨，慈悲，正义,无私,待人温和,极富同情心——无人能比!'"不过这样的"失态"还是相当少的,也常常被解释为回忆录中隐含的一种论辩成分。一位同时代人这样见证说:"她极其细心地关注所有有关陀思妥耶夫斯基的东西,只要看到对陀思妥耶夫斯基本人的激烈评论,她都会无比伤心!"①

作为家庭成员的陀思妥耶夫斯基,心爱的丈夫,体贴入微的父亲——这就是回忆录的主题,是该书的主轴,"他是这部回忆录主要的、几乎唯一的人物",安娜·格里戈利耶芙娜本人在远景,在暗影中,起着不显眼的传记作者加妻子的作用,一位为读者虔敬地复活丈夫的个性特点的女性。甚至在叙述忧伤的 1868 年夏天,因大女儿索尼娅的死而黯淡无光的那些日子,安娜·格里戈利耶芙娜也相当克制地写自己作为母亲的感受和痛苦。从她的女儿柳鲍芙·费奥多罗芙娜那里我们了解到,她是如何伤心,如何经常离开沃韦市到日内瓦的墓地探望女儿的坟墓。同时,在回忆录中安娜·格里戈利耶芙娜更多的不是写自己的痛苦,而是写陀思妥耶夫斯基的痛苦,写她当时是怎样为他"担心得要命"。安娜·格里戈利耶芙娜相信"没有比在日常生活中,在家庭中更能鲜明地表现出一个人的性格了",因此,她努力不放过任何一点有意义的细节,极尽其详地讲述陀思妥耶夫斯基在"私人生活"中独特的性格特点、习惯、爱好、怪癖、情感。作家的日常生活、环境、作息时间被她"一一复原"。

作家最爱戴的朋友 A. H. 迈科夫在悼词中说,无论朋友还是亲眷都无法回答这一问题:陀思妥耶夫斯基是怎样的人?"如果去问安娜·格里戈利耶芙娜,她会告诉你:'啊,这是怎样一位好丈夫。他是多么爱我,我又是多么爱他呀!'朋友们会怎么说呢?他们的回答会很详细,却零散,是趣闻之类;无论如何也回答不了我们提出的问题。一句话,这些回答没有意义……对伟大人物,伟大作家,我不太想知道,他们住怎样的寓所,穿什么样的衣裳,用什么样的物品。过去人们经常很看重他们闻鼻烟的烟壶、帽子、墨水瓶、蘸水笔等诸

①　H. 斯隆尼姆斯基,《陀思妥耶夫斯基的妻子》,《新资讯》,彼得格勒,1918 年 8 月 3 日,第 127 期,晚版。

如此类的东西。其实,他们生活中所有这些小物品——只是色彩,线条,细节。"①

迈科夫认为,人们对伟人的生活习性、家庭生活进行描写的回忆录,其价值相当可疑,安娜·格里戈利耶芙娜大概对此十分清楚。然而她依然挑战这一说法,以普通的"个人"生活为背景撰写回忆录。不过,迈科夫带着明显的藐视所说的那些"色彩,线条,细节",赋予了安娜·格里戈利耶芙娜的讲述永恒的意义和魅力。

安娜·格里戈利耶芙娜的回忆录头等重要的意义在于,她写了陀思妥耶夫斯基的美学理想和品位,她不是局限于罗列名单(这一点本身就很重要),而是精细地转达作家的评价和感受。回忆录作者对陀思妥耶夫斯基在巴塞尔第一次看到(小)汉斯·霍尔拜因的名画《基督之死》真迹时的震撼的叙述不可能不引起读者的注意。大家知道,霍尔拜因的画在《白痴》中具有怎样独特的**象征**意义,它对于理解小说的主要思想又是多么重要。

作者描写了京城彼得堡暴风雨般的生活,外省旧鲁萨恬静安宁的日子,这时场景又变换为普法战争和巴黎公社前夕西欧令人目眩的热烈生活:读者面前呈现出德意志、奥匈帝国、瑞士、意大利的政治生活和风土人情。不过,回忆录的"国外"部分中最有意义的想必是讲述令陀思妥耶夫斯基如此沉迷的古老欧洲的伟大艺术,及其艺术家、作曲家、建筑师。

大概没有一个陀思妥耶夫斯基创作的研究者会忽略回忆录中不多的、却很有意义的几处,讲到作家与同时代人之间有时错综复杂、抵触矛盾的相互关系,他们是些作家、记者、学者、社会活动家——涅克拉索夫,屠格涅夫,奥加辽夫,迈科夫,斯特拉霍夫,冈察洛夫,弗·索洛维约夫,卡特科夫,波别多诺斯采夫,等等。

安娜·格里戈利耶芙娜见证了陀思妥耶夫斯基与涅克拉索夫的最后几次会面,虽只有寥寥数语,但对于文学史家具有重要意义,而且从研究人与人关系的心理学角度看也饶有兴味。按照回忆录作者的话讲,《穷人》的作者

---

① 《传记、书信和札记——摘自 Φ. M. 陀思妥耶夫斯基笔记》,圣彼得堡,1883 年,页 55(附录)。

"非常高兴修复与涅克拉索夫的友好关系,他曾高度评价涅克拉索夫的才能"。在涅克拉索夫去世前生病期间,陀思妥耶夫斯基常去看望他:"费奥多尔·米哈伊洛维奇开始常到他那里走动,了解他的健康状况。有时要求不要为他叫醒病人,只是转达最衷心的问候。"

涅克拉索夫——信赖地将自己"最后写的诗歌"读给不久前思想上的敌手;陀思妥耶夫斯基——为涅克拉索夫的去世哀痛不已,整夜朗读他的诗《复仇而悲伤的诗人》,称其是"俄罗斯诗歌真正的瑰宝"。陀思妥耶夫斯基为自己这位青年时代的友人扶棺送灵,在其墓前发表热烈激情的演讲,当众朗诵俄罗斯青年人极为熟知的涅克拉索夫的诗。所有这些都是有意义的细节,缺少这些,无论是陀思妥耶夫斯基的生平,还是我们关于他所生活时代的理解都将是不完整的。

在安娜·格里戈利耶芙娜的回忆中提到了陀思妥耶夫斯基 1867 年在日内瓦与 Н. П. 奥加辽夫几次短暂的会面。回忆录中讲道:"作家对这位亲切的诗人的许多诗歌都给予了很高评价。"与奥加辽夫见面本身,似乎是一个微不足道的事件,不过,这是又一个存留在人们记忆里具有说服力的细节,它体现了俄罗斯文学界知识分子的道德规范。这位年老多病的诗人,远离祖国,孤身一人在国外度晚年,却尽全力让陀思妥耶夫斯基夫妇在日内瓦的日子舒适快乐,借给他们书籍杂志,有时甚至接济他们些钱款。

回忆录作者所讲述的托尔斯泰与陀思妥耶夫斯基约定好的令人期待的会面,作家参加的文学界聚会,陀思妥耶夫斯基与《公民周报》(《作家日记》的作者曾与该杂志有过相当积极的合作)发行人梅谢尔斯基关系的破裂——这些也都是极其重要的"细节",它们都修补着这位世界天才艺术家的生活和创作面貌。安娜·格里戈利耶芙娜提到的陀思妥耶夫斯基没有实现的构思,作品的新提纲新版本,销毁或丢失的手稿等细节尤其重要。很遗憾,回忆录中确定无疑地讲到《白痴》、《永久的丈夫》、《群魔》的手稿被陀思妥耶夫斯基焚毁了。

安娜·格里戈利耶芙娜在陀思妥耶夫斯基的一部选集前言中写道:"每当重读难以忘怀的丈夫的作品,我常常会发现,作品中的人物被赋予了他个人的某些生活特点、习惯,作品中还能发现一些发生在他身上或他的家庭的某些情形。还有更重要的,作品中他关于许多事情的见解,我都曾听到他用同样的言辞表达过,我认为指出作品中表达了陀思妥耶夫斯基本人见解的那些片段很有意义。"①在某种程度上回忆录实现了陀思妥耶夫斯基妻子的这一意图。这意味着另一项工作内容(А. Г. 陀思妥耶夫斯卡娅曾试图将自己这些零碎的猜想和观察系统化,这有助于人们在陀思妥耶夫斯基的作品中看到现实的、生活中的事实,首先是那些表达了作家个人的东西)。②

讲到自己的初次分娩与陀思妥耶夫斯基的激动不安、不知所措(安娜·格里戈利耶芙娜是带着那样一种充满感激的温柔在回忆这些),她马上就提示(尽管是在页脚加注),属于他们家庭隐私的事件后来反映在了《群魔》里(对沙托夫妻子分娩的描写——是小说最出色的戏剧性场景之一)。在回忆儿子阿廖沙的夭折及自己无以安慰的痛苦时,安娜·格里戈利耶芙娜无意中指出(毕竟指出了),她的"怀疑、猜想和言语"在《虔诚的乡下女人》一章(《卡拉马佐夫兄弟》)中找到了痕迹。类似一笔带过的"色彩,线条,细节",对理解陀思妥耶夫斯基创作手法的特性极有价值,它们在回忆录中并不少见。安娜·格里戈利耶芙娜的回忆录轻而易举地驳倒了迈科夫的怀疑论,反而有力支撑了陀思妥耶夫斯基的观点,他喜欢说,形成对一个人的认识,任何情况下也不应忽视细节,因为敏锐的眼光所观察到的细节,有助于理解个性的本质、人的心灵,有助于看清其真面目。妻子敏锐察觉到的意味深长的"细节",比起那些不着边际的推论要好得多,它们解开了陀思妥耶夫斯基既作为一个人,又作为一位艺术家的个性特点。

不过指出另一点也很重要:无论我们能举出多少安娜·格里戈利耶芙娜在回忆录中列出的陀思妥耶夫斯基生活中的细节和实情,她所选取的无论哪一件事,就其本身而言,既不是轰动一时的,也不是什么完全新鲜的事情——仿佛同时代人、亲朋好友的书信或回忆中不曾提到过。

在那段艰难时期,陀思妥耶夫斯基给妻子较早的一封信中(1867 年)写道:"安尼娅,你通常看到我苦闷、忧郁、性情无常;这只是外表;我总是那个样

---

① Л. П. 格罗斯曼,《陀思妥耶夫斯基讲座,资料、书目、注释》,彼得格勒,1922 年,页 54。
② 同上。

子,被命运摧残得精神颓丧,消沉堕落;可我内在是另一个样子,请你相信,请你相信!"①安娜·格里戈利耶芙娜特别看重的、爱的正是陀思妥耶夫斯基身上的"另一个"、"内在的"、"真正的"他。这一点在她第一次见面时就感觉到了,而且,只有她一人触及的"这一点",这一"认识",贯穿了整个回忆录。安娜·格里戈利耶芙娜的回忆整体上与众不同,它对于我们想象作家是极其珍贵的资料,校正了我们对他的认识。因为,正是她第一个打开了陀思妥耶夫斯基家的大门,把读者引领进去,让读者看到唯有她一人知道的那个,另一个样子的人。比如,他自己表白爱意时的"那个"样子。作家给未来的妻子讲他即兴构思的小说情节,一段情感的纠葛,其中"穿插着一位年青姑娘的心理"。他既是写小说,又是讲述自己的经历,并没有抹去艺术与生活的界线。不过,他也清楚地让人明白,跨越这条线是多么容易。陀思妥耶夫斯基不仅等待着聆听者敏感准确的会意、回应,也等待着对自己来说一个迫切需要的决定(尽管他早已知道安娜·格里戈利耶芙娜萌发的感情!),否定的回答无异于一场失败、灾难。安娜·格里戈利耶芙娜的笔记毫不掩饰地、出色地传达了陀思妥耶夫斯基复杂的心理感受——奇异地混合着自恋、自尊、自负、自卑、多疑、神经过敏——真是既紧张又折磨人的心情。

　　同样,在回忆中自然而然、毫不拘谨地揭示了陀思妥耶夫斯基高尚的道德情操:某种完美的、天才人物固有的、梅什金式的单纯,非贵族气——这些特质使他与普希金、托尔斯泰并肩齐立。安娜·格里戈利耶芙娜所讲述的乍一看非常"世俗的场景"对此相当有说服力:《罪与罚》、《白痴》的作者,博得盛誉的作家,思考着《卡拉马佐夫兄弟》中的悲剧形象的思想家、哲学家,焦急不安地在旧鲁萨近郊奔波,寻找不知跑到哪儿去了的"租借来"的奶牛,担心孩子没了奶吃……要知道,只有**这样一个**陀思妥耶夫斯基才会在普希金纪念日(这日子同样成了《卡拉马佐夫兄弟》和《关于普希金的演讲》的作者的辉煌日)给妻子写信说,他处于极端困窘之中,他昂贵的旅馆房费要从市财政拨款支付,他感到极为不自在,准备从那里逃走……

　　我们面前的陀思妥耶夫斯基,六十年代末处于自己最糟糕的时期——失

---

① Ф. М. 陀思妥耶夫斯基,《书信集》,第2卷,页7。

败(赌博得一败涂地),贫困(身上不名一文),卑微(没人瞧得起),依然不失风度与自尊;陀思妥耶夫斯基———一位细腻的鉴赏家,懂得欣赏优美雅致的事物;有一点可能带给身边人快乐就会感到喜悦的人。我们面前是这样一位真正命途多舛,不止一次处于深渊之边,更加热爱生活中难得的快乐的人。你瞧,他,一个大家庭的父亲,孩子般满心欢喜地在圣诞树旁嬉戏,忘我地跳着华尔兹,这也是他:整夜陪着耍性子的小儿子坐在早已熄灭了的圣诞树旁……

读着回忆录中的这些,就会明白,只有**这样**的陀思妥耶夫斯基才会给自己的通信人这样描写孩子:"我研究他们,一生都在研究他们,爱他们……","……他们实现了人最高意义上的存在……没有他们生活就没有目的。"[1]只有**这样**的陀思妥耶夫斯基有能力写出伊柳什卡葬礼那样充满巨大悲剧力量的一幕,或以震撼人心的父亲的柔情讲述马尔美拉陀夫不幸的孩子们……安娜·格里戈利耶芙娜所写的一切有关陀思妥耶夫斯基对自己孩子的热爱,是他的许多作品最好的注解,那些作品中几乎总是有小主人公出现,作家满怀着强烈的爱怜、同情、希望描写他们。

安娜·格里戈利耶芙娜回忆录中最不成功的是几处概括和结论,她或是不满意自己的观察,或是不相信自己,选择了附和其他回忆人的见解。在总结国外时期时,她引用 H. H. 斯特拉霍夫的话:"陀思妥耶夫斯基开始经常把话题引向宗教问题。而且他的交往、谈吐也变了,变得非常温和,有时简直就是完全顺从。甚至他的面部特征都带上了这种情绪的痕迹,嘴角上显露着温柔的笑意……显然,美好的基督情感活跃在他的身上,这些越发频繁越发明显地流露出来的情感也出现在他的作品中。他从国外回来时就是这个样子。"安娜·格里戈利耶芙娜认为斯特拉霍夫的评价非常有见地,也十分真诚(她还没有料到,很快这位似乎理解一切、十分真诚的朋友将给予她怎样的打击),好像完全正确地道出了陀思妥耶夫斯基在国外精神转变的实质,他的新基督教面孔。好在斯特拉霍夫的话在回忆录中显得异样和突兀,安娜·格里戈利耶芙娜本人的讲述不仅没有证实这位批评家的判断和结论,反而常常驳

---

① Ф. M. 陀思妥耶夫斯基,《书信集》,第4卷,页7、67。

斥了它们。与其说她描写了一个温顺的陀思妥耶夫斯基,不如说是一个毫不妥协的陀思妥耶夫斯基。

当然,安娜·格里戈利耶芙娜在许多问题上的保守观点影响了她的态度和评价。对波别多诺斯采夫的盛情赞誉,对陀思妥耶夫斯基与"上层"关系的详细叙述,也许特别令人信服地证明了这一点。宫中大人物对陀思妥耶夫斯基及其家人的垂青,令安娜·格里戈利耶芙娜感到自豪。有时她对君主制度的好感甚至到了狂热的地步,这也与陀思妥耶夫斯基相左。如果说陀思妥耶夫斯基在谴责薇拉·扎苏里奇的同时,也主张宽恕她,那么,根据 M. H. 斯托尤宁娜的回忆,安娜·格里戈利耶芙娜则是被弗·索洛维约夫的呼吁中表现出的对杀害亚历山大二世凶手的仁慈所激怒。在安娜·格里戈利耶芙娜的阐述中,陀思妥耶夫斯基是坚定不移的君主主义者和保守主义者,忘我地忠于沙皇和东正教。但是这样直接的、武断的标签与陀思妥耶夫斯基最主要的东西,即与他的创作产生了无法解释的矛盾。

当然,否认陀思妥耶夫斯基创作中的反动论调,无视作家与梅谢尔斯基的《公民周报》的合作,他与波别多诺斯采夫——他尊敬的可信赖的通信对象——的亲密关系,是无知和不明智的。要知道,这不只是陀思妥耶夫斯基生平中某些"天性"的阴影。陀思妥耶夫斯基长篇小说中具有抨击性的篇章,相当偏见的关于东方问题的文章(尤其是写《群魔》那个时期的文章),都说明了作家创作中的斯拉夫主义和君主主义情绪的非偶然性,甚至是顽固性。

但这只是既作为小说家又作为政论家的陀思妥耶夫斯基事业中的一个面向,且远不是重要的一面。陀思妥耶夫斯基后期创作中的反抗声音,不仅没有消失,反而表现出真正空前的力量。社会主义思想也从来没有消失:例如,在《一个荒唐人的梦》中就能够相当强烈地感到早期的、流放苦役前的陀思妥耶夫斯基,他当时迷恋伟大的空想社会主义者傅立叶、拉门奈和孔西德朗的思想。

陀思妥耶夫斯基也不可能意识不到,"解放者—沙皇"与人民的联合的梦想,实质上是非常不靠谱的、乌托邦的。陀思妥耶夫斯基笔记里的这段话特别谈到了这一点:"我,和普希金一样,都是沙皇的仆人,因为他的儿女,他的人民,不鄙弃沙皇的仆人。我将来还是他的仆人,如果他真正相信人民是他的儿女。可是他早已不相信这一点了。"①比起文明在俄罗斯取得的"成就",陀思妥耶夫斯基越来越痛恨"西方"资产阶级的文明。

陀思妥耶夫斯基渴望在俄罗斯真正实现自由、平等、博爱的理想,作家这一"贪心不足"的人道主义,不可避免地导致他与"志同道合者"、"朋友们"和同盟者的冲突与"误解"。陀思妥耶夫斯基最后的理想是建立农民的"布衣"代表团,一种人民自己的大会,期望可以公正地解决所有长期积累的刻不容缓的社会问题。卡特科夫、梅谢尔斯基、列昂季耶夫、波别多诺斯采夫,他们希望的完全是另一回事:他们试图阻止农奴制废除后开始的解放运动,它将是一种前所未有的大变动而具有威胁性;他们要保护贵族阶层的利益免受"布衣"(农民装)和"礼服"(市民装)阶层的侵害。他们攻击新出现的公开审判和地方自治的民主制度,以使所有进一步的"自由主义"改革不再可能。

在安娜·格里戈利耶芙娜的回忆中几乎没有涉及作家的精神焦虑,在信仰与不信仰之间的摇摆,以及在其小说和文章中明显可以感到的怀疑。Л. H. 托尔斯泰评价陀思妥耶夫斯基是一个"浑身都是斗争"的人,"在内心最激烈的善与恶的斗争中死去"。② 这也许是所有评价这位作家的言论中最公正、最准确的见解。阅读作家妻子的回忆录,读者很少能看到这个"激烈的斗争过程"。安娜·格里戈利耶芙娜细心地掩饰了各种矛盾,努力绕过复杂性,取直了艺术家艰难且完全非单线发展的道路。要知道,她熟知的不仅是陀思妥耶夫斯基出版的作品,还有作家的笔记,其中他的世界观的矛盾性,他的政治观点,由于没有对书刊检查和读者的顾虑,以一种极其真诚和有力的方式表现出来。在这个意义上,安娜·格里戈利耶芙娜的回忆录所描写的陀思妥耶夫斯基,要比作家同时代人(如 Л. 西蒙诺娃、A. C. 斯特拉霍夫、O. 波钦科夫斯卡娅)的回忆单面得多,"简单"得多。

无疑,安娜·格里戈利耶芙娜也简化了陀思妥耶夫斯基与波别多诺斯采夫、迈科夫、斯特拉霍夫的私人关系的性质。陀思妥耶夫斯基与波别多诺斯

---

① 《传记、书信和札记——摘自 Ф. M. 陀思妥耶夫斯基笔记》,页 366。
② 《Л. H. 托尔斯泰全集》,第 63 卷,页 142。

采夫的谈话未必闲情逸致、融洽顺畅。正如在他的信中明示的那样,后者不无担忧地关注着连续刊登在《俄国导报》上的《卡拉马佐夫兄弟》,对伊万·卡拉马佐夫的那段什么"史诗"《关于大法官的传说》表示不满,甚至试图启发艺术家走上真正正确的道路。作家对梅谢尔斯基不友好是众所周知的。陀思妥耶夫斯基筹备例行刊出的《作家日记》时,关于 K. 列昂季耶夫的守旧"观点",他在笔记里写下了愤慨但公正的话。同样大家也知道,他的保守主义"朋友"迈科夫和斯特拉霍夫对他在《祖国纪事》上发表小说《少年》不满,把这一公开行为看作是对"共同"利益的出卖和对斯拉夫派的背叛。

安娜·格里戈利耶芙娜显然是理想化了陀思妥耶夫斯基的小圈子。不能不注意这样一个相当明显的事实:斯特拉霍夫在回忆录主体结构中与在后面特意写的驳斥中判若两人。

在谈到社会—政治和文学事件时,安娜·格里戈利耶芙娜显得不自信,这里她常常要借助别人的话语;回忆录的风格也变得苍白,失之精彩。当她回到叙述自己非常习惯与熟悉的日常生活领域时,回忆又重新鲜活起来。

安娜·格里戈利耶芙娜不是专业作家,要是去谈论她巨大的写作才能显然是夸张了。不过,与陀思妥耶夫斯基多年的生活,参与他的创作活动以及高品位的艺术氛围,都对安娜·格里戈利耶芙娜的精神世界产生了影响。如果说一开始陀思妥耶夫斯基还怀疑妻子理解与评价自己作品的能力("我唯一的读者——安娜·格里戈利耶芙娜,她甚至非常喜欢我的作品,但要对它们作出评判,她还没有能力"[1]),后来他则不止一次地赞赏她的艺术鉴赏力,非常看重自己的"第一位读者"的意见。(安娜·格里戈利耶芙娜回忆说:"我注意到我的那些文学对话者的一个特别的派头,不知为什么他们怀疑我不能正确理解我丈夫的作品,不能充分认识他天才的深度,因此,他们竭力为我大肆谈论、解释他,抬高他在我心中的形象。依我看,这完全是徒劳,白费口舌,因为世上再没有谁像我这样高度评价他的了。")[2]

----

[1]　Ф. М. 陀思妥耶夫斯基,《书信集》,第 2 卷,页 62。

[2]　A. Г. 格里戈利耶芙娜,《回忆录》,苏联列宁国家图书馆,ф. 93, Ⅲ, Ⅰ／Ⅰ, л. 707。

　　回忆录写得引人入胜,毫无疑问,安娜·格里戈利耶芙娜具有讲故事的卓越才能。许多她的同时代人都有过类似的回忆。M. H. 斯托尤宁娜写道:"她有一种与众不同的才能,能将在周围生活中看到的、观察到的事物绘声绘色地再现出来。当她上街,去市场,处理些日常事务,无论是大事,还是小事,是突出的场景,还是典型的细节,她总是能将一切观察得细致入微。回到家,她就能把那些画面、场景惟妙惟肖地描绘出来,还扮着各种人物的样子。在她身上无疑埋藏着演员的火种。"她的另一位同时代人 3. C. 科夫利金娜关于她的才能说了几乎同样的话:"她能如此生动鲜活地讲述她看到的、听到的微不足道的事情、场面。"①她的演员天分,讲故事的才能,在回忆录中最大限度地表现出来。她与作家的第一次见面,陀思妥耶夫斯基的求婚,索涅奇卡的死,丈夫的葬礼,这些章节都堪与俄罗斯回忆录文学的优秀作品相媲美,不过更接近那些女性的回忆录:C. A. 托尔斯泰娅,H. A. 图奇科娃-奥加廖娃,T. Π. 帕谢克。

　　温婉撩人的幽默赋予安娜·格里戈利耶芙娜的回忆录一种特殊的美妙与魅力。当读到陀思妥耶夫斯基怎样因格里戈罗维奇而吃安娜·格里戈利耶芙娜的醋,她又是怎样成功地猜出引起丈夫嫉妒的"罪魁祸首"时,读者就会忍不住发笑:"'瞧那法兰西小子,竟会这么溜须拍马屁了啊!'他一开口说这些鄙视的话,我立刻明白了费奥多尔·米哈伊洛维奇这次嫉妒猜疑的对象是冲着 Д. B. 格里戈罗维奇老头来的(他的母亲是法国人)。"同样,安娜·格里戈利耶芙娜以一种善意的调侃讲述陀思妥耶夫斯基的健忘和心不在焉。

　　家庭记事,陀思妥耶夫斯基的故事,是回忆录中最好的部分。开头安娜·格里戈利耶芙娜与作家见面前的几章和陀思妥耶夫斯基葬礼之后的几章,写得苍白无力。随着主人公的消失,叙述的动力也熄灭了,只剩下各种各样、形形色色零散的随笔。不过,这里有意义的内容是,安娜·格里戈利耶芙娜讲述拜访 Л. H. 托尔斯泰的过程,以及她对斯特拉霍夫的信的回应。

　　1913 年发表的斯特拉霍夫给托尔斯泰的信写于 1883 年 11 月 28 日,其中"揭露"陀思妥耶夫斯基道德和美学理想的言论,对于安娜·格里戈利耶

---

① 　M. 沃洛茨科伊,《陀思妥耶夫斯基家族记事》,莫斯科,1933 年,页 122。

芙娜来说是怎么也想不到的,也是一个沉重的打击。她对 Л. 格罗斯曼讲:
"我惊愕得两眼发黑,喘不过气来,这是怎样闻所未闻的诋毁呀!可这诋毁来
自谁呀?来自我们最好的朋友,我们家的常客,我们婚礼的见证人——尼古
拉·尼古拉耶维奇·斯特拉霍夫!在费奥多尔·米哈伊洛维奇去世后他请
求我出版陀思妥耶夫斯基文集时授权他撰写生平部分。"①

　　安娜·格里戈利耶芙娜有足够的耐心,在斯特拉霍夫生前没有发表自己
的回应。她在回忆录中加入了该部分。安娜·格里戈利耶芙娜针对斯特拉
霍夫的指责,以确凿的事实、严密的逻辑予以严厉驳斥,努力使自己的反驳做
到最大限度地无懈可击、令人信服。陀思妥耶夫斯基的妻子并不知道托尔斯
泰有封回信,信中托尔斯泰已经尖刻却不失体面地表示不赞同斯特拉霍夫的
那些"心理分析"。正如大家知道的那样,斯特拉霍夫为论证自己的观点,直
接将作家与其作品中的人物类比,以便使自己对陀思妥耶夫斯基道德上的缺
陷的指责更有分量:"与他最相似的人物是《地下室手记》的主人公,《罪与
罚》中的斯维德里盖洛夫,《群魔》中的斯塔夫罗金。"②在另一封信中,斯特拉
霍夫再一次粗暴地抛出同样的观点:"陀思妥耶夫斯基按照自己的形象创造
了自己的人物,描写了大量的半疯癫和病态的人物,并且坚信,自己取材现
实,人的心灵正是这个样子。"③托尔斯泰反驳斯特拉霍夫,指出:"在这些特
别的人物身上,不仅有我们,他的同胞,甚至是,外国人也能从中辨认出自己,
自己的灵魂。"④对人的精神深处的再现、同感、洞察的罕见天赋,换句话说,
斯特拉霍夫在其中突然发现了作家陀思妥耶夫斯基的病根的东西,在托尔斯
泰看来是真正艺术创造的首要条件。他直截了当地向这位不公允的批评家
宣称,这一点不仅是指陀思妥耶夫斯基,还有他自己,甚至所有真正的艺术
家,都是如此:"凿得越深,对于大家就越具有普遍性,越熟悉,越亲近。"托尔
斯泰在捍卫陀思妥耶夫斯基的同时,反驳和谴责了斯特拉霍夫的"发现",于
是,对陀思妥耶夫斯基——一位作家和一个人——的"揭露"变成了对斯特

① A. Г. 陀思妥耶夫斯卡娅,《回忆录》,Л. П. 格罗斯曼编辑,莫斯科,1925 年,页 15。

② 《Л. Н. 托尔斯泰与 Н. Н. 斯特拉霍夫的通信》,第 11 卷,圣彼得堡,1914 年,页 308。

③ 《Л. Н. 托尔斯泰全集》,第 66 卷,莫斯科,1953 年,页 253—254。

④ 同上。

拉霍夫本人的"揭露"。不过命运的公正在于,正是托尔斯泰做了这件事。因为按照斯特拉霍夫的看法,只有托尔斯泰是世上唯一可以公正评判这一迟来的他与已故陀思妥耶夫斯基之间争论的人。[①]

不同于托尔斯泰的哲学—美学概括,安娜·格里戈利耶芙娜的反驳非常具体和情绪化,这首先是被诽谤激怒了的作家妻子的辩护词。不过这里并没有必要进行专门的回应,因为在安娜·格里戈利耶芙娜的回忆录中,陀思妥耶夫斯基的个性、作家的形象本身就与斯特拉霍夫的臆造截然相反,具有论辩性。

安娜·格里戈利耶芙娜很长时间不能承认、接受陀思妥耶夫斯基的去世。亲戚朋友让她带着孩子去克里木,希望环境的改变,以及她所期望的离群索居,多少会减轻她的痛苦。不过,就是在那里也不能停止她的回忆,她心里充满了无尽的往事。1881 年 7 月 22 日她给 С. В. 阿维尔吉斯娃娅的信中写道:"表面看来一切都好,很平静,难得的一切。若不是我完全无法摆脱痛苦,就该只剩下快乐了。我是如此痛苦,有时痛苦得都要绝望了。回想从前幸福的岁月,我无法相信,它们一去不复返了。我无法相信,我再也看不到、听不到他了。我寄希望于这里绝对的独居,相信这会给我带来安慰,可是结果呢?独居不仅于事无补,反而给了我更多回忆的空间,痛苦、忧伤、抱憾、绝望。不知道该拿自己怎么办!"[②]

在陀思妥耶夫斯基葬礼那天,安娜·格里戈利耶芙娜许下诺言,要把自己的"余生"献给推广陀思妥耶夫斯基的作品。她继续生活在过去,生活在对往昔岁月的回忆中:"我不是生活在二十世纪,我依然停留在十九世纪七十年代。我身边的人,是费奥多尔·米哈伊洛维奇的朋友们,我的交际圈,是陀思妥耶夫斯基周围那些已故去的人们。我和他们生活在一起。每一个研究陀思妥耶夫斯基生活和作品的人,我觉得都是亲人。"[③]按照非常了解安娜·

---

① 参见 Б. И. 布尔索夫就此问题的文章《在陀思妥耶夫斯基新坟旁——Л. Н. 托尔斯泰与 Н. Н. 斯特拉霍夫来往的信件》,《赫尔岑列宁格勒师范学院学报》,第 320 卷,《俄罗斯文学中的题材问题》,列宁格勒,1969 年,页 254—273。

② М. Е. 萨尔蒂科夫-谢德林,国家公共图书馆,ф. 6,ед. хр. 33。

③ А. Г. 陀思妥耶夫斯卡娅,《回忆录》,页 14。

格里戈利耶芙娜的作家、批评家 H. 斯隆尼姆斯基的话说,"她珍惜自己的人格,因为她在某种程度上反映着丈夫的人格,因为她是陀思妥耶夫斯基的妻子。"①

陀思妥耶夫斯基去世后,她——作家的妻子——的工作名目繁多,规模庞大。安娜·格里戈利耶芙娜七次出版他的文集;最后一次是在 1906 年。最初筹备《陀思妥耶夫斯基传记材料》时,在许多方面奥·米勒和 H. H. 斯特拉霍夫应归功于她。1906 年安娜·格里戈利耶芙娜还编辑出版了的独一无二的《与 Ф. M. 陀思妥耶夫斯基生平和社会活动相关的文章与艺术作品图书索引》。这些年,安娜·格里戈利耶芙娜致力于"解密"1867 年的速写"日记",筹备出版陀思妥耶夫斯基给她的书信的单行本,撰写回忆录。除了这些主要的文学工作,她还在旧鲁萨组建了一所民间工艺学校,以它为依托开办了 Ф. M. 陀思妥耶夫斯基"旧居博物馆"。在历史博物馆创建了陀思妥耶夫斯基专门展厅,这是莫斯科陀思妥耶夫斯基故居博物馆的前身。

安娜·格里戈利耶芙娜参加文学晚会、文学展览会,与数量庞大的陀思妥耶夫斯基天才的崇拜者通信。在她的通信人中有 M. H. 叶尔莫洛娃,A. Ф. 科尼,B. И. 涅米罗维奇-丹钦科,Вл. C. 索洛维约夫,Ор. 米勒,E. B. 塔列尔,K. И. 楚科夫斯基。当《卡拉马佐夫兄弟》成功上演后,安娜·格里戈利耶芙娜到艺术剧院对全体人员表示感激:"看到我亲爱的丈夫充满戏剧情节的作品呈现在舞台上是我不变的梦想。很遗憾,至今他的小说的改编带给我的痛苦多于快乐。他们没有准确界定陀思妥耶夫斯基作品的价值,没有透彻理解他所创造的典型,而是曲解了他们。甚至他们的表演,除个别外,也都平淡无奇。我总是在想,向观众阐释陀思妥耶夫斯基的任务只能是由莫斯科艺术剧院来担当了,它为俄罗斯艺术带来了如此多的荣誉……"②

安娜·格里戈利耶芙娜的许多想法没有来得及实现。她的去世中断了传记的第二卷,部分与陀思妥耶夫斯基谈话的速记笔记也没有来得及"解

---

① H. 斯隆尼姆斯基,《陀思妥耶夫斯基的妻子》,《新资讯》,彼得格勒,1918 年 8 月 3 日,第 127 期,晚版。

② 《Ф. M. 陀思妥耶夫斯基遗孀 A. Г. 陀思妥耶夫斯卡娅的信》,《话语》杂志,1910 年 10 月 12/25 日,No. 280。

密"。她在与 A. A. 伊斯梅洛夫的谈话中抱怨:"很遗憾,在我的日常工作中,当然它们同样是献给我丈夫的事业,我完全顾不上这些速记笔记。而且把它们解译出来也不是件轻松的事。正如所有有经验的速记员,我采用的是自己约定的缩写,除我之外,没有人可以破解它们。"①回忆录的工作也没有彻底完成。去世前不久她对 Л. П. 格罗斯曼说:"我已经七十二了,可是我还不想死。有时期望能像我去世的母亲一样,活到九十岁。后面还有许多工作要做,我生命的使命与工作还远没有完成。"②

1917 年夏天在南方时,安娜·格里戈利耶芙娜患了严重的疟疾,她试图回彼得堡,但没有成行。结果疾病和操劳严重损害了她的健康。她以一种非凡的勇气忍受着病痛。З. С. 卡夫利金娜医生回忆安娜·格里戈利耶芙娜时写道:"在这一时期,在她生命的最后几个月,她独特的精神品质令人惊叹。这不是作为陀思妥耶夫斯基的妻子的效应,而是她本人,引起人们强烈的关注和惊奇——她不知疲倦的精力,敏捷而宽广的智慧,更多的是她对周围所有事物不息的兴趣。她对一切都投入了非其年龄所具有的火热的激情。有时简直不敢相信,你面前的是位老太太……她整个人的性情是少有的,至死都能爱能恨……"③

安娜·格里戈利耶芙娜 1918 年 6 月 9 日在雅尔塔去世,葬于远离彼得堡,远离亲人,远离陀思妥耶夫斯基墓的奥茨基墓地。在"遗言"中她请求将她葬于亚历山大-涅夫斯基大修道院,在丈夫身边,不单独立碑,只需简单刻几行字。由于各种原因她的遗愿直到前不久才实现——1968 年,安娜·格里戈利耶芙娜逝世 50 周年之际,几乎是靠了她的孙子安德烈·费奥多罗维奇一人的不懈努力。安德烈·费奥多罗维奇,继承了祖母对陀思妥耶夫斯基无私、忠诚的怀念,不止一次撰写文章、随笔,纪念安娜·格里戈利耶芙娜·陀思妥耶夫斯卡娅。

有不少同时代人对她热情的评价保留至今,如 E. A. 施塔肯施奈德,M.

① A. A. 伊斯梅洛夫,《走近 A. Г. 陀思妥耶夫斯卡娅——纪念费·米·陀思妥耶夫斯基逝世 35 周年》,《交易时报》,1916 年 1 月 28 日,总第 15350 期。

② A. Г. 陀思妥耶夫斯卡娅,《回忆录》,页 14。

③ 《陀思妥耶夫斯基。资料和研究汇编》,A. C. 多利宁编,第 2 卷,列宁格勒,1924 年,页 587。

H. 斯托尤宁娜，Д. 菲洛索福夫，H. 斯隆尼姆斯基，M. A. 亚历山德罗夫，Op. 米勒，3. C. 卡夫利金娜等。诗人 B. 科尔尼洛夫献给陀思妥耶夫斯基妻子的一首充满虔敬的诗，其中不惜用大量的修饰语（"天使"，"安详的"，"犹如圣像前的蜡烛"）。但是，我们不应沉溺于幻想，把陀思妥耶夫斯基不安、激情、过敏的性格与安娜·格里戈利耶芙娜相对照，把她看成温和、稳定、健康的化身，安娜·格里戈利耶芙娜既不是"天使"，也不是"鸽子"，也不是"圣像前的蜡烛"。有一次陀思妥耶夫斯基不无惊讶地给迈科夫写信说："您知道吗，她在我面前自尊心很强，很高傲。"①女儿的话与丈夫的意见也相呼应："她总是过分地、几乎是病态地自尊，任何一点小事都会伤害她……"柳鲍芙·费奥多罗芙娜关于母亲固有的敏感和病态还写道："她经常体弱多病，贫血，神经质，焦虑不安……"②

　　正是她世俗的、入世的，而非天使的、安静的个性具有吸引力——周围人的这一说法完全不是对安娜·格里戈利耶芙娜的指责。骄傲、自尊、自重，这些品质使这位总的来说身体柔弱且担负着繁重家庭事务的脆弱女性变得坚强。正是这些品质赋予她内在的分寸感、坚毅精神，和一种主权意识——如果可以这么说的话。陀思妥耶夫斯基也曾这样评价自己的妻子。在给朋友们的信中，他不止一次强调自己与安娜·格里戈利耶芙娜性格上本质的不同："……在我们的性格中有许多不同，"——1867 年他给迈科夫写道。③ 不过这一性格上的不同，使他们变成了罕见的矛盾统一体，并在陀思妥耶夫斯基的家庭中建立起必要的和谐。安娜·格里戈利耶芙娜在回忆录的结语中写道："确实，我和丈夫是'完全不同构造，不同气质，不同观念'的人。不过，'永远都是自己'，既不附和也不屈从对方，内心世界也不彼此纠缠在一起——我不干涉他，他不干涉我，这样……我们两人都感觉自己心灵是自由的。独自对人类心灵的深刻问题作过许多思考的费奥多尔·米哈伊洛维奇，也许很珍视我对他的内心和精神生活的不干涉，因为，有时他对我说：'你是

---

　　①　Ф. М. 陀思妥耶夫斯基，《书信集》，第 2 卷，页 265。

　　②　Л. Ф. 陀思妥耶夫斯卡娅，《女儿塑造的陀思妥耶夫斯基形象》，翻译：Л. Я. 克鲁克夫斯基〈译自德语〉，编辑、前言：А. Г. 戈尔恩费利特，莫斯科、彼得格勒，1922 年，页 49—50。

　　③　Ф. М. 陀思妥耶夫斯基，《书信集》，第 2 卷，页 63。

女性中唯一懂我的女人！'"

　　但是，在所有方面安娜·格里戈利耶芙娜都与陀思妥耶夫斯基相矛盾吗？事实上，在他们的世界观中有某种共同的、接近的东西。她最亲密的女友 M. H. 斯托尤宁娜回忆说："在安娜·格里戈利耶芙娜身上有许多悲剧性的特质，这一点甚至在最日常的生活中也能感觉到……"①在安娜·格里戈利耶芙娜的面容中隐藏着某种难以捕捉的东西，它们在同时代人的记忆中唤起陀思妥耶夫斯基的形象。Л. H. 托尔斯泰第一次见到安娜·格里戈利耶芙娜时就发现，她与自己的丈夫惊人地相似。托尔斯泰的话也许是机巧的、有意的恭维话，上流社会的礼貌。安娜·格里戈利耶芙娜对此也心领神会。②但是，也不排除，在那样一个瞬间，托尔斯泰事实上正是那样一种感觉——安娜·格里戈利耶芙娜有某种特质像陀思妥耶夫斯基。告别时，托尔斯泰说："俄罗斯许多作家将会自我感觉良好些，如果他们的妻子都像陀思妥耶夫斯基的妻子这样。"

　　早在安娜·格里戈利耶芙娜生前，尤其是在她去世后，京城的报刊中出现了许多文章和报道。其中彼得堡的记者们就安娜·格里戈利耶芙娜讲究实际的风格喋喋不休，指摘她"吝啬、小气"。不过，在不否认、不回避陀思妥耶夫斯基妻子这些众所周知的性格特点的同时，也不应当忘记，正是她讲求实际的节俭和"吝啬"，才保障了家庭在最困难时期能不愁吃穿和经济上的宽裕。安娜·格里戈利耶芙娜使得在日常事务上极其天真无助的陀思妥耶夫斯基避免了现实的低劣、不愉快一面的折磨。

　　除了生活最必要的东西，安娜·格里戈利耶芙娜个人什么也不需要；她操心的是儿孙们生活的福祉、生活的安定。作家去世后，她像从前一样继续过着简朴的生活：租用了一间极小的房子，没有改变习惯，保持着对她来说珍贵的、记忆中的丈夫的居家陈设。最后，陀思妥耶夫斯基相当一部分文学

---

　　①　M. 沃洛茨科伊，《陀思妥耶夫斯基家族记事》，页 122。

　　②　"托尔斯泰说：'我想象中的他就是这样。'当然，为了让我感到愉快，他说在我身上甚至捕捉到了我与逝去的丈夫在相貌上的相似。"——A. A. 伊斯梅洛夫，《走近 A. Г. 陀思妥耶夫斯卡娅——纪念费·米·陀思妥耶夫斯基逝世 35 周年》，交易时报，1916 年 1 月 28 日，总第 15350 期。

遗产（如书信、手稿、笔记本）能完好无损地保存下来，我们应当归功于他妻子"讲求实际"的作风。读者将不会对这一杰出的、镌刻着天才作家的"最人性的特点"的回忆录无动于衷。

C. B. 别洛夫

B. A. 图尼马诺夫

（耿海英　译）

《回忆录》前言

我先前从来没有想到过要写回忆录。不用说，我自知毫无文学天才；而且，为了出版我那难忘的丈夫的作品，我老是忙得不可开交，很少有时间考虑与他有关的其他事情。

1910年，我由于健康情况欠佳，精力不济，只能把这项我极感兴趣的、出版我丈夫作品的工作交给别人去干，而且，遵照医生的嘱咐，我不得不住在远离首都的地方——那时候，我感到自己的生活中出现了空白，这空白必须用某项足以吸引我的工作去填补，否则，我就无法照此长期生活下去。

我离群索居，不参与或不直接参与当前的事件，这样，我的心灵和思想逐渐沉浸在往事之中。回忆往事，我就感到无上的幸福，使我忘记我目前生活的空虚和无谓。

当我翻阅我丈夫和自己的记事本的时候，我发现其中有一些非常有趣的详情细节，我不由自主地想把我原来速记下来的这些事用大家都懂的语言写出来；而且我相信，我的儿孙们一定会对我的笔记感到兴趣，可能还有一些崇拜我丈夫的天才的人也是如此，他们很想知道费奥多尔·米哈伊洛维奇在自己家中的情况。

我于最近五年中（1911至1916年）在不同的时间里陆续写下的回忆录

占用了几本笔记本,我尽可能把它们整理得有条有理。

我不能保证我的《回忆录》引人入胜,但我可以保证,它对某些人物的行为的描述是可靠和公正的:《回忆录》主要以记事本作为依据,而且引用信函和报刊文章中的材料加以证实。

我坦率地承认,在我的《回忆录》中有好多创作上的毛病:叙述冗长拖沓,各章节的篇幅大小不均衡,笔法陈旧等等。但是,一个七十岁的人要学会新东西是困难的;因此,为了我想把费·米·陀思妥耶夫斯基在自己家庭里和私人生活中的情况(包括他的全部优缺点)介绍给读者这一真挚和衷心的愿望,请原谅我这些毛病吧。

第一章　童年和少年时代

一　我来到人间

在我的记忆中,我生活中经历的许多重要的事是与彼得堡的亚历山大-涅夫斯基大修道院联系在一起的:比如说,我的双亲就是在耸立于这个修道院正门之上、全教区唯一的教堂里结的婚。我本人在 8 月 30 日,圣亚历山大·涅夫斯基纪念日,出生于一所属于这个修道院的房子里,为我祈祷祝福和施洗礼的是修道院的教区神甫。我的亡夫安葬在亚历山大-涅夫斯基大修道院的季赫文斯基墓园里;如果命运之神许可,我也将在那儿,在他身旁找到永久安息之处。所有这些情况仿佛有意凑合在一起,为的是使亚历山大-涅夫斯基大修道院成为全世界我所最珍爱的地方。

我出生于 1846 年 8 月 30 日,那是人们称之为"小阳春"的晴和的初秋中的一天。直到如今,圣亚历山大·涅夫斯基纪念日几乎仍然被认为是京城里最主要的节日,在这一天,宗教行列由一大群当天不干活的人伴随着,从喀山大教堂向大修道院行进,然后返回。但是在很久以前,8 月 30 日这一天的庆典比现时还要隆重：在涅瓦大街中央铺设了宽阔的木板，有三俄里①多长，宗教行列不与人群混杂，而是在木板上缓缓地行进，金色的十字架和神幡在他们手中闪闪发光。在一长列穿着金线织锦缎法衣的神职人员后面走着一些高官显要、戴有绶带和勋章的军人，在他们后面行驶着几辆华丽的金色轿形马车，里面坐着王室人员。整个行列简直是一幅其妙无比的图画，引得全城的人都来围观。

我的父母住在那所至今属于大修道院的房子的二楼。住所很宽敞，有十一个房间，窗户是朝现今的什利谢布尔格大街开的，其中一部分窗户面对着大修道院前面的广场。② 这是个大家庭：年迈的祖母和她的四个儿子，其中两个已经娶亲，有了孩子。家人们和睦相处，而且热情好客，颇有古风，碰到家庭成员的生日或命名日，每逢圣诞节和复活节，所有的近亲和远亲一早就在祖母那儿聚会，快快活活地度过一天，直到深夜。但是 8 月 30 日那一天，客人们总是来得特别多，因为逢上好天气，窗子开着，观看宗教行列很方便，又加和欢乐的熟人们在一起看，别有一番乐趣。1846 年 8 月 30 日那一天也是如此。我那十分健康、愉快的母亲和家人们一起殷勤地接待客人们，后来，她忽然不见了，大家确信，这位年轻的女主人肯定是在里面房间里张罗酒菜；而我的母亲刚才还没料到"事情"发生得这么快，这时候大概由于疲劳和兴奋，突然感到身子不舒服，便离开众人，独自到卧室去了，一面派人去请在这种场合必不可少的人物。我的母亲身体一向很好，而且过去养过孩子，因此，即将发生的那件事并没有在家里引起忙乱和不安。

下午两点钟左右，大教堂的节日弥撒结束了，响起了修道院的洪亮的钟声。当宗教行列从大修道院的正门出发的时候，站在广场上的军乐队便奏起庄严的乐曲。坐在窗子旁边的人开始请其他客人们前去观看，只听到欢呼声："来啦，来啦，宗教行列来啦！"就在我母亲听到这欢呼声、这钟声和乐声的当儿，我那漫长的生活道路便开始了。③

① 1 俄里等于 1.06 公里。——译者注

② 这所房子如今还存在，而且保持着同样的外观。——安·格·陀思妥耶夫斯卡娅注

③ 关于我出生的情况，我是后来听那一天在我们家做客的几位伯伯、伯母、叔叔、婶婶说的，他们的说法在细节方面有些出入。——安·格·陀思妥耶夫斯卡娅注

　　庄严的行列过去了，客人们准备动身回家，可是刚才奶奶对他们说过，她去躺一会儿休息片刻；为了想和她道别，他们仍然留下没走。到三点钟光景，我的父亲搀扶着我奶奶走进了客人们所在的大厅里。我父亲在屋子中央站定，刚才发生的事使他的心情有些激动，他郑重地宣布道："我们尊贵的亲友们，请祝贺我有了大喜事，上帝赐给了我女儿安娜。"我的父亲性格非常开朗，喜欢插科打诨，说说笑笑，是个所谓"社交场合的核心人物"。大家都不相信这个消息，以为是节日里开的玩笑，于是就喊叫起来："不可能！格里戈利·伊万诺维奇在开玩笑！这怎么可能呢？安娜·尼古拉耶芙娜一直都在这儿嘛，"——如此等等。这时候奶奶便对客人们说："不，格利沙①说的是真话。一小时以前，我的孙女纽托奇卡②出生啦！"

　　于是祝贺之声四起，门口出现了一个姑娘，给客人们送来一杯杯的香槟酒。大家为新生儿的健康，为她的双亲和祖母的健康干杯。太太们跑去向产妇祝贺（那时候，医生还没有提出预防产妇感染的那一套），亲吻那个"小东西"，而先生们则趁太太们不在，频频举杯庆贺新生儿，把几瓶储存的香槟酒喝了个精光。据说，我来到人间受到如此热烈的欢迎，这是预示我未来命运的好兆头。这个兆头后来应验了：虽然我曾经经受物质上的艰难和精神上的痛苦，可是我认为我的生活非常幸福，我一点儿也不想改变我的生活。

　　在这里，我想顺便谈一谈关于我父母的情况。我父亲的祖先是小俄罗斯人，高祖父姓斯尼特科。曾祖父卖掉了波尔塔瓦省的庄园、移居彼得堡之后，就把自己的姓改为斯尼特金。我父亲是在彼得堡耶稣会③办的学校里受的教育，但是他没有成为耶稣会会士，终生是个善良而正直的人。④我的父亲曾在

----

①　格里戈利的爱称。——译者注

②　纽托奇卡以及下文的安尼娅、安涅奇卡均为安娜的爱称。——译者注

③　耶稣会，天主教修会之一。十六世纪欧洲宗教改革运动兴起后，为天主教反对该运动的主要集团。1534 年由西班牙人依纳爵·罗耀拉创立于巴黎。——译者注

④　我的父亲曾告诉过我他小时候一个有趣的插曲。他十岁的时候，在一个冬天的清晨（七时左右），沿着丰坦卡河的堤岸去上学。在阿尼契柯夫宫附近，他迎面碰到一位穿着讲究的高个子先生，后者身旁站着一位衣服破旧的妇女。这位先生把十岁的男孩叫住，对他说："你愿不愿意做件好事，跟我一起走，去当我儿子的教父，而这一位则是教母，"末了，他指着那位老妇人，补充说。我父亲是个勇敢的孩子，他毫不犹豫地跟着那位先生和老妇人走了。他们来到（转下页）

某个部里或局里担任公职。我母亲的祖辈是瑞典人,属可敬的米利托佩乌斯家族。她的曾祖父曾任路德派新教的主教,叔伯们则是学者。这证明,姓氏结尾的"乌斯"是这些学者们为了炫耀而加上去的,就像加上单音节词"德"或"封"一样。我母亲的曾祖辈住在阿鲍,葬在当地著名的大教堂里。有一次我路过瑞典,访问了阿鲍,我试图在大教堂里找到先人们的坟墓,但是由于我既不懂芬兰语,也不懂瑞典语,我没能从看守人那里打听到任何情况。

　　我的外祖父尼古拉·米利托佩乌斯是圣米赫利斯基省的地主,他的一家,除了在莫斯科土地测量学院求学的儿子罗曼·尼古拉耶维奇外,都住在庄园里。我的舅父毕了业、在彼得堡就业以后,就卖掉了父亲的田庄(其时,外祖父已去世),把全家搬到彼得堡。不久,我的外祖母安娜-马利亚·米利托佩乌斯弃世,我的母亲和她的两个姐妹仍住在兄长处。我的母亲是个异常俊美的女人——身材修长、匀称,五官长得十分端正。她的女高音特别悦耳,她那金嗓子一直保持到老年。她生于1812年,十九岁的时候和一个军官订婚。他们没能结婚,因为他在参加匈牙利战役时,死于该地。我母亲悲痛万分,决定终身不嫁。可是随着岁月的流逝,她的痛苦也就渐渐淡忘。在我母亲经常接触的俄罗斯人中,有一些喜欢说媒的妇女(这是当时的习俗),她们特地为她举行了一次聚会,有两个求偶的年轻人应邀而来。他们很喜欢我的母亲,可是当有人问她对那两个被介绍的年轻人是否中意时,她却回答:"不,我倒比较喜欢那个总是有说有笑的'老头儿'。"她指的就是我的父亲。在往昔,人一过四十岁,就已经被当作老头儿了。当时,我父亲已经四十二岁(他生于1799年)。爸爸欢乐、愉快地度过他的青年时代,但是在他严厉的母亲

(接上页)一个有钱人家,神甫已经在那儿等待,于是给婴儿施洗的仪式马上开始了。婴儿领过洗以后,神甫、教父和教母被邀请喝茶,用点心,而且,那位先生还给教父母各一个金币。这样一来,时间已晚,爸爸不能去上学了,他就回到家里,叙述了自己所碰到的事。有人告诉他,有那么一种迷信的说法:如果一家的孩子都夭折,那么,为了使新生儿能够活下来,他的父亲就得请两位在孩子出生后他最先碰到的男女做孩子的教父和教母。这样,那位老妇人就成了教母,而我的爸爸成了教父。后来我父亲曾在圣诞节和复活节收到教子的礼物,有一次教子病危,他还被请去为教子祝福,还有一种迷信的说法:教父和教母的祈祷和祝福能使婴儿起死回生。教子恢复了健康。后来我的父亲再也没有见到过教子;父亲曾提到过他的姓,可我把它忘了。——安·格·陀思妥耶夫斯卡娅注

管教下,他的生活很有节制;因此,在四十二岁的年纪,他仍然健康,结实,面色红润,有着一对漂亮的天蓝色眼睛和一口完整无缺的牙齿,只是头发很稀。爸爸在他的母亲逝世以前,并不打算成家,所以在交际场合,他是个可爱的谈伴,而绝不是个正在物色对象的求婚者。人家把我的母亲介绍给他,他觉得很中意,但是由于她俄语讲得很差,而他的法语又不行,因此,他们之间不能进行长时间的谈话。当人们把我母亲的话转告他的时候,这位美丽的小姐的关怀深深地打动了他的心,于是他便开始频繁地访问那个他能在其中见到她的家庭。临了,他们彼此相爱,决定结婚了。但是他们面临着一个重大的障碍:我母亲信奉路德新教,而按照我父亲那信仰东正教的家庭的看法,妻子必须和丈夫有相同的信仰。事情发展到了这样的地步,——父亲决定违反家庭的意愿,和母亲结婚,即使和家庭中某几个成员断绝关系也在所不惜。母亲得知了他的想法,担心这样做会使一个十分和睦的家庭产生分歧,她长久地踌躇不决,感到十分为难:改信东正教呢,还是拒绝她所爱的人?下述情况对她的决定起了作用:在必须给我父亲答复的前一天深夜,她久久地跪在基督受难像面前祷告,祈求主的帮助。蓦地,她抬起头,看到在耶稣受难像上方有一轮明亮的光环,照亮了整个房间,随后就消失了。这种现象又重复了两次。我母亲把这看作是一种启示,指导她从有利于父亲的方面来解决上述那个使她苦恼的问题。就在这一天夜里,她做了个梦:她仿佛走进东正教的教堂,站在祭坛边祈祷,祭坛上放着圣体盘,上面覆盖着绣有基督受难像的方麻布。她认为这个梦也是一种天启。令她惊异不置的是,两个星期后,当她来到西麦昂诺夫教堂(在莫霍夫大街)接受坚信礼时,她看到自己站在那绣有基督受难像的方麻布旁边,而四周的环境竟然与她梦中的情景一模一样。这使她的心安了下来。我的母亲改入东正教后,就开始热心地履行教会的仪式,斋戒,领圣餐;但是,要学会用斯拉夫语祈祷在她是困难的,她就只得背诵瑞典文的祈祷书。对于改变宗教信仰一事,她始终没有后悔过,"要不然,"她说,"我就会觉得自己跟丈夫和孩子们之间十分疏远,而这使我感到痛苦。"

我的双亲共同生活了二十五年,由于性格相合,感情十分融洽。我母亲是一家之主,具有很大的权力;父亲则自愿服从母亲,他只争取一点:在阿普拉克辛或其他市场找寻各种古玩和珍奇品,特别是贵重瓷器(当时古董商很多)的自由,他对这些古玩十分内行。

　　我父母婚后生活的头几年是跟我祖母和成员众多的大家庭一起度过的。可是过了五年光景,我祖母谢世,大家庭便解体了,我母亲说服我父亲在尼古拉耶夫·苏霍波特内依医院附近买了一幢房子和一大块与房子相连的土地(约两俄亩①),这块地包括如今的亚罗斯拉夫街和科斯特罗姆街,与小沼泽街相通,直到什季格利茨工厂。

　　我能够记事是从 1849 年 4 月,也就是从两岁零八个月开始的。我们家的院子里有个破旧的板棚,我母亲决定把它拆除,盖个新的。工人们聚在一起,做好必要的工作,只剩下把板棚推倒了。我母亲走到玻璃走廊里,想从远处看这活儿怎么干下去,她后面跟着我那好奇的保姆,手里抱着我。糟糕的是,住在院子紧里面的运货马车夫们拖拖拉拉;大家朝他们喊叫,要他们快点把马车赶过去,于是一长列马车便鱼贯地驶走了。看样子,似乎所有的马车都已走掉;但是,当工人们刚使足劲儿准备把板棚推倒的时候,突然出现了一辆迟到的马车。大家明白,如果那辆马车不冲过去,那么,车夫和他的马就一定会被坍倒的板棚压死。倒下来的板棚发出可怕的坼裂声,在场的人都恐怖地喊叫起来,一股股的尘柱飞腾,在起初的一刹那,大家看不清楚有没有发生灾难。幸而平安无事,但是母亲和保姆的惊呼把我吓得拼命喊叫起来。后来我曾问及这件事发生的确切时间,我父亲看了家庭记事以后证实,那个新板棚是在 1849 年春天建造的。

　　第二件我能够回忆起来的事是我三岁那年害的一场病。我不明白我害的是什么病,只晓得医生吩咐在我胸口放上水蛭。我清楚地记得,我是多么讨厌这些蠕动的软体虫,多么怕它们,又多么想把它们从胸口扯掉。我同样清楚地记得,我母亲怎样带我乘车去领圣餐,在垂怜众生的圣母像(在什帕列尔纳伊教堂)前祈祷。我看到母亲和保姆一边祈祷,一边哭泣,我自己也画着十字,泪如雨下。祈祷后的第二天,我的病情出现了转机,身体开始迅速复元。一般来说,我们家的孩子很少生病。当然,伤风咳嗽是难免的,但是所有

_____

　　① 　1 俄亩等于 1.09 公顷。——译者注

的病痛都用家里的土办法医治,一切也能顺利地对付过去。

我怀着最愉快的心情忆起我的童年和青年时代:我的父母钟爱自己的子女,从来也不无故责罚我们。家庭生活安宁平静,有条不紊,彼此和睦相处,没有发生过什么灾祸或者家庭悲剧。家里给我们吃饱喝足,每天有人带我们去散步,一到夏天,我们便从早到晚坐在花园里;冬天则从设置在那里的一座小冰山上溜着冰,滑行而下。大人不常给我们买玩具,因此,我们对玩具很珍惜和爱护。我们根本没有儿童读物,谁也无意"培养"我们。有时候,大人们给我们讲故事,多半是父亲下班回来,吃过中饭,在长沙发上躺下,把孩子们叫到身边,就开始讲起来。他有一个故事讲到傻瓜伊万努什卡,但故事内容常有变动,我和弟弟①老是觉得奇怪:为什么人们把伊万努什卡称为傻瓜,而他实际上却聪明非凡,能从各式各样的灾难中脱身? 我们的娱乐很少:在圣诞节,枞树上每晚点起灯来,开家庭化装会;在谢肉节,我们被带到游艺场,乘坐芬兰人的马车游玩。每年两次——在圣诞节和复活节,我们上戏院看戏,多半是歌剧和芭蕾舞。娱乐少,我们就对它们特别珍视,我们看到的那些演出接连好几个月使我们心向神往。[……]②

二　接受教育

下面我要谈谈自己所受的教育。从九岁到十二岁,我在圣安娜小学(在基罗奇纳亚街)求学。除了宗教课外,所有的课程都是用德语讲的,懂得这种语言对我以后和丈夫在国外的那几年生活很有用。1858 年,京城里开设了第一所女子中学(玛利亚女子中学),这年秋天,我就到那儿去上学,读二年级。我在那儿学习觉得挺轻松,升到三年级和四年级的时候,学校奖给我几册书,临到毕业,我又得到了一枚银质奖章。在我毕业前一年,尼·阿·维什

---

① 指伊万·格里戈利耶维奇·斯尼特金(1849—1887)。——译者注

② 方括号,系原书编者所加,下同。——译者注

涅格拉茨基①开办了一所师范学校，那些有志于继续求学的人进了这所学校。1864 年，我也入了学。在那个时候，人们醉心于自然科学，我受到这股潮流的影响，以为物理、化学和动物学是某种"天启"，于是我便进了这所学校的物理—数学班。可是过了不久，我确信我所选的课程不合乎我的爱好，因而我学得很差劲：比如说，在做盐的结晶实验之际，我大部分时间是在读小说，没有去注意观察烧瓶和曲颈瓶，结果，它们遭了难；在听动物学讲课时，我感到有趣，但是碰到上实验课，大家把死猫制成切片时，我就狼狈不堪，厌恶得晕了过去。在这一年的学业中，我记得特别牢的只有弗·瓦·尼科利斯基教授关于俄国文学的天才讲课，在这位教授上课时，两个班的女同学都前往听讲。

1865 年夏天，我碰到一件伤心事：我父亲得了不治之症，将不久于人世。这时，我舍不得我那有病的亲人整日整夜孤零零地躺着，我便决定暂时辍学。由于父亲通宵失眠，我便接连几小时给他读狄更斯的小说，碰上他能在单调的诵读声中小睡片刻，我就感到十分满足。

1866 年初，出现了开办速记专修班的布告，专修班设在第六男子中学的校舍里，讲课人是帕·马·奥利欣②。我打听到课是在晚间上的（当时我父亲已经退休），我就决定进速记专修班。我父亲坚决主张我进这个专修班，他对我为了他的病而放弃师范学校的学业感到惋惜。开头，我觉得这速记学实在掌握不了，听了五六堂课以后，我确信这玩意儿简直莫名其妙，无论我费多大的劲也休想学会。当我把这个想法告诉父亲的时候，他非常生气，责备我缺乏耐心和毅力，要我保证继续学下去，说他相信我一定会锻炼成一个优秀的速记员。我的慈父仿佛预见到，是速记学使我找到了幸福。

1866 年 4 月 28 日，我父亲去世。这是我一生中经受的第一次不幸。我悲痛万分，以泪洗面，接连许多天待在大奥赫塔亡父的墓旁，丧父的剧痛始终无法缓解。我母亲看到我心情沉重，郁郁不欢，十分焦急，央求我找个工作

---

①　尼古拉·阿列克谢耶维奇·维什涅格拉茨基（1824—1872），俄国语文学硕士。（凡本书正文脚注未标明出处者均系译者根据原书"人名索引"中的介绍文字所加）

②　帕维尔·马特维耶维奇·奥利欣（1830—1915），医生，翻译工作者，速记学教师。

做。遗憾的是,速记课已经停讲,但是我们的教师,好心的帕·马·奥利欣了解我的苦衷,知道我缺了许多课,表示愿意用函授的办法给我补课。一星期两次,我得根据某本书,用速记法记下其中的两三页,把它寄给老师。奥利欣纠正他在速记记录中发现的错误后,再把它寄还给我。夏季接连三个月的函授使我的速记术有了很大的提高,又加我那个回家来过暑假的兄弟几乎每天都为我念材料,让我听写一个小时或者一个多小时,这样,我就渐渐地掌握了速记术,不仅记得正确,而且速度快。正是由于这个原因,在 1866 年 9 月速记专修班又开学的时候,我是奥利欣所信任、可以推荐去从事文学工作的唯一的女学生。[……]

三　人家怎样给我"说媒"!

在上个世纪五十年代,还保留着替年轻小伙子和姑娘们说媒的旧风俗,这种风俗不仅保留在商人们中间,而且像我们那样中等知识分子的家庭里也同样存在。凡是上了岁数的妇女和中年妇女,家里有着女儿或侄女,总是竭力为她们寻找对象,替她们安排终身大事。但是,也有一些妇女,她们干这种事并非纯然出于好心,而是想从新郎新娘那里拿到好处,有时候,这好处还相当可观。因此,在每个有姑娘待字闺中的富裕家庭里,总会有这样一些妇女登门,她们借口廉价出卖银器、介绍保姆等等,死气白赖地要和这些家庭结交。我姐姐结婚时,家里给她一所上好的房子作陪嫁,人们就推测,我也会得到同样的嫁妆;于是就有两三个关怀我命运的"好心"妇女出现在我们家里。

说媒是一种十分流行的习俗,干这种事往往无所顾忌,说话开门见山,比如,"你们有货物,我们有买主",或者,"我给您找一位有钱的新郎",等等。可是我是六十年代崇尚自由的那一辈人,对许多旧的习俗持否定态度,其中包括"说媒";因此,人们得要各式各样的花招来对付我。例如,一位太太十分肯定地对我说,某个海员路过我们家时,从窗口看到了我,他对我一见倾心,要求这位太太介绍他和我家认识。另一位太太编造说,某人在教堂里看到我,被我祈祷的热情所感动,很想和如此虔诚的小姐结识,云云。可是我素来不爱虚荣,上述这些赞辞对我起不了作用,我断然拒绝和那些似乎对我"倾心"的人认识。说媒的人不得不要一些比较复杂的花招,我想在这儿略述一二。

买　主

需要说一说,我父亲在逝世前的最后几年经常闹病,我母亲得守在他身边,这样一来,她就觉得再要为自己的那三所房子操劳实在力不从心了,屡次表示想卖掉其中的一所。有个叫玛利亚·伊万诺芙娜的老妇人得知了这件事,此人与母亲相识多年,生活困难,母亲很可怜她。这个老妇人的女儿有病,女婿是个酒鬼,她靠自己的劳动把好几个外孙拉扯大。她的"劳动"是替人家物色房屋买主,用抵押房产的办法借款等等,亦即从事所谓"代理人的行业"。有一天,玛利亚·伊万诺芙娜告诉我母亲,说她已经为我们的房子找到了一个有钱的买主,问是否能把他带来谈谈。我们约定了日期,我母亲按照当时的习俗,为客人们准备了茶和点心等等。他们是两点钟来的,母亲请客人"用点心",可他却想乘天还没黑的时候先看看房子,然后接受她的盛情招待。"买主"这种务实的态度很合母亲的意,于是她便领着他去看那所准备卖掉的房子。后来我得知那个"买主"看得十分认真:他走下地窖,登上阁楼,仔细观看了每个房间,还把他看到的一切记在小本子里。

这时候,我坐在楼上房间里等着母亲把事情办完,好一起上姐姐家吃饭,爸爸在早晨就去那儿了。玛利亚·伊万诺芙娜上楼来找我,看到我穿着家常便服坐在那儿,大吃一惊,感到不快。

"您怎么不打扮一下,纽托奇卡(由于相熟,她叫我小名),您今天不是准备去参加宴会吗?"

"时间还早,玛利亚·伊万诺芙娜。"

"那您就打扮一下,去和客人聊聊天。"

"这怎么是客人呢?这是买主,我没有必要去见他。"

"还是应该去见见,"老妇人说,"去帮妈妈办事嘛。有您帮忙,说不定事情就能办妥!"玛利亚·伊万诺芙娜看到我断然拒绝结识"买主",就决定向我摊牌。

"要知道,这不是买主,纽托奇卡,他是来相亲的。他正在找对象,打听到您是位出色的姑娘,家里又有钱,所以要我把他带到这儿来,装作买主见见您。"

这种花招使我十分恼火,但是为了摆脱她的纠缠,我就说,我准备换衣服,请老妇人出去一下。

买主看完房子,就开始吃点心。他对妈妈说得很肯定,他喜欢这所房子,至于价钱,大概双方也能谈妥的。看来,这件事已经不成问题了,可是使妈妈纳闷的是,买主还不准备走(显然,他在等我去),可怜的玛利亚·伊万诺芙娜就上楼来找我,在门外劝我下楼;而我却锁上门,默不作声。快到四点钟,马车来接我们上姐姐家去(我们住的地区比较偏僻,要雇马车必须向邻近的马夫家预约)。临了,我母亲上楼来找我。我听到她的声音,便打开门,嘲弄地问道:

"怎么样,妈妈,房子卖掉了吗?"

"差不多卖掉啦,"妈妈高兴地答道,"价钱我们已经谈好,他答应日内给我最后答复。"

"妈妈,您要知道,您受骗啦!他不是买主,而是来相亲的,他是来'看'我的!"

"怎么会是来相亲的呢?你在说些什么啊?不可能!"妈妈一时间不能相信,"既是这样,他又为什么要看房子,让我领着他一五一十地向他介绍呢?"

"大概他要眼见为实,看看您给我作陪嫁的房子是否好,"我笑着说。

妈妈本来真以为她找到了可靠的买主,这时候简直气坏了。她走到楼下,告诉那位客人,她马上要乘车外出。客人问她,他什么时候可以再来,她回答,她以后会通知他的。就这样,妈妈冷淡地跟客人们点头告别,就走开了,而客人们也只得离开我们的家。

过了二十分钟光景,妈妈换好衣服,我们就动身了。这是最恶劣的十月里的天气,外面下着雨夹雪。我们住的这一地区的几条街上全是深洼,里面积满了水,套在车上的马只得一步步地走到苏沃洛夫大街。车子驶近十字路口时,我远远地看到一个身穿淡灰色大衣的矮个子先生站在大路边的人行道上,他旁边是玛利亚·伊万诺芙娜。很明显,他们在等我们,这个"买主"大概看中了我们的房子,很想瞧瞧那个可能随着房子附带送给他的姑娘,哪怕瞥一眼也好。这种叫人厌恶的行径惹恼了我,我便不考虑后果,喊叫起来:"车夫,快,使足劲儿把马赶过那个先生和太太,我加你二十戈比!"马车夫经不住这个诱惑,便策马疾驰。我们刚才的客人们看到飞跑的马,就在原地乱转,但是却没有摆脱灾难:根据我们车夫的羊皮袄来判断,可以猜想,他们身上也溅到了不少泥浆。"买主"乱转乱奔的那副神态如此滑稽,以致我像发疯似的哈哈大笑,好长时间停不下来。妈妈虽然不赞成我的这种恶作剧,却不能不嘲笑那个使她上当的"买主"的狼狈相。尽管如此,他却没有失去信心,寄来了两封信,请求我们接待他,但妈妈没有给他答复。玛利亚·伊万诺芙娜好久没有在我们家露面,但是她一来,就用下面这类话来责备我:"当然,出不出嫁是您的自由,但是这样欺负别人,弄得他从头到脚都沾上泥浆(他的新大衣就此完蛋了!),这可是只有心肠狠、脾气坏的人才干得出来。"不论我怎样向可怜的玛利亚·伊万诺芙娜说明,我并不存心要弄得这位来相亲的人"从头到脚都沾上泥浆",这事情完全出乎我的意料,我只是想赶快避开他们,十字路口有个深洼并不是我的过错等等,——老妇人还是感到委屈,长时间生我的气。[……]

四　我有意进修道院

1859 年,我的父母打算在科斯特罗姆街造一所新房子,爸爸忙于干这件事,就无法带我们去瓦拉姆。在春季考试以后,我显得十分疲乏,家人们要我到普斯科夫我父亲的表姐妹伊琳娜·特罗菲莫芙娜·拉基金娜家去过夏。我高兴地同意了:我想去见识一下新鲜事物,而普斯科夫,作为过去的自由城市,使我特别感兴趣。

伊琳娜·特罗菲莫芙娜是一位善良、愉快的老太太,年纪六十五岁左右,曾嫁过三次，每个丈夫故世以后，她都继承到一笔可观的财产。她没有孩子，许多年来一直请求我的双亲把我或者我姐姐交给她抚养，并且答应办理正式手续，将来由义女继承自己的财产。我的父母十分疼爱我们，不愿意和亲人分离，但是为了不使老太太伤心，我的父亲对她说，"让姑娘们长大一点再说吧。"伊琳娜·特罗菲莫芙娜几乎每年冬天都要上我家住上几星期，并且带来差不多整个车队的家畜、家禽、果酱和腌制食品。

当爸爸把我带到普斯科夫的时候，伊琳娜·特罗菲莫芙娜看到我身体消瘦、脸色苍白，吃了一惊，于是就拼命拿食物往我肚子里填，我简直成了一头"养肥后供宰杀的家畜"。当时还不时兴称体重，但我猜测，我在那个夏天的两个半月中，体重增加了二十斤①。现时孩子们的胃未必能承受得住伊琳娜·特罗菲莫芙娜的这套饮食制度。可以说，我们整天除了吃喝以外，什么事儿也不干。我们起身很早，五点钟下了床，伊琳娜·特罗菲莫芙娜就强令我喝下两杯刚挤出的、味道极好的牛奶。随后我们就进行晨间散步，上某个鱼市场或水果市场。在这儿，姑妈和女仆走遍各个货摊，采购了大量各种各样的食物；我呢，闲着没事干，便观察那些我所不大熟悉的、普通老百姓的习俗。它们给我留下众多的印象，而且十分有趣。除此以外，那年夏季的天气也特别好，清早走在维利基河或者普斯科夫河岸边，觉得心旷神怡。快八点回到家里，喝咖啡加浓奶油，吃刚出炉的面包。十一点钟吃早饭，早饭丰盛得跟午饭一样，有许多点心和菜肴。两点钟用午饭，饭桌上除了菜肴（至少五道菜）外，还准备了克瓦斯、蜂蜜和果子酒。我现在回忆起来也感到诧异，不知我们怎么会有胃口消受这许多食物；不过，伊琳娜·特罗菲莫芙娜有个极好的厨娘，她先前是地主——某个因饕餮而破产的首席贵族家——的厨娘，烧得一手好菜。再加上我姑母讲究吃，各式各样东西都要尝，在饭菜上舍得花钱。

吃晚饭和中饭的时候，总有客人在座。午饭即将结束时，伊琳娜·特罗菲莫芙娜的眼睛半睁半闭，她变得无精打采，因而一吃完饭，她就立即"上床休息"，而且竭力劝我学她的样。五点半以前，房子里寂静无声；随后，我们又

① 指俄斤，1 俄斤等于 0.41 公斤。——译者注

开始吃喝,喝咖啡和茶,吃水果和甜食,八点钟,我们坐下吃晚饭,菜肴跟午饭一样丰盛。到了十点钟(有时候还要早些),整所房子就进入安然恬静的睡乡中,以便第二天同样愉快地消磨时间。

伊琳娜·特罗菲莫芙娜和全城的人都认识,但是很少外出,宁愿在家"接待"宾客。宾客们都是些年事已高、有一定地位的人:大司祭、修道士、年老的将军夫人等,还有两三个经常住在那儿的女食客——年龄不明的姑娘和寡妇——这是当时一类十分讨厌的女人,她们阿谀奉承,搬弄是非,到处窃听,有时挑唆她们寄食的那户人家的成员们互相吵架。这些女食客把我看成是伊琳娜·特罗菲莫芙娜未来的继承人,因此,她们起初对我百般奉承,企图拉拢我。但是过不了多久,我对她们那种造谣中伤、诬赖仆人们的行径感到讨厌,除了讲几句必要的话以外,很快不再跟她们交谈了。为此,她们把我称作"彼得堡的傲慢女人"。

伊琳娜·特罗菲莫芙娜的男客们谈起话来往往带有教训的口气,这与他们那神职人员的地位完全相称;而太太们呢,她们谈的大多是自己的病痛和服用的药。我的姑母的熟人中根本没有一个年轻的姑娘,这使她十分忧虑:她担心我住在她那儿感到寂寞,很快就会离开。但是对我来说,周围的一切都挺新奇,我一点儿也不觉得寂寞,何况我还随身带来狄更斯的三部长篇小说可供我阅读。

完全可以由我自己支配的时间只有午饭后的两三个钟头。那时候,我就干活儿或者带一本书到伊琳娜·特罗菲莫芙娜住宅旁的花园里去。这是个大花园,一面和女修道院的花园邻接,另一面围着一堵异常厚实的古城墙。女食客们断言,在这堵城墙里,有着秘密的入口和洞穴,那儿隐藏着各式各样形迹可疑的人物。我根本就不去理会这些胡编乱造的故事。

这个花园已经荒芜,园中没有花朵,小径上杂草丛生,但是绿荫蔽日,里面长着那么多的浆果、醋栗和覆盆子,使人到了那儿就不想离开。长凳大部分已经朽坏,有一次,我坐的一条长凳折断了,因此,我随身带一张小矮凳去,我坐在矮凳上没高出地面多少。我给自己选了个靠近修道院院墙的地方。

有一回,我坐在椴树下面读《大卫·科波菲尔》,忽然听到咕咚一声,好像有人从墙上掉了下来。我还来不及回头看一眼,那个男子简直不是从我面前跑过,而是像"离弦之箭"似的蹿了过去,差点儿把我从矮凳上撞下地。这人跑离我十步远,就停了一秒钟,凶狠地挥着拳头吓唬我。我被弄得莫名其妙,但是这种情况只持续了片刻:过了两三分钟,从修道院院墙上,像沉重的面粉袋似的,掉下三个人。其中一个人跑到我身边,我认出他是住在离我们不远的那个黑白相间的岗亭里的岗警,同时做买卖烟草的生意。他也认出了我,问道:

"小姐,他是朝哪个方向逃跑的?"

"什么人逃跑了?"我表示好奇地问。

"我们正在捉拿的犯人,看到吗?"

这当儿我才明白是怎么回事,但我不愿意介入,同时想起那人对我挥拳头、吓唬我的情景,于是我就回答说,我在看书,没留意到逃跑者的去向。

看来,那个岗警不大想进一步跟犯人打交道,他就开始详细地向我叙述昨天夜里有三个犯人怎样锯断铁栅栏,越狱逃跑。其中一人潜入修道院,隐藏在坟墓中间。其时,有几个住在修道院里、但尚未落发的见习修女正在花园里散步,她们发现了他,就声嘶力竭地惊叫起来。这就引来了院内的看守人,大家一起追赶犯人,看到他翻过围墙,到了我们的花园里。这时候,岗警的叙述被姑母派来找我的使女打断。女食客们故意把姑母叫醒,为的是要向她报告她们不知从哪儿听来的新闻。睡眼惺忪的伊琳娜·特罗菲莫芙娜吓了一大跳,在胸前画十字,做祷告。女食客们认为最糟糕的是,我这时候在花园里,"如果被那个犯人看到了,说不准会出什么事,不是被杀死就是打伤",等等。总之,我姑母和她的女食客们对我可能遭到的危险作了各种各样的猜测。由于危险尚未过去,各个房间都上了锁,我们坐在屋子里,留心倾听各种声响,我那可怜的亲戚时不时地问:

"怎么样,找到没有? 他现在在哪儿?"虽然大家向她保证,花园已经被搜查过,犯人无疑已经跑远,但她还是担心:"如果他还在花园里,那该怎么办?"

傍晚时分,岗警来找伊琳娜·特罗菲莫芙娜,说"警察分局长"马上就要"光临",来询问我所看到的情况。伊琳娜·特罗菲莫芙娜一听到这个消息就张皇失措,仿佛锯断铁栅、逃出监狱的是我,而不是犯人。女食客们是些富有经验的人物,她们立即吩咐打开呢面折叠式方牌桌,以便记录供词,而在另一张桌子上则放上一列果子酒瓶和各种冷菜。

七时左右,"警察分局长"来了,他不是独自来的,而是带着助手——一个装束讲究的军官。分局长和女主人寒暄以后,就在牌桌旁边坐了下来,把目光集中到纸上,仿佛不知道下一步该怎么做似的。那个副手则老是在伊琳娜·特罗菲莫芙娜身边转来转去,叙述着犯人逃跑的经过,其实,这事情我们已经听过十来遍了;不过,有一两次,他把老太太引到另一个房间里,跟她小声交谈。最后,分局长拿定了主意,请我在桌边坐下。他问了我的名字,父名和姓,固定地址,在哪个中学求学,把这一切作了详细的记录,然后问:关于这件事,我能提供哪些情况。我只好说,我坐在花园里,看到犯人一闪而过,随后岗警就告诉我犯人逃跑的事。

"但您是在花园里,不是吗?"那个折磨我的人执拗地问道。

"是的。"

"没有看到犯人朝哪个方向逃跑吗?"

"没有看到,因为我一时昏了头,而且,又受了惊。"

那个副手显然想搭救我和吓得发抖的伊琳娜·特罗菲莫芙娜,在我们说话的时候老是插嘴,同时称呼我"小……姐"。

"当时她大概在打瞌睡,"他对分局长说,"可能是沉浸在幻想之中,在她这样的年龄是情有可原的!她怎么会留心到呢?"

分局长从我这儿得不到任何情报,就决定着手干一件使他更感兴趣的事,他强令我在一张纸上签上姓名以后,便走向另一张牌桌。副手也照他上司那样做,接着,客厅里就发出玻璃杯和刀叉的声响,持续很久。可怜的伊琳娜·特罗菲莫芙娜这一次倒了胃口,什么也没吃,只是偶尔殷勤地说:"彼得·彼得罗维奇,您别客气啊","彼得·彼得罗维奇,是不是随便用点……"以及诸如此类的话。

分局长嘴里塞满了酒菜,哼儿哈儿地回答她。临了,酒菜全部吃喝光,分局长和他的副手走了,伊琳娜·特罗菲莫芙娜送他们到楼梯口,她回来的时候,忍不住说:

"嘿,那个可恶的犯人让我丢掉了两张红票子①!"

自此以后,我不再在自家的花园里散步,闲暇时就到修道院的花园里去溜达。在这儿,我很快就认识了那些见习修女,而且跟她们交上了朋友。她们的年龄和我相仿,每天也有两三个钟点可以出来散步。修道院的主管人员不大喜欢当修女的姑娘和世俗的姑娘们交往,但这项禁令与我无涉。伊琳娜·特罗菲莫芙娜是个慷慨的施主,和女修道院院长很友好,因此,院方对我,她的亲戚,特别优待,不仅允许我在花园里散步时和见习修女们交谈,而且不禁止我在她们练习合唱、上绘画和手工课时在场。我挺喜欢这些女孩子,特别欣赏她们心灵的纯洁无瑕。她们都从小入院,是在那儿长大的,只是间接地知道一些世俗的情况。她们提出的一些关于世俗生活的天真问题使我吃惊,她们心灵平静,毫无奢望,对周围那个狭小的天地心满意足,这深深地感动了我。当我把她们同我学校里的一些姑娘们对比时,我格外感到诧异。

伊琳娜·特罗菲莫芙娜常常上教堂去,我也衷心喜爱参加祈祷仪式,特别是彻夜祈祷,那时候,在黑暗的教堂里有着无数彩色的长明灯在奇妙、神秘地闪烁。这是个吸引我心灵的世界。

在教会为了庆祝从彼乔尔(离普斯科夫约六十俄里)迎来圣母像而举行的盛典一开始,我的宗教情绪就随之而变得格外强烈。这种迎圣母像的典礼每年都要举行。巡礼者在民众的伴送下用木架抬着圣母像行进,一路上在各个村子里停下来行祈祷仪式,两三天后,他们就把圣母像抬到了普斯科夫,它在那儿的某个修道院里停留两个星期,然后以同样隆重的仪式被送回彼乔尔。我和姑母必须在几俄里以外去迎圣像,并且护送它,这当儿,全体祈祷者的那种感人的虔诚情绪和高昂的精神状态对我产生了特殊的影响。渐渐地,在我的心中形成了一种信念,认为最幸福和快乐的生活莫过于修道院的生活,我有意弃绝尘世、进入修道院,那里的一切——不论是祈祷、唱诗或者当修女——对我爱好幻想的心灵来说,太富于吸引力了。

在我的想象中,时时浮现出我那未来的修女生活的情景。虽然如此,我

---

① 红票子,帝俄时代的十卢布钞票。——译者注

有时候也会觉得忧伤，有点遗憾，为自己感到惋惜，因而哭了两三次。临了，我那激动的情绪达到了高潮，于是经过了失眠之夜，我便把自己想要进修道院的决定告诉了伊琳娜·特罗菲莫芙娜，并且请求她和修道院院长谈一下，让后者接受我为修女。姑母表示赞同我的决定，但是在跟修道院院长谈话以前，她想先了解一下我父母对这件事的看法，建议我写信给他们。我写了一封颇有说服力的信，然后急不可耐地等待着回音。过了两天，来了一份简短的电报："父病速归"。看到这份电报，姑母便不再留我：伊琳娜在当天就给我收拾好行李，送我到火车站，并且把我托付给她的一个赴京的女友。一路上我哭个不停，生怕见不到我父亲还活着。但是当我在车窗里望见站在月台上等待我的双亲时，我是多么惊奇和高兴啊。看来，爸爸根本没有生病。我的父母得知我为强烈的宗教情绪所支配，竟然想留在修道院里，简直吓了一跳，他们认为我到了成年，会对自己的这种轻率行动感到遗憾和后悔。劝阻或禁止是危险的，这只会增强我的决心。因此，两老就当机立断，借口爸爸害病，把我叫回家；否则，不到秋天，伊琳娜·特罗菲莫芙娜是不会放我走的。

当我征求父母的意见时，他们说，我太年轻，对自己也缺乏了解；必须首先读完中学，懂得一点世事，到那时候，如果我感到需要进修道院，那他们就不阻挡我。

秋天，我回到学校里，一头扎进现实中去，那个曾经使我迷恋的憧憬也就逐渐褪色，这样，我便一生过着世俗的生活。关于这一点，我丝毫也不后悔，因为人世给了我无穷无尽的欢乐和幸福。

第二章　和陀思妥耶夫斯基相识。出嫁

一

1866 年 10 月 3 日晚上七时左右,我照例来到帕·马·奥利欣在那儿讲授速记学的第六男子中学。讲课还没有开始,大家在等着迟到的同学。我坐在我通常坐的位子上,刚打开笔记本,奥利欣就走到我跟前,在我旁边的长凳上坐了下来,说:

"安娜·格里戈利耶芙娜,您愿不愿意担任速记工作? 有人托我找个速记员,我想您也许会同意担任这个工作的。"

"我很愿意,"我回答,"我早就想望工作了。我只是缺乏信心,不知道我的速记水平是否能担当重要的工作。"

奥利欣劝我放心。依他看来,他介绍的工作所需要的速记速度并不比我掌握的速度快。

"您介绍我到哪儿去干速记工作呢?"我感到了兴趣。

"到作家陀思妥耶夫斯基那儿。他眼前在写一部新的长篇小说[1]①,想要请一位速记员帮忙。陀思妥耶夫斯基预计,这部小说的篇幅约莫七印张,大开本,他愿意提供五十卢布作为全部劳动的报酬。"

我赶忙表示同意。我自幼就熟悉陀思妥耶夫斯基的名字:他是我父亲所喜爱的作家。我本人也赞赏他的作品,边读《死屋手记》边流泪。想到我不仅能认识这位天才作家,而且还能在他的工作中助一臂之力,这使我非常激动和欣喜。

奥利欣递给我一张叠成四折的小纸,上面写着:"斯托利亚尔内依胡同,在小麦向斯克街拐角处,阿朗金②的房子,十三室,找陀思妥耶夫斯基",然后,他说:

"我希望您明天就到陀思妥耶夫斯基那儿去,时间是十一点半,'不早也不晚'③,这是他今天亲自跟我约定的。"接着,奥利欣对我谈了他对陀思妥耶夫斯基的看法,这我下面还要提到。

奥利欣看了看表,便走上讲台。应该承认,这堂课我完全没有听进去:我激动万分,喜不自胜。我朝夕思慕的理想终于实现:我得到了工作!如果要求那么严格的奥利欣认为我充分掌握了速记术,记的速度相当快,那就意味着,事实确实如此,要不然,他就不会给我介绍工作了。这使我非凡高兴,提高了我在自己心目中的地位。我感到我走上了新的道路,能够用自己的劳动挣钱,成了一个独立的人;对我这个六十年代的姑娘来说,要求独立的思想是最宝贵的思想。但是,比奥利欣介绍的这个工作更重要、更使我欢愉的是,我有了在陀思妥耶夫斯基身边工作、结识这位作家的机会。

我回到家里,就把这一切详细地告诉了我的母亲。她也为我的幸运感到非凡高兴。欣喜和激动使我几乎整夜失眠,一直在琢磨陀思妥耶夫斯基是什

①　本书用方括号加数字标出者为原书编者注(注释者为 C. B. 别洛夫和 B. A. 图尼马诺夫),注文置于各章之后。——译者注

②　伊万·马克西莫维奇·阿朗金(? —1875),商人,彼得堡的房主,陀思妥耶夫斯基于1864 至 1867 年曾住在他的房子里。

③　这是费奥多尔·米哈伊洛维奇的习惯用语,他不愿意在等候中浪费时间,喜欢与人约定精确的会面时间,而且还加上一句:"不早也不晚"。——安·格·陀思妥耶夫斯卡娅注

么模样。我猜想他跟我父亲是同时代人，已经相当老了。在我的想象中，他一会儿是个秃头的胖老头，一会儿又是个高身量的瘦子，但必然像奥利欣所说的那样，是个严厉、阴郁的人。使我最焦急不安的是，我不知道怎样和他交谈才好。我觉得陀思妥耶夫斯基是那么博学，那么聪明，以致我事先就为我要说的每个词提心吊胆。我想到自己没有记牢他的几部长篇小说中主人公的姓名，而我相信他肯定会谈到他们，这也叫我心里发慌。在我的圈子里，我从来也没有碰到过一位杰出的作家，因而我把作家看成是些特殊的人物，连跟他们谈话也得用特别的方式。回首往事，觉得我当时虽然已经二十岁，但还像是个幼稚的小孩。

二

10月4日，我与未来的丈夫初次见面的意义重大的那个日子，我一早醒来，想到自己的宿愿今天终于实现，我从一个女学生或者讲习班学员变成了我所选择的事业中一名独立工作者，我就兴高采烈，精神振奋。

我提早出门，要想事先去商场买几支备用的铅笔，还想买一只小的公文包，在我看来，带上这么一只包能够使我这个年轻人的形象增添几分精明强干的色彩。等我买好这些东西，时间已近十一点，但为了准时到达陀思妥耶夫斯基家，"不早也不晚"，我就顺着大麦向斯克街和斯托利亚尔内依胡同慢步走去，一面不住地看表。十一点二十五分，我到了阿朗金的房子跟前，问站在大门口的看院人，十三室在哪儿。他向我指了指右边，那儿有扇通楼梯的门。这所房子很大，分成许多套小的住所，里而住着一些商人和手艺人。这使我立即想起《罪与罚》中主人公拉斯柯尔尼科夫所住的那所房子。

十三室在二楼。我拉了拉铃，立刻就有一个上了年纪、肩上披着绿色方格子围巾的女仆为我开了门。我不久前读过《罪与罚》，这当儿我就不由得想，这围巾可能就是那条对马尔美拉陀夫一家起巨大作用的绿呢围巾的原型。这个女仆问我要找谁，我就回答说，我是奥利欣介绍来的，她的主人知道我要来拜访他。

我还没来得及脱掉风雪帽，前室的门打开了，在明亮的房间里出现了一个年轻人，他是一个健壮的黑发男子，此刻头发散乱，上衣敞开，脚上套着一双便鞋。他看到陌生面孔，惊得喊叫一声，刹那间就闪进旁边一扇门里了。[2]

女仆请我进屋，我走进一间好像是餐室的屋子，里面的陈设相当朴素：靠墙放着两口大箱子，上面盖着小毡毯。窗边有只五斗橱，覆以白色的编织物作为装饰。沿另一面墙放着一张长沙发，在它上方有一只挂钟。我愉快地看到，此刻，这只钟上的时间正好是十一点半。

女仆请我坐下，说主人马上就来。确实，过了两三分钟，费奥多尔·米哈伊洛维奇就来了，把我请到书房里，而他自己却走开了，过后我才知道，他是去吩咐给我们送茶的。

费奥多尔·米哈伊洛维奇的书房是个有两扇窗户的大房间，那天天气晴朗，房内十分明亮，但是在其他时候，却显得相当沉闷：屋子里昏暗、寂静，由此而使人产生一种压抑感。

在房间深处放着一张长软椅，外面罩着很旧的深棕色套子，长椅前面是一张蒙着呢制红桌布的圆桌。桌子上有一盏灯和两三本画册；周围是几只软椅和圈椅。沙发上方挂着一张放在胡桃木镜框里的女人肖像，这位太太非常瘦弱，身穿黑衣服，头戴同样颜色的便帽。"这大概是陀思妥耶夫斯基的妻子，"我想，当时并不了解他的家庭情况。

在两扇窗之间，安着一面镶着黑框的大镜子。由于两窗之间的墙壁比镜子宽得多，为了方便起见，就把镜子安得靠近右窗，这样就显得很不美观。窗台上摆着两只形状很漂亮的中国大花瓶作为饰物。沿墙放有一张很大的绿色羊皮面子的长沙发，沙发旁边是一张小桌，桌子上放一只盛凉水的玻璃瓶。对面，横贯房间，放着一张写字台，后来我经常坐在这张台子旁边，记下费奥多尔·米哈伊洛维奇向我口授的文字。书房里的陈设很一般，就像我在那些并不富裕的家庭里见到的模样。

我坐在那儿，留心听着。我觉得自己马上就会听到孩子们的叫声或者玩具小鼓的噪音；要不，房门会突然打开，那位我刚才看到过照片的瘦弱的太太走进书房来。

可是进来的是费奥多尔·米哈伊洛维奇,他首先表示歉意,因为让我等了一会儿,然后问我:

"您学速记已经很久了吗?"

"总共半年。"

"您的教师有许多学生吗?"

"起初报名的有一百五十多人,现在只剩下约莫二十五个人了。"

"为什么这样少?"

"许多人本来以为速记容易学,后来发现几天之内得不到什么成效,就丢掉不学了。"

"在我们这儿,对待每件新事物都是这样,"费奥多尔·米哈伊洛维奇说,"开头的时候热情高涨,过不久就冷淡下来,直到丢掉了事。大家感到需要花力气,而现在有谁愿意花力气呢?"

乍一看,我觉得陀思妥耶夫斯基已经相当老了。可是他一开口讲话,就立刻显得年轻了些,我猜测他不过三十五岁至三十七岁。他中等个子,身子挺直。浅栗色,甚至带点棕红色的头发上涂了许多发蜡,梳得很平服。使我惊异的是他的眼睛。两只眼睛不同,一只眼睛深褐色,另一只眼睛的瞳孔扩大,几乎占据整个眼珠,连虹膜也给遮得看不见了。[①] 两只眼睛的相异赋予陀思妥耶夫斯基的目光以某种神秘的色彩。陀思妥耶夫斯基的脸毫无血色,带着病容,我觉得挺熟悉,这大概是由于我早先看到过他的肖像的缘故。他穿着一件很旧的蓝色呢上衣,但衬衫(包括领子和翻袖口)则是雪白的。

过了五分钟,女仆走进来,端上两杯浓得发黑的茶。在托盘上放着两只小白面包。我拿起杯子。我不想喝茶,加上屋子里挺热,但是为了不显得过分拘谨,我就喝了起来。我坐在靠墙一张小桌子边,而陀思妥耶夫斯基则时而在写字台旁坐下,时而在屋子里来回踱步,吸着香烟,过一会儿又把烟灭掉,重新点燃一支。他也请我吸,我谢绝了。

---

① 有一次,费奥多尔·米哈伊洛维奇癫痫病发作,在他跌倒的时候,撞在一个尖头物体上,右眼受了重伤。他在容格教授那儿求医,教授嘱咐,将阿托品药水滴入眼内,由此,他的瞳孔就大大地扩张了。——安·格·陀思妥耶夫斯卡娅注

"也许,您是为了客气才拒绝的吧?"他说。

我连忙对他肯定地说,我不仅自己不吸烟,而且不喜欢看到妇女们吸烟。

我们的谈话进行得断断续续,而且,陀思妥耶夫斯基常常转换话题。他神色疲惫,带着病态。我们还没有谈上几句话,他就告诉我,他有癫痫病,目前刚发作过,他这种坦率的态度使我大为吃惊。关于面临的工作,陀思妥耶夫斯基说得不大明确:

"工作怎么干,我们瞧着办吧,让我们试试再说,好不好?"

我开始感到,我们的合作未必能搞得成。我甚至想,陀思妥耶夫斯基还在犹豫不决,吃不准这种工作方式对他是否可行和合适,也许,他不准备干了。为了促使他作出决定,我说:

"好吧,我们来试试,不过,倘若我的协助反而给您的工作带来不便,那就务必对我直说。请相信,如果工作干不成,我是不会抱怨的。"

陀思妥耶夫斯基要我把他根据《俄国导报》读出来的文字速记下来,然后再将速记符号转写为普通文字。他开头念得太快,我就要求他停下来,请求他不要念得比平常的讲话速度快。

接着,我开始把速记记录转写为文字,我写得相当快,但是陀思妥耶夫斯基老是催促我,生怕我写得太慢。

"我可以把速记记录拿回家去转写成文字,不用在这里写啊,"我安慰他说,"我干这项工作无论花多少时间,对您来说不都一样吗?"

陀思妥耶夫斯基在检查我转写的文字时,发现漏掉了一个句号,还有一个硬音符标得不清楚,就向我尖锐地提出这一点。他显然很生气,思想不能集中。他时而问我叫什么名字,听到回答以后立即又忘掉;时而长久地在屋子里来回踱步,仿佛忘记我在场似的。我一动不动地坐着,生怕打断他的沉思。

临了,陀思妥耶夫斯基说,他此刻无论如何念不下去了,问我当天晚上八时左右能否再去。到那时,他准备口述长篇小说。虽然我去第二次不太方便,但是我不愿意耽误工作,就同意了。

陀思妥耶夫斯基在同我告别的时候说:

"奥利欣给我介绍的速记员是一位姑娘,而不是男子,我很高兴,您可知道为什么?"

"为什么呢?"

"因为男子可能酗酒,而您,我相信不会喝酒吧?"

我感到十分滑稽,但是我忍住了笑。

"我是肯定不会喝酒的,这您可以放心,"我一本正经地回答。

三

我从陀思妥耶夫斯基家出来的时候,心情十分悒郁。我不喜欢他,他给我留下了不愉快的印象。我想,我未必能与他在工作中协调一致,从而我那追求独立的理想就会化为泡影……昨天我的慈母为我即将从事新的工作而欣喜万分,这就更使我感到难过。

我是两点左右离开陀思妥耶夫斯基家的。如果乘车回家,路太远了:我住在斯莫尔尼宫附近,在科斯特罗姆街,我母亲安娜·尼古拉耶芙娜·斯尼特金娜的房子里。我决定前往住在方纳尔胡同的亲戚家,在他们那儿吃午饭,到晚上再到陀思妥耶夫斯基家去。

我的亲戚们对我的新交很感兴趣,十分详细地打听陀思妥耶夫斯基的情况。时间在谈话中很快地流逝,将近八点钟,我就到了阿朗金的房子跟前。我问了为我开门的女仆,他的主人叫什么名字。根据他在作品下面的署名,我知道他的名字是费奥多尔,但是不知道他的父名,费多西娅(女仆的名字)又要我在餐室里等待,然后跑去通报。她回来的时候,请我到书房里去。我向费奥多尔·米哈伊洛维奇问过好,就在我不久以前坐过的那个靠近小桌的位子上坐下来。但是这不合费奥多尔·米哈伊洛维奇的心意,他要我坐到写字台旁边,说我坐在那儿写字比较方便。老实说,他要我占用这张台子,使我感到特别荣幸,因为就在不久以前,陀思妥耶夫斯基在那儿伏案创作,写出了像《罪与罚》那样天才横溢的作品。

我坐到了写字台边,而费奥多尔·米哈伊洛维奇则坐在小桌边我刚才的位子上。他又询问我的姓名,同时向我打听,我是不是不久前去世的天才的青年作家斯尼特金①的亲戚。我回答说，我不过是和他同姓罢了。他又细问我家里有哪些人，我在哪儿求学，是什么促使我学习速记的，等等。

对所有的问题，我都回答得像费奥多尔·米哈伊洛维奇后来对我说的那样，简单而又认真，几乎有点严峻。我早就打定主意，如果我在私人家里干速记工作，那么，一开始就不能举止随便，而要以认真严肃的态度对待我所不熟悉的人们，使他们不会想到要对我说些无谓或放肆的话。在我跟费奥多尔·米哈伊洛维奇谈话的时候，我好像连笑也没有笑过一次，而他很欣赏我这种严肃的态度。他后来对我坦直地说，我那雍容大方的风度使他感到惊喜。他经常在社交界碰到一些女虚无主义者，她们待人接物的态度激起他的愤慨。看到我的举止风度和当时占上风的那一类年轻姑娘截然相反，特别令他高兴。

这时候费多西娅在餐室里准备好了茶，给我们端来了两杯，还有两只小白面包和柠檬。费奥多尔·米哈伊洛维奇又问我要不要吸烟，并且请我吃梨。

在喝茶的时候，我们谈得更诚恳、真挚了。我突然觉得，我好像早就认识陀思妥、耶夫斯基，心里感到轻松和喜悦。

不知怎的，谈话触及彼得拉舍夫斯基小组的成员们和死刑。费奥多尔·米哈伊洛维奇沉浸在回忆之中。

"我记得，"他说，"我站在谢苗诺夫阅兵场上，在那些被判决的难友们中间，眼见周围正在作临刑前的准备，知道我只能活五分钟了。但是，对我来说，这几分钟好比几年，几十年，我感到自己好像还要活很久！我们已经给穿上尸衣，分成三人一排，我挨在第八，站在第三排。[3] 最前面三个人被绑在柱子上。过了两三分钟，两排人被枪杀了，接着就要轮到我们了。天哪！我多么想活啊！生命多么可贵，我还可以干多少有益的事！我回忆过去，感到那些大好的时光没有很好地利用，我是多么想重新体验生活，长久地活下去……猛然间，传来停止行刑的命令，我的精神为之一振。我的那些被拴在柱子上的难友们给松了绑，押了回来，有人宣读新的判决：我被判处服苦役四年。这是我所记得的最幸福的一天！我在阿列克塞三角堡的单人囚室里走来走去，一个劲儿地唱歌，

_____

　　①　指阿列克赛·帕夫洛维奇·斯尼特金(1829—1860)，彼得堡大学学生，幽默诗人和小说家，以笔名"阿莫斯·希什金"发表作品。

唱得很响,庆幸自己被免除了死刑。后来,当局又准许我哥哥①在我远离前和我告别,在圣诞节前一天,我就启程远行了。我保存着在宣判那一天我写给如今已过世的兄长的一封信,这是不久前我的侄子②还给我的。[4]"

费奥多尔·米哈伊洛维奇的叙述使我毛骨悚然,浑身起鸡皮疙瘩。但是最使我吃惊的是,他对我,对他今天才初次见到、几乎还是个小姑娘的我竟然如此坦率。这个外表含蓄、严厉的人向我叙述他以往的生活时,谈得如此详细,如此真挚和亲切,使我不由得感到诧异。直到后来,当我熟悉了他的家庭情况之后,我才明白这种信赖和坦率的原因:当时费奥多尔·米哈伊洛维奇十分孤立,被一些对他抱敌对情绪的人所包围。[5]他急切地需要向那些怀有善意、关心他的人吐露衷曲。他在我们初次相识的那一天所表现的推诚相见的态度使我特别喜欢,给我留下美妙的印象。

我们的交谈从一个话题转到另一个话题,而工作还是没有开始。我心里很不安:时间已晚,回家的路途又很远。我本来答应母亲,离开陀思妥耶夫斯基的住处就直接回家,如今我怕她已在为我担心了。我不便提醒费奥多尔·米哈伊洛维奇我去他那儿的目的,而当他自己想起来要我动手听写的时候,我欣喜万分。我准备就绪,费奥多尔·米哈伊洛维奇则开始快步在屋子里来回走,从门边向斜对面的火炉走去,到了火炉边,总是在它上面敲两下。同时,他吸着纸烟,经常把未吸完的烟丢到放在写字台角上的烟灰缸里,尔后重又点上一支。

费奥多尔·米哈伊洛维奇口授了若干时间,就要我把写下来的词句念给他听,我刚念了头几个词,他就要我停住,说:

"怎么是'从鲁列特恩堡回来'呢?③ 难道我讲过鲁列特恩堡吗?"

"您讲过,费奥多尔·米哈伊洛维奇,您念过这个词儿。"

---

① 指米哈伊尔·米哈伊洛维奇·陀思妥耶夫斯基(1820—1864),费·米·陀思妥耶夫斯基的哥哥,翻译家,作家和戏剧家,《当代》和《时代》两杂志的出版者。

② 指小米哈伊尔·米哈伊洛维奇·陀思妥耶夫斯基(1846—1896),小名米沙,米·米·陀思妥耶夫斯基的小儿子,彼得堡音乐学院学生。

③ 后来,小说的开头改为:"我离开了两星期终于回来了。我们在鲁列特恩堡已经待了三天。"(长篇小说《赌徒》起初的篇名是《鲁列特恩堡》。)——安·格·陀思妥耶夫斯卡娅注[6]

"不可能吧!"

"请允许我问一下,在您的小说里,是否有一个城市叫这个名字?"

"有的,情节发生在一个赌城里,我把它叫作鲁列特恩堡。"①

"既然有,那您无疑念过这个词儿,要不然,我怎么会记下来呢?"

"您说得对,"费奥多尔·米哈伊洛维奇承认,"我有些搞糊涂了。"

误会解释清楚,我感到很满意。我想,费奥多尔·米哈伊洛维奇之所以出错,是由于他在全神贯注地思索,也可能是由于他这一天疲劳过度。而且,他自己也感觉到了这一点,因为他说,他不能再念下去了,要我明天十二点以前把记录带去。我答应了他的要求。

时钟敲了十一下,我准备走了。费奥多尔·米哈伊洛维奇知道我住在佩斯基,便说,城里的这个地区他没有去过,他不知道佩斯基在什么地方。如果那儿很远,那他可以打发女仆送我。我当然拒绝了。费奥多尔·米哈伊洛维奇送我到门口,吩咐费多西娅持灯在楼梯上给我照亮。

回到家里,我兴高采烈地告诉妈妈,陀思妥耶夫斯基对我如何坦率和亲切;但是,为了不使她难过,我隐瞒了过得挺有趣的这一天在我心中留下的那种我从未经受过的沉重印象。这种印象确实使人感到压抑:我生平第一次看到一个聪明、善良,但却遭到不幸、仿佛被大家遗弃的人,于是,深切的怜悯和惋惜之情在我心中油然而生……

我十分疲劳,赶紧上床,要家里人第二天早一点叫醒我,以便把速记记录转写为文字,在指定的时间交给费奥多尔·米哈伊洛维奇。

四

第二天我起身很早,立即就着手工作。速记记录比较少,但我想把文字

---

①　俄语中"鲁列特卡"(рулетка)一词的意思是"轮盘赌",因此,"鲁列特恩堡"(Рулетенбург)这个名称含有"赌城"的意思。——译者注

写得漂亮、清楚一点,这就得花工夫。尽管我时间抓得很紧,可还是迟到了整整半个钟点。

我发现费奥多尔·米哈伊洛维奇情绪非常激动。

"我还以为,"他一面向我问好,一面说,"您觉得我这儿的工作繁重,不准备再来了,而我又没有记下您的地址,我怕我口授的东西会丢失。"

"我来得那么迟,请原谅,"我道歉说,"但是,请相信我,如果我准备放弃这个工作,那我一定会通知您,而且把我记录下来的原文送交给您。"

"使我担心的是,"费奥多尔·米哈伊洛维奇解释道,"我必须在 11 月 1 号以前写完这部小说,而我却连这部新小说的提纲还没有拟好。我只知道它的篇幅至少应该有七印张,出版者是斯捷洛夫斯基。"

我向费奥多尔·米哈伊洛维奇询问详情,他便告诉我,他落入了一个极其可恶的圈套。

费奥多尔·米哈伊洛维奇在他的哥哥米哈伊尔过世以后,把兄长生前出版的《当代》杂志的全部债务都承担了下来。[7]这债务是由于期票到期付不出款而欠下的,债主们把费奥多尔·米哈伊洛维奇搞得惴惴不安,他们威胁说,要查抄他的财产,并且把他本人送进债户拘留所。在那个时候,这种事是有可能发生的。

急需还清的债务将近三千卢布。费奥多尔·米哈伊洛维奇到各处去张罗款子,但是结果并不顺利。当所有说服债主们的尝试都告失败,而费奥多尔·米哈伊洛维奇已经绝望的当儿,出版者费·季·斯捷洛夫斯基突然找上门来,说他愿意出三千卢布购买陀思妥耶夫斯基三卷集的版权。此外,费奥多尔·米哈伊洛维奇还得为这笔款子写一部新的长篇小说。

费奥多尔·米哈伊洛维奇处在危急的关头,他同意契约中的全部条件,只求摆脱失去自由的威胁。

契约是在 1865 年夏季签订的,斯捷洛夫斯基在公证人那儿交付了这笔款子。第二天,这些钱就偿付给了债主们,因此,费奥多尔·米哈伊洛维奇什么也没有到手。最气人的是,过了几天,这所有的钱又回到了斯捷洛夫斯基手里。原来斯捷洛夫斯基以极低的价钱收购了费奥多尔·米哈伊洛维奇的期票,并且通过两名代理人向他索款。斯捷洛夫斯基是个剥削我们的文学家和音乐家（皮谢姆斯基①、克列斯托夫斯基②、格林卡③）的狡猾、诡诈的家伙。[8]他惯于乘人之危，诱使他们落入他的罗网。陀思妥耶夫斯基的小说享有盛誉，出三千卢布购买他的作品的版权，这价钱太微不足道了。最苛刻的条件是，必得在 1866 年 11 月 1 日以前交出一部新的长篇小说。如果不能如期交出，费奥多尔·米哈伊洛维奇就得支付一大笔违约金；如果在同年 12 月 1 日以前还未交出，那他就要失去对自己作品的权利，它将永远归斯捷洛夫斯基所有。不言而喻，这个凶恶的吸血鬼指望达到这一步。

费奥多尔·米哈伊洛维奇在 1866 年潜心于创作长篇小说《罪与罚》，很想把它写成一部富有艺术性的作品。像他这样一个病人怎么还能写一部篇幅这样大的新作品呢？

秋天，费奥多尔·米哈伊洛维奇从莫斯科回来以后，想到自己不可能在仅仅一个半月或两个月之内履行和斯捷洛夫斯基所订契约中的条款，心情十分沮丧。费奥多尔·米哈伊洛维奇的朋友们——阿·尼·迈科夫、亚·彼·米柳科夫、伊·格·陀尔戈莫斯季耶夫[9]以及其他人想要搭救他，表示愿意帮助他写出小说的梗概。他们每个人负责写小说的一部分，这样，三四个人就能如期把这项工作完成；而费奥多尔·米哈伊洛维奇只须将小说加以编辑、校阅，把在这种工作条件下不免要出现的粗糙之处磨平、修饰。费奥多尔·米哈伊洛维奇拒绝了这个建议：他宁愿付出罚金，或者失去对作品的权利，而决不愿在别人的作品下面签上自己的名字。④这时候，朋友们就劝费奥多尔·米哈伊洛维奇找个速记员帮忙。亚·彼·米柳科夫想起他认识教速记学的老师帕·马·奥利欣，就去找了这位老师，请他上费奥多尔·米哈伊洛维奇家去一下。虽然费奥多尔·米哈伊洛维奇很怀疑他能顺利地完成这

---

①　阿列克赛·费奥菲拉克托维奇·皮谢姆斯基(1821—1881)，俄国作家，其代表作为长篇小说《一千个农奴》，他还著有长篇小说《四十年代的人们》、《小市民》等。——译者注

②　弗谢沃洛德·弗拉季米罗维奇·克列斯托夫斯基(1840—1895)，俄国作家，"反虚无主义"小说的作者。

③　米哈伊尔·伊万诺维奇·格林卡(1804—1857)，俄国作曲家，其创作对俄国民族音乐的发展有重要影响，作有歌剧《伊万·苏萨宁》、《鲁斯兰和柳德米拉》等。——译者注

④　亚·彼·米柳科夫曾在自己的回忆录中提及此事(《历史导报》，1881 年)。——安·格·陀思妥耶夫斯卡娅注[10]

项工作,但鉴于时间紧迫,他还是决定向速记员求助。

尽管我当时涉世不深,但是斯捷洛夫斯基的所作所为却使我义愤填膺。

仆人送来了茶,费奥多尔·米哈伊洛维奇便开始向我口授。看来,他难以全神贯注地工作:他经常停下来思索,要求我把记录下来的文字读一遍。过了一小时,他告诉我,他感到疲劳,想休息了。

于是我们就像昨天那样聊起天来。费奥多尔·米哈伊洛维奇激动不安,从一个话题转到另一个话题。他又问我叫什么名字,过了一分钟就忘记了。他两次递烟给我,尽管他已经听我讲过,我不吸烟。

我开始向他打听我国作家们的情况,他就变得活跃起来。他在回答我的问题时,仿佛丢开了那些难以摆脱的念头,讲得挺平静,甚至乐滋滋的。我记住了他当时所说的一些话。

费奥多尔·米哈伊洛维奇认为涅克拉索夫是他青年时代的朋友,他对后者在诗歌方面的天才给予很高的评价。他喜欢迈科夫,认为迈科夫不仅是个天才诗人,而且是个最聪明、最卓越的人。他把屠格涅夫看成第一流的天才。他只为屠格涅夫长期留居国外,因而对俄国和俄国人民不够了解而感到惋惜。[11]

我们休息了不多时间,又重新开始工作。费奥多尔·米哈伊洛维奇又激动不安起来:看来,他工作不下去了。他把原因归诸他不习惯向一个陌生人口授自己的作品。

下午四点钟,我准备回家,答应次日十二点以前把整理好的速记稿送去。在分别的时候,费奥多尔·米哈伊洛维奇交给我一叠他写东西时经常用的厚实的信纸,上面印有隐约可见的横线条,然后指点我该留出多少页边空白。

五

我们的工作就是这样开始进行的。我每天十二点以前到达费奥多尔·米哈伊洛维奇家里,下午四点钟离开。在这段时间里,他每口授半小时或半个多小时就停下来,如此重复两三次,在休息的时间里,我们喝茶和交谈。我高兴地发现,费奥多尔·米哈伊洛维奇开始习惯于新的工作方式,他的心情随着我的来到一天比一天平静了。自从我算出,我要写满多少张纸才合斯捷洛夫斯基的一印张,从而准确地估计出我们已完成的工作量——自从那时候起,他的这种心灵上的平静就特别明显。每次页数的增加都大大地鼓舞费奥多尔·米哈伊洛维奇,使他万分喜悦。他常常问我:"我们昨天写了多少页?我们总共写了多少?您认为我们能如期完成吗?"

费奥多尔·米哈伊洛维奇每天总要跟我亲切地交谈,向我吐露他生活中某些凄楚的情景。在他讲述他艰难的处境时,我心中不由自主地产生了深切的同情,看来,他老是处在逆境中而不能脱身。

我起初觉得奇怪,我怎么没有见到他家里的人。我不知道他家里有哪些人,现在他们在哪儿。我只碰到过他家庭中的一个成员,好像是我第四次上他家去的那一天。工作结束以后,我走出房子的大门,有个年轻人把我拦住,我认出他就是我第一次去拜访费奥多尔·米哈伊洛维奇的当儿,我在前室看到的那个青年。此刻他离我很近,我觉得他比那次我从远处见到时更难看。他有着一张黑中带黄的脸、一双眼白发黄的黑眼睛和一副被烟熏得发黄的牙齿。

"您不认识我吧?"年轻人毫不拘束地问,"我在爸爸那儿看到过您。我不愿意在你们工作的当儿走进来,但是我很想知道速记是怎么个玩意儿,特别是因为我最近就要开始学速记了。让我看一看。"他说着,便毫无礼貌地把公文包从我手中取走,然后把它打开,就在街上看起速记记录来。这种不礼貌的行为搞得我如此慌张,竟致没想到提出抗议。

"有趣的玩意儿,"他漫不经心地把公文包还给我。"像费奥多尔·米哈伊洛维奇这样一个和蔼、善良的人竟然有一个如此缺乏教养的儿子,"我想。

费奥多尔·米哈伊洛维奇对我越来越真挚、亲切了。他常常叫我"小鸽子"(这是他爱用的亲热称呼)、"善良的安娜·格里戈利耶芙娜"、"亲爱的姑娘",而我把这些称呼当作是长者对一个年轻姑娘、几乎还是个女孩子的厚爱。我减轻了他的劳动,又看到我的保证——工作进行得很顺利,小说能及时完成——使他精神振奋,心情愉快,我真是说不出地高兴。我暗暗感到自豪：我不仅在工作中帮助我心爱的作家，而且对他的情绪起了良好的影响。这一切提高了我在自己心目中的地位。

我不再害怕这位"名作家"，跟他谈得轻松而坦率，就像跟自己的叔伯或者老友谈天一样。我仔细询问费奥多尔·米哈伊洛维奇生活中发生的各种事情，他就十分乐意地满足我的好奇心。他告诉我他被关在彼得保罗要塞八个月中的详细情况，告诉我他怎样用敲墙的办法与隔壁的其他囚徒们交谈。[12]他又谈到他服苦役时的生活，谈到和他同时服苦役的囚犯们。他还提起他在国外的情况、他的旅行和聚会，提起他所十分喜爱的莫斯科的亲戚们[13]。有一次他告诉我，他结过婚，他的妻子[14]在三年前亡故，他还把她的相片拿给我看。我不喜欢这张相片：据他说，这是已故的陀思妥耶夫斯卡娅在她去世前一年病重的时候照的，因而模样可怕，跟死人差不多。同时，我还愉快地得知，那个我所讨厌的、毫无礼貌的年轻人不是费奥多尔·米哈伊洛维奇的亲儿子，而是他的继子，系他妻子与其前夫亚历山大·伊万诺维奇·伊萨耶夫所生。费奥多尔·米哈伊洛维奇还经常抱怨自己负债、缺钱和困难的物质状况。以后我甚至成了他经济困难的见证人。①

费奥多尔·米哈伊洛维奇所说的全是一些令人忧伤的事，有一次，我忍不住问：

"费奥多尔·米哈伊洛维奇，您为什么只提您所遭到的不幸？您还是讲讲您获得的幸福吧。"

"幸福？我还没得到过幸福，至少没有获得过我所一直想望的那种幸福。

_____

①　有一次我去工作的时候，发现一只十分可爱的中国瓷瓶不见了，这是费奥多尔·米哈伊洛维奇的西伯利亚的朋友们送给他的。我问："莫非您把瓷瓶打碎了？"——"不，没有打碎，"费奥多尔·米哈伊洛维奇回答，"而是把它拿去作抵押品了。我急需二十五卢布，不得不把它抵押出去。"过了两三天，另一只瓷瓶也不见了。

又有一次，我干完速记工作，走过餐室时看到摆好午餐的饭桌上，在餐具边放着一只木制的匙子，我就笑着对送我的费奥多尔·米哈伊洛维奇说："我知道，您今天要吃荞麦粥。"——"何以见得呢？"——"看到那只匙子就知道了。据说，用木匙吃荞麦粥味道最好。"——"您错了：我需要钱用，就把银匙子送去当抵押品了。可是比起成套的银匙子来，杂凑起来的十二只银匙子的价钱要便宜得多，但我却不得不把它们抵押出去。"

对待自己经济上的困难，费奥多尔·米哈伊洛维奇总是抱着心平气和的态度。——安·格·陀思妥耶夫斯卡娅注我在等待着它。日前我写信给我的朋友弗兰格尔男爵①②说,尽管我遭到各式各样的灾难,但我还是想望着过新的、幸福的生活。"

听了这些话,我感到心情沉重。说来奇怪,这个有才能的、善良的人,几乎已届老年,却还没有找到他所憧憬的幸福,而只能对它想望而已。

有一次,费奥多尔·米哈伊洛维奇详细告诉我,他怎样向安娜·科尔文-克鲁科夫斯卡娅③求婚,怎样为取得这位聪明、善良、有才能的姑娘的同意而欣喜,后来又怎样痛苦地向她提出解除婚约,因为他意识到,他们两人信念不同,不可能获得共同的幸福。[16]

有一次,费奥多尔·米哈伊洛维奇显得特别焦虑不安。他告诉我,他正站在路口,眼前有三条路可走:要么到东方,到君士坦丁堡④或者耶路撒冷去,可能在那儿长住下去;要么到国外去玩轮盘赌,全身心都沉浸在这种经常使他入迷的赌博中;最后一条路是重新结婚,在家庭中寻求幸福和欢乐。这几条道路一定会从根本上改变他那不幸的生活,何去何从,费奥多尔·米哈伊洛维奇彷徨不定。他知道我对他很友好,便问我:我是否可以替他出些主意?

老实说,他提出这个对我表示极度信任的问题使我感到很为难,因为我觉得,不论他想到东方去⑤的打算,还是想成为一个赌徒的愿望都是虚幻的,

---

① 亚历山大·叶戈罗维奇·弗兰格尔(1838—?),律师,外交家和考古学家,陀思妥耶夫斯基的朋友,《回忆一八五四至一八五六年费·米·陀思妥耶夫斯基在西伯利亚》(圣彼得堡,1912年)一书的作者。

② 致亚·叶·弗兰格尔的信收在《陀思妥耶夫斯基全集》,第 1 卷——《传记、书信和札记》,[页 288]。——安·格·陀思妥耶夫斯卡娅注[15]

③ 安娜·瓦西利耶芙娜·科尔文-克鲁科夫斯卡娅(雅克拉尔;1843—1887),巴黎公社的参加者,女作家。

④ 君士坦丁堡,伊斯坦布尔的旧称,是土耳其最大的城市和港口。——译者注

⑤ 在费奥多尔·米哈伊洛维奇的文件中发现的一封当时的文学基金会主席叶·彼·科瓦列夫斯基致俄罗斯帝国驻君士坦丁堡使馆负责人 A. C. 恩格利加尔德的介绍信可以证明,他打算到东方去的意图是真实的。信上标出的日期是 186[3] 年 6 月 3 日。——安·格·陀思妥耶夫斯卡娅注

叶戈尔·彼得罗维奇·科瓦列夫斯基(1811—1868),学者,旅游家,作家,枢密官;在六十年代是文学基金会的组织者和第一任主席。

不现实的；而我却知道在我的亲友中间有一些幸福的家庭，于是我便建议他重新结婚，在家庭中寻求幸福。

“您认为我还可以结婚吗？”费奥多尔·米哈伊洛维奇问，“有人愿意跟随我吗？我该选择什么样的妻子：聪明的还是善良的？”

“当然是聪明的。”

“不，如果要我选择的话，我倒要娶个善良的，能体恤我、爱我的妻子。”

在谈到他的婚姻问题时，费奥多尔·米哈伊洛维奇问我：为什么我不结婚？我回答说：曾有两个男子向我求过婚，两个人都挺不错，我很尊敬他们，但是我对他们并没有产生爱情，而我认为结婚要以爱情为基础。

“一定要以爱情为基础，”费奥多尔·米哈伊洛维奇热烈地支持我的看法，“对幸福的婚姻来说，单是相互尊敬是不够的！”

六

10月中旬的一天，在我们工作的时候，书房门口突然出现了阿·尼·迈科夫。我看到过他的照片，因而立即就认出来了。

“您的生活倒颇有古风，”他对费奥多尔·米哈伊洛维奇打趣说，“通楼梯的门开着，见不到仆人们，就是把您的整所屋子搬走都行！”

显然，费奥多尔·米哈伊洛维奇见了迈科夫很高兴。他赶紧介绍我们互相认识，称我为他的“勤恳的助手”，这使我十分愉快。阿波隆·尼古拉耶维奇听到我的姓就问，我可是不久前去世的作家斯尼特金的亲戚（这是当时的一些作家碰到我时通常提出的问题），随后，他说，他怕妨碍我们的工作，急着要走。我建议休息一会儿，费奥多尔·米哈伊洛维奇便把迈科夫领到隔壁房间里。他们谈了约莫二十分钟，在这段时间里，我把速记记录整理了一下。

迈科夫回到书房里来和我告别之际，要求费奥多尔·米哈伊洛维奇念一段文字让我速记下来。在那个时候，速记术是个新鲜事物，大家都对它感兴趣。费奥多尔·米哈伊洛维奇满足了他的要求,念了半页长篇小说。我马上把速记下来的东西读出来。迈科夫仔细地看了看速记记录,重复说:

"嘿,这玩意儿我一点也不懂!"

我很喜欢阿波隆·尼古拉耶维奇。以前他是作为诗人而受到我的喜爱,后来,我听到费奥多尔·米哈伊洛维奇赞扬他是个善良、卓越的人,这就加深了我对他的好印象。

随着时间的推移,费奥多尔·米哈伊洛维奇越来越被工作吸引住了。他已经不是当场构思,由他口述,让我速记,而是夜里拟好草稿,第二天按草稿向我口述了。有时候,他写得那么多,使我不得不把速记记录整理到深夜。可是在我第二天宣布增添的页数时,我是多么得意啊!我断言,工作进行得很顺利,一定会按时完成,费奥多尔·米哈伊洛维奇的脸上就展现出愉快的笑容,看到这笑容,我就心花怒放!

我们俩都进入了这部新小说的人物的生活,我和费奥多尔·米哈伊洛维奇都各有自己喜爱和仇恨的人物。我同情那位把财产都输光的老太太和阿斯特列伊先生,而鄙视波琳娜和小说的主人公本人,我不能原谅后者的胆怯和赌癖。费奥多尔·米哈伊洛维奇则完全站在"赌徒"那一边,说他本人就曾体验过这个人物的许多感情和印象。[17]他以自己的生活证明,一个人可能具有坚强的性格,但却敌不过自身对轮盘赌的狂热。

有时候,我对自己就长篇小说发表意见的勇气感到惊奇,对天才作家听取这些几乎是孩子般的意见和议论时所持的宽厚态度更觉诧异。在这三个星期共同工作的时间里,我先前的全部兴趣都退居到次要地位。我征得奥利欣的同意,不再去听速记学课,很少看到熟人,我把全部精力都集中到工作上和在休息时我们所进行的极其有趣的谈话上。我情不自禁地把费奥多尔·米哈伊洛维奇和我自己圈子里的年轻人作对比。我认为我所喜爱的作家的观点总是新颖的、富有独创性,相形之下,那些年轻人的言论是多么空虚和无聊!

那些对我来说是新的思想在我的脑海里产生了强烈的印象,每次我带着这些印象离开他,回到家里,就感到寂寞,一心盼望着第二天和费奥多尔·米哈伊洛维奇相见。我怀着忧伤的心情意识到,工作临近结束,我们的来往势必中断。当费奥多尔·米哈伊洛维奇说出了他和我有同样的心事、同样的想法时，我是多么惊奇和欣喜！

"您可知道，安娜·格里戈利耶芙娜[①]，我在想什么？我和您意气相投，每天友好地见面，谈得十分热烈，已经成为习惯；难道小说写完以后，这一切都得结束吗？说实话，这太令人遗憾了。我以后还十分需要您。我在哪里能见到您呢？"

"哦，费奥多尔·米哈伊洛维奇，"我发窘地回答，"山和山无法相会，人与人总能相逢。"

"可是，在哪儿相逢呢？"

"总有地方嘛，在交际场所，戏院里，音乐会上……"

"不过，您知道，我很少去交际场所和戏院。即使去了，也无法交谈，这又算是什么样的相会呢！您为什么不请我上您家去呢？"

"请来吧，我们十分欢迎您来。我倒是担心，跟我和妈妈谈话，您会觉得乏味。"

"那么，我什么时候能来呢？"

"等我们把工作干完，再来约定日子吧，"我说，"眼前我们最重要的事是完成您的长篇小说。"

11月1日——把长篇小说送交斯捷洛夫斯基的日子快到了，费奥多尔·米哈伊洛维奇担心这个家伙会忽然玩起花招来，找借口拒绝接受原稿，以达到取得违约金的目的。我竭力安慰费奥多尔·米哈伊洛维奇，答应打听一下，如果他的猜想成为事实的话，他应该怎么办。就在这个晚上，我请求母亲去找一位熟悉的律师。他建议把原稿交给公证人或者斯捷洛夫斯基所居住的那个行政区的警察分局长，不过，当然必须获得官方人士的签字证明。费奥多尔·米哈伊洛维奇向他同学的哥哥，调解法官弗列伊曼求教，后者给他出了同样的主意。

---

① 直到月底，费奥多尔·米哈伊洛维奇才把我的名字记住，在这以前，他老是忘掉，反复地问我。——安·格·陀思妥耶夫斯卡娅注

七

10月29日，我们进行了最后一次口述和笔录。长篇小说《赌徒》完成了。从10月4日起到29日，即在二十六天的时间里，费奥多尔·米哈伊洛维奇写了一部七印张、每面两栏、大开本的长篇小说，篇幅相当于通常的十印张。费奥多尔·米哈伊洛维奇对此非常满意，告诉我，如果原稿能顺利地送交斯捷洛夫斯基，他打算在饭馆里请朋友们（迈科夫、米柳科夫等）吃饭，并且预先邀我参加这次宴会。

"你上过馆子吗？"他问我。

"不，从来没有。"

"那么，我请客吃饭，您来吗？我要为我亲爱的合作者的健康干杯！要是没有您的帮助，我就不可能按时写完这篇小说。您说，您肯来吗？"

我回答说，我得征求母亲的意见，而心里却决定不去。由于腼腆、怕生，我就会显得落落寡合，这将影响大家的欢乐情绪。

第二天，10月30日，我给费奥多尔·米哈伊洛维奇带来了整理好的昨天的速记稿。不知怎的，他见到我的时候显得特别亲切，甚至我一进屋，他的脸就涨得通红。我们照例计算了一下写好的页数，发现完成的数字不少，比我们预料的要多，这使我们高兴。费奥多尔·米哈伊洛维奇告诉我，他准备当天把小说重读一遍，作某些修改，第二天早晨送交斯捷洛夫斯基。就在这时候，他把说定的五十卢布酬金付给我，紧紧地握了握我的手，同时为了我与他合作而热烈地向我道谢。

我知道，10月30日是费奥多尔·米哈伊洛维奇的生日，因此，我换下日常穿的那件黑呢子衣服，穿上一件紫色的绸衣。费奥多尔·米哈伊洛维奇看到我平时总穿着丧服，今天却换了装，以示对他的关怀，他心中十分欢喜，而且觉得紫色和我很相配。我穿了长的连衣裙显得个子高了一些，身材也更匀称了。我听到他的赞扬感到欣喜万分，但是这种喜悦的心情却被费奥多尔·

米哈伊洛维奇的哥哥的遗孀——埃米莉娅·费奥多罗芙娜①的来到破坏了。她是来祝贺他的生日的。费奥多尔·米哈伊洛维奇介绍我和她认识,并且告诉自己的嫂子:多亏我的帮助,他才能按时写完小说,从而摆脱可能遭到的灾难。尽管他说了这些话,埃米莉娅·费奥多罗芙娜对我的态度却冷淡而傲慢,这使我感到惊异和委屈。费奥多尔·米哈伊洛维奇不喜欢他嫂子那种不友善的语调,因而对我格外亲切和殷勤。他建议我翻阅一下刚出版的某本书,然后把他的嫂子领到一边,给她看某些文件。

阿波隆·尼古拉耶维奇·迈科夫走了进来。他向我点头致意,但显然没有认出我来。于是迈科夫转向费奥多尔·米哈伊洛维奇,问及他的小说的进展情况。费奥多尔·米哈伊洛维奇正在和嫂子谈话,大概没有听清他的问题,因而没有作答。这时候,我就决定替费奥多尔·米哈伊洛维奇回答。我说,小说昨天就已完成,我刚把整理好的结尾一章带来。迈科夫很快走到我跟前,伸出手来,对他没有立即认出我来,表示歉意。他解释说,这是由于他眼睛近视,也由于他觉得上次我穿着黑衣服,个子显得比此刻矮的缘故。

他开始详细打听有关小说的情况,并且询问我对它的看法。我热烈地谈论这个新的、我所珍爱的作品,说其中有几个异常生动、塑造得很成功的典型(老祖母、阿斯特列伊先生和在恋爱中的将军)。我们谈了二十分钟左右,我觉得跟这个亲切、善良的人谈话极其轻松愉快。迈科夫对我的殷勤态度使埃米莉娅·费奥多罗芙娜感到诧异,甚至有点难堪,但是她那冷淡的语调却没有改变,大概她觉得对一个……速记员如此殷勤会有损于自己的尊严。

迈科夫很快就走了。接着我也起身要走,不愿再忍受埃米莉娅·费奥多罗芙娜对我的傲慢态度。费奥多尔·米哈伊洛维奇竭力劝我留下来,尽可能缓和他嫂子对我的生硬态度。他送我到前室,并且提醒我,不要忘记请他到我家去的诺言。我再次表示欢迎他去。

"那么,什么时候我能来呢? 明天?"

"不,明天我不在家,一个中学里的女同学请我到她家去。"

---

① 埃米莉娅·费奥多罗芙娜·陀思妥耶夫斯卡娅(本姓季特马尔;1822—1879),米哈伊尔·米哈伊洛维奇·陀思妥耶夫斯基的妻子。

"后天呢?"

"后天我要去上速记课。"

"那就得11月2号啦?"

"2号,星期三,我要去看戏。"

"天哪!您所有的日子都没空!听我说,安娜·格里戈利耶芙娜,我认为您是故意这样说的。您只是不要我去罢了。请对我说实话!"

"不是这么回事,我向您保证!欢迎您到我们家去。请您11月3号,星期四晚上七点左右来。"

"要到星期四?还得等那么久!没有您在身边,我会感到多么寂寞!"

我自然把这些话当作友好的玩笑。

八

就这样,我那无上幸福的时光过去了,寂寞无聊的日子接着来到。在这一个月里,我惯于喜滋滋地赶去工作,轻松愉快地和费奥多尔·米哈伊洛维奇会面,兴致勃勃地跟他交谈,这已经成了我的需要。我对原先日常所做的事失去了兴趣,觉得它们微不足道和不必要了。就连约定费奥多尔·米哈伊洛维奇来访这件事也不能使我高兴,相反,却令我苦恼。我明白,对一个聪明睿智、天才横溢的人来说,不论我那好心的妈妈还是我,都不可能成为他的有趣的谈伴。如果说我和费奥多尔·米哈伊洛维奇的谈话迄今一直进行得很热烈,我认为那只是由于这些谈话始终围绕着我们俩都感兴趣的事业这个中心。而现在呢,费奥多尔·米哈伊洛维奇将作为客人来到我们这儿,对客人一定得"招待",引起他的兴趣。我开始考虑我们未来的话题,想到费奥多尔·米哈伊洛维奇赶到我们郊区已经十分疲劳,再加上乏味地度过一个晚上,这一切给他这个特别敏感的人留下的印象将会冲淡他对我们过去相交的回忆,他会觉得自己不该要求这种乏味的结交,——想到这儿,我就感到难受。我很想见到费奥多尔·米哈伊洛维奇,然而又希望他忘记要来访问我们的约言。

作为一个乐观的人，我想方设法给自己解闷儿，排遣自己的忧郁情绪，或者说得更确切些，打消不安的心理：我访问女友，第二天晚上则去听速记课。奥利欣一看到我，就祝贺我胜利完成工作。费奥多尔·米哈伊洛维奇在给奥利欣的信中谈到了这一点，并且感谢后者介绍了速记员，说他借助于速记员才得以顺利地写完自己的长篇小说。费奥多尔·米哈伊洛维奇还谈到，这种新的工作方法对他来说挺合适，他打算今后还要运用它。

星期四，11月3日，我一早就开始做招待费奥多尔·米哈伊洛维奇的准备工作：采购他喜爱的那种梨和他曾请我吃过的各种糖果点心。我整天觉得心神不定，快到七点的时候，我激动不安到了极点。可是钟打过了七点半，八点，他还是没有来，我已经断定，他改变了主意，或者忘记了自己的约言。到了八点半，急盼的铃声终于响了。我赶忙去迎接费奥多尔·米哈伊洛维奇，问他：

"您是怎么找到我的，费奥多尔·米哈伊洛维奇？"

"啊，终于找到啦，"他和蔼可亲地说，"听您说话的口气，好像我找到了您，您还感到不满意呢。要知道，我从七点起就开始找您，我走遍了郊区，向所有的人打听。大家都知道这儿有一条科斯特罗姆街，可是怎样走法就说不清楚了。[①] 谢天谢地，总算碰到了一个好心人，他坐上赶车人的座位，指点车夫怎样走。"

我的母亲进来了，我就急忙向她介绍费奥多尔·米哈伊洛维奇。他彬彬有礼地吻了吻她的手，说他十分感谢我对他工作的帮助。妈妈动手倒茶，费奥多尔·米哈伊洛维奇便告诉我，他向斯捷洛夫斯基送交原稿时是多么提心吊胆。正如我们所预料的那样，斯捷洛夫斯基耍了花招：他到外省去了，仆人说，不知道他什么时候回来。那时，费奥多尔·米哈伊洛维奇就上斯捷洛夫斯基的出版办事处去，打算把原稿交给办事处主任，但是后者断然拒绝接

---

① 科斯特罗姆街在尼古拉耶夫医院后面，穿过医院的大门上这条街是最近的路。晚上医院的大门上了锁，那就只能从斯隆诺夫街（现名苏沃洛夫大街）或小沼泽街进入这条街。——安·格·陀思妥耶夫斯卡娅注

受,说他的主人没有授权他办这件事。费奥多尔·米哈伊洛维奇去找公证人,但去晚了,而在警察分局,白天又见不到领导,那儿的人要他晚上去。这整整一天他是在提心吊胆中度过的,直到晚上十点钟,他才得以把原稿交给N区的警察分局,从警长手里拿到一张收据。

我们开始喝茶,谈得像平日那样愉快和从容。我先前想好的话题不得不放到一边,——引人入胜的新话题太多了。我的母亲起初对一位"著名"作家的来访有点发窘,此刻却被费奥多尔·米哈伊洛维奇完全吸引住了。费奥多尔·米哈伊洛维奇具有令人心醉神往的本领,后来我经常注意到人们,甚至对他抱有成见的人们,怎样被他的魅力所制服。

费奥多尔·米哈伊洛维奇还顺便对我说,他想休息一个星期,然后着手写《罪与罚》的最后一部。

"我想请求您的帮助,善良的安娜·格里戈利耶芙娜。我跟您在一起工作十分愉快。我以后也想口述,让您速记下来,希望您不要拒绝做我的合作者。"

"我很乐意帮助您,"我回答,"可是不知道奥利欣的看法怎么样。也许他准备让别的男同学或女同学去干您那儿的新工作。"

"可是我对您的工作方法已经习惯,对它特别满意。如果奥利欣忽然想要给我介绍另外一个可能跟我合不来的速记员,那就叫人奇怪了。不过,也许你不想再在我那儿工作? 要是这样,我自然不勉强……"

他似乎感到不痛快。我竭力安慰他说,奥利欣大概不会反对我干这项新工作,但这件事还得问一下奥利欣。

将近十一点,费奥多尔·米哈伊洛维奇准备走了,他在告别时,我答应他第一次去上课时就和奥利欣交换一下意见,然后写信告诉他。我们极友好地分别了,由于我们刚才谈得十分热烈,我回到餐室的时候,满心喜悦。可是没过十分钟,女仆进来了,告诉我,有人在黑暗中把那辆送费奥多尔·米哈伊洛维奇来的雪橇的脚垫偷走了。车夫发急了,费奥多尔·米哈伊洛维奇答应给他赔偿,他才安下心来。

我当时还很年轻,这个插曲使我惶惑不安:我觉得,这样的事件会影响费奥多尔·米哈伊洛维奇和我们之间的关系,他不愿意再到这种荒僻的地方来,像他的马车夫那样遭人抢劫。想到这个晚上过得如此美好,而美好的印象却被令人遗憾的偶然事件所破坏,我难过得掉下泪来。

九

在费奥多尔·米哈伊洛维奇访问我家的翌日,我到我姐姐玛丽娅·格里戈利耶芙娜·斯瓦特科夫斯卡娅家去待了一整天,把我在陀思妥耶夫斯基那儿工作的情况告诉了我姐姐和姐夫帕维尔·格里戈利耶维奇。我白天在费奥多尔·米哈伊洛维奇那儿工作,晚上又得誊写记录稿,只能偶尔和姐姐玛莎①见面,因而我有满肚子的话要跟她讲。姐姐听得挺专心,常常打断我的话,仔细地询问一切,她看到我精神特别振奋,便在我临走时对我说:

"纽托奇卡,你这样钟情于陀思妥耶夫斯基没什么好处。要知道,你的幻想不可能实现。他是一个身体有病、家庭负担很重、债台高筑的人,不能实现倒是一件幸事!"

我热烈地反驳说,我根本没有"钟情于"陀思妥耶夫斯基,也没有什么"幻想",只是喜欢跟这个聪明睿智、才气横溢的人谈天,感激他经常对我关心和爱护。

然而,姐姐的话使我惶惑不安,回到家里,我就问自己:难道姐姐说得对,我真的"钟情于"费奥多尔·米哈伊洛维奇吗? 难道这是我至今未曾体验过的爱情的开始? 从我这方面来说,这是多么狂妄的幻想啊! 难道这可能吗? 如果这真是爱情的开始,我该怎么办呢? 我是否婉言谢绝他提供给我的工作,今后不再和他见面,不再想到他,埋头于工作,设法逐渐把他忘掉,从而使自己的心灵恢复昔日的宁静,而这种心灵的宁静是我一直珍视的? 不过,也可能玛莎错了,我的心并未受到骚扰。在这种情况下,我又有什么理由放弃我所极其想望的速记工作,放弃伴随工作而来的那些亲切和有趣的谈

---

① 玛莎是玛丽娅的爱称。——译者注

话呢？

而且，费奥多尔·米哈伊洛维奇已经习惯于以他口授、我速记的方法写作，现在却要让他失去速记术的帮助，那太令人遗憾了；何况据我所知，在奥利欣的男女学生中间（除了两个已经有固定工作的人以外），不论就记录的速度还是如期交出文字稿来说，没有人能完全代替我。

所有这些思想在我的脑海里闪现，使我感到惊慌不安。

星期天，11月6日来到了。这一天我准备到教母那儿去祝贺她的命名日。我跟她往来并不密切，只有在节日里才去探望她。今天她家里想必有许多客人，我指望借此排解一下这几天来始终没有离开过我的抑郁情绪。教母住得很远，在阿拉尔钦桥附近，因而我准备在天黑以前动身。我差人去叫马车，自己则坐下来弹钢琴，乐声使我听不清门铃响。一个男人的脚步声引起了我的注意，我回头一望，又惊又喜，我看到进来的是费奥多尔·米哈伊洛维奇。他显得怯生生的，好像感到难为情似的。我迎着他走去。

"您可知道，安娜·格里戈利耶芙娜，我变成什么样啦？"费奥多尔·米哈伊洛维奇紧紧地握住我的手说，"这几天我一直感到很寂寞，今天一早就犹豫不定，到您家来，还是不来？来是否合适？我来得这么勤，您和您的母亲会不会觉得奇怪：星期四刚来过，星期天又来了！我下过决心不来，可您瞧，还是来了！"

"您这是哪儿话，费奥多尔·米哈伊洛维奇！妈妈和我随时都欢迎您到我们家来！"

尽管我对他作了保证，我们的谈话还是进行得不顺利。我不能克服自己惶惑不安的情绪，只是回答费奥多尔·米哈伊洛维奇的问题，自己却什么也没问。另外还有使我难堪的外在原因。我们坐在没有来得及生火的大厅里，感到很冷。费奥多尔·米哈伊洛维奇发觉了这一点。

"你们这儿可真冷，您本人今天也是冷冰冰的！"他说，发觉我今天穿了件淡灰色的绸衣服，就问我准备到哪儿去。

费奥多尔·米哈伊洛维奇知道我马上要去教母家，就说他不愿意耽搁我的时间，提出要用他的雪橇顺便把我送去。我表示同意，于是我们便上路了。雪橇驶到某个转弯的地方，费奥多尔·米哈伊洛维奇想要扶住我的腰。但是

我却跟六十年代的姑娘们那样,对诸如吻女士们的手、扶住她们腰这一类关心的表示抱有成见,我说:

"请别担心,我不会跌下去的!"

费奥多尔·米哈伊洛维奇感到委屈,说:

"哦,我真希望您马上就从雪橇上摔下去!"

我哈哈大笑,于是我们便言归于好:在途中余下的时间里,我们愉快地闲聊着,我的愁绪就此消失得无影无踪了。费奥多尔·米哈伊洛维奇在和我告别的时候紧紧握了握我的手,我答应过一天到他家去商量有关《罪与罚》的写作问题。

十

1866 年 11 月 8 日是我一生中有重要意义的一天:这一天,费奥多尔·米哈伊洛维奇对我说,他爱我,请求我做他的妻子。从那时候到现在已经过去半个世纪了,可是那一天的详情细节在我的记忆中是如此清晰,仿佛这一切就发生在一个月以前似的。

这是一个晴朗、严寒的日子。我步行去费奥多尔·米哈伊洛维奇家,因此,比约定的时间迟到了半小时。显然,费奥多尔·米哈伊洛维奇已经等了我很久。他听到我的声音,就马上走到前室来。

"您终于来了!"他高兴地说,动手帮我解开风雪帽上的带子,脱掉大衣。我们一起走进书房。这一天,书房里十分明亮,我惊异地发觉,费奥多尔·米哈伊洛维奇不知为什么情绪激动。他脸上现出兴奋的、几乎喜气洋洋的神情,这使他显得年轻多了。

"您来了,我多么高兴,"费奥多尔·米哈伊洛维奇开口说,"我真担心您会忘记自己的诺言。"

"您怎么会这样想呢? 我答应的事,总是会办到的。"

"请原谅,我知道您总是信守诺言的。又见到您了,我是多么高兴!"

"我也高兴见到您,费奥多尔·米哈伊洛维奇,而且是在您心情这么欢快的时候。您是否碰到了什么喜事?"

"是的,有喜事!昨天夜里我做了个美梦!"

"就这么件事!"我笑了起来。

"请您别笑。我认为梦有重大意义。我的梦总是预兆。如果我梦见米沙哥哥①,特别是我父亲,我就知道我要遭难了。"

"谈谈您昨天做的梦吧!"

"您看到那只大的红木箱吗?这是在西伯利亚的朋友乔坎·瓦利汉诺夫[18]送给我的,我非常珍视它。那里面存放着我的文稿、书信和珍贵的纪念物。我梦见我就坐在这只箱子前面整理文稿。突然间,有颗明亮的小星星在文稿中间一闪。我翻阅着文稿,小星星时隐时现。这引起了我的好奇心。我开始慢慢地把文稿一张张地翻过来,终于在它们中间找到了一颗极小的然而十分明亮、闪闪发光的钻石。"

"您拿它怎么办呢?"

"真糟糕,我记不得了!接着做了其他的梦,我就不知道它后来怎么样。但那是个美梦!"

"梦通常是从反面来解释的,"我说,但马上又对自己的话感到后悔。费奥多尔·米哈伊洛维奇的面色立即变了,仿佛脸上罩了一层阴云。

"那么,您认为我不会碰到什么幸福的事?这只是妄想?"他伤心地大声说道。

"我不会解梦,而且压根儿就不相信这一套,"我回答。

费奥多尔·米哈伊洛维奇饱满的情绪消失了,我感到十分遗憾,竭力想使他高兴起来。他问我平日梦见什么,我便用滑稽的口吻回答。

"我梦见次数最多的是我过去中学里的女校长,一位庄重的太太,太阳穴上有一撮老式的鬈发,经常为什么事训斥我。我还经常梦见一只棕黄色的雄猫,它有一次从我们园子的篱笆上跳下来,把我给吓坏了。"

"啊,您真是个孩子,孩子!"费奥多尔·米哈伊洛维奇笑着重复说,同时

---

① 米沙是陀思妥耶夫斯基的哥哥米哈伊尔的爱称。——译者注

温存地望了望我，"连您做的梦也那么孩子气！那么，您教母命名日的那一天，您挺开心吧？"他问我。

"很开心。吃过晚饭后，长辈们坐下来玩牌，而我们年轻人聚集在主人的书房里，高高兴兴地闲聊了一晚上。那儿有两位可爱、有趣的大学生。"

费奥多尔·米哈伊洛维奇又闷闷不乐了。这一回，他的情绪变化得如此之快，使我感到惊讶。我不知道癫痫病的性质，心想，这种情绪的迅速变化是不是病将发作的预兆，我感到害怕……

我们早就养成了一种习惯，当我来速记的当儿，费奥多尔·米哈伊洛维奇就告诉我，在我们分离的那段时间里他干了些什么，去过哪些地方。我赶紧问费奥多尔·米哈伊洛维奇，他最近几天在干什么。

"我在考虑新的长篇小说，"他回答。

"真的吗？一部有趣的长篇小说？"

"我觉得很有趣，只是小说的结尾处理不好。这儿牵涉到一个年轻姑娘的心理。如果我在莫斯科，我就去问我的外甥女索涅奇卡[19]，现在我只能求您帮助了。"

我怀着自豪的心情欣然同意"帮助"这位天才的作家。

"您那部长篇小说的主人公是什么人？"

"是个艺术家，这人年纪已经不轻了，一句话，跟我差不多年纪。"

"请您谈谈小说的内容，您谈谈吧，"我请求道，对那部新的长篇小说很感兴趣。

于是，应我的请求，费奥多尔·米哈伊洛维奇便滔滔不绝地谈出了他那引人入胜的即兴之作。无论在这之前或以后，我都没有听到过他谈得像这一次那样热情洋溢，他越往下谈，我越清楚，费奥多尔·米哈伊洛维奇在谈的是自己的身世，只是改变了人物和环境罢了。这些事他过去曾经粗略地、零零星星讲给我听过。如今，他那详细而连贯的叙述使我知道了很多他与已故的妻子和亲属之间发生的事情。

在这篇新的小说中也讲到艰苦的童年，幼年丧父，又遭厄运（重病），疾病使艺术家脱离生活和他心爱的艺术达十年之久。后来他重新投入生活（艺术家病愈），与他所爱的女人相逢，接着是这种爱情给他带来的痛苦，妻子和亲人(心爱的姐姐)的亡故,贫穷,债务……

主人公的精神状态,他的孤独,对亲人们的失望,对新生活的憧憬,对爱情的需求,对重新获得幸福的渴望,——这一切被描绘得如此生动和完美,很明显,这是作者亲身的体验,而不只是他的艺术想象的成果。

费奥多尔·米哈伊洛维奇在描绘他的主人公的时候,不惜运用阴暗的色调。按照他的说法,主人公是个未老先衰的人,害上了不治之症(手麻痹症),老是郁郁不乐,猜疑心很重;虽然心肠很软,但不善于表现自己的感情;他可能是个有才能的艺术家,但却屡遭失败,一生中从未以他所想望的那些形式来体现他的思想,为此,他常常感到苦恼。

我发觉小说的主人公就是费奥多尔·米哈伊洛维奇本人,于是我便忍不住打断他的话说:

"我说,费奥多尔·米哈伊洛维奇,您为什么这样委屈您的主人公?"

"我看出,您不喜欢他。"

"相反,我十分喜欢他。他心地很好。您想想,他遭到多少不幸,却全都毫无怨言地忍受了下来!如果换了别人,生活中经受了这么多的苦难,肯定会变得冷酷无情,可是您的主人公却仍然爱人们,而且还帮助他们。不,您对他完全不公正。"

"是的,我同意,他确实有一颗善良、爱人的心。您了解他,我是多么高兴啊!"

"就这样,"费奥多尔·米哈伊洛维奇继续讲他的故事,"在艺术家生活中的这个决定性的时期,他碰到了一个年轻的姑娘,年纪跟您相仿,或者大一两岁。如果我们不把她称作女主人公,那么,就叫她安尼娅吧。这是个可爱的名字……"

这些话使我更加确信,他所说的女主人公就是指他过去的未婚妻安娜·瓦西利耶芙娜·科尔文-克鲁科夫斯卡娅。那时候,我完全忘记了我也叫安娜——我几乎没想到,这个故事跟我有关系。最近,费奥多尔·米哈伊洛维奇曾对我说起,他不久前收到安娜·瓦西利耶芙娜从国外寄来的一封信,新小说的题材可能是在这封信的影响下产生的。[20]

女主人公的形象与男主人公的形象不同,是以另一种色调描绘的。按照

作者的说法,安尼娅温柔,聪颖,善良,乐观,待人接物很有分寸。我在那时候很看重女性的美,就忍不住问:

"您的女主人公漂亮吗?"

"当然,算不上是个美人儿,但是长得挺不错。我喜欢她的脸。"

我感到费奥多尔·米哈伊洛维奇泄漏了秘密,我的心发紧了。我胸中充满了对科尔文-克鲁科夫斯卡娅的敌意,便说:

"不过,费奥多尔·米哈伊洛维奇,您太美化您的'安尼娅'了。难道她是这样的吗?"

"就是这样的!我深深地了解她!"费奥多尔·米哈伊洛维奇继续讲他的故事,"艺术家经常在一些艺术团体里碰到她,他越经常看到她,就越喜欢她,就越相信,他跟她在一起会得到幸福。然而,他感到自己的梦想几乎不可能实现。事实上,他,一个衰老的病人,再加上负债累累,又有什么可以给予这位健康、年轻、乐观的姑娘呢?从年轻姑娘这方面来说,对艺术家的爱情是不是极大的牺牲,过后她是否会痛悔自己把命运跟他联系在一起?况且,一般说来,一个年轻姑娘,性格和年龄都与艺术家相去很远,是否可能爱上我的艺术家呢?从心理学方面来说,这是不真实的吧?正是这个问题,我很想听听您的意见,安娜·格里戈利耶芙娜。"

"为什么不可能?既然您说,您的安尼娅不是个头脑空虚、卖弄风情的女人,而有着一颗善良、美好、同情别人的心,那么,她为什么不能爱上您的艺术家呢?他有病,又穷,这有什么呢?难道爱一个人只是为了他的外貌和财富吗?从她这方面来说,又谈得上什么牺牲呢?如果她爱他的话,她本人就会感到幸福,她永远也不会后悔的!"

我讲得很热烈。费奥多尔·米哈伊洛维奇激动地望着我。

"您真的相信她会衷心爱他,终生不渝?"

他沉默了一会儿,好像迟疑不决似的。

"假如您现在处在她的地位,"他用颤抖的声音说,"请您设想,这个艺术家就是我,我向您倾诉爱情,请求您做我的妻子。您说说,您怎么回答我呢?"

费奥多尔·米哈伊洛维奇的脸上现出如此惶惑不安和真诚的痛苦表情,使我终于明白,这不仅仅是文学上的谈话;如果我给予支吾搪塞的回答,那就

会严重伤害他的自尊心和自豪感。我朝费奥多尔·米哈伊洛维奇那激动不安、使我感到如此可爱的脸瞥了一眼,说:

"那我就回答您,我爱您,而且终生不渝!"

我不想把费奥多尔·米哈伊洛维奇在那令人难忘的时刻里所说的那些温柔的、充满爱恋的话语再重复一遍:它们对我来说是神圣的……

这巨大的幸福使我震惊,差点儿把我压倒了,我很久不能相信,这是真的。我记得,差不多过了一小时,当费奥多尔·米哈伊洛维奇把我们未来的计划告诉我、征求我的意见时,我回答他:

"我此刻哪能讨论什么事!我太幸福了!!"

我们不知道情况会有什么变化,什么时候才能举行婚礼,所以决定暂时不告诉别人,除了我的母亲。费奥多尔·米哈伊洛维奇答应第二天到我们家来待整个晚上,并且说,他将急不可耐地等待着我们的会面。

他送我到前室,小心地替我戴上风雪帽。我刚要走出门,费奥多尔·米哈伊洛维奇把我叫住,说:

"安娜·格里戈利耶芙娜,我现在才知道那钻石在哪儿。"

"莫非您记起了那个梦?"

"不,我没有记起来。但我终于找到了它,而且决心终身把它保藏好。"

"您错了,费奥多尔·米哈伊洛维奇,"我笑着说,"您找到的不是钻石,而是一块普通的小石子。"

"不,我相信,这一次我错不了。"费奥多尔·米哈伊洛维奇在跟我告别的时候严肃地说。

十一

我从费奥多尔·米哈伊洛维奇那儿回来的时候,内心充满了喜悦。我记得一路上我几乎都在大声呼叫着,忘记了过路的行人:

"天啊,我多么幸福!难道这是真的?莫非这不是梦?难道他会做我的丈夫?!"

　　街上喧闹的人声使我慢慢清醒过来,我忆起,我曾被邀请去亲戚家参加庆祝我堂弟米哈伊尔·尼古拉耶维奇·斯尼特金①命名日的午宴。我上面包铺(那时候糖果点心店很少)买了庆祝命名日的大馅饼。我喜不自胜,觉得所有的人都善良、可爱,老是想说些使人高兴的话。我控制不住自己,看到那个卖馅饼的德国姑娘,便说:

　　"您的脸色多好啊,您的发型又那么美!"

　　我在亲戚家碰到许多人,但是我母亲却不在那儿,虽然她答应去赴宴的。这使我感到不快:我渴望快点把自己的喜事告诉她。

　　宴会上大家都很高兴,但是我的举止十分古怪:一会儿跟大家说笑,一会儿独自沉思,没听到别人对我说的话;一会儿又答非所问,甚至把一位先生称作费奥多尔·米哈伊洛维奇。大家开始取笑我,我推托说,偏头痛又犯了。

　　我的妈妈终于来了。我跑到前室去找她,搂住她,在她耳边小声说:

　　"祝贺我吧,我要做新娘了!"

　　我只能说到这儿,因为主人们急着来迎接我妈妈了。我记得妈妈那天晚上不时用探究的目光朝我望,大概吃不准当时在场的我的爱慕者中间,我究竟准备嫁给哪一个。直到回到家里,我才告诉她,我要嫁的是陀思妥耶夫斯基。我不知道妈妈听到这个消息是否感到高兴;我认为,她并不高兴。作为一个久经世故的人,她不可能不预见到,这件婚事将使我经受许多痛苦和磨难,这不仅由于我未来的丈夫患有可怕的疾病,而且也由于他经济拮据。但是她并没有试图劝阻我(像别人后来所做的那样),我为此很感激她。不过,又有谁能说服我放弃我所面临的这一巨大的幸福,它对我们俩来说是实在的、真正的幸福,尽管在我们以后的共同生活中出现了许多艰难和困苦。

　　翌日,11 月 9 日那一天,对我来说,真是度日如年。我什么事也做不进,老是回想着昨天我们谈话的详情细节,甚至把它记在自己的速记本里。

　　晚上六点半,费奥多尔·米哈伊洛维奇来到我家,他一开始就表示歉意,说他比约定的时间早到了半小时。

---

　　①　米哈伊尔·尼古拉耶维奇·斯尼特金,儿科医生。

"我实在等不及了,渴望尽快见到您!"

"Nous sommes logées à la même enseigne,"①我笑着回答说,"我整整一天什么事也没干,老是想到您,您来了,我太幸福啦!"

费奥多尔·米哈伊洛维奇立刻注意到,我穿着一套颜色鲜亮的衣服。

"我上您家来的路上,一直在想,您脱掉了丧服[21],还是现在仍旧穿着黑裙子。瞧您,穿上玫瑰色的衣服啦!"

"我心里那么高兴,怎能不穿这样的衣服呢! 自然,在我们没有宣布结婚以前,我在公开场合还是穿丧服,而在家里,为了您,我要穿得鲜亮一点。"

"玫瑰色和您挺相配,"费奥多尔·米哈伊洛维奇说,"您穿着这衣服显得更年轻了,就像个小姑娘。"

看来,我那年轻的模样使费奥多尔·米哈伊洛维奇感到不安。我就笑着向他断言,我马上就会变老的,虽然这是说着玩的,但是在我的生活中,由于种种情况,这句预言终于应验了。说得更确切些,我不是变老,而是竭力使我的穿着和谈吐显得那么老成持重,以致我和我丈夫年龄之间的差距很快就不易被人察觉了。

我的母亲走了进来。费奥多尔·米哈伊洛维奇吻了吻她的手,说:

"您想必已经知道,我向您的女儿求了婚。她答应做我的妻子,这使我感到万分幸福。我希望您能同意她的选择。安娜·格里戈利耶芙娜说了您那么多好话,使我一直对您怀有敬意。我向您保证,我一定竭尽全力,使她幸福。同时,我要做您的最忠实、最热诚的亲属。"

应该为费奥多尔·米哈伊洛维奇说句公道话,在我们共同生活的十四年间,他对我的母亲一直很孝敬、亲热,真诚地爱她,尊敬她。

费奥多尔·米哈伊洛维奇说这短短的几句话时,态度庄重,但有点慌乱,他后来自己也发觉了这一点。妈妈深受感动,拥抱了费奥多尔·米哈伊洛维奇,请求他爱我、保护我,她甚至放声大哭起来。

我赶紧插话,使这个对费奥多尔·米哈伊洛维奇来说可能有点尴尬的场面不再继续下去,我说:

---

① 法语:我们俩都经受着同样的苦恼。——译者注

"亲爱的妈妈,请您快点给我们准备茶! 费奥多尔·米哈伊洛维奇都冻坏了!"

仆人端来了茶,我们手中捧着杯子,舒舒服服地坐在柔软的老式圈椅里,开始兴致勃勃地谈起天来。

过了将近一个钟头,传来了门铃声,女仆通报说,来了两个年轻人——我们家的常客。此刻,这两个不速之客的来临使我十分恼怒,我请求我的母亲:

"妈妈,请您去对他们说,我很抱歉,此刻在头痛。"

"请让他们来吧,安娜·尼古拉耶芙娜,"费奥多尔·米哈伊洛维奇打断了我的话,转过身来对我轻声说,"我想看到您和年轻人相处。直到现在为止,我只看到您和我们这些老头儿在一起。"

我微微一笑,要女仆招呼客人们进来。我向他们介绍了费奥多尔·米哈伊洛维奇,并且道出了他的姓名。年轻人出乎意外地碰上了一位名作家,心里有点儿发憷。他们看到我们这儿有点节日的气氛,为了说明原委,我就对客人们说,他们恰巧赶上我们在庆祝我们共同的工作———一部新小说的完成。我很想引大家说话,使费奥多尔·米哈伊洛维奇参加进去。一个年轻人问我,昨天我害偏头痛,现在是否好了,我就抓住这个话题,说:

"我头痛,这都怪您,因为您老是吸烟,吸得太多了。不应该多吸烟,您说对吗,费奥多尔·米哈伊洛维奇?"

"这我没法儿评判,因为我自己吸烟就多。"

"可这对健康不是有害吗?"

"自然有害,但这是一种习惯,很难去掉。"

费奥多尔·米哈伊洛维奇单单说了这么一句话。我没法儿引他再谈下去了。他吸着烟,不时探究地朝我和客人们望望。两个年轻人有点发窘了,显然,陀思妥耶夫斯基这个名字使他们敬畏。客人们说,昨天我离开亲戚家后,大家作出决定,打算去看谢罗夫①的《犹滴》,委托他们来打听一下,我哪天有空,以便去订包厢。

---

① 亚历山大·尼古拉耶维奇·谢罗夫(1820—1871),作曲家和音乐评论家,与陀思妥耶夫斯基保持友好关系。

　　我很客气地,但又坚决地表示,我不准备去看歌剧,因为我眼前得加紧学习速记,以便追上同学们。

　　"那么,11 月 15 日那天的音乐会是否准备去呢? 您可是答应过我们的!"两个年轻人不痛快地说。

　　"由于同样的原因,音乐会我也不准备去。"

　　"可是您去年在这样的音乐会上却显得兴致勃勃。"

　　"还提去年的事! 从那时候起,多少日子过去啦,"我用教训的口气说道。

　　两个年轻人感到待在这儿是多余的,就站起身来要走了。我没有挽留他们。

　　"好啦,您对我满意了吧?"客人们走了以后,我问费奥多尔·米哈伊洛维奇。

　　"您叽叽喳喳,就像小鸟儿似的。只可惜您断然放弃您过去感到兴趣的一切,就此把爱慕您的人给得罪了。"

　　"去他们的! 我现在才不把他们放在心上呢! 我只需要一个人:我珍贵的、心爱的、卓越的费奥多尔·米哈伊洛维奇!"

　　"我对您来说是这么珍贵、这么可爱?"费奥多尔·米哈伊洛维奇说道,于是亲切的谈话重又开始,持续了整个晚上。

　　那是何等幸福的时光,当我忆起它的时候,我是多么深切地感谢命运之神啊!

十二

　　我们决定把我们订婚的事向亲友们保密,但是这个决定只维持了不过一星期。我们的秘密非常意外地被揭露了。

　　费奥多尔·米哈伊洛维奇来我家的时候,他所乘的出租马车是按钟点租用的,从七点到十点。马车往返的路程比较长,在这段时间里,对普通老百姓抱有好感的费奥多尔·米哈伊洛维奇通常总是跟马车夫聊天。他渴望向人诉说自己的幸福，就把自己的喜事讲给车夫听。有一次，他从我们那儿回到了家，在口袋里找不到零钱，便对车夫说，他马上派人把钱送去。女仆拿着钱出来了。大门口站着三个马车夫，她不知道该把钱付给哪一个，就问，刚才是谁把"老爷"送来的？

"您说的是快要当新郎的那位先生吗？是我送来的。"

"什么新郎？是我们老爷，不是新郎。"

"是新郎！他亲口告诉我，他快要当新郎了。我连新娘都见过啦，那是在她打开大门的时候。她把他送出来，高兴得什么似的，老是在笑！"

"你是从哪儿把老爷送来的？"

"从斯莫尔尼宫附近。"

费多西娅知道我的地址，猜到了她老爷的新娘是谁，便赶紧把这消息告诉了帕维尔·阿列克桑德罗维奇。

第二天，费奥多尔·米哈伊洛维奇向我述说了这件事的经过情况（他详细地询问了费多西娅），而且说得那么有声有色，使我永远也忘不了。

当我问，他的继子对我们订婚的消息有什么想法时，费奥多尔·米哈伊洛维奇面有难色，看样子，他不希望我详细打听。我却坚持要他谈清楚。费奥多尔·米哈伊洛维奇哈哈大笑起来，向我讲述，这天早晨帕沙①来到他的书房里，身上穿一套礼服，鼻子上架着一副蓝色的眼镜，通常只有在隆重的场合，他才会这样穿戴。他告诉费奥多尔·米哈伊洛维奇，他听说继父即将结婚；这个决定对他有着切身的关系，而费奥多尔·米哈伊洛维奇在决定自己命运的时候，竟然不同自己的"儿子"商量一下，征求他的意见，这使他感到震惊，诧异而且愤慨。"儿子"请"父亲"想一想，他已经是个"老头儿"，不论按年龄或精力来说，他已无法建立新的生活；"儿子"还提醒说，费奥多尔·米哈伊洛维奇有着别的义务，等等，等等。

据费奥多尔·米哈伊洛维奇说，帕维尔·阿列克桑德罗维奇讲话的口气"傲慢，夸张，带着教训人的味道"。继子的这种口吻气得他失去了自制力，

---

① 帕沙是帕维尔的爱称。——译者注

他叫嚷起来,把继子赶出了书房。

过了两天,我得知费奥多尔·米哈伊洛维奇发病,来到他家里,他的继子没有出来见我。他在餐室里移动着什么东西,弄出很大的声响,还怒气冲冲地骂女仆,为的是要我知道,他在家。到下一次我去(过了一星期)的时候,帕维尔·阿列克桑德罗维奇大概遵照继父的吩咐,走进书房来,向我冷淡而生硬地祝贺,过后,约莫有十分钟,一声也不吭,现出委屈和愁闷的样子。可是费奥多尔·米哈伊洛维奇那一天的情绪却特别好,我也很愉快,我们俩感到那么幸福,压根儿就不去注意帕维尔·阿列克桑德罗维奇那严肃而矜持的神情。后来,他发觉他那冷冰冰的样子不能影响我们之间的感情,而只能惹恼费奥多尔·米哈伊洛维奇,他便开始对我客气、殷勤起来,虽然也不放过机会对我说几句挖苦的话。

十三

对我们来说,订婚以后那段幸福的时光一转眼就过去了。从表面上来看,日子过得挺单调:我借口速记工作紧张,随便哪家都不去,也不请任何人来做客,既不参加音乐会,也不上剧院。只有一个晚上是例外,那一晚上演阿列克赛·托尔斯泰①伯爵的剧本《伊凡雷帝之死》,我去看了戏。

费奥多尔·米哈伊洛维奇很推崇这个剧本[22],想跟我一起去看戏。他订了包厢,除了我,还邀请了埃米莉娅·费奥多罗芙娜和她的子女们以及帕维尔·阿列克桑德罗维奇。无论我和费奥多尔·米哈伊洛维奇交流观感使我多么愉快,但是有这些对我不友好的人在场,我总觉得苦恼。埃米莉娅·费奥多罗芙娜公开表现出自己的反感,到头来,我终于感到十分沮丧,这立即被费奥多尔·米哈伊洛维奇发觉了。他问我是怎么回事,我推托说,头痛得难受。

---

① 阿列克赛·康斯坦京诺维奇·托尔斯泰(1817—1875),俄国小说家、诗人和戏剧家。

　　然而,这个不愉快的夜晚并不能破坏我幸福的情绪。我的心里总是感到无上的幸福。我过去老是自己找活儿做,现在却什么事也不干。我整天思念着费奥多尔·米哈伊洛维奇,回忆前一天跟他的谈话,急不可耐地等待着他今天再来。他通常七点钟到我家,有时候是六点半。他来时,桌上的茶炊总是滚开的。冬天到了,费奥多尔·米哈伊洛维奇来我们这儿路远,我担心他会受凉。他一走进房间,我就赶紧递给他一杯热茶。

　　我认为他每天来看我是一种很大的牺牲,我怜惜他,就违反自己的意愿,劝他有时候隔天来。而费奥多尔·米哈伊洛维奇却向我断言,到我们家来在他是一种乐趣,他待在我这儿感到精神愉快,内心平静;他要每天来看我,除非我认为这样做对我是一种负担。他这话是说着玩的,因为他知道我看到他总是乐得什么似的。

　　喝过茶,我们就在古老的圈椅里坐下来,而在我们中间的小桌上放着各式各样的点心和糖果。费奥多尔·米哈伊洛维奇每晚总带来从"芭蕾"(他喜爱的一家糖果店)买来的糖果。我知道费奥多尔·米哈伊洛维奇手头拮据,劝他不要带糖果来,但是他认为未婚夫送礼物给未婚妻是一种古老的良好习俗,他不应该违反它。

　　我也经常准备好费奥多尔·米哈伊洛维奇所喜爱的梨子、葡萄干、海枣、杏干、软果糕,数量不多,但总是又新鲜,又好吃。我特意亲自跑商店,寻找一些不常见的东西,让费奥多尔·米哈伊洛维奇尝新。他觉得惊奇,肯定地说,只有像我这样的美食家才能觅到如此的美味。我却硬说他是个大美食家,临了,我们还是不能断定,我们之中到底哪一个在这方面更应受谴责。

　　到了十点钟,我开始催促费奥多尔·米哈伊洛维奇回家。我母亲的房子所在的那个地区很偏僻,我怕他会出什么事。头几个晚上,我向费奥多尔·米哈伊洛维奇建议,让我们的扫院人送他,但他连听都不愿听。他向我保证,没什么可怕的,如果有谁向他袭击,他自己对付得了。他的保证并不能使我放下心来,我就吩咐扫院人悄悄地跟在他的雪橇后面,保持十五至二十步的距离,一直到雪橇转了弯,驶入热闹的斯隆诺夫街。

　　有时候,费奥多尔·米哈伊洛维奇不能来看我:在文学晚会上朗诵或者应邀赴宴。碰到这种场合,我们前一天晚上就约定,我第二天下午一点钟以

前到费奥多尔·米哈伊洛维奇那儿,一直待到五点钟。我怀着深情回忆起他怎样劝我再坐"十分钟,一刻钟",他抱怨说:

"你想想,安尼娅,我要一昼夜见不到你啊!"

有时候,就在同一天晚上,他从客人们中间溜走,或者表演完自己的朗诵节目以后,于九点钟或者九点半赶到我这儿,得意洋洋地说:

"瞧我像小学生那样逃跑了!即使让我们坐上半个钟点也好!"

不用说,我欢欣雀跃,竟然当天又看到了他。

费奥多尔·米哈伊洛维奇来到我家的时候总是情绪很好,兴致勃勃,喜形于色。我常常感到纳罕,外面怎么会传说他性情悒郁、阴沉,我在熟人那儿听到过,也在文章中看到过这种说法。[23]写到这里,我想起了下面的事:有一次,当费奥多尔·米哈伊洛维奇向我详细打听有关我的速记学老师帕·马·奥利欣的情况时,他说:

"这个人多愁闷啊!"

我哈哈大笑起来。

"呀,你知道帕维尔·马特维耶维奇和你见面以后说了些什么?'我推荐您到作家陀思妥耶夫斯基那儿去工作,不过我不知道您是否跟他亲近得起来——我觉得他是个十分悒郁、愁闷的人!'而你现在谈对他的看法,恰好跟他对您的看法一模一样!实际上,你们俩一点也不悒郁、愁闷,只是给人这么一种感觉而已。"

"那么,你是怎样回答奥利欣的呢?"费奥多尔·米哈伊洛维奇好奇地问。

"我说,我干吗要跟陀思妥耶夫斯基亲近?我要尽可能使他的工作完成得好一点,至于陀思妥耶夫斯基本人,我至今一直尊敬他,甚至对他有点畏惧!"

"你瞧,尽管奥利欣这样说,我跟你却十分亲近,而且终身都亲近,对吗,我亲爱的安尼娅?"费奥多尔·米哈伊洛维奇亲昵地对我望望,问道。

如果说,费奥多尔·米哈伊洛维奇来到我家的时候心绪很好,那么,我是兴高采烈,顽皮淘气,唠唠叨叨,我发出银铃般的声音,只要碰到一丁点小事,我就放声大笑起来,这时候,费奥多尔·米哈伊洛维奇就把两手一拍,带着滑

稽的惊恐表情,叹道:

"呀,你说说,我对你这样的孩子该怎么办呢?那个到我家来速记的严肃的、几乎冷酷无情的安娜·格里戈利耶芙娜到哪儿去啦?肯定有人把她给换掉了!"

我立刻装出一副傲慢的神态,开始用教训的口气跟他说话。临了,两个人都哈哈大笑。

不过,我也有不高兴的时候。当费奥多尔·米哈伊洛维奇扮演"装得年轻的老头儿"的角色时,我就感到很不痛快。他能接连几小时用他的主人公,《叔叔的梦》中的老公爵的语言和思想说话。他说出了别出心裁、出人意料的想法,讲得兴致勃勃而富有才华,但是当他的这些话用一个装得年轻、完全不合时宜的小老头儿的口气说出来的时候,我总是感到不舒服,而使谈话转移到别的事情上去。

在这幸福的三个月里,我们还有什么事没谈到啊!我详细地询问费奥多尔·米哈伊洛维奇有关他的童年和青年时代,有关工程学校,有关他的政治活动、流放西伯利亚以及流放回来以后的情况……

"我想知道你的全部情况,"我说,"清楚地看到你的过去,了解你的整个心灵!"

费奥多尔·米哈伊洛维奇欣然回忆自己幸福、安逸的童年,怀着热烈的感情谈到了他的母亲。[24]他特别喜欢哥哥米沙和姐姐瓦莲卡。他的弟弟和妹妹并没有给他留下深刻的印象。我向费奥多尔·米哈伊洛维奇询问他的恋爱史,使我感到奇怪的是,据他回忆,他年轻时没有对任何女人产生过认真热烈的爱情。我认为其原因在于,他很早就开始脑力劳动。他专心致志于创作,因而个人生活就退到了次要地位。后来他一心只想到政治事件,为此他受到了残酷的惩罚。[25]

我试图向他打听他亡妻的情况,但是他不乐意提到她。奇怪的是,在我们以后的夫妇生活中,费奥多尔·米哈伊洛维奇从来也不提玛丽娅·德米特里耶芙娜,除了有一次,在日内瓦,他曾提到过,这待我以后再叙。[26]

相比之下,提到他过去的未婚妻科尔文-克鲁科夫斯卡娅,他要乐意得多。我问费奥多尔·米哈伊洛维奇,他为什么解约,他回答说:

"安娜·瓦西利耶芙娜是我一生中所碰到的最好的女性之一。她非凡聪明，见识很广，有文学修养，还有一颗极好的、善良的心。这是一位道德高尚的姑娘；但是她和我的信念截然相反，而她又不愿让步，她太耿直了。因此，我们如果结合，未必能幸福。我向她提出取消前约，衷心希望她遇到一个与她思想相同的人，与他在一起才能幸福！"

费奥多尔·米哈伊洛维奇在他的余生中始终跟安娜·瓦西利耶芙娜保持最良好的关系，把她当作自己忠实的朋友。我们结婚六年以后，我认识了安娜·瓦西利耶芙娜，我们成了朋友，彼此真诚地喜爱。费奥多尔·米哈伊洛维奇说她才智出众、心地善良、品格高尚，这是完全正确的；但是他相信他们俩如果结合，未必会幸福，这也同样正确。每一对夫妇，如果要和睦地相处，让步是必要的，特别是跟像费奥多尔·米哈伊洛维奇那样由于疾病而往往变得病态、易怒的人结为夫妇，更其需要如此，而安娜·瓦西利耶芙娜却不肯让步。而且，她当时过分关心政党之间的斗争，这使她无法多照顾家庭。随着年岁的增长，她有了改变，我记得她后来成了一位贤妻和良母。

安·瓦·科尔文-克鲁科夫斯卡娅(有名的索菲娅·瓦西利耶芙娜·科瓦列夫斯卡娅①的姐姐)命途多舛。和费奥多尔·米哈伊洛维奇解除婚约以后，她出国了，在那里遇到法国人雅克拉尔先生。她爱上了他，和他结了婚。在巴黎公社时期，他，作为一个狂热的社员，被判死刑，监禁在靠近德国边境的一个要塞里。安娜·瓦西利耶芙娜的父亲用两万法郎收买了一个关键人物，使雅克拉尔有可能逃往德国。[27]随后，雅克拉尔-科尔文(根据国外的习俗，他把妻子的姓和自己的姓结合在一起)带着全家迁至彼得堡，在当地的女子中学里觅得一个法语教师的职务。雅克拉尔和妻子相处得很和睦，但他怀念祖国，这使安娜·瓦西利耶芙娜十分担忧。不久，他们的经济情况趋于恶化：他动用了安娜·瓦西利耶芙娜结婚时娘家陪送的一大笔钱，结果事情很不顺利；过了几年，他们只保存下一所坐落在瓦西列夫岛上的房子，而且，为了借得巨额的款子，他们已经把房子抵押给了别人。破产对安娜·瓦西利耶

---

① 索菲娅·瓦西利耶芙娜·科瓦列夫斯卡娅(本姓科尔文-克鲁科夫斯卡娅；1850—1891)，数学家，哲学博士，文学硕士。

芙娜的打击是那么大，以致本来就羸弱的她得了重病。这时候她的丈夫获准回国，就把她带往巴黎。为了奔走讼事，他们不得不常常回到彼得堡。在她病故之前，我通过康·彼·波别多诺斯采夫①，给她办了一件事：当局认为她的丈夫在政治上不可靠，限他在两天内离开首都，我为他奔走，使当局把两天的期限延长到几个星期，以便他处理好事务，护送有病的妻子和幼小的儿子到国外去。[28]安娜·瓦西利耶芙娜于 1887 年在巴黎去世。

十四

在我们晚间进行的一次谈话中，费奥多尔·米哈伊洛维奇问我：

"你说说，安尼娅，你可记得，你是哪一天开始意识到你爱我的？"

"要知道，我亲爱的，"我回答，"我从小就熟悉陀思妥耶夫斯基的名字：我从十五岁起就爱上了你，或者，说得更确切些，爱上了你的一个主人公。"

费奥多尔·米哈伊洛维奇笑了起来，把我的话当作戏言。

"不是开玩笑，我是认真讲的！"我接着说，"我的父亲很喜欢读书，当他谈到现代文学的时候，总是说：'唉，现在都是些什么样的作家啊？在我那个时代有普希金、果戈理、茹科夫斯基！年轻的作家中有小说家、《穷人》的作者陀思妥耶夫斯基。这是个真正的天才。遗憾的是他卷入了政治事件，流放到了西伯利亚，如今杳无音信了！'

"可是，当我父亲得知陀思妥耶夫斯基两兄弟要出版新的杂志《当代》时，他是多么高兴，他喜滋滋地告诉我们：'陀思妥耶夫斯基回来啦，谢天谢地，这个人没有完蛋！'

"我记得 1861 年夏天，我们是在彼得高府②度过的。妈妈每次进城去买

---

① 康斯坦京·彼得罗维奇·波别多诺斯采夫（1827—1907），国务活动家，法律学家，1872 年起为枢密院大臣，1880 至 1905 年任正教院总监。

② 彼得高府是彼得宫的旧称，在今彼得堡（旧称彼得格勒、列宁格勒）以西，属彼得堡。——译者注

东西,我和姐姐就一再央求她顺便到切尔克索图书馆去取新的一期《当代》杂志。我们家的规矩还是家长制的那一套,因此妈妈拿来的杂志先得交到父亲手里。他,这个可怜的人,那时候身体就很弱,午饭后坐在圈椅里读报或看书,往往打起瞌睡来。我蹑手蹑脚地走到他跟前,悄悄地拿起书,跑到花园里,坐在灌木丛下,以便不受干扰,充分地欣赏你的小说。但是,我的如意算盘落空了!我的姐姐玛莎走来,凭她做姐姐的身份,夺走了我手中的新书,尽管我苦苦地哀求她,让我读完《被侮辱与被损害的》中的一章。"

"要知道,我是个十足的幻想家,"我继续说,"我把小说中的人物都当作活人。我憎恨华尔戈夫斯基公爵,蔑视阿略沙,因为他意志薄弱;我深切地同情伊赫曼涅夫,由衷地可怜不幸的尼丽,但我……不喜欢娜泰莎……你瞧,连你的主人公的姓我都记住啦!"

"我已经记不得这些姓,连小说的内容也记不清了,"费奥多尔·米哈伊洛维奇说。

"当真忘了?!"我惊奇地说,"这太遗憾了!我可是爱上了伊万·彼得洛维奇,故事就是由他叙述的。我简直不明白,娜泰莎怎么会不爱这么一个好人,而看上了微不足道的阿略沙。'她活该遭到不幸,'我边读边想,'因为她拒绝了伊万·彼得洛维奇的爱情。'真奇怪,我不知为什么把我所十分同情的伊万·彼得洛维奇和小说的作者看成同一个人。我觉得,这是陀思妥耶夫斯基本人在叙述自己失败、悲痛的恋爱史……如果你忘记了,那就务必把这部优秀的小说再读一遍。"

费奥多尔·米哈伊洛维奇对我的叙述很感兴趣,答应有空时把《被侮辱与被损害的》重读一遍。

"顺便提一下,"我接着说,"你可记得,有一次,在我们刚认识的时候,你问我,我是否恋爱过?我回答:'从来没有同活人恋爱过,但从十五岁起就爱上了一部长篇小说的主人公。'你问:'哪部长篇小说?'我赶忙岔开:我不好意思说出你小说中主人公的姓名,生怕你会以为这是一个想获得文学工作的姑娘在向你讨好,而我却希望完全保持自己的独立性。

"我又为《死屋手记》掉过多少眼泪啊!我的心对经受苦役生活的陀思妥耶夫斯基充满了同情和怜悯。我怀着这样的感情来到你这儿工作。我是多么想帮助你,帮助一个以他的小说使我倾倒的人,即使能减轻一点他生活中的负担也好。我感谢上帝,因为奥利欣选中了我和你一起工作,而不是别人。"

我发觉,我所说的有关《死屋手记》的话勾起了费奥多尔·米哈伊洛维奇的愁绪,就急忙转换话题,开玩笑地说:

"你知道,命运本身早就指定我将成为你的妻子:从十六岁起,人家就给我起了个涅朵奇卡·涅兹万诺娃①的绰号。我叫安娜,也就是涅朵奇卡②,由于我常常未经邀请就上亲戚家去,他们为了把我和另外某个涅朵奇卡区别开来,就给我起了个'涅朵奇卡·涅兹万诺娃'③的绰号,以此暗示我对陀思妥耶夫斯基的小说的偏爱。你也叫我涅朵奇卡吧,"我请求费奥多尔·米哈伊洛维奇。

"不!"他回答,"我的涅朵奇卡一生中经受了许多痛苦,可我希望你幸福。还是叫你安尼娅好,我多么喜爱这个名字!"

翌日傍晚,我也向费奥多尔·米哈伊洛维奇提出我早就关注、但是不好意思启口的问题:他是什么时候感觉到,他爱上了我,是什么时候打定主意向我求婚的?

费奥多尔·米哈伊洛维奇开始回忆,令我伤心的是,他坦率地告诉我,在我们认识的第一个星期,他根本没有注意到我的脸。

"怎么没注意到? 这是什么意思?"我感到惊奇。

"如果别人介绍一个人和你认识,你跟他讲了几句平平常常的话,难道你会记得他的脸? 不记得,是吗? 至少我是经常忘记的。这次也一样:我跟你谈话,看到你的脸,可是你一走,我马上就把它忘掉啦,要是有人问我你是金发姑娘还是黑发姑娘,我就答不上来。直到 10 月底,我才注意到你那双美丽的灰眼睛和善良、开朗的笑容。而且你整个面貌我都喜爱,越来越喜爱。现在对我来说,世界上最可爱的就是你的脸蛋! 在我看来,你是个美人儿! 不

---

① 涅朵奇卡·涅兹万诺娃是陀思妥耶夫斯基同名小说中的女主人公。——译者注

② 涅朵奇卡是安娜的爱称。——译者注

③ "涅兹万诺娃"是俄语"Неэванова"的音译,与俄语中"Неэваная"(意为"未经邀请的")发音相近。——译者注

仅如此,在大家看来,你也是美人儿!"费奥多尔·米哈伊洛维奇天真地添上一句。

"你初次来访,"他继续回忆道,"举止得体,态度认真,几乎有些严厉,令我赞叹。我思忖:好一个严肃认真、精明强干的姑娘的典型!我为我们社会里出现这种典型而高兴。有一次,我无意中说了一个不恰当的词儿,你带着那样的神情望着我,使我开始斟酌自己的用语,生怕一不小心,就会伤害你。后来,你对我真诚的关切,得知我面临灾难而表现的同情,令我诧异,叫我动心。我想,我的亲友们好像也爱我。他们为我有可能丧失自己在文学方面的权利而惋惜,他们对斯捷洛夫斯基满怀愤懑,责备我跟他签订了那样的合同(仿佛我有办法不签订似的),他们给我忠告,安慰我,可我觉得这一切全是'空话,空话,空话'。他们之中没有一个人关心这一点:我会由于丧失权利而被剥夺得精光,分文不名……而你这个陌生的、我刚刚认识的姑娘却一下子就同情我的处境,没有感叹,没有惊叫,也没有表示愤愤不平,而着手帮助我,不是用言语,而是用行动。几天以后,我们的工作上了轨道,我本来已经完全绝望,现在点燃了希望之火:'要是以后一直这样工作,说不定我能按时完成呢!'我想。你保证我们一定能够完成(你可记得,我们一起计算你抄写的页数),这个保证增强我的希望,赋予我继续工作的力量。我常常暗自思忖:'这个姑娘有一颗多么善良的心啊!她怜惜我,不是在口头上,而是表现在行动中,想使我从灾难中解脱出来。'我在精神上是那么孤独,能够找到一个同情我的人真是极大的幸事。"

"从这以后,"费奥多尔·米哈伊洛维奇接着说,"我认为,我开始爱上了你,同时也欢喜你那亲切可爱的脸蛋。我常常发觉自己在想你;但是直到我们完成了《赌徒》,我明白此后我们不能再每天见面的时候,我才意识到,没有你,我就不能生活。在那个时候,我就决定向你求婚。"

"但是你为什么不像别人那样直截了当地向我求婚,而要想出那么一个有趣的故事?"我好奇地问。

"你要知道,我亲爱的安尼娅,"费奥多尔·米哈伊洛维奇用十分激动的声调说,"当我意识到你对我来说是多么重要时,我陷于绝望,感到我想娶你的意图纯粹是妄想!只要思考一下,我跟你是多么不同的两个人!单是年龄的悬殊就非同小可！我差不多是个老头儿啦,而你呢,几乎还是个孩子。我又害上了不治之症,性情忧郁,容易激动;而你身体健康,精力充沛,愉快活泼。我几乎已到暮年,一生中经受了许多苦难,而你却一直过得很幸福,还刚刚开始生活。此外,我贫穷,负债累累。在各方面的条件如此悬殊的情况下,有什么可以指望的呢? 要么我们的未来十分黯淡,两个人受了几年折磨之后终于分手;要么我们在有生之年一直情投意合,十分幸福。"

听了费奥多尔·米哈伊洛维奇如此贬低自己的话,我感到很难受,就热烈地反驳说:

"我亲爱的,你太夸张了! 你所想象的我们之间那种条件悬殊的情况并不存在。如果我们彼此爱得很深,我们就会成为朋友,就会无限幸福。我倒是担心另一种情况:像你这样有才能,这样聪明、有教养的人却娶了个比你教养差得多的傻姑娘;她虽然在中学里得过一枚银质大奖章(我当时还十分自豪呢),但是各方面的水平都不能和你相比。我怕你很快就会把我看透,开始怨恨我,为了我不能理解你的思想而伤心。这方面条件的悬殊比任何不幸更糟糕!"

费奥多尔·米哈伊洛维奇急忙安慰我,讲了许多赞美我的话,我们又回到我所感兴趣的、有关求婚的话题上来。

"我犹豫很久,不知怎么提出来才好,"费奥多尔·米哈伊洛维奇说,"一个上了年纪、长相难看的男子向一个年轻姑娘求婚而遭到拒绝,就会让人发笑,可我不愿意自己在你的眼里显得可笑。要是我向你求婚,而你却答复我说,你另有所爱呢? 你的拒绝会使我们的关系趋于冷淡,这样,我们过去的友谊就会变得难以想象。我将失去你这个朋友,失去最近两年来唯一热诚待我的人。我再说一遍,我在精神上是那么孤独,如果失去你的友谊和帮助,我会感到十分痛苦。因而我就对你讲述新小说的提要,想借此了解一下你的感情。这样,如果遭到你拒绝的话,我会好受一些,因为我所谈的是小说中的主人公,而不是我自己。"

我也讲述了他通过文学作品向我求婚时我的感受:我对安娜·瓦西利耶芙娜的不理解、嫉妒和羡慕等等。

"这样看来,"费奥多尔·米哈伊洛维奇十分惊奇地说,"我出其不意地向你袭击,使你措手不及,迫使你同意!可是,我明白,当时我所讲述的这篇小说是我过去所写的全部小说中最好的一篇:它立即获得了成功,产生了所期望的效果!"

<h1 style="text-align:center">十五</h1>

我和费奥多尔·米哈伊洛维奇沉浸在新的欢乐中,不知怎的忘记了《罪与罚》的结尾工作,那时候,小说的整个第三部尚待写作。11 月底,《俄国导报》需要小说的续稿,费奥多尔·米哈伊洛维奇就想起了这件事。幸而在那几年,各种杂志很少按时出版,而《俄国导报》甚至误期出了名:11 月号在 12 月底才出版,12 月号则在 2 月初出版,等等;因此,我们的时间相当充裕。费奥多尔·米哈伊洛维奇把编辑部的来信带给我看,征求我的意见。我建议他闭门谢客,从下午两点写到五点,然后晚上来到我家,把原稿读给我听,让我速记、整理。

我们作了这样的安排:闲聊片刻,我就在写字桌边坐下,费奥多尔·米哈伊洛维奇则坐在我旁边,开始口授,在此过程中,口授间或被谈话、戏言和嬉笑所打断。工作进行得挺顺利,篇幅近七印张的《罪与罚》的末一章在四个星期里完成了。费奥多尔·米哈伊洛维奇向我肯定地说,他从未工作得这样得心应手过,而这次的成绩应归功于我的合作。

费奥多尔·米哈伊洛维奇那饱满的、愉快的情绪对他的健康也产生了良好的影响。在我们结婚以前的整整三个月里,他的癫痫病不过发了三四次。这使我非常高兴,希望他在更安静、更幸福的生活条件下病情能够减轻。后来的情况果然如此:以前他几乎每星期都要发病,后来病情一年比一年减轻,发病次数也越来越少。要把癫痫病完全治愈是不可能的,何况费奥多尔·米哈伊洛维奇从来也不就医,认为他的病是不治之症。但是不论病情减轻或发病的次数减少对我们来说都是上帝的无上恩惠。它使费奥多尔·米哈伊洛维奇摆脱了有时持续整整一星期之久的那种真正可怕的、忧郁的情绪,这是每次发病的后果;也使我得以免除在我眼见这种可怕的病发作时心惊胆战、直淌眼泪的痛苦。

每天晚上我们总是过得安静而愉快,但是有一次却出现了风暴。

事情发生在 11 月底。费奥多尔·米哈伊洛维奇照例在七点钟来到,这一次,他冻坏了。他喝了一杯热茶,问我这儿有没有白兰地。我回答,白兰地没有,但有上好的核列斯酒①,于是我就立即把它拿了来。费奥多尔·米哈伊洛维奇把酒倒在大的高脚玻璃杯里,一口气喝了三四杯,随后又喝了茶,到那时候才暖和过来。我感到纳闷,他怎么会冻得这么厉害,不知道这是什么缘故。谜底很快解开了:我到前室去取东西的时候,发现挂在衣架上的不是费奥多尔·米哈伊洛维奇经常穿的那件皮大衣,而是一件秋季穿的棉大衣。我马上回到客厅里,问道:

"莫非你今天没穿皮大衣来?"

"没——没穿,"费奥多尔·米哈伊洛维奇结结巴巴地说,"穿的是秋季大衣。"

"多么不谨慎! 那么,你为什么不穿皮大衣呢?"

"我听说今天是解冻的天气。"

"我现在明白了,你怎么会冻得这么厉害。我马上打发谢苗把棉大衣送回去,拿皮大衣来。"

"不需要! 真的不需要!"费奥多尔·米哈伊洛维奇急忙说。

"怎么不需要呢,我亲爱的? 你回去的时候要着凉的:夜里更冷了。"

费奥多尔·米哈伊洛维奇沉默不语。我还是坚持要这样做,最后,他终于说出了原委:

"我没有皮大衣了……"

"怎么会没有的? 莫非让人偷掉了?"

"不,没有给偷掉,而是给抵押掉了。"

我吃了一惊。在我的追问下,费奥多尔·米哈伊洛维奇显然不大乐意地告诉我:今天早晨,埃米莉娅·费奥多罗芙娜跑到他那儿,请求他解决燃眉

———————————

① 一种浓葡萄酒。——译者注

之急：替她付掉一笔五十卢布的借款。他的继子向他要钱；还有他的弟弟尼古拉·米哈伊洛维奇①特意写信来，说是缺钱花。费奥多尔·米哈伊洛维奇没有钱，他们就决定把他的皮大衣押给附近的债主，而且还竭力向他保证，今后将是持续的解冻天，气候暖和，在收到《俄国导报》的稿费以前，他可以穿秋大衣对付几天。

费奥多尔·米哈伊洛维奇的亲戚们这种冷酷无情的行为使我非常气愤。我告诉他，我理解他帮助亲戚们的心意，但是我觉得，他不能因此而牺牲自己的健康，甚至可能牺牲生命。

我起初比较平静，但是越说越气愤、越伤心；我完全失去自制力，像发了疯似的，讲话不择言词，一再说明他对我，他的未婚妻，负有责任，而且断言，如果他死了，我会经受不住。我呜咽，叫喊，号啕大哭，仿佛歇斯底里大发作。费奥多尔·米哈伊洛维奇非常难受，他搂住我，吻我的手，请求我安静下来。我的母亲听到我号啕大哭，就赶紧给我拿来一杯糖水。这使我冷静了一些。我开始感到羞愧，请求费奥多尔·米哈伊洛维奇原谅。他向我解释，去年冬天，他有五六次被迫把皮大衣押给别人，外出时只能穿秋大衣。

"没关系，这种典押的事情在我已经习以为常，这一次，我也毫不在意。要是我知道你把这事看得那么可怕，那我怎么也不会让帕沙去把皮大衣押给别人，"窘迫的费奥多尔·米哈伊洛维奇对我坚决地说。

我趁费奥多尔·米哈伊洛维奇后悔之际，要他答应我，以后不再发生这样的事。接着，我表示愿意支援他八十卢布，以便把那件皮大衣赎回来，可是费奥多尔·米哈伊洛维奇断然拒绝。于是我便恳求他，在莫斯科没有寄钱来以前，要他待在家里。我答应费奥多尔·米哈伊洛维奇每天下午一点到他那里，待到快吃晚饭的时候，这样，他就同意"软禁在家"。

在和费奥多尔·米哈伊洛维奇告别的当儿，我再次请求他原谅我刚才对他"使性子"。

"有祸必有福！"费奥多尔·米哈伊洛维奇回答说，"现在我深深地相信，你是多么热烈地爱我：要是你不爱我，你就不可能哭得那么伤心！"

---

① 尼古拉·米哈伊洛维奇·陀思妥耶夫斯基(1831—1883)，工程师和建筑师。

我用自己白色的毛线围巾裹住他的脖子,强迫他把我们的毯子披在肩上。晚上整个余下的时间里,我一会儿痛苦地想着,费奥多尔·米哈伊洛维奇知道我会这样"使性子",是否可能不再爱我;一会儿又担心他路上会着凉,病倒。我几乎彻夜未眠,清早起身,到十点钟就已经打响费奥多尔·米哈伊洛维奇家的门铃了。女仆的话使我定了心,她说,老爷已经起身,夜里一点也没有感到不舒服。

可以说,这是我们结婚前三个月中仅有的一个"不平静"的晚上。

费奥多尔·米哈伊洛维奇"软禁在家"持续了约莫一个星期,在此期间,我每天都到他那儿去,把《罪与罚》速记下来。有一次我在费奥多尔·米哈伊洛维奇家的时候,他有个情况使我十分惊讶:在我们工作正紧张的当儿,响起了手摇风琴的乐声,演奏的是《弄臣》①中有名的咏叹调《La donna est mobile》②。费奥多尔·米哈伊洛维奇停止念稿,留心倾听,突然唱起这支咏叹调来,把意大利词换成我的名字和父名:"安娜·格里戈利耶芙娜!"他用悦耳的、虽然有些压抑的男高音唱着。咏叹调奏完以后,费奥多尔·米哈伊洛维奇走到气窗跟前,投下一枚硬币,手摇风琴师就立即走了。我问费奥多尔·米哈伊洛维奇,这是怎么回事;他告诉我,手摇风琴师显然发觉,他演奏了什么曲子以后,屋子里的人就会扔下钱来,于是他便每天走到窗下,只演奏《弄臣》中的这支咏叹调。

"而我呢,就总是合着这个曲调,吟唱着你可爱的名字!"他说。

我笑着,假装由于他把如此轻佻的词儿应用到我的名字上而生气;我断然说,我不是那种反复无常的女人,一旦我爱上了他,那就永不变心。

"咱们等着瞧,等着瞧吧!"费奥多尔·米哈伊洛维奇笑着说。

在随后的两天里,我又听到手摇风琴师演奏这支咏叹调和费奥多尔·米哈伊洛维奇的歌声,他的歌声与乐声是如此合拍,使我感到惊奇。显然,他的音乐听觉很好。

在这个时期里,我们每天谈话的内容尽管形形色色、多种多样,但从来也

---

①　《弄臣》是意大利作曲家威尔第(1813—1910)所作的歌剧。——译者注
②　《女人的心是易变的》。——译者注

没有接触到不纯洁或猥亵的话题。我的未婚夫以极其审慎和体贴的态度对待我少女的质朴和羞怯,很难做到比他更审慎、更体贴了。他对我的态度可以用他婚后写给我的一封信中的话来说明。①

"上帝把你托付给我,要让你的心灵的源泉和财富不会枯竭,相反,将更为充沛和丰裕;上帝把你赐给了我,是要我以你来赎我深重的罪孽,使你在上帝面前成为一个精神上成熟、具有明确目标、完美无瑕、摆脱一切使心灵毁灭的卑下心理的人。"

总之,费奥多尔·米哈伊洛维奇以保护我、使我免受各种邪恶的影响作为自己的目标。我记得,有一次,我到了费奥多尔·米哈伊洛维奇家,就开始翻阅他桌子上的一本法国小说。费奥多尔·米哈伊洛维奇走过来,悄悄地把书从我手中拿走。

"我懂法文的啊,"我说,"让我读一读这本小说吧。"

"这本书可不能看！你何苦玷污自己的想象力呢！"他回答。

甚至在我们结婚以后,费奥多尔·米哈伊洛维奇想要指导我在文学方面的发展,亲自为我挑选书籍,怎么也不让我读轻佻的小说。这种监督有时使我生气,我就提出抗议,对他说:

"那你自己为什么读这些书呢？你干吗要玷污你的想象力呢？"

"我是个久经世故的人,"费奥多尔·米哈伊洛维奇回答,"有些书作为我的工作资料,我必须看。作家应该了解一切,体验很多事情。可是,请你相信我,我不会津津有味地去看那些下流的场面,它们常常使我厌恶。"

这不是空话,而是事实。

费奥多尔·米哈伊洛维奇对当时颇为流行的滑稽歌舞也同样抱有反感:他自己不看滑稽戏,也不准我去看。

"如果有机会上剧院的话,"他屡次说,"应该选择那些能够给予观众优美和高尚印象的戏剧,要不然,那些乱七八糟的东西就会损害人的心灵！"

和费奥多尔·米哈伊洛维奇十四年的共同生活使我深信他是一个纯洁的人。因此,当我得知为我如此喜爱的作家伊·谢·屠格涅夫竟然认为费奥

①　1867 年 5 月 17 日的信。——安·格·陀思妥耶夫斯卡娅注[29]

陀·米哈伊洛维奇是个厚颜无耻之徒,并且放肆地称他为"俄国的萨德侯爵"[30]时,我是多么伤心。

十六

我和费奥多尔·米哈伊洛维奇两人都感到亲切的话题当然是我们未来的夫妇生活。

我想象着不再和丈夫分离,将要参与他的工作,有条件照顾他的健康,能够保护他,使他摆脱那些纠缠不休、使他气恼的人们,这情景对我是那么富有吸引力,以致想到这一切不能马上实现,我有时就差点儿流下泪来。我们的婚礼主要取决于和《俄国导报》打交道是否能够成功。费奥多尔·米哈伊洛维奇准备在圣诞节到莫斯科去,向卡特科夫①介绍他将要创作的长篇小说。他相信《俄国导报》编辑部愿意请他撰稿,因为1886年登载在该杂志的长篇小说《罪与罚》在文学界产生了很大的影响,给杂志招来了许多新的订户。[31]问题仅仅在于:杂志是否有几千卢布闲置的钱可供预支,如果拿不到这笔款子,我们就无法把新家庭的生活安排好。倘若《俄国导报》的事不成功,费奥多尔·米哈伊洛维奇打算在结束《罪与罚》之后立即着手写一部新的长篇小说,等写完大部分,就把它投到另一家杂志社。莫斯科之行一旦失败,我们的婚礼便有可能推迟很长时间——说不定得推迟整整一年。想到这一点,我就十分沮丧。

费奥多尔·米哈伊洛维奇经常把他的烦恼告诉我。他什么事都不愿意瞒我,为的是使我不致对我们俩未来的贫困、艰辛的生活感到突然而难以忍受。我对他的坦率十分感激,想方设法减少特别使费奥多尔·米哈伊洛维奇苦恼的债务。我很快明白,按他目前的情况,要偿清债务几乎是不可能的。

---

①　米哈伊尔·尼基福罗维奇·卡特科夫(1818—1887),俄国政治家,翻译家,新闻记者,《俄国导报》杂志和《莫斯科新闻报》的主编和发行人。

虽然我长在富裕的家庭里,没有受过穷,对实际生活缺乏了解,但在婚前的三个月里,我还是发现了一个使我十分不安的情况:只要费奥多尔·米哈伊洛维奇一拿到钱,他所有的亲属——弟兄、嫂子、继子和侄子等等就突然来到,请求紧急支援,于是从莫斯科寄来的三四百卢布《罪与罚》的稿费到第二天就至多剩下三四十卢布,而且期票的欠款根本就没有偿还,只付了利息。接着,费奥多尔·米哈伊洛维奇又心事重重,不知从哪儿弄钱来支付利息,应付日常开支以及满足很多亲戚的要求。这种境况实在使我担忧。我想婚后自己来掌管经济,控制提供给亲戚们的金额,每年付给他们每个人一定数目的钱。埃米莉娅·费奥多罗芙娜的儿子们已经成年,他们可以支援她。[32]费奥多尔·米哈伊洛维奇的弟弟尼古拉·米哈伊洛维奇是个有才能的建筑师,只要他愿意,就可以找到工作。继子二十一岁,已经到了着手认真工作的年龄,不能再完全依赖有病的、债务缠身的继父了。

我想到所有这些游手好闲的人,就非常气愤;因为我觉得,经常为钱发愁破坏了费奥多尔·米哈伊洛维奇良好的情绪,对他的健康产生了恶劣的影响。由于长期忧悒,他的神经受到很大的损害,癫痫病越来越频繁地发作。在我介入费奥多尔·米哈伊洛维奇的生活以前,情况正是这样,我们结识以后,一切暂时有了改变。但是我想望,在我们未来的共同生活中,他的健康能够彻底恢复,保持饱满和愉快的情绪。

而且,由于费奥多尔·米哈伊洛维奇受债务之累,他不得不主动把自己的作品投给各个杂志,这就自然使他拿到的稿酬比那些生活有保障的作家们,例如屠格涅夫和冈察洛夫,要少得多。费奥多尔·米哈伊洛维奇取得的《罪与罚》的稿酬是每印张一百五十卢布,而屠格涅夫同样发表在《俄国导报》上的长篇小说却得到五百卢布一印张的稿酬。[33]

最令人感到抱屈的是,由于没完没了的债务,费奥多尔·米哈伊洛维奇只能写得仓促。他既没有时间,也没有条件对自己的作品加以润色,这使他十分苦恼。批评家们常常指责费奥多尔·米哈伊洛维奇,说他的长篇小说的形式不理想,说他把几篇小说结合在一个长篇里,说他把一个个的事件堆砌起来,其中多数并不完整。[34]严厉的批评家们大概不知道费奥多尔·米哈伊洛维奇是在什么样的条件下创作的。往往有这样的情况:一部长篇的头三章已经发表，第四章处在付排阶段，第五章刚刚邮寄出去，第六章正在写，而其余各章甚至还没有考虑成熟。后来我有多少次看到，当费奥多尔·米哈伊洛维奇突然意识到，他"把自己所珍视的思想写糟了"，而又没有可能纠正错误的时候，他真诚地感到失望。[35]

我为未婚夫经济上的困难而难受，可是我又自我安慰，想到不久的将来，一年以后，等到我成年之日，我将得到父亲遗赠给我的一所房子，那时候，我就有能力从根本上帮助他了。

从四十年代起，我的父母拥有两块面积很大的土地（约两俄亩），分别在亚罗斯拉夫街和科斯特罗姆街。其中一块地上建有三所木头造的侧屋和一所两层楼的砖石结构的房子，我们就住在这座房子里。在另一块地上建造了两所木房，一所已作为陪嫁，给了我姐姐，另一所是指定给我的。如果把它卖掉，可以拿到一万多卢布，我就能替费奥多尔·米哈伊洛维奇偿还一部分债务了。使我感到十分遗憾的是，在我尚未成年之际，我什么办法也没有。我母亲劝说费奥多尔·米哈伊洛维奇做我的监护人，但他坚决拒绝了。

"这房子是指定给安尼娅的，"他说，"等她秋天满了二十一岁，让她接受吧。我可不愿意干预她的金钱上的事务。"

费奥多尔·米哈伊洛维奇，作为我的未婚夫，始终拒绝我给他经济上的帮助。我对他说，如果我们彼此相爱，那么，我们的一切应该是两人共有的。

"当然，我们结婚以后会这样，"他回答，"目前我可不愿意拿你一个卢布。"

我认为，费奥多尔·米哈伊洛维奇很清楚，他的亲戚们有时候哭穷并不足信，他只是无法拒绝他们罢了，但他不愿意用我的钱来满足他们的要求。连我的亲人们指定给我的两千卢布陪嫁他也不愿意过问，而劝我用这笔钱去购买我想置办的未来的生活用品。我怀着柔情忆起费奥多尔·米哈伊洛维奇怎样仔细地观赏我刚买到的银制刀叉，然后把它们放进盒子，总是赞同我的选择。他知道，他的赞扬会使我高兴得满面生辉，他就可以欣赏我的喜悦了。

他特别喜欢我的新衣服，当女裁缝把衣服拿来时，他要我试穿给他看。有些衣服（例如，樱桃色的）他是那么欣赏，要求我整个晚上都穿着它。

费奥多尔·米哈伊洛维奇还要我试戴我的帽子,觉得我戴着非常合适。他总是竭力对我说些亲切、动听的话,让我高兴。他那充满深情的心是多么真挚、善良,多么温存、体贴啊!

十七

时光迅速地流逝,圣诞节即将来到。近几年来,费奥多尔·米哈伊洛维奇几乎总是在他心爱的妹妹维·米·伊万诺娃家度过节日,这一次,他也决定上莫斯科去。到那儿去的主要目的当然是打算把自己新的长篇小说提供给卡特科夫,取得我们结婚所需的钱。

在动身的前几天,费奥多尔·米哈伊洛维奇心情抑郁:他正在和我热恋中,跟我难舍难分。我心里也感到沉重,不知怎的,我觉得好像再也见不到他了。我打起精神,努力不让自己的愁绪显露出来,以免使他更加苦恼。当我到车站去送他的时候,他心里特别难受。他情意绵绵地望着我,紧握我的手,反复说:

"我上莫斯科去抱着很大的希望,我们总会见面的,亲爱的安尼娅,我们总会见面的?!"

帕维尔·阿列克桑德罗维奇和费奥多尔·米哈伊洛维奇的侄子们也一起来到车站,由于他那荒唐、越礼的行为,费奥多尔·米哈伊洛维奇的心情更加沉重了。我们大家走进车厢,去看费奥多尔·米哈伊洛维奇的铺位,而帕维尔·阿列克桑德罗维奇为了表示对"父亲"的关怀,突然大声说道:

"爸爸,您可别打算睡在上铺!您一发起癫痫病来,就会掉到地上,跌得粉身碎骨!"

可以想象,这些话对费奥多尔·米哈伊洛维奇,对我们以及对我们周围的人们产生了什么样的影响。过了片刻,有位女乘客,这位太太大概很神经质,看到一个搬运工走过车厢,就要他把她的行李搬到女客车厢,因为"这里好像有人要抽烟"(其实,这儿是不抽烟的人坐的车厢)。

这整个儿事情使费奥多尔·米哈伊洛维奇伤心到极点,他不喜欢在众人面前谈到自己可怕的病。就连我们这些送行的人也感到难堪,不知道说什么好;因此,当我们听到第二次铃声、不得不离开车厢的时候,大家倒觉得松了口气。我为帕维尔·阿列克桑德罗维奇的越礼行为所激怒,忍不住说:

"您为什么惹得可怜的费奥多尔·米哈伊洛维奇生气?"

"他生不生气,我才不管呢,"帕维尔·阿列克桑德罗维奇回答,"我是关心他的健康,他应该为此感谢我!"

帕维尔·阿列克桑德罗维奇所表现的总是这一类的"关心",当然,这不能不激怒他的继父。

费奥多尔·米哈伊洛维奇从莫斯科寄给我两封情意绵绵的信,使我十分高兴。[36]我反复把它们读了几十遍,急不可耐地等待着他的归来。

费奥多尔·米哈伊洛维奇在莫斯科逗留了十二天,顺利地结束了和《俄国导报》的谈判。卡特科夫知道费奥多尔·米哈伊洛维奇准备结婚,便热烈地祝愿他幸福。至于他要求预支的两千卢布,卡特科夫答应在即将来临的1月份里分两三次付给。这样,我们就有可能在大斋节以前举行婚礼。

从莫斯科寄来的七百卢布分给了亲戚和债主,一下子就用光了。每天晚上,费奥多尔·米哈伊洛维奇总是胆战心惊地说,他的钱在"逐渐融化"。这使我开始感到不安,当他收到第二批七百卢布的时候,我便请求他至少留下一部分作为结婚的费用。

费奥多尔·米哈伊洛维奇手里拿着铅笔,计算在教堂里举行婚礼和结婚后招待客人的费用(他断然拒绝我的母亲承担费用),总计约四五百卢布。可是他的亲戚很多,每天都有新的需要,这笔钱如何保存呢?

"我说,安尼娅,你替我保存吧,"费奥多尔·米哈伊洛维奇说,他很高兴,因为这样一来,亲戚们如果再来要钱,他便有合适的托词了。第二天他就把五百卢布带给了我。他交钱给我的时候,幽默而又郑重地说道:

"拿去吧,安尼娅,把它们牢牢地抓住,我们未来的命运要由它们决定哩!"

不论我们抓得多么紧,但是在2月中旬以前还是来不及举行婚礼。必须找到新的住所,因为我们感到原有的四间屋子不够用。费奥多尔·米哈伊洛维奇把原来的住所让给了埃米莉娅·费奥多罗芙娜和她的一家,并答应每月代她付五十卢布的房钱。租这个住所的好处是,房屋的主人,富商阿朗金,对费奥多尔·米哈伊洛维奇十分敬仰,称他为"埋头苦干的人"①,从来未曾为了房租而打搅他,阿朗金知道,费奥多尔·米哈伊洛维奇有了钱就会主动交钱的。费奥多尔·米哈伊洛维奇也喜欢和可敬的老头儿聊天。②

　　费奥多尔·米哈伊洛维奇在沃兹涅先斯克大街上,升天教堂对面的托尔的房子(现在是二十七号)里给我们自己找了个住所。入口是在院子内,而住所的窗子则是朝着沃兹涅先斯克胡同的。我们的屋子在二层楼,共有五大间:客厅、书房、餐室、卧室和帕维尔·阿列克桑德罗维奇的房间。我们必须等待房子装修好,然后把费奥多尔·米哈伊洛维奇和我的东西以及其他家什搬进去。等到一切都准备就绪,我们便决定在谢肉节③前的星期三,即2月15日举行婚礼,并分发请帖给各位亲友。

十八

　　结婚前一天,我白昼去看费奥多尔·米哈伊洛维奇,通知他,我姐姐玛丽娅·格里戈利耶芙娜·斯瓦特科夫斯卡娅晚上七点钟要到他那儿去,把我的那些装在大箱子、小箱子和硬纸盒里运去的衣物分放好,并且将明天招待客人需要用的各种家什拿出来。后来我姐姐告诉我,费奥多尔·米哈伊洛维奇非常殷勤地接待她,帮她打开大箱子,并且把衣物放好,还请她吃饭,总之,把她给完全迷住了,以致她不能不同意我的看法,认为我未来的丈夫是个异常

---

　　① 阿朗金多次说:"当我去做晨祷的时候,常常看到他书房里点着灯,这说明他在干活儿。"——安·格·陀思妥耶夫斯卡娅注

　　② 据我看,费奥多尔·米哈伊洛维奇就是根据他的外貌描绘《卡拉马佐夫兄弟》中的商人萨姆索诺夫——格鲁申卡的监护人的。——安·格·陀思妥耶夫斯卡娅注

　　③ 谢肉节,亦称"狂欢节",一般在基督教大斋节前三天举行。人们趁封斋期未开始前举行各种欢宴和娱乐,故名。——译者注

亲切和诚挚的人。

而我呢,决定和我母亲俩单独度过这一晚。我实在舍不得我那可怜的母亲:过去家里的人总是在她身边,现在呢,我父亲已经逝世,弟弟去莫斯科,而我也要离开她了。她深深地爱着我们大家,我们跟她亲亲热热地生活在一起,我明白,她孤单一人会多么苦恼。

我们整个晚上都在回忆我和她生活得多么美好。此刻,当我和她单独相处之际,我请求妈妈为我的新生活祝福。以我的女友们为例,我发觉,在新娘去教堂以前,当着证婚人的面,于喜庆日的一片忙乱之中为她祝福,这有时候与其说是出于真挚的感情,还不如说是一种例行公事。妈妈为我祝了福,我和她相对而泣,泪如泉涌。可是,我们彼此许诺,在第二天分别的时候,决不流泪,因为我不愿意在去教堂的时候,眼睛发红,脸上满是泪痕。

2 月 15 日,我黎明即起,上斯莫尔尼修道院去做弥撒,弥撒结束,又去我的忏悔神甫菲利普·斯佩兰斯基处,请求他的祝福。菲利普神甫自我童年起就熟悉我,他为我祝了福,祝愿我幸福如意。从他那儿出来,我前往大奥赫塔墓地我父亲的坟前祈祷。

白天很快就过去了,到傍晚快五点钟的时候,我已经梳好头,穿上了用波纹绸缝成的、后襟曳地的结婚服。我的发式和服装都挺合适,我对此感到十分满意。

婚礼定于七时举行,费奥多尔·米哈伊洛维奇的侄子——小费奥多尔·米哈伊洛维奇[①]约好在六点以前来接我,我的未婚夫选定后者做他的傧相。

快六点的时候,我的亲戚们都到齐了,一切都已准备就绪,但是傧相没有来,帕·马·奥利欣的儿子——指定捧着神像走在我前面的男孩也没有来。我开始惴惴不安;我担心费奥多尔·米哈伊洛维奇病了,后悔自己没有在白天差人去探问他的健康情况。

临了,到七点钟,小费奥多尔·米哈伊洛维奇才急匆匆地走进屋来,催促我说:

---

① 小费奥多尔·米哈伊洛维奇·陀思妥耶夫斯基(1842—1906),米·米·陀思妥耶夫斯基的儿子,安·鲁宾斯坦的学生,俄国音乐协会萨拉托夫分会的指挥。

"安娜·格里戈利耶芙娜,您准备好了,咱们走吧!看在上帝分上,赶紧走吧!叔叔已经在教堂里,焦急万分,问您来了没有。我们到您这儿走了一个多钟点,回去也得花这么些时间。您想想,在这两个钟点里,费奥多尔·米哈伊洛维奇会急成什么样子!"

"不过那个男孩还没来呢,"我说。

"男孩没来就算啦,我们走吧,只要让费奥多尔·米哈伊洛维奇早一点安心就好。"

大家给我祝了福,我和妈妈互相拥抱,有人给我穿上了皮大衣。到最后,可爱的男孩科斯佳终于来了,他身上穿着一套漂亮的衣服。

我们走出屋子。楼梯上站着许多人。住在我们的几幢房子里的人都来送我。有些人吻我,另一些人紧握我的手,大家都祝我幸福,不知哪一个在上面撒下啤酒花,按照民间的说法,这预示我"生活富裕"。我被这种热情的送别深深地感动了。我们坐进轿式马车,就立即出发了。车子行驶了几分钟,我和姐姐才发觉小科斯佳没穿皮大衣,也没戴皮帽子。我们吃了一惊,怕他得感冒。我用自己肥大的外衣将他遮盖住,过了一会儿,他就睡熟了。

车子驶到了伊兹马伊洛夫大教堂门口。傧相用自己的冬大衣把睡眼惺忪的科斯佳裹起来,抱着他走上教堂高高的楼梯。我呢,由仆役搀扶着下了马车,然后用头纱蒙住神像,走进教堂。费奥多尔·米哈伊洛维奇一看见我,就迅速走过来,紧握住我的手说:

"你终于来了! 现在你可不会离开我啦!"

我想回答,我根本就没有想到过离开他;但这时候,我朝他瞥了一眼,发觉他脸色苍白,不禁吃了一惊。费奥多尔·米哈伊洛维奇没待我回答一句话,就立即把我领到读经台前面。结婚仪式开始了。

教堂里灯火辉煌,合唱队唱着优美的圣歌,来了许多盛装的客人,可是这一切是我后来听说的,在仪式举行到一半的当儿,我感到迷迷糊糊,无意识地画着十字,回答神甫的问题时,声音轻得勉强才能听到。直至领圣餐的时候,我的头脑才清醒过来,于是我就开始热烈地祈祷。在婚礼和感恩祈祷之后是祝贺。接着,我的丈夫便领着我在一个本子上签名。

这会儿,"举圣像的孩子"已经穿戴好,我们就出发到我们的新居去。科斯佳在路上没有睡着,但是这小坏蛋后来告诉别人,说"叔叔和婶婶一路上老是在接吻"。

当我们到达新居的时候,客人们都已来齐了。妈妈和我的代理主婚人郑重地为我们祝福。客人们举起盛着香槟酒的高脚杯向我们祝贺。所有出席婚礼而不熟悉我的人都惊奇不置:此刻出现在他们面前的已经不是刚才在教堂里见到的那个面色苍白、神情严肃的姑娘,而是两颊绯红、生气勃勃、喜气洋洋的"新人"了。费奥多尔·米哈伊洛维奇也同样容光焕发,兴高采烈。他把自己的朋友们带到我跟前,向他们介绍说:

"瞧,她是多么迷人! 她真是个非凡的人! 她有着一颗黄金般的心!"他还说了一些别的赞语,弄得我窘极了。接着,他又把我介绍给太太们;我对每位太太都能说些殷勤、亲切的话,看来,她们挺喜欢我,这使他感到十分得意。

我也同样领着我的丈夫去见我的朋友和亲戚,我发现他对他们很富有吸引力,我为此而觉得幸福。

费奥多尔·米哈伊洛维奇喜欢慷慨大方地招待客人,因而准备了大量的香槟酒、糖果和水果。

直到十一点多钟,客人们才走散,我们俩则长久地坐着,回忆我们的这个喜日的详情细节。

注释:

[1]　指长篇小说《赌徒》。

[2]　指费·米·陀思妥耶夫斯基第一个妻子玛·德·伊萨耶娃的儿子帕维尔·阿列克桑德罗维奇·伊萨耶夫。安·格·陀思妥耶夫斯卡娅曾在 1867 年 10 月给诗人阿·尼·迈科夫的妻子安·伊·迈科娃的信中对他作了描述。(参阅《未发表的同时代人书信中的陀思妥耶夫斯基》,Л. P. 兰斯基出版——《文学遗产》,第 86 卷,莫斯科,1973 年,页 408—409)在 1883 年所写的回忆录《初次会面》中,安娜·格里戈利耶芙娜更为详尽地叙述了她与陀思妥耶夫斯基初次会面的情景。(参阅《周报》,1971 年,第 38 期,9 月 13—19 日。C. B. 别洛夫出版)

　　[3]　向彼得拉舍夫斯基小组的成员们宣读死刑判决书是1849年12月22日在彼得堡的谢苗诺夫阅兵场上进行的。在宣布枪决命令的时刻,第一排的犯人被绑在柱子上。按照临刑那一天费·米·陀思妥耶夫斯基给哥哥的信中所说,他和 С. Ф. 杜罗夫和阿·尼·普列谢耶夫站在第二排。(见《陀思妥耶夫斯基书信集》,А. С. 多利宁编,莫斯科-列宁格勒,1928年,第1卷,页128)站在第一排的是 М. В. 彼得拉舍夫斯基、Н. А. 莫姆别利和 Н. П. 格里戈里耶夫。(参阅 Д. 阿赫沙鲁莫夫《彼得拉舍夫斯基小组一个成员的札记》,莫斯科-列宁格勒,1930年)

　　[4]　指1849年12月22日的信(参阅《陀思妥耶夫斯基书信集》,第1卷,页128—131),后来这封信由米·米·陀思妥耶夫斯基的儿子小米哈伊尔·米哈伊洛维奇还给费·米·陀思妥耶夫斯基。

　　[5]　在玛·德·伊萨耶娃和米·米·陀思妥耶夫斯基逝世后,费·米·陀思妥耶夫斯基确实"十分孤立",被《当代》和《时代》两杂志的债主们"所包围"。

　　[6]　长篇小说《赌徒》最初的名称为《鲁列特恩堡》。

　　[7]　1863年4月,《当代》杂志停刊,1864年,《时代》杂志创刊,于1865年停刊。《时代》(不是《当代》)杂志的债务是在该杂志停刊后留下来的。米·米·陀思妥耶夫斯基逝世(1864年7月)以后,费·米·陀思妥耶夫斯基就接管《时代》杂志。据陀思妥耶夫斯基于1865年3月31日给亚·叶·弗兰格尔的信中所说,该杂志负债达三万三千卢布。(参阅《陀思妥耶夫斯基书信集》,第1卷,页396—403)有关此事,可参阅 В. С. 涅恰耶娃所著《米·米和费·米·陀思妥耶夫斯基的杂志〈时代〉》一书,莫斯科,1975年。

　　[8]　此处安·格·陀思妥耶夫斯卡娅所指的是费·季·斯捷洛夫斯基在出版阿·费·皮谢姆斯基和弗·弗·克列斯托夫斯基的作品时提出对作者极为不利的条件;同时,斯捷洛夫斯基还在1861年仅仅花了二十五卢布从格林卡的姐妹 Л. И. 舍斯塔科娃手里购买了米·伊·格林卡的作品。1866年,在斯捷洛夫斯基和舍斯塔科娃之间开始了有关契约执行问题的长期诉讼。(诉讼报告载《呼声报》,1867年,第136号;《彼得堡公报》,1867年,第108号,页136)陀思妥耶夫斯基就此事于1871年3月19日(公历4月1日)给阿·尼·迈科夫的信中这样谈到斯捷洛夫斯基:"他有那么多的钱,足以把俄国的全部文学作品买下来,要是他愿意的话。只花了二十五卢布就把格林卡的作品买下来的人怎么可能没有钱呢。"(参阅《陀思妥耶夫斯基书信集》,А. С. 多利宁编,莫斯科-列宁格勒,1930年,第2卷,页338)

　　[9]　有关阿·尼·迈科夫、亚·彼·米柳科夫和伊·格·陀尔戈莫斯季耶夫的情况请参阅第三章"注释"1、3以及第七章"注释"24。

　　[10]　不确。亚·彼·米柳科夫的回忆录最初不是登载在《历史导报》,而是在《俄国旧事》(1881年,第3、5期)上,后来收入亚·彼·米柳科夫的《与作家们的会见和交往》一书,1890年,圣彼得堡,页167—249。米柳科夫在他的回忆录中引了他和陀思妥耶夫斯基间如下的对话:

　　"'您愿不愿意这样做:我们此刻就把几个朋友召集到一处;您向我们叙述小说的题材,我们来拟定小说的章节,各人分担若干章节,共同把它写好。我相信,没有人会拒绝的。过后您阅读草稿,把粗糙或前后矛盾之处加以修饰和统一。我们这样合作就能如期交卷:您将小说交给斯捷洛夫斯基,您便自由了。如果您舍不得把自己的题材作这样的处理,那我们来考虑一个新题材。'

　　"'不,'他坚决地回答说,'我从不在别人的作品下面签上自己的名字。'"

　　[11]　有关屠格涅夫和陀思妥耶夫斯基的关系,可参阅第四章"注释"26。

　　[12]　陀思妥耶夫斯基由于彼得拉舍夫斯基一案而于1849年4月23日被捕,关禁在彼得保罗要塞中,他在那儿一直待到1849年12月24日,随后被流放至西伯利亚。

　　[13]　指作家心爱的妹妹维拉·米哈伊洛芙娜·伊万诺娃一家。陀思妥耶夫斯基曾于1868年1月1日(公历1月13日)写信给她和她的丈夫(一位医生)亚·帕·伊万诺夫说:"对我(还有安娜·格里戈利耶芙娜)来说,还有谁比你们和你们一家更亲切、更珍贵呢?"(参阅《陀思妥耶夫斯基书信集》,第2卷,页66)有关维·米·伊万诺娃的情况,可参阅 M. B. 沃洛茨科伊《陀思妥耶夫斯基家族纪事(1506—1933)》,莫斯科,1933年,页187—247。

　　[14]　指玛丽娅·德米特里耶芙娜·伊萨耶娃。关于她的情况,可参阅 Г. 普罗霍罗夫《陀思妥耶夫斯基的恋爱史》,收入文艺集《红色全景》,1928年7月,页56—64;M. Л. 斯洛尼姆,《陀思妥耶夫斯基的三次恋爱史》,纽约,1953年;H. И. 亚库申,《陀思妥耶夫斯基在西伯利亚》,克麦罗沃,1960年;Л. П. 格罗斯曼,《陀思妥耶夫斯基》,莫斯科,1962年。

　　[15]　安娜·格里戈利耶芙娜大概指陀思妥耶夫斯基1866年2月18日致亚·叶·弗兰格尔的信,因为1866年底的信阙如,而1866年2月18日的信则刊印在《陀思妥耶夫斯基全集》,第1卷——《传记、书信和札记》,圣彼得堡,1883年,页288上。

在此信中,陀思妥耶夫斯基给亚·叶·弗兰格尔写道:"……您至少在家庭里是幸福的,而命运却不让我获得这巨大的、人类唯一的幸福。"(参阅《陀思妥耶夫斯基书信集》,第 1 卷,页 432)

[16]　陀思妥耶夫斯基和安·瓦·科尔文-克鲁科夫斯卡娅的恋爱史记载在后者的妹妹索·瓦·科瓦列夫斯卡娅所写的《回忆童年》中。(参阅索·瓦·科瓦列夫斯卡娅,《回忆录与书信》,苏联科学院出版社,莫斯科,1961 年)不过,在这些回忆录中,没有写到像安娜·格里戈利耶芙娜所说的那个情况,即:安·瓦·科尔文-克鲁科夫斯卡娅曾做过陀思妥耶夫斯基的未婚妻(哪怕是很短的时间),后来又由于双方思想观点不同,陀思妥耶夫斯基不得不"向她提出,解除婚约"。据索菲娅·瓦西利耶芙娜所述,安娜·瓦西利耶芙娜在陀思妥耶夫斯基向她求婚后,就立即对妹妹说:"他所需要的根本就不是像我那样的妻子。他的妻子必须完全献身于他,把自己的一生都交给他,想到的只有他。可我做不到这一点,我自己要生活啊!"(索·瓦·科瓦列夫斯卡娅,《回忆录与书信》,页 120)陀思妥耶夫斯基和安·瓦·科尔文-克鲁科夫斯卡娅之间的关系部分地反映在他的艺术创作中。科尔文-克鲁科夫斯卡娅的心理和精神面貌可以通过《白痴》中阿格拉雅的形象获得了解(关于这一点可参阅爱德华·哈利特·卡尔所著《陀思妥耶夫斯基》一书,伦敦,1931 年),也可以从阿赫玛科娃(《少年》)和卡捷琳娜·伊万诺芙娜(《卡拉马佐夫兄弟》)这两个人物中见到眉目。关于陀思妥耶夫斯基和安·瓦·科尔文-克鲁科夫斯卡娅的关系请参阅 И. 什帕达鲁克的文章《科尔文-克鲁科夫斯基一家和陀思妥耶夫斯基》,载《涅曼》,1966 年,第 11 期,页 143—150。

[17]　长篇小说《赌徒》有许多地方具有自传的性质,其中反映了 1862 至 1863 年和 1865 年陀思妥耶夫斯基出国旅行期间对轮盘赌的长期迷恋和他对 A. П. 苏斯洛娃的爱情。(参阅 A. П. 苏斯洛娃《和陀思妥耶夫斯基接近的岁月》,莫斯科,1928 年;A. C. 多利宁,《陀思妥耶夫斯基和苏斯洛娃》,收入《陀思妥耶夫斯基。资料和研究汇编》,A. C. 多利宁编,列宁格勒,1924 年,第 2 卷,页 153—284)

[18]　陀思妥耶夫斯基和哈萨克的启蒙者、民族学者和旅行家乔坎·钦基索维奇·瓦利汉诺夫是于 1854 年 2 月在鄂木斯克认识的,当时,乔坎·钦基索维奇在那儿的中等武备学校求学。陀思妥耶夫斯基和瓦利汉诺夫结识以后,两人就成了亲密的朋友。陀思妥耶夫斯基在 1865 年 12 月 14 日给瓦利汉诺夫的信中说:"我从来没有对任何人,包括对自己的亲兄弟在内,像对您那样依恋。"(《陀思妥耶夫斯基书信

集》,第 1 卷,页 200)关于陀思妥耶夫斯基和瓦利汉诺夫的关系,请参阅 B. 曼努伊洛夫《费·米·陀思妥耶夫斯基的朋友乔坎·瓦利汉诺夫》,《列宁格勒图书研究所学报》,1959 年,第 5 卷,页 343—369。

　　[19]　索菲娅(索涅奇卡)·亚历山德罗芙娜·伊万诺娃(婚后姓赫梅罗娃; 1846—1907)是陀思妥耶夫斯基的外甥女,维拉·米哈伊洛芙娜·陀思妥耶夫斯卡娅(婚后姓伊万诺娃)的女儿,女翻译家。陀思妥耶夫斯基特别喜爱她,十分珍视她头脑的清晰和心灵的纯洁,在给她的信中把自己创作上的秘密和私人生活中的许多事情告诉她。陀思妥耶夫斯基还把自己的长篇小说《白痴》献给索·亚·伊万诺娃,并称她为自己的女儿。有关索·亚·伊万诺娃的材料,见 M. B. 沃洛茨科伊《陀思妥耶夫斯基家族纪事(1506—1933)》,页 194—199。

　　[20]　安·瓦·科尔文-克鲁科夫斯卡娅在 1866 年 11 月上旬的信中对作家述说了自己个人的感受,告诉他文学方面的构思计划,并向陀思妥耶夫斯基倾诉了自己对他的友情。(参阅文艺集《红色全景》,1929 年 5 月,页 40—41)

　　[21]　安娜·格里戈利耶芙娜是给她的父亲戴孝。

　　[22]　陀思妥耶夫斯基本人对阿·康·托尔斯泰的剧本《伊凡雷帝之死》的意见没有保存下来。现在所知道的只有安娜·格里戈利耶芙娜在她的《回忆录》的结尾(见本书页 382)所写的那个情况:陀思妥耶夫斯基打算于 1881 年 2 月初在苏·安·托尔斯泰娅家举行的家庭演出中扮演《伊凡雷帝之死》中苦行僧这个角色。作家的女儿回忆说,有一次,"陀思妥耶夫斯基给我们读普希金和阿列克赛·托尔斯泰——他最喜爱的两位诗人——的诗歌。"(柳·费·陀思妥耶夫斯卡娅,《女儿塑造的陀思妥耶夫斯基形象》,A. Г. 戈尔恩费利特编,莫斯科-彼得格勒,1922 年)

　　[23]　写到过这一点的有德·瓦·格里戈罗维奇、B. B. 季莫费耶娃(O. 波钦科夫斯卡娅)(参阅《同时代人回忆陀思妥耶夫斯基》,A. C. 多利宁编,莫斯科,1964 年,第 1 卷,页 127;第 2 卷,页 126)和尼·尼·斯特拉霍夫(参阅《陀思妥耶夫斯基全集》,第 1 卷——《传记、书信和札记》,页 317)。同时,常与陀思妥耶夫斯基见面的拼版工人 M. A. 阿历克桑德罗夫回忆道:"我对费奥多尔·米哈伊洛维奇的第一个印象与大多数初次和他打交道的人对他的印象相仿,那些跟费奥多尔·米哈伊洛维奇关系不大密切的人也有这样的看法。"(《同时代人回忆陀思妥耶夫斯基》,第 2 卷,页 218)

　　[24]　由于陀思妥耶夫斯基的父亲是个忧郁而急躁的人,作家的童年并不像安

娜·格里戈利耶芙娜所说的那样,总是非常"幸福、安逸"。陀思妥耶夫斯基在 1857年 3 月 9 日给亚·叶·弗兰格尔的信中写道:"我最为您担心,我的朋友,为您和您父亲之间的关系担心。我知道,十分清楚地知道(根据经验),这样不愉快的事是难以忍受的[……]像您父亲那样的性格是多疑、忧郁、病态的敏感和宽宏大量的奇特结合。我不熟悉他本人而对他作了这样的结论;因为我曾在生活中两次体验过像您和他的那种关系。"(《陀思妥耶夫斯基书信集》,第 1 卷,页 215)作家的弟弟安德烈·米哈伊洛维奇①在他的《回忆录》(列宁格勒,1930 年)中描绘了他们的母亲玛丽雅·费奥多罗芙娜,说她是个罕见的善良女性,富有同情心,温柔体贴,具有文学和音乐方面的才能。《卡拉马佐夫兄弟》中阿辽沙的母亲的形象可能来自对玛丽雅·费奥多罗芙娜的回忆。

　　[25]　安娜·格里戈利耶芙娜所指的是陀思妥耶夫斯基参加彼得拉舍夫斯基小组一事,为此,他被判处死刑,临刑时改处四年苦役,后来又到西伯利亚常备营里服役五年。

　　[26]　在《回忆录》的草稿中没有这段话。

　　[27]　此处关于 Ш.-В. 雅克拉尔从靠近德国边境的一个要塞逃往德国的说法不确。实际上,Ш.-В. 雅克拉尔被监禁在凡尔赛的尚季耶监狱,于 1871 年 10 月 7 日从那儿逃到日内瓦。有关雅克拉尔逃跑的细节和安娜·瓦西利耶芙娜的父亲帮助他出狱的情况,请参阅 И. С. 克尼日尼克-维特罗夫所著《第一国际和巴黎公社的俄国女活动家》一书,列宁格勒,1964 年,页 190—203。

　　[28]　1887 年 3 月 22 日,雅克拉尔接到内政部指令,限其在三天内离开俄国。1887 年 4 月 2 日,安·格·陀思妥耶夫斯卡娅写信给康·彼·波别多诺斯采夫的妻子 Е. А. 波别多诺斯采娃,请求当局允许雅克拉尔在俄国的居留期再延长两三个星期。安·格·陀思妥耶夫斯卡娅的请求促使康·彼·波别多诺斯采夫查询有关雅克拉尔的情况,于是,1887 年 4 月 4 日,警务厅厅长 И. 杜尔诺沃报告波别多诺斯采夫说,他"昨天已经下令把他(雅克拉尔)离开彼得堡的期限延长十天"。(参阅《康·彼·波别多诺斯采夫和他的通信者》,第 1 卷,第 2 册,莫斯科-彼得堡,1923 年,页 680—682)

　　[29]　参阅《陀思妥耶夫斯基书信集》,第 2 卷,页 5—6。

---

　　①　安德烈·米哈伊洛维奇·陀思妥耶夫斯基(1825—1897)是费·米·陀思妥耶夫斯基的大弟,工程师,《安·米·陀思妥耶夫斯基回忆录》的作者。

[30]　屠格涅夫在 1882 年 9 月 24 日(公历 10 月 6 日)给米·叶·萨尔蒂科夫-谢德林的信中说:"我也读了米哈伊洛夫斯基论陀思妥耶夫斯基的文章(《残酷的天才》)。他正确地指出了陀思妥耶夫斯基的创作的基本特点。他可能想起在法国文学界有着类似的人物,那就是臭名昭著的萨德侯爵。"(《屠格涅夫著作和书信全集》,第 13 卷,第 2 册,莫斯科-列宁格勒,1968 年,页 49)屠格涅夫在 1882 年 9 月 25 日(公历 10 月 7 日)给帕·瓦·安年科夫的信中也发表了这样的看法。关于屠格涅夫和陀思妥耶夫斯基之间的关系,请参阅第四章"注释"26。

[31]　关于长篇小说《罪与罚》对同时代人产生的巨大影响,请参阅尼·尼·斯特拉霍夫的回忆录,收入《陀思妥耶夫斯基全集》,第 1 卷——《传记、书信和札记》,页 289—290;《阿·费·科尼文集》,莫斯科,1968 年,第 6 卷,页 430—431;И. И. 札莫京所著《俄国批评界论陀思妥耶夫斯基》,华沙,1913 年,页 83—115,其中收集了俄国定期刊物对《罪与罚》的反应。阿·费·科尼回忆长篇小说刚问世之际他和阿·尼·迈科夫会面的情况,写道:"我和迈科夫见面,适逢他在刚出版的《俄国导报》上读了《罪与罚》,获得强烈印象的时候。'您听着,'他对我说,'我给您读一段东西。这真是杰作!'接着,为了不让人来打扰,他锁上书房的门,给我读了马尔美拉陀夫在酒店里精彩的叙述,随后又把这本杂志借给我看了几天。直到现在,过了这么些年,一想起初次读这部长篇小说的光景,我的心中重又产生了我当时体验到,如今仍然十分清楚,丝毫没有改变的兴奋、激动之情。"还可参阅 Г. М. 弗里德连捷尔为该小说的科学院出版社的版本所作的注释,收入《陀思妥耶夫斯基三十卷集》,列宁格勒,1972年,第 9 卷,页 345—356。

[32]　关于米·米·陀思妥耶夫斯基和埃·费·陀思妥耶夫斯卡娅的儿子们——小米哈伊尔·米哈伊洛维奇和小费奥多尔·米哈伊洛维奇的情况,请参阅 M. B. 沃洛茨科伊《陀思妥耶夫斯基家族纪事(1506—1933)》,页 104—108。安·格·陀思妥耶夫斯卡娅不满意陀思妥耶夫斯基承担对米·米·陀思妥耶夫斯基的孩子们经济上的义务。安·格·陀思妥耶夫斯卡娅在日内瓦所写的日记中有这样的记述:"可怜的费佳,我真可怜他,他肩负着自家的重担不算,还要背上这该死的包袱,喂养别人的小崽子。"(《文学遗产》,第 86 卷,页 174)

[33]　《俄国导报》编辑部给陀思妥耶夫斯基的《罪与罚》、《白痴》、《群魔》等长篇小说的稿酬是每印张一百五十卢布;《祖国纪事》给《少年》的稿酬是每印张二百五十卢布,只有最后一部小说《卡拉马佐夫兄弟》,《俄国导报》编辑部才给了每印张三

百卢布的稿酬。(见 Л. K. 伊利英斯基《陀思妥耶夫斯基的稿酬》。——《俄国图书协会的书报介绍》,1922 年,第 3 期,页 4—9)《俄国导报》给屠格涅夫的《父与子》的稿酬是每印张四百卢布,《烟》也是按同样条件约稿的。(参阅屠格涅夫 1862 年 3 月 23 日和 1866 年 8 月 3 日致米·尼·卡特科夫的信,收入《屠格涅夫书信集》,莫斯科-列宁格勒,1962 年,第 4 卷,页 365;第 6 卷,页 93)

[34]　确实,大多数批评家不了解陀思妥耶夫斯基作品的革新形式。例如,《行动》杂志的评论家赞扬作者的人道精神,这种精神在他创作《卡拉马佐夫兄弟》时激励着他;但是这位评论家对该长篇本身的艺术性却极不满意。(《行动》,1881 年,第 2 至 4 期)机灵的评论家 B. B. 丘伊科是这样写到《卡拉马佐夫兄弟》的:"小说中有某些地方闪耀着惊人的天才之笔,但是从整体来说,这个长篇是由某些荒诞不经、前后矛盾的情节组成的[……]而且冗长和重复得令人生厌。"(《新闻》,1880 年,第 347 号)陀思妥耶夫斯基本人有时把自己的小说"规模宏大"和"题材多样"看作"缺点",同时,他又明白,他不能也不愿意采取另一种写法:"您极其中肯地指出了主要的缺点,"他在给尼·尼·斯特拉霍夫的信中说,"是的,我过去有这样的毛病,现在还有;我至今完全没有本领(没有学会)驾驭自己的资料。我把多个独立的长篇和中篇一下子压缩成一部小说,这样,就使小说缺乏节奏与和谐[……]但是比这更糟糕的是:我不善于运用资料,却由于诗情迸发,就不自量力地着手把艺术思想表现出来。"(《陀思妥耶夫斯基书信集》,第 2 卷,页 358)但同时,陀思妥耶夫斯基确信,"没有比这些主题更真实的了……"那就是说,它们是最尖锐、最"可恶的"。(《陀思妥耶夫斯基书信集》,A. C. 多利宁编,莫斯科-列宁格勒,1959 年,第 4 卷,页 57)

[35]　还在碰到安娜·格里戈利耶芙娜以前,陀思妥耶夫斯基于 1866 年 6 月 17 日写信给安·瓦·科尔文-克鲁科夫斯卡娅说:"我相信,在我国过去和现在的文学家中间,没有一个人是在我经常所处的那种条件下写作的,屠格涅夫只要想到那样的境况就会愁死。但愿您能明白,在您心中产生的、激起您的热情的那种思想,您自己知道它是美好的,但却不得不把它糟蹋掉,而且是自觉的——这会使您难受到什么程度!"(《陀思妥耶夫斯基书信集》,第 1 卷,页 438)也可参阅陀思妥耶夫斯基于 1868 年 4 月 10 日(俄历 3 月 30 日)就长篇小说《白痴》的问题给索·亚·伊万诺娃的信和 11 月 7 日(俄历 10 月 26 日)给阿·尼·迈科夫的信。(《陀思妥耶夫斯基书信集》,第 2 卷,页 111、139、141)还可参阅安·格·陀思妥耶夫斯卡娅的回忆录《一八八一

年。费·米·陀思妥耶夫斯基的第一个全集》,C. B. 别洛夫出版。——《书籍。研究和材料》,第23集,莫斯科,1972年,页193—202。

　　[36]　指1866年12月29日和1867年1月2日的信。(见《陀思妥耶夫斯基书信集》,第1卷,页450—454)

第三章　家庭生活的初期

一　一八六七年

婚后约莫两星期,有个熟人告诉我们,在《祖国之子报》(1867年2月,第34号)上,登载了一篇有关费奥多尔·米哈伊洛维奇的文章,题目是:《小说家的婚事》。我们弄到了这一天的报纸,读到下面的报道:

"《北方报》的彼得堡通讯员写道:'此间对我们文学界出现的一桩古怪的婚事谈得很多。我们最著名的小说家之一——此人生性有点疏懒,不能十分准时地履行他对他的作品的出版者所承担的义务——在11月底忽然想起他必须于12月1日以前写完一部篇幅至少两百页的长篇小说,要不然,他就得支付一笔数目相当可观的违约罚金。这可怎么办呢?固然,题材已经找到,主要情节也已构思好;但是,这一切虽然具备,小说却没有写出一行字,而到那决定命运的期限只剩下一个星期了。我们的作家听从一位朋友的劝告,请来了一位速记员,以减轻自己的劳动。他一面口述自己的小说,让速记员记录下来,一面在自己的书房里来回踱步,不停地摩挲自己的长头发,仿佛希望从中挤出新主意来。我忘记告诉你们,作家请来的速记员是位满脑子现代思想的姑娘，虽然不是个虚无主义者，但能以自己的劳动获得独立的地位。X（我们用这个字母表示小说家的姓）先生为寻求新主意而大伤脑筋，几乎没有注意到他的女助手年轻而又俊俏。初期的工作进行得再顺利也没有了，但是随着结尾的临近，就开始出现困难。小说的主人公是个鳏夫，既不年轻，也不漂亮，却爱上了一个年轻美貌的女人。

"'必须以某个合情合理的结尾，不以自杀或庸俗的场面来结束这部小说。作者想不出好主意来，他的长头发开始为此而受苦，可是完成这部小说的期限只剩两天了。他已经相信，他还是支付违约罚金的好。这时候，那位迄今一直默默地执行速记任务的女助手决意向小说家建议，让他的女主人公意识到，她也同样钟情于爱他的人。

"'"但是这完全不合情理！"作者叫了起来，"您只要想一想，男主人公是个像我这样的老光棍，而女主人公却年轻而又美丽，正在青春焕发时期，譬如说，就像您那样。"

"'那位女速记员反驳他说，女人迷恋男子汉的不是他的外表，而是他的智慧、才能以及其他等等。最后，她所设想的结尾终于被接受，长篇小说也就按期完成了。在这项工作行将结束的那一天，X先生用有点激动的声音请求漂亮的女速记员允许他去登门拜访她，以表感激之情。她同意了。

"'"那么，我明天上您家去？"X说。

"'"不，如果您愿意，那就后天来吧，"她回答。小说家在约定的时间来到，喝了第二杯咖啡以后，他冒险表白了爱情。他的求爱被欣然接受。"为什么您不愿意在昨天接待我呢？"X先生问，"如果那样，您就可以提早一天赐给我幸福了。"

"'"因为，"女速记员红着脸回答说，"我约好一个女朋友昨天来看我，她比我出色得多，我担心她会使您改变初衷。"这个天真的自白使小说家欣喜若狂，因为它表明，她真正爱上了他。

"'然而，不要以为这个恋爱故事是以俄国人称之为гражданский брак① 煞尾的。相反，这对恋人是日前在当地教区的教堂里结的婚。'"

---

① 不按教会仪式的结婚。——译者注

看了这篇小文章，我们夫妇俩不禁捧腹大笑，费奥多尔·米哈伊洛维奇说出了这样的看法：根据叙述的那种庸俗的口气来看，干这件事，少不了亚·彼·米柳科夫，此人对我的丈夫十分熟悉。[1]（费奥多尔在口述的时候确实喜欢在房间里踱来踱去，而在碰到难题时则常常揪自己的长发。）

二

大斋前的那段时间是在愉快的忙乱中度过的：我们既对我的亲属，也对费奥多尔·米哈伊洛维奇的亲友们作了"婚后的拜访"。亲友们邀请我们去赴宴或出席晚会，大家都用香槟酒来庆贺"新婚夫妇"。这是当时的习俗，我觉得，在我以后的全部生活中，我所喝的香槟酒还没有那十天里所喝的那么多。这一类祝贺却造成了可悲的后果，使我在婚后生活中第一次经受到沉重的痛苦。在同一天里，费奥多尔·米哈伊洛维奇的癫痫病发作了两次，而且，叫人吃惊的是，他的病不是像往常那样在夜里睡梦中发作，而是在白天醒着的时候发的。事情的经过是这样的：

谢肉节的最后一天，我们在亲戚家吃了午饭，然后到我姐姐家去度过晚上。大家高高兴兴地用过晚饭（跟中午一样，也喝了香槟酒），客人们散去了，而我们则留下来再坐一会儿。费奥多尔·米哈伊洛维奇特别活跃，给我姐姐谈一件有趣的事情。突然间，他话说到一半就戛然而止，脸色煞白，从沙发上慢慢地站起来，身子开始向我这边倾斜。我惊讶地望着他那变样的脸容。蓦地里，只听到一声可怕的非人的喊声，更确切地说，是号叫声，于是，费奥多尔·米哈伊洛维奇便开始朝前弯下身去，就在这时候，坐在我丈夫旁边的我的姐姐大叫了一声。她从圈椅上霍地站起来，歇斯底里地痛哭着，从房间里跑出去。我的姐夫急忙跟在她后面。

后来我曾几十次听到这种"非人的"号叫声，癫痫病患者开始发病时通常总是这样的。这号叫声老是使我心惊胆战，恐惧万分。然而，奇怪的是，当时，在那会儿，我却一点也不害怕，虽然还是初次看到癫痫病发作的情景。我搂住费奥多尔·米哈伊洛维奇的肩膀,用力把他扶到沙发上坐下。但是,当我看到我丈夫失去知觉的身体从长沙发上滑下来,而我又没有力气扶住他的时候,我简直吓呆了。旁边一张椅子上放着一盏灯,我把这张椅子移开,好让他掉到地板上,我自己也在地板上坐下来,在他全身抽搐的整个时间里,我双手一直捧住他的头,让它枕在我的膝盖上。没有人帮助我:我的姐姐歇斯底里发作,我的姐夫和女仆在她身旁张罗。抽搐逐渐停止了,费奥多尔·米哈伊洛维奇开始苏醒过来;但是他起初并没有意识到自己在什么地方,甚至连讲话也有困难:他老是想说句什么话,但是他心里想说这个词,讲出口的却是另一个词,别人无法懂得他的意思。大概过了半小时,我们才能把他扶起来,安置他躺在长沙发上。我决定在我们回家以前让他平静下来。但是,使我特别难受的是,在第一次发作后一个小时,又重复了一次,而这一次的来势是如此之猛,以致费奥多尔·米哈伊洛维奇在已经苏醒过来之后,还痛得大声叫喊了两个多小时。这光景实在吓人!后来也有过重复发作的情况,但时间间隔比较长,至于这一次发作,医生认为是由于费奥多尔·米哈伊洛维奇在我们婚后的礼节性拜访中,在亲友们为庆祝"新婚夫妇"而举行的宴会和晚会上喝了香槟酒而兴奋过度所致。酒对费奥多尔·米哈伊洛维奇的健康极为有害,因而他素来不喝酒。

我们只得在我姐姐家过夜,因为费奥多尔·米哈伊洛维奇变得异常虚弱,而且我们担心他再次发病。当时,我过了一个多么恐怖的夜晚啊!我第一次看到费奥多尔·米哈伊洛维奇害着何等危险的疾病。听到他连续几小时不停地叫喊和呻吟,看到他那痛苦得变了样、完全不像他本人的脸相以及他那对疯狂似的、直直地瞪着的眼睛,再加上他那些不连贯的、压根儿听不明白的话语,——这一切几乎使我确信,我亲爱的丈夫神经错乱了,这种想法使我多么惊恐!

但是,感谢上帝,费奥多尔·米哈伊洛维奇睡了几个钟点之后,竟然复了原,我们可以回家了。但是发病以后常常出现的那种抑郁和沮丧的心情却持续了一个多星期。"我仿佛失去了我所最珍爱的人,好像我埋葬了他,我的心情就是如此,"费奥多尔·米哈伊洛维奇总是这样形容自己发病后的精神状态。这连续两次发病的情景始终留在我的脑海里,成为痛苦的回忆。

在这可悲的一周内,开始出现不愉快的情况和口角,这对我们婚后最初几个星期的生活产生了如此恶劣的影响,以致我想起我们的"蜜月"时总是感到伤心和苦恼。

为了使人明白起见,我想谈谈我新的生活情况:费奥多尔·米哈伊洛维奇惯于在晚上工作,很迟才能睡着,夜里老是看书,因此起身也很晚。而我却得在九点钟以前准备就绪,和厨娘一起上干草市场买菜。

应该说实话,我虽然结了婚,却是个很糟糕的主妇。七年中学,又加高级进修班,然后是速记进修班,——我哪有时间学习处理家务啊? 然而,在做了费奥多尔·米哈伊洛维奇的妻子、知道他的经济情况后,我对自己和他许下诺言,一定要学会料理家务,我还笑着向他保证,要亲自为他做他极爱吃的馅饼。我甚至劝说他以每月十二卢布的高价(这在当时是相当贵的)雇用一个女厨子,让我向她学习烹饪法。

我十一点钟回到家里,几乎总是碰见费奥多尔·米哈伊洛维奇的侄女——卡佳·陀思妥耶夫斯卡娅[①]在我们那儿。这是个十五岁左右、长得很漂亮的女孩子,有着一双美丽动人的黑眼睛,背后拖着两条长长的淡黄色发辫。她的母亲埃米莉娅·费奥多罗芙娜几次对我说,卡佳喜欢我,做母亲的希望我能影响她。对如此令人得意的恭维话,我只能作这样的回报:邀请卡佳经常上我家来。由于卡佳不经常上课,待在家里觉得无聊,因此,她早上散完步就直接来我们这儿:她住的地方离我们只有五分钟的路程,这对她来说就更方便了。快十二点的时候,费奥多尔·米哈伊洛维奇的侄子米沙·陀思妥耶夫斯基来找帕维尔·阿列克桑德罗维奇。米沙是个十七岁的少年,当时在学习拉小提琴,他从音乐院回家的路上顺便来看我们。当然,我留他吃完饭再走。小费奥多尔·米哈伊洛维奇也常常来探望我们。他是个出色的钢琴演奏家。从两点起,费奥多尔·米哈伊洛维奇的朋友和熟人们开始陆续来到。他们知道,他目前手头没有急事,因而认为可以多来看他几次。埃米莉娅·费奥多罗芙娜、尼古拉·米哈伊洛维奇弟弟、亚历山德拉·米哈伊洛芙

---

①　叶卡捷琳娜·米哈伊洛芙娜·陀思妥耶夫斯卡娅(1853—1932),费·米·陀思妥耶夫斯基的哥哥米·米·陀思妥耶夫斯基的次女。卡佳是叶卡捷琳娜的小名。

娜·戈列诺夫斯卡娅妹妹①和她那善良的丈夫尼古拉·伊万诺维奇②常常在快吃晚饭的时候来到。这顿饭通常要占用整个晚上，一直到十点或十一点钟。一天又一天，我们的日常生活就是如此，家里的亲友不断。

我本人是在宗法制和好客的家庭中长大的，但是我们家通常是在星期天或节日里才有客，而现在呢，我却必须从早到晚"款待"客人，给他们"解闷儿"，这种"连续不断"的周旋搞得我疲惫不堪，何况陀思妥耶夫斯基家的年轻人和继子不仅在年龄方面与我有距离[2]，而且就我当时的志趣来说，他们也跟我合不来。与之相反，我对费奥多尔·米哈伊洛维奇的朋友、作家和熟人——迈科夫、阿韦尔基耶夫③、斯特拉霍夫④、米柳科夫、陀尔戈莫季耶夫[3]等等却特别感兴趣。在此以前，我对文学界的情况并不清楚，可我对它却极感兴趣：我是多么想跟文学家们聊天、争论，也许最主要的是听他们说话，是听……然而很遗憾，我很少有机会享受这种欢乐：费奥多尔·米哈伊洛维奇看到我们的年轻人那种闲得无聊的神情，就悄悄地对我说："安涅奇卡，亲爱的，你瞧，他们感到无聊啦，你把他们带走，想办法给他们解解闷吧。"于是，我便寻找借口把他们带走，迫不得已想出招儿来给他们"解闷儿"。

还惹我气恼的是，由于经常有客，就没有时间从事我喜爱的工作，这对我来说是个很大的损失；我沮丧地想到，整整一个月里我没有读过一本书，没有按时去上速记课，而我本来是想把这门课学精、学通的。

但是，最使我难受的是，由于客人不断，我就找不到机会和我亲爱的丈夫单独在一起。在白天，要是我能抽出一会儿工夫到他的书房里去稍坐片刻，那马上就会有人进来找他，或者叫我去处理家务。我们极其珍视两人晚间的

<hr>

① 指费·米·陀思妥耶夫斯基的妹妹亚·米·陀思妥耶夫斯卡娅(1835—1889)，戈列诺夫斯卡娅是她结婚后的姓。

② 尼古拉·伊万诺维奇·戈列诺夫斯基(？—1872)，上校，帕夫洛夫士官武备学校的学监。

③ 德米特里·瓦西里耶维奇·阿韦尔基耶夫(1836—1905)，剧作家、小说家和评论家，《当代》杂志和《时代》杂志的撰稿人，他继承费·米·陀思妥耶夫斯基的思想，于1885至1886年这一年内出版了定期刊物《作家日记》。

④ 尼古拉·尼古拉耶维奇·斯特拉霍夫(1828—1896)，唯心主义哲学家，评论家和文学批评家。

谈心,但是现在却不得不把它忘掉;因为忙忙乱乱地度过了白天,经过许多人的来访和交谈,费奥多尔·米哈伊洛维奇和我都感到精疲力竭,我困得不行,而费奥多尔·米哈伊洛维奇则想读一本有趣的书,借读书来休息。

三　家里的对头

我可能会逐渐顺应我的生活现状,争取到某些自由和时间来进行我所喜爱的工作,如果费奥多尔·米哈伊洛维奇的亲戚们不制造一些麻烦的话。他的嫂子埃米莉娅·费奥多罗芙娜是个善良的,但是不大聪明的女人。在她丈夫死后,费奥多尔·米哈伊洛维奇挑起了照顾她和她的家庭的担子,她认为这是他的义务,于是,听到费奥多尔·米哈伊洛维奇要结婚,她就感到十分惊讶。当我还是费奥多尔·米哈伊洛维奇的未婚妻的时候,她对我的态度就很不友好。然而,在我们结婚以后,埃米莉娅·费奥多罗芙娜就安于既成事实,对我的态度开始变得亲切一些,特别是她看到我对她的子女十分关心。她几乎每天都在我们家里,自认为是个出色的主妇,经常在处理家务方面给我出主意。这可能出于她的一片好心,出于要想使我受益的愿望,但是她总是当着费奥多尔·米哈伊洛维奇的面教导我,这样一来,我不善于管理家务、不会精打细算的毛病就一再展现在他眼前,搞得我不大愉快。但更使我不快的是,她经常提到费奥多尔·米哈伊洛维奇的第一个妻子,认为她是我各方面效法的榜样,这在她是很不策略的。

埃米莉娅·费奥多罗芙娜的教导和有点像保护人的语气固然令我讨厌,但是,帕维尔·阿列克桑德罗维奇对我的那种放肆和粗鲁的态度则使我完全不能容忍。

在我结婚的时候,我当然知道费奥多尔·米哈伊洛维奇的继子将和我们住在一起。除了考虑到他没有足以单独生活的经济能力外,费奥多尔·米哈伊洛维奇还想在他的性格还没有完全定型以前对他产生一些影响。由于年轻,我不曾想到,一个对我来说完全陌生的人住在我的新家庭里会生出不愉快的事。而且,我认为,费奥多尔·米哈伊洛维奇喜欢他的继子,跟他处惯了,与他分离会觉得难受,因此,我不愿坚持让他独立生活。相反,我觉得,有个与我同岁的人①住在家里只会使家庭气氛活跃,使我便于了解费奥多尔·米哈伊洛维奇的习惯(他的许多习惯我不清楚),这样,我就不致过分打乱他惯常的生活。

我并不是说,帕维尔·阿列克桑德罗维奇·伊萨耶夫是个愚蠢的或者心地不良的人。他主要的毛病在于,他**从来也**不能了解自己的地位。他从小就受到费奥多尔·米哈伊洛维奇所有的亲友们的厚爱,已经习以为常,他认为这是理所当然的事,而始终不明白,人家不是为了他本人,而是为了费奥多尔·米哈伊洛维奇才对他如此亲切的。他不是珍惜好意待他的那些人对他的爱,使自己配得上这样的爱;而是行动轻率,对大家的态度是那样放纵、傲慢,只能使他们伤心和生气。② 最尊敬的阿波隆·尼古拉耶维奇·迈科夫从帕维尔·阿列克桑德罗维奇那儿经受的烦恼特别多(当然是为了费奥多尔·米哈伊洛维奇)。迈科夫力图把帕维尔·阿列克桑德罗维奇的思想和行为引向好的方面,但是非常遗憾,他白费了劲。

他也同样放纵、傲慢地对待自己的继父,虽然一直称陀思妥耶夫斯基是

---

①　帕维尔·阿列克桑德罗维奇比我迟出生几个月。——安·格·陀思妥耶夫斯卡娅注

②　我在这儿举一个例子,可以说明帕维尔·阿列克桑德罗维奇的性格特点。我们从国外回来以后,帕维尔·阿列克桑德罗维奇请求费奥多尔·米哈伊洛维奇设法给他在伏尔加斯克-卡马银行找个工作。费奥多尔·米哈伊洛维奇就此事向叶夫根尼·伊万诺维奇·拉曼斯基(国家银行总裁)提出请求,于是帕维尔·阿列克桑德罗维奇起初在彼得堡,后来在莫斯科得到了工作。在银行里,他大吹大擂,说他的"父亲"陀思妥耶夫斯基和拉曼斯基是好朋友,总之,他来头不小。有一次,拉曼斯基途经莫斯科,凑巧去伏尔加斯克-卡马银行。作为国家银行的总裁,叶·伊·拉曼斯基是位金融巨头,银行里的职工隆重地欢迎他。帕维尔·阿列克桑德罗维奇知道他来到,就前往经理们在那儿聚会的大厅里,走到拉曼斯基跟前,向他伸出手来,开口说道:"您好,叶夫根尼·伊万诺维奇,您身体怎么样? 您大概认不出我了吧? 我是陀思妥耶夫斯基的儿子。您曾在爸爸那儿见到过我。""请原谅,我认不出您来了,您大变样啦,"拉曼斯基回答。"变老啦,"帕维尔·阿列克桑德罗维奇哈哈大笑起来,"您啊,老爷子,也改变多了!"他说着,一面十分亲昵地拍拍拉曼斯基的肩膀。拉曼斯基感到讨厌,但是,出于礼貌,他还是询问了费奥多尔·米哈伊洛维奇的健康情况,"还可以,老头儿勉勉强强活着!"帕维尔·阿列克桑德罗维奇回答。这时候拉曼斯基忍受不住,就转过身去,不再理睬他了。可以想象,帕维尔·阿列克桑德罗维奇这种放肆的举动会使他的上级对他产生什么样的看法。——安·格·陀思妥耶夫斯卡娅注

他的"父亲",称自己是陀思妥耶夫斯基的"儿子"。他不可能是费奥多尔·米哈伊洛维奇的儿子,因为他于 1845 年[4]生于阿斯特拉罕,而费奥多尔·米哈伊洛维奇在 1849 年以前没有离开过彼得堡。[5]

帕维尔·阿列克桑德罗维奇在费奥多尔·米哈伊洛维奇那儿住了将近十二年,他深信,"父亲"应该只为他一个人活着,为他工作和挣钱;而他自己呢,不仅不给费奥多尔·米哈伊洛维奇任何帮助,减轻他的生活负担,而且相反,常常以不慎的行为和轻率的举动惹他生气,甚至,据亲属们说,搞得他发病。帕维尔·阿列克桑德罗维奇认为费奥多尔·米哈伊洛维奇本人是个"过时的老头儿",因此,在他看来,费奥多尔·米哈伊洛维奇对个人幸福的向往是"荒唐的想法",关于这一点,他曾向亲戚们公开讲过。帕维尔·阿列克桑德罗维奇把我则看作篡权者,一个强行闯入他们家庭的女人,以前他是这个家庭的全权主人,因为费奥多尔·米哈伊洛维奇忙于文学工作,显然不能管理家务。有了这样的看法,他就自然对我怀恨了。帕维尔·阿列克桑德罗维奇没法阻挠我们的婚姻,就打定主意,要搞得我们的婚后生活叫我受不了。很可能,他指望用经常找麻烦、争吵和向费奥多尔·米哈伊洛维奇告状的手法挑起我们之间的争执,使我们不得不离婚。帕维尔·阿列克桑德罗维奇制造的麻烦,就其本身而论,都是些琐碎的小事,但是次数很多,而且,我知道,他干这些事意在侮辱我,惹我生气,我就自然不能不放在心上,不能不为此而恼怒。比如说,帕维尔·阿列克桑德罗维奇惯于每天早晨打发女仆到某个地方去:有时去买香烟,有时送信给朋友,而且还要等回音,有时去找裁缝等等,并且,不知为什么,差遣女仆去的地方离我们的住所很远,致使可怜的费多西娅①虽然走路轻快,却不能在费奥多尔·米哈伊洛维奇起身以前赶到,来

---

① 这个费多西娅是个非常胆怯的女人。她的亡夫是个文书,时常醉得发酒疯,残酷地殴打她。他死后,她和三个孩子生活极度贫困。有个亲戚把这情况告诉了费奥多尔·米哈伊洛维奇,他就雇她当了女仆,同时收留了她的孩子们:最大的男孩十一岁,女孩七岁,最小的男孩五岁。在我尚未结婚时,费多西娅就噙着眼泪告诉我,费奥多尔·米哈伊洛维奇的心肠有多好。据她说,他晚上工作的时候,要是听到她的哪个孩子咳嗽或哭泣,就走去给孩子盖好被子,抚慰他;如果孩子还是不能安静下来,他就把她叫醒。在我们结婚以后,我也看到过他对她的孩子们的这种关怀。由于费多西娅好几次看到费奥多尔·米哈伊洛维奇发病的情景,因此,她非常怕他发病,也害怕他本人。不过,她对谁都怕:怕斥责她的帕维尔·阿列克桑德罗维奇,(转下页)

不及把他的书房收拾好。费奥多尔·米哈伊洛维奇特别爱整洁，看到书房未曾整理过，就会生气。没办法，我只得亲自拿起刷子去收拾他的书房。有一次，费奥多尔·米哈伊洛维奇看到我在干这活儿，就责备我，说这是费多西娅的事，而不是我的事。如果费多西娅拒绝跑远路去为帕维尔·阿列克桑德罗维奇办事，说她必须收拾房间，要不然，恐怕会"挨太太的骂"，那么，他就会不管我坐在隔壁房间里，放肆地对她说：

"费多西娅！谁是这里的主人：是我还是安娜·格里戈利耶芙娜？你明白吗？得啦，打发你到哪儿去，你就上哪儿！"

帕维尔·阿列克桑德罗维奇的鬼点子层出不穷：有时，在费奥多尔·米哈伊洛维奇来到饭厅以前，他忽然想吃乳脂，女仆就得匆匆忙忙地赶到铺子里去买，当然，乳脂质量不佳；而费奥多尔·米哈伊洛维奇却在等咖啡喝。有时，快开午饭的时候，他吃掉一只榛鸡，于是餐桌上就只能放上两只而不是三只榛鸡，这样，就不够吃了。有时家里忽然没有了火柴，虽然昨天还有几盒子。所有这些疙疙瘩瘩的事搞得费奥多尔·米哈伊洛维奇十分恼火，他就斥责费多西娅，而制造这些混乱的帕维尔·阿列克桑德罗维奇却耸耸肩膀说："瞧，爸爸，我在管家的时候没有发生过这种乱七八糟的事！"因此，造成这种局面的祸根是我，或者，说得更正确点，是我治家无方。

帕维尔·阿列克桑德罗维奇有他的一套手法：在费奥多尔·米哈伊洛维奇面前，他对我异常殷勤：给我递盘子，跑去叫女仆，捡起我掉下的餐巾，等等，等等。费奥多尔·米哈伊洛维奇甚至说过两三次，有女性，特别是我在场，这对帕维尔·阿列克桑德罗维奇产生良好的影响，使他的举止逐渐有所改善（他对陀思妥耶夫斯基家的人，对卡佳和埃米莉娅·费奥多罗芙娜则毫不拘礼）。

可是，只要费奥多尔·米哈伊洛维奇一离开屋子，帕维尔·阿列克桑德罗维奇对我的态度就变了。他时而当着旁人的面说我不善于料理家务，并且

（接上页）甚至对我也怕，而我这个人是谁见了都不会害怕的。费多西娅上街时总戴着一块绿色的呢子头巾，就是长篇小说《罪与罚》中写到的马尔美拉陀夫一家人公用的那种头巾。——安·格·陀思妥耶夫斯卡娅注

断言，以前一切都安排得井井有条；时而说我花钱太多，而家里的钱是"公有的"。间或他又装成家庭专制的受害者：他开始诉说"孤儿"的艰难处境，而以前，他却过得挺幸福，一直被看作是家庭的主要人物。一个外人（这是指我，主妇?）闯进了家庭，企图掌权，成为家里的第一号人物。新主妇开始折磨"儿子"，搞得他十分苦恼，不让他好好生活。他甚至连吃饭也不得安宁，因为他每吃一口东西，主妇总是用愤懑、怀疑的目光注视着他。他还说，他常常回忆过去的幸福岁月，希望时光倒流，他不会失去对"父亲"的影响，等等，等等。陀思妥耶夫斯基家的年轻人不善于为我辩护，而年长的则把他当作笑柄，他们对我的卫护仅止于此。

帕维尔·阿列克桑德罗维奇为了不致失去他对"父亲"的影响，不让我占他的上风，几乎每天早晨在费奥多尔·米哈伊洛维奇刚来到书房、开始读报之际，就到书房里去找他。有时候，马上就传来费奥多尔·米哈伊洛维奇的呵斥声，接着，帕维尔·阿列克桑德罗维奇匆忙地从书房里跑出来，稍微有点不自在，说"父亲"有事，他不想妨碍他。有几次，他在那儿待很久，出来的时候洋洋得意，即刻命令提心吊胆的费多西娅去干什么事。经过这些谈话以后，费奥多尔·米哈伊洛维奇总是对我说："安涅奇卡，别再跟帕沙争吵啦，别让他受委屈，他是个好青年！"我问，我有什么地方让"帕沙"受了委屈，他在哪方面感到不称心，费奥多尔·米哈伊洛维奇回答，"这全是些小事，不值一提，"但他请求我对"帕沙"宽大为怀。

偶尔有人问我：我每天听到帕维尔·阿列克桑德罗维奇那些放肆、刺耳的话，看到他对我的无礼态度，知道他在费奥多尔·米哈伊洛维奇面前告我的状，难道我就忍气吞声，而不给他一点教训，让他的头脑清醒清醒？是的，我忍气吞声，没法儿教训他！不应该忘记，我虽然已满二十岁，但是在生活经验方面却完全是个孩子。过去为时不长的一段生活，我是在一个良好、和睦的家庭里度过的，那儿没有任何纠葛、任何争端。因此，帕维尔·阿列克桑德罗维奇对待我的不礼貌行为使我十分诧异，感到抱屈而伤心，但是起先我毫无办法加以防卫。何况帕维尔·阿列克桑德罗维奇自有他特殊的手法：他对我说了一些惹人气恼的话，就立刻走掉，不给我反驳的机会，而当他又来到的时候，我却已经平静下来，不愿再跟他争吵了。而且，我生性就是一个爱好

和平的人,对我来说,与人争吵总是难受的。再说,我又能有什么办法呢:向
费奥多尔·米哈伊洛维奇诉苦吗?帕维尔·阿列克桑德罗维奇已经三天两
头在告我的状,要是我也去告继子的状,那么,我丈夫的生活会变成什么样
呢?尽管我本人受苦,我也得让他宽心啊。其实,我理解帕维尔·阿列克桑
德罗维奇恼火的原因:他过惯了自由自在的生活,如今要他改变,他心有不
甘;但是我觉得他这样找我的茬子到头来总会感到厌烦,他会明白他对我的
态度很是无礼,即使他自己不明白,费奥多尔·米哈伊洛维奇的亲戚也会向
他指出这一点的。

　　我婚后的头几个星期就是在如此不顺心的环境中度过的:帕维尔·
阿列克桑德罗维奇的态度粗暴无礼,埃米莉娅·费奥多罗芙娜摆出一副教
导者的神气,那些我不感兴趣的人经常讨厌地出现在我的眼前,妨碍我和
丈夫单独相处,复杂的事务老是搞得我忧心忡忡。我甚至感到费奥多尔·
米哈伊洛维奇本人也受我们的生活条件的影响,似乎也跟我有些疏远
了,——这一切使我感到十分压抑和苦恼,我不禁问自己,这一切怎么了结
呢?凭我当时的性格,我明白,结局可能是个悲剧。事实上,我热烈地爱着
费奥多尔·米哈伊洛维奇,但这不是肉体上的爱,不是年龄相仿的男女之
间可能存在的那种情欲。我的爱情纯粹是精神上、思想上的。这还不如说
是崇拜,对一个天才横溢、具有非凡崇高的精神品质的人的倾倒。这是对
一个经受那么多苦难、从来没有体验过欢乐和幸福、被亲属们遗弃的人的
揪心的怜悯,他一生对亲属照顾备至,他们本来是应该以爱和关怀来报答
他的。我一心想望做他的生活伴侣,分担他的工作,改善他的生活,使他获
得幸福。费奥多尔·米哈伊洛维奇成了我的上帝,我的偶像,我觉得自己
乐意终身向他膜拜。但是这一切都是高尚的感情和幻想,它们可能被当前
严峻的现实所粉碎。

　　周围的环境逐渐使我产生误解和疑虑。有时候,我好像觉得费奥多尔·
米哈伊洛维奇已经不再爱我了,他看出我是多么空虚、愚蠢,根本就配不上
他,说不定他还后悔跟我结婚,但不知道怎样来纠正已经铸成的错误。如果
我确信他已不再爱我,那么,尽管我热烈地爱着他,我的自尊心也不允许我继
续留在他这儿。我甚至觉得,我应该为他作出牺牲,离开他,因为我们的共同

生活看来给他带来了苦恼。

有时候，我怀着深切的痛楚发觉自己在生费奥多尔·米哈伊洛维奇的气，他，一个"探究人心的大师"，眼看我生活得如此苦恼，却不努力减轻我精神上的负担，而硬要我整天和那些枯燥乏味的亲戚们打交道，而且庇护那个如此仇视我的帕维尔·阿列克桑德罗维奇。

有时候，我怀念我和他在婚前度过的那些美好的、令人迷醉的晚上，痛惜我们憧憬的幸福生活未曾实现，看来，将来也不会实现。

偶尔，我为失去先前宁静的家庭生活而感到遗憾，那时候，我无忧无虑，也用不到发愁和生气。总之，种种最幼稚的忧虑和真诚的苦恼使我忐忑不安；在我那不成熟的头脑中疑窦丛生，无法消释。我还没有正确的人生观，性格也未曾定型，这就有可能招致不幸。我会忍受不住家人之间的龃龉，冒起火来，以缺乏根据的责备和怀疑刺激费奥多尔·米哈伊洛维奇，使他怒不可遏。有可能发生一场严重的争吵，在此以后，十分倔强的我自然不会再留在费奥多尔·米哈伊洛维奇那儿了。应该记住，我属于六十年代那一辈人，我和当时所有的女性一样，把独立看得高于一切。虽然我对费奥多尔·米哈伊洛维奇的爱情至深至笃，但是我未必会下决心主动跨出和解的一步。我还有着稚气未脱的虚荣心，不愿意让帕维尔·阿列克桑德罗维奇看到我认错而嘲笑我。也许，费奥多尔·米哈伊洛维奇也不愿意跨出我们之间和解的第一步，他当时对我的爱恐怕没有像以后那样深。由于他的自尊心和尊严受到伤害，部分地也由于帕维尔·阿列克桑德罗维奇的谗言，他起初会放弃和解。我们之间的误解就此与日俱增，从而和解也成为不可能了。每念及此，我便心惊胆战，不知事情将如何了结：要知道，费奥多尔·米哈伊洛维奇是不可能和我离婚的，因为那时候要离婚得花很多钱。这样一来，他今后就不可能过上幸福的生活，不可能有他一生想望的家室和子女。同时，我未来的生活也将是不幸的：我把过多的希望，获得幸福的希望，寄托在我和费奥多尔·米哈伊洛维奇的结合上，要是这一黄金般的憧憬不能实现，我该多么伤心啊！

四　摆　脱

　　但是命运不想剥夺我和费奥多尔·米哈伊洛维奇以后十四年中享有的巨大幸福。我记得那是大斋节第五周的星期二,在我们的生活中出现了意想不到的良好转机。这一天照例是以不愉快的事开始的:帕维尔·阿列克桑德罗维奇阴险地作弄我,使我主持的家务中显出了漏洞(几乎整所房子里找不到一支铅笔或者一盒火柴),于是费奥多尔·米哈伊洛维奇便生起气来,大声呵斥可怜的费多西娅。家里来了一些令我厌烦透顶的客人,我不得不"款待"他们,给他们"解闷儿";帕维尔·阿列克桑德罗维奇则照例对我说些放肆无礼的话。费奥多尔·米哈伊洛维奇显得特别沉静和忧郁,几乎不跟我讲话,这使我十分难受。

　　这一天,我们准备应邀到迈科夫家度过晚上。我们的客人们知道这一点,吃了中饭就立即走掉了。但是由于整个白天心绪恶劣,我头痛得厉害,神经异常紧张,我怕到了迈科夫家,一谈到我们的家庭生活,我就会放声痛哭起来。因此,我决定留在家里。费奥多尔·米哈伊洛维奇试图说服我,而且似乎对我的拒绝感到不满。费奥多尔·米哈伊洛维奇还没有踏出家门,帕维尔·阿列克桑德罗维奇就来找我,责备我过于任性,"激怒"了他的父亲。他声明,他不相信我头痛,而认为我是为了要惹恼费奥多尔·米哈伊洛维奇而故意不去的。他说,费奥多尔·米哈伊洛维奇娶我是干了件"大蠢事",还说我是个"糟糕的主妇",大手大脚地花用"公有的钱",临了,他说,在他看来,我们结婚以后,费奥多尔·米哈伊洛维奇的病发得更厉害了,而罪魁祸首就是我。他讲了许多放肆无礼的话以后,就从家中溜走了。

　　这种惊人的无礼之举使我忍无可忍。他还从未如此残酷地侮辱过我,竟然把费奥多尔·米哈伊洛维奇病情的加重归罪于我。我气恼、痛苦到了极点。我头痛得更厉害了,我倒在床上,伤心地哭起来。过了一个半小时左右,费奥多尔·米哈伊洛维奇回来了。原来他在迈科夫家坐了一会,想念我,便回家了。费奥多尔·米哈伊洛维奇看到家里一片漆黑,就问费多西娅,我在哪儿?

"太太躺在床上哭呢!"费多西娅神秘地告诉他。

费奥多尔·米哈伊洛维奇着慌了,问我发生了什么事。我本想瞒住他,但他苦苦哀求我,而且语气又那么温和,使我的心软了下来,于是我便一边号啕大哭,一边告诉他:我的日子很难过,他家里有人欺侮我。我说,我觉得他不再爱我,不再像以前那样征询我的意见,又说我为此感到如何伤心和痛苦,等等。我很少哭得这样伤心,费奥多尔·米哈伊洛维奇越是安慰我,我的泪水就越是扑簌簌地往下掉。我把郁积在我心中的苦恼、怀疑和困惑和盘托出。我那可怜的丈夫听着,惊愕地望着我。原来他一直认为帕维尔·阿列克桑德罗维奇对我特别殷勤,根本就没想到他竟会侮辱我。费奥多尔·米哈伊洛维奇亲切地责备我,怪我为什么不向他吐露实情,为什么不向他诉苦,把继子的行为告诉他,又为什么不立即采取行动,使他不敢对我说无礼放肆的话。他还向我保证,他热烈地爱着我,而且觉得奇怪,我怎么会想到他已经不再爱我了。最后,他又坦白地告诉我,我们目前这种忙乱的生活同样使他苦恼不堪。过去,他也有年轻的亲戚来访,但不经常,因为他们待在他那儿感到寂寞;可现在他们却来得频繁了,他认为这是由于我对他们殷勤、热情,他们待在我们这儿感到欢乐的缘故。而且他认为,和年轻人作伴,参加他们轻松、愉快的谈话对我来说是件十分有趣的事儿。费奥多尔·米哈伊洛维奇说,他也时常怀念我们先前促膝谈心的情景,对如今由于经常有客而捞不到时间交谈感到惋惜。他还说,他最近有意到莫斯科去一次,现在经过我们这样一谈,他终于决定去了。"我们去,当然,一起去,"费奥多尔·米哈伊洛维奇说,"我想带你去看看我在莫斯科的亲戚。我对维罗奇卡[①](妹妹)和索尼娅[②](外甥女)谈到过你,我希望你们相互了解,彼此喜爱。而且,我想试试再向卡特科夫预支点钱,用这笔钱和你一起到国外去。你可记得,这是我跟你的理想啊!你看怎么样,这理想也许会实现吧?我还准备向卡特科夫谈谈我的一部新小

---

① 维拉的爱称。——译者注
② 索菲娅的爱称。——译者注

说。这在信里不容易谈清楚,当面谈就完全不同了。即使国外去不成,从莫斯科回来以后,要建立新的生活制度,不让我们俩都觉得讨厌的那种忙乱现象出现,毕竟容易一些。那么,上莫斯科去吧!你同意吗,安涅奇卡?"

哪里还用得到征求我的同意呢。费奥多尔·米哈伊洛维奇是那么温柔、善良、亲切,就像他在婚前那样,我的全部恐惧和疑虑都烟消云散了。婚后几乎第一次,我们俩在最倾心的交谈中单独地度过了整个晚上。我们决定不拖延行期,第二天就走。

翌日,亲戚们,特别是帕维尔·阿列克桑德罗维奇听到我们要走,都感到吃惊和不快,但是他们知道费奥多尔·米哈伊洛维奇最终会拿到一笔钱,以为他是为他们而作此行的,所以也就不劝阻我们。帕维尔·阿列克桑德罗维奇在和我们告别的时候说了许多尖刻的话,并且宣布:他要从我手中把"疏于治理的家抓到自己手中,把它整顿得井井有条"。我没有生气,也没有反对:能够摆脱他的折磨使我太高兴了,即使是暂时的。

我 们 的 蜜 月

五　莫斯科之行

大斋节第五个星期的星期四,我们一清早就到了莫斯科,下榻于费奥多尔·米哈伊洛维奇特别喜欢的久索旅馆。由于旅途劳顿,我们决定这一天不着手办事,而去看望伊万诺娃一家。这次访问使我十分紧张:在所有的亲戚中,费奥多尔·米哈伊洛维奇特别喜欢妹妹维拉·米哈伊洛芙娜·伊万诺娃和她的一家。还在彼得堡的时候,他就对我说过,如果我为伊万诺娃家的人所喜爱,他就会感到幸福。其实,我也想望这一点,我担心第一个印象会对我不利。我挑了一条漂亮的淡紫色连衣裙和一顶雅致的帽子,把自己精心打扮了一番。费奥多尔·米哈伊洛维奇对我的装束始终是满意的,而且觉得我今天显得很美。他的赞扬无疑是过甚其词,但是使我高兴,精神振作。

伊万诺夫家住在测地学院,到他们那儿得穿过整个城市,起初顺着米亚斯尼茨基街,随后顺着波克罗夫卡走。途经乌斯片尼亚圣母教堂(在波克罗夫卡)的时候,费奥多尔·米哈伊洛维奇说,下一次来的时候,我们要走下雪橇,在一定的距离内观赏教堂的风貌。费奥多尔·米哈伊洛维奇极其推崇这个教堂的建筑,他每次来莫斯科,总要乘车到这里来望一眼。过了两天,我们路过的时候,就仔细参观了它的外景,而且到里面逗留了一会儿。

我们离伊万诺夫家越近,我的心就越感到惴惴不安。"如果他们对我的印象不佳,那可怎么办?"我提心吊胆地想,"这会使费奥多尔·米哈伊洛维奇多么伤心!"

替我们开门的仆人说,亚历山大·帕夫洛维奇①(妹夫)和索菲娅·亚历山德罗芙娜(外甥女)不在家,他马上去通报维拉·米哈伊洛芙娜。

我们走进一间很大的客厅,里面摆满了古老的红木家具。费奥多尔·米哈伊洛维奇从桌上拿起《莫斯科新闻报》,我则着手仔细观看放在同一个地方的相册。过了很久,维拉·米哈伊洛芙娜还没有来。她大概觉得穿着宽大的长袍不便出来见初次会面的亲戚,于是就动手换衣服,这得花不少时间。过了约莫半小时,大厅的门突然哗啦一声打开,一个十岁左右的男孩像旋风似的跑过了屋子。

"维佳,维佳!"费奥多尔·米哈伊洛维奇喊道,但那男孩没有停步,却奔进了另一间屋子,高声叫了起来:

"一个打扮得很时髦的年轻太太,不戴眼镜!"

有人立即对他发出嘘声,他便不作声了。费奥多尔·米哈伊洛维奇知道这一家的习惯,马上就猜到是怎么回事。

"等不及啦!"他笑着说,"打发维佳来看一下,我妻子是什么样儿的。"

最后,维拉·米哈伊洛芙娜终于出来了,对我的态度非常热情。她拥抱我,吻我,请求我爱她的哥哥,并且照顾他。她的丈夫和长女索涅奇卡也来了。亚历山大·帕夫洛维奇用矜持的语气向我们道喜并且祝愿我们幸福。

---

① 亚历山大·帕夫洛维奇·伊万诺夫(1813—1868),康斯坦丁诺夫测地学院的医生。

索涅奇卡向我伸出手来，亲切地微笑着，但是默不作声，一个劲儿地打量着我。

亚历山大·帕夫洛维奇打开隔壁房间的门，说道：

"孩子们，过来祝贺舅舅，见见新舅妈。"

年轻的伊万诺夫们一个接一个地走来。他们一共七个：索涅奇卡（二十岁）、玛申卡（十九岁）、萨沙（十七岁）、尤莲卡（十五岁）、维佳和其他的孩子们。他们都亲热地祝贺费奥多尔·米哈伊洛维奇，但对我却态度冷淡：鞠躬，行屈膝礼，然后坐下，瞪大眼睛端详着我。我立即感觉到这些年轻人对我是敌视的。我的感觉没有错：后来发现他们事先有约，不能不反对我。伊万诺夫家的孩子们都很喜欢自己的姆母叶连娜·帕夫洛芙娜，她的丈夫已经病了许多年，害的是绝症。家里断定，在他死后，叶连娜·帕夫洛芙娜将嫁给费奥多尔·米哈伊洛维奇，这样，他就能永远住在莫斯科了。费奥多尔·米哈伊洛维奇是他们喜爱的舅舅；因此，他们不喜欢我这个使他们的幻想成为泡影的人，是不足怪的。费奥多尔·米哈伊洛维奇在圣诞节来莫斯科的时候，把我大大地夸奖了一番，这也使他们感到不快。孩子们知道我是搞速记的，断定我已经老了，是个虚无主义者，头发剪短，戴着眼镜。他们听到我们来，就约定一起嘲笑我，叫我难堪，以此证实他们的主见。可是他们看到的不是一个老太婆，不是高深莫测的"女虚无主义者"，却是个年轻女子，几乎还是个大姑娘，见了他们差点儿发抖，这使他们大为惊讶，目不转睛地盯着我看。这种加倍的注意使我发窘。我惯于说话直率，不费心机，而此刻却不得不字斟句酌，力求讲得优美、动听一些，这样一来，我的言词就很不自然了。我试图同我那些年轻的女亲戚们攀谈，而她们只是回答："是"或"不"——显然，他们不想继续谈下去。

约莫五点钟，大家坐下来吃中饭。仆役送来了香槟，大家开始举杯祝贺我们。席间显得挺热闹，虽然我也竭力要显得兴致勃勃，有说有笑，但内心却并不愉快。午饭以后，我的处境更加糟糕。伊万诺夫家来了一些同事和女友。他们之中有好多人喜欢费奥多尔·米哈伊洛维奇。去年夏天他曾住在伊万诺夫家在莫斯科城郊柳布林的别墅里[6]，年轻的伊万诺夫们的所有这些朋友都到那儿去做过客。他们大家都想见见费奥多尔·米哈伊洛维奇的妻子。他们开始玩起 petits-jeux① 来，这种游戏十分奥妙，需要观察力和机智。维拉·米哈伊洛芙娜最大的两个女儿的朋友玛丽娅·谢尔盖耶芙娜·伊万钦娜-皮萨列娃特别机智。她是个二十二岁左右的姑娘，长得并不漂亮，但是愉快、活泼、机灵，老是喜欢把人搞成笑柄。（费奥多尔·米哈伊洛维奇在他的小说《永久的丈夫》中通过查赫列比宁的家庭描绘了伊万诺夫一家。机灵、大胆的女友玛丽娅·尼基蒂什娜这个形象就是伊万钦娜-皮萨列娃的十分生动的写照。）

伊万诺夫家的年轻人交给她一个任务，要她把我搞得发火，从而使我在丈夫眼里显得滑稽可笑。大家开始玩方特②的游戏。每个参加游戏的人必须按照生活中各种不同的场合，编成（当然是口头上的）一个花束：送给老人——庆祝八十岁生日，送给小姐——祝贺初次参加大型舞会，如此等等。我轮到编一束野花。我从来没有在乡间住过，只知道园栽的花卉，我仅仅说出了罂粟、矢车菊、蒲公英以及一些别的什么花，这样，我的花束就受到全体一致公正的指责。大家建议我重编一个，但我预料我编不好，就拒绝了。

"不，免了吧，"我笑着说，"我自己知道，我没有什么鉴赏力。"

"这我们完全相信，"玛丽娅·谢尔盖耶芙娜回答，"你刚才已经出色地证明了这一点！"

她说着，意味深长地朝坐在我旁边注意我们做游戏的费奥多尔·米哈伊洛维奇瞥了一眼。她的这些话说得那么尖刻，同时又那么俏皮，以致大家都哈哈大笑起来，其中包括我和费奥多尔·米哈伊洛维奇。共同的笑声打碎了不友好的坚冰，因而这天晚上后来的气氛要比开头轻松一些。

费奥多尔·米哈伊洛维奇回到住处，便详细询问我所获得的印象，我告诉他，我很喜欢维拉·米哈伊洛芙娜和索涅奇卡，至于他们家其余的人，那我就没法儿说了。费奥多尔·米哈伊洛维奇看到我神情悒郁，很怜惜我。

"我可怜的安涅奇卡！"他说，"他们大家找茬儿折磨你。你自个儿不好，你应该反击，这样，他们就会马上把嘴闭上。你得勇敢一点，我的朋友！我妹

---

① 法语：小游戏。——译者注
② 一种游戏，参加者抓阄并按其中提出的题目做一件逗乐的事儿。——译者注

妹和索涅奇卡挺喜欢你,而且整整这一天,你都显得那么可爱,简直使我看得入迷!"

这些话给了我极大的安慰,但是这天夜里我还是睡不着,一会儿责备自己缺乏处世的本领,一会儿又思忖,为什么这些可爱的男女少年都对我如此敌视。至于他们的希望——想使他们心爱的舅舅和婶母结合的希望因我而化为泡影一事,是我后来才知道的。

伊万诺夫家邀请我们整天待在他们那儿,但是第二天,星期五,我们决定到晚上才去。费奥多尔·米哈伊洛维奇白天去找卡特科夫,但是他不在家。我们在旅馆里吃了午饭,傍晚前往伊万诺夫家。星期五是他们的会客日,因而我们碰到许多客人。这些人分别待在几个地方:年长者坐在客厅和书房里打牌;年轻人,其中包括我,则待在大厅里。大家开始玩当时挺流行的斯图加尔卡①。我旁边坐着一个年轻人——萨沙·伊万诺夫的同学。我看到他不像别人那样对我抱有成见,就开始和他闲聊、说笑,不仅如此,我还发现他是个机智而有趣的小伙子。

玩斯图加尔卡的时候,出现了一个滑稽的场面。在六十年代,银角子很少,流通较多的是铜币。伊万诺夫家打发人去兑换十至十二卢布的零钱,那人拿来一大堆沉甸甸的五戈比铜币。在玩牌的人中间有一位四十岁左右的小姐,穿一条鲜艳的玫瑰色薄纱连衣裙,头上、肩上和腰部扎着许多蝴蝶结。她下了几次赌注以后,就开始抱怨,说她输了钱。其余的人也在抱怨,大家很久都猜不透,究竟是谁赢了。到十一点的时候,有人叫我们去用晚餐。我们站起身来,忽然听到铜币散落在地板上的丁当声和那位穿玫瑰色连衣裙的小姐的喊叫声;显然,她的口袋禁不住重负。我们大家都急忙奔去捡那些向四面八方散落的钱币,可是那位小姐却往地上一坐,用一块大头巾盖住她赢来的钱,大声嚷叫起来:

"不,不,不要动! 我自己会全部捡起来的!"

她那样儿是那么滑稽,她害怕我们会拿走她的五戈比铜币,真是荒谬之极,大家不由得哈哈大笑起来,而我好像笑得比别人更起劲。

_____

① 一种牌戏。——译者注

费奥多尔·米哈伊洛维奇在书房里玩朴烈费兰斯①，他常常出来看我们，我觉得他仿佛越来越沉闷、忧郁了。我认为这是他疲劳的缘故。吃晚饭的时候，我坐在我的玩牌搭档旁边，费奥多尔·米哈伊洛维奇则坐在我们对面，目不转睛地紧盯着我，竭力注意听我们的谈话。我的心情十分愉快。我几次开口和丈夫说话，想把他吸引到我们的谈话中来，但没有成功。

一吃完晚饭，我们就回家了。回家的路很长，一路上费奥多尔·米哈伊洛维奇始终保持沉默，不回答我的问题。回到家里以后，他在房间里踱来踱去，显然十分气愤。这使我感到不安，于是我便走过去跟他亲热一下，想消消他的气。费奥多尔·米哈伊洛维奇使劲把我的手推开，用恶狠狠的目光望着我，弄得我的心直往下沉。

"你在对我生气吗，费佳②？"我怯生生地问，"你究竟为什么生气啊？"

我一提到这个问题，费奥多尔·米哈伊洛维奇就大发雷霆，说出了许多使人抱屈的话。听他的话音，我仿佛是个没有头脑的轻浮女人，整个晚上都在对我的邻座卖弄风情，只是为了折磨自己的丈夫。我开始为自己辩解，但这只是火上浇油。费奥多尔·米哈伊洛维奇失去了自制力，忘记我们是在旅馆里，大声嚷嚷。我知道他的指责毫无理由，他的不公正深深地刺痛了我的心；他的叫喊声和脸上可怕的表情使我畏惧。我感到，费奥多尔·米哈伊洛维奇好像马上就要发癫痫病，或者，把我杀死。我经受不住，泪如雨下。刹那间，丈夫醒悟过来了，开始安慰我，哄我，请求我原谅。他吻我的手，哭泣着，为刚才发生的事咒骂自己。

"看到你和那个年轻人谈得那么兴致勃勃，"他说，"我今天整个晚上都感到苦恼不堪。我好像觉得你爱上了他，我像发疯似的嫉妒他，差点儿要对他说出无礼的话。现在我明白，我这样想太不应该了！"

费奥多尔·米哈伊洛维奇真诚地感到后悔，恳求我忘记他使我受到的委屈，而且答应以后再不猜疑。他的脸上流露出深切的痛苦。我开始衷心地怜悯我那不幸的丈夫。我几乎通宵坐在他的身边，安慰他，使他的心情平静下

---

① 一种牌戏。——译者注
② 费奥多尔的爱称。——译者注

来。直到响起晨祷的钟声,我们的谈话才结束。我们上床睡觉,但好久都不能成眠。

第二天下午一时,我醒了。费奥多尔·米哈伊洛维奇起得比较早,已经一动不动地坐了两个钟头左右,生怕打扰我睡觉。他用幽默的口吻诉着苦,说我差点儿把他饿死,因为他怕弄醒我,没有打铃要咖啡。他对我特别温存。

这一晚的情景永远印在我的心坎里。它促使我思考我们之间未来的关系。我明白,猜疑给费奥多尔·米哈伊洛维奇带来多么深切的痛苦,就暗自下定决心,今后一定要谨慎小心,不能再使他经受这样的折磨。

六　探望我的弟弟

在我逗留莫斯科期间,我还去彼得罗夫斯克-拉祖莫夫斯克探望我的弟弟,彼得罗夫斯克农学院学生伊万·格里戈利耶维奇,这次探望在我的记忆中留下特别生动的印象。他已满十七岁,长得十分英俊,脸色红润,一头淡褐色的鬈发,像女孩子那样温文尔雅,非凡善良,富有朝气。在学院里,他被认为是最年轻的大学生,大家都喜欢他。

我来到莫斯科后,就马上写信给弟弟,要他随便哪一天来,时间要早一点,约莫十一点左右,如果碰不到我们,那么,就在旅馆的阅览室里等我们。我的弟弟在星期五接到信,第二天十一点钟就来到我们的住处。他从旅馆的茶房那儿得知我们还没有起身,便去探望患病的同学,在那位同学那儿待了很久,当他返回的时候,我们已经不在住所了。他以为我们很快就会归来,他在旅馆里一直等到黄昏,临走时留下一封信,信中通知说,他将于星期一再来。可我和丈夫已经决定,如果卡特科夫那边的事情不成功,我们就在星期日晚上搭车回家,这样,我就根本见不到弟弟了。于是我便请求费奥多尔·米哈伊洛维奇允许我独自去看望弟弟。我的丈夫不能陪我去,因为他白天将应邀去卡特科夫家。他为我雇了一辆马车到彼得罗夫斯克农学院,记下它的车号,下午一点钟左右我便坐车走了,答应四点钟以前带着弟弟返回。

我的情绪极佳：整个早晨费奥多尔·米哈伊洛维奇对我十分温存、亲热；我们最近的争吵看来没有在他的心里留下沉重的印象。天气晴朗，道路极好，我为即将和亲弟弟见面而满心喜悦。

那一天是星期日，留在学院里的只有一些经常住在那儿的大学生，相对来说，为数不多。我走进一间很大的会客室，问我碰见的一个大学生，我是否可以见见我的弟弟，大学生斯尼特金。所有住在学院里的人都知道，斯尼特金的姐姐最近出嫁；因为在我结婚的那一天，从来也不狂饮的我的弟弟生平第一次喝得酩酊大醉，整个晚上号啕大哭，同学们安慰他，他说：

"一切都完了！我再没有姐姐了。对我说来，她已经死了！"

上述那位大学生自告奋勇，把我领到他的房间里。万尼亚①一看到我，喜出望外，甚至抱住我，哭了起来。我们坐下来谈话，不到五分钟，工役端来一个茶炊和一只托盘，上面放着茶壶、两只玻璃杯和一只椭圆形的法式白面包。几乎在同时，另一工役送来第二个茶炊和咖啡壶、奶油和糖。这是我弟弟的同学们安排的，他们认为，他的客人在路上冻坏了。每个人都把他房间里桌子上的东西全送到万尼亚的房间里。

万尼亚的同学们（其中有些人是我丈夫的才华的崇拜者）先后来到他那儿，想要见见他们的偶像——陀思妥耶夫斯基的妻子。房间里聚集了九个人：有的坐在椅子上，有的坐在床上，有的坐在窗台上。我请他们喝茶，因为第一个工役认为他端来的茶炊不热，又送来了滚开的茶，那已经是第三个茶炊了。我们桌子上放着几个茶炊，惹得大家都发笑，那些起先见了我害臊的大学生就借此打开话匣子，谈谈笑笑了。

谈话涉及到文学，大学生分成了两派：费奥多尔·米哈伊洛维奇的崇拜者和他的反对者。有个反对者激烈地论证，陀思妥耶夫斯基选择大学生拉斯柯尔尼科夫作为《罪与罚》的主人公，这是对年轻一代的诽谤。我当然为丈夫辩护，得到有些人的支持；年轻人争论得十分激烈，谁也不去听对方的话，每个人都坚持自己的意见。在热烈的辩论中，我们忘记了时间，结果，我待在弟弟那儿不是一小时，而是两小时。我急着要回去，与我交谈的两派人都送

---

①　伊万的爱称。——译者注

我到大门口。唉，真倒霉，送我到学院的那辆马车不见了，而我粗心大意，已经把钱付给了车夫。大学生们分头去找，回来的时候告诉我说，车夫等了我约莫一小时，后来送一位教授进城去了。

怎么办呢？有位大学生主张抄近路，把我们送到布特尔基，那儿总是可以雇到马车。大伙儿陪我们一起走。近路往往是漫长的，不得不走过雪堆，陷入雪中。大家说笑着，可我想到我那可怜的丈夫一定急坏了，我的心就隐隐作痛。

过了差不多一个钟点，我们终于到了布特尔基，找马车又花了不少时间。直至六点半，我和弟弟才来到久索旅馆。天差不多黑了。我奔进前厅，问看门人：老爷可在旅馆里？

"他老人家在十字路口站了整整三个小时，不知多少次探问您回来了没有，"看门人回答。

我跑出来，看到了费奥多尔·米哈伊洛维奇，他真的站在拐角上，留心地察看着行人。我瞅了他一眼，大吃一惊，他的脸色十分苍白，神情异常激动。

"费佳，亲爱的，我回来了，我们回去吧，"我走到他跟前，说道。

费奥多尔·米哈伊洛维奇见到我欣喜万分，使劲抓住我的手，仿佛他已经失去再看到我的希望。我带他到大门口，把我的弟弟介绍给他。说实话，我很担心费奥多尔·米哈伊洛维奇会把他的怒气发泄在无辜的万尼亚身上，从而我的梦想——希望他喜欢我的弟弟——就会破灭。幸而这样的事没有发生：我的丈夫对他很是友善。

大家十分愉快地吃了晚饭。费奥多尔·米哈伊洛维奇向我详细询问所有的情况，于是我便用幽默的口吻向他描述了我们碰到的意外事故。由于时间已晚，弟弟吃完饭就走了，我和丈夫俩度过了一个迷人的夜晚，就像我们婚前所经历的那种美妙的夜晚。我淘气地问道：

"嗳，老实告诉我，你大概以为我今天跟什么人逃跑了吧？"

"嘿，亏你想得出！"费奥多尔·米哈伊洛维奇回答，可是他的眼睛却负疚地朝我望了望，于是我明白，我的猜测并非毫无根据。

七 莫斯科印象

我愉快地回忆起我们逗留在莫斯科的其他的日子。每天早晨,我们都去参观这个城市的名胜古迹:克里姆林大教堂,宫殿,兵器陈列馆,罗曼诺夫家族的府邸。一个天气晴朗的早晨,费奥多尔·米哈伊洛维奇把我带到[拉札列夫]墓地,他的母亲——玛丽雅·费奥多罗芙娜·陀思妥耶夫斯卡娅就葬在这儿,他始终怀着深情追念着她。使我们高兴的是,我们还在教堂里碰到神甫,他在她的坟上作了祭祷。我们又到沃罗比约夫山上去观光。费奥多尔·米哈伊洛维奇出生在莫斯科,是个出色的导游,他告诉我许多有关首都的有趣特点。

我们参观以后觉得又累又饿,通常到捷斯托夫去吃点东西。我丈夫喜欢俄罗斯菜点,特地为我这个彼得堡居民点了当地的小吃,像莫斯科肉杂拌汤、露馅大馅饼、烤饼等;同时,装出对我这个年轻人的胃口感到吃惊的样子。接着,我们便回家,休息以后则上伊万诺夫家去吃晚饭。在他们家,为了避免他们的妒意发作,我不让费奥多尔·米哈伊洛维奇离开我一步,在他的帮助下,我和维拉·米哈伊洛芙娜、索涅奇卡和其他年轻人相处得很好。我和狡黠的玛丽雅·谢尔盖耶芙娜也交上了朋友。她们都十分详细地告诉我,她们怎么会没有跟我见过面就厌恶我,又打算用办法惹恼我这个根本不受欢迎的新亲戚,使我失去自制力而冒起火来。快十一点的时候我们回家,两点钟左右才躺下睡觉,在此以前,互相交换在这欢乐的一天里的印象。在彼得堡的最后几天里,我觉得和丈夫有些疏远,到了莫斯科,这种感觉完全消失了,我变得像在做未婚妻的时候那样愉快活泼、兴致勃勃了。费奥多尔·米哈伊洛维奇明确地说,他在这儿找到了在彼得堡失去的那个"过去的安尼娅"。直到现在,我才完全意识到,如果在我们之间没有我丈夫那一边的几个亲戚从中作梗,那么,我们的夫妇生活会多么幸福。对莫斯科之行的回忆永远保存在我的记忆中,以后,每当我来到莫斯科,我总是觉得在这儿比在任何地方都幸福、安宁和称心。

《俄国导报》编辑部同意再让费奥多尔·米哈伊洛维奇预支一千卢布。这事情是在星期五决定的，第二天，我们便动身回彼得堡。我记得，我们的火车不知为什么在克林停了整整一小时。晚上七点钟光景，在公用大厅里，为庆祝复活节前的星期六，举行了晚祷。大家手持点燃的蜡烛和柳枝站着。我们参加到正在祷告的人群中，我记得，我怎样站在亲爱的丈夫旁边，热烈地祈祷着，衷心感谢上帝赐给我幸福！这样的时刻是忘记不了的！

八　动身出国

我们回到了彼得堡，那种使我十分厌烦的生活重新开始。吃午饭之前，我们的常客们来了。接着，其他的亲戚也陆续登门，他们从继子那儿知道我们将在星期日以前回家。"款待"亲戚们、给他们"解闷儿"的义务又落到了我的身上。这一次，我心甘情愿地履行我的义务，指望情况会迅速改变。费奥多尔·米哈伊洛维奇出去了，我为了避免麻烦起见，决定暂时不把我们准备出国的事告诉任何人。直到所有的亲戚（其中包括我的母亲）聚在一起吃午饭的时候，才谈起这个问题。大家讲到，最近整整一星期来，气候极佳，就像春天一般。埃米莉娅·费奥多罗芙娜说出了自己的想法：应该利用晴朗的日子，找一个别墅，要不然，好房子都给别人租去了。她还说，她知道在佳尔列夫、帕夫洛夫斯克附近，有一所上好的别墅，里面有座大花园，房子很宽敞，除了我们以外，还能容纳陀思妥耶夫斯基家所有其他的成员。

"安娜·格里戈利耶芙娜生活在年轻人中间会感到高兴些，而我呢，这样吧，作些自我牺牲，来操持我们可爱的主妇不大在行的家务。"

费奥多尔·米哈伊洛维奇皱起眉头，这是因为埃米莉娅·费奥多罗芙娜暗示我不会管理家务，也可能是因为她提到我在年轻人中间会感到高兴些。

"我们用不到找别墅了，"他宣布，"我和安尼娅就要出国去了。"

所有的亲戚把他的话当作玩笑，但是，当丈夫开始详细地叙述旅行计划时,他们就相信了,而且,显然感到不快,刹时间,大家都沉默了。我想使谈话活跃起来,便把伊万诺夫家的情况和我们在莫斯科的情况告诉他们,但是没有人接我的话茬。

咖啡端来了,费奥多尔·米哈伊洛维奇看到大家那种沉默的抗议,心里有气,便走到书房里去了。过了一会儿,埃米莉娅·费奥多罗芙娜也跟了去,其他的亲戚走进客厅,饭厅里就只剩下我和帕维尔·阿列克桑德罗维奇了。

"我知道得很清楚,这是您想出来的花招,安娜·格里戈利耶芙娜!"他气冲冲地开口说。

"什么花招?"

"您不明白?! 我指的是这荒唐的出国旅行! 可您的算盘打错了。**我容许**您去莫斯科,那只是因为爸爸要到那里去取钱。而到国外去旅行——这是您的任性的要求,安娜·格里戈利耶芙娜,我无论如何也不会允许的。"

他的语调使我气愤,但是我不想争吵,而是用打趣的口吻说:

"不过,说不定您会对我们大发慈悲吧?"

"这您可别指望! 要知道,您这任性的要求是要花钱的,而钱不只您一个人需要,全家都需要: 在我们家,钱是公有的……"

这些话竟出自一个什么都依赖仁慈的继父、自己连一个戈比都挣不到的人之口! 我赶紧走掉,免得由于他那种放肆无礼的行为而把他大骂一顿。

过了半小时,埃米莉娅·费奥多罗芙娜从书房里出来,看样子在生气。她吩咐女儿准备回家,和我告别时态度十分冷淡。在书房里,我丈夫的弟弟尼古拉·米哈伊洛维奇占据了她原来的位子,接着,其余的亲戚都来告别。大家走了以后,帕维尔·阿列克桑德罗维奇去找费奥多尔·米哈伊洛维奇。他一开腔,照例是怒气冲冲,带着教训的口气,以致费奥多尔·米哈伊洛维奇忍受不住,把他从书房里撵了出来,随后他便立即走掉,不知跑哪儿去了。

大家走散以后,我走进书房,看到丈夫又激动又愤懑。他说,所有的亲戚都反对我们出国旅行,如果我们真要走的话,那么,他们要求我们在走以前几个月,留出一部分钱给他们。

"要多少钱呢?"我问。

"埃米莉娅·费奥多罗芙娜答应和孩子们谈一谈,明天给我回音,"费奥多尔·米哈伊洛维奇说。

他的话使我惊慌不安。费奥多尔·米哈伊洛维奇打算从《俄国导报》预支到的一千卢布中,拿出两百卢布给埃米莉娅·费奥多罗芙娜,一百卢布给帕沙作为生活费,一百卢布给尼古拉·米哈伊洛维奇,一百卢布用作我们出国前的开支。这样一来,我们出国的费用就只剩下五百卢布了。我们考虑,费奥多尔·米哈伊洛维奇在国外休息一个月之后,将着手写《论别林斯基》一文。这篇文章估计至少有三四个印张,因而,不久以后,费奥多尔·米哈伊洛维奇就可以拿到三四百卢布的稿费,以供他的亲戚们度夏之需。我们打算8月初就回彼得堡了。

事实证明我的担心是有道理的。第二天早晨,埃米莉娅·费奥多罗芙娜来了,她提出,需要五百卢布作为家用,两百卢布作为我们不在时继子的生活费。费奥多尔·米哈伊洛维奇试图说服她,要求她同意先收三百卢布(包括她的家庭开支和他的继子的生活费),其余的钱他过两个月再给,但是埃米莉娅·费奥多罗芙娜不同意,而费奥多尔·米哈伊洛维奇又无力拒绝她:他哥哥死后,他始终关心哥哥一家的需求,习以为常,要他撒手不管已经不可能了。

白天,费奥多尔·米哈伊洛维奇又碰到了新的不愉快的事:突然来了个年轻人——赖斯曼太太的儿子。这位太太持有几张司法机关命令费奥多尔·米哈伊洛维奇必须追缴为数近两千卢布欠款的执行票,由于我丈夫付给她高额利息,她没有来为难他。可现在她的儿子声明,他母亲要求偿还一张执行票中规定的五百卢布;如果遭到拒绝,他们就将诉诸民事执行吏,请求查封我们的家具。

这一出乎意料的要求使费奥多尔·米哈伊洛维奇惊愕万分;但是,由于赖斯曼的坚持,他答应第二天偿还三百卢布。

在这一天里,收到亲戚们的几封信,信中表示,费奥多尔·米哈伊洛维奇共需给他们一千一百卢布,同时,还得偿还赖斯曼三百,而我们统共却只有一千卢布!

老实说,我对一向好说话的女债权人突然提出这样的问题感到有点蹊跷,但是我没有把自己的想法告诉丈夫。

夜间，费奥多尔·米哈伊洛维奇把眼前需付的钱款计算了一下，忧心忡忡地对我说：

"命运跟我过不去，我亲爱的安涅奇卡！你自己明白，如果我们现在——春天出国，就非得有两千卢布不行，可我们连一千也没有。如果我们留在俄国，那么，就可以用这点钱过两个月安静的生活，说不定还可以租到埃米莉娅·费奥多罗芙娜介绍的那所别墅。我在那儿将着手工作，也许我们秋天又能拿到点钱，这样我们就可以到国外去住上两个月。但愿你能明白，我亲爱的，我们眼前不能成行，我感到多么遗憾！我多么想望这次旅行，我觉得我们俩是多么需要它啊！"

我看到费奥多尔·米哈伊洛维奇情绪悒郁，就竭力隐藏自己的愁绪，提起精神说道：

"好，安下心来，我亲爱的。等秋天再说吧！说不定到那时我们会交上好运哩！"

我害怕自己会放声大哭，使丈夫更加伤心，就推说头痛，赶紧走出书房。我心里难受极了。所有那些曾经无情地折磨我、在莫斯科之行中暂时消失的忧伤的念头和疑虑如今以加倍的力量重新向我袭来，我感到我们梦寐以求的愿望无法实现，几乎陷于绝望。

我认为，只有在我们结婚以前那几个无上幸福的星期里我所十分珍惜、后来又丰富了我们在莫斯科的生活的那种和丈夫经常不断的精神上的交流才能使我和费奥多尔·米哈伊洛维奇所向往的牢固与和睦的家庭建立起来。为了挽救我们的爱情，解除我的不安和苦恼，有必要离开大家一个时期，哪怕两三个月也好。我深信，在这以后，我和丈夫就会一辈子亲密无间，没有人能把我们拆散了。但是上哪儿去弄一笔钱，供我们去进行这次必不可少的旅行呢？我前思后想，蓦地，一个想法闪过我的脑海："为了这次旅行，我是否能牺牲我的嫁妆呢？这样，我的幸福就可以保全了。"

这一想法逐渐制服了我，虽然把它付诸实现存在某些困难。首先我自己就很难下决心作出这样的牺牲。我已经说过，我虽然已经二十岁，但有许多地方还像孩子，对年轻人来说，像家具、服装这一类东西具有很大的意义。我特别喜欢我的钢琴，我的可爱的小桌和书架，我的所有那些漂亮的、不久以前添置的家具。我舍不得失掉这些东西,害怕它们再也不能收回了。

我还担心这会引起母亲的不满。我出嫁不久,还处在她的影响下,害怕使她伤心。我的一部分嫁妆是用她的钱置办的。我想:"如果妈妈责怪我的丈夫对他的亲戚过分偏袒,从而怀疑他对我的爱情,那可怎么办?她总是把自己孩子们的幸福看得重于自己的幸福,到那时候,她会多么难受啊!"

我在这种犹豫不决和疑虑重重中度过了不眠之夜。清晨五点钟响起了晨祷的钟声,我决定上我们家对面的升天教堂去祈祷。

跟平时一样,参加祈祷仪式使我大受感动:我热烈地祈祷着,哭泣着,从教堂里出来的时候,我的决心增强了。离开教堂后,我不想回家,而是前往我母亲家。妈妈见我去得这么早,又加眼睛带有泪痕,吓了一跳。在我所有的亲属中,只有她一个人知道我的家庭生活不顺心。她常常数落我没有能耐,无法叫帕维尔·阿列克桑德罗维奇对我持尊敬的态度,从而改变我的处境。还有一个情况也使她感到气愤:我过去一直忙于工作,在工作中寻找精神上的乐趣,而现在却整日无所事事,只是款待那些我所不感兴趣的客人,给他们解闷儿。她是瑞典人,总是用西方的、比较文明的观点看待生活,她担心我们俄国人那种杂乱无章、一味好客的生活会断送在教育中培养起来的真本领。妈妈知道我缺乏那种把一切事情办得恰如其分的能力和处世经验,因而对我们到国外旅行一举寄予很大希望。她打算在秋天我们回来以后邀请费奥多尔·米哈伊洛维奇移居到她的房子里。到那时,我们将有不用花钱的好住所,再说亲戚们由于路远,就不会每天来我们家。帕维尔·阿列克桑德罗维奇也不会想住在"穷乡僻壤",——这是他对我们这个地区的轻蔑称呼,——自然会留在埃米莉娅·费奥多罗芙娜那里。这样,我们和帕维尔·阿列克桑德罗维奇分手,就不像是由于家庭不和,而是出于他本人的意愿。

我母亲听到我们的出国计划落空,我将和陀思妥耶夫斯基家的人在公用的别墅里一起度夏,吃了一惊。她了解我那独立不羁的性格和年轻人的执拗劲儿,怕我经受不住,以致造成家庭悲剧。

她立即同意我把自己的东西全部抵押出去的计划,这使我欣喜万分。我问,她是否为她送我那些嫁妆感到惋惜,妈妈回答说:

"自然惋惜,但是你既有失去幸福的危险,不这样做又有什么别的办法呢？你和费奥多尔·米哈伊洛维奇是两个很不相同的人，如果现在合不来，那就永远别想合得来了。必须在节日以前，趁新的复杂情况还没有出现的时候，尽快离开这儿。"

"不过，我们是否能在节日以前把东西抵押掉、拿到钱呢？"我问。

幸而我的母亲认识"大型动产"公司的一位经理，她答应立即去找他，请他明天派估价员来。我们的住房的租期到5月1日为止，家具可以在复活节以后运到仓库里。妈妈负责把押款按照费奥多尔·米哈伊洛维奇指定的数目分送给他的亲属。至于金银器物、彩票和毛皮大衣等，则在我们离开以前还来得及押出。

我高高兴兴地回家，终于在费奥多尔·米哈伊洛维奇起身以前赶到。帕维尔·阿列克桑德罗维奇很想知道我整个早晨的去向，于是就立刻走到我在那儿为丈夫准备咖啡的饭厅里来，照例开始挖苦我。

"我很乐于证实，您是那么虔诚，安娜·格里戈利耶芙娜，"他开口说，"不但做完晨祷，还做了日祷，就像费多西娅告诉我的那样。"

"是的，我刚才在教堂里，"我回答。

"但您今天为什么这样闷闷不乐？请允许我打听一下，您那热烈的想象力究竟在哪些外国疗养地驰骋？"

"您不是知道，我们不去国外了？"

"我不是对您说过了吗？现在您根据经验已经相信，我会坚持自己的主张，不会放您出国旅行的！"

"是啊，我知道，知道！这还有什么可说的？"我回答，虽然心中对他的这些放肆无礼的话气愤已极，但我不想跟他争吵。

我面临着一项重大的任务——说服费奥多尔·米哈伊洛维奇同意我所设想的计划。在家跟他谈这件事不行：随时会有人来打扰我们，何况帕维尔·阿列克桑德罗维奇死守在家里，等候着陀思妥耶夫斯基家的年轻人，那些早晨来的常客。幸亏我丈夫必须出去办点事，我提出要陪他到附近的药房。走出家门，我要求费奥多尔·米哈伊洛维奇到升天教堂里的小教堂去一下。我们一起在圣母像前作了祷告，然后顺着沃兹涅先斯克大街和莫伊卡河的河岸走去。我十分激动，不知从哪儿说起。费奥多尔·米哈伊洛维奇帮了我的忙。他看到我精神愉快，便说：

"安尼娅，你同意取消我们俩那么想望的出国之行，我是多么高兴！"

"不过，要是你同意我向你提出的计划，那么，我们还是走得成的，"我回答，马上开始叙述自己的计划。正如我预料的那样，我的丈夫立即否定了我的计划，他不愿意我放弃自己的嫁妆。我们开始争论起来，没有注意脚下的道路，一直顺着莫伊卡河的河岸往前走，最后到了城市中一个无人居住、我从未到过的地区。在我们的婚后生活中，我第二次坦白地告诉丈夫，我的日子不好过，央求费奥多尔·米哈伊洛维奇哪怕让我过上两三个月安静和幸福的生活也好。我断言，在目前的情况下，我们不仅不能像我们过去想望的那样，成为知心的朋友，而且可能就此分手，无可挽回。我央求丈夫挽救我们的爱情、我们的幸福，临了，我放声大哭，哭得那么伤心，以致可怜的费奥多尔·米哈伊洛维奇张皇失措，不知对我怎么办才好。他急忙表示完全同意我的打算。我欢欣万分，竟然不顾行人（在那个地区为数不多），热烈地吻了丈夫几下。就在这当儿，我抓紧时间，要求费奥多尔·米哈伊洛维奇到总督办公室去打听一下，什么时候可以拿到出国护照。办理护照总是给费奥多尔·米哈伊洛维奇带来麻烦。作为过去的政治犯，费奥多尔·米哈伊洛维奇处在警察局的监视之下[7]，除了办理通常的手续外，他还必须事先获得军事总督的许可。在总督办公室有一个我丈夫认识的官员——我丈夫的天才的热烈崇拜者，他希望费奥多尔·米哈伊洛维奇立即写一份申请书，并且答应明天就将此事向上级呈报。至于护照，他答应在星期五以前办好。

我记得，那一天我感到无上的幸福！甚至帕维尔·阿列克桑德罗维奇的纠缠也没有使我生气，因为我知道，这种情况马上就会结束。这一天我们对谁也没有谈起即将出国的事，除了母亲，她晚上来到我这里，把金器、银器和彩票带走，以便第二天把它们典押。

次日，星期三，公司的估价员到我们家来，对我们的家具作了估价，确定我们应得的款额。就在这一天晚上，当几乎所有的亲戚都集中在我们家吃饭的时候，费奥多尔·米哈伊洛维奇宣布我们即将在后天出国。

"请允许我提醒您一下，爸爸，"帕维尔·阿列克桑德罗维奇立即说，他听到这一消息慌了神。

"什么也不用提醒！"费奥多尔·米哈伊洛维奇突然冒起火来，"指定给多少，就拿多少，大家都别想多拿一个戈比。"

"但是这不可能！我忘记告诉您，我的夏季大衣式样太旧，我需要做一件新的，还有另外的费用……"帕维尔·阿列克桑德罗维奇开口说。

"除了指定给你的数目，你什么也别想了。我们出国花的是安娜·格里戈利耶芙娜的钱，我无权支配这些钱。"

帕维尔·阿列克桑德罗维奇两三次试图提出某些要求，但是费奥多尔·米哈伊洛维奇连听也不听。

吃过饭以后，亲戚们鱼贯进入我丈夫的书房。在那儿，费奥多尔·米哈伊洛维奇给每个人一部分钱，而另一部分则出字条于 5 月 1 日支付，届时，我母亲将负责从我们所得的押款中付给他们。

我说服费奥多尔·米哈伊洛维奇给帕维尔·阿列克桑德罗维奇做夏季大衣的钱，好让他不阻难我们。但是他并不见情，在告别的时候，还对我说，我采取这么诡谲的行动（出国旅行），他饶不了我，到秋天他要"跟我较量，还不知道胜利属于哪一方呢"。

我感到那么幸福，以致没有去理会从各方面纷纷向我袭来的挖苦话。

我们很快把行李收拾停当，想到我们此去时间不会很长，就只随身带一些必要的东西，把抵押家具和保存余下的生活用品委托我母亲办理。帕维尔·阿列克桑德罗维奇硬要帮她的忙，但是他成事不足，败事有余。他把费奥多尔·米哈伊洛维奇书房里的一部分家具和书籍搬到自己那儿，说他想读点书以补教育之不足。

我们准备出国三个月，然而过了四年多才回到俄国。在这段时间里，在我们的生活中发生了许多可喜的事件，我要永远感谢上帝，是主使我出国的决心更加坚定。在国外，我和费奥多尔·米哈伊洛维奇的新的幸福生活开始，我们之间的友谊和爱情得到了巩固，直到我丈夫去世，这种感情始终不渝。

注释：

［1］　早在四十年代，陀思妥耶夫斯基与教师和作家亚·彼·米柳科夫就建立

了友谊；即使在陀思妥耶夫斯基流放回来以后，他们之间的友谊也没有中断。（参阅陀思妥耶夫斯基 1860 年 11 月 10 日、1866 年 7 月以及 1867 年 2 月 13 日给米柳科夫的信——《陀思妥耶夫斯基书信集》，第 1 卷，页 299、443、456）但是，他们在精神上并不接近。不仅安娜·格里戈利耶芙娜引述的陀思妥耶夫斯基的这句话（"根据叙述的那种庸俗的口气来看，干这件事少不了亚·彼·米柳科夫"）可以证明这一点；而且，陀思妥耶夫斯基在国外时期（1867—1871）给埃·费·陀思妥耶夫斯卡娅、尼·尼·斯特拉霍夫、安·格·陀思妥耶夫斯卡娅的信中对亚·彼·米柳科夫的否定性意见也同样可以证明。然而，没有确切的资料足以证实，载于《祖国之子报》上的那篇文章正是米柳科夫写的。1890 年，亚·彼·米柳科夫的著作《与作家们的会见和交往》一书问世，其中有整整一章写他和陀思妥耶夫斯基的交往和友谊。

　　[2]　不确。后来安娜·格里戈利耶芙娜本人也说过，陀思妥耶夫斯基的继子帕·阿·伊萨耶夫只比她小几个月。

　　[3]　翻译家和新闻工作者伊万·格里戈里耶维奇·陀尔戈莫斯季耶夫是陀思妥耶夫斯基的杂志《当代》和《时代》的固定撰稿人，是"根基派"最激烈、最狂热的拥护者。根据斯特拉霍夫的回忆，陀尔戈莫斯季耶夫之所以害固定观念病，部分地是由于他长期地、无休止地进行关于"根基论"的争论和思索。（参阅《陀思妥耶夫斯基全集》，第 1 卷——《传记、书信和札记》，页 205—206）

　　[4]　帕维尔·阿列克桑德罗维奇·伊萨耶夫生于 1846 年。

　　[5]　1842 年 7 月和 1846 年夏季，费·米·陀思妥耶夫斯基曾往雷瓦尔（即塔林）看望米·米·陀思妥耶夫斯基。

　　[6]　关于陀思妥耶夫斯基于 1866 年在柳布林伊万诺夫家的别墅度夏一事请参阅 H. H. 冯-福赫特的回忆录《费·米·陀思妥耶夫斯基生平》，《历史导报》，1901 年，第 12 期，页 1023—1033。H. H. 冯-福赫特把陀思妥耶夫斯基在柳布林的逗留称为作家生活中幸福的时光，当时，他摆脱了写《罪与罚》的紧张工作，在游戏和娱乐中获得休息。

　　[7]　关于警察局对陀思妥耶夫斯基的监视请参阅 Ю. Г. 奥克斯曼的《有关陀思妥耶夫斯基的秘密指令》，收入《陀思妥耶夫斯基的创作》一书，敖德萨，1921 年，页 36—38，以及本书第七章。

第四章　在国外

一　夫妇间的初次口角[1]

（摘自速记本）

"今日（4 月 18 日）下小雨,看样子,将下一整天。柏林人家的窗子敞开着;我们房间窗下的椴树长出了叶子。雨没有停,但我们决定到外面去观赏一下城市的风光。我们走到 Unter den Linden①,看到 Schloβ, Bauakademie, Zeughaus, Opernhaus②,大学和 Ludwigskirche③。在途中,费佳对我说,我身上是冬天的穿戴（白色的长绒帽）,我的手套不好看。我听了很生气,回答说,如果他认为我的穿戴难看,那我们还是不要走在一起的好。说完这句话,我就转过身去,迅速地朝相反的方向走去。费佳几次呼唤我,想跑过来追我,但是又改变了主意,继续走原先的路。我气极了,觉得费奥多尔·米哈伊洛维奇的话实在太生硬。我几乎是奔跑着穿过几条街,不知不觉来到了

---

① 德语:菩提树下大街。——译者注
② 德语:皇宫、建筑学院、军火库、歌剧院。——译者注
③ 德语:路德维希教堂。——译者注

Brandenburger Tor①。雨还在下；德国人惊奇地望着我——一个没有撑伞、毫不在意地在雨中行走的姑娘。但是慢慢地我冷静下来了，明白了费佳说这句话并不想使我受委屈，我发火是没有理由的。我和费佳发生口角使我心里非常不安，一些莫名其妙的想象开始在我的脑海里涌现。我决定赶紧回住所，心想费佳已经回去，我可以跟他和解了。但是我回到旅馆，听说费佳已经回去过，在房间里待了几分钟又走了，这使我伤心至极。天哪，我左思右想，不知想到哪儿去了！我觉得他不再爱我，因为他断定我是个愚蠢而任性的女人；由于深感自己的不幸，他已纵身跳进了施普雷河。随后，我又想象，他前往我国大使馆，要求跟我离婚，发给我单独的身份证，打发我回国。当我发现费佳曾打开过手提箱（它不在原先的地方，箱子上的皮带也被解开），上述想法在我的头脑中就变得越发牢固。显然，费佳取出我们的证明文件，去了大使馆。这种种不祥的念头把我吓坏了，我不禁伤心地哭泣起来，责备自己任性，脾气太躁。我暗自下定决心：要是费奥多尔·米哈伊洛维奇把我抛弃，我无论如何也不回国，而隐居在国外的某个小乡村里，终身为我失去的幸福而痛哭。这样过了两个钟点。我时不时地从坐位上跳起来，走到窗前张望，费佳是否来了？当我失望到了极点的时候，我朝窗外一瞧，忽然看见费佳双手放在大衣口袋里，正在街上神情自若地走着。我高兴极了，他一踏进房门，我就号啕大哭，扑过去搂住他的脖子。他看到我哭过的眼睛，吃了一惊，问我出了什么事。当我把我的恐惧告诉他时，他大笑着说，'只有自卑自贱的人才会跳进施普雷河，淹死在这条微不足道的小河里。'他还笑我关于离婚的想法，说，'你还不了解，我对可爱的妻子，感情有多深。'他打开手提箱是为了取钱定制大衣。这样，事情全都解释清楚，我们便言归于好，我感到幸福极了。"

二

我们在柏林待了两天，就到了德累斯顿。由于我丈夫要从事艰巨的文学

---

① 德语：勃兰登堡门。——译者注

创作,我们便决定在此地至少住上一个月。费奥多尔·米哈伊洛维奇非常喜欢德累斯顿,主要是因为那儿有着著名的绘画陈列馆和市郊美丽的花园,在他旅行期间,这些地方他是非去不可的。在这个城市里,博物馆和文化宝库很多,费奥多尔·米哈伊洛维奇知道我求知欲很强;因此,他认为,我肯定会对它们感兴趣而不致感到寂寞,思念俄国;起初,他十分担心这一点。

我们下榻于新市场上一个当时最好的旅馆——"柏林城",换好衣服后,立即前往绘画陈列馆,我丈夫想在介绍我认识城市的其他文化宝库以前先熟悉一下这个陈列馆。费奥多尔·米哈伊洛维奇很有把握地说,他清楚地记得去茨维格尔的捷径,但是我们却很快在几条狭窄的街道之间迷了路,就在这时候发生了一件可笑的事,我的丈夫在给我的一封信①中曾以这件事为例说明德国人的头脑不大灵活,有点笨拙。费奥多尔·米哈伊洛维奇问一位先生,看来,是位知识分子:

"Bitte, gnädiger Herr, wo ist Gemälde-Gallerie?"②

"Gemälde-Gallerie?"③

"Ja, Gemälde-Gallerie."④

"Königliche Gemälde-Gallerie?"⑤

"Ja, Königliche Gemälde-Gallerie."⑥

"Ich weiβ nicht."⑦

我们觉得惊奇,既然他不知道绘画陈列馆在哪儿,他为什么要这样盘问我们。

然而我们很快就走到了陈列馆,虽然最多再过一小时就要闭馆,可是我们还是决定进去。我丈夫在哪个大厅里都没有停留,径自把我带到《西斯廷

---

①　这封信写于[……]——安·格·陀思妥耶夫斯卡娅注[2]

②　德语:请问,先生,绘画陈列馆在哪儿? ——译者注

③　德语:绘画陈列馆吗? ——译者注

④　德语:是的,是绘画陈列馆。——译者注

⑤　德语:是皇家绘画陈列馆吗? ——译者注

⑥　德语:是的,是皇家绘画陈列馆。——译者注

⑦　德语:我不知道。——译者注

圣母》①前,他认为这幅画是人类天才的最高表现。后来我看到我的丈夫能够接连几小时站在这幅美得惊人的圣母像前,深受感动,赞叹不已。[3] 可以说,《西斯廷圣母》对我产生的第一个印象是惊愕:我好像觉得圣母怀抱圣婴,迎着行人在空中疾行。后来,当我 10 月 1 日在基辅灯火辉煌的[圣弗拉基米尔]教堂里参加彻夜祈祷,看到画家瓦斯涅佐夫的天才作品时,我也得到这样的印象。[4] 同样的圣母像,神圣的面容上露出温柔、慈爱的微笑,她迎着我飘然而来,使我的心灵震撼和感动。

同一天,我们在约翰尼斯大街租了一套住房,共有三间:客厅、书房和卧室,这是由一个新近丧偶的法国女人出租的。次日,我们出去为我买帽子,以便把我在彼得堡戴的那一顶换下来,我丈夫逼着我选了十顶帽子,最后选中了一顶,用我丈夫的话来说,我"戴着再合适也没有了"。如今我还记得,它是由意大利的白色麦秸编成的,上面缀着玫瑰花,还有长长的黑丝绒飘带一直垂到肩上,这带子,按照时髦的说法,叫作"suivez-moi"。

这以后接连两三天,我和丈夫上街去买我的夏装,费奥多尔·米哈伊洛维奇从牢度、花色和样式等方面不厌其烦地挑选、观察着我们要购的衣料,这使我感到吃惊。所有他替我选购的衣着都质地优良。朴素而又优雅,我此后对他的鉴赏力就完全相信了。

我们安顿下来以后,恬静、幸福的时期就开始了:不用为金钱而忧虑(预料一到秋天就会有钱),也没有人在我和丈夫之间作梗,我完全有条件享受和他相伴的乐趣。如今虽然已经过了十年,关于这美妙的时光的回忆依然显得鲜明而生动。

费奥多尔·米哈伊洛维奇喜欢把一切都安排得有条不紊,其中包括对自己的时间的支配;因此,我们很快就建立了那种不妨碍我们两人中的任何一个随意利用时间的生活制度。由于我的丈夫在夜间工作,所以他最早要到中午十一点才起身。我和他一起吃了点心就立即动身去参观 Sammlung②,在这种场合,我的求知欲得到了满足。我记得我没有放过无数 Sammlung 中的任

---

① 《西斯廷圣母》系意大利画家拉斐尔(1483—1520)的名作。——译者注
② 德语:收藏室。——译者注

何一个：mineralogische，geologische，botanische① 等等收藏室我都曾仔细、认真地参观过。但是两点以前我必须到达绘画陈列馆（跟所有科学方面的收藏室一样，也在茨维格尔）。我知道，这时候我丈夫会来到陈列馆，我们将一起去欣赏他所喜爱的绘画作品，当然它们也就立即成了我喜爱的作品。

在绘画中，费奥多尔·米哈伊洛维奇对拉斐尔的作品评价最高，而把《西斯廷圣母》看成是这位画家的登峰造极之作。他也非常重视提香②的天才，特别是后者的名作《纳税银》和《拿着钱币的基督》，他往往长久地站着，目不转睛地望着救世主的这幅完美的画像。[5]在其他画作中，费奥多尔·米哈伊洛维奇还十分欣赏下列作品，他每次去陈列馆，别的珍宝可以放过，但这些画他却非看不可：穆里洛③的《怀抱圣婴的马利亚》，柯勒乔④的《神圣之夜》，阿尼巴·卡拉齐⑤的《基督》，巴东尼⑥的《忏悔的玛格达林娜》，雷斯达尔⑦的《打猎》，克劳德·洛兰⑧的风景画《早晨》和《傍晚》（我丈夫称这些风景画是"黄金时代"，曾在《作家日记》中提到过它们）[6]，还有凡·赖恩·伦勃朗⑨的《伦勃朗和他的妻子》，安东·凡·戴克⑩的《查理一世》；在水彩画和色粉画中，他欣赏让·利奥塔尔⑪的《制巧克力糖的女工》。

下午三点钟，绘画陈列馆关闭，我们便到附近的饭店里去吃午饭。这个饭店通常被称为"Italienisches Dörfchen"⑫，它那有顶的走廊就悬在河上。从饭店巨大的窗口可以眺望易北河两岸的景色，在天气晴朗的日子，坐在这儿吃午饭，观看河上发生的一切，令人心旷神怡。这儿饭菜比较便宜，但是烧得入味，费奥

---

① 德语：矿物学的、地质学的、生物学的（收藏室）。——译者注
② 提香（1490—1576），意大利文艺复兴盛期的著名画家。——译者注
③ 穆里洛（1617—1682），意大利画家。——译者注
④ 柯勒乔（约1489—1534），意大利文艺复兴盛期的画家。——译者注
⑤ 阿尼巴·卡拉齐（1560—1609），意大利画家和雕刻家。——译者注
⑥ 巴东尼（1708—1787），意大利画家。——译者注
⑦ 雷斯达尔（1628—1682），荷兰画家。——译者注
⑧ 克劳德·洛兰（1600—1682），法国画家。——译者注
⑨ 凡·赖恩·伦勃朗（1606—1669），荷兰画家。——译者注
⑩ 安东·凡·戴克（1599—1641），佛兰德斯画家。——译者注
⑪ 让·利奥塔尔（1702—1789），瑞士画家。——译者注
⑫ 德语：意大利村庄。——译者注

多尔·米哈伊洛维奇每天总要点一份"Blaues Aal"①，他很喜欢吃这道菜，而且知道这儿可以吃到刚捕到的鱼。他喜欢喝莱茵白葡萄酒，当时的价格是十个铜币②一小瓶③。在这家饭店里可以看到许多外国报纸，我丈夫看的是法文报纸。

我们休息一会儿以后就到 Grossen Garten④ 去散步。费奥多尔·米哈伊洛维奇之所以非常喜欢这个大公园，主要是因为那里有英国式的草地和茂盛的树木。从我们的住处到公园来回至少六七俄里，我丈夫喜欢走着去，很重视这样的散步，甚至在下雨天也不放弃，说它对我们能起良好的作用。

在那个时候，公园里设有一个名叫"Zum grossen Wirtschaft"的饭店，在那里，每到晚上就有乐队演奏铜管乐或管弦乐。有时候，音乐会节目单的内容很严肃。我的丈夫对音乐并不内行，他却很喜欢莫扎特的音乐作品，贝多芬的《菲岱里奥》，门德尔松的《结婚进行曲》，罗西尼的《圣母哀歌》，他听着这些他所爱的作品，从中得到真正的享受。但是费奥多尔·米哈伊洛维奇全然不喜欢理查·瓦格纳的作品。[7]

在这样的散步中，我丈夫通常总是丢开文学和其他方面的思考而得到休息，心情始终处于最佳状态，开玩笑，说趣话。我记得，在音乐会的节目单上经常有索贝⑤的歌剧《诗人与农夫》的变奏曲和集成曲，费奥多尔·米哈伊洛维奇之所以喜欢这些变奏曲，是由于一个偶然的情况：有一次，我们在格罗森花园散步时，为了信仰问题而争吵起来，我用尖锐的言辞表达了自己的看法。费奥多尔·米哈伊洛维奇打断了我的话，于是我们便默默地走到饭店。我十分懊丧，觉得没理由破坏丈夫的良好情绪，就在这时候，我听到里面在演唱索贝的歌剧《诗人与农夫》的集成曲；为了要使他重新高兴起来，我就说，这"写的就是我们"，他是诗人，我是农夫，接着，我便随着剧中的农夫轻轻地唱了起来，我想出的这个花样中了费奥多尔·米哈伊洛维奇的意，他也就哼起诗人的咏叹调来。这样，索贝使我们和解了。自此以后，我们经常随着音乐轻轻地唱着主人公们

---

①　德语：蓝鳗。——译者注
②　俄国货币单位，在 1838 至 1917 年间，一个铜币等于半戈比。——译者注
③　一小瓶的容量是 0.3 升。——译者注
④　德语：格罗森花园。——译者注
⑤　索贝（1820—1896），奥地利作曲家。——译者注

的两重唱：我的丈夫哼诗人的部分，而我哼农夫的部分。这不易让人觉察，因为我们总是坐在"我们的橡树"下，与其他人保持一段距离。我们有说有笑，其乐无穷。我丈夫要我相信，他跟我在一起变得年轻了，好像我们之间年龄上的差别已不复存在。偶尔还发生一些趣事：比如，有一次，一根小树枝从"我们的橡树"上掉进了费奥多尔·米哈伊洛维奇的一大杯啤酒里，随着小树枝还落下一只黑色的大甲虫。我丈夫嫌脏，不愿意喝这杯掉进甲虫的酒，他把酒杯交给侍者，要他另拿一杯来。侍者走掉以后，我丈夫后悔自己没有想到，应该先叫侍者重新送杯酒来，而现在呢，他可能只取出甲虫和树枝，然后把原来的那杯酒端回。侍者来了，费奥多尔·米哈伊洛维奇便问他："怎么，您把那杯酒倒掉了？"——"怎么倒掉，我把它喝了！"——那人回答，从他心满意足的神情来看，可以确信，他没有放过多喝一次啤酒的机会。

每天这样的散步使我们想起我们订婚以后那些美妙的夜晚，好像那种充满欢欣、坦诚和纯朴的时光重新来临了。

九点半我们回家，喝了茶就坐定下来。费奥多尔·米哈伊洛维奇着手阅读他买来的赫尔岑的作品[8]，我则开始写日记。在日记里，我用速记符号记下了我们婚后头一两年的生活情况，只有在我生病的时候，日记曾短时间中断过。

我之所以想写日记，原因很多：新的印象无数，我怕忘掉详情细节，再说，每天实践是不忘记速记术的最有效的办法，而且还能使技术不断提高。可是另有最主要的原因：我认为我的丈夫是个很有意思的谜一般的人，如果我把他的思想和言论记下来，那会有助于我对他的认识和了解。此外，我在国外举目无亲，没有人可以诉说自己的感想以及我心中偶尔产生的疑虑，而日记就成了我可以把自己的思想、希望和忧虑向之和盘托出的朋友。

我丈夫对我的日记很感兴趣，他好几次对我说：

"我情愿付出昂贵的代价，安涅奇卡，只要我能知道你用你的那些符号写了些什么；说不定满纸都是责骂我的话吧！"

"这要看情况：有赞扬的话，也有责骂的话，"我回答说。"该怎样写就怎样写。其实，我哪能不责骂你呢？谁胆敢不责骂你？"我用俏皮的问句结束道，那是借用我丈夫想数落我时对我说的话。

我们之间思想分歧的一个缘由是所谓"妇女问题"。作为六十年代的妇女,我坚决捍卫妇女的权利和独立,而对我丈夫看待妇女的(在我看来)不公正的态度感到愤慨。我甚至把这种态度几乎看成是对我本人的攻击,有时候,我就把这种看法向丈夫直说。我记得,有一次我丈夫看到我郁郁不乐,便问我:

"安涅奇卡,你怎么啦? 是不是生我的气?"

"是的,我是生你的气:我们方才谈到女虚无主义者,你把她们骂得好凶啊。"

"可你不是女虚无主义者,你干吗生气呢?"

"我不是女虚无主义者,这是事实,但我是个妇女,当妇女挨骂的时候,我听了就感到难受。"

"可你是什么样的妇女呢?"我丈夫说。

"什么'什么样的妇女'?"我冒火了。

"你是我的无比可爱、美妙绝伦的安涅奇卡,世界上再也找不到第二个了,你就是这样的人,而不是妇女。"

由于年轻,我不能接受他的这种过分的赞扬;我认为自己是个妇女,而他却不承认,这使我感到气愤。

顺便提一下,费奥多尔·米哈伊洛维奇确实不喜欢当时的女虚无主义者。她们对女性的任何特征的否定,不整洁的外表,粗鲁、做作的举止引起他的反感,而他所欣赏的正是我身上那些与她们相反的素质。后来,到了七十年代,当她们中间真正锻炼出一批聪明的、受过教育的、严肃地看待生活的妇女时,费奥多尔·米哈伊洛维奇才对妇女持全然不同的态度。那时候,我的丈夫在《作家日记》中表示,俄国妇女大有希望。①

一八六七年。关于我们的争论

在我跟丈夫的争论中,使我十分气愤的是,他否定我们一代的妇女具有

---

① 《作家日记》(《公民周报》,1873 年,第 35 期)。——安·格·陀思妥耶夫斯卡娅注[9]

某种坚毅的性格以及对既定目标的顽强而持久的追求。例如,有一次他对我说:

"让我们拿一件小事来说——举个什么例子呢? 就拿收集邮票来说吧(我们恰巧路过一家商店,商店的橱窗里放着成套的邮票,引人注目)。如果一个男人经常从事这项工作,他就会收集,保存,即使在这件事上没有花费过多的时间,甚至收集的兴趣变得冷淡了,但他还是不会把它丢弃,仍然会长时间地保持下去,并且可能保持到生命的终结,借以回忆青年时代的爱好和迷恋。而女人呢? 她心血来潮,想要集邮,买了华丽的集邮册,向所有的亲友们要邮票,弄得大家感到厌烦,为买邮票花掉了许多钱;可是后来她的愿望不复存在,华丽的集邮册也就乱丢在随便什么架子上,临了,把它当作惹人腻烦的废物丢掉算数。无论对待小事或者大事,她们都缺乏毅力:起初热情如火,可是从来不作持久和顽强的努力,争取达到既定的目标,获得可靠的成果。"

不知怎的,这次争论激起了我的好胜心,于是我就告诉丈夫,我要用我个人的例子向他证明,女人是能够长年累月地致力于她感兴趣的目标的。"由于我目前没有什么重大的任务,"我说,"那我就从你刚才指出的那件小事做起,自今日始,我着手集邮。"

我说到做到。我把费奥多尔·米哈伊洛维奇拖到首先看到的文具店里,(用自己的钱)买了一本便宜的集邮册。一到家,我就立即把从俄国寄来的两三封信上的邮票剪下来,粘在集邮册上,从而开始了集邮活动。我们的女房东知道我的心愿后,便在她的信中翻寻了一阵,送给我几枚古老的 Turn-Taxis 和萨克森王国的邮票。这就是我集邮的开端,至今已经坚持了四十九年。当然,我在集邮上从未花过大的力气,我只是把它们积聚起来,如今已积了[……]①枚,其中有些是珍品。我保证没有一枚邮票是用钱买来的,而是我接到的信上的,或是别人送我的。我的亲友们知道我这个爱好,比如说,我女儿在寄信给我时总是附上各种价值的邮票。我不时在丈夫面前夸耀自己收集的邮票越来越多,他有时就嘲弄我的这个爱好。

逗留在德累斯顿的这几个星期里,发生了一件事,使我注意到费奥多

---

① 此处原稿遗漏。——原书编者注

尔·米哈伊洛维奇性格中令我不快的特点,那就是毫无来由的醋意。事情是这样的:速记学教授帕·马·奥利欣得知我们打算在德累斯顿住一个时期,就交给我一封致蔡比格教授的介绍信,这位教授是加别利斯别格尔的弟子们所组织的团体的副主席,而我所学的就是加别利斯别格尔的速记术体系。[10]奥利欣肯定地说,蔡比格是个极好的人,他可能会在我们参观陈列馆或其他方面给予帮助。我来到德累斯顿后,迟迟未去蔡比格处,但我觉得不去送介绍信不妥当,最后我就下决心去找他。我到蔡比格家,没碰到他,便留下了信;翌日,教授回访了我,适逢我们俩都在家,他邀请我们去参加他们的团体召开的会议。

我们同意了,但是后来我丈夫又决定让我一个人跟着蔡比格去。他断言,他出席这种专门性的会议会感到乏味。

我们就照这样做了。速记术团体的会场设在维尔德吕弗尔大街上的……①旅馆。会议已经开始,有个老头儿在作专题报告。虽然蔡比格邀我坐在他旁边的位子上,但我却坐在边上,寂寞地度过了半小时。到了中间休息的时候,教授把我领到主席跟前,向全体出席者宣布,我来自俄国,持有从事他们这项专项专业的人的介绍信。主席向我表示欢迎,我窘极了,想不出什么话来回答,只是向他鞠躬致意。下面再没有专题报告,这个团体所有的成员都坐在一张长桌子边,一边喝啤酒,一边谈天。他们一个接一个地走到我面前作自我介绍,我鼓起勇气,开始无拘无束地谈起来。我德语说得不准确,但却流畅,很快就"招引来许多崇拜者"(后来我的丈夫这样责备我),包括这个团体里所有的年轻人和老人。大家举杯祝我身体健康,请我吃浆果和馅饼。当九点钟蔡比格提出要送我回家时,我甚至用德语作了一个简短的发言,感谢大家对我的殷勤接待,并且邀请大家去彼得堡;如果他们愿意前往,我保证加别利斯别格尔体系的追随者们将会受到俄国人同样友好的接待。总之,我为自己的胜利而欣喜,特别是我隔天在《德累斯顿通报》上读到了下面的报道……②[11]

---

①　此处原稿遗漏。——原书编者注
②　此处原稿遗漏。——原书编者注

但是费奥多尔·米哈伊洛维奇以另一种态度来对待我的"胜利"。当我告诉他接待的详情细节时，我注意到我丈夫的脸上流露出反感，接着，他整个晚上郁郁不乐；过了两三天，我们在散步的当儿碰到了速记术团体里一个面色红润、胖得像头小猪的年轻人，他向我点头致意，这就惹得费奥多尔·米哈伊洛维奇跟我大闹一场，自此以后，我便不愿意接受由蔡比格邀我和丈夫一起参加的集体郊游。我丈夫重又表现出这种令我难以忍受、感到委屈的性格特征，这就迫使我更加谨慎小心，避免发生类似的现象。

在我们逗留德累斯顿期间，发生了一桩使我俩异常焦急不安的事件。有人告诉费奥多尔·米哈伊洛维奇，全城都在风传，说我们那位在巴黎参观世界博览会的皇帝被刺（行刺未遂者为别列佐夫斯基），而且行凶者似乎达到了目的。[12]可以想象，我的丈夫是何等焦急！他是沙皇亚历山大二世的热烈崇拜者，因为后者解放了农民而且作了进一步的改革。[13]此外，费奥多尔·米哈伊洛维奇认为这位皇帝是自己的恩人：在他即位以后，我丈夫十分珍视的贵族身份得以恢复。这位君王还准许我的丈夫从西伯利亚返回彼得堡[14]，从而使他有可能重新从事他心爱的文学工作。

我们马上决定前往我们的领事馆。费奥多尔·米哈伊洛维奇真所谓"面无人色"：他极其激动，一路上几乎都在奔跑，我担心他的病会立即发作（当天夜里终于发作了）。十分幸运的是，他担心得过了头，领事馆的人员告诉我们，暴行并未得逞，这使我们放了心。我们即刻提出要求，让我们在去使馆的人的名单上签上自己的姓名，以表示自己对这一卑劣的谋杀罪行的愤懑。整整这一天，我丈夫精神十分不安，情绪极其低沉：继卡拉科佐夫①谋杀未遂之后，很快又出现了新的谋杀罪行，这使我丈夫清楚地感到，政治阴谋的罗网已经撒得很开，他所十分景仰的皇帝的生命正受到严重的威胁。

我们在德累斯顿度过了约莫三个星期，有一次，我丈夫谈起了轮盘赌（我们常常回忆我们一起写《赌徒》的情况），并说出了自己的想法：如果他现在是单独一人，他就肯定会去玩一下轮盘赌。后来我丈夫又有一两次谈到这个

---

① 德米特里·弗拉基米罗维奇·卡拉科佐夫（1840—1866），革命者—恐怖主义者，1866年谋杀亚历山大二世未遂。

想法;于是,为了不愿意碍他的事,我就问,他现在为什么不能去呢? 费奥多尔·米哈伊洛维奇借口说,他不能把我独自留下,而两个人一起去则要花很多钱。我便劝说丈夫上戈姆堡去几天,保证他不在的时候我不会出任何事。费奥多尔·米哈伊洛维奇试图推托,但由于他自己很想"试试运气",就同意去戈姆堡,把我留下来让我们的女房东照应。虽然我鼓足了勇气,但是当火车驶走、我感到孤单的时候,我就禁不住伤心起来,终于放声大哭。过了两三天,我接到了从戈姆堡寄来的信,我丈夫在信中告诉我,他赌输了,要求我给他寄钱去;[15]我满足了他的要求,但是结果他把我寄去的钱也输掉了,再次要我寄钱去,我当然照寄不误。但是我对人们在赌场上的激动心情根本不了解,因而把这种激动对我丈夫的健康的影响看得过于严重。根据他的来信看,我觉得他在戈姆堡一定焦急万分,心情异常激动。我怕他又会发病,心想,我不该放他单独走,应该跟他在一起,安慰他;每念及此,我就陷于绝望。我觉得自己太自私了,几乎成了罪人,因为在他这么艰难的时候,我却丝毫也不能帮助他。

过了八天,费奥多尔·米哈伊洛维奇回到了德累斯顿[16],看到我不仅没有责备他,没有舍不得那些输掉的钱,而且安慰他,劝他不要失望,这使他感到极其幸福和欣喜。

戈姆堡之行的失败影响到费奥多尔·米哈伊洛维奇的情绪。他从此常常谈到轮盘赌,惋惜那笔白白输掉的钱,把这次失败仅仅归咎于自己。他肯定地说,他经常有赢的机会,但他不能及时利用,过于性急,多次变换赌注,尝试各种不同的赌法——结果就失败了。失败的原因在于:他急急匆匆,独自来到戈姆堡,心里老是挂念我。以前他也去玩过轮盘赌,但是总共只待两三天,而且带的钱不多,只有那点儿钱是不大经得起输的。如果能到赌城去,在那儿待上两三个星期,手中掌握一笔款子,那么,他大概会赢:他不用急急匆匆,可以采取比较稳当的赌法,这样就不可能不赢,即使赢的数目不大,毕竟足够抵偿输掉的钱。费奥多尔·米哈伊洛维奇谈得那么恳切,又举了那么多例子来证明自己的想法,我到底被说服了,因而,当问题涉及我们在去瑞士的路上是否顺便在巴登-巴登逗留两个星期时,我便欣然表示同意,指望有我在场,他赌博的时候多少会受点约束。我不论住在哪儿都行,只要跟我丈夫在一起。

我们终于决定,一接到钱就到巴登-巴登去两个月;作了这个决定以后,费奥多尔·米哈伊洛维奇就定下心来,着手改写和完成那篇他一直写得不顺手的作品。这是一篇论述别林斯基的文章,在这篇文章里,我的丈夫想要把自己对这位著名的评论家的看法全部写出来。别林斯基是费奥多尔·米哈伊洛维奇所珍爱的人物。他高度评价别林斯基的才能,在他还未结识别林斯基时,就在 1877 年的《作家日记》中写到过这一点。[17]

但是,费奥多尔·米哈伊洛维奇在高度评价别林斯基的评论才能,并真挚地感激别林斯基对他的文学才能的鼓励的同时,却不能原谅这位评论家对他的宗教观点和信仰的那种嘲讽的、几乎带侮辱性的态度①。[18]

费奥多尔·米哈伊洛维奇在与别林斯基的交往过程中得到的许多不愉快的印象可能是某些"朋友"造谣中伤和搬弄是非的结果,这些人起初承认陀思妥耶夫斯基的天才并且加以宣扬,后来却由于某种我所不大了解的原因,开始迫害《穷人》的腼腆的作者,造他的谣言,写讽刺他的短诗②,千方百计要搞得他失去自制力。[19]

当有人要他撰写《论别林斯基》的文章时,他愉快地接受了这个很有意思的题目,决定不敷衍了事,而打算在这篇有关别林斯基的严肃的文章中表达对这位他起初觉得可亲、到末了却如此敌视他的作家的实质性的、真诚的看法。

显然,在费奥多尔·米哈伊洛维奇的头脑里,有许多看法尚未成熟,还需要仔细考虑,深入思索;由于我丈夫感到没有把握,因而把这篇关于别林斯基的文章改写了四五遍,直到最后还是感到不满意。费奥多尔·米哈伊洛维奇在 1867 年 9 月 15 日给阿·尼·迈科夫的信中写道:"事情是这样的:这篇该死的文章——《我所认识的别林斯基》已经写完。时间没法再拖延了。其实,这篇文章我夏天就开始写了,但是它把我搞得苦恼不堪,写起来实在吃力,以致一直拖到现在,最后,总算咬紧牙关,把它完成了。问题在于:我一时糊涂,答应写这么一篇文章。我刚动手写,就立即明白,我不可能写得**符合**

---

① 以下原稿省略。——原书编者注
② 《田地》杂志,1884 年,第 4 期。Я. П. 波隆斯基的文章《阿·雅·戈洛瓦乔娃-帕纳耶娃回忆录》,1890 年。——安·格·陀思妥耶夫斯卡娅注

要求(因为我想把一切都写出来)。写一部篇幅十印张的长篇小说要比写这篇两印张的文章容易！由于所有这些原因,我把这篇可恶的文章一共写了四五遍,后来又把所有写好的文字打上叉,重新再写。最后,总算勉勉强强写出来了,但是写得那么糟糕,叫人打心眼里厌恶。我不得不删掉多少极其重要的事实,剩下的就是最糟糕和最平庸的部分。**真可恶!**"①

　　这篇文章碰上了厄运。它是作家康·伊·巴比科夫②请费奥多尔·米哈伊洛维奇为一本集子撰写的,并且付给他两百卢布作为预支稿酬。这篇文章必须在秋天以前写好,寄到莫斯科"罗马"旅馆。费奥多尔·米哈伊洛维奇担心巴比科夫会搬家,因而请求阿·尼·迈科夫帮忙,将原稿转寄给书商 И. Г. 索洛维约夫,要后者将它转交巴比科夫。阿·尼·迈科夫按照我丈夫的请求照办了,而且还写信通知我们。③我们住在国外,完全不知道这篇文章没有发表。直到1872年,费奥多尔·米哈伊洛维奇才接到某个书商的通知,要求他将康·伊·巴比科夫约写的文章送交后者,并且告诉他,那个集子没能出版,而康·伊·巴比科夫已经去世。[22]我丈夫为文章丢失一事感到十分不安,特别是因为他在这篇文章上花了很大的力气;虽然对它感到不满意,但还是珍惜它的。我们开始查询文章的下落,请求莫斯科的书商予以协助,但是寻找的结果却很可悲:文章丢失得无影无踪。我本人觉得很遗憾,因为根据我当时的印象以及我在速记本上的记录,这是篇天才横溢、兴味盎然的文章。[23]

三

　　6月底,我们收到《俄国导报》编辑部寄来的钱,于是马上准备动身。我

---

① 《传记和书信》,页178。——安·格·陀思妥耶夫斯卡娅注[20]

② 康斯坦丁·伊万诺维奇·巴比科夫(1841—1873),诗人和小说家,《当代》和《时代》杂志的撰稿人。

③ 阿·尼·迈科夫的信是1867年[11月3日]发出的。——安·格·陀思妥耶夫斯卡娅注[21]

怀着真挚的惜别之情离开了德累斯顿,我在那儿生活得那么美好,那么幸福,以致我模糊地预感到,在新的环境里,我们的情绪将会发生很大的变化。我的预感得到了证实:回忆在巴登-巴登度过的那五个星期,重读我用速记符号写下的日记,我肯定,这是一种极其可怕的生活,它把我的丈夫完全控制住,不让他从沉重的锁链下挣脱出来。

　　费奥多尔·米哈伊洛维奇关于用他的赌法有可能在轮盘赌上赢钱的说法完全正确,而且那成功率也许可达百分之百;但是有一个条件,那就是,采用这种方法的必须是个冷静的英国人或德国人,而不是像我丈夫那样神经质的、对一切事物都迷醉到极端的人。不过,除了冷静和沉着外,玩轮盘赌还需要有一笔可观的资金,以便在赌博失利的情况下也能经受得住。可是费奥多尔·米哈伊洛维奇却根本没有这方面的条件:相对来说,我们的钱很少,完全不可能在失利的情况下从什么地方弄到钱。这样,不到一个星期,费奥多尔·米哈伊洛维奇就把所有的现钱都输光了,他开始焦急不安,考虑着到哪儿去弄些钱,好继续赌下去。临了,只得以抵押物品来借款。但是,即使到了抵押东西的地步,我的丈夫有时候还是不能克制自己,往往把刚刚拿到的押款一股脑儿输光。有时候,他几乎把最后一个塔列尔①也输掉,可是他也会突然间碰上运气,带回家几十枚腓特烈金币②。我记得,有一次他带来满满的一袋金币,我数了一下,共有二百一十二枚腓特烈金币(每枚合二十个塔列尔),那就是说,近四千三百个塔列尔。可是这些钱在我们手里的时间不长。费奥多尔·米哈伊洛维奇不能自制:他还没有从赌博的激动状态中定下心来,就拿了二十枚金币去下注,结果输掉了,他回家又取了二十枚,再次输掉,这样,在两三小时内,他每小时要回家几次来取钱,到最后,把所有的钱输得精光。又得抵押东西了,但是我们贵重的物品不多,很快告罄。这时候,我们债台高筑,由于欠了女房东的租金,我们尝到了负债的滋味,这个女房东是个好吵架的妇人,她看到我们处于困境,就对我们很不客气,剥夺了我们对各种设备的使用权,而这项权利是我们事先约定的。我写信给母亲,苦恼地等待

---

①　塔列尔,德国旧日的三马克银币。——译者注
②　腓特烈金币,普鲁士旧时的金币。——译者注

着她把钱寄来,可是钱一到手,当天或第二天就消失在赌台上了;而我们只还掉了急需偿还的债务(房钱、伙食费等)中的一小部分,过后,又两手空空,冥思苦想,琢磨着采取什么办法弄到一笔钱来还清债,最终离开这座地狱,根本不去想赢钱的事了。

说句心里话,对于这些我们自己招来的"命运的打击",我是以十分冷静的态度来经受的。在我们遭到最初的金钱方面的损失和精神上的打击以后不久,我就深信,费奥多尔·米哈伊洛维奇不可能最终赢到钱;换句话说,他也许会赢,甚至赢到一笔数目可观的钱,但是这笔钱在当天(或者不出第二天)就会输掉;任凭我怎样央求、劝说他不要再去玩轮盘赌,我丈夫都不会听从。

起先我觉得很奇怪,费奥多尔·米哈伊洛维奇在他的一生中曾以很大的勇气经受过各式各样的苦难(被监禁在堡垒里,断头台,流放,心爱的兄长和妻子的相继弃世),他怎么会没有足够的意志力克制自己,在输到一定的数目以后,不致以最后一个塔列尔去冒险。我觉得这甚至是一种有损于他的高尚品格的耻辱,要我承认我亲爱的丈夫具有这样的弱点,使我感到难受和痛心。但是不久我就明白,这不是一般的"意志薄弱",而是一种控制人的整个身心的激情,某种自发的力量,连性格坚强的人也无法抗拒它。必须对此容忍,把嗜赌看作是一种无药可治的疾病。只有一个办法能对抗它,那就是逃跑。可是在接到俄国寄来的一笔数量可观的款子以前,我们是不可能从巴登-巴登逃跑的。

我应该替自己说句公道话:我从未为丈夫输了钱而责备他,从来不因此而和他争吵(我丈夫很珍视我性格中的这个特点)[①],而是毫无怨言地把我们仅剩的一点钱拿给他,虽然我明明知道,我的东西要是不按时赎回[②],就永远不会再属于我了(这种事曾发生过);除此以外,我还要受女房东和小债主们的气。

---

① 《传记和书信》,给迈科夫的信(页173)。——安·格·陀思妥耶夫斯卡娅注[24]

② 在赌场里,抵押的期限不是几个月,而是几星期或几天,借款到期不还,抵押品就再也无法收回,因为在借条里写明,它已卖掉。——安·格·陀思妥耶夫斯卡娅注

　　但是看到费奥多尔·米哈伊洛维奇本人受苦,我却从心底里感到难受:他从赌场回来(他从来不带我去,认为一个正派的青年妇女不应该涉足赌场),脸色苍白,疲惫不堪,身子摇摇晃晃,在我那儿拿了钱(他所有的钱都交在我手里)走了,过半小时重又回来取钱,心绪更为恶劣,他如此往返,直到把我们手里的钱都输光为止。

　　当费奥多尔·米哈伊洛维奇没有钱上赌场,又无法弄到钱的时候,他是那么苦恼,以致号啕痛哭,陷于完全绝望的境地,跪在我面前,企求我宽恕,因为他的行为使我受到精神上的折磨。我得花很大的力气,费很多的唇舌劝慰他,使他定下心来,感到我们还没有到达山穷水尽的地步;我还得努力想出摆脱困境的办法,把他的注意力引向别的方面。当我这样做取得成功的时候,我是多么满意和幸福,于是我便带他上阅览室去看报,或者陪他去作长时间的散步,散步对我丈夫总是能起良好的作用。我们收到一笔钱以后,要过很久才能再收到钱,在这段漫长的等待时间里,我和丈夫在巴登-巴登的郊区一共走了好几十俄里路。在这之后,他又恢复了良好、愉快的情绪,我们接连几小时谈着各式各样的问题。我们最喜欢在新城堡散步,从那儿顺着迷人的、林木葱茏的小路到旧堡,在那儿我们总是喝牛奶或咖啡。我们也到远处的埃伦布赖特施泰因堡(离巴登-巴登八俄里)去,在那儿吃中饭,回家的时候已经太阳落山了。我们舒舒服服地散着步,谈得那么着迷,以致我不顾手头拮据、经常受女房东的气,却希望彼得堡迟一点寄钱来。但是钱还是寄来了,而我们那美好的生活就变成了噩梦。

　　我们在巴登-巴登根本就没有熟人。有一次我们在公园里碰到作家伊·亚·冈察洛夫,我丈夫介绍我和他相识。我觉得他的样儿很像彼得堡的官吏,他的谈吐也显得很平庸,这使我对这位新相识有点失望,甚至不愿意相信,他就是我十分欣赏的长篇小说《奥勃洛莫夫》的作者。[25]

　　费奥多尔·米哈伊洛维奇也去访问过当时住在巴登-巴登的伊·谢·屠格涅夫。我丈夫从他那儿回来的时候十分气愤,把他们的谈话原原本本告诉了我。[26]

四 一八六七年。日内瓦

离开了巴登-巴登,我们国外生活的暴风雨般的时期就告结束。我们的恩人《俄国导报》编辑部照例搭救了我们。但是在我们手头拮据时债台高筑,几乎所有收到的钱都用来还了债。最使我难受的是不能赎回我丈夫送我的结婚礼物:我所珍爱的胸针以及缀着钻石和红宝石的耳环,它们已经不知去向,再也不能回到我的手中了。

我和丈夫起初想从巴登-巴登前往巴黎或者意大利;但是考虑到手头的钱,我们就打算暂时在日内瓦落脚,指望情况好转后再移居南方。在去日内瓦的路上,我们在巴塞尔①逗留了一昼夜,为的是在那儿的博物馆里看一幅有人曾对我丈夫提到过的画。这幅画出自汉斯·霍尔拜因(Hans Holbein)②之手,描绘经受了非人的酷刑、已经从十字架上被放下、开始腐烂的耶稣基督的形象。他那浮肿的脸上满是血肉模糊的伤口,模样十分可怕。这幅画使费奥多尔·米哈伊洛维奇产生了窒息感,他站在它面前仿佛惊呆了。③ 可是我却不忍看这幅画:这印象太沉重,特别是在我身体虚弱的情况下,于是我便走到别的展览厅里。约莫过了十五至二十分钟,我回转来,发现费奥多尔·米哈伊洛维奇还是一动不动地站在这幅画前,仿佛在地上生了根似的。他那激动不安的脸上表现出在他癫痫病开始发作时我几次察觉到的近似惊恐的表情。我轻轻地挽住丈夫的胳膊,把他带到另一个大厅里,让他在长凳上坐下,等待他随时发病。幸运的是,病没有发作:费奥多尔·米哈伊洛维奇逐渐安静下来,当他离开博物馆时,坚持要再次来看这幅使他如此震惊的画。[28]

我们到了日内瓦,当天就去寻找带家具出租的房子。我们走遍了主要的

---

① 巴塞尔,瑞士第二大城,在西北边境莱茵河畔。——译者注

② 汉斯·霍尔拜因(1497—1543),宗教改革运动时期德国肖像画家、版画家。——译者注

③ 这幅画所产生的印象反映在长篇小说《白痴》中。——安·格·陀思妥耶夫斯卡娅注[27]

街道,看了许多 Chambresgarnies①,但是结果却令人大为失望:有的房子我们租不起,有的则房客太多,这对我当时的情况来说是不相宜的。直到傍晚,我们才找到满意的住所。它位于纪尧姆·泰尔街和贝尔特利伊埃街的拐角处,在二楼,房间相当宽敞,从它中央的一扇窗户里可以望见罗讷河上的桥和让-雅克·卢梭小岛。我们也喜欢这个住所的女房东,她们是两位老处女——雷蒙小姐姐妹。她们俩十分殷勤地欢迎我们,亲切地对待我,使我们毫不犹豫地决定在她们那儿住下来。

我们用很小的一笔钱开始了在日内瓦的生活:预付一个月房钱后,我们到达日内瓦的第四天,手头总共只剩下十八个法郎,等待着国内寄来五十卢布。② 可是我们已经惯于用很少的钱凑合着过,如果钱花光了,就靠抵押东西借钱度日;因此,我们起初感到生活得很愉快,特别是在不久以前经历了一场精神上的风暴以后。

在这儿,和在德累斯顿一样,我们的生活很有规律:费奥多尔·米哈伊洛维奇在夜间工作,早上十一点以后起身;我跟他一起吃了早点,便按照医生的嘱咐,外出散步,而费奥多尔·米哈伊洛维奇则留在家里工作。下午三点钟,我们上馆子吃中饭,之后,我去休息,我丈夫送我回家后,便到勃朗峰路一家经常收到俄国报纸的咖啡馆去,在那儿花一两个小时读《呼声报》、《莫斯科新闻报》和《彼得堡新闻报》。他也读外国报纸。傍晚七点左右,我们去作长时间的散步。为了不使我感到疲乏,我们常常在珠宝商店的灯火通明的橱窗前停下来,这时候,费奥多尔·米哈伊洛维奇设想,如果他有钱的话,他要在这些陈列品中挑选哪几件首饰送给我。必须说句公道话:我丈夫具有艺术鉴赏力,他所挑选的首饰令人神往。

晚上,我们念新出版的小说或者读法国书,我丈夫从旁督促,要我有系统地阅读和研究某一位作家的作品,而不让自己的注意力分散到别的作家的作品上去。费奥多尔·米哈伊洛维奇对巴尔扎克[30]和乔治·桑[31]的天才评价很高,我便逐步读完了他们的全部作品。我们在散步的时候就我所读的作品

---

① 法语:带家具出租的房子。——译者注
② 《传记和书信》,页 176。——安·格·陀思妥耶夫斯卡娅注[29]

进行谈话,我丈夫向我讲述所有这些作品的优点。令我惊异的是,费奥多尔·米哈伊洛维奇往往会忘掉不久以前发生的事,却清楚地记得他喜爱的这两位作家的长篇小说的情节和主人公们的名字。我记得,我丈夫特别欣赏长篇小说《Père Goriot》①——史诗《Les parents pauvres》②的第一部。[32]费奥多尔·米哈伊洛维奇本人则在 1867 和 1868 年冬读完了维克多·雨果的著名小说《Les humiliés et les offensés》。③[33]

我们在日内瓦几乎没有什么熟人。费奥多尔·米哈伊洛维奇难得结交新朋友,他在日内瓦只碰到一个过去的熟人,那就是赫尔岑的朋友、著名诗人尼·普·奥加辽夫,他们俩是过去在赫尔岑那儿认识的。奥加辽夫常来看我们,带来一些书报,有时甚至借给我们十个法郎,我们一有钱就立即还他。费奥多尔·米哈伊洛维奇很赏识这位诚挚的诗人的许多诗作[34],他的来访使我们俩都感到高兴。当时奥加辽夫已经是个年迈的老人,他对我特别友好,十分亲切,而且,令我惊异的是,他几乎把我当作女孩子看待,那时候,我也确实像个孩子。但是过了约莫三个月,这位仁慈的好人就不再来访了,这使我们感到十分遗憾。原来他出了事故:奥加辽夫在回城郊别墅去的路上癫痫病发作,跌进了道旁的水沟,把一条腿跌断了。这件事发生在傍晚,而且这条路又荒凉,因此,可怜的奥加辽夫在水沟里一直躺到天亮,得了严重的感冒。他的朋友们把他送到意大利去治疗,这样一来,我们便失去了在日内瓦唯一可以与之愉快地会面和交谈的熟人。

1867 年 9 月初,在日内瓦举行和平大会[35],加里波第④来到此地参加开幕仪式。大家认为,他的莅临具有重大意义,全城作了隆重迎接他的准备。我和丈夫也来到勃朗峰路,这是加里波第从火车上下来后必经之路。两旁的房屋都用花草和旗帜装饰得很漂亮,许多人成群结队地簇拥在他的去路上。加里波第身穿别致的服装,站在敞篷马车上,手里挥着帽子,回答公众的热烈欢迎。我们站得离加里波第很近,我的丈夫发现这位意大利英雄面貌动人,

---

① 法语:《高老头》。——译者注
② 法语:《穷亲戚》。——译者注
③ 法语:《被侮辱与被损害的》。——译者注
④ 加里波第(1807—1882),意大利民族解放运动的领袖。——译者注

笑容可掬。

我们对和平大会很感兴趣,参加了它的第二次会议,听了一两个钟点的会议发言。这些发言使费奥多尔·米哈伊洛维奇感到很不痛快,他在给伊万诺娃-赫梅罗娃的信中曾写到自己的如下感受:"他们的出发点是,为了获得和平,必须铲除基督教的信仰,毁灭大国,建成小国;没收所有的资本,一切都按命令归公等等。这些话都是信口开河,早在二十年以前已被人背得烂熟,可是实际情况却依然如故。最主要的是火与剑,按照他们的看法,等到一切都消灭,和平才会出现。"①

真遗憾,我们很快就感到后悔,不该选择日内瓦作为长住之地。一到秋天,猛烈的旋风,所谓 bises,就开始吹刮,天气每天要变化两三次。这些变化使丈夫的神经感到压抑,从而他的癫痫病发作得更为频繁。这种情况搞得我惊慌不安。最令费奥多尔·米哈伊洛维奇苦恼的是,应该着手工作了,而经常发病严重地妨碍了他的工作。

1867 年秋天,费奥多尔·米哈伊洛维奇忙于为长篇小说《白痴》拟定提纲并着手写作,这部长篇准备发表在《俄国导报》1868 年的头几期上。长篇的主题"古老而令人喜爱——描绘一个真正美好的人"②,但是对费奥多尔·米哈伊洛维奇来说,这项任务"实在太繁重"了。我的丈夫为此而感到恼火。除此以外,他还毫无根据地担心,我跟他俩离群索居,住在这个"荒岛"上(他在给阿·尼·迈科夫的信中就是这样写的)③,我会闷得发慌。尽管我竭力劝他不要这样想,向他保证,我十分幸福,我什么都不需要,只要能跟他生活在一起,他爱我就足够了;但是我的保证起不了大作用,他总是发愁,怨恨自己没有钱可以移居巴黎,让我在那儿消遣解闷,比如去戏院或者卢浮宫。④ 当时我丈夫实在不了解我!

总之,费奥多尔·米哈伊洛维奇十分忧郁,那时候,为了使他摆脱愁思,

---

① 《俄国旧事》,1887 年,第 7 卷。——安·格·陀思妥耶夫斯卡娅注[36]
② 《俄国旧事》,1887 年,第 7 卷。——安·格·陀思妥耶夫斯卡娅注[37]
③ 《传记和书信》,页 180。——安·格·陀思妥耶夫斯卡娅注[38]
④ 《传记和书信》,页 181。——安·格·陀思妥耶夫斯卡娅注[39]

我就建议他上 Saxon les Bains,再到轮盘赌场上去"碰碰运气"(Saxon les Bains 离日内瓦约莫五小时路程;当时开设在那儿的轮盘赌场如今早已关闭)。费奥多尔·米哈伊洛维奇赞成我的主意,在 1867 年 10 月至 11 月间去 Saxon 逗留了几天。正如我意料的那样,他没有在轮盘赌上赢到钱,但获得了另一种良好的效果:变换环境、旅行和重又感受到的强烈印象①彻底改变了他的情绪。回到日内瓦以后,费奥多尔·米哈伊洛维奇便满怀激情地重新投入中断的工作,在二十三天里写了近六印张(九十三页)的小说,准备刊载在《俄国导报》的 1 月号上。

费奥多尔·米哈伊洛维奇对长篇小说《白痴》已经写好的部分并不满意,他说,第一部写得不成功。[41]顺便说说,我丈夫对自己一贯过于严格,在他的作品中,他本人认为写得出色的很少。费奥多尔·米哈伊洛维奇有时候对他的小说的中心思想非常欣赏、喜爱,在头脑中孕育很久,但是一旦这些思想具体体现在他的作品中,那么,除了极少数例外,他对它们几乎都感到不满意。

我记得,1867 年冬,费奥多尔·米哈伊洛维奇对轰动一时的"乌梅茨基案件"的详情细节很感兴趣。他的兴趣是那么大,以致他最初想把此案的女主角奥莉加·乌梅茨卡娅作为自己新的长篇小说的女主人公。在他的笔记本里,女主人公就是用这个姓。我们当时不在彼得堡,他对此感到十分遗憾;要不然,他肯定会对此案发表自己的看法。[42]

我还记得,1867 年冬,费奥多尔·米哈伊洛维奇特别关心不久以前实现的有陪审员们参加的审判活动。他们那些公正和合理的判决有时候甚至使他赞赏和感动。他经常把他在报上读到的司法工作中一切出色的事例告诉我。[43]

时间不断地流逝,我们的忧虑日渐增加,不知我们等待的大事——我们头生儿的诞生是否能进行得顺利。我们的思想和憧憬主要都集中在即将发生的事件上,两个人已经怀着柔情热爱我们未来的小宝贝。我们共同决定,如果生下的是女儿,就叫她索菲娅(我丈夫本想给她取名安娜,我不同意),以此表示对我丈夫的外甥女,亲爱的索菲娅·亚历山德罗芙娜的珍视,同时

---

① 1867 年 11 月 17 日给我的信。——安·格·陀思妥耶夫斯卡娅注[40]

也为了纪念"索涅奇卡·马尔美拉陀娃"①,我曾为她的不幸而痛哭过。如果生下的是儿子,我们就决定给他取名米哈伊尔,以纪念我丈夫的哥哥米哈伊尔·米哈伊洛维奇。

我怀着深挚的感激之情回忆起费奥多尔·米哈伊洛维奇在我怀孕期间如何小心翼翼地照顾我,如何爱护和关心我,常常提醒我,急速的动作对我有害,要竭力避免,而我由于缺乏经验,没有予以应有的注意。

到了日内瓦,费奥多尔·米哈伊洛维奇第一次接到钱就坚持去找最好的产科医生,请医生给他介绍一位 Sage-femme②,要她观察我的情况,每星期来探望我一次。在我分娩前一个月,我发现一件使我十分感动的事,这表明我的丈夫对我关怀备至,连细微末节都想到了。有一次,巴罗太太(女助产士)到我们家来,问到我们有什么熟人跟她住在同一条街上,因为她常在那儿碰到我丈夫。我感到奇怪,心里想,她大概搞错了。我开始追问丈夫:他起初不肯说,到后来才告诉我:巴罗太太居住的那条街是许多从日内瓦的主要商业要道勃朗峰路开始向上伸展的街道之一。这些街道筑在陡坡上,马车很难攀登,而且它们彼此非常相似。费奥多尔·米哈伊洛维奇想到我可能突然间,也许在夜里,需要这位太太的帮助,而他又不相信自己的视觉记忆,于是便把这条街作为自己散步的目标,每天离开阅览室以后,总要经过巴罗太太住的房子,而且继续往前走过五六所房子,然后折回。最近三个月来,我丈夫一直在进行这样的散步,当时,他的气喘病已经开始发作,爬坡对他来说是相当大的牺牲。我央求我丈夫不要自找苦吃,去走这种路,但是他仍旧继续散他的步,后来还得意洋洋地说,在碰到大事的困难时刻,他这样熟悉巴罗太太所住的街道和房屋,对他有利,使他在清早的昏暗中能很快找到她,把她带到我面前。

费奥多尔·米哈伊洛维奇对我的情况感到不安,为了要使我高兴,他决定请我母亲到我们这儿来住上两三个月。我母亲非常想念我,正为我担心,便欣然同意前来,只是要我们给她时间,把有关她的几所房子的事务料理一

---

　　① 　陀思妥耶夫斯基的长篇小说《罪与罚》中的女主人公。——译者注
　　② 　法语:女助产士。——译者注

下,这件事得花点力气。

1867 年 12 月中旬,为了等待我分娩,我们搬到另一所坐落在勃朗峰路、靠近英国教堂的房子里。这一次我们租用两间屋子,其中一间很大,里面有四扇窗户,通过窗户可以看到教堂的外貌。这套住房比先前的那一套好,但是我们经常想到那两位善良的太太——过去的女房东,就觉得不胜惋惜。新房东家的人经常外出,屋里只留下一个女仆,她是出生于瑞士的日耳曼人,不大懂法语,一点儿也帮不了我的忙。因此,费奥多尔·米哈伊洛维奇决定在我的产期里请一个 garde-malade① 来照料孩子和我。

在连续不断写作长篇小说的共同劳动中,在对其他事务的处理中,我们觉得冬天迅速地消逝,1868 年 2 月已经来临,正是在这时节,发生了那件我们殷切期待,但又使我们忧虑不安的事。

年初,日内瓦的天气一直很好,可是到 2 月中旬,突然来了个剧变,开始每天出现暴风雨。天气的骤变照例对费奥多尔·米哈伊洛维奇的神经起刺激作用,在很短的时间内,他的癫痫病发作了两次。第二次发病是在 2 月 20 日夜间,来势很猛,弄得他精疲力竭,以致早晨起床以后,几乎站不稳。他昏昏沉沉地度过了一天,我看到他这样乏力,便劝他早些上床;因此,他七点钟就睡着了。他入睡以后过了一个钟点,我感到疼痛,起先并不厉害,但是后来越来越痛。由于这种疼痛具有特征,我明白,快要分娩了。我忍了两三个钟点,临了我害怕没人救急;因此,尽管我很不愿意惊动丈夫,但还是决定叫醒他。于是我便轻轻地碰了碰他的肩膀。费奥多尔·米哈伊洛维奇很快从枕头上抬起头来,问道:

"你怎么啦,安涅奇卡?"

"好像开始了,我痛得要命!"我回答。

"我真为你难过,我亲爱的!"我的丈夫说,声音里充满了怜惜之情,可是刹那间,他的头往枕上一倒,立即睡着了。他那真挚的柔情和软弱无力的状态深深地感动我。我明白,按照费奥多尔·米哈伊洛维奇目前的状态,他不可能去请女助产士;如果不让他长时间地睡眠,使他那受到损害的神经得到

---

① 法语:助理护士。——译者注

休息,那他的病可能再次发作。房主们照例不在家(他们每晚不知在哪儿通宵参加聚会),而求助于女仆也无济于事。幸好疼痛稍稍减轻了一点,于是我便决定竭力忍住。但这个夜晚十分可怕:教堂周围的树木吓人地飒飒响,风和雨吹打着窗户,街上黑森森的。说实话,完全孤立无援和束手无策的感觉令我苦恼不堪。在我生活中如此艰难的时刻,我身边却没有一个亲人,而我唯一的保护者——丈夫——自己也处在需要别人帮助的境地,这使我感到忧伤。我开始热烈地祈祷,祈祷支撑着我的那微弱的力量。

拂晓前,疼痛加剧,七点钟左右,我决定叫醒费奥多尔·米哈伊洛维奇。他醒来时,精神好多了。他知道我折腾了一夜后,万分吃惊,责备我为什么不早些叫醒他,瞬息间,他穿好衣服,就跑去找巴罗太太了。他拉了很久铃,好容易等到有人开门,那开门的女仆却不愿意叫醒太太,说太太从客人家回来还没多久。那时候,费奥多尔·米哈伊洛维奇便吓唬她说,要是这样,他就继续拉铃或者打碎玻璃。太太终于被叫醒,过了一小时,我丈夫把她带了来。我年轻无知,有许多场合行动不大小心,我只得为此而受到她的责备;同时,她向我断言,由于我的不谨慎,我分娩的过程就得拖长。她还肯定地说,最早要过七八个钟点才会发动,她答应到那时候再来。费奥多尔·米哈伊洛维奇乘车去请助理护士,我和他都惊恐而忧愁地等待着事态的发展。巴罗太太没有按约定的时间来到,我丈夫便再次去请她。原来她到住在火车站附近的朋友家去吃午饭了。费奥多尔·米哈伊洛维奇按那个地址去找她,坚决要求她来诊察一下。在她看来,事情进展不妙,估计要到夜里很晚才能分娩。她给了我一些指点,就去吃饭了;我仍然疼痛难熬,费奥多尔·米哈伊洛维奇望着我,心里难受极了。过了九点钟,他再也忍不住,又到巴罗太太的朋友家去找她,看到她在玩罗托①,便告诉她,我实在痛得厉害,如果她再不去,不寸步不离地待在我的床边,那就得请医生介绍另一位比较尽责的女助产士了。这一威胁起了作用。巴罗太太显然不满意人家硬要她放弃有趣的游戏,并且向我表示了这一点,外加几次说:"Oh, ces russes, ces russes!!"②

----

① 罗托,一种摸子填格游戏或赌博。——译者注
② 法语:哦,这些俄国人,这些俄国人啊!!——译者注

　　为了使她高兴,费奥多尔·米哈伊洛维奇给她准备了丰盛的晚餐,买了各式各样的小吃、甜食和酒。去请女助产士,安排酒食,哪怕时间不长,但终究能把他那痛苦地集中在我身上的注意力暂时吸引开,这使我感到宽心。除了分娩时通常经受的痛苦外,还有另一种情况折磨着我:我的痛苦状态对刚发过病而身心衰弱的费奥多尔·米哈伊洛维奇产生强烈的影响。他的脸上现出痛苦不堪、十分沮丧的神色,我还时而看到他号啕大哭,于是连我自己也开始害怕起来,怕自己处于死亡的边缘;回忆我当时的思想和感情,可以说,我怜惜的倒不是我自己,而是我的丈夫,我的死亡可能对他产生惨重的后果。我当时意识到,我亲爱的丈夫对我和我们未来的孩子寄予多么热烈的期望。这些期望的幻灭对性格急躁、难以自制的费奥多尔·米哈伊洛维奇来说可能是致命的。也许,我为丈夫担心和焦虑拖延了我分娩的过程。巴罗太太也发现了这一点,最后,她就阻止我丈夫进我的屋子,向他断然说,他那绝望的神情搞得我心烦意乱。费奥多尔·米哈伊洛维奇听从了她的话;可是我却越发担心了,在阵痛间歇的时候,请求女助产士或助理护士去看看我的丈夫在做什么。她们一会儿告诉我说,他在跪着祈祷,一会儿又说他坐在那儿双手掩着脸,深深地陷入沉思之中。我的疼痛越来越厉害;我时而失去知觉,醒过来的时候,看到一双直视着我的黑眼睛,其时,我认不出那是助理护士的黑眼睛,我感到害怕,不明白我在哪儿,发生了什么事情。临了,在俄历 2 月 22 日晚上五点钟左右,我的疼痛停止,我们的索尼娅①出生了。后来费奥多尔·米哈伊洛维奇告诉我,他一直在为我祈祷,蓦地,他听到在呻吟声中间一种奇特的、好像是婴儿的啼哭声。他不相信自己的听觉,但是当孩子的哭声再次传来的时候,他就明白孩子已经生下,于是他欣喜若狂,从跪着的状态中一跃而起,奔到上了锁的房门跟前,使劲敲门,接着就跪倒在我床边,吻起我的手来。我也感到幸福之极,我的痛苦过去了。我们俩都那么激动,以致在起初的五至十分钟之内不知道我们生了个男孩还是女孩。我们听到有位在场的太太

———————————

　　①　索菲娅的爱称。——译者注

说:"Un garçon, n'est-ce pas?"①而另一个回答说:"Fillette, un adorable fillete!"②不过,无论生的是男孩或女孩,我和丈夫都同样高兴——我俩是多么欣喜,我们的理想已经实现,我们的头生儿,一个新的生命出世了!

这时候,巴罗太太给孩子裹上襁褓,祝贺我们生了个女孩,同时把她抱到我们跟前,她的形状就像一个白色的大包裹。费奥多尔·米哈伊洛维奇虔诚地为索尼娅画十字祝福,吻了吻起皱的小脸,说道:"安尼娅,瞧,我们的女儿长得好漂亮!"我也画了十字,吻了吻女孩儿,看到亲爱的丈夫兴高采烈、深受感动的脸上那种我至今未曾见到过的心花怒放的神情,我为他而欣喜。

费奥多尔·米哈伊洛维奇高兴得什么似的,一时激动,拥抱了巴罗太太,几次紧握助理护士的手。女助产士告诉我,在她多年的实践中,她从未看到过有哪个新生儿的父亲像我丈夫那样自始至终激动不安、心慌意乱的,接着她又重复这句话:"Oh, ces russes, ces russes!"她差助产护士上药房买东西,要费奥多尔·米哈伊洛维奇守着,不要让我睡着了。③

巴罗太太告诉费奥多尔·米哈伊洛维奇,根据瑞士的法律,刚生下孩子的父亲必须亲自到警察局去报告,拿到合法的证明。她提醒我,这事得尽速去办,要不然,他就要受到罚款的处分,还可能被拘留。费奥多尔·米哈伊洛维奇第二天就上指定的机关,去了四个钟点还不见他回来,这使我忐忑不安;由于他的病情,我想象着他可能发生的种种灾祸。最后,费奥多尔·米哈伊洛维奇终于回来了,他高兴地讲了他碰到的一件意外的事。原来,他来到警察局,才知道,新生儿的父亲必须随带两名证人,以证明父母的身份和孩子的出生。费奥多尔·米哈伊洛维奇向官员说明,他是外国人,在日内瓦没有熟人,但是官员根本就不听,赶忙叫下一个申请人说话。费奥多尔·米洛伊洛维奇被搞得晕头转向,不知如何是好,他走出警察局,就去讨教在大门口值勤的中士。那中士立即使我的丈夫摆脱了困境,他表示愿意当证人,但说,要到半小时后另一个中士来接他的班,他才能效劳。接着,费奥多尔·米哈伊洛

---

① 法语:男孩,是不是? ——译者注
② 法语:女孩,一个可爱的女孩! ——译者注
③ 费奥多尔·米哈伊洛维奇通过长篇小说《群魔》中沙托夫的妻子分娩的场景,描绘了我生长女时他的许多感受。——安·格·陀思妥耶夫斯卡娅注

维奇问中士到哪儿去找第二个证人，中士提出，去请"un camarade à moi"①。事情有了着落，但必须等待，中士劝他在林荫道边的长凳上坐一会儿，费奥多尔·米哈伊洛维奇照做了，想到要过很久才能回家，心里十分着急。中士在规定的时间交了班，便去找第二个证人，把他带了来，这样，三个人——我的丈夫和两个中士便来到负责接待申请人的官员面前。官员记下新生儿的父亲和证人们的陈述，把申请书登记入册，然后开出证明②——这花了很多时间。事情办完以后，费奥多尔·米哈伊洛维奇问自己的恩人——那位中士，他和他的伙伴为这事花了很多时间，应该怎样酬谢他们。中士回答："Mais rien，monsieur，rien！"③这当儿，我丈夫便想到邀请两位中士到小吃店喝酒，以庆祝女儿的出生。中士们高兴地同意了，他们领着费奥多尔·米哈伊洛维奇到最近的一家饭店，在那儿，费奥多尔·米哈伊洛维奇找了一个单间，要了三瓶本地产的红酒。这酒下了肚，那两位中士便打开了话匣子，开始向他们的交谈者讲述各种各样在他们的公务活动中碰到的事件。费奥多尔·米哈伊洛维奇说，他想到自己迟迟不回家，我不知会急成什么样子，他真是如坐针毡。可是丢下这两位谈伴也不合适，特别是第一次要了几瓶酒以后，接着又要了两瓶，两个中士乐了，频频举杯为我的健康，为小索菲娅，也为她的父亲祝酒。

费奥多尔·米哈伊洛维奇请他的朋友，诗人阿·尼·迈科夫做我们索尼娅的教父，请我的母亲——安娜·尼古拉耶芙娜·斯尼特金娜做她的教母。我母亲要想来看亲人，但是得了病，医生不准她在春季以前出远门。我的母亲是在5月初到达日内瓦的，那正是给索尼娅举行洗礼的时候。

虽然我的健康在产后恢复得相当快，但由于经历了连续三十三小时的难产，身体十分虚弱，尽管我高高兴兴地开始给孩子喂奶，然而不久就确信，除了自己的奶汁外，非得添加别人的奶不可，因为孩子长得又大又壮，需要大量的饮食。给索尼娅雇个奶妈办不到——在瑞士，孩子们是用人工的方法，即用瓶装牛奶和营养粉喂大的。有些母亲则把自己的新生儿送到六十俄里外

---

① 法语：我的伙伴。——译者注

② 这儿还得附上证明文件的有趣的副本。——安·格·陀思妥耶夫斯卡娅注

③ 法语：没关系，先生，没关系！——译者注

的山区,请农妇们喂奶。让索尼娅离开我们,交给别人去抚养,这简直难以设想,何况医生也不赞成,因为没有人照看,农妇们往往同时带几个婴儿,他们之中许多人就此夭折。

我们在家里安定以后开始过的那种生活,作为最愉快的回忆,永远留在我的脑海里。我真幸运:费奥多尔·米哈伊洛维奇是个体贴入微的父亲:小女孩洗澡时他必然在场,做我的帮手,亲自用凸纹布做的小被子把她裹好,拿英国别针将被子别住,然后把她抱在手里,摇着她睡觉;只要一听到她的声音,他就马上放下工作,急着来看她。他早上醒来或者从外面回到家里的第一句问话就是:"索尼娅怎么样?好吗?睡得可安稳?吃奶了吗?"费奥多尔·米哈伊洛维奇往往一连几个钟点坐在她的小床边,一会儿轻声唱歌给她听,一会儿跟她谈天,而且,当索尼娅才两个多月时,他就确信,她认得出他,他在 1868 年 5 月 18 日给阿·尼·迈科夫的信中是这样写的:"这是三个月的[小人儿],那么可怜,那么弱小,但是我已经感觉到她的特点和性格。她开始认识我,爱我,看到我走近她的时候,向我微笑。当我用滑稽的声音朝她唱歌的时候,她听得很高兴。我吻她的当儿,她不啼哭,不皱眉;我一走到她身边,她就不哭了。"[44]

但是我们享受这种完满的幸福并没有多久。5 月初,天气极好,我们听从医生的一再劝告,每天把我们亲爱的小宝贝带到英国公园,让她在童车里躺上两三个小时。在一个倒霉的日子,就在这样闲游的时候,天气突变,刮起了寒冷的北风,显然,女孩子着了凉,因为就在当天晚上,她开始发烧,并且咳嗽。我们立即去请最好的儿科医生,他每天都来出诊,肯定地说,我们孩子的身体将会复原。甚至在她临死前三小时,他还说,病孩的情况好得多了。尽管医生说得这么肯定,但是费奥多尔·米哈伊洛维奇还是什么工作都没法儿干,几乎整天不离开她的摇篮。我们俩心惊胆战,而我们那不祥的预感终于应验了:5 月 12 日白天,我们亲爱的索尼娅离开了人世。我无法表达看到可爱的女儿死亡时我们那种绝望的心情。女儿的夭折使我震惊和哀伤,但是我还得为我不幸的丈夫深深地担心:他悲痛欲绝,站在自己爱女冰凉的尸体面前,像女人那样号啕大哭,呜咽啜泣,热烈地吻着她那苍白的小脸和小手。我以后再也没有看到过他这种痛不欲生的模样。我们俩都感到难以经受住如此的悲哀。我们两天里片刻也不分离，一起奔波于各个机关之间，为的是要获得当局的许可，让我们埋葬自己的婴儿，一起订购她安葬时所需要的全部物品，一起替她穿上白色缎子的小连衣裙，一起把她安放在白色的、包着缎子的小棺材里，同时哭泣着，尽情地哭泣着。费奥多尔·米哈伊洛维奇的样儿实在可怕。在索尼娅害病的一周里，他消瘦多了。第三天，我们把我们的小宝贝送到俄国教堂里，为她举行了安魂弥撒，然后从那儿送往"素园"内的墓地，葬在专门埋葬婴儿的那块地里。几天以后，在她的坟墓周围种上了柏树，柏树中间立了一个白色的大理石十字架。我和丈夫每天都带着花到她的墓地去哭泣。我们是那么真切、深沉地喜爱我们宝贵的女儿，在她身上寄托了多少希望和憧憬，而今她永远离开了我们，我们的哀痛实在难以忍受。

五

日内瓦的件件事物都使我们想起索尼娅，我们再也待不下去，就决定立即实现我们很久以来的心愿，迁往也在日内瓦湖边的沃韦。我们感到很遗憾，由于手头拮据，不能一下子离开瑞士，而我丈夫现在几乎痛恨瑞士：他把索尼娅的死归咎于日内瓦变化无常的恶劣天气、医生的过于自信和保姆的笨拙，等等。费奥多尔·米哈伊洛维奇本来就不大喜欢瑞士人，再加上我们遇到大难时他们之中许多人表现出冷酷无情的态度，他就对他们更加反感了。举一个他们残酷无情的例子：我们的邻居虽然知道我们丧女，但还是打发人来请求我不要大声哭泣，说这影响他们的神经。

我永远也不会忘记那个凄惨的日子，那天，我们把行李送上轮船以后，最后一次去探望我们爱女的坟墓，在她的墓前放上告别的花圈。我们在墓碑的台基上坐了整整一小时，哭泣着，回忆着索尼娅，然后，两个孤苦伶仃的人才走掉，频频回过头去看她那最后的藏身之处。

我们乘坐的轮船是一艘货轮，我们待在船尾，那儿乘客很少。这一天天气暖和，但是阴沉，跟我们的心情一样。到索尼娅的墓地去和她告别之后，费奥多尔·米哈伊洛维奇心潮起伏,情绪十分激动,此时,生平第一次(他很少发牢骚),我听到他痛苦地抱怨命运一直折磨着他。他回忆往事,向我叙述在他心爱的母亲去世之后他的凄楚、孤独的青少年时期,回忆文学界的同事们对他的嘲笑,他们起初承认他的天才,随后又残酷地欺凌他。他忆起服苦役的地方,忆起他服苦役的四年间所经历的无数苦难。他还谈到他曾想望他与玛丽娅·德米特里耶芙娜的结合能给他带来他梦寐以求的家庭幸福,可叹的是这一希望未能实现:她没有给他生养孩子,而她那"古怪、多疑、充满病态的幻想的性格"①却使他们的共同生活十分不幸。如今,天赐予他"人间唯一的巨大幸福——有了亲生的孩子"②[46],他有了认识并且体验这种幸福的价值的可能性;然而凶恶的命运不肯放过他,把他如此珍爱的女儿从他手中夺走了!他从来也没有,以前没有,此后也没有,把他自己生活中从亲人们那儿经受的痛苦和委屈叙述得如此详尽过,有些细节令人动情。

我试图安慰他,恳求他顺从上天对我们的考验;但是,他显然满腔悲愤,需要别人缓解他的痛苦,即使抱怨那折磨他一生的命运也好。我真挚地同情我的不幸的丈夫,为他的命途多舛而和他一起哭泣。我们共同的深重苦难和彼此倾心的交谈(在交谈中,他向我敞开了他全部痛苦的心灵)好像使我们结合得更紧密了。

1868年,我们在维也纳度过了一个忧伤的夏天,在我们十四年的共同生活中,我不记得有哪一年的夏天是如此令人愁闷的。对我们来说,生活似乎停顿了;我们的全部思想、全部谈话都集中在对索尼娅和那一段幸福生活的回忆上,当时,她的存在照亮了我们的生活。我们碰到每一个孩子,都会想起我们丧女之痛;因此,为了不使自己触景生情,我们就到山间去散步,在那儿可能避免碰到那些引起我们情绪波动的孩子们。失去女儿使我十分哀伤,我为她洒尽了泪水。但是在内心深处,我却暗暗地抱着希望,期待慈悲的上帝

---

① 费奥多尔·米哈伊洛维奇曾在他1865年3月31日给亚·叶·弗兰格尔的信中用这些言词形容他的第一个妻子的性格。——《传记和书信》,《陀思妥耶夫斯基。资料和研究集》,页278。——安·格·陀思妥耶夫斯卡娅注[45]

② 《传记和书信》,《陀思妥耶夫斯基。资料和研究集》,页288。——安·格·陀思妥耶夫斯卡娅注

为了我们的痛苦而怜悯我们,重新赐给我们一个孩子,我为此而热烈地祈祷。我的母亲也以重新得到孩子的希望来安慰我,她同样怀念自己的外孙女。由于祈祷和期望,我的痛苦慢慢地减轻了。可是费奥多尔·米哈伊洛维奇却不然,他的情绪使我真正感到心慌。他在 6 月 22 日给迈科夫写了封信,我在信上补充了几句向迈科夫的妻子问候的话语,此时,我读到信中如下的字句:"……随着时间的推移,[回忆越来越刺痛我的心,夭折的索尼娅的形象也越来越清楚地呈现在我面前。有些时刻实在难以忍受。她已经认识我了,当我在她去世的那一天离家去读报之际,我不知道再过两小时她就要死了,她的眼睛始终凝视着我,伴送着我,这情景直到现在还留在我的脑海里,而且越来越清晰了。这一切我再也忘不了,我的痛苦决不会消除!即使我又有了个孩子,我不知道我怎样爱他,哪能爱呢?我需要索尼娅,我不明白她怎么会离开人间,我再也见不到她了。]"[47]

我母亲安慰他,他也用同样的话来回答。他那忧郁的情绪使我十分担心,我忧心忡忡地想:如果上帝又赐给我们一个孩子,他是否会真的不喜欢他,不像索尼娅出世时那样感到幸福。在我们面前仿佛拉上了黑幕,我们的家庭里充满了忧伤和苦恼。

费奥多尔·米哈伊洛维奇还是继续进行创作,但是创作并不能给他安慰。这期间,我们又碰到了一件令人烦恼的事:亲友们寄给我们的信开始遗失,这样,我们和亲友们的联系就变得困难了,而这种联系是我们的唯一安慰。特别遗憾的是,阿·尼·迈科夫的来信丢失了,他的信总是充满了令人最感兴趣的内容。后来出现的情况更加使我们对信件的丢失产生疑惑:我们接到一封匿名信①,信中告诉我们,费奥多尔·米哈伊洛维奇受到怀疑,当局下令拆他的信,并在他回国时,在边境上对他加以最严密的搜查。[49]恰巧在这时候,费奥多尔·米哈伊洛维奇拿到了一本禁书:《(沙皇尼古拉·帕夫洛维奇统治时期)沙皇宫廷秘闻》。[50]陀思妥耶夫斯基夫妇是书中的两个人物,而且书中还写了许多荒诞不经的事,其中谈到陀思妥耶夫斯基生命垂危,他的妻子进了修道院。这些故事引起费奥多尔·米哈伊洛维奇的绝大愤懑,

---

① 《传记和书信》,页 192。——安·格·陀思妥耶夫斯卡娅注[48]

他甚至想写信反驳（有信件的草稿），但后来认为不值得把这么一本无聊的书放在心上。[51]

六

到了秋天，我们开始明白，我们那种沉痛的心情非转变不可，因此，在9月初，我们就决定移居意大利，起初住在米兰。最近的旅途是翻过辛普朗山。其中有一部分路我们是步行的，我和丈夫走在巨大的、正在上山的公共马车旁边，后来我们追过了它，顺着小道登山，一边采集路边的山花。下山到了意大利那一边，我们则乘坐长途马车。我记得一件令人发笑的事：我在名叫多莫·陀索拉的村镇上买水果，想考验一下自己在夏天所获得的意大利语知识，看到费奥多尔·米哈伊洛维奇走进一家商店，我想在他与店员交谈的时候帮他的忙，就赶紧走到他身边。原来他想让我高兴一下，正在打听放在橱窗里的一根项链的价钱。那个生意人把我们当作"外国的显贵"，开口要三千法郎的高价，说这根项链大约是韦斯巴芗①时代的。这么高的索价与可供我们支配的钱款很不相称，费奥多尔·米哈伊洛维奇不禁为此而失笑，这几乎是我们丧女以来他的第一次轻松的感觉。

环境的改变、旅途的印象、和陌生人的接触（费奥多尔·米哈伊洛维奇认为伦巴第的农民们的模样很像俄国农民）——这一切对费奥多尔·米哈伊洛维奇的情绪产生影响，在他到达米兰后的最初几天，非常兴奋：带我去参观著名的米兰大教堂——杜姆主教堂，这是他素来衷心赞叹的对象。唯一使费奥多尔·米哈伊洛维奇感到遗憾的是，教堂前面的空地上盖了房子，离教堂很近（现在空地已大大地扩展），他认为，这使杜姆主教堂宏伟的建筑风格减色。有一天，天气晴朗，我和丈夫甚至爬上教堂的屋顶，为的是鸟瞰周围的市容，仔细观看那些装饰教堂的雕像。我们住在科尔索附近一条十分狭窄的小

---

① 韦斯巴芗（9—79），古罗马皇帝。

街上，人们可以站在自家的窗前和对邻交谈。

　　我起初为丈夫兴奋的情绪而喜悦，但不幸的是这种情绪持续不久，他重又忧郁起来。有一件事能够稍稍驱散他的愁闷，那就是和阿·尼·迈科夫以及尼·尼·斯特拉霍夫通信。后者告诉我们，新出了一种名叫《霞光》的杂志，出版者是瓦·弗·卡什皮列夫。费奥多尔·米哈伊洛维奇很感兴趣，主要是由于编辑部的负责人是尼·尼·斯特拉霍夫——过去《当代》和《时代》的撰稿人；为此，我的丈夫在信中写道："这样看来，我们所遵循的道路和共同的工作是永存不朽的。《当代》和《时代》还是带来了成果，而新的事业不能不从我们停步的基础上开始，这太可喜了。"①费奥多尔·米哈伊洛维奇完全支持这本新杂志，很关心它的撰稿人和他们提供的文章（他特别想知道尼·雅·丹尼列夫斯基②的情况，后者曾写过一本名为《俄国和欧洲》的很有价值的著作，我的丈夫在早年时代就认识他，知道他是傅立叶③学说的追随者）。[53]

　　斯特拉霍夫坚决邀请我的丈夫当《霞光》的撰稿人。费奥多尔·米哈伊洛维奇欣然同意，但是要等长篇小说《白痴》结束以后，他写这部长篇小说感到很吃力，而且对它很不满意。费奥多尔·米哈伊洛维奇断然说，他的头脑中从未产生过一个比他在这部小说中所揭示的更美好、更珍贵的中心思想；但是他在小说中所表现的却不到他想要表现的十分之一。[54]

　　1868 年秋，米兰的天气多雨、寒冷，不可能作长时间的散步，而我的丈夫却极爱散步。此外，在那儿的阅览室里没有俄国书刊，看不到报刊上有关祖国的消息使费奥多尔·米哈伊洛维奇感到苦闷。为此，我们在米兰住了两个月就移居佛罗伦萨去过冬。费奥多尔·米哈伊洛维奇从前曾在那儿待过，他对这个城市记得很清楚，主要是佛罗伦萨的艺术宝藏。

　　这样，1868 年 11 月底，我们就迁移到当时的意大利首都，在柏蒂宫附近住了下来。环境的改变对我的丈夫又起了良好的作用，我们开始一起参观教堂、博物馆和王宫。我记得费奥多尔·米哈伊洛维奇对大教堂，圣马利亚教

---

　　① 《传记和书信》，页 261。——安·格·陀思妥耶夫斯卡娅注[52]

　　② 尼古拉·雅科夫列维奇·丹尼列夫斯基(1822—1885)，自然科学家和政论家，彼得拉舍夫斯基小组成员，斯拉夫派的历史学家。

　　③ 傅立叶(1772—1837)，法国空想社会主义者。——译者注

堂和婴儿通常在那儿受洗的洗礼堂的小教堂叹为观止。洗礼堂大门上的青铜浮雕(特别是天堂门)是著名的季培尔底①的作品,它们使费奥多尔·米哈伊洛维奇着了迷,他经常走过小教堂,总要驻足观赏一番。我丈夫十分确定地对我说,如果他有机会发财,那他一定要买下这两扇大门的照片,如果有可能,照片上的两扇门要跟实物一样大小,他将把它挂在自己的书房里,以便欣赏。

我和丈夫常去柏蒂宫,他为拉斐尔的《坐在圈椅里的圣母》而陶醉。同一位画家的另一幅珍藏于乌飞齐博物馆的画——《施洗者约翰在旷野里》也使费奥多尔·米哈伊洛维奇神往,他往往长久地伫立在这幅画前。参观了美术博物馆以后,他必定去看著名的希腊雕刻家克莱芒的作品——《美第奇的维纳斯》雕像。[55]我的丈夫认为这座雕像是天才之作。

在佛罗伦萨有极好的图书馆和阅览室,里面放着两种俄国报纸,这使我们喜出望外。我丈夫每天吃过午饭后就到那儿去读报,书则带回家来,一个冬天读着伏尔泰和狄德罗的作品[56],他精通法文,读的是法文原著。

1869年来到了,它给我们带来了幸福:我们很快就相信,上帝给我们夫妇赐福,我们可以重新指望得到一个孩子了。我们无限欢欣,我亲爱的丈夫开始像我第一次怀孕的时候那样无微不至地关怀我。他的关怀达到了这样的程度:当他读完尼·尼·斯特拉霍夫寄来的列·托尔斯泰刚出版的长篇小说《战争与和平》以后,把长篇小说中生动地描绘安德烈·保尔康斯基公爵的妻子由于难产而死亡的那一卷藏了起来,不让我看到。费奥多尔·米哈伊洛维奇担心,死亡的情景会对我产生强烈、悲痛的印象。我到处寻找失掉的那一卷,甚至责骂丈夫丢失了一本有趣的书。他竭力为自己辩护,要我相信,书一定会找到,但得等到我们所期待的那件事完成以后。在等待孩子出生期间,费奥多尔·米洛伊洛维奇在给尼·尼·斯特拉霍夫的信中写道:"我怀着恐惧、希望和胆怯的心情等待着。"②我们俩希望有个女孩,由于我们在想象中已经热烈地爱着她,因此事先就给她取名为柳鲍芙③,我家和丈夫家都

---

① 季培尔底(1378—1455),意大利文艺复兴初期的雕塑家和画家。——译者注
② 《传记和书信》,页282。——安·格·陀思妥耶夫斯卡娅注[57]
③ 在俄语中,"柳鲍芙"(Любовь)的意思是"爱"。——译者注

没有人叫这个名字。

医生嘱咐我要多散步，我和费奥多尔·米哈伊洛维奇就每天去博博里花园(围绕柏蒂宫的花园)，虽然还是一月份，然而那儿玫瑰花盛开。我们在此晒太阳，憧憬着我们未来的幸福。

1869年，我们的经济情况又像早先那样十分拮据，我们不得不忍受穷困。费奥多尔·米哈伊洛维奇的长篇小说《白痴》的稿酬是每印张一百五十卢布，共计约七千卢布。但是其中三千我们在出国以前已经预支，作为我们结婚的费用。其余的四千则用于支付抵押在彼得堡的物件的利息，还要经常帮助继子和已故的大伯家，这样一来，落到我们手里的钱就所剩无几了。可是我们不仅毫无怨言地忍受着相当窘迫的境况，而且有时候日子还过得无忧无虑。费奥多尔·米哈伊洛维奇称自己为密考伯先生，称我为密考伯太太。[58]我和丈夫相亲相爱，而现在又有了获得新的幸福的希望，我们的日子本来可以过得很美好；但是这时候却出现了另一种烦恼：费奥多尔·米哈伊洛维奇在过去两年中和俄国疏远了，他开始为此而感到苦闷。他在1869年3月8日写信给索·亚·赫梅罗娃①，告诉她，他准备写长篇小说《无神论》[59]，信中写道："我在这儿不能写；为了写这部小说，我一定得在俄国看和听，直接参与俄国的生活……而在这儿，我甚至失去了写作的可能性，因为身边没有写作的材料，即(提供思想的)俄国现实和俄国人。"[60]其实，我们周围不仅没有俄国人，而且根本就没有可以交往的人；我们在佛罗伦萨没有一个能与之交谈、争论、说笑和交换意见的熟人。四周都是陌生人，有时候甚至是对我们怀着敌意的人，而这种与人完全隔绝的状态往往使我们感到苦恼。我记得，当时我有这样的想法：我们俩过着这种完全孤独、和人疏远的生活，到最后要么彼此憎恨，要么相依为命，度过余生。幸运的是我们属于后者：这种迫不得已的孤独促使我们更加心心相印，彼此更加珍视。

逗留在意大利的九个月里，我学会了少许意大利语，那就是说，与女仆交谈或者上商店购物，我掌握的意大利语已经够用了，我甚至能读《皮科拉》报、《瑟科拉》报，而且完全看得懂。费奥多尔·米哈伊洛维奇忙于自己的工

---

① 《俄国旧事》，1885年，第7期。——安·格·陀思妥耶夫斯卡娅注

作,当然不可能学,于是,我就成了他的翻译。现在,由于家里即将发生大事,必须迁移到讲法语或者德语的国家,以便我丈夫能与医生、女助产士和商店里的店员们自由地交谈。我们花了很长时间商量去向问题,希望到一个费奥多尔·米哈伊洛维奇能在那儿与知识分子交往的地方。我给丈夫出主意:到布拉格去过冬,因为这地方与俄国接近,彼此关系密切。我的丈夫可以在那儿结识卓越的政治活动家,并且通过他们,参加当地的文学和艺术小组。费奥多尔·米哈伊洛维奇赞成我的主张,因为他不止一次地懊悔自己没有出席1867年的斯拉夫人代表大会;我的丈夫对俄国开始与斯拉夫人接近表示支持,他想进一步了解斯拉夫人。这样,我们终于决定上布拉格去,准备在那儿度过整个冬天。由于我怀孕,这就给旅行带来困难,我们便决定在去布拉格途中到几个城市稍作逗留。我们的第一个中休站是威尼斯,可是在途中换车的时候,我们在博洛尼亚停下来,到那儿的博物馆去参观了拉斐尔的画《圣采齐利娅》。费奥多尔·米哈伊洛维奇十分赞赏这个艺术作品,但是以前只看到过复制品,现在却幸运地看到了原作。我丈夫对这幅美妙的画看得出了神,我花了很大的力气才把他拖走,当时我很怕误了车。

我们在威尼斯待了几天,费奥多尔·米哈伊洛维奇对圣马可教堂的建筑惊叹不已,接连几个钟头观赏着饰有马赛克的墙壁。我们俩还去过总督府,它那奇妙的建筑令我丈夫神往;他为总督府天花板的惊人之美而心醉,天花板上的装饰画都出自十五世纪最优秀的艺术家之手。可以说,所有这四天我们没有离开马可广场,它不论在白天和夜晚都对我们产生迷人的印象。

七

从威尼斯到的里雅斯特我们乘的是轮船,那天风浪特别大;费奥多尔·米哈伊洛维奇为我担心,一步也不离开我,幸而一切都顺利地过去了。后来我们又在维也纳逗留了两天,经过十天的旅程,我们才到达布拉格。可是到了那儿,我们却大失所望:原来当时在布拉格只有租给单身汉住的带家具的房间,供一家人住、比较安静和舒适的带家具的公寓根本就没有。要留在布拉格,那就得去租一套住宅,预付半年房租,此外还得购置家具和生活用具。这超出了我们的经济能力,经过三天的寻找以后,我们感到十分遗憾,不得不离开几天以来我们十分喜爱的金色的布拉格。我的丈夫想和斯拉夫世界的活动家们联系的愿望终于落空。我们只得在德累斯顿定居,那儿的生活条件我们是知道的。8 月初,我们到达德累斯顿,租了三个带家具的房间(我的母亲在我分娩期间又来到这儿),这个住所位于该城市的英国人住区,在维多利亚大街五号。1869 年 9 月 14 日,就在这所房子里,我们家发生了一件大喜事——我们的第二个女儿柳鲍芙[61]出生了。费奥多尔·米哈伊洛维奇欣喜万分,把这消息函告阿·尼·迈科夫,并且邀请他做我们女儿的教父,他在信中写道:"我三天前生了个女儿,取名柳鲍芙,一切顺利,孩子大个儿,身体健康,是个小美人。"①当然,只有父亲的兴高采烈、满含爱恋的目光才能把一团粉红色的肉看作"美人儿"。

随着孩子的出世,我们家重又喜气洋洋。费奥多尔·米哈伊洛维奇对女儿充满柔情,照料她,亲自给她洗澡,抱她,哄她睡觉,感到自己那么幸福,以致在给尼·尼·斯特拉霍夫的信中写道:"啊,我不明白您为什么不结婚,为什么没有孩子,敬爱的尼古拉·尼古拉耶维奇。我向您保证,这占据一生幸福的四分之三,其余的只占四分之一。"②

这一次也是阿·尼·迈科夫做教父,我丈夫选中了他心爱的妹妹维·米·伊万诺娃做教母。我母亲是代理人。到 12 月才举行洗礼:起初我害病,随后,德累斯顿教堂的神甫有公事到彼得堡去了。

我们在德累斯顿找到了一个拥有很多俄国和外国报纸的阅览室。我们还结识了一些长住在德累斯顿的俄国人,他们在望过弥撒以后经常上好客的神甫家去。在这些新认识的人中间有几位聪明的有识之士,我丈夫很高兴跟他们聊天。这是德累斯顿生活好的一面。

费奥多尔·米哈伊洛维奇写完中篇小说《永久的丈夫》后,将它寄给《霞

---

① 《传记和书信》,页 206。——安·格·陀思妥耶夫斯卡娅注[62]
② 《传记和书信》,页 287。——安·格·陀思妥耶夫斯卡娅注[63]

光》杂志,该杂志把小说刊载在 1870 年的头两期上。这个长篇带有自传的性质。这是我丈夫于 1866 年夏逗留在莫斯科附近的柳勃林诺的回声,当时他住在一所和他妹妹维·米·伊万诺娃的别墅邻近的别墅里。通过查赫列比宁一家,费奥多尔·米哈伊洛维奇描绘了伊万诺夫一家。他描绘了专心致志于医务实践的父亲,终日为家务劳累的母亲,还有快活的年轻人——费奥多尔·米哈伊洛维奇的外甥和外甥女以及他们的年轻朋友们。小说中的女友玛丽娅·尼基蒂什娜是伊万诺夫家的女友玛·谢·伊万钦娜-皮萨列娃的写照;亚历山大·洛博夫则代表我丈夫的继子帕·阿·伊萨耶夫,当然,这一形象被大大地理想化了。甚至在韦尔恰尼诺夫身上有着费奥多尔·米哈伊洛维奇本人的某些特点,例如小说中对韦尔恰尼诺夫来到别墅后发动大家玩各种游戏的描绘中就体现了这一点。此类夏日的晚会和演出的参加者之一 H. H. 方-福赫特①记得,费奥多尔·米哈伊洛维奇在年轻人中间就是这么快活和机智的。②

　　1869 年至 1870 年冬,费奥多尔·米哈伊洛维奇忙于构思一部新的长篇小说,他想把它题名为《一个大罪人的生涯》。按照我丈夫的构思,这部作品得由五个篇幅大的中篇(各占十五印张)组成,而且每个中篇形成一个独立的作品,可以登载在杂志上或出单行本。在所有五个中篇中,费奥多尔·米哈伊洛维奇打算提出一个他终身为之苦恼的重要问题,那就是关于上帝的存在问题。[64]第一个中篇的情节发生在上一世纪的四十年代,费奥多尔·米哈伊洛维奇对这方面的素材和当时的代表人物是如此了解和熟悉,以致他能继续待在国外而把这个中篇写出来。我的丈夫想要发表在《霞光》上的正是这个中篇。但是第二个中篇的情节发生在修道院里,为了写这个中篇,他就必须回俄国去。在第二个中篇里,我的丈夫打算把圣者吉洪·扎顿斯基[65]作为主人公,当然,用的是别的名字。费奥多尔·米哈伊洛维奇对他拟写的这部长篇寄予很大的希望,把它看作是自己的文学活动的最终成果。他的这一预见过后获得了证实,因为他想写的那部长篇的许多主人公后来都成了长篇小说《卡拉马佐夫兄弟》中的人物。但是当时我丈夫没能实现自己的意

---

　　① H. H. 方-福赫特,康斯坦丁诺夫土地测量学院学生。
　　② 《历史导报》,1901 年,第 12 期。——安·格·陀思妥耶夫斯卡娅注

图[66],因为他被另一个主题所吸引,他在给尼·尼·斯特拉霍夫的信中曾写到过这一点:"我对自己眼前给《俄国导报》写的作品寄予希望,但不是着眼于艺术性方面,而是着眼于倾向性方面:我想发表自己的一些见解,即使为此而牺牲艺术性也在所不惜,因为郁积在我的脑海和心头的东西把我吸引住了;哪怕出的是一本小册子,我也要把自己的意见一吐为快。"①

这就是1871年发表的长篇小说《群魔》。[68]我弟弟的来到对新题材的产生起了作用。[69]事情是这样的:费奥多尔·米哈伊洛维奇经常读各种外国报纸(在这些报纸上往往登载俄国报纸上见不到的消息),他断定,彼得罗夫斯克农学院在短时间内将会发生政治风潮。[70]我丈夫担心我弟弟由于年轻无知、意志薄弱而可能卷进去,就劝说我母亲叫儿子到德累斯顿我们这儿来做客。费奥多尔·米哈伊洛维奇料想我弟弟的来临既能缓解我的乡愁,又能使我母亲安心,她在国外已经待了两年(有时候和我姐姐的孩子们在一起,有时候来到我们这儿),十分思念儿子。我弟弟一直很想出国旅游。他便利用假期上我这里来。费奥多尔·米哈伊洛维奇素来喜欢我弟弟,对他的学业、交友以及一般大学生们的生活和情绪很关心。我弟弟兴致勃勃地叙述着详情细节。这时候,费奥多尔·米哈伊洛维奇的脑海里就产生了一个主意:写一个描绘当时的政治运动的中篇小说,其中一个原型就是后来被涅恰耶夫②所杀的大学生伊万诺夫(在小说中姓沙托夫)。[71]在言谈中,我弟弟认为大学生伊万诺夫是个头脑聪明、性格坚强、彻底改变了自己过去的信念的优秀人物。他真诚地喜爱大学生伊万诺夫;因此,当他后来从报上得知后者被杀时,他是何等的震惊!费奥多尔·米哈伊洛维奇对伊万诺夫在那儿被杀的彼得罗夫斯克农学院的花园和假山洞的描绘是以我弟弟的叙述作为依据的。[72]

顺便说说,我弟弟这次到德累斯顿来是他生活中的一件大事:他在那些与我们交往的俄国人中间碰到一位姑娘,过了一年,她成了他的妻子。

虽然这部新的长篇小说的素材取自现实,但是我丈夫下笔时还是觉得十

---

①　《传记和书信》,页288。——安·格·陀思妥耶夫斯卡娅注[67]

②　谢尔盖·根纳季耶维奇·涅恰耶夫(1847—1882),革命家,密谋者,秘密恐怖组织"人民惩治会"的组织者。

分艰难。费奥多尔·米哈伊洛维奇照例不满意自己的工作,改写了许多次,撕毁了十五印张的手稿。[73]显然,有倾向性的小说不符合他的创作精神。

当柳鲍奇卡①长大了一点、不再需要我老是守在她身边的时候,我就有可能跟费奥多尔·米哈伊洛维奇一起上美术馆,到布留洛夫屋顶花园去听票价低廉的音乐会或者外出散步。有一次,我们碰到了一件事,表现出我丈夫一贯的急性子。情况是这样的:1870年冬,某位已故的德国公爵夫人的家具和物件举行拍卖。拍卖的有钻石、外衣、内衣、皮衣等,公爵夫人宅邸的大厅里挤满了人。在拍卖行将结束的一天,我们走过她的房子,我提出要进去看看德国人是怎样进行拍卖的。费奥多尔·米哈伊洛维奇同意了,于是我们便上楼进入大厅。剩下的东西已经不多,大部分是奢侈品,在那些节约的德国人中间,很少有人问津。因此,这些东西现在并不按原来的价格,而是按议价出售。突然间,费奥多尔·米哈伊洛维奇看到食品橱的搁板上放着一套餐桌上用的刻花玻璃器皿,式样精致,深红的颜色,还有镀金的装饰,十分令人喜爱。这套器皿共有十八件:两只带盖的大号盘子,两只中号的,六只小号的,四只装果酱的盘子和四只碟子,上面有着同样的图案。费奥多尔·米哈伊洛维奇喜欢精致的东西,他一边欣赏这些盘子,一边说:"我们能得到这些可爱的盘子该有多好。我们买下好吗,安涅奇卡?"我笑了起来,明白我们此刻手头虽然有钱,但是为数不多。我们旁边有个法国女人对这些精致的玻璃器皿大为赞赏;她对她的旅伴说,可惜件数太多,要不然,她就买下几件。这话给费奥多尔·米哈伊洛维奇听到了,他便马上对她说:"夫人,我们各买一半吧。"过了不到五分钟,这些器皿就以每件一个塔列尔、共计十八塔列尔的价格陈列在众人面前。德国人尽管节约,但是花这么少的钱能买到许多件东西,连他们也觉得便宜,于是就有人愿意以每件增加五十芬尼②的价格买进。只有费奥多尔·米哈伊洛维奇愿意每件增加一个塔列尔。他越来越狂热,我看到价格在不断上升,惊恐地想:如果法国女人不想买了,那么,我们就得买下全套器皿?拍卖商等到价钱上升到了四十一个塔列尔,担心会失去买主,就结束

---

① 柳鲍奇卡以及下文的柳芭、莉利亚均为柳鲍芙的爱称。——译者注
② 芬尼,德国货币名,一马克等于一百芬尼。——译者注

拍卖,于是这些东西就归我们所有了。那个法国女人并没有放弃买,我们就把东西平分。现在面临的问题是怎样将购买物带回家里。费奥多尔·米哈伊洛维奇留下来看守东西,我则带着两个每人左右手各拿一只盘子的搬运夫动身回家。他们得走两次才能搬完这些东西。可以想象,当我母亲看到我丈夫的房里摆着一套盘子的时候,她是多么惊奇。她的第一个问题是:"你们怎样把这些东西运回俄国啊? 你们带的是手提箱而不是大箱子,这些东西在路上会打碎的。"我们俩都不曾想到这一点,即使想到,费奥多尔·米哈伊洛维奇在狂热情绪的支配下还是会买下的。然而一切都进行得很顺利:在德累斯顿,常常有俄国人去彼得堡,我请求他们各带一只交给我姐姐。这套餐桌上用的盘子直到现在还是完整的,它们是我家的贵重物品。

我前面已经提到过,我跟丈夫常到俄国神甫 И. Ф. 罗扎诺夫家去。由于这位神甫的性格灵活易变,对事物的看法不大稳定,费奥多尔·米哈伊洛维奇认为此人并非自己想象中典型的神职人员,因此对他不大欣赏。神甫的妻子则很善良、好客,他们还有几个可爱的孩子,这些孩子弥补了一切。在那些当时住在德累斯顿的俄国太太们中间,有几位是我丈夫的天才的热烈崇拜者,她们给他送花、送书,而主要是送玩具给我们的柳鲍奇卡,这就自然引起了费奥多尔·米哈伊洛维奇对她们的很大好感。

1870 年 10 月底,侨居德累斯顿的俄国人在神甫家聚会,根据大家的意见,决定就政府 10 月 19 日致俄国使节们加急电报一事上书当时的最高文官致敬。[74]在场的人一致请求费奥多尔·米哈伊洛维奇起草这封致敬信,他当时虽然手头有紧急工作,忙得不可开交,但还是答应起草。下面就是信的内容:

> 我们,暂居国外的德累斯顿的俄国人,怀着欣喜和感激之情,获悉您 10 月 19 日致驻《巴黎条约》各签订国的俄国使节们的加急电报中所表达的最高意志。我们能够同心同德地相聚一堂,表述我们每个人在恭读阁下的急电时的愉悦之情,感到十分幸运。我们在急电中仿佛听到了我们整个伟大和光荣的俄国之声。我们每个人在读这些充满真理和最高尊严的言词时,都为自己是俄国人而感到自豪。我们祈求上帝,保佑我们亲爱的祖国繁荣昌盛,保佑祖国永远

坚不可摧。祝愿我们爱戴的国君，我们的救星万寿无疆，也祝愿像
您这样陛下的忠臣健康长寿。

许多人（有一百人之多）在这封致敬信上签了名，然后，把信寄出了。

头三年待在国外期间，我虽然思念俄国，可眼前出现的是新鲜事物，不论
它们是好是坏，都冲淡了我的乡愁。然而到了第四年，我已经无力克制我的
思念了。尽管我周围有着我最珍爱的亲人：丈夫、孩子、我的母亲和弟弟，可
我总感到缺少主要的东西，我需要祖国，需要俄国。我的思念渐渐地变成疾
病，变成怀乡病，我觉得我们的未来至为黯淡。我想，我们已经再也回不了俄
国，因为总会碰到某种不可克服的障碍：有时我们没有钱，有时候有钱，但由
于我怀孕或担心孩子感冒等等而不能成行。我觉得国外就像牢狱一般，我被
投入这个监狱就再也不能脱身了。不管亲人们怎样劝说我，不管他们怎样安
慰我，要我寄希望于情况的改变，到那时我们就可以回到祖国，这一切都无济
于事：我对这些诺言失去了信心，认为我命中注定得永远漂泊在异乡。我完
全明白，我的忧愁使我亲爱的丈夫焦急不安，他本人已经为了远离祖国而感
到说不出的苦恼；因此，我在他面前竭力克制自己，不哭泣，也不抱怨，但有时
我那忧郁的神色暴露了自己的心情。我思忖，我情愿忍受一切艰难困苦，甚
至一贫如洗，只要能生活在我始终为之自豪的亲爱的祖国。今天回忆起来，
我当时的心情可以说，常常痛苦难熬。即使对我最凶恶的敌人，我也不至于
希望他落到如此苦恼的境地。

1870 年底，由于下述情况，我们有可能得到一大笔钱：斯捷洛夫斯基曾
于 1865 年向费奥多尔·米哈伊洛维奇购买了他的作品全集的版权，而现在，
斯捷洛夫斯基又出版了长篇小说《罪与罚》的单行本。根据合同，斯捷洛夫
斯基应该付给我丈夫一千卢布以上的稿酬。这部长篇小说已经出版了，但是
出版者却根本不想付钱，虽然我丈夫的继子向他声明，他有领款委托书。费
奥多尔·米哈伊洛维奇认为他的继子经验不足，就请求阿·尼·迈科夫代
劳，设法领取这笔钱，不是由迈科夫本人去领，而是把这件事委托一个有经验
的律师去办。[75]

我怀着最深切的感激之情回忆敬爱的阿·尼·迈科夫在我们四年侨居

国外的生活中对我们的竭诚帮助。这一次,阿波隆·尼古拉耶维奇又极其热忱地为我们的事出力,不仅委托律师办这件事,而且亲自尝试和斯捷洛夫斯基进行谈判。但是这个出版者是个出名的骗子,阿·尼·迈科夫担心斯捷洛夫斯基会欺骗他,就决定请费奥多尔·米哈伊洛维奇亲自去彼得堡。他知道我们经常缺钱用,因此,他想了个迫不得已的办法——给我们拍了个电报,建议我的丈夫向文学基金会借贷一百卢布[76],用这笔钱独自去彼得堡,不带家眷。糟糕的是,电报是 4 月 1 日收到的(按俄国的习俗,这一天照例要受骗),我和丈夫起初认为要他去彼得堡是有人在跟他开玩笑,或者出于某个债权人的险恶意图,也可能是斯捷洛夫斯基的诡计,这家伙叫费奥多尔·米哈伊洛维奇去彼得堡,等他到了那儿,就威吓说,要把他送到债户拘留所,并且要用那些以极便宜的价钱买下的我们的期票来支付《罪与罚》的稿费。好心的阿波隆·尼古拉耶维奇不仅给我们打电报,而且以本人的名义向文学基金会探听该会对于借款一百卢布给作家陀思妥耶夫斯基的意见,然而此次文学基金会对这一请求的态度也不友好①,阿·尼·迈科夫在 1871 年 4 月 21 日的信中谈到了这一情况。[78]

费奥多尔·米哈伊洛维奇接到这封信,心里很不痛快,写了回信:②["您瞧,文学基金会对我借款的请求(亦即您为我提出的请求)态度十分傲慢,他们要求担保等等,回答的语气是那么傲慢。如果提出请求的是虚无主义者,那他们就不会这样回答了。"][79]

光阴荏苒,到 1871 年 4 月,我们在国外已经居住了整整四年,而我们返回祖国的希望时而出现,时而又消失。最后,我和丈夫果断地决定在短时间内回到彼得堡,不管我们回国会带来什么样严重的后果。但是我们的打算大有落空的危险:我们家在 7 月份或 8 月份将要添丁,如果我们在这件大事发生以前一个月不能抵达俄国,那么我们还得在这儿待上整整一年,直到春天,因为深秋带着新生的婴儿上路是不可能的。当我们设想,也许还要整整一年

---

① 我在下文中打算说明我丈夫对文学基金会的友好态度,凡是该会举行的募捐晚会,他总是乐意为大家朗诵,可是文学基金会对他的态度却不友好。——安·格·陀思妥耶夫斯卡娅注[77]

② 以下方括号内的文字原稿遗漏。——原书编者注

见不到俄国的时候，两个人都深感失望：再在国外生活下去实在令人难以忍受。费奥多尔·米哈伊洛维奇常常说，如果我们仍将留在国外，那他就"完了"，就不能再写作，就没有素材，就会觉得自己不再记得和了解俄国以及俄国人，因为在他看来，德累斯顿的俄国人——我们的熟人，不是俄国人，而是不爱俄国、背离祖国、心甘情愿永远留在外国的流亡者。事实也是如此：这些人都是贵族家庭的成员，他们对于农奴制的废除和生活条件的改变不能容忍，因而抛弃祖国，以求在西欧的文明中享受乐趣。他们之中的大部分人对新的秩序、对自己不能再过从前那样富裕的生活感到愤恨，满以为他们在国外可以过得轻松一点。

费奥多尔·米哈伊洛维奇经常说，他的才能必然会"枯竭"，说他一想到自己将怎样养活人口逐渐增多、他如此珍爱的家庭时，忧心如焚；我听着他的话，感到束手无策，内心十分苦恼。为了缓解他的不安情绪，驱散那些妨碍他专心写作的悲观思想，我就采取那个总是能够消除他的烦恼、使他开心的办法。我趁家里还有一些钱（三百左右塔列尔），便把话题引到轮盘赌上，劝他是否再去试一试运气。我说，他有可能赢钱，为什么不指望这一次他会成功呢，等等。当然，我压根儿就不指望他会赢，而且对势必损失的一百塔列尔感到惋惜；但我依据他从前玩轮盘赌的经验，知道费奥多尔·米哈伊洛维奇在感受新的强烈印象，要求冒险、赌博的渴望得到满足以后，回来的时候就会平静下来，确信自己赢钱的希望已经落空，他便会以新的力量着手写小说，在两三个星期内把输掉的钱挣回来。我这个关于轮盘赌的想法颇合我丈夫的心意，他不反对试一下。他带了一百二十塔列尔，就去威斯巴登，在那儿待一个星期，说定如果他输了，我就给他寄回来的盘缠。果然不出我所料，玩轮盘赌以惨败告终，连同路费，费奥多尔·米哈伊洛维奇共花掉一百八十塔列尔——当时对我们来说是一笔相当可观的款子。但是在这个星期里，当他责备自己夺走了我和孩子的钱时，他所经受的严酷的折磨使他下定决心，此后再也不玩轮盘赌了。我丈夫在1871年4月28日给我的信中写道："我发生了一件大事，将近十年来（或者，更确切地说，自从我哥哥死后、我突然被债务压倒那时候起）一直**折磨着**我的荒唐的念头终于消失了；我过去总是幻想着赢钱，想得认真而且热切。可现在，这一切已告结束，这确确实实是**最后一**

次。你可相信,安尼娅,现在我的双手获得了解放,过去我受赌博的束缚;我现在要考虑正经事,不再像过去那样,整夜想望赌博了。"[80]

当然,我不能立即相信我们会如此幸运,费奥多尔·米哈伊洛维奇竟会对轮盘赌失去兴趣。过去,他曾无数次答应我不再赌博,但总不能履行自己的诺言。然而这一次可是福至心灵,这真的是他**最后**一次玩轮盘赌。费奥多尔·米哈伊洛维奇后来几次到国外(1874、1875、1876、1879 年),都没有一次想到去赌城。固然,德国的轮盘赌场不久就关闭,但是斯帕、萨克森和蒙特卡洛的赌场还存在。如果我丈夫想去的话,虽然有一段路程,他也会到那儿去的。但赌博已经不再吸引他了。看来,费奥多尔·米哈伊洛维奇指望在轮盘赌上赢钱的"幻想"是种妄念或者疾病,这病突然痊愈,而且从此没有复发过。

费奥多尔·米哈伊洛维奇从威斯巴登回来的时候精神饱满,情绪稳定,他立即着手续写长篇小说《群魔》,因为他预料到:迁回俄国,在新的地方安顿下来,为家里即将发生的大事作准备——这一切不允许他有很多时间埋头写作。我丈夫的思想转向展现在我们面前的新生活,他开始预测他怎样和老朋友和亲戚们会面,在他看来,他们在四年内可能有很大变化;他意识到自己的某些观点和看法也有了改变。

1871 年 6 月底,我们收到了《俄国导报》编辑部寄来的长篇小说的稿酬,我们连一天也不耽搁,就着手结束我们在德累斯顿的事务(更确切点说,赎回东西,偿清债务),收拾行李。动身前两天,费奥多尔·米哈伊洛维奇把我叫去,交给我几包厚厚的、上面写满字的大开本稿纸,要我烧掉。虽然我和他先前曾经谈到过这一点,可我很舍不得这些原稿,要求丈夫允许我把它们随身带走。然而费奥多尔·米哈伊洛维奇提醒我,他在俄国边境上无疑会遭到搜查,这些文稿肯定要被搜走,它们就此会丢失得无影无踪,就像1849 年他被捕时他所有的文稿都丢失一样。可以预料,在检查这些文稿前,我们可能会被扣留在韦尔日博洛夫,而这对于我们面临的那件大事来说是危险的。尽管我觉得放弃这些原稿十分可惜,但是费奥多尔·米哈伊洛维奇的理由无可辩驳,我只得屈服。我们点燃壁炉,烧掉了文稿。这样,长篇小说《白痴》和《永久的丈夫》的原稿就毁掉了。我特别感到可惜的是失去长篇小说《群魔》的一部分原稿,它们是部具有倾向性的作品的初稿。我只保存了有关上述长篇小说的笔记,把它们交给了我母亲[81],她打算在深秋时节返回俄国。她不同意带一整箱原稿,因为那么多稿子会引起怀疑,从而被没收。

最后,7月5日,我们终于从德累斯顿到达柏林,然后在那儿转乘火车启程前往俄国。

带着我们那个才一岁零十个月、活泼好动的柳鲍奇卡,旅途上麻烦的事儿可真多。我们走的时候没有带保姆,又因为我怀孕,一路上(六十八个钟点)都由我丈夫照料她:领她到月台上散步,给她拿来牛奶和食物,跟她一起玩游戏,——总之,他像个最能干的保姆那样忙这忙那,以此大大减轻我在长途旅行中的负担。

事情就像我们所预料的那样:在边境上,我们所有的手提箱和旅行袋都被翻遍,文稿和一捆书则被搁在一边。大家都已经走出检查大厅,只剩下我们三个人,加上一小撮聚集在桌子边检查挑出来的书籍和薄薄的一包稿纸的官吏还留在那儿。我们开始忐忑不安,担心我们会赶不上驶往彼得堡的火车,这时候,我们的柳鲍奇卡解救了我们,——那可怜的孩子饿了,便高声叫喊起来:"妈妈,我要吃面包,"她的声音是那么响,弄得官吏们很快厌烦起来,就决定放我们走,他们什么话也没说,把书籍和稿纸还给了我们。

我们还得在车厢里折腾一昼夜,但是想到我们此刻行走在俄国的土地上,我们周围都是自己人,俄国人,我们就感到莫大的安慰,忘记了旅途上的一切艰难。我和丈夫觉得欢乐和幸福,彼此询问着:我们果真到达俄国了吗?我们的宿愿终于实现了,这简直不可思议。

八 一八七一年。我们生活在国外的时期结束

我们生活在国外的时期结束了,如今,可以说,我是怀着对命运的感激之情回忆它的。固然,在我们自愿流放的四年多时间里,我们经受了严重的考验:我们的大女儿夭折,费奥多尔·米哈伊洛维奇患病,我们在经济上经常

拮据，工作没有保障，费奥多尔·米哈伊洛维奇迷上了害人的轮盘赌，热望回国而不可得；但是这些考验却对我们有益，我们变得更加亲密，彼此更加了解和珍视，两个人的命运牢固地联系在一起，因而我们的夫妇生活十分美满。

就我个人来说，对那几年的回忆就像一幅鲜艳、瑰丽的画卷。我们曾在许多迷人的城市和地方（德累斯顿、巴登-巴登、日内瓦、米兰、佛罗伦萨、威尼斯、布拉格）居住和访问过，在我着魔的双眼前展现了整个我至今不知道的世界；我参观了大教堂、博物馆、绘画陈列馆，我那年轻人的求知欲得到了满足，特别是当我和心爱的人一起参观的时候，我跟他的每一次谈话都使我发现艺术中或生活中的新东西。

所有这些我们参观之处，对费奥多尔·米哈伊洛维奇来说，都不是新地方；但他具有高度的艺术鉴赏力，他怀着真诚的喜悦参观了德累斯顿和佛罗伦萨的美术陈列馆，接连几小时仔细观看圣马可大教堂和威尼斯的宫殿。

确实，我们在国外除了偶然和短暂的聚会以外，根本就没有交往密切的朋友。开头两年，费奥多尔·米哈伊洛维奇甚至还为这种与社会完全隔绝的处境而高兴；他哥哥米哈伊尔的去世，在他遭受的挫折和灾难中挣扎，文学界人士给他制造的许多麻烦——这种种搞得他精疲力竭。此外，费奥多尔·米哈伊洛维奇发觉，对于喜欢思考的人来说，过一个时期孤独的生活，远离当前总是令人激动不安的事件，潜心于思维和想象，有时候是十分有益的。后来，回到京城，重新投入纷纭变化的生活以后，费奥多尔·米哈伊洛维奇曾不止一次地忆起，他在国外有充裕的时间考虑自己的创作计划或者读一本想读的书，而且可以从从容容，完全沉浸在使他欣喜和感动的印象之中，那时候可真好。

除了外在的美好印象外，国外的生活还给予我们巨大的欢乐：费奥多尔·米哈伊洛维奇一直想要孩子，孩子是家庭的基础，他们的出世充实和照亮了我们的生活，如今我怀着对命运的感激之情说："感谢我住在国外、几乎只和这个具有惊人的崇高品质的人单独相处的那些美好岁月！"

以上概述了我们逗留在国外那四年多的情况，写到这里，我要顺便谈谈这么长久的孤独生活对我们的内心所产生的作用。虽然我们经历了无数的忧虑，手头经常缺钱，有时候寂寞得慌；但是这么长期的孤独生活却对我丈夫始终保持的基督教的思想感情的表现和发展起了良好的影响。所有在他回国以后碰到他的朋友和熟人都对我说,他们简直认不出费奥多尔·米哈伊洛维奇来了,他的性格变得那么好,他对人的态度温和、亲切、宽厚得多了。他一贯表现的那种执拗和急躁的脾气消失了。我下面摘引尼·尼·斯特拉霍夫的回忆录中的一段话:"我完全相信,费奥多尔·米哈伊洛维奇在国外逗留的那四年多是他生活中最好的时光,也就是,这个时期的生活使他获得了主要是深刻和纯洁的思想感情。他工作紧张,常常受穷,但幸福的家庭生活给他带来安宁和欢乐。他几乎一直过着离群索居的生活,也就是说,他完全没有什么重大的缘由,足以使他放弃那条发展自己的思想和深刻的精神活动的正当途径。生儿育女,为他们担忧、操心,夫妇间患难与共、相濡以沫,甚至第一个孩子的夭折——这一切都是纯洁的、有时是崇高的感受。毫无疑问,正是在国外,处在这样的环境下,经过这样长久而平静的思考之后,他一直保持的基督徒的精神有了非同寻常的发展。当费奥多尔·米哈伊洛维奇从国外回来的时候,所有的熟人都十分清楚地发现了这一极重要的变化。他开始把谈话经常引到宗教的题目上去。不仅如此,他对人的态度也有了改变,变得更加柔和,有时候到了十分温顺的境地。甚至他的面貌也带有这种情绪的痕迹,唇边露出温柔的笑意……他显然怀着美好的、基督徒的感情,这种感情越来越清晰地表现在他的作品中。他从国外回来的情况就是这样。"①

后来,费奥多尔·米哈伊洛维奇也怀着感激之情回想我们在国外的生活。

亲友们发觉我也有很大的改变:从一个胆怯、腼腆的姑娘变成一个性格坚毅,不怕与生活的艰难,更确切地说,与债务进行斗争的女人,此项债务在即将回到彼得堡时达到了两万五千卢布。可我依旧兴致勃勃,乐观愉快;不过,这种心情只在家里,在亲友们中间表现出来。当着外人的面,特别是跟男子们在一起的时候,我表现得十分拘谨,只以冷淡而客气的态度对待他们,多半是沉默不语,用心考虑着自己的想法。我的女友们十分肯定地说,我在这四年中老得多了,并且责备我,说我为什么不注意自己的外表,不穿时髦的衣

---

① 《传记和书信》,页294。——安·格·陀思妥耶夫斯卡娅注

服,梳流行的发式。我虽然同意她们的说法,但仍然不想有什么改变。我深信,费奥多尔·米哈伊洛维奇不仅仅是为了我的外貌,而是为了我的智力和良好的素质才爱我的,在这段时间里,正如费奥多尔·米哈伊洛维奇所说,我们俩"在精神上合而为一"了。我的装束不入时,同时显然避免与男子们交往,这只能对我丈夫产生良好的作用,因为这样做就使他没有理由表现他性格中令人不快的特点——毫无理由地吃醋。

注释:

[1] 关于费·米·陀思妥耶夫斯基和安·格·陀思妥耶夫斯卡娅1867年在国外的生活情况详见《陀思妥耶夫斯卡娅一八六七年日记》,莫斯科,1923年。还有安·格·陀思妥耶夫斯卡娅的回忆录《线索》,C. B. 别洛夫出版——《远东》,1971年,第11期,页131—135;《从速记文转写为普通文字的安·格·陀思妥耶夫斯卡娅日记》,转写者为 Ч. M. 波舍曼斯卡娅,C. B. 日托米尔斯卡娅出版——《文学遗产》,第86卷,页155—290。

[2] 安娜·格里戈利耶芙娜没有在《回忆录》的正文中说明她所指的是陀思妥耶夫斯基给她的哪一封信。这封信大概没有保存下来,因为在收入四卷本的《陀思妥耶夫斯基书信集》的信札中,没有一封信提到过这一插曲。不过,安娜·格里戈利耶芙娜曾在《陀思妥耶夫斯卡娅一八六七年日记》(页105)中谈到过这件事(记于1867年5月26日,即公历6月7日)。

[3] 在《陀思妥耶夫斯卡娅一八六七年日记》(1867年4月18日)中有这样的记载:"最后,费佳带我到《西斯廷圣母》面前。至今没有一幅画对我产生过像这幅画那样的印象。在这神圣的脸上显现出何等的美,何等的纯洁和忧伤,在这对眼睛中又包含着多少温顺和苦难。费佳在圣母的微笑中看到了悲伤。"(页15)陀思妥耶夫斯基在他的作品中好几次提到《西斯廷圣母》。在《罪与罚》中,斯维德里盖洛夫谈到他年轻的未婚妻时说:"您要知道,她那张脸蛋活像拉斐尔笔下的西斯廷圣母。要知道,西斯廷圣母的脸是一张富于幻想的脸,一张悲伤的、狂热的信徒的脸。"(《陀思妥耶夫斯基三十卷集》,第6卷,页369)

[4] 安娜·格里戈利耶芙娜指的是八十年代末九十年代初维·米·瓦斯涅佐夫(1848—1926)作于基辅的圣弗拉基米尔大教堂内、以《圣经》为题材的壁画。

[5] 在《陀思妥耶夫斯卡娅的日记》(4 月 20 日)中有一处谈到提香的《拿着钱币的基督》:"按照费佳的说法,这幅出色的画可与拉斐尔的《西斯廷圣母》媲美。基督的脸容表现出惊人的温和、崇高和痛苦。"(页 19)

[6] 法国画家克劳德·洛兰的画作《早晨》和《傍晚》不是存放在德累斯顿陈列馆,而是在列宁格勒的艾尔米塔什博物馆,其中第一幅《早晨》在画名为《亚科夫和拉希利亚的会晤》时即已著名。陀思妥耶夫斯基称为"黄金时代"的是克劳德·洛兰的另一幅画——存放在德累斯顿绘画陈列馆的《阿西斯和该拉忒亚》,此画取材于奥维德的《变形记》第八卷中的一个插曲——该拉忒亚和青年阿西斯的爱情故事。陀思妥耶夫斯基曾在他的作品中三次谈到这幅画:在《群魔》(《斯塔夫罗金的忏悔》)和《少年》(维尔西洛夫关于早期欧洲人的叙述)以及 1877 年的《作家日记》(《一个可笑人的梦》)中。

[7] 陀思妥耶夫斯基于 1879 年 8 月 7 日(公历 8 月 19 日)从埃姆斯写给安娜·格里戈利耶芙娜的一封信证实了他对瓦格纳音乐的怀疑态度:"这儿的音乐虽好,但是很少演奏贝多芬、莫扎特的作品,而老是听到瓦格纳(一个无聊透顶的德国无赖,尽管名气很响)的东西和各种破烂货。"(《费·米·陀思妥耶夫斯基和安·格·陀思妥耶夫斯卡娅通信集》,页 297,C. B. 别洛夫、B. A. 图尼马诺夫编,列宁格勒,1976 年,莫斯科,1979 年,第二版)陀思妥耶夫斯基之所以厌恶瓦格纳的作品大概是由于陀思妥耶夫斯基受了格林卡、贝多芬、莫扎特等古典主义和浪漫主义音乐的熏陶。此外,也必须考虑到陀思妥耶夫斯基在国外只是在音乐演奏会上听到瓦格纳的音乐,而瓦格纳的歌剧则在舞台演出中享有盛誉。同时,陀思妥耶夫斯基于 1873 年在一篇寄自德国的通讯前所加的"编者按"中写道:"像传播叔本华的思想和充满深刻课题的瓦格纳的音乐这样的现象至少表明,德国人深邃的思想和艺术创作还具有生命力,还受到最崇高的意图的鼓舞。"(《陀思妥耶夫斯基文艺作品十三卷集》,Б. 托马舍夫斯基、K. 哈拉巴耶夫编,莫斯科-列宁格勒,1926—1930 年,第 13 卷,页 456)详见 A. A. 戈津普德著《陀思妥耶夫斯基和音乐》,列宁格勒,1971 年。

[8] 陀思妥耶夫斯基经常读赫尔岑的作品,读了很多。他认为赫尔岑是最深沉而诚挚的作家和思想家之一。赫尔岑的作品对陀思妥耶夫斯基产生了巨大的、至今还估计不足的影响,指出这一点是重要的。在他 1846 年 1 月给米·米·陀思妥耶夫斯基的信中首次提到赫尔岑。陀思妥耶夫斯基毫无例外地注意到赫尔岑所有的作品。他把《谁之罪?》、《克鲁波夫医生》,特别是《来自彼岸》和《法意书简》看作是他

喜爱的俄国和世界文学中的杰作。陀思妥耶夫斯基特别重视赫尔岑的政论作品,后者的那些有关欧洲的研究性论文和著作,就其反资本主义的精神和对西方的主要社会和哲学问题以及社会动荡的实质的理解深度来说,和他的思想比较接近。陀思妥耶夫斯基对赫尔岑的《自然研究通信》一书评价也很高,他认为这部著作"不仅是俄国的,而且是欧洲的哲学杰作"。(见《同时代人回忆陀思妥耶夫斯基》,第 2 卷,页138)1862 年,陀思妥耶夫斯基和赫尔岑在伦敦相会,这次会见对双方都产生了良好的印象。后来,当陀思妥耶夫斯基的政治见解有了很大改变,从而与赫尔岑在思想上的分歧趋于明显的时候,他在《老年人》中对赫尔岑作了极其主观的,但同时绝非怀有敌意的描绘,他写道:"这是位艺术家,思想家,杰出的作家,一位饱学之士,又是一位机智、绝妙的交谈者(他谈话甚至比写作更出色),同时,还是位好沉思与反省的人。"(《陀思妥耶夫斯基文艺作品十三卷集》,第 11 卷,页 7)1876 年,陀思妥耶夫斯基惊闻赫尔岑的女儿自杀的消息,他在谈到她的父亲时,把后者称为思想家和诗人:"请注意,这是赫尔岑的女儿,赫尔岑是一位天才横溢的人,一位思想家和诗人。固然,他的生活杂乱无章,充满了矛盾和古怪的心理现象。这是俄国最激烈的西欧派分裂分子之一,但心胸开阔,具有某些完全是俄国人的性格特点。"(《文学遗产》,第 86卷,页 86)关于陀思妥耶夫斯基对赫尔岑的态度请参阅 A. C. 多利宁《陀思妥耶夫斯基和赫尔岑》一文,收入他的《陀思妥耶夫斯基的最后两部长篇小说。〈少年〉和〈卡拉马佐夫兄弟〉是怎样写成的》(莫斯科-列宁格勒,1963 年)一书中,以及 C. П. 利希佩尔《赫尔岑和陀思妥耶夫斯基。心灵探索的辩证法》,载《俄国文学》,1972 年,第 2 期,页 37—61。

　　[9] 安·格·陀思妥耶夫斯卡娅指的是 1873 年的《作家日记》第十五章《关于假话》,这一章的结尾是这样写的:"在我们的妇女身上越来越表现出诚实坦率、坚韧不拔、严肃认真、正直纯洁、追求真理和自我牺牲的精神。[……]妇女在实际上比较顽强,有耐心;她们比男子认真,愿意为事业本身切切实实地干,而不是为了装样子。我们是否真的应该从她们那儿得到巨大的帮助呢?"(《陀思妥耶夫斯基文艺作品十三卷集》,第 11 卷,页 129)安娜·格里戈利耶芙娜说,作家直到七十年代才对妇女的解放持肯定态度,这种说法不完全确切。陀思妥耶夫斯基所否定的很可能是"库克希娜"①式的那种表面上的虚无主义,早在 1868 年,他就在一封给索·亚·伊万诺娃的

―――――――――――

　　① 库克希娜是屠格涅夫的长篇小说《父与子》中的人物。——译者注

信中写道:"关于妇女,特别是俄国妇女的问题,甚至在你们生活的时代,一定会获得某些巨大而良好的进展。我所指的不是我们那些时机尚未成熟就轻率行动的人……"(《陀思妥耶夫斯基书信集》,第2卷,页73)

[10] 德国速记术的创始人和新的速记术体系的发明者弗朗茨·克萨韦里·加别利斯别格尔认为,传达语言声音的可见的符号必须适应人的语言结构。加别利斯别格尔的学生们在他逝世后建立了"加别利斯别格尔速记术教学体系"(慕尼黑,1850年)。安·格·陀思妥耶夫斯卡娅的老师帕·马·奥利欣是俄国最初遵照加别利斯别格尔的原理教授速记学的教师之一,在费·米·陀思妥耶夫斯基的藏书中有他所写的课本《根据加别利斯别格尔原理编写的俄国速记学教程》(圣彼得堡,1866年,第三版)。有关安·格·陀思妥耶夫斯卡娅在做速记员方面的情况请参阅 Б. Н. 卡佩柳什和 Ц. M. 波舍曼斯卡娅所写的《安·格·陀思妥耶夫斯卡娅的速记笔记》一文,收入《文学档案》,第6卷,莫斯科-列宁格勒,1961年,页109—111。

[11] 原稿此处遗漏。关于1867年6月20日在德累斯顿举行,有安·格·陀思妥耶夫斯卡娅出席的那次速记术团体的会议报道载于1867年6月22日的《国民报》,而不是《德累斯顿通报》。在《陀思妥耶夫斯卡娅的日记》一书中,有一段引自该报的摘录:"在速记学院最近举行的扩大会议上,有一位俄国的女士参加,她曾按照加别利斯别格尔体系学习速记术,并在彼得堡经常运用这一体系。"(页145)

[12] 此处指波兰侨民安东·别列佐夫斯基于1867年5月25日(公历6月6日)在巴黎举行的世界博览会上行刺亚历山大二世一事。几乎所有巴黎的报刊和巴黎的律师都特意组织示威游行,高呼"波兰万岁"的口号,为安·别列佐夫斯基辩护,认为他的行刺是为他那被奴役的祖国复仇的正义之举。1867年7月3日(公历7月15日),巴黎的陪审法庭不是判处安·别列佐夫斯基死刑,而是终生服苦役。作家虽然否定死刑,但是对陪审法庭主要着眼于使罪责得以减轻的客观环境,从而为罪犯辩护的意图感到愤慨。陪审员们的立场是与陀思妥耶夫斯基关于个人应为自己的行为负责的主张相抵触的。陀思妥耶夫斯基在1867年8月16日(公历8月28日)给阿·尼·迈科夫的信中表示自己对别列佐夫斯基的图谋以及法庭对恐怖分子的审讯过程持激烈的否定态度:"发生在巴黎的事件使我震惊。那些叫喊'波兰万岁'的巴黎的律师们可真行。嘿,多么卑鄙的勾当,——主要是愚蠢,是官样文章!我也就更加确信我先前的想法:欧洲不了解我们,把我们看得十分可恶,这在某种程度上却对我们有利。而对别列佐夫斯基审讯的详情细节[……]多么卑鄙的官样文章……"

(《陀思妥耶夫斯基书信集》,第 2 卷,页 27)

[13] 陀思妥耶夫斯基,作为一个政论家,在《作家日记》中确实不止一次地主张人民和"沙皇—解放者"亚历山大二世的联合。然而陀思妥耶夫斯基并不总是把亚历山大二世理想化。"我跟普希金一样是沙皇的仆人,因为沙皇的儿女,他的人民,并不嫌弃沙皇的仆人,"陀思妥耶夫斯基写道,"我将更加忠实地做他的仆人,如果他真正相信人民是他的儿女。不知为什么,他已经很久不相信这一点了。"(《陀思妥耶夫斯基全集》,第 1 卷——《传记、书信和札记》,页 366)

[14] 根据最高军事法院院长 1849 年 11 月 19 日关于彼得拉舍夫斯基小组一案所作的结论,陀思妥耶夫斯基和彼得拉舍夫斯基小组的其他成员一起被剥夺财产权,到了 1858 年 4 月 17 日,亦即亚历山大二世已经登位之后,遵照参政院的最高指令,陀思妥耶夫斯基的贵族身份得以恢复。陀思妥耶夫斯基并不是一下子获准住在彼得堡的,起初,从 1859 年 8 月到 12 月,他住在特维尔,直到 1859 年 12 月 2 日才经亚历山大二世批准,在警察机关秘密监视下回到彼得堡居住。

[15] 见《陀思妥耶夫斯基书信集》,第 2 卷,页 11—20。

[16] 安娜·格里戈利耶芙娜在《日记》中写道:陀思妥耶夫斯基于 1867 年 5 月 2 日前往戈姆堡,答应四天以后回来,但一直在那儿逗留到 5 月 15 日。(《陀思妥耶夫斯卡娅一八六七年日记》,页 46、86)

[17] 参阅《陀思妥耶夫斯基文艺作品十三卷集》,第 12 卷,页 27—33。

[18] 安娜·格里戈利耶芙娜在叙述陀思妥耶夫斯基对别林斯基的态度时,她所依据的材料大概来自她与丈夫的谈话和 1873 年《作家日记》中《故人》一文(见《陀思妥耶夫斯基文艺作品十三卷集》,第 11 卷)以及陀思妥耶夫斯基 1871 年 5 月 18 日给尼·尼·斯特拉霍夫的信,前者在信中断言,"别林斯基用粗野难听的话谩骂……基督"(《陀思妥耶夫斯基书信集》,第 2 卷,页 364)。别林斯基和陀思妥耶夫斯基在宗教问题上很可能有过原则性的冲突,但这不是他们之间后来存在思想分歧的主要原因。安娜·格里戈利耶芙娜显然把陀思妥耶夫斯基和别林斯基之间相互关系的复杂的演变过程看得过于简单。陀思妥耶夫斯基在青年时代受别林斯基的影响最大。事实上,在陀思妥耶夫斯基以后的全部生活过程中,我们找不到一位如此深刻地保留在他的记忆中的思想家或政论家。"当时我热烈地接受他的全部学说,"陀思妥耶夫斯基曾经这样写道。(《陀思妥耶夫斯基文艺作品十三卷集》,第 11 卷,页 10)陀思妥耶夫斯基和别林斯基初次相见(1845 年 5 月),进行第一次谈话时,别林斯基那热情

洋溢的语调以及他关于《穷人》所说的话——"您自己可知道[……]您写的是什么啊！……您触及了事物的本质，一下子就指出了最主要的问题……真理展示在您面前，向作为艺术家的您宣告它的存在，它像天赋一样为您所掌握，珍视您的天赋，对它忠诚不渝，成为一个伟大的作家吧！"（《陀思妥耶夫斯基文艺作品十三卷集》，第 12卷，页 31—32）——所有这一切永远留在陀思妥耶夫斯基的记忆里。随着时间的推移，作家的世界观发生了变化，他过去对别林斯基的评价也就随之改变了。陀思妥耶夫斯基有时候还对伟大的评论家进行指责，但是他始终不能忘怀，也不能冷漠地对待这位在他的青年时代令他感奋的导师。在苦役中经受了思想危机之后，陀思妥耶夫斯基想要摆脱别林斯基的影响，但是他始终不能彻底地反对别林斯基。与此同时，作家思想上的演变恰恰特别表现在他对别林斯基的态度上，对六十年代的陀思妥耶夫斯基来说，别林斯基乃是敌对的无神论社会主义的代表。陀思妥耶夫斯基开始和别林斯基的学说，跟四十年代"具有破坏性的思想"进行激烈的斗争。（参阅陀思妥耶夫斯基 1867 年 8 月 28 日〔俄历 8 月 16 日〕给阿·尼·迈科夫的信——《陀思妥耶夫斯基书信集》，第 2 卷，页 24—36）这种"打倒理想人物"的过程在创作那部企图诋毁革命思想本身的长篇小说——《群魔》的时期达到了最高潮。（参阅"陀思妥耶夫斯基在笔记本中对别林斯基的评论"。——《文学遗产》，第 83 卷，莫斯科，1971 年）但是在陀思妥耶夫斯基逝世前三年，他对别林斯基的态度有了新的转变。1877 年 1 月，曾在《穷人》的作者和《现代人》的评论家的结识中起过媒介作用的涅克拉索夫病危的时候，好像已经完全与别林斯基疏远的陀思妥耶夫斯基却想起了他与别林斯基的初次相会，在 1877 年的《作家日记》中写道："这是我一生中最美妙的时刻。在我服苦役期间，一想到这个时刻，精神上就变得坚强起来。"（《陀思妥耶夫斯基文艺作品十三卷集》，第 12 卷，页 32）关于别林斯基和陀思妥耶夫斯基的关系，请参阅 B. 基尔波京著《陀思妥耶夫斯基与别林斯基》，莫斯科，1976 年，第二版。

[19]　1846 年 2 月，在《祖国纪事》上登载了别林斯基论《穷人》和《孪生兄弟》的文章，这篇文章在承认上述两个中篇（特别是《穷人》）高度的艺术价值的同时，也提出了批评性的意见，主要是针对《孪生兄弟》的。这种善意的评论却使多疑的陀思妥耶夫斯基灰心丧气。他和《现代人》周围的一些人的关系越来越紧张了。陀思妥耶夫斯基这一次没有把他的新作《普罗哈尔钦先生》交给涅克拉索夫，而给了《祖国纪事》的克拉耶夫斯基。陀思妥耶夫斯基于 1846 年 11 月写信给他的哥哥说："我告诉你，我碰到了一件不愉快的事，我终于和以涅克拉索夫为代表的《现代人》闹翻了。

[……]现在他们放出空气，说我受了虚荣心的毒害，妄自尊大，投靠了克拉耶夫斯基，为了要迈科夫称赞我。"(《陀思妥耶夫斯基书信集》，第 1 卷，页 102)青年作家这种由于过分多疑而引起的不大正常的行动引起了《现代人》周围的一些文学家对他的反感，招来了奚落、嘲笑和讽刺短诗。屠格涅夫和涅克拉索夫合写了一首题为《别林斯基致陀思妥耶夫斯基》的诗，这首诗的开头一节是这样的：

> 陀思妥耶夫斯基，亲爱的小子，
> 可怜相的勇士，
> 你好比是文学的鼻子上
> 新长出的一只发红的疖子。

阿·帕纳耶娃回忆《现代人》集团和陀思妥耶夫之间的相互关系时写道："自从这个圈子里出现了一些年轻的作家，有人就遭了难，成为他们挖苦的对象，而陀思妥耶夫斯基由于情绪容易激动，口气又很傲慢，表示自己的才能比他们高得不可比拟，这就像有意给他们提供了挖苦的借口。他们在背后议论他，用嘲讽和闲话伤害他的自尊心；屠格涅夫特别长于这一手——他故意引陀思妥耶夫斯基参加争论，把他搞得气愤到了极点。陀思妥耶夫斯基大发雷霆，有时候狂热地维护对事物的荒谬看法，并急躁地把这种看法说出口来……"(《同时代人回忆陀思妥耶夫斯基》，第 1 卷，页141)

[20]　参阅《陀思妥耶夫斯基书信集》，第 2 卷，页 36—38。

[21]　阿·尼·迈科夫 1867 年 11 月 3 日的信载于《陀思妥耶夫斯基。资料和研究汇编》，第 2 卷，页 342—343。安娜·格里戈利耶芙娜在对陀思妥耶夫斯基的书信所作的注释中，这个书商的姓名不是 И. Г. 索洛维约夫，而是 А. Ф. 巴祖诺夫。(费·米·陀思妥耶夫斯基，《给妻子的信》，莫斯科-列宁格勒，1926 年，页 314)

[22]　此处疑有误，因为康·伊·巴比科夫死于 1873 年。这篇文章根本就没有到达巴比科夫手里。1867 年 12 月 31 日他给陀思妥耶夫斯基的信证实了这一点，从这封信中可以清楚地看到，在整个这一年里，巴比科夫始终没有收到这篇约稿，他的希望落空了。(参阅 В. 布尔索夫《陀思妥耶夫斯基逸事》，《文学报》，1970 年 9 月 16日；Л. 兰斯基，《陀思妥耶夫斯基散失的信件》，《文学问题》，1971 年，第 11 期，页201)

［23］ 无法确切地说,陀思妥耶夫斯基论别林斯基这篇文章的构思究竟如何。只能推测,它部分地体现在 1873 年的《作家日记》中《故人》这篇特写里。(参阅《陀思妥耶夫斯基文艺作品十三卷集》,第 11 卷)读过这篇文章的迈科夫确信它不可能出版:"文章给人这样的印象,"他在给陀思妥耶夫斯基的信中写道,"作者要想什么都说,但是一提起笔来,就发觉不能说。不,这只能在对死者的回忆录中谈到。"(《陀思妥耶夫斯基书信集》,第 2 卷,页 390)

［24］ 陀思妥耶夫斯基 1867 年 8 月 16 日(公历 8 月 28 日)给阿·尼·迈科夫的信。——《陀思妥耶夫斯基书信集》,第 2 卷,页 29。

［25］ 陀思妥耶夫斯基夫妇是在 1867 年 7 月 2 日(公历 7 月 14 日)遇到伊·亚·冈察洛夫的。安娜·格里戈利耶芙娜对冈察洛夫的看法大概受了陀思妥耶夫斯基的影响,后者虽然很尊敬这位作家,但对他也有微词:"怀着一颗官吏的心,缺乏思想,眼睛就像煮熟的鱼,上帝仿佛为了取笑这位杰出的天才才赐给他这样一双眼睛。"(1856 年 11 月 9 日给亚·叶·弗兰格尔的信。——《陀思妥耶夫斯基书信集》,第 1 卷,页199)

［26］ 对这次谈话的叙述见《陀思妥耶夫斯卡娅一八六七年日记》(页 198—199),以及陀思妥耶夫斯基 1867 年 8 月 28 日(俄历 8 月 16 日)给阿·尼·迈科夫的信(《陀思妥耶夫斯基书信集》,第 2 卷,页 30—32)。这次发生在 1867 年 7 月 10 日(俄历 6 月 28 日)的两位作家之间的争吵成了文学界流言蜚语的题材。(见 E. M. 迦尔洵《回忆屠格涅夫》〔《历史导报》,1883 年,第 11 期〕以及 П. 巴尔捷涅夫发表在 1884 年第 3 期《俄国档案》杂志上的一篇说明这些回忆的文章)关于这次争吵的详情细节亦可参阅 A. C. 多利宁为陀思妥耶夫斯基 1867 年 8 月 28 日(俄历 8 月 16 日)给阿·尼·迈科夫的信所作的注释。——《陀思妥耶夫斯基书信集》,第 2 卷,页 384—387。陀思妥耶夫斯基和屠格涅夫在巴登-巴登发生了有名的"思想上"的冲突,导致了两人关系的完全破裂。早在四十年代,这种破裂已经在某种程度上种下了根,当时屠格涅夫成了陀思妥耶夫斯基的最刻薄的讽刺者之一。(见本章"注释"19)然而这两位作家的初次相识(1845 年 11 月中旬)对他们产生了愉快的印象,陀思妥耶夫斯基曾在 1845 年 11 月 16 日给哥哥的信中谈到过这一点。(见本书页 414)但是这一相互怀有好感的时期十分短促。陀思妥耶夫斯基和《现代人》的一批作家们的分歧也影响到他对屠格涅夫的态度。不久,就明显地暴露出他们在性格、气质,在一切方面——无论是创作或者纯粹个人特点方面的心理上的"不一致"。屠格涅夫回忆道:

陀思妥耶夫斯基"早在我们俩还是年轻人、刚开始从事文学事业的时候就憎恨我了，虽然他没有理由如此憎恨我；这是一种莫名其妙的激情，异常强烈而且持久"。(《屠格涅夫书信集》，第 10 卷，页 39)屠格涅夫认为这种几乎持续一生的争吵的根源主要来自陀思妥耶夫斯基的"莫名其妙的激情"，他的说法也许很正确，但是他们彼此之间这种心理上和感情上的格格不入无疑打上了思想分歧的烙印，自从 1867 年屠格涅夫的《烟》问世以后，这种分歧就更加尖锐化了。但是，在屠格涅夫和陀思妥耶夫斯基相互关系的复杂历史中有过比较接近和创作上合作的时期，那是 1860 至 1865 年，当时《父与子》问世，在《时代》杂志上刊载了屠格涅夫的《幻影》。在这段时间里，屠格涅夫和陀思妥耶夫斯基之间信函往来频繁。按屠格涅夫的话来说，正是陀思妥耶夫斯基，而不是别人，了解巴扎罗夫①。"您是那么充分和透彻地了解我想通过巴扎罗夫所表达的一切，以致我只能摊开双手，感到又惊又喜。"(《屠格涅夫书信集》，第 4 卷，页 358)屠格涅夫的《烟》使这两位作家永远分手了。持"根基派"②观点的陀思妥耶夫斯基把这部长篇小说看作是"西欧派"对俄国的公然诽谤。按他的话来说，《烟》"该让刽子手来把它烧掉"。(《屠格涅夫书信集》，第 9 卷，页 85)陀思妥耶夫斯基猛烈地抨击"极端的西欧主义者"波图金③的政论性的发言，波图金的言论被他的论敌片面地与作者的立场等同起来。被屠格涅夫的主人公所发挥的俄国必须走欧洲文明道路的思想以及主人公那不仅对泛斯拉夫主义④，而且对某些接近斯拉夫主义的观点的批评激起了陀思妥耶夫斯基的强烈抗议。屠格涅夫的同时代人，例如 A. B. 尼基坚科曾指出，长篇小说中这种偏颇的批评缺乏合理的根据。(《日记》，第 3 卷，莫斯科，1956 年，页 83)在创作《群魔》时，陀思妥耶夫斯基把文学和思想意识上的论争直接转移到艺术领域里。卡尔马津诺夫是针对屠格涅夫——《幻影》、《够了》、《特罗普曼之死》的作者的一幅恶毒的漫画，其中也包含着危险的暗示，认为上述作品的作者明显地同情"虚无主义者"和阴谋者们。陀思妥耶夫斯基在《群魔》中"运用阿里斯托芬⑤式的手法把我描绘了一番，"屠格涅夫写道，"陀思妥耶夫斯基不仅写了一个针对

---

① "巴扎罗夫"是屠格涅夫的长篇小说《父与子》中的人物。——译者注

② "根基派"是十九世纪六十年代的俄国社会思想派别，其观点与斯拉夫派近似。——译者注

③ "波图金"是屠格涅夫的长篇小说《烟》中的人物。——译者注

④ "泛斯拉夫主义"是鼓吹以俄罗斯为中心兼并斯拉夫各族的反动思潮。——译者注

⑤ 阿里斯托芬(约前 446—约前 385)，古希腊早期喜剧代表作家。他运用夸张的手法针砭时弊，讽刺权贵。——译者注

《幻影》的讽刺性的摹拟作品,比这更恶劣的是,他在《群魔》中竟然以一个秘密地同情涅恰耶夫这伙人、名叫卡尔马津诺夫的角色来影射我……"(《屠格涅夫书信集》,第 10 卷,页 49、39)屠格涅夫对陀思妥耶夫斯基的名作《罪与罚》不予肯定,他把这部小说对他产生的印象离奇地比作"霍乱病引起的绞痛"。他对陀思妥耶夫斯基的《少年》提出尖锐的意见,说它"一团糟",是"谁也不想听的"、含糊不清的"喃喃自语"。在这些片面、刻薄和不公正的评价中不仅表现了作家在争辩时的愤激情绪,而且表现了他与陀思妥耶夫斯基在创作方法上的根本分歧,在屠格涅夫看来,陀思妥耶夫斯基的创作由于其极端的心理主义,有时候显得荒谬绝伦。根据屠格涅夫的平稳的心理气质,他在很大程度上把陀思妥耶夫斯基的主人公的悲剧性的世界看作是一种对苦难的病态的辩解。(参阅第二章"注释"30)在艺术家屠格涅夫看来,陀思妥耶夫斯基是个"残酷的天才"。С. Л. 托尔斯泰在自己的回忆录中援引屠格涅夫对陀思妥耶夫斯基的"心理主义"的意见:"我记得,他是这样谈到陀思妥耶夫斯基的,"С. Л. 托尔斯泰回忆道,"'您知道,什么叫作违反常情? 当一个人在热恋之际,他的心怦怦跳动,在他发怒时,则脸孔涨得通红,等等。这些都是常情。可是在陀思妥耶夫斯基笔下,一切都相反。比如说,一个人遇到一只狮子。他会怎么样呢? 他自然会脸色发白,竭力设法逃走或躲避。比如,在每篇儒勒·凡尔纳①的故事里,情况就是如此。而陀思妥耶夫斯基的写法则相反:这个人脸红了,但依旧待在原地不动。这就是违反常情……其次,在陀思妥耶夫斯基的作品里,每隔两页,他的主人公就要说胡话,发疯,害热病。可这是绝不可能发生的事。'"(《同时代人回忆屠格涅夫》,第 2 卷,莫斯科,1969 年,页 377)在八十年代纪念普希金的盛会上,又出现了思想冲突的新的导火线。在对诗人的评价中,屠格涅夫和陀思妥耶夫斯基重又站在不同的思想极端。(参阅第十章"注释"21)陀思妥耶夫斯基观点中的根基派的、俄国至上的倾向引起屠格涅夫的攻击;而屠格涅夫的言论则被陀思妥耶夫斯基看作是片面的、向民主派青年们的"调情"。

　　然而,尽管在屠格涅夫和陀思妥耶夫斯基之间有着深刻的、原则性的分歧(参阅《陀思妥耶夫斯基在笔记本中对屠格涅夫的意见》,《文学遗产》,第 83 卷,莫斯科,1971 年),但是对俄国文学真诚的热爱却使他们联合一致,这就说明,为什么即使在他们之间的敌视尖锐化的时期,他们还是始终承认彼此的天才。(参阅本书页 414 屠

---

　　①　儒勒·凡尔纳(1828—1905),法国小说家,写了许多科学幻想冒险小说。——译者注

格涅夫 1877 年 3 月 28 日〔公历 4 月 9 日〕给陀思妥耶夫斯基的信）屠格涅夫在给陀思妥耶夫斯基的信中说：在"俄国文学的杰出代表中间〔……〕您当然〔……〕居于首位"。①（《屠格涅夫书信集》，第 12 卷，页 129）陀思妥耶夫斯基认为屠格涅夫是位"毫无疑义的"、"无可争辩的天才"。在他纪念普希金的发言中，他把屠格涅夫笔下像丽莎·卡利金娜②那样的妇女典型称为富有诗意的人物。大家知道，屠格涅夫曾表示，他想写一篇悼念像陀思妥耶夫斯基那样"极其重要的人物"的文章。遗憾的是，他的这个意图未曾实现。关于屠格涅夫和陀思妥耶夫斯基之间的关系，请参阅 И. С. 西尔伯施泰因编的他们的通信集（列宁格勒，1928 年），Ю. 尼科利斯基的专著《屠格涅夫和陀思妥耶夫斯基。相互敌视的历史》（索非亚，1921 年），А. С. 多利宁的文章《在〈群魔〉中的屠格涅夫》（《陀思妥耶夫斯基。资料和研究汇编》，第 2 卷）以及 Н. Ф. 布达诺娃所写的《在长篇小说〈群魔〉中的"父"与"子"的问题》（《陀思妥耶夫斯基。资料和研究集》，列宁格勒，1974 年，第 1 卷，页 164—188）。

　　［27］　参阅《陀思妥耶夫斯基十卷集》，莫斯科，1956—1958 年，第 6 卷，页 463。

　　［28］　关于汉斯·霍尔拜因的《被钉死的基督》一画对陀思妥耶夫斯基所产生的深刻印象还记载在陀思妥耶夫斯卡娅 1867 年 8 月 24 日（俄历 8 月 12 日）的日记（《陀思妥耶夫斯卡娅一八六七年日记》，页 366）以及她为长篇小说《白痴》所作的注释中："在那儿的市博物馆里，费奥多尔·米哈伊洛维奇看到了汉斯·霍尔拜因的画。这幅画令他万分惊愕，当时他对我说，'这幅画可能使人的信念遭到破坏。'"（Л. П. 格罗斯曼，《关于陀思妥耶夫斯基的课堂讨论》，莫斯科-彼得格勒，1923 年，页 59）

　　［29］　陀思妥耶夫斯卡娅此处引用 1867 年 8 月 16 日（公历 8 月 28 日）陀思妥耶夫斯基给阿·尼·迈科夫的信。——参阅《陀思妥耶夫斯基书信集》，第 2 卷，页 34。关于逗留在日内瓦的情况，安·格·陀思妥耶夫斯卡娅在她的《日内瓦日记》中作了详细的叙述。参阅《从速记文转写为普通文字的安·格·陀思妥耶夫斯卡娅日记》，《文学遗产》，第 86 卷，页 155—290。

　　［30］　在巴尔扎克的创作中，吸引陀思妥耶夫斯基的是其中的反资产阶级倾向，心理分析的深度以及对被侮辱与被损害者的同情。陀思妥耶夫斯基曾翻译过巴尔扎克的《欧也妮·葛朗台》，这个译作是陀思妥耶夫斯基的第一部文学作品。在他最后的作品——纪念普希金的演说词中，陀思妥耶夫斯基提到了《高老头》的主人公

---

①　注释中的引文与本书页 414 正文中的引文稍有出入。——译者注
②　屠格涅夫的长篇小说《贵族之家》中的女主人公。——译者注

之一——拉斯蒂涅(参阅纪念普希金的演说词的异文,收在《陀思妥耶夫斯基。资料和研究汇编》,第 2 卷),这个人物试图解决与拉斯柯尔尼科夫同样的问题:超人有权干犯法的事来实现自己崇高的使命。有关巴尔扎克和陀思妥耶夫斯基创作中的相似的特点,请参阅 Л. П. 格罗斯曼《巴尔扎克和陀思妥耶夫斯基》一文,收入《Л. П. 格罗斯曼文集》,第 2 卷,第 2 分册,莫斯科,1928 年,第二版;И. И. 拉普希娜,《陀思妥耶夫斯基的〈卡拉马佐夫兄弟〉和巴尔扎克的〈红色酒店〉》,《俄罗斯意志》,布拉格,1927 年,第 2 期;Л. П. 格罗斯曼,《陀思妥耶夫斯基译文中的巴尔扎克》,收入费·米·陀思妥耶夫斯基所译巴尔扎克的《欧也妮·葛朗台》的译本,莫斯科-列宁格勒,1935 年。

[31]　乔治·桑曾对青年陀思妥耶夫斯基的世界观产生过巨大的影响。大家知道,1844 年夏,陀思妥耶夫斯基翻译了乔治·桑的中篇小说《最后一个阿尔迪尼》。在《作家日记》1876 年 6 月号上一篇悼念乔治·桑的文章中,陀思妥耶夫斯基写道:"在当时那些脱颖而出、闻名西欧的许多杰出的新作家中,乔治·桑[……]在我们这儿几乎一直占据首位[……]乔治·桑不是思想家,但她是人类更为幸福的未来的最富有洞察力的预见者之一,她终生都怀着高尚、欣喜的感情相信人类的理想一定会实现。"(《陀思妥耶夫斯基文艺作品十三卷集》,第 11 卷,页 311,314—315) В. В. 季莫费耶娃(О. 波钦科夫斯卡娅)引用陀思妥耶夫斯基的话说:"全世界只有一位女作家配得上这个称号! 这就是乔治·桑!"(《同时代人回忆陀思妥耶夫斯基》,第 2 卷,页 136)关于乔治·桑对陀思妥耶夫斯基创作的影响请参阅下列文章:А. 布兰康写的《乔治·桑和陀思妥耶夫斯基:在文学借鉴问题上的贡献》,《比较文学》杂志,巴黎,1933 年,10—12 月号,页 623—629;В. 科马罗维奇,《陀思妥耶夫斯基的青年时代》,《往事》,1924 年,第 23 期。

[32]　此处有误。《穷亲戚》的第一部是《贝姨》。

[33]　安·格·陀思妥耶夫斯卡娅误把雨果的《悲惨世界》(《Les Misérables》)称作《Les humiliés et les offensés》——陀思妥耶夫斯基所著《被侮辱与被损害的》通常的法语译名。回忆录的作者们不止一次地指出陀思妥耶夫斯基对长篇小说《悲惨世界》的热烈赞扬。(参阅 В. В. 季莫费耶娃〔О. 波钦科夫斯卡娅〕和尼·尼·斯特拉霍夫的回忆录,收入《同时代人回忆陀思妥耶夫斯基》,第 1 卷,页 300 和第 2 卷,页 178—179,以及本书第七章)还可参阅 Г. М. 弗里德连捷尔著《陀思妥耶夫斯基和世界文学》,莫斯科,1979 年,页 141—157。

[34]　　B. B. 季莫费耶娃(O. 波钦科夫斯卡娅)证实,陀思妥耶夫斯基喜爱尼·普·奥加辽夫在 1857 至 1858 年所写的长诗《监狱》中的下述叠句:

> 我用古老的《圣经》占卜,
> 只是渴求和想望,
> 按照命运的安排,向我显示
> 先知的生活、灾难和死亡。

(参阅《同时代人回忆陀思妥耶夫斯基》,第 2 卷,页 174)

[35]　　指 1867 年 9 月 9 日至 12 日在日内瓦举行的"和平与自由联盟"大会。

[36]　　不确。作者所引陀思妥耶夫斯基 1867 年 10 月 11 日致索·亚·伊万诺娃的信(《陀思妥耶夫斯基书信集》,第 2 卷,页 44—45)首次发表在《俄国旧事》1885 年 7 月号上,而陀思妥耶夫斯基夫妇出席和平大会的第二次会议是在 1867 年 9 月 11 日。(参阅《从速记文转写为普通文字的陀思妥耶夫斯卡娅日记》,《文学遗产》,第 86 卷,页 177)第一国际的活动家们在这次会议上发了言。

[37]　　不确。《回忆录》的作者所引的陀思妥耶夫斯基 1868 年 1 月 1 日致索·亚·伊万诺娃的信(《陀思妥耶夫斯基书信集》,第 2 卷,页 71)的片断首次发表在《俄国旧事》1885 年 7 月号上。

[38]　　1867 年 10 月 9 日致阿·尼·迈科夫的信。(《陀思妥耶夫斯基书信集》,第 2 卷,页 45)

[39]　　1867 年 10 月 9 日致阿·尼·迈科夫的信。(《陀思妥耶夫斯基书信集》,第 2 卷,页 46)

[40]　　参阅《陀思妥耶夫斯基书信集》,第 2 卷,页 54—55。

[41]　　陀思妥耶夫斯基在 1868 年 1 月 12 日给阿·尼·迈科夫的信中谈到他对《白痴》的头几章不满意。(《陀思妥耶夫斯基书信集》,第 2 卷,页 61—62)有关小说《白痴》的创作过程,请参阅《陀思妥耶夫斯基文献。〈白痴〉。未发表的资料》一书,П. Н. 萨库林、Н. Ф. 别利奇科夫编,莫斯科-列宁格勒,1931 年;И. A. 比秋科娃为科学院版的《白痴》所作的注释,《陀思妥耶夫斯基三十卷集》,第 9 卷,页 337—385。

[42]　　"地主的女儿奥莉加·乌梅茨卡娅被控纵火以及其双亲乌梅茨基夫妇弗拉基米尔和叶卡捷琳娜被控滥用父母权力案"的材料(《莫斯科报》,1867 年 9 月 23

和 24 日,第 136 和 137 期;《呼声报》,1867 年 9 月 26 至 28 日,第 260 至 268 期)对长篇小说《白痴》最初的构思的形成起了一定的作用。卡希拉地主乌梅茨基家的案件揭露了父母对子女的粗暴的侮辱,这种侮辱激起了他们的女儿,十五岁的女儿奥莉加的"反抗"——四次企图放火烧掉父母的房子。奥莉加·乌梅茨卡娅是未来的长篇小说的主人公之———明尼奥娜的原型,虽然在长篇小说《白痴》的定稿中,乌梅茨基案并未得到反映,但是陀思妥耶夫斯基从这个家庭悲剧中找到了探讨他感兴趣的"不合理家庭"这一主题的典型特征。

[43] 由于 1864 年的司法改革,旧的等级法庭被各个等级共同的司法机关所代替。与改革以前的法庭不同,新的法庭进行公开审判,有陪审员和律师参加。开庭审判的报告在报上发表。陀思妥耶夫斯基对改革后的法庭的关注广泛地反映在长篇小说《白痴》,后来在《作家日记》,特别是《卡拉马佐夫兄弟》中。参阅 T. C. 卡尔洛娃所著《陀思妥耶夫斯基和俄国法庭》一书,喀山,1975 年。

[44] 参阅《陀思妥耶夫斯基书信集》,第 2 卷,页 117。

[45] 参阅《陀思妥耶夫斯基书信集》,第 1 卷,页 398。

[46] 此处引用陀思妥耶夫斯基 1866 年 2 月 18 日致亚·叶·弗兰格尔函中的语句,略有改动。(参阅第二章"注释"15)

[47] 参阅《陀思妥耶夫斯基书信集》,第 2 卷,页 122。在安·格·陀思妥耶夫斯卡娅的手稿中,此处有遗漏,只引了以下的字句:"随着时间的推移"。

[48] 陀思妥耶夫斯基在 1868 年 8 月 2 日给阿·尼·迈科夫的信中写道:"最后,我收到一封匿名信,信中说,我受到怀疑(鬼知道怀疑什么),当局下令拆我的信,并且派人在边境上等待我,在我入境时,对我加以最严密的搜查。"(《陀思妥耶夫斯基书信集》,第 2 卷,页 130)

[49] 在 1867 年受警察监视的人物名单中,除了特卡乔夫、布拉戈斯韦特洛夫、皮萨列夫、叶利谢耶夫、米纳耶夫、库罗奇金等六十年代民主运动的活动家外,陀思妥耶夫斯基的名字也被列入。(参阅《一八六七年受圣彼得堡警察局监视的人物名单》,收入《赫尔岑著作和书信全集》,第 20 卷,页 113—114)在 1867 年 11 月 28 日第三厅的 1292 号训令中写道:"密。致敖德萨宪兵署署长。责成阁下在退伍中尉费奥多尔·陀思妥耶夫斯基从国外回俄国之际对他严加检查,如发现其行为不当,必须立即报告沙皇陛下办公处所属第三厅,沙皇陛下之侍从武官梅津采夫少将。"此项训令传达给敖德萨海关管辖区主管人,由后者通知敖德萨市市长。(参阅《陀思妥耶夫斯

基的创作》一书,敖德萨,1921 年,页 36—38)

〔50〕 这是指 1868 年在维尔茨堡出版、由保罗·格里姆用法文写的《(尼古拉一世时期)沙皇宫廷秘闻》一书。在保罗·格里姆的这本书中写了尼古拉一世统治的最后时期虚构的情景。事情发生在 1855 年。在小说中,陀思妥耶夫斯基被作为主人公之一加以描绘。他因"彼得拉舍夫斯基案"被流放至西伯利亚,他从西伯利亚回来以后,重又积极地参加革命的密谋活动。他所参加的那个团体的成员们在某个地下室集会,他们被跟踪、发现,然后被逮捕了。陀思妥耶夫斯基在第三厅受审讯时,不愿意供出他的同伙——参与阴谋者的名字。他受到体刑并被押送至彼得保罗要塞。陀思妥耶夫斯基的妻子获得了尼古拉一世的接见,向他祈求宽恕,但是为时已晚。此时陀思妥耶夫斯基重又被判流放西伯利亚,在什利谢利堡生命垂危。陀思妥耶夫斯基的妻子悲痛欲绝,进了修道院。尼古拉一世看到他的王位动摇,自杀身亡。这本书出版后的头几年,有人怀疑此书的作者保罗·格里姆就是大公爵们的教师奥古斯特·特奥多尔·格里姆(1805—1878),他用的是一眼就能识破的假名。此人于 1860 年从俄国前往德国,未曾返回。阿·尼·迈科夫在 1868 年 9 月 17 日给陀思妥耶夫斯基的信中断然否定该书作者是奥·特·格里姆的猜测。(A. C. 多利宁在他的注释中引用了迈科夫这封信的片断。——《陀思妥耶夫斯基书信集》,第 2 卷,页 433)关于保罗·格里姆的书和陀思妥耶夫斯基对此书断然否定的态度,请参阅 H. Φ. 别利奇科夫的《费·米·陀思妥耶夫斯基——秘密团体的成员》,收入 H. Φ. 别利奇科夫所著《陀思妥耶夫斯基在彼得拉舍夫斯基诉讼案中》一书,莫斯科,1936 年,页 236—240。

〔51〕 陀思妥耶夫斯基这封信的草稿保存在苏联中央国家文学艺术档案馆,并收入《陀思妥耶夫斯基书信集》,第 2 卷,页 134—136。

〔52〕 引自 1868 年 12 月 12 日(公历 12 月 24 日)给尼·尼·斯特拉霍夫的信。(《陀思妥耶夫斯基书信集》,第 2 卷,页 156)

〔53〕 关于尼·雅·丹尼列夫斯基的情况,请参阅第五章"注释"15。

〔54〕 陀思妥耶夫斯基在 1869 年 1 月 25 日(公历 2 月 6 日)给索·亚·伊万诺娃的信中说:"我对这部长篇小说不满意;它没有表现出我想要表现的十分之一;但我还是没有否定它,我至今喜爱我这没有表达好的思想。"(《陀思妥耶夫斯基书信集》,第 2 卷,页 160)

〔55〕 《美第奇的维纳斯》像(藏于佛罗伦萨的乌飞齐博物馆)是在公元前 100

年间在罗马建成的,作者说它出自希腊雕刻家克莱芒(公元前一世纪)之手不确。

　　[56]　陀思妥耶夫斯卡娅的回忆为陀思妥耶夫斯基于1869年4月18日(俄历4月6日)从佛罗伦萨寄给尼·尼·斯特拉霍夫的信作了更详细的说明和补充,那封信中说:"您信中问我在读什么书。我整个冬天都在读伏尔泰和狄德罗的作品。这当然对我有益,使我愉快……"(《陀思妥耶夫斯基书信集》,第2卷,页186)正是在六十年代末,特别是由于长篇《无神论》的构思(参阅本章"注释"59),陀思妥耶夫斯基对伏尔泰的怀疑主义哲学的兴趣增强,1877年12月24日,在动手写作《卡拉马佐夫兄弟》的前一年,陀思妥耶夫斯基写道:"终生需要记住的事情。一,写俄国的老实人(参阅本书页317)。看来,《俄国老实人》的未实现的构思在《卡拉马佐夫兄弟》中获得了体现。有关陀思妥耶夫斯基和伏尔泰的关系,请参阅Л. П. 格罗斯曼的《俄国老实人(论伏尔泰对陀思妥耶夫斯基的影响)》,《欧洲导报》,1914年,第5期。还有A. 拉梅尔梅伊尔的文章《陀思妥耶夫斯基和伏尔泰》,《斯拉夫语言学杂志》,1958年,第26卷,第2册,页252—278。在这篇学术论文中,作者依据大量实际的和版本学的资料探究了伏尔泰的长篇小说《老实人或乐观主义》中反上帝的哲学对塑造伊万·卡拉马佐夫这个形象的影响。А. С. 多利宁在为上述陀思妥耶夫斯基写给斯特拉霍夫、告诉后者自己在读伏尔泰和狄德罗的著作的那封信所作的注释中指出:"也许,应该从这个角度出发,对加尼亚(《白痴》中的人物)特别注意,此人的某些特征和狄德罗的主人公很相似。"(《陀思妥耶夫斯基书信集》,第2卷,页453)瓦·瓦·罗扎诺夫在论及《地下室手记》时写道:"与这篇小说——陀思妥耶夫斯基的最深刻的作品之一相类似的只有狄德罗的《拉摩的侄子》。"(瓦·瓦·罗扎诺夫,《关于费·米·陀思妥耶夫斯基的宗教大法官的传说》,圣彼得堡,1906年,页31)有关陀思妥耶夫斯基和狄德罗的情况,请参阅A. 格里戈里耶夫的文章《陀思妥耶夫斯基和狄德罗(关于问题的提出)》,《俄国文学》,1966年,第4期,还可参阅《陀思妥耶夫斯基——佛罗伦萨阅览室的常客》,《陀思妥耶夫斯基。资料和研究集》,列宁格勒,1980年,第4卷,页174—175。

　　[57]　参阅1869年8月14日(公历8月26日)给尼·尼·斯特拉霍夫的信。(《陀思妥耶夫斯基书信集》,第2卷,页200)

　　[58]　这是狄更斯的长篇小说《大卫·科波菲尔》中的两个人物,他们虽然负债累累,但却无忧无虑。陀思妥耶夫斯基在1870年3月25日(公历4月6日)给阿·尼·迈科夫的信中也称自己为"密考伯先生"。(《陀思妥耶夫斯基书信集》,第2卷,

页 262）看来,陀思妥耶夫斯基在创作长篇小说《白痴》期间忆起这个形象不是偶然的:"密考伯先生"可能是塑造伊沃尔金将军这一形象的原动力。

[59]　陀思妥耶夫斯基还没有完成长篇小说《白痴》时,于 1868 年在佛罗伦萨时就打算创作一部"篇幅巨大"的新的哲学小说《无神论》——写的是一个"不信上帝"的俄国人,他"在新一辈人中间,在无神论者中间,在斯拉夫人和欧洲人中间,在俄国狂信徒和荒漠的居民中间,在神甫们中间到处乱窜……临了,找到了基督和俄国的土地"。(《陀思妥耶夫斯基书信集》,第 2 卷,页 150、161、195)但是陀思妥耶夫斯基的长篇小说《无神论》的构思并没有实现,经过多次修改以后,变成了《一个大罪人的生涯》的计划,而这个计划也没有实现,只是在长篇小说《群魔》、《少年》和《卡拉马佐夫兄弟》中部分地获得反映。

[60]　安·格·陀思妥耶夫斯卡娅误将陀思妥耶夫斯基给索·亚·赫梅罗娃(伊万诺娃)的两封不同的信看成了一封信。此处引文的第一部分——省略号以前的部分(以"直接参与俄国的生活……"结束)引自 1869 年 3 月 8 日(公历 3 月 20 日)的信。——《陀思妥耶夫斯基书信集》,第 2 卷,页 175。第二部分——省略号以后的部分(从"……而在这儿,我甚至失去了写作的可能性"开始)大体上引自 1869 年 1 月 25 日(公历 2 月 6 日)的信,但引文不精确。——《陀思妥耶夫斯基书信集》,第 2 卷,页 161。

[61]　作家的女儿——柳鲍芙·费奥多罗芙娜后来成了女小说家,是长篇小说《女律师》、《女侨民》和短篇集《病态的女孩》的作者。她于 1913 年出国,再也没有回国。她在国外以从事写作为生,出版了用德文写的有关她父亲的回忆录,书名为《Dostojewski, geschildert von seiner Tocher》(慕尼黑,1920 年)。俄文的节译本由 A. Γ. 戈尔恩费里德编辑,书名为《女儿塑造的陀思妥耶夫斯基形象》(莫斯科-彼得格勒,国家出版社,1922 年)。还请参阅由 C. B. 别洛夫发表的新的两章,《文学遗产》,第 86 卷,页 297—307。柳·费·陀思妥耶夫斯卡娅的这本书不能称为准确意义上的回忆录,因为她父亲逝世时她还只有十一岁。因此,柳鲍芙·费奥多罗芙娜把她的书题名为《女儿塑造的陀思妥耶夫斯基形象》。当回忆录的作者对陀思妥耶夫斯基的"塑造"严格地遵照有根有据的事实、家庭传说、同时代人的回忆录,最重要的是她所记得的父母亲的叙述——在这种情况下,她的"塑造"是可以凭信的。然而,当回忆录的作者有意识地歪曲陀思妥耶夫斯基生活中人所共知的事实时,这本书就带有作者明显的个人意图。例如,柳鲍芙·费奥多罗芙娜不顾显而易见的事实和文献记录,硬说

她的父亲不是俄罗斯人,而是诺曼-立陶宛人。这也许因为,陀思妥耶夫斯基的这种"家谱"可以使他的女儿有条件说,她是世袭的贵族,这是 1920 年柳鲍芙·费奥多罗芙娜周围的侨民们所特别重视的。任意回避事实、明显的个人意图是柳·费·陀思妥耶夫斯卡娅的回忆录的基本缺点,而安·格·陀思妥耶夫斯卡娅的回忆录则严格地以文件和事实为基础,她的回忆录和她女儿的回忆录之间的区别就在于此。关于柳·费·陀思妥耶夫斯卡娅的情况,请参阅 C. B. 别洛夫的文章,载于《文学遗产》,第 86 卷,页 291—296。

　　[62]　引自 1869 年 9 月 17 日(公历 29 日)给阿·尼·迈科夫的信,引文与原文有出入。——《陀思妥耶夫斯基书信集》,第 2 卷,页 211。

　　[63]　引自 1870 年 2 月 26 日(公历 3 月 10 日)给尼·尼·斯特拉霍夫的信。——《陀思妥耶夫斯基书信集》,第 2 卷,页 256。

　　[64]　此处安娜·格里戈利耶芙娜复述陀思妥耶夫斯基 1870 年 3 月 25 日(公历 4 月 6 日)给阿·尼·迈科夫的信,信中有以下的话:"这部长篇小说总的名称是:《一个大罪人的生涯》,但是其中每个中篇都有独立的篇名。各卷中提出的主要问题就是那个使我一生自觉或不自觉地为之苦恼的问题——关于上帝的存在问题⋯⋯"(《陀思妥耶夫斯基书信集》,第 2 卷,页 263)

　　[65]　陀思妥耶夫斯基在 1870 年 3 月 25 日(公历 4 月 6 日)给阿·尼·迈科夫的信中写道:"我想把吉洪·扎顿斯基作为第二个中篇的主要人物。[⋯⋯]我试着描绘一位威严的、正面的、神圣的人物。[⋯⋯]谁知道呢,也许正是吉洪,才是我们的文学所寻求的俄罗斯的正面典型⋯⋯"(《陀思妥耶夫斯基书信集》,第 2 卷,页 264)吉洪·扎顿斯基(世俗的姓名为季莫费·萨韦利耶维奇·基里洛夫)是诺夫哥罗德省瓦尔达伊县一个贫穷的教堂执事的儿子,曾就读于诺夫哥罗德宗教学校,毕业后留校作教师,后来担任特维尔神学校校长,1763 年以后任沃罗涅什主教。1767 年,他移居扎顿斯基修道院。在这儿,吉洪·扎顿斯基虽然年老体弱,但是直到逝世,精神上却很坚强,是最深挚地热爱人类的榜样;他从事慈善事业,向人们传授文化知识,照料病人,撰写有关宗教—道德方面的著作(吉洪·扎顿斯基的宗教著作共出版过五次:首次出版于 1825 至 1826 年,共十五卷,第五次出版于 1889 年)。很可能,还在六十年代初,甚至在陀思妥耶夫斯基去西伯利亚之前,他就对吉洪·扎顿斯基的著作和生活发生兴趣。在 1867 年的《作家日记》中,陀思妥耶夫斯基建议所有渴望了解俄国人民心灵的人阅读吉洪·扎顿斯基的著作:"顺便说说,阅读吉洪·扎顿斯基著作的

人是否很多呢？为什么根本不读,压根儿就不想读？难道没有时间吗？请相信,先生们,你们如果读的话,就会感到惊讶,就会知道一些美妙无比的事物。"(《陀思妥耶夫斯基文艺作品十三卷集》,第 11 卷,页 184—185)吉洪·扎顿斯基的生活和著作对陀思妥耶夫斯基创作中"老人们"的形象的塑造产生过影响,例如:《一个大罪人的生涯》的未曾实现的构思中的吉洪,《群魔》中的吉洪,《少年》中的马卡尔·多尔戈鲁基,《卡拉马佐夫兄弟》中的佐西马。参阅 P. B. 普列特尼奥夫《智慧的心灵(陀思妥耶夫斯基笔下的"长老们")》,收入论文集《论陀思妥耶夫斯基》一书,A. Л. 贝姆编,第 2 集,布拉格,1933 年,页 73—92。还请参阅科学院版的《一个大罪人的生涯》中T. A. 拉皮茨卡娅的注释——《陀思妥耶夫斯基三十卷集》,第 9 卷,页 499—518。

[66] 在 1870 年 3 月 24 日(公历 4 月 5 日)给尼·尼·斯特拉霍夫和 1870 年 3 月 25 日(公历 4 月 6 日)给阿·尼·迈科夫的信中,陀思妥耶夫斯基详细地叙述了长篇小说《一个大罪人的生涯》的计划。(《陀思妥耶夫斯基书信集》,第 2 卷,页 258,263—264)陀思妥耶夫斯基赋予这个长篇以表白性的、创作总结的意义:"这将是我的最后一部长篇小说。"(《陀思妥耶夫斯基书信集》,第 2 卷,页 263)从陀思妥耶夫斯基给尼·尼·斯特拉霍夫和阿·尼·迈科夫的信中可以看出,《一个大罪人的生涯》和《群魔》的写作是同时进行的。(亦可参阅《陀思妥耶夫斯基的笔记本》,莫斯科–列宁格勒,1935 年)《一个大罪人的生涯》的构思逐渐为《群魔》所取代,虽然作家还坚信,在完成《群魔》之后,他将立即投入《一个大罪人的生涯》的写作,但是,陀思妥耶夫斯基写作《一个大罪人的生涯》的意图终于没有实现。(参阅 H. 布罗茨基《没有实现的构思》,收入《文献》一书,页 47—59;Π. 比齐利,《为什么陀思妥耶夫斯基没有写成〈一个大罪人的生涯〉?》,收入论文集《论陀思妥耶夫斯基》,A. Л. 贝姆编,第 2 集,页25—30;A. C. 多利宁,《陀思妥耶夫斯基的最后两部长篇小说。〈少年〉和〈卡拉马佐夫兄弟〉是怎样写成的》)

[67] 1870 年 3 月 24 日(4 月 5 日)给尼·尼·斯特拉霍夫的信。——《陀思妥耶夫斯基书信集》,第 2 卷,页 257。

[68] 长篇小说《群魔》载于《俄国导报》,1871 年,第 1、2、4、7、9 至 11 期;1872年,第 11 至 12 期。

[69] 根据陀思妥耶夫斯基 1869 年 12 月 14 日(公历 12 月 26 日)给索·亚·伊万诺娃的信,可以看出,安娜·格里戈利耶芙娜的弟弟——伊万·格里戈利耶维奇·斯尼特金,彼得罗夫斯克农学院的大学生,是在 1869 年 10 月中旬到达德累斯顿

的。(《陀思妥耶夫斯基书信集》,第 2 卷,页 240)

[70]　确实,在这期间,据许多外国报纸,特别是德国报纸(《科隆报》、《公众报》、《新普鲁士报》)报道,好像在俄国存在遍布各地的阴谋组织网,并且很快就要举行暴动(详见 Ф. 叶夫宁的文章《长篇小说〈群魔〉》,收入论文集《陀思妥耶夫斯基的创作》,莫斯科,1959 年);但是,关于陀思妥耶夫斯基所预料的、骚动将从彼得罗夫斯克农学院开始的消息,除了安·格·陀思妥耶夫斯卡娅的回忆录外,没有其他出处。

[71]　《群魔》的题材与具体事实——彼得罗夫斯克农学院学生、秘密团体“人民惩治会”的成员 И. 伊万诺夫于 1869 年 11 月 21 日在莫斯科附近被杀事件有着紧密的联系。这次谋杀是由“人民惩治会”的组织者谢·根·涅恰耶夫在该组织的成员 П. 乌斯宾斯基、A. 库兹涅佐夫、П. 普雷若夫、H. 尼古拉耶夫等人的参与下进行的。涅恰耶夫的形象是《群魔》中彼得·韦尔霍文斯基的原型。陀思妥耶夫斯基可能知道由涅恰耶夫起草的无政府主义的“组织总则”,因为彼得·韦尔霍文斯基的行动狂热地遵循涅恰耶夫的“总则”。(参阅《陀思妥耶夫斯基书信集》,第 2 卷,页 483—485)长篇小说《群魔》的具体历史基础详见《陀思妥耶夫斯基的笔记本》;A. 乌斯宾斯卡娅,《六十年代俄罗斯进步女活动家回忆录》,《往事》,1922 年,第 18 期;B. 罗森布拉特,《对某些文学珍品的重新审查(论对长篇小说〈群魔〉的态度)》,《俄国文学》,1965 年,第 3 期;B. A. 图尼马诺夫为科学院版的《群魔》所作的注释,《陀思妥耶夫斯基三十卷集》,第 12 卷,页 192—218。

[72]　参阅《群魔》第三部第六章——《艰难的夜》中对花园和假山洞的描绘。(《陀思妥耶夫斯基十卷集》,第 7 卷,页 621—622)《群魔》的构思不能仅仅归结为“涅恰耶夫案件”。《群魔》的创作史经历了许多阶段。它不仅与“涅恰耶夫案件”有联系,而且同样与未实现的构思《一个大罪人的生涯》和《无神论》有联系。正如陀思妥耶夫斯基本人在 1870 年 10 月 8 日(公历 10 月 20 日)给米·尼·卡特科夫的信中强调指出的那样,涅恰耶夫案件只是他用以肯定自己的思想的又一件事实。(《陀思妥耶夫斯基书信集》,第 2 卷,页 288)

[73]　陀思妥耶夫斯基在 1870 年 12 月 2 日(公历 12 月 14 日)给尼·尼·斯特拉霍夫的信中谈到了他写作《群魔》的情况:“整整一年里,我只是撕纸,改写。我写满了大堆大堆的纸张,甚至要查对已经写下来的东西也感到茫无头绪。我至少有十次改变全部计划,重写整个第一部。”(《陀思妥耶夫斯基书信集》,第 2 卷,页 298)有关长篇小说《群魔》的创作史,请参阅《陀思妥耶夫斯基的笔记本》;H. Л. 布罗茨基,

《长篇小说〈群魔〉的创作史》,收入《稿卷》,第 1 册,莫斯科,1922 年,页 83—119;Г.
丘尔科夫,《陀思妥耶夫斯基是怎样写作的》,莫斯科,1939 年,页 198—239;Н. Ф. 布
达诺娃为科学院版的《群魔》所作的注释(《陀思妥耶夫斯基三十卷集》,第 12 卷,页
161—192)。

[74] 1870 年 10 月 17 日(不是 19 日;公历 10 月 29 日)的加急电报通知各国政
府机关:俄国决定取消 1856 年《巴黎条约》中的第二条,即关于黑海中立化的条款。
各列强都同意修改《巴黎条约》中的这一条款,重新容许俄国在黑海拥有舰队,1871
年召开的伦敦代表会议确认了这一点。

[75] 参阅 1870 年 12 月 15 日(公历 12 月 27 日)及 30 日给阿·尼·迈科夫的
信。在 12 月 30 日的信中附去了陀思妥耶夫斯基的委托书,请阿·尼·迈科夫代为
向斯捷洛夫斯基领取出版《罪与罚》单行本的稿酬。(《陀思妥耶夫斯基书信集》,第 2
卷,页 302—310)

[76] 阿·尼·迈科夫请求文学基金会提供陀思妥耶夫斯基五百卢布作为后
者对斯捷洛夫斯基起诉的费用。该会的答复是:它不能支付诉讼费,而是提供"有担
保的借款"。迈科夫建议陀思妥耶夫斯基请求"文学基金会提供四百卢布"(而不是
一百:可能是电报局出的错)。有关这一情况,请参阅迈科夫 1871 年 4 月 4 日给陀思
妥耶夫斯基的信,收入《陀思妥耶夫斯基。资料和研究汇编》,第 2 卷,页 353—354。

[77] 安娜·格里戈利耶芙娜写到文学基金会对陀思妥耶夫斯基怀有成见,抱
着不友好的态度,她的这种说法是过甚其词。文学基金会并不反对提供陀思妥耶夫
斯基所需要的借款;但它要求有人作保,大概是因为作家在国外待了四年多,他和俄
国文学界几乎停止了联系。关于陀思妥耶夫斯基和文学基金会的关系,请参阅基金
会的主席维·帕·加耶夫斯基 1881 年 2 月 2 日纪念陀思妥耶夫斯基的演说词,收入
《陀思妥耶夫斯基全集》,第 1 卷——《传记、书信和札记》,页 99—100;Р. Б. 扎博罗瓦
娅,《陀思妥耶夫斯基和文学基金会》,《俄国文学》,1975 年,第 3 期,页 158—170。

[78] 此处恐系笔误,因为阿·尼·迈科夫的信是 1871 年 4 月 4 日发出的(发
表在《陀思妥耶夫斯基。资料和研究汇编》,第 2 卷,页 353—354),而陀思妥耶夫斯
基的回信日期则为 1871 年 4 月 21 日。

[79] 安·格·陀思妥耶夫斯卡娅在原稿中没有引用陀思妥耶夫斯基对阿·
尼·迈科夫 1871 年 4 月 4 日来信的答复,可是她显然准备这样做。此处根据陀思妥
耶夫斯基 1871 年 4 月 21 日的信(《陀思妥耶夫斯基书信集》,第 2 卷,页 354)把他的

答复补上。

[80] 此处与陀思妥耶夫斯基1871年4月28日给安·格·陀思妥耶夫斯卡娅的信有些出入。(《费·米·陀思妥耶夫斯基和安·格·陀思妥耶夫斯卡娅通信集》,页40)

[81] 这些被抢救下来的有关长篇小说《白痴》和《群魔》的笔记本已发表:《陀思妥耶夫斯基文献。〈白痴〉。未发表的资料》,П. Н. 萨库林、Н. Ф. 别利奇科夫编,莫斯科-列宁格勒,1931年;《陀思妥耶夫斯基的笔记本》,《陀思妥耶夫斯基三十卷集》,第9、11、12卷。

第五章　返回俄国

一　回到祖国

1871年7月8日,在一个晴朗、炎热的日子,我们在国外居住了四年之后,回到彼得堡。

我们从华沙车站经过伊斯梅洛夫大街上我们曾在那儿举行婚礼的圣三一大教堂。我和丈夫对着教堂画十字;我们的小女孩望着我们,也在自己身上画十字。

"我说,安涅奇卡,"费奥多尔·米哈伊洛维奇开口道,"我们在国外这四年过得挺幸福,虽然有时碰到一些困难。我们在彼得堡的生活将会怎样呢?未来的一切就像在雾中……我预料,我们要经历无数的艰难和忧虑才能站住脚。我只能指望上帝保佑我们!"

"你何必事先就担起心来,"我竭力安慰他,"上帝肯定不会丢下我们不管的!主要的是我们长久以来的愿望实现了,我和你重又回到了祖国。"

我们在大孔纽申街的一个旅馆里住下,但总共只住了两天;因为家里即将增添人口,住在旅馆里很不方便,而且经济上也负担不起。我们在叶卡杰琳戈夫大街三号一所房子的三层楼上租了两间带家具的房间。我们选择这个地方的目的是为了让我们的女孩子可以在附近的尤苏普公园度过炎热的七月和八月。

费奥多尔·米哈伊洛维奇的亲戚们在我们回国以后的头几天来探望我们,我们对待他们都很亲切。在这四年里,埃米莉娅·费奥多罗芙娜的境况有了好转,她的大儿子,小费奥多尔·米哈伊洛维奇成了优秀的音乐家,他教授钢琴,收益颇丰。次子米哈伊尔·米哈伊洛维奇在银行里供职。她的女儿叶卡捷琳娜·米哈伊洛芙娜也有了教速记学的工作,因此,一家的生活过得相当宽裕。况且在这段时期里,埃米莉娅·费奥多罗芙娜已经习惯于这样的想法:费奥多尔·米哈伊洛维奇有了家室,只有在她碰到急事时才能支援她。

只有帕维尔·阿列克桑德罗维奇一个人怎么也不能放弃原先的想法:"父亲"(他硬是这样叫费奥多尔·米哈伊洛维奇)有义务养活他,不仅他,而且他的家庭。但是对他,我也殷勤接待,主要是因为我很喜欢他的妻子娜杰日达·米哈伊洛芙娜。他是这一年4月才跟她结婚的。她长得美,个子不高,朴实无华而又相当聪明。我无论如何也弄不明白,她怎么会下决心嫁给像帕维尔·阿列克桑德罗维奇这样令人难以容忍的人。我真诚地为她惋惜:我预料,她的生活将会十分艰辛。

我们抵达彼得堡以后八天,7月16日清晨,我们的大儿子费奥多尔出生了。[1]分娩的前一天,我感到不舒服。费奥多尔·米哈伊洛维奇祷告了整整一昼夜,祈求上帝保佑我分娩顺利,他后来对我说,如果生下的是个儿子,那么,即使在午夜以前十分钟生的,他也要给儿子取名为弗拉基米尔,这是功德不下于圣徒的弗拉基米尔大公①的名字,这位大公的纪念日是7月15日。但是结果孩子是在16日生下的,为了让他记住自己的父亲,我们就给他取名费奥多尔,这是我们早就决定的。费奥多尔·米哈伊洛维奇感到幸福之极,因为生了个男孩,同时,他为之焦虑不安的家庭"大事"终于顺利地过去了。

当我们的男孩受洗的时候,我的身体开始复原了。和我们的女儿一样,

---

①　指公元十世纪的基辅大公弗拉基米尔一世,他接受东正教,宣布东正教为罗斯国教,教会则确认其政权是神授的。——译者注

他的教父是费奥多尔·米哈伊洛维奇的朋友、著名诗人阿波隆·尼古拉耶维奇·迈科夫。费奥多尔·米哈伊洛维奇又选定自己的女儿柳鲍奇卡做他的教母，而她还不满两岁呢。

8月底，我丈夫去莫斯科向《俄国导报》领取1871年出版的长篇小说《群魔》的部分稿酬。[2]这笔钱数目并不很大，但还是使我们有可能从带家具出租的房间搬到过冬的住所。我们的主要困难是没有一件家具。我想出了一个主意：到阿普拉克辛市场，问问那边的家具商，他们是否同意让我们用分期付款——每月付二十五卢布的办法向他们购买家具，在全部货款尚未付清以前，家具仍归卖主所有。我们碰到了一个同意这些条件的商人，他一下子就供应我们价值四百卢布的家具。但是这都是些什么货色啊！家具虽然是新的，但全是赤杨木和松木做的，不用说式样难看，做工也很拙劣，以致三年以后，全部脱胶、散架，不得不换一套新的。但是我拿到这样的家具还是高兴的：我们就此可以安排自己的住所。继续住在带家具出租的房间里是不可能的，因为除了各种各样的不便外，幼小的孩子们待的地方紧邻我丈夫的居室，他们的哭叫声妨碍我丈夫睡觉和工作。

家具问题解决以后，我就着手找房子。帕维尔·阿列克桑德罗维奇表示愿意帮我的忙。就在当天晚上，他宣称已经找到一套包括八个房间的住所，租金低廉，——每月一百卢布。

"我们要这样大的住房干什么？"我惊奇地问。

"这住房根本不大：你们需要客厅、书房、卧室、儿童室；我们呢，——客厅、书房、卧室，饭厅可以合用。"

"您难道打算跟我们住在一起？"我对他的厚颜无耻感到惊讶。

"要不然，怎么办呢？我已经对妻子说过：父亲回来以后，我们就搬到一起住。"

到了这时候，我就不得不跟他严肃地谈一谈，说明现在情况有了改变，我无论如何不会同意跟他住在一起。帕维尔·阿列克桑德罗维奇照例出言不逊，他威胁说，要到费奥多尔·米哈伊洛维奇那儿去告状，但是他的话我连听也不听。对我来说，四年的独立生活不是白白过去的。帕维尔·阿列克桑德罗维奇把他的威胁付诸行动，去找费奥多尔·米哈伊洛维奇求助，但他听到的回答是：

"所有的家务事我都听任妻子处理，她决定怎么办就怎么办。"

帕维尔·阿列克桑德罗维奇的计划破了产，为此，他很久不能原谅我。

经过长久的寻找以后，我终于在谢尔普霍夫斯基大街上，靠近工艺学院，在阿尔汉格尔斯基的房子里，觅得一套住房，用我的名义把它租了下来，为的是使丈夫摆脱家务事的麻烦。这套住房有四间屋子：费奥多尔·米哈伊洛维奇在那儿工作和睡觉的书房、客厅、饭厅和一间大的儿童室，我就住在那里。

虽然我们的家具简陋，但是我安慰自己，我们不用购置家用什物和御寒物品了，因为我们过去曾将它们分托几个人保管。但是，真糟糕，在这件事上，我们也不走运。

餐具、铜器和厨房用具交给我们房子里一位熟悉的老小姐保管。她在我们出门期间去世了，她的姐妹把她的全部遗物，不管是她的还是别人的，一概都带到外省去了。我们曾将我们的皮大衣抵押出去，委托一位太太支付利息，虽然我们为此按时把钱寄去，但她却逾期未付。玻璃器皿和瓷器放在我姐姐玛丽娅·格里戈利耶芙娜那儿，她将它们交给女仆去涮洗，不料女仆脚下一滑，装瓷器的托盘掉在地上，东西就此打碎。最后的一项损失使我特别难受：我父亲是鉴赏瓷器的行家，他喜欢到古董商那儿去走动，买到很多漂亮东西。他过世后，我分得几只非常可爱的古萨克森的瓷碗，尼古拉时代的塞夫勒产的瓷器和古老的、边缘很薄的餐具。直到现在，我想到失去那些可爱的、上面绘有牧女的小碗和一只玻璃上十分生动地画着一只苍蝇的杯子还觉得心疼，凡是用这只杯子喝酒的人都把玻璃上的那只苍蝇当成活的来抓。我宁愿付出很高的代价，只要童年时代的这些亲切的往事能够重现！

费奥多尔·米哈伊洛维奇的东西也遭到同样可悲的命运。他有一批很好的藏书，他在国外常常想到它们。在这批藏书中，有好多是他的那些做作家的朋友们送给他的，书上有着他们的题词；还有许多是有关历史和旧礼仪派①的

---

① 旧礼仪派是从俄罗斯正教中分裂出来的教派，不接受十七世纪的教会改革，是官方教会的反对派，主张保持宗教旧礼仪。——译者注

严肃的作品,费奥多尔·米哈伊洛维奇对它们很感兴趣。在我们出国的时候,帕维尔·阿列克桑德罗维奇求我丈夫将这批藏书留给他保管,硬说藏书对他的教育有用,并答应将书籍完整地交还;但是结果呢,他因需要钱花,就把它们统统卖给旧书商了。我责备他,他用蛮横无礼的态度来回答我,并且宣称,这全是我们自己的错,怪我们没有按时寄钱给他。

丧失珍贵的藏书使费奥多尔·米哈伊洛维奇特别难受。如今他没有条件像过去那样花费大量的钱去买他十分需要的书了。而且在他的藏书中有几册是不可能买到的珍本。[3]

寄放在我亲戚家的一只放文稿的柳条筐还在,这对我来说是一件意想不到的乐事。我仔细查看了里面的东西,发现费奥多尔·米哈伊洛维奇的数本有关长篇小说《罪与罚》和一些篇幅不大的中篇的笔记本,他已故的哥哥米哈伊尔·米哈伊洛维奇留下的、经办《当代》和《时代》杂志的业务记事本以及为数很多的各种信件。[4]这些文稿和文献对于我们今后的生活,当我们需要证明费奥多尔·米哈伊洛维奇生活中的某些事实,或者对一些有关他的生活的说法予以驳斥时,是十分有用的。

二

1871 年 9 月,某报向读者报道作家陀思妥耶夫斯基已经从国外回来的消息,这可给我们帮了倒忙。我们那些至今保持缄默的债主们一下子都来要债了。第一个来的是京特尔施泰因[5],他的态度咄咄逼人。此人要的债不是费奥多尔·米哈伊洛维奇本人欠下的,也与杂志的业务无关,而是他已故的哥哥的烟草工厂欠下的。

米哈伊尔·米哈伊洛维奇是个很有进取心的人,除了办杂志外,他还经营一个烟草工厂。为了大量推销烟草,他想出了在雪茄烟盒里放置奖品——剪刀、刮脸刀、铅笔刀等等的办法。这种意外的赠品吸引了许多顾客。上述的金属制品是米哈伊尔·米哈伊洛维奇从批发商京特尔施泰因那儿买来的。

后者赊销商品,收取相当高的利息。当《当代》杂志的发行情况良好的时候,米哈伊尔·米哈伊洛维奇逐步还清了京特尔施泰因的债务,他认为此人是他的最苛刻的债主。在他故世前几天,他高兴地告诉妻子和费奥多尔·米哈伊洛维奇说,他"终于摆脱了这个吸血鬼——京特尔施泰因"。

哥哥故世后,所有的债务都落到了费奥多尔·米哈伊洛维奇身上,京特尔施泰因的太太就来找他,宣称米哈伊尔·米哈伊洛维奇还欠她近两千卢布。费奥多尔·米哈伊洛维奇想起哥哥关于欠京特尔施泰因的债务已经还清的话,就向她谈了这个情况,但她却说,这是另一笔借款,而且,她借给米哈伊尔·米哈伊洛维奇的时候没有拿到任何单据。她缠着费奥多尔.米哈伊洛维奇,要求他或者付给她现款,或者给她期票。她跪在地上,号啕大哭,口口声声说,她的丈夫逼得她没法儿活了。费奥多尔·米哈伊洛维奇总是相信别人是诚实的,他相信了她,交给她两张期票,每张一千卢布。第一张期票已于1867年以前付款,而第二张期票,连同五年的利息,已增至一千两百卢布,我们一回国,京特尔施泰因就立即要求付清这笔钱。他写了一封威胁性的信来,费奥多尔·米哈伊洛维奇就去找他,请求将这笔款子推迟到新年费奥多尔·米哈伊洛维奇收到长篇小说的稿费后支付。他回来的时候陷于绝望:京特尔施泰因宣称不打算再等了,并且决定查抄他的动产。如果它不足以抵偿债务,那么,京特尔施泰因就要把费奥多尔·米哈伊洛维奇送交债户拘留所①。

"难道我待在债户拘留所,远离家庭,和各式各样的陌生人在一起,还能写文学作品吗?"费奥多尔·米哈伊洛维奇对他说,"如果您使我失去工作的条件,那我怎样来还您的钱呢?"

"哎呀,您是个有名的作家,我估计文学基金会立即会把您从拘留所里赎出来,"京特尔施泰因回答。

费奥多尔·米哈伊洛维奇不喜欢文学基金会当时的活动家们。他表示,他不相信他们会帮忙,即使他们主动提出帮助,那么(他对京特尔施泰因声

---

①　这个拘留所设在伊兹马伊洛夫团一连,在塔拉索夫的房子里,那儿关押着为债务而失去自由的人。——安·格·陀思妥耶夫斯卡娅注[6]

明），他也宁肯坐债户拘留所，而不愿意接受这种帮助。

　　我和丈夫就如何比较妥当地处理这件事商量了很久，最后决定向京特尔施泰因提出新的协议：现在先付给他一百卢布，并表示愿意在一个月之内再付五十卢布，过了新年把余下的部分付清。我丈夫带了这个建议第二次去找京特尔施泰因，回来的时候气愤填膺。据他说，经过长久的谈话之后，京特尔施泰因对他说：

　　“您是有才能的俄国作家；而我只是个小小的德国商人，不过，我想让您瞧瞧，我能够把一个有名的俄国作家送进债户拘留所。请相信，我会这样做的。”

　　这是在普法战争之后、普鲁士获胜的时候，德国人都变得傲慢，趾高气扬。

　　这样对待费奥多尔·米哈伊洛维奇使我感到愤慨，但是我明白，我们落在一个坏蛋手里，没有可能摆脱他。我预料京特尔施泰因不只限于口头上的威胁，就决定亲自解决这件事，我没有把自己的意图向我丈夫透露（他想必会阻止我的），就径自去找京特尔施泰因。

　　他对我态度很傲慢，并且宣称：

　　“把钱交来，要不，一星期后就查抄你们的财产，把它变卖，您的丈夫就得关进塔拉索夫的房子①里。”

　　“我们的房子是用我的名义，而不是用费奥多尔·米哈伊洛维奇的名义租下的，”我沉着地回答，“家具是赊购来的，分期付款，在款子全部付清以前，仍属家具商所有，因此不能查抄，”说着，我把房屋租用证、和家具商订立的契约抄本拿给他看，作为证明。

　　“至于您用债户拘留所来威胁我们，”我接着说，“那我预先告诉您，要是果真发生了这种事，我就会央求我的丈夫在那儿待到抵偿期满。② 我自己将移居到附近，和孩子们一起去探望他，帮助他工作。如果这样，您就一个子儿

———————————

　　①　指债户拘留所。——安·格·陀思妥耶夫斯卡娅注
　　②　债务人待在债户拘留所里，以此来抵偿所欠的债。欠一千两百卢布需在那儿待上九至十四个月。——安·格·陀思妥耶夫斯卡娅注

也拿不到,而且还得付'伙食费'。① 老实对您说,您将会因自己的顽固而受到惩罚!"

京特尔施泰因开始抱怨费奥多尔·米哈伊洛维奇忘恩负义,不愿意偿还这笔他耐着性子等待很久的款子。

"不,您应当感谢我丈夫才对,"我气冲冲地说,"他为那笔借款把期票给了您妻子,可是说不定这笔债早就还清了。费奥多尔·米哈伊洛维奇这样做纯粹由于宽宏大量,出自怜悯心。您的妻子哭着说,您逼得她没法儿活了。如果您胆敢把您的威胁付诸行动,那我就要把这件事的全部经过情况写出来,送到《祖国之子》上去发表,让大家瞧瞧,'正直的'德国人能够干出什么样的事来!"

我非常激动,顾不得考虑措辞。我这次发火倒起了作用。德国人胆怯了,问我到底有什么要求。

"就是我丈夫昨天提出的那个要求。"

"那好,您给钱吧!"

我要求他出一个字据,将我们的协议详细写下来,因为我怕京特尔施泰因以后变卦,又要来折磨我们。我怀着胜利者的心情回到家里,知道这样一来,我亲爱的丈夫就可以过一个时期平静的生活了。

三

我们与债权人之间的斗争还要进行十年之久,几乎一直到费奥多尔·米哈伊洛维奇去世。在叙述这一斗争之前,我想说明一下这些使我们极端苦恼的债务的由来。

在这些债务中,只有很少一部分,大约两三千卢布吧,是费奥多尔·米哈

---

① 债权人必须为被他送进债户拘留所的债务人付关押费。——安·格·陀思妥耶夫斯卡娅注

伊洛维奇本人借的，其中大部分是米哈伊尔·米哈伊洛维奇办烟草厂和《当代》杂志欠下的债。[7] 在米哈伊尔·米哈伊洛维奇猝然去世以后（他一共只病了三天），他那一向过惯优裕甚至阔绰生活的家庭（妻子和四个孩子）就落到了生活无着的境地。当时费奥多尔·米哈伊洛维奇丧偶鳏居，又没有孩子，他认为自己有义务偿还哥哥的债和接济他的一家。如果他具有谨慎细心、善于处理实际问题的性格，那么，他可能会实现自己崇高的意愿。可惜他过分相信别人的"诚实"和"高尚"。后来我听到一些亲眼目睹的人告诉我，费奥多尔·米哈伊洛维奇是怎样签发期票的，我又从一些过去的信件中得知许多事情的细节；我对他那天真的、不切实际的做法感到惊讶。什么人都可以从他那儿拿到期票，只要这个人想拿到钱，不感到良心有愧。费奥多尔·米哈伊洛维奇在哥哥死前对杂志的银钱往来并不过问，因而不了解其中的情况。当米哈伊尔·米哈伊洛维奇弃世以后，我丈夫不得不负责出版《时代》杂志的时候，他也就得负责偿还出版《当代》杂志时在印刷、纸张、装订等方面尚未付清的欠款。而且，除了费奥多尔·米哈伊洛维奇所知道的《当代》杂志的同人外，还有一些人来找他，大部分他完全不认识，这些人硬说，已故的米哈伊尔·米哈伊洛维奇欠了他们的债。几乎没有人拿出证据来，而费奥多尔·米哈伊洛维奇相信别人是诚实的，对证据一事连问也没问起。他（据人家告诉我）照例对提出请求的人说：

"此刻我根本没有钱，不过，要是您愿意，我可以给您期票。只是请求您别要求我立即付现款。将来条件许可，我会付清的。"

那些人拿了期票，答应等待；但是，当然，他们并不履行诺言，而是立即要求付款。我来举一件确凿的事为例，这是我在检查单据时发现的。

一个没什么才能的作家 X 曾在《当代》杂志上发表过作品，他来找费奥多尔·米哈伊洛维奇，要求付给他一个中篇的两百五十卢布稿费，这个中篇还是米哈伊尔·米哈伊洛维奇生前在《当代》上刊载的。我丈夫照例没有钱，他表示愿意给期票。X 热烈地道谢，答应等到费奥多尔·米哈伊洛维奇的情况好转以后再要现款，并请求给无定期的期票，这样就没有必要在期票到期时请司法机关发给拒付证书。可是过了两个星期，他却拿了这张期票要求付钱，并且打算提出查抄财产，这使费奥多尔·米哈伊洛维奇惊讶不置。

费奥多尔·米哈伊洛维奇去找 X,请他说明原因。那人很狼狈,开始为自己辩解,说什么女房东威胁他,要把他从住处赶出去,他走投无路,只好把费奥多尔·米哈伊洛维奇的期票交给她,但得到她的允诺,过一个时期索取现钱。他答应再跟她谈一谈,说服她,等等。不言而喻,这次交涉毫无结果,费奥多尔·米哈伊洛维奇只得以很高的利息借了钱偿清这笔债务。

过了八九年,我为了某件事查看费奥多尔·米哈伊洛维奇的文稿,发现《当代》编辑部的一个记事本。当我看到其中有一张是作家 X 在拿到米哈伊尔·米哈伊洛维奇付给他上述中篇的稿酬后所写的收据时,我是何等惊奇和气愤! 我把这张收据拿给丈夫看,听到他如下的回答:

"我可没想到 X 会欺骗我! 一个人走投无路时会干出什么样的事来啊!"

据我看,费奥多尔·米哈伊洛维奇担负的很大一部分债务属于这一类,共约两万卢布[8],加上累计的利息,到我们回国时,债务总计达两万五千卢布。我们不得不在十三年内逐步偿还。直到我丈夫逝世前一年,债务才全部还清,我们才得以自由地呼吸,不用怕人家会以提醒、解释、查抄和拍卖财产等威胁来折磨我们了。

为了偿付这些虚构的债务,费奥多尔·米哈伊洛维奇只得拼命工作而不能让他自己和我们全家过上富裕、舒适的生活,甚至放弃我们最必不可少的需求。如果我们不用经常为偿付债务而烦恼,那么,我们这十四年的夫妇生活就能过得幸福、满足、平静得多了。

要是他没有负债,能够从容地进行创作,在交稿以前仔细推敲、琢磨,那么,我丈夫的作品在艺术上就会更加完美。在文学界和舆论界,常常有人把陀思妥耶夫斯基的作品和另一些有才能的作家的作品相比,并且责备陀思妥耶夫斯基的长篇小说写得太复杂、紊乱,情节堆砌,而另一些作家的作品则经过反复的修改、加工,例如,屠格涅夫的作品几乎是精雕细刻出来的。但是很少有人想到把某些作家的生活和工作环境跟我丈夫的生活和工作环境进行对比。他们所有的人(托尔斯泰、屠格涅夫、冈察洛夫)几乎都身体健康,生活富裕,完全有条件对自己的作品加以斟酌和琢磨;而费奥多尔·米哈伊洛维奇呢,害着两种重病,又有大家庭的拖累,而且债台高筑,要为明天的生活犯愁,为每日必需的吃穿担心。在这样的环境下,还有什么条件修饰自己的作品呢?在他生命的最后十四年里,有很多次出现这样的情况:一部作品已经有两三章在杂志上发表,第四章在印刷所排版,第五章寄给了《俄国导报》,而其余各章刚刚构思好,还没有动笔写。费奥多尔·米哈伊洛维奇读了自己的长篇小说某一已经发表的章节后,往往会突然清楚地看出其中的错误,意识到这破坏了小说的主旨,心里十分痛苦。

"如果能够退回,"他有时说,"能够把它修改一下,那就好了!我现在明白障碍在哪里,明白我的长篇小说为什么写得不成功。这个错误可能把我的'主题思想'给毁了。"

一个艺术家清楚地看到他的错误在哪里,但没有可能改正,这是真正的悲哀,艺术家的悲哀。确实,不幸的是他从来没有这样的条件:他需要钱维持一家的生活,需要钱还债,因而不顾身体有病,往往发病以后第二天就继续工作,匆匆忙忙,几乎没有检查原稿,只求如期寄出,可以尽快拿到稿费。在费奥多尔·米哈伊洛维奇一生所写的作品中,除了他最早的中篇《穷人》外,没有一部作品不写得仓促、匆忙,他没法对长篇小说的结构进行周密的规划,详尽地考虑其中的全部细节。命运没有赐给费奥多尔·米哈伊洛维奇这样巨大的幸福,而这却是他衷心的宿愿,可叹的是这一宿愿并未实现。

费奥多尔·米哈伊洛维奇所负担的这些债务使他在经济方面也受到损失:当时,富裕的作家们(屠格涅夫、托尔斯泰、冈察洛夫)知道他们的长篇小说将会被各杂志抢着刊登,因而他们可以拿到一印张五百卢布的稿费;[9]可是穷困的费奥多尔·米哈伊洛维奇却得把自己的作品**主动**提供给各杂志,而主动提供作品的人总是吃亏的,同样这几家杂志给他的稿费就少得多。比如,他的长篇小说《罪与罚》《白痴》《群魔》的稿费是每印张一百五十卢布,长篇小说《少年》则为二百五十卢布,直到他最后的一部长篇小说《卡拉马佐夫兄弟》,他才拿到每印张三百卢布。

当我想到**别人的**债务,我一生中从未看到过的那个人的债务如何损害我个人的生活,我就不由得悲从中来,何况,这又是我丈夫受了那些昧心之徒的欺骗、给他们签发期票而形成的虚构的债务。经常性的思虑使我的生活蒙上了阴影,我得考虑在什么日子、上哪儿去取多少钱,拿什么抵押品去借贷多少款子,怎样做才能使费奥多尔·米哈伊洛维奇不知道有债主上门来过或者有什么东西抵押出去了。我的青春就在这样的思虑中逝去,健康受到损害,神经也变得有点儿反常了。

如果我丈夫的朋友中间有几位善良的人,愿意在费奥多尔·米哈伊洛维奇所不熟悉的发行杂志的业务中给他一些指导,那么,我们遭到的灾难也许可以消除一半;想到这一点,我就更加觉得难受。费奥多尔·米哈伊洛维奇认作好朋友的那些人明知他简直像小孩子那样不会处理实际事务,过分轻信而又羸弱多病,却让他单独去处理米哈伊尔·米哈伊洛维奇死后留下的全部债务,我对他们这样做始终感到不可理解,感到寒心。难道他们不能帮助他把所有的债务审核一下,要求每笔债都拿出证据来?我坚信,要是人家知道这些索债的要求不会由轻信的费奥多尔·米哈伊洛维奇单枪匹马去对付,那么,许多人就不可能提出这种要求了。唉,在我丈夫的朋友们和崇拜者们中间,竟没有一个好心人愿意牺牲自己的时间,给予他真正的帮助。他们所有的人都怜悯费奥多尔·米哈伊洛维奇,同情他,但这一切都是"空话,空话,空话"。

有人说,这大概是因为费奥多尔·米哈伊洛维奇的朋友们都是诗人、小说家,他们一点儿也不了解实际生活。对此,我可以回答:所有这些人对他们自己的事务却能够处理得非常妥帖。又有人会反驳说,可能费奥多尔·米哈伊洛维奇喜欢独立行动,不容许旁人来指点他。但是这种反驳是不合乎事实的。他很乐意把自己所有的事务都告诉我,仔细听取我的意见并且照此办理;当然,他起初是不可能把我看成一个精明老练的人的。费奥多尔·米哈伊洛维奇对朋友们的帮助也会同样信任,要是他们向他提出,愿助一臂之力的话。想到这样的朋友和这样的友谊,我为费奥多尔·米哈伊洛维奇感到委屈和痛心。

四

回到俄国以后最初一个时期,我指望卖掉那所指定给我做陪嫁的房子,以偿还部分债款。我急切地等候我那前去参加儿子婚礼的母亲从德累斯顿回来,同时等待我的姐姐从罗马回来,母亲不在时,由她掌管我们所有的房产。她答应春天回国,向我们移交全部账目。但是她在春天染上了伤寒症,于 1872 年 5 月 1 日在罗马病故。在她去世以后,我们才知道她早就把管理全部事务的委托书交给了她的丈夫,而后者由于常常和妻子一起离开彼得堡,就转托他的一个熟人代管。那位先生在三四年中享用房子的进款,却并不认为有必要向公家缴税。这几所房子由于欠缴巨额的税款,被指定当众拍卖。我们没有条件支付这些欠缴的税款,使房子免予拍卖;但我们希望买主能出好价钱,而我的母亲拿到钱以后会给我一笔款子,代替那所她指定给我作为陪嫁的房子。可惜我的希望落空了。代管我们房子的那位先生与一些虚设的人物订立了假合同,仿佛他把这几所房子租给了他们,为期十年,预先拿到了全部租金。他的这一勾当直到房子被拍卖时才被发现,这样一来,自然没有人愿意买我们的房子了。于是,那个坏蛋付掉税,就买到了房子,那就是说,他花几千卢布拿到了三所房子、两间侧屋和一大块地。到头来,我母亲、弟弟和我就一无所获了。当然,我们可以起诉,可是我们没有钱进行诉讼。而且,我们要是起诉,就得追究我姐夫在法律上的责任。这样,我们便会和他闹翻,从而失去与那些没娘的孩子们见面的可能性,而我们是热爱他们的。我想改变我们可悲的境遇的唯一希望落空了,我心里真是苦不堪言。

起初我允许债主们和费奥多尔·米哈伊洛维奇谈判。但是这些谈判的结果很糟:债主们对我丈夫说话放肆,威胁他要没收家具,把他送到债户拘留所。经过这样的谈话以后,费奥多尔·米哈伊洛维奇就陷于绝望,接连几个钟点在房间里走来走去,揪着自己鬓角上的头发(当他十分激动时通常就是这副样子),嘴里反反复复地说:

"怎么办,我们现在怎么办呢?!"

到了第二天,他的癫痫病就又犯了。

我非常怜惜我那不幸的丈夫,于是我便瞒着他,决定自己单独挑起与债主们谈判的担子。在这个时期里,先后来过我家的是些多么奇怪的角色啊!他们大多是期票的转售者——官员的寡妇、出租带家具的住房的女房东、退职的军官、低级代理人。他们大家都花了很少的钱买进期票,但是却想拿到足数的钱。他们以查抄财产和送债户拘留所来威胁我,但我已经知道怎样跟他们周旋。我的论据和我跟京特尔施泰因交涉时的论据完全一样。债主们看到威胁无效,便软了下来,于是我就跟他们分别订立契约以代替费奥多尔·米哈伊洛维奇的期票。但是我要在指定的日期支付我答应的钱款,那是多么艰难啊!我得绞尽脑汁,想出种种办法:向亲戚们借债,把东西押出去,让自己和全家放弃必不可少的需求。

我们不是按时可以拿到钱的,这完全取决于费奥多尔·米哈伊洛维奇的工作是否顺利。我们不能不拖欠房租,向商店赊账,因此我拿到钱——一下子四五百卢布(我丈夫总是交给我的),可第二天却往往只剩下二十五或三十卢布了。

有时候,债主们找上门来,不能不让我的丈夫察觉。他追问我,来者是谁,有什么事,他看到我不愿意讲,就责怪我瞒着他。这种抱怨也反映在他的某些书信中。但我不可能事事都向费奥多尔·米哈伊洛维奇直说。为了工作顺利,他需要安静。不痛快的事会诱发癫痫病,使他的工作受到影响。我不得不小心翼翼地把一切使他不安和难过的事瞒着他,甚至不惜让他感觉到,我似乎对他不坦率。干这一切有多么艰难啊!可是这样的生活我却过了差不多十三年!

想起我丈夫的亲戚们那些毫不客气的请求,我心里也感到不好受。不管我们的手头如何拮据,费奥多尔·米哈伊洛维奇认为自己没有理由拒绝帮助弟弟尼古拉·米哈伊洛维奇和继子,在特殊情况下,还要帮助其他的亲戚。除了规定的金额(每月五十卢布)外,科利亚①弟弟每次到我们家来总会拿到五个卢布。[10]他是个温良、可怜的人,我喜欢他心肠好,待人接物彬彬有礼,但是当他在祝贺孩子们的生日或命名日,担心我们的健康等等各种借口下来得越来越频繁的时候,我还是会生他的气。这倒不是出于吝啬,而是由于家里只剩下二十卢布,准备明天付给某个人,他一来,我就又得去抵押东西了。

特别使我冒火的是帕维尔·阿列克桑德罗维奇。他不是请求,而是**要求**,而且深信,他有权提出要求。

费奥多尔·米哈伊洛维奇只要拿到数额大的稿费,每次总要给继子不少钱;但是后者经常有急需,每每来找继父要钱,虽然他很清楚,我们的物质生

_____

①　尼古拉的爱称。——译者注

活过得相当窘迫。

"哎,爸爸怎么样? 身体好吗?"他一进门就问,"我一定要跟他谈一谈:我急需四十卢布。"

"您要知道,卡特科夫还一个钱都没捎来,我们压根儿就没钱,"我回答,"今天我把别针抵押掉,拿到二十五卢布。您瞧,这是收据!"

"那怎么办呢? 请您再抵押掉什么东西吧。"

"可我什么都抵押掉了。"

"我需要这笔钱花,"继子坚持道。

"等我们拿到了钱,您再花吧。"

"我不能延期。"

"可我没钱啊!!"

"这我不管! 您想办法上哪儿去弄吧。"

我开始劝说帕维尔·阿列克桑德罗维奇,请求他别向继父要四十卢布,因为我没有那些钱;而是要十五卢布,给我留下五卢布明天供家用。经过长时间的恳求,帕维尔·阿列克桑德罗维奇让步了,显然,他认为他这样做是帮了我的大忙。我拿出十五卢布,让丈夫交给继子,心里忧伤地想,我们本来可以用这点钱过两三天太平日子,这样一来,明天就又得抵押掉什么东西了。我不能忘记,这个无礼的继子给我造成多少痛苦和麻烦!

也许,多有人会觉得奇怪,我为什么不拒绝这种索钱的无理要求。然而,我要是和帕维尔·阿列克桑德罗维奇发生口角,那他就会立即到费奥多尔·米哈伊洛维奇那儿去告我的状,就会歪曲事实,显得非常委屈,这样就会发生争吵,搞得我丈夫苦恼不堪。为了让他精神上保持平静,我宁愿自己忍让,放弃自己的一切需要,只求我们的家庭和睦安定。

五

尽管苦于债主们的纠缠和经常性的穷困,当我回忆起1871年冬至1872

年春那个时期的生活,我还是感到愉快。我们又到了祖国,处在俄国人和所有俄国的事物中间,对我来说,单这一点就是最大的幸福。费奥多尔·米哈伊洛维奇对自己能够回国也感到高兴,回来以后,他就可以与朋友们会面,主要的是可以观察当前的俄国生活,他觉得自己已经有点与之疏远了。费奥多尔·米哈伊洛维奇恢复了与先前许多朋友的来往,而在他的亲戚米·伊·弗拉季斯拉夫列夫教授①那儿,他有机会碰到许多学术界的人士;费奥多尔·米哈伊洛维奇特别喜欢与其中的一位学者——瓦·瓦·格里戈里耶夫②交谈。[11]他还在《公民周报》的发行者弗·彼·梅谢尔斯基公爵③[12]那儿认识了捷·伊·菲利波夫[13]和每星期三在梅谢尔斯基家聚餐的全体人员。就在这儿,他碰到康·彼·波别多诺斯采夫,后来他与后者交往甚密,他们的友谊一直保持到他去世。[14]

　　我记得,这一年冬天,经常住在克里木的尼·雅·丹尼列夫斯基来到了彼得堡,还在青年时代,费奥多尔·米哈伊洛维奇就知道他是傅立叶学说的狂热的追随者,对他的《俄国和欧洲》一书十分推崇,很想恢复与他的旧交。[15]他邀请丹尼列夫斯基到我们家吃饭,除了他以外,还有几位聪明、有才能的人物在座(我记得有迈科夫、拉曼斯基④、斯特拉霍夫)。他们一直谈到深夜。

　　此年冬,莫斯科著名的美术馆的创立者帕·米·特列嘉柯夫请求我丈夫允许美术馆请人替他画一张像。[16]为此目的,著名画家瓦·格·别洛夫特地从莫斯科赶来。在动手画像以前,别洛夫连续一星期每天来访问我们;画家在费奥多尔·米哈伊洛维奇情绪不同的各种场合碰到他,跟他谈话,挑起争论,得以察觉我丈夫脸上最富有特征的表情,那就是,当费奥多尔·米哈伊洛维奇沉浸在自己的艺术思维时他那特有的神态。可以说,别

---

　　① 米哈伊尔·伊万诺维奇·弗拉季斯拉夫列夫(1840—1890),哲学家,彼得堡大学教授。

　　② 瓦西里·瓦西里耶维奇·格里戈里耶夫(1816—1881),东方学家,彼得堡大学教授,政论家。

　　③ 弗拉基米尔·彼得罗维奇·梅谢尔斯基(1839—1914),作家,政论家,1872年起发行《公民周报》。

　　④ 弗拉基米尔·伊万诺维奇·拉曼斯基(1833—1914),斯拉夫派历史学家,彼得堡大学教授。

洛夫在肖像画中抓住了"陀思妥耶夫斯基创作的瞬间"。我曾多次发觉费奥多尔·米哈伊洛维奇脸上的这种表情，有时候，我走进他的房间，看到他仿佛在"朝着自己望"，于是我就一句话也不说，退了出来。后来我知道，费奥多尔·米哈伊洛维奇当时正在聚精会神地思索，根本没有察觉我进去，而且不相信我去过。

别洛夫是个聪明而和善的人，我的丈夫喜欢跟他聊天。[17]他每次来的时候，我总在场，他在我的回忆中留下了良好的印象。

冬季很快过去，1872 年的春天来临了，随之而来的是我们生活中的许多不幸和灾难，留下了长久难以忘怀的后果。

六　一八七二年。夏季①

俗语说："祸不单行"，几乎在每个人的生活中都会有接二连三地碰到各种意外的不幸和挫折的时候。我们也发生过同样的情况。我们的不幸是从 1871 年底开始的，当时我们的女儿莉利亚（她当时两岁半）在房间里奔跑，我们眼看她绊了一下，跌倒了。她拼命哭叫起来，我们急忙冲过去，把她抱起来，哄她，但她还是哭个不停，并且不准别人碰她的右手。这使我们意识到，她跌得不轻。费奥多尔·米哈伊洛维奇、保姆和女仆赶紧去请医生。费奥多尔·米哈伊洛维奇在一家药房里打听到住在附近的外科医生的地址，过了半小时就把他请了来。几乎在同时，保姆带来另一位奥布霍夫医院的医生。外科医生检查了那只受伤的手，认为是关节脱臼，他就使脱位了的关节复了位，然后给小手扎好绷带，绑上厚厚的纸夹板。第二位医生同意外科医生的诊断，并且肯定地说，既然骨头已经复位，那它很快就会愈合。两位内行的医生的诊断使我们安了心。我们请外科医生上门

---

①　我不得不十分详细地叙述我们在 1872 年夏所遭到的灾难，这主要是为了要使读者了解费奥多尔·米哈伊洛维奇这一时期给我的信。——安·格·陀思妥耶夫斯卡娅注

出诊,他在两个星期里每天早晨到我们家来。他解开绷带,总是说,情况发展正常。我和费奥多尔·米哈伊洛维奇指给外科医生看,在手掌上方三俄寸①的地方,有个凸出的地方,呈紫红色。外科医生断言,病人的整只手都是肿的,这是脱臼时一般的出血现象,肿会逐渐消退的。由于我们即将启程去外地,外科医生向我们建议:为了路上安全起见,在没有到达目的地之前,不要解开手上的绷带。我们对这次不幸的事件就不再担心,于1872年5月15日前往旧鲁萨②。

我们接受了费奥多尔·米哈伊洛维奇的亲侄女玛丽娅·米哈伊洛芙娜③的丈夫——米·伊·弗拉季斯拉夫列夫教授的建议,选择了这个疗养地作为我们度夏之处。他们夫妇俩都肯定地说,住在旧鲁萨既安宁,物价又便宜,他们的孩子们由于去年夏天在那里洗了海水浴,身体健康多了。费奥多尔·米哈伊洛维奇十分关心孩子们的健康,想把他们带到旧鲁萨去,使他们有洗海水浴的机会。

我们第一次到旧鲁萨去旅游,在我的记忆中留下了鲜明的印象,这是我们家庭生活中愉快的回忆之一。[18]虽然1871年冬至1872年春我们的生活过得安宁、有趣,但是从大斋期开始,我们就想望在早春时离开这儿远一点,到某个偏僻的地方去,那儿既可以工作,又可以待在一起,不像在彼得堡那样,生活在众人中间,而是像我和丈夫在国外习以为常的那样,两人作伴,感到心满意足。现在我们如愿以偿了。

我们在一个晴朗、暖和的早晨出发,过了约莫四个钟头,抵达索斯尼克站,从那儿乘轮船沿着沃尔霍夫河到诺夫哥罗德。在车站上,我们得知轮船已于夜间一时驶走,我们不得不在这儿等待整整一天。我们临时住在旅店里,由于屋子里很闷,我们就和孩子们及老保姆在村子里转悠。这时候我们碰到一件滑稽的事情:还没有走完半条街,就看到一个农妇带着一个脸上布满红斑点和水泡的孩子。我们朝前走去,又看到三四个脸上同样有着红斑点

---

① 俄国旧长度单位,1俄寸等于4.45厘米。——译者注

② 旧鲁萨,苏联诺夫哥罗德州的城市,矿泉泥疗疗养地。

③ 玛丽娅·米哈伊洛芙娜·陀思妥耶夫斯卡娅(1843—1888),费·米·陀思妥耶夫斯基的哥哥米·米·陀思妥耶夫斯基的女儿。

和水泡的孩子。这使我们惶惶不安,怀疑村子里有人出天花,担心我们的孩子们会受到传染。费奥多尔·米哈伊洛维奇赶紧下令回家,并问女房东,村里是否有流行病,为什么孩子们的脸上有红斑点。这位农妇听了甚至有点生气,回答说,他们那儿现在没有、过去也没有过什么"病痛",这都是"给蚊子叮的"。关于天花一事,我们很快就释疑了。过了不到一个钟点,我们便确信,这实际上是"蚊子"搞出来的,因为我们孩子们的脸上和手上都被这儿的蚊子咬得伤痕累累了。

我们在半夜乘上轮船,安排好孩子们睡觉,自己则在甲板上坐到深夜三点钟,欣赏着沃尔霍夫河以及河两岸刚刚长出叶子的树木。黎明前寒气袭人,我走进船舱,而费奥多尔·米哈伊洛维奇则一直坐在露天里:他是多么喜爱白夜啊!

早晨六点钟左右,我感到有人碰了碰我的肩膀。我坐起来,听到费奥多尔·米哈伊洛维奇在说:

"安尼娅,到甲板上去,瞧瞧景色有多美!"

确实,那景色真美,叫人简直忘记睡觉。当我后来记起诺夫哥罗德时,这景色总是历历在目。

这是个绝妙的春晨,灿烂的阳光照耀着河流的对岸,那儿耸立着内城带雉堞的城墙,索非亚大教堂的金顶放射出耀眼的光芒,在寒冷的空间,响起了召唤人们去做早祷的洪亮钟声。费奥多尔·米哈伊洛维奇喜爱并且理解大自然,他此刻心醉神迷,我不由自主地受他这种情绪的感染。我们久久地并肩坐着,不发一言,仿佛害怕破坏大自然的魅力似的。在这一天剩下的时间里,我们始终保持着这种愉快的情绪,——我们的心灵已经好久没有这样轻松,这样平静了!

孩子们醒来以后,我们转乘另一艘驶往旧鲁萨的轮船。船上乘客很少,因此,我们坐得挺舒服。而且,一路上景色绝佳:伊尔门湖平静如镜,由于万里无云,湖水呈淡蓝色,我们感到仿佛置身在瑞士的湖泊上。旅程的最后两小时,轮船在波利斯季河上航行;这条河迂回曲折,旧鲁萨连同它那些从远处浮现出来的教堂好像一会儿靠近我们,一会儿又离远了。

最后,下午三点,轮船靠了码头。我们拿着随身带的东西,坐上大型敞篷马车,出发去寻找由亲戚弗拉季斯拉夫列夫出面替我们租下的鲁缅采夫①神甫的别墅。但是,用不着花长时间去找:当我们的马车从佩列雷季察河的堤岸刚向皮亚特尼茨基街拐弯的时候,车夫就对我们说:"瞧,神甫站在大门旁,大概在等你们呢。"果真,神甫一家知道我们 5 月 15 日左右到达这里,他们在等待我们,此刻正在大门口,有的坐着,有的站着。他们大家都高兴地欢迎我们,使我们一下子就感到,我们来到了一户好人家。神甫和坐在第一辆马车上的我的丈夫寒暄以后,就走到第二辆马车跟前,我抱着费佳②坐在这辆车上。我那男孩子挺怕生,不要别人抱他,但却朝神甫探过身去,从他头上揪下阔边帽,把它扔在地上。我们大家都笑了起来,从那会儿起,费奥多尔·米哈伊洛维奇和我就跟约翰·鲁缅采夫及其可敬的妻子叶卡捷琳娜·彼得罗芙娜开始建立友谊,这友谊持续了几十年,直到这两位可敬的人逝世。[19]

虽然旅途劳累,然而我们却在良好和愉快的心情中度过了来到旧鲁萨的第一天。

可是,我的上帝!天有不测风云!第二天竟出了这样的事:约莫十一点钟,吃过早饭,我想让孩子们到花园里去,看到女儿手上的绷带已经很脏,觉得不像样,就决定把外科医生绑在她那只受伤的手上的纸夹板拆开,解下绷带,这是早先经过他同意的。不料我看到,在几天内,手上肿的地方固然消退了许多,但是我和丈夫在彼得堡时曾指给外科医生看过的她手掌上方的凸出处却更加明显了。这凸出处看来已经不像以前那样是软的,而是变硬了。手臂的外侧则可以明显地看到约莫有一指深的凹处,毫无疑问,手变歪了。这使我大吃一惊,立刻把费奥多尔·米哈伊洛维奇叫来。他也吓坏了,认为我们在长途旅行时,女孩子手上的伤可能已经恶化。我们请来了约翰神甫,要他给我们介绍一位医生。那位医生住得很近,过了一会儿就来了。他仔细检查了那只受伤的手之后宣布,我女儿的手不是脱臼,而是骨折,由于接合不好,又没有上石膏,所以骨头长歪了。我们问他这只手以后会怎么样,他回答,歪的程度会越来越厉害,手会变得畸形;可能左手长得正常,而右手会短

---

① 约翰(伊万·伊万诺维奇)·鲁缅采夫(1835—1904),神甫,旧鲁萨教堂的堂长。
② 费佳是费·米·陀思妥耶夫斯基的儿子费奥多尔的小名。——译者注

一截,总之,女孩子受伤的那只手不好使了。

我和丈夫听到我们平日那么宠爱的女儿将会残废,心里有多么难受! 起初我们还不相信,问城里有没有外科医生。医生回答,有个军医,是跟一些被打发到旧鲁萨进行浴疗的士兵一起来的,但是他不认识这位军医,不了解他的医术如何。我们决定去请军医,同时要求上述那位医生等一会儿走。好心的神甫出发去请医生,过了半小时,他把喝得醉醺醺的军医带了来,后者是在某个旅馆的台球桌边被找到的。惯于跟士兵们打交道的军医不曾想到对小病人应该细心一点,他在检查手的时候,使劲地按刚刚接合的骨头,弄得小女孩拼命喊叫起来,放声大哭。

不幸的是,军医证实了自己同事的看法[20],那就是说,不是脱臼而是骨折,由于从骨折到现在已经过了近三个星期,骨头已经接合而且长歪了。我们询问两位医生,现在该怎么办,他们都主张,一定要把接合的骨头重新折断,然后再接好,上石膏加以固定,这样,骨头就会长正。他们告诉我们,趁现在骨头还没有完全接合的时候马上动手术,尽可能快一点。我们问,做手术时,病人是否会感到十分疼痛,医生们的回答是肯定的,那位军医甚至还说,我们的女孩脸色那么苍白,样子那么脆弱,是否能经得住这样痛苦的手术,他没有把握。

"动手术时是否可用氯仿麻醉药呢?"费奥多尔·米哈伊洛维奇问。医生回答他,幼儿用这种麻醉药有危险,他们可能就此不醒了。

当时我和丈夫如何为这意外的发现所惊倒,处在何等不幸的状态中,我如今回忆起来还感到揪心的痛苦。我们拿不定主意,请求医生给我们一天考虑的时间。我们处于进退两难的境地:一方面,眼看女孩子将成为残废而不设法把她的手接正,那是不可思议的;另一方面,怎么能委托一个甚至可能没有经验的外科医生去做这样的手术(曾几何时我们为自己的轻信受到了多么残酷的惩罚!),何况他又喜欢喝酒? 再说,外科医生对手术是否能够成功缺乏信心("我不能保证骨头一定能接正,也许还得做第二次手术,"——这是他的原话),他甚至对我们那可爱的小东西是否经得住如此痛苦的手术,也缺乏信心——所有这一切使我们陷于束手无策的困境。天哪,在这不幸的一天里,我和丈夫反复考虑,拿不定主意,内心经受了什么样的煎熬啊! 费奥多尔·米哈伊洛维奇痛苦和焦急得好像发了疯,在花园的凉台上急匆匆地来回走着,一边揪着自己的鬓角,这一直是他在极度激动时的特征;而我则时时刻刻担心他会发病,望着他和害病的女儿,我忍不住哭泣。我们那可怜的小东西不肯离开我一步,也在哭泣。总之,那情景够惨的了!

从那时候起和我们建立友谊的约翰·鲁缅采夫神甫搭救了我们。他看到我们陷于绝望,对我们说:

"你们别听我们这儿医生的话:他们什么也不懂,一点本领也没有。他们只会折磨你们的女儿。还是带她到彼得堡去,如果需要做手术的话,就到那儿去做。"

约翰神甫说得那么令人信服,列举了那么多理由,使我们终于决定去彼得堡。但是也存在反对去彼得堡的充分理由。真难以设想:一心指望全家单独过一个宁静的夏天,养好身体以待严冬,找到了好的别墅,好容易走完令人疲惫不堪的旅程;可是突然间全家又都得回到闷热的彼得堡,那儿我们连住所也没有(我们在动身以前把房子退掉了)。已经花掉一百五十卢布别墅的租金,现在又得到首都郊区去另觅别墅,而这是在我们手头不宽裕、必须省吃俭用的时候。除此以外,我们也舍不得放弃我们喜爱的别墅,离开那些对我们十分友好的人。

神甫提出了另一种办法,那就是:我们带着柳芭去彼得堡,等她动完手术再回到旧鲁萨,而费佳和他的保姆以及厨娘仍旧留在别墅里。神甫和他的妻子叶卡捷琳娜·彼得罗芙娜答应在我们离开这里的整个时间里由他们来照应孩子和两个保姆。他们俩,神甫和神甫太太是那么真挚地同情我们的苦难,那么诚恳地乐意照顾费佳,使我们可以定下心来,相信他们会把我们的小男孩保护好。

但是有一个情况还是使我们十分担心:我那儿子才十个月,我还在给他喂奶。我和他都非常健康,我打算等他长出犬齿以后给他断奶;而现在却不得不突然把这个还不曾吃过其他食物的男孩扔下。我们感到,一下子改变生活习惯会对他起不良作用,他会生病,而且突然中止喂奶也可能对我的健康不利。这搞得我们俩惶惶不安,但是恐惧感和对我们小女孩的怜悯终于战胜了一切,于是我们便决定第二天就启程前往彼得堡。

我们临走的时候是多么难受！我整个早晨寸步不离我那亲爱的儿子；费奥多尔·米哈伊洛维奇频繁地来到儿童室，似乎对自己的儿子怎么看也看不够。最后，动身的时间到了，我给男孩子最后一次喂了奶，把他紧紧地抱在怀里；我好像觉得我再也见不到他了。接着，大家坐下来在神像前祷告，我们给欢乐地笑着的儿子祝了福，然后惴惴不安地乘车前往轮船码头。

我应该怀着衷心的感激之情回忆鲁缅采夫一家。由于他们的关怀，一切都进行得很顺利。后来他们告诉我，我儿子觉得饿了，一直寻找我，指着门说，"上那儿。"老保姆抱着他从一个房间走到另一个房间；孩子到哪儿都找不到我，就放声大哭，把喂给他吃的东西推开，通夜没睡着。后来他习惯喝牛奶了，身体十分健康。但是最使我感到难受的是，我日夜思念着费佳，可当我过了三个星期回到旧鲁萨时，他却认不得我，认不得妈妈，也不要我抱，把我完全给忘了。

我们在去彼得堡的路途中忧心忡忡，呈现在我们眼前的伊尔门湖和沃尔霍河的景色没有引起我们的注意。我们的注意力都集中到一点上：怎样保护好我们的女孩子。为了不让她在夜里把受伤的小手放在身子下面而又不惊动她，我和丈夫轮流值班，每隔两小时换班，焦急地等待这漫长的路程结束。

我上面已经说过，我们没有住房，因此，我们决定暂时在我弟弟伊·格·斯尼特金那个目前空着的、在城里的住所落脚，他跟妻子和母亲住在郊区的别墅里。那是一个又热又闷的日子。女仆打开门，劈头第一句话就说：

"我们老太太（我的母亲）病了。"

"天哪，她怎么啦？她在哪儿？在别墅里了？"

"不，在这儿，在家里。"

我跑进房间，看到妈妈坐在沙发上，脸色苍白，人也消瘦了，脚上缠着绷带。我便追问起来，得知这件不幸的事发生在我们的家具运往科罗廖夫仓库的那一天。妈妈没有提防，搬运夫大概喝醉了酒，失手将一只装东西的大箱子掉到了她的脚上。左脚的大脚趾被砸碎了。请来了医生，他说脚趾已经开始发炎，严禁走动，估计至少要过一个月才能复原。我们的突然归来，而且由于如此可悲的原因而来，使我的母亲极其难受，她平时非常钟爱自己唯一的外孙女。我母亲哭了起来,心里惶惶不安,开始发高烧。晚上前来看病的医生说,炎症恶化,可能要截去脚趾。可以想象,我得知这个新的灾难以后,真是忧心如焚。

费奥多尔·米哈伊洛维奇一回来就立即去找伊万·马丁诺维奇·巴尔奇,马克西米利安医院的主任医生。他是当时京城里最好的外科医生之一。他是费奥多尔·米哈伊洛维奇的老熟人,但是我丈夫回国以后并没有去看过他。我们那女孩子的手受伤以后,我们本来想找巴尔奇来诊治,但我丈夫知道巴尔奇到我们这儿来看病不会收费,这使我们感到不好意思;而且我们又没有钱买什么礼物酬谢他。另外,给我女儿的手治疗的那个外科医生似乎是内行,而他又把她的伤说成是无关紧要的脱臼,这样,去请教像巴尔奇那样的名家就不大恰当。费奥多尔·米哈伊洛维奇痛苦地责备自己,为了"我们的疏忽大意"(他是这样写的)而一直不能原谅自己和我。

伊·马·巴尔奇十分友好地接待了费奥多尔·米哈伊洛维奇,而且责怪我丈夫为什么不一开始就去找他,他答应晚上到我们这儿来。他在约定的时间来了,先用表和表坠逗引孩子,然后轻轻地解开她手上的绷带,为了避免不必要地弄痛她,甚至没有触摸这只手,就直截了当地说,旧鲁萨的医生们的判断是正确的,骨头接得不正。他谈了自己的看法,说女孩子的右手未必会比左手短,但他预先告诉我们,手的一面凹进去,另一面稍稍凸出,这种现象仍然会十分明显。为了补救起见,必须把骨头重新折断,绑上石膏绷带,让它接合。费奥多尔·米哈伊洛维奇说,他知道进行这样的手术会使病人异常痛苦,他担心女孩子会受不了。

"她一点儿也感觉不到的,因为动手术时会用氯仿麻醉的,"巴尔奇回答。

"旧鲁萨的医生告诉我们,"我丈夫说,"年幼的孩子们不能用氯仿麻药,因为这是危险的。"

"旧鲁萨的医生嘛,随他们的便,"外科医生微笑着说,"可是我们连对吃奶的孩子也用氯仿麻药,却没出什么问题。"

巴尔奇仔细询问了情况,目不转睛地凝视着我。我那害热病的神情没有躲过他的富有经验的目光。

"可您自己身体好吗?"他对我说,"为什么您的脸红得厉害,您得了热病吧!"

这时候,我不得不承认,我昨晚通宵发热病,今日整天头痛、头晕得厉害,并且说明了原因。

费奥多尔·米哈伊洛维奇吓坏了,开始责备我把自己身体不舒服的事瞒着他。

"您瞧,太太,"巴尔奇说,"我们会把您女儿的病治好,但是在您自己没有恢复健康以前,我是不会给她动手术的。您大概得了乳痈,这可不能大意。我给您开张方子,您立即差人到药房去配,而且您要尽量睡得好。"

巴尔奇得知我们住在别人的房子里,而且又有病人,他就建议我们到马克西米利安医院住三个星期,独用一个房间。他预计骨头至少要三个星期才能接合,如果我们不能在这段治疗必需的时间里待在彼得堡,那他就不准备动手术。显然,他,作为一个出色的外科医生,担心以后病人到了旧鲁萨,那儿的医生会因观察病情而取下绷带,这样就可能使手术遭到失败,他不愿意为这种失败承担责任。

我和丈夫马上决定第二天就迁往医院,巴尔奇答应,如果可能的话,明天就动手术。

我们感到沉重的、充满疑惑的一天来到了。我们在快到十二点的时候来到医院,不久,我们女儿的教父阿波隆·尼古拉耶维奇·迈科夫也来了。巴尔奇在前一天就提出,要我们的哪一位亲戚或熟人在进行手术时在场,费奥多尔·米哈伊洛维奇请求迈科夫办这件事。

我们的女孩子通常在吃过早饭以后入睡,医生决定在这时候给她上麻药。但是我们迁往医院时,在城里转了一圈,陌生的环境使她感到很兴奋,以致睡不着觉。那就决定在她醒着的时候给她上麻药。巴尔奇和他的助手格拉马走进房间。巴尔奇得知我和丈夫想要在手术进行时在场,他表示反对。

"得了吧,"他说,"待会儿一个人晕倒,另一个人发病,那就只能放弃手术,先使你们苏醒过来!不,你们俩必须离开,如果需要,我会差人来请你们的。"

我们在女儿身上画了几次十字,为她祝福,又吻了她,她在麻药的影响下开始入睡了,那时候巴尔奇便从我手中把她抱过去,然后小心地放在床上。我和丈夫走出房间,心惊胆战,唯恐再也见不到女儿活着。仆人带我们到远处的一个房间,让我们单独留下。费奥多尔·米哈伊洛维奇面无人色,双手发抖;我也激动不安,险些儿站不住。

"安尼娅,我们来祷告,求上帝帮助,上帝会保佑我们的!"我的丈夫用断断续续的声音对我说,于是我便跪下来,开始热烈地祈祷,大概我从未像这时候那样热烈地祈祷过!忽然间,传来不知谁的匆促的脚步声,接着迈科夫走进了房间。

"巴尔奇请你们上那儿去,"他说。

费奥多尔·米哈伊洛维奇和我顿时产生了同样的想法,——大概是莉利亚经不住氯仿麻醉,巴尔奇要我们去见她最后一面。在此以前,我从未经受过如此的恐惧:在我眼前猛然浮现出我的大女儿死亡的情景。我丈夫抓住我的手,用他那抽搐的手把它握紧,我们俩便急速地、几乎奔跑着在过道上行走。我们进入房间,看到巴尔奇(没有穿常礼服,白袖子卷了起来)好像很激动。他用手势招呼我们到床边,我们的女儿正在床上安静地睡着。她那只骨折的手现在已经完全接正,没有先前使我们惊慌不安的凸出处了。此刻,它伸开着,平放在一只小枕垫上。

"你们瞧,"巴尔奇说,"看到没有,手已经完全接正,你们本来好像不相信吧?现在你们走到旁边,让我把手术做完。"

巴尔奇当着我们三个人的面开始给手包扎,上石膏绷带,他的动作是如此敏捷(七分钟),以致我们还没来得及看清楚,手术就已经做完了。格拉马医生始终在观察女孩子的脉搏。接着,巴尔奇认为已经到了应该叫醒她的时候了,他便叫我大声喊她的名字。她很久没有醒过来,当她恢复知觉、望着自己那被吊起来的小手时,十分惊异,并且一本正经地说,她的"小书"①是糖做的(根据石膏的颜色)。

啊,一切均告结束,医生们走了,只剩下我们和亲爱的小东西,这时光,我和丈夫真是幸福无比。我们的喜悦和快慰很难用笔墨形容。我们觉得自己所有

---

① 此处表示孩子发音不准,她原想说"小手"。——译者注

的痛苦和忧虑都烟消云散,永远不会再重现;然而,不幸的是事实并非如此。

费奥多尔·米哈伊洛维奇在彼得堡又待了一天,由于手术的结果(也就是说,这一次骨头是否接正)要三个星期以后才见分晓,费奥多尔·米哈伊洛维奇就决定不再等待,立即前往旧鲁萨,到他日夜思念的费佳身边。我呢,当然不必说了:想到自己心肠那么硬,竟然丢下亲爱的儿子不管,我就不能不感到痛苦,老是担心他会遭灾受难。因此,我乐于丈夫赶紧回去。我知道他是个十分温存、体贴的父亲,相信他一定会保护好我们亲爱的儿子。

但是,我没有想到,我和莉利亚两人留在彼得堡,我得经受什么样的苦恼。首先,我感到惶惶不安,唯恐她在房间里跑来跑去会跌跤,那只病手会被压在身子下面,或者撞到什么东西上。任何不灵巧的动作都可能使石膏裂开,绷带移动,从而骨头又会长歪。我时时刻刻注意她,但她是个性格活泼的小姑娘,这就使我一直处于害怕和紧张的状态中,神经因而变得极度衰弱。我连晚上也睡不好,时时醒过来,看看莉利亚在睡梦中是否把那只受伤的手放在身子下面。而且,这女孩子惯于和家里人住在一起,周围有爸爸、弟弟、保姆等等;可在这儿却孤孤单单,因此,她当然会感到寂寞而使性子、哭闹。又加上城里又热又闷,医院里有一股药味。不能不到外面去,何况我很想去看看母亲,她还未曾复原。可是到街上去,孩子很可能会跌跤、碰伤。我没有力气抱她,让她自己走吧,她又不能走多久,要是乘出租马车,那简直是遭罪:上车或下车时,女孩子的手都很容易碰伤。

除了为莉利亚惶恐不安外,我又时刻想到丈夫,不知他此刻怎么样,有没有发病。我从他的来信中知道,他想念我们,为我们担心,可我却一点儿也帮不了他的忙。我苦苦思念我那亲爱的儿子,而且为母亲忧虑,怕她脚上的伤不但没有愈合,而且越来越痛得厉害。由于这一切,我的神经紧张到了极点,以致一天要啜泣、痛哭好几次。

可是不幸继续追踪着我们。费奥多尔·米哈伊洛维奇动身后几天,我的弟弟伊万·格里戈利耶维奇(他的妻子即将分娩,因此他每天只能离开别墅很短时间来探望妈妈和我)到我这儿来,他的神情是那么忧伤和抑郁,一下子就引起我的注意。我开始盘问,是否出了什么事,他回答,一切都好。他的妻子身体健康,妈妈甚至觉得好了一些。"那么,他究竟为什么这样沮丧,有时候眼睛里还噙着泪水?"我想。他很快就走了,我思忖,是不是费奥多尔·米哈伊洛维奇或者我的儿子发生了什么不幸的事,而我弟弟把这事瞒着我。我心慌极了,整夜未曾合眼,想象着种种可怕的情景。第二天一清早我就打电话给弟弟,要他务必到我这儿来一下。弟弟来了,样子跟昨天一样忧伤和抑郁。我把我的疑虑——是否我家里人在旧鲁萨出了什么事——告诉他,并且说,我无法再经受这样的忧虑,只能冒着断送女儿治疗成果的风险,今天就带她回家。弟弟向我保证,他未曾接到来自旧鲁萨的任何坏消息,他之所以忧伤是别有缘故。我弟弟看到我态度坚决,担心我真的会走;而且,我本来已经被我们的灾难搞得心神不宁,他怕增添我的苦恼,终于决定把我们家新的不幸——我们唯一的姐姐玛丽娅·格里戈利耶芙娜·斯瓦特科夫斯卡娅的死讯告诉我。[①] 我和弟弟都非常爱姐姐玛莎,她过早弃世的消息使我们震惊。我们的姐姐是个漂亮、健康和乐观的女人,她不久以前才满三十岁。除了深切地为她惋惜外,我和弟弟又想到她的四个孩子,对他们来说,她是个慈爱的母亲,如今他们怎么办呢,我们为此感到忧虑。我们悲痛欲绝,我那可怜的女儿看到我们流泪,也放声大哭。我永远不会忘记这凄惨的一天!

当最初的哀伤时刻过去以后,我开始详细询问弟弟,他是怎样得知这一无比沉痛的消息的。原来他按照我母亲的要求去看望姐姐的孩子们,在那儿,他碰到早晨刚从国外回来的姐夫。弟弟知道,我姐姐的噩耗对我是个可怕的打击,他担心我会伤心得病倒,那时候就没有人照料我女儿了;因此,他不敢告诉我。弟弟说,他把自己的悲痛对我谈了以后,就感到轻松了一点,也可以就这件事同我商量了。我们俩面临着一个艰巨的任务——把玛莎的死讯告诉母亲。玛莎是她的长女,我和弟弟担心她会经受不住这一灾难,会因此而中风或者精神错乱。

我和弟弟决定暂时对母亲隐瞒姐姐去世的消息。我打算说服妈妈跟我

---

① 玛·格·斯瓦特科夫斯卡娅和她的丈夫以及两个大孩子于 1871 年 11 月去国外,把两个小的孩子留在彼得堡。1872 年 2 月,他们住在罗马。在那儿的游憩场所,她染上了疟疾,或者,根据另一些医生的意见,她得了伤寒症,病了两个月,于 5 月 1 日去世。她的丈夫由于某种原因不能把这个噩耗通知我们,而只通知了和他的孩子们住在一起的他的姐姐,告诉她,他即将回国。——安·格·陀思妥耶夫斯卡娅注

一起去旧鲁萨,使她在那儿逐渐作好思想准备,然后我再把这件不幸的事告诉她。我还指望我丈夫在这方面帮助我,他跟我母亲一直相处得很好,他能影响她。但是费奥多尔·米哈伊洛维奇竭力反对我们的计划①,认为实现这个计划只能加深母亲的悲痛。他劝我们一定得现在就告诉她,这样,她可以让丧母的外孙们和她一起分担痛苦。

我们的任务由于下述情况而变得复杂化了:给我母亲治病的医生得知我们遭到了新的不幸,要求我们在她脚上的伤痊愈以后再把这件事告诉她。他肯定地说,由于激动和哭泣,炎症无疑会加剧,那时候就得切除脚趾了。怎么办才好呢?——这对我和弟弟来说是可怕的问题。何况弟弟有他自己的急事:他的妻子日内就要分娩,而且是头生,我弟弟和弟媳十分担心,一切是否会顺利地过去。我也有自己的苦恼:为费奥多尔·米哈伊洛维奇、为我亲爱的儿子、为女儿的手术是否会获得成功、为我母亲的病而苦恼,而现在又有新的、难以忍受的灾祸落到我们头上!在这样的时刻,你会真正感觉到,慈悲的上帝让我们经受考验,同时也会给我们经受考验的力量!

于是我们就决定把姐姐的死讯瞒着亲爱的母亲,到适当的时候再告诉她!但是我们这样做是多么艰难!要知道,妈妈谈到自己的女儿,那口气就像她仍然活着,妈妈还写信给女儿,并且为她准备回家时的礼物。听到她谈起玛莎,我们心里是何等难受,同时,我们说每句话都得小心翼翼,以防说漏了嘴;其实,我们自己想到死者,就心情沉重,忍不住掉泪。妈妈常常发觉我在流泪,可是我告诉她,我是在为手术是否成功,为待在旧鲁萨的亲人们担心。

时间在流逝,而我们却迟迟下不了决心把我们的秘密揭开。但是我母亲为了生病的女儿杳无音信而忧心忡忡,突然决定去探望她那些年幼的孩子们。无论我和弟弟怎样劝阻,怎样说明,她这次外出可能会损害她那受伤的脚,她还是坚持要去。在这之前,我接到费奥多尔·米哈伊洛维奇的几封信,它们使我们采取的决定发生动摇。最后,我们商定了探望孩子们的日期。我和医院里的女护士说好,请她和莉利亚在一起待上两三个小时,让孩子玩玩具,然而我心里却忐忑不安,生怕护士离开的瞬间,孩子会惹出什么祸来。我

---

① 1872 年 5 月 30 日的信。——安·格·陀思耶夫斯卡娅注[21]

弟弟也很怕离开自己快要分娩的妻子。就在这种情况下，我们让亲爱的母亲坐上轿式马车，去探望亡姐的孩子们。在这一天，我和弟弟真是受尽了苦楚！我们的车子驶得很慢，以免碰到母亲受伤的脚，我觉得自己好像被押赴刑场似的。每一分钟，每次车轮的转动都使我想到，我们离开可能发生的不幸（甚至我母亲的死亡）越来越近。这真是太可怕了！直到现在，事情过去了许多年，忆起这一天的经历，就如同梦魇一般！

马车驶到了姐姐的住宅（在意大利街），看门人和打扫院子的人把我母亲抬到二层楼。两个大的孩子利亚利娅和奥莉娅奔下楼梯来迎接妈妈。但是姐姐没有和她们一起来，这使我可怜的妈妈十分惊奇；她顿时（她后来是这样说的）恍然大悟，她的女儿已经不在人世。

"玛莎死了！我亲爱的玛莎死了！"她疯狂似的喊叫起来，号啕大哭。孩子们也哭起来，我和弟弟跟着哭。帕维尔·格里戈利耶维奇（姐夫）也来了，心情同样十分激动。这时候出现了令人心碎、非笔墨所能形容的悲痛情景。过了约莫两小时，我们才稍稍平静下来。必须考虑把妈妈送回家，因为把她留在斯瓦特科夫斯基家是不行的：在这个风尘仆仆，尚未恢复元气、安顿下来的家庭里，叫谁来照料她这个病人呢？何况妈妈本人也要回家，想独自经受痛苦。弟弟必须赶往他那快要分娩的妻子那儿，而我则需要回到医院里莉利亚身边；可是这时候我们大家却在继续流泪、悲叹。最后，妈妈接受了我们的劝告，同意让我们日内再陪她去探望可怜的孩子们。于是我们又带她坐上马车，让车子慢慢地驶回家去。从她那儿出来，我迅速赶回医院，真幸运，那儿一切都很顺利：我看到莉利亚和护士在床上睡熟了。我不忍心让母亲独自去承受沉重的痛苦，于是就马上给我女儿穿上衣服，带她一起到我母亲家里，在那儿度过这一天余下的时光。我和母亲哭了许久，我稍稍感到轻松了一些，因为用不着再向妈妈隐瞒那个使我和弟弟苦恼的秘密了。

我和莉利亚回到旧鲁萨后，稍稍平静了一阵子，但是这种日子持续不久：由于重感冒（此年夏季多雨、阴冷），我的喉咙里长出了脓疱，一连几天，热度高达四十度左右。在一个不祥的日子，来到此地度夏的主任军医 И. А. 申克认为有必要告诉费奥多尔·米哈伊洛维奇，如果一昼夜之内脓疱不破，那么，他就不能对我的生命负责，因为我精疲力竭，心脏功能衰退。听了这些话，费奥多尔·米哈伊洛维奇心急如焚。为了不使我感到紧张,他当着我的面并不流泪,而是走到约翰神甫那里,坐在桌边,双手掩脸,泪如雨下。神甫的妻子走到他跟前,问他医生究竟说了些什么。

"安娜·格里戈利耶芙娜快要死了!"费奥多尔·米哈伊洛维奇由于哭泣而语不成声。"没有她,叫我怎么办呢?对我来说,她就是一切,没有她,我怎么能生活下去啊!"

好心的神甫太太搂着他的肩,对他说:

"别哭,费奥多尔·米哈伊洛维奇,别悲伤,上帝是仁慈的,他不会让您和孩子们无依无靠的!"

好心的神甫太太的同情和劝说对我的丈夫起了良好的作用,使他那沮丧的情绪重新振作起来。费奥多尔·米哈伊洛维奇总是怀着感激之情回忆神甫太太的关切,对她抱有深深的敬意。

不难想象我在病中的绝望心情:我明白,我的情况在恶化,我已经好几天不能说一句话,只能把自己的要求写在纸上。看了医生每天两次的体温记录(费奥多尔·米哈伊洛维奇把记录藏了起来,但是保姆什么也不懂,她按照我的请求,把记录拿给我看了),我清楚地知道,我的病情是在向哪方面发展。想到自己快要离开人世,我不胜悲戚,我实在不忍心丢下我亲爱的丈夫和孩子们,在我看来,他们的未来至为黯淡。孩子们失去了母亲,父亲又有病在身,生活没有保障,他们还能有什么指望呢?我的母亲年老多病,姐姐已经去世。只能指望我那好心的弟弟,他不会对我的孩子们置之不顾的。我深深地怜惜我那善良的丈夫:谁会爱他,谁会关心他,分担他的忧患呢?我做着手势:一会儿把费奥多尔·米哈伊洛维奇,一会儿把孩子们叫到自己跟前,吻他们,为他们祝福,并且把自己的主意写给丈夫看,告诉他,如果我一旦去世,他该怎么办。但是在出现转折之前的最后两天,我却处于一种麻木状态:我仿佛不再怜惜费奥多尔·米哈伊洛维奇和孩子们,我好像已经离开了这个世界。

使我们大家感到欣喜的是,就在这一夜,我的病情发生了转折:我喉咙里的脓疱破裂了,身体开始复原。过了约莫两个星期,喉咙里又出现了脓疱,但病情较轻。我们在 1872 年遭到的一系列不幸到此结束。

我一生中经受了许多苦难,其中包括丧失亲人的难以忍受的痛苦:丈夫和儿子阿廖沙①的去世;但是像这样在一段时间里接二连三地遭受灾祸的情况却没有重复出现过。

注释:

[1] 作家的儿子费奥多尔·费奥多罗维奇·陀思妥耶夫斯基后来毕业于彼得堡的一所中学,接着在杰尔普特大学读完了两个系——法律系和博物系的课程。他从事育马的工作,曾在彼得堡拥有一个相当大的赛马场。他是俄国育马业方面最有名的专家之一,他的名字可以在俄国育马的专业手册和出版物中见到。

[2] 陀思妥耶夫斯基到莫斯科向《俄国导报》领取稿酬不是在"8月底",而是在7月底至8月初。从他1871年8月9日给索·亚·伊万诺娃的信中可以看出,他写这封信的时候,已经从莫斯科回到彼得堡好几天了。(《陀思妥耶夫斯基书信集》,第2卷,页368;也可参阅《费·米·陀思妥耶夫斯基和安·格·陀思妥耶夫斯卡娅通信集》,页45)

[3] 1917年春,Л. П. 格罗斯曼在莫斯科历史博物馆研究陀思妥耶夫斯基的原稿时,找到了一个笔记本,安·格·陀思妥耶夫斯卡娅在其中开列了费·米·陀思妥耶夫斯基生前最后一个时期全部藏书的清单。这张清单可供编制费·米·陀思妥耶夫斯基生前最后几年所拥有的图书目录之用。(参阅 Л. П. 格罗斯曼《陀思妥耶夫斯基的藏书(根据未曾发表的陀思妥耶夫斯基图书目录资料和附录)》,敖德萨,1919年)1958年,Г. М. 弗里德连捷尔在苏联科学院文学研究所首次查到了安·格·陀思妥耶夫斯卡娅所记的第二个列有陀思妥耶夫斯基的书目的笔记本,这个笔记本是 Л. П. 格罗斯曼未曾发现的。(参阅 Л. П. 杰夏特金娜、Г. М. 弗里德连捷尔《陀思妥耶夫斯基的藏书》,《陀思妥耶夫斯基。资料和研究集》,第4卷,页253—271)

[4] 有关《罪与罚》的笔记本已经出版:《陀思妥耶夫斯基文献。〈罪与罚〉。未发表的资料》,莫斯科-列宁格勒,国家文学出版社,1931年;陀思妥耶夫斯基,《罪与罚》,Л. Д. 奥普里斯卡娅、Г. Ф. 科甘编,莫斯科,科学出版社,1970年,页427—597;《陀思妥耶夫斯基三十卷集》,第7卷,页5—212。在安·格·陀思妥耶夫斯卡娅的档案中,没有发现米·米·陀思妥耶夫斯基留下的、经办《当代》和《时代》两杂志的

---

① 阿廖沙和下文的廖沙是陀思妥耶夫斯基的次子阿列克谢的小名。——译者注

业务记事本；但是 1920 年底，米·米·陀思妥耶夫斯基的女儿叶·米·陀思妥耶夫斯卡娅交给陀思妥耶夫斯基纪念馆一本类似的册子，它至今还保存在苏联国立列宁图书馆里。

　　[5]　此人比较确切的姓是京特尔拉赫。（参阅格罗斯曼《陀思妥耶夫斯基的生活和创作》，页 145；《文学遗产》，第 83 卷，页 181、185、194、216、218；《费·米·陀思妥耶夫斯基和安·格·陀思妥耶夫斯卡娅通信集》，页 46）

　　[6]　在陀思妥耶夫斯基写的信件中曾经提到过屡次威胁他的"塔拉索夫的房子"——债户拘留所。例如，在 1867 年 8 月 16 日（公历 8 月 28 日）给阿·尼·迈科夫的信中，陀思妥耶夫斯基写道："它，比方说（我谈这个不是为了渲染，也不是为了说俏皮话），**债户拘留所**，从一个方面来说，甚至对我有益：现实生活，资料，第二个死屋，总之，这些资料至少值四千或五千卢布；但是，我刚结婚，除此以外，我是否能在塔拉索夫的房子里经得住酷暑的煎熬呢？——这是无法解决的问题。如果我在塔拉索夫的房子里一再发病，不能写作，那我怎样偿清这笔债呢？"（《陀思妥耶夫斯基书信集》，第 2 卷，页 25—26）

　　[7]　见第二章"注释"7。

　　[8]　见第二章"注释"7。

　　[9]　见第二章"注释"33。

　　[10]　尼古拉·米哈伊洛维奇·陀思妥耶夫斯基是费·米·陀思妥耶夫斯基的弟弟，本来是个土木工程师和建筑师，起先在雷瓦尔，随后在彼得堡供职，但六十年代初因病离职。费·米·陀思妥耶夫斯基对他一直特别怜爱和同情，经常帮助他，后者整个一生几乎都过着赤贫的生活。关于尼·米·陀思妥耶夫斯基的情况，请参阅沃洛茨科伊著《陀思妥耶夫斯基家族纪事（1506—1933）》一书，页 348—355。

　　[11]　瓦·瓦·格里戈里耶夫的斯拉夫派的信念以及陀思妥耶夫斯基对东方和俄国在东方的使命（俄国同时是欧洲和亚洲的强国）的关心促使他们接近起来。A.C. 多利宁曾发表过自己的看法，认为瓦·瓦·格里戈里耶夫的一些文章（特别是论文集《俄国和亚洲》，圣彼得堡，1875 年）对《作家日记》中涉及"东方问题"的政治小品文产生过影响。A.C. 多利宁还提到 1876 年《作家日记》中联系到东方问题对作为学者的季·尼·格拉诺夫斯基①的描述（论文《空想家—犬儒主义者》和《做空想家

---

　　①　季莫费·尼古拉耶维奇·格拉诺夫斯基（1813—1855），俄国历史学家，社会活动家，莫斯科西欧主义者的首领。——译者注

是否可耻?》)与瓦·瓦·格里戈里耶夫那篇轰动一时的早期论文《季·尼·格拉诺夫斯基在莫斯科担任教授之前》(《俄国谈话》,1856年)有相似之处,从而指出,"格里戈里耶夫所描写的格拉诺夫斯基的形象与《群魔》中的韦尔霍文斯基有着那么多的共同特点,使人不由得想到陀思妥耶夫斯基早在出国之前就读过这篇文章,而且还可能认识它的作者"。(《陀思妥耶夫斯基书信集》,A. C. 多利宁编,1934年,第3卷,页298)

[12] 关于弗·彼·梅谢尔斯基以及陀思妥耶夫斯基为《公民周报》撰稿的情况,请参阅安·格·陀思妥耶夫斯卡娅的《回忆录》的下文(第六章)和第六章"注释"4。

[13] 国务活动家和社会活动家、作家和政论家捷尔季·伊万诺维奇·菲利波夫在五十年代是新创办的《莫斯科人》所组成的小团体的著名成员之一。他以他的斯拉夫派思想——关于必须使俄国恢复彼得一世以前的制度和风习,回到推行牧首制和宗教会议的"科托希欣时代"的思想——对阿波隆·格里戈里耶夫①、奥斯特洛夫斯基、皮谢姆斯基、波戈金②等产生了强有力的影响。捷·伊·菲利波夫关于东方问题和教会问题的斯拉夫派的思想观点对"根基论"时期的陀思妥耶夫斯基起过一定作用(可能还有阿波隆·格里戈里耶夫参加)。1871年11月,陀思妥耶夫斯基通过阿·尼·迈科夫求教于作为宗教史专家的捷·伊·菲利波夫,自此以后,他们俩在精神上开始接近,建立了友谊。(参阅《文学遗产》,第15卷,莫斯科,1934年,页149—156,其中刊载了捷·伊·菲利波夫给陀思妥耶夫斯基的信)

[14] 康·彼·波别多诺斯采夫在陀思妥耶夫斯基为《公民周报》撰稿的时期与后者接近,他竭力利用这位艺术家和政论家的才能为他的政治目的服务。(《红色档案》,1923年,第2卷,页252)由于陀思妥耶夫斯基在七十年代所写的政论作品的反动倾向,波别多诺斯采夫可能在一定程度上对陀思妥耶夫斯基——《作家日记》的作者是满意的。但是艺术家和小说家陀思妥耶夫斯基却也引起这个忠君的廷臣的惊慌;这一点最为明显地表现在他写给陀思妥耶夫斯基、评论《卡拉马佐夫兄弟》的第五部——《赞成和反对》的这封信中。波别多诺斯采夫甚至劝告陀思妥耶夫斯基把小说中描写谋反的篇章付之一炬。"当艺术家手下的雕像塑造得不成功或者使他感到不满意的时候,全部金属就要重进熔炉。不过,话得说回来,任何艺术家都按自己的心意写作,如果您要等待下去,那么您可能永远也下不了决心发表自己的作品。"

---

① 阿波隆·亚历山德罗维奇·格里戈里耶夫(1822—1864),俄国文学评论家,世界观接近斯拉夫派。——译者注

② 米哈伊尔·彼得罗维奇·波戈金(1800—1875),俄国历史学家,作家,彼得堡科学院院士,赞扬"官方的人民性理论"。——译者注

(《文学遗产》,第 15 卷,页 139)关于陀思妥耶夫斯基和波别多诺斯采夫的关系,请参阅下列文章:Л. П. 格罗斯曼,《陀思妥耶夫斯基和七十年代的政界人士》,《文学遗产》,第 15 卷;B. 图尼马诺夫,《政论家陀思妥耶夫斯基》,《作家日记》,收入《陀思妥耶夫斯基——艺术家和思想家》一书,莫斯科,1972 年,页 165—210。

[15]　在四十年代,尼古拉·雅科夫列维奇·丹尼列夫斯基曾参加彼得拉舍夫斯基小组的活动,在那儿,他醉心于傅立叶体系的研究。(参阅 B. 列伊金娜著《彼得拉舍夫斯基派》一书中丹尼列夫斯基对傅立叶学说的阐述,此书由 П. E. 谢戈廖夫编,莫斯科,1924 年)1849 年,丹尼列夫斯基因彼得拉舍夫斯基一案被捕,在彼得保罗要塞待了一百天,提交了一份简短的呈文,证明自己在政治上无罪;因此,他被免于审判,但被逐出彼得堡,起初到沃洛格达,后来移居萨马拉。1853 年起,丹尼列夫斯基为各种定期刊物撰稿,发表有关自己专业(植物学)和各种社会、政治和哲学问题的文章。1869 年,丹尼列夫斯基在《霞光》杂志发表了自己的主要著作《俄国和欧洲》(单行本出版于 1871、1888、1889 年)。占据该书大部分篇幅的是丹尼列夫斯基关于欧洲的衰落和俄国独具的特点(正教、村社等)的看法,这些看法和斯拉夫派已经发表的观点相比较,并没有什么新东西。对当时来说,较有创见的是丹尼列夫斯基的政治观点,特别是他提出的解决东方问题的方案,这个方案是组织以京城君士坦丁堡为首的斯拉夫联邦。有关丹尼列夫斯基的著作对七十年代的陀思妥耶夫斯基——《俄国和欧洲》一书问世四年后开始出版的《作家日记》的作者——在世界观方面的影响,可参阅 Д. B. 格里申著《费·米·陀思妥耶夫斯基的〈作家日记〉》一书,墨尔本,1966 年,页 132—135。

[16]　著名的美术馆的创建者帕维尔·米哈伊洛维奇·特列嘉柯夫始终是陀思妥耶夫斯基作品的崇拜者。1880 年 6 月,他和陀思妥耶夫斯基一起在莫斯科的时候,两人特别接近,当时,他作为全市之长,积极参加普希金纪念活动的组织工作。陀思妥耶夫斯基 1880 年 6 月 14 日给帕·米·特列嘉柯夫以及 1880 年 6 月 13 日给后者之妻 B. H. 特列嘉柯娃的友好的书信可以证明这一点。(参阅 A. П. 博特金所著《帕维尔·米哈伊洛维奇·特列嘉柯夫的生活和艺术》一书,莫斯科,1960 年,页239—240;C. B. 别洛夫,《陀思妥耶夫斯基的散佚的书信》,收入《十七至十九世纪俄国文学和社会政治斗争》一书,列宁格勒,1971 年)陀思妥耶夫斯基逝世后,帕·米·特列嘉柯夫于 1881 年 2 月 5 日写信给伊·尼·克拉姆斯科伊说:"大家说了许多,写了许多,但是他们是否真正意识到,这损失有多么大? 这是位伟大的作家,除此以外,还是位热爱祖国的十足的俄国人,尽管他受过创伤。他不仅像您正确地称呼他那样,

是位圣徒,而且是位预言家,教人为善的师长,他是我们社会的良心。"(《一八六九至一八八七年伊·尼·克拉姆斯科伊和帕·米·特列嘉柯夫通信集》,莫斯科,1953年,页277)还请参阅 И. С. 西尔伯施泰因《陀思妥耶夫斯基和特列嘉柯夫夫妇》,《文学遗产》,第86卷,页118—128。

[17] 瓦西里·格里戈里耶维奇·别洛夫写信给帕·米·特列嘉柯夫,报告了他于1872年4月底至5月上半月给陀思妥耶夫斯基画像的情况。(参阅《一八七〇至一八七九年画家们给帕·米·特列嘉柯夫的信》,莫斯科,1968年,页76—77)陀思妥耶夫斯基两次写到瓦·格·别洛夫的创作:第一次是《一八六〇至一八六一年美术研究院画展》一文中提到他的画《乡村布道》(参阅《陀思妥耶夫斯基三十卷集》,第19卷,页151—168),第二次是1873年出版的《作家日记》中《关于画展》一文中提到他的画《休息中的猎人们》(《陀思妥耶夫斯基文艺作品十三卷集》,第11卷,页73—74)。有关瓦·格·别洛夫为陀思妥耶夫斯基画像的比较详细的情况,请参阅 И. С. 西尔伯施泰因的文章《新近发现的陀思妥耶夫斯基的被遗忘的信件》,《文学遗产》,第86卷,页118—124。

[18] 关于陀思妥耶夫斯基于1872年和随后的几年在旧鲁萨逗留的情况,详见 Л. М. 赖因努斯所著《费·米·陀思妥耶夫斯基在旧鲁萨》一书,列宁格勒,1971年;还有 Д. А. 格拉宁的中篇小说《来回票》,《新世界》,1976年,第8期。

[19] 除了上述 Л. М. 赖因努斯所著《费·米·陀思妥耶夫斯基在旧鲁萨》一书外,关于约·鲁缅采夫神甫的情况,请参阅悼文《陀思妥耶夫斯基的朋友》,《新闻报》,1905年2月12日(公历2月24日),第36号;А. В. 科鲁格洛夫所写的《旧鲁萨之行》,《历史导报》,1895年,第4期,在这一期上还发表了约·鲁缅采夫本人有关在旧鲁萨与陀思妥耶夫斯基会面的回忆;Г. Л. 博格拉德的《陀思妥耶夫斯基的手稿》一文,《俄罗斯文学报》,1978年1月27日,第4号。

[20] 旧鲁萨的那位医生指亚历山大·安谢利莫维奇·罗伊赫里,他是旧鲁萨矿泉水的管理人;而来到旧鲁萨的军医是 Н. А. 申克。(参阅安·格·陀思妥耶夫斯卡娅的《回忆录》的下文和陀思妥耶夫斯基1872年5月27日给陀思妥耶夫斯卡娅的信。——《费·米·陀思妥耶夫斯基和安·格·陀思妥耶夫斯卡娅通信集》,页48—50)

[21] 《陀思妥耶夫斯基书信集》,第3卷,页32—33。关于陀思妥耶夫斯基夫妇在这个时期往来的书信,请参阅《费·米·陀思妥耶夫斯基和安·格·陀思妥耶夫斯卡娅通信集》,页48—63。

第六章　一八七二至一八七三年

一　一八七二年

1872年秋,我们从这个不祥的夏天的沉重感受中稍稍恢复了过来,从旧鲁萨回到彼得堡,住在伊兹马伊洛夫团第二连,梅韦斯将军的房子里。我们的住所在房子的二楼,院子的深处。它包括五个面积不大但很舒适的房间,还有一间有着三扇窗户的客厅。费奥多尔·米哈伊洛维奇的书房大小适中,远离儿童室,这样,在费奥多尔·米哈伊洛维奇工作的时候,孩子们的喧闹声和奔跑声就不会打扰他了。

我丈夫虽然整个夏天都在写长篇小说,但是对自己的作品是那么不满意,以致丢弃了以前拟定的计划,把整个第三部重新改写。

10月,费奥多尔·米哈伊洛维奇去莫斯科和编辑部商定,将长篇小说的第三部发表在《俄国导报》的最后两期上。应该说,长篇小说《群魔》很受读者欢迎,但同时也给我丈夫带来许多文学界的敌人。[1]

冬末,费奥多尔·米哈伊洛维奇在尼·彼·谢苗诺夫[2]家碰到了过去的傅立叶主义者尼·雅·丹尼列夫斯基,他和丹尼列夫斯基已经快二十五年没有见面了。费奥多尔·米哈伊洛维奇激赏后者所著的《俄国和欧洲》一书，很想再次和他谈谈。由于他不久就要走了，我丈夫马上就邀请他第二天来我们家用午餐。丹尼列夫斯基的朋友们和崇拜者们听到这个消息后硬要来参加午餐。当我丈夫计算了一下来客的人数，总共约二十人时，可把我吓坏了。虽然我们手头并不宽裕，但是一切都安排得挺恰当，席间气氛活跃，客人们谈得兴致勃勃，分手时早已过午夜了。

二　有关一八七二年的回忆

考虑到我们窘迫的经济情况，我就想以自己的劳动，重新从事速记工作来增加我们的收入，最近几年来，我的速记术有了相当大的进步。我开始请求亲友们替我在哪个机关里找个速记工作。我的速记学老师帕·马·奥利欣通过一个熟人，介绍我到林业经营者代表大会去做速记工作，林业杂志的编辑尼·沙弗拉诺夫[1]推荐我去莫斯科[2]，在那儿从 8 月 3 日待到 13 日。可惜我被这个夏天发生的严重事故搞得沮丧不堪，以致放弃了这个工作。

1872 年冬，我那不久以前带着妻子来到彼得堡的弟弟告诉我，在西部地区的一个城市里即将召开（我不记得是哪个部门的）代表大会，需要挑选一名速记员为大会工作。于是我就马上写信给大会的主席，选中与否取决于他。自然，我采取这一行动是经费奥多尔·米哈伊洛维奇同意的。他虽然断言，我照顾孩子，主持家务，还帮助他工作，为家里干的事已经够多了，但是看到我热烈地想望通过自己的劳动挣钱，也就下不了决心来加以阻挡。他后来对我说了老实话，他希望代表大会的主席不录用我。然而对方的答复却表示同意，并且把向我提供的条件通知了我。这些条件谈不上有多大的吸引力：大部分的收入得花在坐火车和住旅馆上；但是重要的倒不是钱，而是劳动的

---

① 尼古拉·谢苗诺维奇·沙弗拉诺夫(1844—1903)，林学家，彼得堡林业学院教授。
② 1872 年 7 月 17 日的信。——安·格·陀思妥耶夫斯卡娅注

开端。如果我这次工作完成得好,那就可能获得代表大会的推荐,从而找到其他比较有利的工作。

费奥多尔·米哈伊洛维奇并不坚决反对我这次出门,因为我母亲答应在我离家期间住到我们这儿来照看孩子和管理家务。费奥多尔·米哈伊洛维奇手头也没有需要我做的工作:他这个时期正在修改长篇小说《群魔》的提纲。可是我丈夫还是很不乐意我出门。他想出各种各样的借口,不放我走。他问我,像我这样一个年轻的女人怎能单独前往一个举目无亲的波兰人的城市,怎能把事情安排妥当,等等。我弟弟听了这一类反对意见,想起他以前的一位同事对西部地区很熟悉,此人将去参加代表大会,于是他便邀我和丈夫到他们家去喝茶,以便介绍我和他的朋友认识,从后者那儿获知情况。

在约定的那个晚上,我们前往弟弟家。费奥多尔·米哈伊洛维奇好久没有发病,情绪很好。我们和弟弟、弟媳融洽地交谈着,等待他的朋友。我从来没有看见过他,但是从弟弟那儿听到许多有关他的事。他是个善良但并不十分聪明的高加索青年,由于他急躁、卤莽,同事们给他起了个"野蛮的亚洲人"的绰号。他对这个绰号非常气愤,为了证明自己是"欧洲人",他在各种艺术中都树立一个崇拜的偶像。在音乐中,他的上帝是肖邦,在绘画中是列宾,在文学中是陀思妥耶夫斯基。弟弟在前厅里迎接客人。年轻人得知自己将和费奥多尔·米哈伊洛维奇认识,甚至有可能为之效劳,真是喜出望外,可是马上又胆怯起来。他走进客厅,看到自己的偶像,他是那么窘迫,以致说不出话来,只是勉强地向我丈夫和这一家的女主人鞠躬致意。他约莫二十三岁,高个子,有着一头鬈发、一对凸出的眼睛和鲜红的嘴唇。

我弟弟看到他同事的这副窘态,就赶忙把他介绍给我。"亚洲人"抓住我的手,吻了吻,使劲摇了几下,然后用喉音说话:

"您要去参加代表大会,我能够为您效劳,真是高兴极啦!"

他那兴高采烈的神情使我感到好笑,但却惹恼了费奥多尔·米哈伊洛维奇。费奥多尔·米哈伊洛维奇偶尔也吻太太们的手,觉得这样做无所谓;但是当有人吻我的手的时候,他却总感到不快。我弟弟发现费奥多尔·米哈伊洛维奇的情绪起了变化(我丈夫从一种情绪到另一种情绪的转变往往十分明显),就赶紧把话题引到有关代表大会的正事上去。"亚洲人"依旧十分困窘,在回答问题时不敢朝费奥多尔·米哈伊洛维奇望一眼,大部分时间是冲着我说的。我记得他的一些殷勤而又荒谬的回答。

"您说说,到亚历山德里亚可难走?"我问,"要换好多次车吗?"

"别担心,安娜·格里戈利耶芙娜,我亲自陪您去,如果您愿意,我甚至可以跟您乘坐同一个车厢。"

"在亚历山德里亚有没有可以让年轻女人住的合适的旅馆?"我的丈夫问。

年轻人非常高兴地朝他望了望,热情地大声说:

"如果安娜·格里戈利耶芙娜愿意的话,我可以跟她同住一个旅馆,虽然我本来打算住在同事家里。"

"安尼娅,你听见没有?年轻人愿意跟你住在一起!这可太好了!!!"费奥多尔·米哈伊洛维奇高声喊叫起来,使劲拍了一下桌子。放在他面前的茶杯掉在地上,打碎了。女主人赶紧奔过去扶住一盏由于敲击而猛烈地摇晃的点燃的灯,而费奥多尔·米哈伊洛维奇则从坐位上一跃而起,跑进前厅,急忙披上大衣,走掉了。

我很快穿上外衣去追赶他:我走到街上,看见我丈夫正朝与我们家相反的方向奔去。我在他后面奔跑着,过了四五分钟,追上了费奥多尔·米哈伊洛维奇,这时候,他剧烈地喘着气,尽管我请求他站住,但他还是没有停下来。我跑到他前面,双手抓住披在他身上的大衣的前襟,叫喊起来:

"你疯啦,费佳!你朝哪儿跑?这可不是回家的路啊!站住,把大衣穿好,不能这样,你会受凉的!"

我那焦急不安的神情对我丈夫起了作用。他停下步子,穿上大衣。我替他扣好纽子,搀扶着他,朝相反的方向走。费奥多尔·米哈伊洛维奇沉默不语,感到难为情。

"您怎么啦,又吃醋了,是不是?"我气冲冲地说,"你想我会在几分钟之内爱上一个'野蛮的亚洲人',而他也爱上了我,我们俩准备一起私奔吗?你怎么不害臊?难道你不明白,你这种醋劲儿使我感到多么委屈?我们结婚已经五年,你知道我多么爱你,多么珍惜我们的家庭幸福,可是你只要一见我跟任何男人接触,就会吃起醋来,把我和你自己置于可笑的境地!"

我的丈夫又是道歉，又是声辩，答应以后再不吃醋了。我不能长久生他的气：我知道，在嫉妒心勃发的当儿，他不能控制自己。想起那个热情洋溢的青年，想起费奥多尔·米哈伊洛维奇怒气冲天、拂袖而去，我不由得笑了起来。我的丈夫见我情绪有了改变，也开始挪揄自己，并且问我，他在我弟弟家打碎了多少东西，是不是就势把自己那热情洋溢的崇拜者狠揍了一顿。

傍晚的天气很好，我们就步行回家。路程很远，我们走了一个多钟点才到家。我弟弟已经在那儿了。他看到我们突然走掉，大吃一惊，急忙赶到我们家里，见我们不在家，他吓坏了。他怀着不祥的预感坐了整整一个小时，看到我们心绪非常平静，他感到很诧异。我们留他在我们那儿喝茶，想起刚才发生的那件事，大家笑了好久。对我们这种不告而别的突兀行动，他怎么向那个高加索人解释呢？关于这个问题，我弟弟回答说：

"他问我，这究竟是怎么回事，我对他说，'如果你还不明白，那就见你的鬼去吧！'"

经过这次事件以后，我明白，我不得不放弃这次旅行了。当然，即使现在我也可以说服我丈夫让我走。但是在我离家以后，他会焦急不安，随后就忍不住到亚历山德里亚去找我。那时候，又得大闹一场，白白花掉钱，而我们手头本来就够紧了。

我想用速记术挣钱的尝试就此告终。

三 一八七二年。费佳在圣诞节的反常状态

1872 年圣诞节，我们家发生了以下一件有趣的事。

费奥多尔·米哈伊洛维奇是个十分慈爱的父亲，经常考虑怎样使孩子们开心。他特别关心圣诞节枞树的布置：一定要我买大的、枝密的枞树，亲自把它装饰起来（年年都是同样的装饰品），他爬到凳子上，在枞树上面放好蜡烛，安上"星星"。

1872 年的枞树晚会比较特别：我们的长子费佳第一次"有意识地"参加

节日的庆祝活动。枞树上的蜡烛预先就已点燃,费奥多尔·米哈伊洛维奇郑
重地把自己的两个孩子领进客厅。枞树四周明亮的烛光、装饰品和玩具自然
使孩子们感到惊讶。爸爸把礼物分给他们:女儿拿到一个可爱的洋娃娃和
一套小茶具,儿子分到一只大喇叭和一面鼓,他一拿到喇叭就马上吹起来。
但是孩子们最感兴趣的是两匹厚纸板做的、有着漂亮的鬃毛和尾巴的枣红色
马。这两匹马套在一辆宽阔的、树皮做的雪橇上,雪橇可坐两个人。孩子们
放掉玩具,坐进雪橇,费佳抓住缰绳,将它们轻轻挥动几下,赶起马来。但是
女孩子很快对雪橇感到厌烦,就着手摆弄其他玩具了。男孩则不然:他欣喜
若狂,不时吆喝那两匹马,用缰绳抽它们,他大概记起了在旧鲁萨时庄稼汉们
驾车路过我们别墅时的动作。我们连哄带骗才把男孩子从客厅里带走,安顿
他睡觉。

　　我和费奥多尔·米哈伊洛维奇长久地坐着,回忆我们这次小规模的庆祝
活动的详情细节,费奥多尔·米哈伊洛维奇对这次活动大概比孩子们还要感
到满意。我是十二点上床的,我丈夫向我炫耀他今天从沃尔夫①那儿买来的
一本书,他感到这书挺有趣,准备在夜里读。但事与愿违。将近一点钟,他听
见儿童室里响起了声嘶力竭的哭声,就急忙走到那儿,瞧见我们的小男孩哭
得满脸通红,拼命想从老保姆普罗霍罗芙娜的手中挣脱出来,嘴里嘟嘟哝哝
地说着一些含糊不清的词儿(他不满一岁半,话还说不清楚)。孩子的哭声
把我也惊醒了,我奔到儿童室。由于费佳的哭闹声可能会吵醒睡在同一个房
间里的姐姐,费奥多尔·米哈伊洛维奇便决定把男孩抱到自己的书房里。当
我们走过客厅的当儿,费佳在烛光下看到了雪橇,霎时间就不闹了,整个有力
的小身子使劲探向下面的雪橇,以致费奥多尔·米哈伊洛维奇无法制止他,
只得让他坐下去。虽然眼泪仍然顺着孩子的两颊往下流,但他已经在笑,手
里重又抓着缰绳挥动起来,同时咂着嘴,好像在赶马似的。当孩子看来完全
安静下来的时候,费奥多尔·米哈伊洛维奇想要把他送回儿童室,但是费佳
伤心地放声大哭,直到他重又坐进雪橇,这才住了哭。我和费奥多尔·米哈
伊洛维奇起初吓坏了,以为孩子染上了什么莫名其妙的病,尽管在夜里,还是

---

　　①　马夫里基·奥西波维奇·沃尔夫(1826—1883),当时彼得堡的出版商和书商。

决定去请医生；而现在明白是怎么回事：显然，枞树、玩具和坐在雪橇里他所体验到的乐趣刺激了他的想象力，于是在夜里醒来时，他就记起了马，想要玩自己的新玩具。由于他的需要得不到满足，他就大哭大闹，以此达到了自己的目的。没办法可想：男孩子玩得"上了劲"，不想睡觉了。为了不使我们三个人都没法合眼，我们就决定，我和保姆去睡觉，让费奥多尔·米哈伊洛维奇陪着孩子，等他玩倦了，就把他抱到床上。事情就照这样办了。第二天，我丈夫乐滋滋地向我诉苦。

"唉，费佳昨晚把我折腾得好苦！我两三个钟头目不转睛地瞧着他，老是担心他会从雪橇里翻出来，跌伤。保姆两次来叫他'睡觉觉'，他却摇着手，又准备哭起来。我们就此一直待到五点钟左右。那时候他大概累了，身子朝一边靠。我扶住他，看到他已经睡熟，就把他抱到儿童室。这样一来，我就没法儿读这本买来的书了，"费奥多尔·米哈伊洛维奇笑着说，看来，他感到十分满意，因为起初使我们惊恐的事终于顺利地结束了。

四　一八七三年。《群魔》出版。编辑工作。结交

写完长篇小说《群魔》以后，费奥多尔·米哈伊洛维奇有一个时期颇费踌躇，不知接着干什么好。《群魔》耗去了他那么多精力，以致他不可能立即着手写新的长篇小说；而实现早在国外就产生的想法——以月刊的形式出版《作家日记》——也有困难。[3] 出版杂志和养家活口需要很多钱，更不用说还债了。况且这杂志是否能取得成功，对我们来说，还是个谜；因为迄今为止，在俄国文学中还未曾有过这种形式和内容的出版物。如果《日记》出版失败，那我们就会陷入绝境。

费奥多尔·米哈伊洛维奇实在拿不定主意，如果这时候弗·彼·梅谢尔斯基公爵不要求他担任《公民周报》的编辑，我不知他会作出什么样的决定。[4] 这份周报一年前才创刊，由格·康·格拉多夫斯基任主编。在这份新报刊的编辑部周围团结了一批具有同样思想和信仰的人物，其中有：康·

彼·波别多诺斯采夫、阿·尼·迈科夫、捷·伊·菲利波夫、尼·尼·斯特拉霍夫、亚·乌·波列茨基[5]、叶·亚·别洛夫[6]，费奥多尔·米哈伊洛维奇对他们很有好感，觉得和他们共事十分愉快。同样使我丈夫高兴的是有机会经常把蕴藏在自己心中的那些希望和疑惑告诉读者。关于《作家日记》的设想也在《公民周报》上得以实现，虽然发表的形式与后来的形式不同。

从经济方面来看，情况有了好转：除了《作家日记》以及随后的"政治"论文的稿酬外，《公民周报》还支付编辑的职务酬金三千卢布。我们一年总共可以拿到近五千卢布。每月领到一定数目的钱也有好处：这使费奥多尔·米哈伊洛维奇用不着丢下他的工作而为生计问题苦思焦虑，这种焦虑对他的健康和情绪起了极为不利的影响。

然而，费奥多尔·米哈伊洛维奇在听从那些他所喜爱的人的劝说、同意担任《公民周报》编辑的同时，并不向他们隐瞒，他担任这项职务是临时性的，是暂时离开文艺工作，休整一下，而且是为了更好地了解当前的现实；如果他的内心重又产生写文艺作品的渴望，那么，他就会放弃这项对他的性格很不合适的活动。

由于第一本由我们出版的长篇小说《群魔》的问世，1873年的年初对我来说特别难忘。这次出版为我和费奥多尔·米哈伊洛维奇共同的（在他逝世以后是我的）出版工作打下了基础，这项工作持续了三十八年之久。

我们曾把改善经济情况的部分希望（也许是主要希望）寄托在卖掉长篇小说《白痴》的单行本，随后是《群魔》的单行本的版权上。住在国外时，卖掉版权一事难以安排。我们回到俄国，有了当面与出版者协商的可能性以后，事情也并不好办一些。我们无论找什么人，他们都把买价压得很低：例如，书商亚·费·巴祖诺夫付给我们一百五十卢布，购买了长篇小说《永久的丈夫》单行本（两千册）的版权，有人只愿意出五百卢布购买长篇小说《群魔》的版权，而且还是分期付款，两年之内付清。

还在青年时代，费奥多尔·米哈伊洛维奇就想望由他本人出版自己的作品，他曾把这个想法写信告诉哥哥[7]，我们逗留在国外时，他又跟我谈起过。我对这个主意也很感兴趣，于是我就用心一点点地了解出版和推销书籍的全部条件。我在为丈夫定印名片时，和印刷厂的厂主交谈，问他出版书籍有哪些条件。他向我说明,大部分书籍得付现款才能出版;但是,如果作者在文学界享有盛誉,他的书又十分畅销,那么,每个印刷厂都会愿意提供为期半年的贷款,要是半年之后借款没有偿还,那么,尚未偿还的那部分款子就得收取一定的利息。在贷方这样的条件下,借方可以拿到出版所需的纸张。他还告诉我,我打算出版的那本书大致上的费用,亦即纸张、印刷和装订的费用。据他估计,出版长篇小说《群魔》,如果印数以三千五百册计,那就得花近四千卢布。印刷厂主认为:三卷长篇小说用平滑度高的白纸、华丽的大号铅字印刷,每部定价至少要三卢布五十戈比。这样,三千五百册书可以拿到一万二千二百五十卢布,从这笔款子中,必须除去给书商打折扣(约七折)的损失费;但是,只要长篇小说能够畅销,那么,即使在这种情况下,再除去其他的支出,我们还是可以净得一大笔款子。

在当时,没有一个作家的作品是由自己出版的,即使有这样大胆的人,他也必然要为自己的大胆而吃苦。当时有几家书店——巴祖诺夫书店、沃尔夫书店、伊萨科夫书店等,它们买得书籍的版权,把书出版以后,向全俄国推销。由学术团体或私人出版的书要求书商保存或代买,那就得给书商百分之五十的好处,他们的借口是保存书籍和刊登广告(其实他们很少登广告)得花去很多钱。结果,由他们保存或代销的书中没有卖掉的部分有时就退还给出版者,而这些书甚至已经破损。

为了出版长篇小说《群魔》,我设法向各书店打听,他们要求打多少折扣,我得到的是不确定的回答:这要视书而定,从六折到对折,甚至更多。有一次,我替丈夫买了一本价值三卢布的书,为了核实起见,我请求把这本书转让给书店,开价两卢布,我的理由是,他们自己是以半价买进的,所以他们实际上为这本书只花了一个半卢布。我的要求使店员十分气恼,他告诉我,他们自己是按八折或七五折买进的。只有少数书打七折,而且还得批发数量大的书。经过这次了解后,我就弄清楚,卖掉多少册书,该给书商打多少折扣。

当我们告诉朋友和熟人们,我们想自己出版长篇小说时,他们提出了许多反对意见,劝我们不要去从事这种我们所不熟悉的业务,由于缺乏经验,我们肯定会惨败,除了旧债以外,又得加上几千卢布的新账。但是我们并不受他们劝阻的影响,决定将我们的主意付诸实施。

　　我们向瓦尔古宁商行买了印刷的纸张,制造这种纸张的是迄今为止以破布为原料的最好的造纸厂。至于印刷,我们交给扎梅斯洛夫斯基印刷厂承印,那时候,这家厂已归潘捷列耶夫兄弟所有。1872 年年底到翌年年初,我们都在为这本书操劳:我读初校和二校的校样,副样则由费奥多尔·米哈伊洛维奇审读。

　　1 月 20 号左右,书装订好了,有一部分送到我们家里。费奥多尔·米哈伊洛维奇对书的装帧十分满意,而我甚至对它们着了迷。在书出版前夕,费奥多尔·米哈伊洛维奇拿了一本给一个最著名的书商(他经常在后者那儿买书)看,希望那位书商买下若干册。书商把书放在手中转动了一阵,说:

　　"好吧,送两百本来代销吧。"

　　"要多少折扣?"我丈夫问。

　　"至少对折。"

　　费奥多尔·米哈伊洛维奇没接茬儿。他沮丧地回到家里,把自己碰壁的情况告诉我。我也感到焦急,书商愿意代售两百本书,这丝毫也没使我感到高兴:我知道,即使他把书卖掉,我们也不会很快从他那儿拿到钱。

　　我们生活中有重大意义的日子——1873 年 1 月 22 日来到了,那一天我们在《呼声报》上登载了《群魔》出版的广告。十时左右,坐落在帕萨日附近的波波夫书店差了个人来。我走到前室,问他有什么事。

　　"你们的广告登出来了,我需要十本。"

　　我把书拿了来,有些激动地说:

　　"十本书的价钱是三十五卢布,给您打八折,您应该付二十八卢布。"

　　"只打八折? 七折行吗?"来人说。

　　"不行。"

　　"那么,七五折吧?"

　　"真的不行,"我说,心里却在发慌,如果走掉,我放弃了第一个买主,那可怎么办呢?

　　"要是不行,那就拿去。"于是,他就把钱递给我。

　　我是那么高兴,以致给了他三十戈比的车费。过了一会儿,来了一名学徒,是由供应外省城市的书店派来的,他要买十本书,经过讨价还价,也以打八折成交。格拉祖诺夫书店派来的人提出,如果打七五折的话,他们就买二十五本;由于购书的数量多,我就让步了。随后又来了几个人,他们都想买十本,都还了价,但我至多只肯打八折。十二点钟左右,费奥多尔·米哈伊洛维奇认识的那个书商派了个穿戴得挺时髦的伙计来,他提出要一百本书去代售。我受到早晨销售成功的鼓舞,回答说,代售不行,得用现钱买。

"那就奇怪啦,费奥多尔·米哈伊洛维奇答应让我们代售,我就是来拿书的。"

我说,书是我丈夫出版的,而书的销售归我管,某某、某某书商就从我手里用现金买了书。

"那么,我能不能见费奥多尔·米哈伊洛维奇'本人'呢?"伙计说,他显然指望我丈夫让步。

"费奥多尔·米哈伊洛维奇晚上工作,我在下午两点以前不能叫醒他。"

伙计要求我给他两百本书,而"钱我们交给费奥多尔·米哈伊洛维奇本人"。

这时候我还是十分坚决,我告诉他,买多少书,打多少折扣,并且谈了自己的想法:我们总共拿到五百本书,我打算今天就把它卖掉。伙计迟疑了一会儿,空着手走了,过了一个钟头,他们派另一个比较朴实的伙计来,他用现钱买下五十本书,我给他打了七折。

我渴望把自己的欣喜和费奥多尔·米哈伊洛维奇分享,但是不得不等他从自己的房间里出来。

顺便提一下,我丈夫有一种古怪脾气:他早上起身的时候,整个人仿佛受到夜间那些折磨他的幻想和梦魇的影响,总是很不乐意开口,而且不喜欢人家在这个时候跟他说话。因此,我养成了习惯,早晨从不打扰他(不管有多么重要的事由),一直要等到他在餐室里喝下两杯滚热的咖啡,走进自己的书房。那时候我就去找他,把所有的新闻,无论是喜讯或不快的事都告诉他。这当儿,费奥多尔·米哈伊洛维奇的心情变得十分愉快,对什么都感兴趣,什么都要问个清楚,把孩子们叫来,跟他们打趣、嬉戏。这一天也是这样:当他和孩子们谈话的时候,我打发孩子们上儿童室,而自己则在书桌边我通常占用的位子上坐下来。费奥多尔·米哈伊洛维奇见我不开口,就嘲弄地对我望

望,问道:

"我说,安涅奇卡,我们的生意进行得怎么样啦?"

"进行得好极了,"我用同样的腔调回答他。

"你大概卖掉了一本吧?"

"不是一本,而是一百五十本。"

"真的吗?! 那就祝贺你啦!"费奥多尔·米哈伊洛维奇以为我在开玩笑,继续嘲弄地说。

"可我说的是实话,"我有点生气了,"莫非你不相信?"于是我从口袋里掏出一张上面记着售出的本数的纸和一叠钞票,总计三百卢布。费奥多尔·米哈伊洛维奇知道我们家的钱所剩无几;因此,我给他看的这笔款子就使他相信,我不是在开玩笑。下午四点钟左右,又有人打门铃:来了新的买主,也有早晨已经来过、现在又要添购的。显然,这一次出版获得很大的成功,我胜利了,而这种情况是少有的。当然,拿到钱使我高兴,但我之所以高兴,主要是因为我找到了自己感兴趣的事业——出版我亲爱的丈夫的著作;尽管我在文学界的熟人们对我预先提出过警告,但我还是把事情顺利地完成了,这使我感到满意。

费奥多尔·米哈伊洛维奇同样很满意,特别是我告诉他一个店员的话,说"读者很早以前就问到这部长篇小说了"。费奥多尔·米哈伊洛维奇一向十分珍视读者的支持,因为在他从事文学活动的整个时间里,只有读者的关怀和同情在支持着他,而评论界(除了别林斯基、杜勃罗留波夫和布列宁①以外)在那个时候很少有人承认他的才能,他们要么漠视他的作品,要么敌视它们。[8]如今费奥多尔·米哈伊洛维奇去世已经三十余年,当我重读一些对他的作品的批评意见时甚至觉得奇怪,这些意见是多么浮面、浅薄、空泛,而往往包含深深的敌意。

但是,当书商科然奇科夫来到我们家,提出要用为期四个月的期票一下

---

① 维克托·彼得罗维奇·布列宁(1841—1926),诗人,政论家和文学批评家,1863 至 1865 年是《火星》、《圣彼得堡公报》、《现代人》的撰稿人,1876 年起为《新时报》的编辑、评论和小品文的作者。

子买三百本书的时候,我的喜悦达到了顶峰。他也同样要求打八折。科然奇科夫的提议具有吸引力,因为这些书他是为外省买的,因而并不妨碍我们在本市的买卖。令人为难的是,他准备付给我们的是期票,费奥多尔·米哈伊洛维奇为此事跟我商量。我当时对商业期票毫无所知,因此就要丈夫和买主聊天,我自己则去找住在不远处的印刷厂主。我很幸运,碰到了潘捷列耶夫兄弟中的一个,他劝我不要放掉这笔好生意,断言科然奇科夫的期票可以兑现,而且他同意我们用这期票偿还我们欠印刷厂的债务。我带着这个消息回到家里,于是科然奇科夫(作为一个老练的商人,他身上总是揣着空白票据)便立即签发了三张期票,金额共为七百三十五卢布,接着,费奥多尔·米哈伊洛维奇给他写了一张向印刷厂取书的字条。

总之,我们的出版工作一开头就获得辉煌的胜利,三千本书到年底都卖光了。其余的五百本则拖到两三年以后才销掉。结果是,除去给书商的折扣和其他一切费用外,我们净得四千多卢布,这使我们有可能偿还某些急需偿还的债务。

不能说,我们一开头未曾受到过损失:有两三个骗子利用了我在出版工作方面缺乏经验;但是这些损失教会我们小心谨慎,不去接受那些表面上看来有利可图而后来发现让我们吃亏的建议。

长篇小说《群魔》这个书名使得一些前来购书的人在发书的姑娘面前用各种不同的名字称呼它:有的人称它《妖魔》;有的人说,"我是来买《鬼怪》的";还有人说,"给我拿十本《恶魔》"。年老的保姆经常听到长篇小说的这些名称,甚至向我抱怨,硬说自从那时候起,我们家就闹鬼,弄得她照看的孩子(我的儿子)白天变得不安静,晚上也睡不好觉。

在当《公民周报》编辑的初期,费奥多尔·米哈伊洛维奇对这个新职务以及他在编辑部碰到的许许多多各种类型的人物颇感兴趣。我起先也乐于让丈夫变动工作,认为编辑周刊不会有特别的困难,可以让费奥多尔·米哈伊洛维奇几乎花了三年写作长篇小说《群魔》之后得到休息,即使稍事休息也好。但是慢慢地,我和丈夫开始明白,他做错了,他不该决定担任这样一个不合乎他的性格的工作。费奥多尔·米哈伊洛维奇对他的编辑工作非常负责,不仅亲自审读周刊的全部来稿,而且那种写得差劲、例如出版者本人所写的一些文章①,他还动笔修改,在这方面他花了大量时间。我这儿保存着两首诗的原稿,它们写得粗糙,但是其中可以看出天才的闪光,这两首诗经过费奥多尔·米哈伊洛维奇修改后,就变得十分优美了。

然而,除了修改别人的文章外,和作者通信也使费奥多尔·米哈伊洛维奇感到苦恼。他们之中很多人坚持保留自己的每个句子,如果对有些句子有所删节或改动,他们就会给他写语气尖刻、有时粗鲁无礼的信。费奥多尔·米哈伊洛维奇也不甘示弱,以同样尖刻的信回敬那些表示不满的撰稿者,但是到第二天,他却后悔了。他通常把寄信的事托付给我,而我知道,我丈夫的怒气肯定第二天就会平息,他会后悔自己火气大;因此,我并不立即把丈夫交给我的信寄掉,而当第二天他表示后悔不该写如此尖刻的复信时,总是"意外地"发现信没有寄出;在那时,费奥多尔·米哈伊洛维奇的回信就写得比较心平气和了。在我保存的文献中,有着十多封这一类"言词激烈"的信,它们可能使我丈夫和一些人闹翻,虽然他根本不愿意发生这样的事;但在盛怒之下,他控制不住自己,以致不顾对方的自尊心而说出了自己的看法。费奥多尔·米哈伊洛维奇为了这些信件"意外地"没有发出而始终感激我。

费奥多尔·米哈伊洛维奇不得不无数次地亲自与一些人进行个别谈话。编辑部有一位秘书——维克托·费奥菲洛维奇·普齐科维奇②,但是大多数作者喜欢和编辑谈话,这样,有时候就少不了产生激烈的争执。说话和行动一向真诚的费奥多尔·米哈伊洛维奇往往坦率地说出自己的意见,这使他在报刊界招来多少敌人啊!

在编辑期刊期间,费奥多尔·米哈伊洛维奇除了物质上感到不痛快以外,还经受了许多精神上的苦恼,因为许多不赞成《公民周报》的倾向或者不喜欢梅谢尔斯基公爵的人物,把自己的敌意,有时候甚至仇恨转移到陀思妥耶夫斯基身上。正因为他是《公民周报》这样保守的刊物的编辑,他在文学界树立了大批敌人。[10]尽管这多么令人纳闷,但是直到后来,不论在费奥多

---

① 1873 年 7 月 29 日给我的信。——安·格·陀思妥耶夫斯卡娅注[9]

② 维克托·费奥菲洛维奇·普齐科维奇(1843—1909),作家和政论家,1874 至 1879 年任《公民周报》编辑,1879 至 1881 年在柏林出版和编辑《俄国公民》杂志。

尔·米哈伊洛维奇逝世之前或以后,许多人不能原谅他曾是《公民周报》的编辑,这种不友好的余波至今还在报刊上出现。

在担任新工作的初期,费奥多尔·米哈伊洛维奇有过一次失误,那就是,他在《公民周报》上(梅谢尔斯基公爵所写《在圣彼得堡的吉尔吉斯代表》一文中)刊登了沙皇对代表们的面谕。[11]

按照当时书刊检查机关的规定,要发表王室成员的话,特别是沙皇的谕示必须事前获得宫廷大臣的准许。我丈夫不知道这项法律条文。他受到法庭的审讯,当时没有陪审员参加。这次审讯于 1873 年 7 月 11 日在圣彼得堡的区法院①举行。费奥多尔·米哈伊洛维奇亲自出庭申述,他当然承认自己有罪,结果被判处罚款二十五卢布,并拘留两昼夜。[12]我丈夫不知道他何时去蹲拘留所,心中十分焦急,主要是担心这会妨碍他到旧鲁萨去探望我们。为了这件事,费奥多尔·米哈伊洛维奇不得不去找当时的圣彼得堡区法院院长阿纳托利·费奥多罗维奇·科尼②,后者尽一切可能给予方便,把拘留我丈夫的处罚安排在对他最合适的时间执行。此后,阿·费·科尼与我丈夫之间就开始建立十分友好的关系,这种关系一直保持到我丈夫逝世。[13]

为了要住得离《公民周报》编辑部近些,我们只得更换住处,搬到利戈夫卡,古谢夫胡同的拐角处,在斯利夫昌斯基的房子里。我们找的这套住房很不理想:房间小而且位置不合适;但是我们是在冬季搬家的,因此只得容忍许多不舒服的条件,其中之一是,我们的房东性格很不安静。他是个非常特别、有着各种怪僻的老头儿,搞得费奥多尔·米哈伊洛维奇和我感到十分不快。我的丈夫在 8 月 19 日给我的信中曾提到过这一点。[14]

1873 年春,我遵照医生的劝告,和孩子们一起去旧鲁萨,以便巩固去年盐水浴给予他们的良好疗效。我们这一次不是住在鲁缅采夫家里,因为他们家的房子已经出租,而是住到老资格的亚历山大·卡尔洛维奇·格里布上校

---

①　法庭的成员是 E. M. 博尔赫、B. H. 克列斯季亚诺夫、K. A. 比利巴索夫、检察官 Г. 塞格尔。——安·格·陀思妥耶夫斯卡娅注

②　阿纳托利·费奥多罗维奇·科尼(1844—1927),法学家和社会活动家,政论家和文学家。

的房子里,还在阿拉克切耶夫①时代,他就在各军屯任职。

和家人两地分居使费奥多尔·米哈伊洛维奇感到苦恼,他想念我们,一个夏天到旧鲁萨来了四五次。由于梅谢尔斯基公爵出门去了,他不得不亲自处理全部经济上的事务,为此,炎热的几个月只好在京城度过,忍受着彼得堡盛夏带来的种种麻烦。

上述一切情况影响费奥多尔·米哈伊洛维奇的神经和整个身心的健康,使他抑郁寡欢,以致到了1873年秋,他就觉得编辑工作是个累赘,想望着重新坐下来从事自己喜爱的、纯粹艺术性的工作。

1873年,费奥多尔·米哈伊洛维奇成了宗教教育爱好者协会和圣彼得堡斯拉夫人慈善协会[15]的会员,参加这两个协会的会议和大会。我们结交的范围扩大了,家里经常有我丈夫的朋友和熟人来做客。除了连续几年每逢星期日在我家用午餐的尼·尼·斯特拉霍夫外,还有常来探望我们的阿·尼·迈科夫,这年冬天,弗拉基米尔·谢尔盖耶维奇·索洛维约夫②也开始到我家来走动了,当时他年纪还很轻,刚刚结束自己的学业。[16]

起初他写信给费奥多尔·米哈伊洛维奇,随后,应费奥多尔·米哈伊洛维奇的邀请,来到我们家。当时他给人十分迷人的印象,随着两人会面和谈话次数的增多,费奥多尔·米哈伊洛维奇越来越喜爱和珍视他的才智和渊博的学识。有一次,我丈夫向弗拉基米尔·索洛维约夫说出了自己对他如此倾心的原因。

"我觉得您跟一个人十分相像,"费奥多尔·米哈伊洛维奇对他说,"这人姓希德洛夫斯基,在我年轻时曾对我产生过巨大的影响。[17]无论面貌也好,性格也好,您都跟他非常相似,我有时候感到他的灵魂仿佛移到您身上来了。"

"他去世很久了吗?"

"不久,只有三四年。"

---

①　阿列克谢·安德烈耶维奇·阿拉克切耶夫(1769—1834),保罗一世时代权势极大的专横残暴的宠臣和亚历山大一世时代1808至1810年的陆军大臣。

②　弗拉基米尔·谢尔盖耶维奇·索洛维约夫(1853—1900),哲学家,诗人,批评家和政治家。

"照您的说法,在他去世以前的二十年中间,我是没有灵魂的啰?"弗拉基米尔·谢尔盖耶维奇问道,纵声大笑起来。他有时候十分开心,笑得富有感染力。但是有时候,由于心不在焉,他会说出一些可笑的话:例如,索洛维约夫知道费奥多尔·米哈伊洛维奇已经五十多岁,就认为我,他的妻子,年龄一定跟他相仿。所以有一次,当我们谈到皮谢姆斯基的长篇小说《四十年代的人们》时,索洛维约夫便对我们俩说:

"不过,你们四十年代的人可能感到……"如此等等。

听到他的话,费奥多尔·米哈伊洛维奇笑了起来,逗弄我说:

"你可听到,安尼娅,弗拉基米尔·谢尔盖耶维奇把你也算作四十年代的人啦!"

"他一点儿也没有搞错,"我回答,"我确实属于四十年代,因为我是1846年生的。"

索洛维约夫说错了话,感到十分窘迫:这时候他好像第一次瞧了瞧我,明白了我丈夫和我之间年龄上的差别。讲到弗拉基米尔·索洛维约夫的脸,费奥多尔·米哈伊洛维奇曾说,这张脸使他想起了他所喜爱的阿尼巴·卡拉齐的一幅画——《青年基督头像》。

1873 年,费奥多尔·米哈伊洛维奇与游击队员丹尼斯·达维多夫①的女儿尤利娅·丹尼索芙娜·扎谢茨卡娅②相识。当时,她刚建立彼得堡的第一个借宿所(在伊兹马伊洛夫团第二连内),她通过《公民周报》编辑部的秘书邀请费奥多尔·米哈伊洛维奇在指定的日子参观她为无家可归的人安排的藏身之所。尤·丹·扎谢茨卡娅属雷德斯托克教派,费奥多尔·米哈伊洛维奇应她的邀请参加了几次由雷德斯托克勋爵[18]与这个教派的其他卓越的传教士所举行的宗教讲座。

费奥多尔·米哈伊洛维奇十分珍视尤·丹·扎谢茨卡娅的智慧和非凡的善良,经常访问她,并且跟她通信。[19]她也常来我们家,我认为她是一位善

---

① 丹尼斯·瓦西里耶维奇·达维多夫(1784—1838),一八一二年卫国战争中的英雄,诗人和军事作家。

② 尤利娅·丹尼索芙娜·扎谢茨卡娅(本姓达维多娃;? —1882),作家和翻译家。

良可亲的女子,我们俩交上了朋友。在我丈夫临终时,她对我的悲痛表现了深切的同情。

1873年,我们常常到卡什皮列夫家去做客:这家的家长瓦西里·弗拉基米罗维奇出版《霞光》杂志,他的妻子索菲娅·谢尔盖耶芙娜是儿童杂志《家庭晚会》的编辑和出版者。我们对夫妇俩颇有好感,费奥多尔·米哈伊洛维奇喜欢到他们家去做客。1873年,他们家曾举行过有许多文学家参加的有趣的晚会,当时,著名作家阿·费·皮谢姆斯基朗诵了自己尚未出版的长篇小说《小市民》。从外表来看,皮谢姆斯基并不吸引人:我觉得他身体肥胖,举止笨拙;但是他朗诵得很出色,他以精湛的技巧鲜明地表现了自己小说中的各个人物典型。

费奥多尔·米哈伊洛维奇很早就认识施塔肯施奈德一家,1873年,他恢复了与他们的交往。这一家的中心人物是叶连娜·安德烈耶芙娜,一位著名的建筑师①[20]的女儿。她很聪明,具有文学修养,每星期日邀请一些文学家和艺术家到家里聚会。她始终对费奥多尔·米哈伊洛维奇和我非凡友好,我们彼此很亲近。不过,在那些年代,我很少有机会参加聚会,因为孩子们年纪还小,丢下他们让保姆照看容易出事。

我为环境所迫,只得守在家里,费奥多尔·米哈伊洛维奇为此一直深感遗憾;1873年冬他就坚持要我利用当时出现的机会,订购意大利歌剧团演出的票子,这个剧团里有着帕蒂、沃尔皮尼、卡利措拉里、斯卡尔基、埃韦拉尔季等大名鼎鼎的人物。我买的是楼座票,正好面对很大的枝形吊灯架;因此,我只能看到舞台右侧的演出情况,有时候仅仅看到演员的脚,我间或询问我的女邻座:"穿发亮的黄色高筒皮靴的是谁? 穿玫瑰色半高靿皮鞋的又是谁?"但是不适意的座位并不妨碍我欣赏演员们迷人的歌喉。②我不用为孩子们担心,因为在那几个晚上,费奥多尔·米哈伊洛维奇留在家里,只要一听到孩子们的响动和哭声,他就会跑去询问:孩子是否有什么地方不舒服?

---

①　指彼得堡的建筑师安德烈·伊万诺维奇·施塔肯施奈德(1802—1865)。——译者注
②　我特别记得歌剧《迪诺拉》,其中帕蒂"唱得委婉动听,恰似夜莺一般"。——安·格·陀思妥耶夫斯卡娅注

注释：

[1]　《群魔》遭到自由派和民主派的几乎一致的否定。在《光辉》杂志（1873年，第1期）以及《交易所新闻》（1872年，第83期）、《新时报》（1873年，第61期）和《呼声报》（1873年，第18期）等报刊上登载了尖锐的批评文章。在民主派的杂志《行动》和《火星》上出现了针对这部长篇小说的论文、评论、讽刺性的摹拟作品和抨击文章，其中最著名的是德·米纳耶夫的论文（《行动》，1871年，第11期）和彼·特卡乔夫的论文（《病态的人们》，《行动》，1873年，第3至4期）。甚至在反动的《俄国世界》上发表的德·阿夫谢延科的论文中，作者除了对长篇小说具有倾向性这一点产生共鸣外，同时批评陀思妥耶夫斯基的作品缺乏艺术性，过于冗长和充满虚构的成分。（《俄国世界》，1872年，第315期；1873年，第5期）不过，阿夫谢延科在《长篇小说的社会心理学》一文（《俄国导报》，1873年，第8期）中的批评性意见十分温和。维·彼·布列宁发表在《圣彼得堡新闻》1872年第15期和1873年第6期上的文章就更加温和、含蓄了。（关于布列宁的情况请参阅本章"注释"8）应该指出，自由派的评论界对陀思妥耶夫斯基的长篇小说抨击过火：他们诅咒这个作品，但实际上却拒绝对长篇小说本身进行分析。仅有的一篇保持客观与平静的语调，结合1871年至1873年围绕《群魔》所展开的论战，对这部长篇小说进行最详尽的分析的论文是尼·康·米哈伊洛夫斯基所写的《文学和杂志简讯》一文。（《祖国纪事》，1873年，第2期）参阅札莫京著《俄国批评界论陀思妥耶夫斯基》，页131—167，其中收集了定期刊物上有关《群魔》的评论。还请参阅本章"注释"4和В. А. 图尼马诺夫对《群魔》科学院版的注释（《陀思妥耶夫斯基三十卷集》，第12卷，页257—272）。

[2]　看来，陀思妥耶夫斯基认识作家和政论家尼古拉·彼得罗维奇·谢苗诺夫是由后者的哥哥、著名的旅行家彼·彼·谢苗诺夫-天山斯基介绍的。早在四十年代，在彼得拉舍夫斯基小组，陀思妥耶夫斯基就与这位旅行家接近，后来又在塞米巴拉金斯克流放地与他重逢。尼·彼·谢苗诺夫是农民条例起草委员会的成员，他与陀思妥耶夫斯基所谈的可能是有关这方面的问题。

[3]　在1865年11月8日（公历11月20日）给亚·叶·弗兰格尔的信和1867年9月29日（公历10月11日）给С. И. 伊万诺娃的信中，陀思妥耶夫斯基本人证实，早在他出国以前，他就有了出版《作家日记》的想法。（参阅《陀思妥耶夫斯基书信集》，第1卷，页424；第2卷，页44）

[4] 弗·彼·梅谢尔斯基于 1872 年开始出版《公民周报》;年底,他决定请陀思妥耶夫斯基以编辑的名义参加该报的工作。请求批准陀思妥耶夫斯基担任《公民周报》编辑的申请是在 1872 年 12 月 15 日提出的。由于陀思妥耶夫斯基被认为是过去的"国事犯",处于警察局的秘密监视之下,梅谢尔斯基便亲自向第三厅厅长和主管人彼·安·舒瓦洛夫、A. Φ. 舒尔茨提出申请。(参阅 P. 坎托尔的文章《关于陀思妥耶夫斯基的新事》,《文学导报》,1921 年,第 11 期;Ю. Г. 奥克斯曼的文章《陀思妥耶夫斯基在〈公民周报〉编辑部》,收入《陀思妥耶夫斯基的创作》一书,敖德萨,1921 年)陀思妥耶夫斯基之所以同意担任《公民周报》的编辑,不仅仅像安·格·陀思妥耶夫斯卡娅下文所写的那样,由于作家的经济情况拮据,而且也由于他力图直接加入文学和政治斗争。担任这个刊物的领导工作以后,陀思妥耶夫斯基就有可能发表自己的政论文章,这个条件本身吸引了他。陀思妥耶夫斯基,长篇小说《群魔》(被民主派甚至自由派的批评家们看作是对革命运动和现代青年的诽谤)的作者决定担任最反动的报纸的编辑,他和顽固地维护封建贵族特权的反动分子、改革的凶恶敌人弗·彼·梅谢尔斯基的联合,几乎被彼得堡的整个出版界看作是陀思妥耶夫斯基转向反动阵营的合乎规律的变化。陀思妥耶夫斯基指望在担任《公民周报》的编辑职务期间,能取得行动的完全自由和独立。但是他不久就大失所望:梅谢尔斯基的监督和经常的干涉、彼得堡报刊愈益猛烈的攻击不利于自由的编辑活动,而且使陀思妥耶夫斯基在文学界和新闻界的处境变得极其糟糕。陀思妥耶夫斯基在编辑《公民周报》期间所经受的"精神上的痛苦"不仅仅是由梅谢尔斯基公爵的"敌人们"引起的;而绝大多数俄国刊物,除了《家常谈话》和《俄国导报》之外,都得归入上述"敌人"之列。(关于这方面的情况,请参阅弗·索洛维约夫的《回忆费·米·陀思妥耶夫斯基》。——《同时代人回忆陀思妥耶夫斯基》,第 2 卷,页 196—197)同时,内部的分歧也逐渐尖锐化;特别是梅谢尔斯基所写的一篇表示他希望对青年大学生进行监督的文章引起了陀思妥耶夫斯基和梅谢尔斯基之间"思想上的"冲突,结果导致分裂。陀思妥耶夫斯基于 1873 年 11 月愤怒地写信给梅谢尔斯基说:"您的主张与我的信念完全相反,使我感到十分不安。"(《陀思妥耶夫斯基书信集》,第 3 卷,页 88)有关陀思妥耶夫斯基在《公民周报》的工作情况,可参阅弗·彼·梅谢尔斯基《我的回忆录》,第 1 卷,圣彼得堡,1898 年(这是一部极端片面的回忆录,梅谢尔斯基在其中避而不谈他与陀思妥耶夫斯基之间的冲突和分歧);B. B. 季莫费耶娃(О. 波钦科夫斯卡娅)和 M. A. 亚历山德罗夫的回忆录,收入《同时代人回忆陀思妥耶夫斯基》,第 2 卷;B. B.

维诺格拉多夫的专著《陀思妥耶夫斯基,〈公民周报〉的编辑和发表在该刊物上的小品文的作者》,收入他的《著述和风格理论问题》一书,莫斯科,1961 年。

[5] 亚历山大·乌斯季诺维奇·波列茨基早在四十年代就与陀思妥耶夫斯基相识。(参阅陀思妥耶夫斯基四十年代给波列茨基的信。——《陀思妥耶夫斯基书信集》,第 1 卷)B. B. 季莫费耶娃(O. 波钦科夫斯卡娅)回忆道:"'我对这个人怀有特殊的信心,'费奥多尔·米哈伊洛维奇告诉我说,'我一生中碰到任何艰难困苦、令人不安的事情,我总是求助于他,而且总能获得他的支持和安慰。'"(《同时代人回忆陀思妥耶夫斯基》,第 2 卷,页 162)在六十年代,波列茨基主持陀思妥耶夫斯基两兄弟创办的杂志《当代》上的"内部观察"栏,而在米·米·陀思妥耶夫斯基逝世(1864 年 7 月 10 日)以后,他担任《时代》的正式编辑,直至停刊。尼·尼·斯特拉霍夫在回忆录中介绍亚·乌·波列茨基时,说他"十分聪明,很有教养,除此之外,还具有特别可贵的精神品质、非凡善良的性格和纯洁的心灵,全心全意地赞同《时代》的倾向"。(《陀思妥耶夫斯基全集》,第 1 卷——《传记、书信和札记》,页 272)关于亚·乌·波列茨基在《时代》所起的作用,请参阅 A. C. 多利宁的文章《关于陀思妥耶夫斯基早期办的两种杂志的审查许可经过》,收入《陀思妥耶夫斯基。资料和研究汇编》,第 2 卷,页 574—577,以及 B. P. 涅恰耶娃所著《米·米·陀思妥耶夫斯基和费·米·陀思妥耶夫斯基的杂志〈时代〉》一书,莫斯科,1975 年。

[6] 叶夫根尼·亚历山德罗维奇·别洛夫——教育家,历史学家,斯拉夫主义者,风行一时的专著《彼得大帝改革以前的俄国史》(1896)的作者,在这部著作中,他详细地阐述了自己的斯拉夫主义的观点和信念。有趣的是,叶·亚·别洛夫在青年时代曾醉心于空想社会主义,而他的世界观实际上经历了与陀思妥耶夫斯基同样的演变。在 1873 年,别洛夫是《公民周报》"书刊介绍"栏的积极撰稿者。他曾在 1873 年的《公民周报》上发表过几篇评论文章(第 21、26、30、31、32 期)。参阅 Л. 兰斯基的文章《陀思妥耶夫斯基散失的信件》中叶·亚·别洛夫 1872 年 8 月 24 日给陀思妥耶夫斯基的信。——《文学问题》,1971 年,第 11 期,页 212—213。

[7] 参阅 1843 年 12 月 31 日、1844 年 1 月和 4 月以及 1846 年 10 月给米·米·陀思妥耶夫斯基的信。(《陀思妥耶夫斯基书信集》,第 1 卷,页 66,67—68,70—71,100—101)

[8] 安娜·格里戈利耶芙娜大概是指当时的评论界对长篇小说《群魔》的尖锐批评(参阅本章"注释"1)以及对长篇小说《白痴》的冷淡态度。自然,陀思妥耶夫斯

基常常把自己对同时代的评论家们的看法告诉安娜·格里戈利耶芙娜,他觉得这些评论家大部分属于"敌人"的营垒。不论是沉默还是怀有敌意的评论都同样使陀思妥耶夫斯基感到难受。作家把一般读者的意见与那些片面和肤浅的评论文章相对比;作家在他的1876年笔记本中所写的日记中特别谈到了这一点:"支持我的总是公众,而不是评论界,在那些评论家中间,有谁理解《白痴》的结尾——这一有力的场面是文学中绝无仅有的? 可是公众却理解。"(《文学遗产》,第86卷,页605)

至于维·彼·布列宁,他从六十年代后期起经常撰写有关陀思妥耶夫斯基的文章,主要发表在《圣彼得堡新闻报》和《新时报》上,他写得很多,但绝不是始终写得深刻而表示同情的。例如,他在评价《白痴》时,认为这是"一本编写成的作品,由许多荒谬的人物和事件组成,丝毫也没有考虑到艺术方面的课题"。(《圣彼得堡新闻报》,1868年,第250期)布列宁写了一系列评论长篇小说《群魔》的文章。(《圣彼得堡新闻报》,1872年,第15期,页345;1873年,第6期,页13)自由主义报纸的评论家虽然指摘长篇小说的诋毁性的倾向,但却坚决不同意那些把《群魔》与列斯科夫·阿夫谢延科、马尔克维奇的长篇小说等量齐观的评论家。布列宁在他的文章中写道:陀思妥耶夫斯基这部长篇小说中甚至最有偏见的章节也是"真诚的信念的成果,而不像那些专写轻松读物的行家们的作品那样,屈从于群众粗野的肉体本能"。(《圣彼得堡新闻报》,1873年,第13期)正是布列宁的上述意见对陀思妥耶夫斯基产生了良好的印象,他特别提到布列宁的这篇文章,因为这位评论家"在评价我的长篇小说《群魔》时发表了这样的看法:即使我改变了信念,我也是诚实的(就是说,不是为了做假,而是出于真心),而且[……]这句话甚至使我感动"。(《陀思妥耶夫斯基三十卷集》,第12卷,页271)看来这一情况可以部分地说明,安娜·格里戈利耶芙娜在《回忆录》中为什么把布列宁与别林斯基和杜勃罗留波夫相提并论。布列宁的那些评《卡拉马佐夫兄弟》的有分量的论文(《新时报》,1879年,第1087、1273、1357期)显然使陀思妥耶夫斯基增加对这位评论家的好感,这在他妻子的《回忆录》中得到了反映;在上述论文中,评论家肯定了陀思妥耶夫斯基的这部新作,甚至认为,这部长篇小说,就其说明俄国生活的深度和创见性来说,"比最现代化的中篇小说、长篇小说、悲剧和喜剧要更现代化十倍"。安·格·陀思妥耶夫斯卡娅在1888年5月15日给布列宁的信中写道:"我的亡夫十分尊敬您;他珍视您那些有关他的评论,认为在所有他的评论者中间,您最了解他的思想和愿望。"(《安·格·陀思妥耶夫斯卡娅和同时代人往来的书信》,C. B. 别洛夫出版。——《贝加尔》,1976年,第5期,页140)

安娜·格里戈利耶芙娜在同时代许多研究陀思妥耶夫斯基的创作的评论家中间特别提到布列宁,但其实,她具有远为重要的理由提到瓦·尼·迈科夫①,后者早在《谈谈一八四六年的俄国文学》一文(《祖国纪事》,1847 年,第 50 期)中就提到果戈理的现实主义与陀思妥耶夫斯基的现实主义的相似之处,同时还指出两者之间的区别:"果戈理是社会诗人,而陀思妥耶夫斯基则为心理诗人。"

[9]　《陀思妥耶夫斯基书信集》,第 3 卷,页 70。在这封信(1873 年 7 月 29 日)中,陀思妥耶夫斯基本人证实,他把梅谢尔斯基论丘特切夫的文章全部作了改写。梅谢尔斯基的那篇经过陀思妥耶夫斯基修改的《回忆费·伊·丘特切夫,历历在目》一文刊登在 1873 年 7 月 30 日《公民周报》第 31 期上。(参阅别利奇科夫《陀思妥耶夫斯基论丘特切夫》,附有梅谢尔斯基的《回忆费·伊·丘特切夫,历历在目》一文。——《往事》,1925 年,第 5 期)

[10]　符谢沃洛德·索洛维约夫在其《回忆费·米·陀思妥耶夫斯基》一文中写道:"他曾在我们会面初期寄予很大希望的编辑工作结果却进行得并不顺利;其实,要是了解他的性格和情况的话,是不难预料到这一点的。这杂志的名声已经形成,几乎所有当时的报章杂志都激烈地攻击它,甚至言词有伤大雅。这位新的编辑受到四面八方愚蠢而卑鄙的嘲笑。有人称《罪与罚》和《死屋手记》的作者是疯子、狂人、变节者、叛徒,甚至邀请公众去参观美术学院的展览会,在那儿瞧一瞧别洛夫画的陀思妥耶夫斯基的肖像,这幅肖像画可以完全证明画中人是个疯子,他应该待的地方是疯人院。"(《同时代人回忆陀思妥耶夫斯基》,第 2 卷,页 196—197)有关陀思妥耶夫斯基在《公民周报》的工作情况请参阅《费·米·陀思妥耶夫斯基和安·格·陀思妥耶夫斯卡娅通信集》,页 67—96。

[11]　梅谢尔斯基的《在圣彼得堡的吉尔吉斯代表》一文刊载在 1873 年 1 月 29 日第 5 期的《公民周报》上,其中写到如下的插曲:"代表中的长者苏丹·穆罕默德[……]开始发言,这一发言稿是他本人以整个民族的名义写的。他一开头讲得清楚而明白:'皇帝陛下',但是当皇帝提出'你会讲俄语吗?'这个疑问以后,穆罕默德就变得窘迫不堪,以致随后只能用吉尔吉斯语从他准备好的感谢词中低声念了几句,接着就压根儿说不出话来了。"(关于这个插曲,请参阅 Ю. Г. 奥克斯曼《费·米·陀思妥耶夫斯基在〈公民周报〉编辑部》,收入《陀思妥耶夫斯基的创作》一书,页 69—71)

---

①　瓦列里安·尼古拉耶维奇·迈科夫(1823—1847),俄国文学评论家、政论家,阿波隆·尼古拉耶维奇的弟弟,写有评论果戈理和陀思妥耶夫斯基等作家的文章。——译者注

[12] 此处安·格·陀思妥耶夫斯卡娅关于陀思妥耶夫斯基"当然承认自己有罪"的说法不确。法庭对陀思妥耶夫斯基的审讯于 1873 年 7 月 11 日早晨举行,陀思妥耶夫斯基出庭受审,但不承认自己有罪;他的辩护人——律师、文学基金会主席维·帕·加耶夫斯基宣称,书刊检查委员会根本就没有法律上的权利提出诉讼。(参阅《呼声报》,1873 年,第 162 期,6 月 13 日)

[13] 阿·费·科尼在他的回忆录性质的随笔《费·米·陀思妥耶夫斯基》中对这件事作了叙述;不过,他关于陀思妥耶夫斯基由于发表"关于皇上御游的消息"而被判罪这一说法(参阅《阿·费·科尼文集》,第 6 卷,莫斯科,1968 年,页 432)是不确实的。作家和阿·费·科尼在 1873 年偶然的结识为他和俄国杰出的法学家之间此后多年的友谊打下了基础。《罪与罚》的作者特别关心道德和社会准则遭到破坏这一问题,他对作为著名法学家的阿·费·科尼极感兴趣。由于科尼的介绍,陀思妥耶夫斯基有机会出席旁听七十年代彼得堡的几桩诉讼案,1875 年,科尼还安排陀思妥耶夫斯基去少年犯教养院;最后,《卡拉马佐夫兄弟》(第九部《预审》和第十二部《错判的案子》)的写作有许多地方得力于科尼提出的专业性意见。除了随笔《费·米·陀思妥耶夫斯基》外,科尼还写了两篇有关陀思妥耶夫斯基的回忆录性质的文章:《费奥多尔·米哈伊洛维奇·陀思妥耶夫斯基》和《再谈陀思妥耶夫斯基》。(参阅《阿·费·科尼文集》,第 6 卷)

[14] 参阅《陀思妥耶夫斯基书信集》,第 3 卷,页 77。

[15] 不确。此处所指的是彼得堡斯拉夫人慈善委员会,1877 年,由这个委员会组成斯拉夫人慈善协会,这个协会的宗旨是在物质上援助巴尔干半岛的斯拉夫人,同时向俄土战争的战区提供志愿兵。

[16] 虽然陀思妥耶夫斯基和弗拉基米尔·索洛维约夫确实是在 1873 年年初结识的(参阅 1873 年 1 月 24 日弗拉基米尔·索洛维约夫给陀思妥耶夫斯基的信——国立列宁图书馆,Ф.93,II.8.120Б),但是此处所指的很可能是弗拉基米尔·索洛维约夫的哥哥,作家和评论家符谢沃洛德·索洛维约夫,后者在这个时候恰好与陀思妥耶夫斯基接近起来(参阅符谢沃洛德·索洛维约夫写的《回忆费·米·陀思妥耶夫斯基》。——《同时代人同忆陀思妥耶夫斯基》,第 2 卷,页 186—209)。弗拉基米尔·索洛维约夫于 1874 年他的硕士学位论文《西方哲学的危机》答辩通过以后不久就去国外,在那儿待了将近两年;因此,陀思妥耶夫斯基和弗拉基米尔·索洛维约夫之间比较密切的交往是在 1877 年后者回到彼得堡以后开始的。从 1877 年底到

1878 年秋,他们来往最为频繁,在这期间,陀思妥耶夫斯基按时去听弗拉基米尔·索洛维约夫在彼得堡的盐城所作的"神人合一讲座",他的讲演颇受社会上的好评。1878 年 6 月,当他们一起去参观奥普塔小修道院时,陀思妥耶夫斯基曾向弗拉基米尔·索洛维约夫叙述了他的"主要思想",还部分地谈到了他打算写一系列长篇小说的计划,其中写成的只有《卡拉马佐夫兄弟》一部。(关于这方面的情况,请参阅《弗·谢·索洛维约夫文集》,第 3 卷,圣彼得堡,1912 年,页 197)1880 年 4 月 6 日,陀思妥耶夫斯基出席了为弗拉基米尔·索洛维约夫的博士论文《抽象原理批判》而举行的答辩会。作家对年轻的哲学家的理论很感兴趣。弗拉基米尔·索洛维约夫发表的思想——"人类〔……〕所知道的要比他们在科学和艺术中至今所表达的多得多"——实质上与陀思妥耶夫斯基的想法接近,因而特别吸引他。(参阅陀思妥耶夫斯基 1880 年 4 月 11 日致 E. Ф. 容格的信。——《陀思妥耶夫斯基书信集》,第 4 卷,页 136)

在国立列宁图书馆里,保存着弗拉基米尔·索洛维约夫给安·格·陀思妥耶夫斯卡娅的信件,并附有后者以《关于弗拉基米尔·索洛维约夫给我的信件》为题的下述按语:"弗拉基米尔·索洛维约夫是我亡夫的智慧、心灵和才能的热烈崇拜者之一,他对我丈夫的逝世感到由衷的惋惜。弗拉基米尔·谢尔盖耶维奇知道我们打算建立一所国民学校以纪念费奥多尔·米哈伊洛维奇,便表示愿意协助我们,促使为此目的而举办的文学晚会获得成功。这样,他参加了 1882 年 2 月 1 日举行的朗诵会;次年 2 月 19 日,又在我们为国民学校举办的晚会上(在市信贷社的大厅里)发表演说,他的演说虽然遭到部长的禁令,但却大受听众的欢迎。弗拉基米尔·谢尔盖耶维奇还打算参加我们在 1884 年举行的朗诵会,但家庭情况妨碍他实现自己的意愿。为了安排这些朗诵会,我曾好多次与弗拉基米尔·谢尔盖耶维奇会面和通信,他始终乐于为纪念我的丈夫而尽力,回忆及此,我的内心总是充满了深切的感激之情。我的丈夫非常喜爱索洛维约夫,对他的事业寄予很大的期望,在这方面,我丈夫的看法没有错。安〔娜〕·陀〔思妥耶夫斯卡娅〕。"

陀思妥耶夫斯基逝世以后,弗拉基米尔·索洛维约夫曾发表三次富有倾向性的演说,其中强调这位作家的理想和创作的宗教性:"因此,教会是积极的社会理想,是我们的全部思想和事业的基础和目标;而全体人民的功绩乃是实现上述理想的根本途径——这就是陀思妥耶夫斯基所达到的结论,这一结论以启示的光辉照亮了他的全部事业。"(弗拉基米尔·索洛维约夫,《纪念陀思妥耶夫斯基的三次演说》,莫斯科,1884年,页10)但是,弗拉基米尔·索洛维约夫的说法是否完全出于真诚,值得怀疑;因为作家的理想有许多方面和他不同,而且,他在给K. H. 列昂季耶夫的信中曾经特别尖锐地谈到过作家的宗教观点:"陀思妥耶夫斯基热烈地相信宗教信仰的存在,不过常常是从望远镜里观察它,好像观察一个遥远的目标似的,而从来不会站到真正的宗教立场上来。"(瓦·罗扎诺夫,《K. H. 列昂季耶夫书信摘录》,《俄国导报》,1903年,第5期,页162)关于陀思妥耶夫斯基和弗拉基米尔·索洛维约夫的情况,可参阅Э. Л. 拉德洛夫的文章《索洛维约夫和陀思妥耶夫斯基》,收入《陀思妥耶夫斯基。资料和研究汇编》,第1卷,以及H. И. 普鲁茨科夫的文章《陀思妥耶夫斯基和弗拉基米尔·索洛维约夫("宗教大法官"和"反基督者")》,收入《一八七〇年至一八九〇年的俄国文学》,第5集,斯维尔德洛夫斯克,1973年,页51—78。

[17] 陀思妥耶夫斯基和伊万·尼古拉耶维奇·希德洛夫斯基是在1837年春陀氏第一次与哥哥米·米·陀思妥耶夫斯基来到彼得堡时认识的。陀思妥耶夫斯基在工程学校的头几年受希德洛夫斯基的影响颇深,后者写一些朦胧、神秘的诗歌,为崇高的爱而痛苦,热烈地谈论天国,甜蜜地幻想着自杀的乐趣。陀思妥耶夫斯基兴奋地向哥哥叙述希德洛夫斯基的情况:"朝他望一望:这是个受难者! 他憔悴,两颊下陷,他那双含泪的眼睛干枯而充满激情;他肉体上[……]变弱,而精神上的美却增强了。我和他常常整个晚上坐着闲聊,天知道谈些什么! 啊,多么坦率的灵魂! 如今回忆往事,我不由得潸然泪下[……]我们最后一次会面是去叶卡特琳戈夫闲游。噢,这一晚我们过得多么美好! 我们回忆着我们冬季的生活,那时光,我们谈论荷马、莎士比亚、席勒、霍夫曼,关于他们,我们说了多少话,看了多少书啊。[……]去年冬天,我处在非常兴奋的状态中。与希德洛夫斯基的结交赋予我的生活许多美好的时刻[……]我有这么一位朋友,我是多么喜爱他啊!"(1840年1月1日函——《陀思妥耶夫斯基书信集》,第1卷,页56—57)希德洛夫斯基在彼得堡担任公职不久,就回到自己的故乡——哈尔科夫省,在那儿,他准备深入研究俄国教会史。奥尔狄诺夫——陀思妥耶夫斯基早期一篇小说中的主人公——可能是希德洛夫斯基心理的写照,这个人物也从事教会史的著述;指出这一点不无意义。五十年代,希德洛夫斯基进瓦卢伊斯基修道院做见习修士,后来去基辅朝圣,旋即回到乡下家里,一直待到逝世,始终穿着见习修士的长袍。陀思妥耶夫斯基终生保留着对自己年轻时的朋友的美好回忆。符谢沃洛德·谢尔盖耶维奇·索洛维约夫记得,当他想写一篇有关陀思妥耶夫斯基的文章、请求后者向他提供一些传记材料时,这位作家回答道:"您在您的文章中

一定得提到希德洛夫斯基,尽管谁也不知道他,他在身后并没有留下文学家的美名。看在上帝分上,老弟,提到他吧——我认为这是位优秀的人物,他的名字值得留念。"(《同时代人回忆陀思妥耶夫斯基》,第 2 卷,页 191)在陀思妥耶夫斯基的心中永远铭刻着俄国浪漫主义者希德洛夫斯基的形象。陀思妥耶夫斯基所写的一系列浪漫主义的主人公从中篇小说《女房东》中的奥尔狄诺夫开始,以朗诵席勒诗歌的德米特里·卡拉马佐夫殿后。关于希德洛夫斯基和陀思妥耶夫斯基的情况,请参阅 M. Π. 阿列克谢耶夫所著《陀思妥耶夫斯基早年的朋友》一书,敖德萨,1921 年。

　　[18]　英国传教士格伦维尔·雷德斯托克于 1874 年起在彼得堡布道。受了他布道的影响,在俄国建立了以帕什科夫为名的教派。雷德斯托克的宗教学说的实质是:"罪孽之得到宽恕并不在于善功,神圣的血能够洗刷罪孽,谁如果把基督当作唯一的救星,当作上帝和人类之间唯一的中保,那么,已经流洒的宝血会把他洗净。"陀思妥耶夫斯基对雷德斯托克的说教持否定态度,这表现在 1876 年的《作家日记》里:"雷德斯托克勋爵真正的成功仅仅建立在'我们的独立性',我们脱离土壤、脱离民族的基础上。看来,我们,我们社会的知识分子阶层现在已经成了完全另一种人,十分渺小,十分卑下,但却具有自己的习惯和自己的偏见,这种习惯和偏见被当作是独特性,现在,我们甚至想要形成自己的信仰了。"《陀思妥耶夫斯基文艺作品十三卷集》,第 11 卷,页 242)

　　[19]　陀思妥耶夫斯基给尤·丹·扎谢茨卡娅的信至今未曾发现。关于他们之间的通信往来,安·格·陀思妥耶夫斯卡娅在《费·米·陀思妥耶夫斯基著作注释》中指出:"在尤利娅·丹尼索芙娜的继承人(她的子女们)和她的姐妹维斯康季伯爵夫人那儿可能找到费奥多尔·米哈伊洛维奇给扎谢茨卡娅的回信,这些信主要是谈宗教问题。"(《陀思妥耶夫斯基的创作》,页 34)安娜·格里戈利耶芙娜说"主要是谈宗教问题",这不是偶然的;后来,在她的《回忆录》中(参阅本书页 363)强调,陀思妥耶夫斯基与尤·丹·扎谢茨卡娅"经常就她的宗教信仰同她进行热烈但友好的争论"。问题在于,尤·丹·扎谢茨卡娅改变了自己的宗教信仰,从信仰东正教改为信仰路德宗,而陀思妥耶夫斯基则企图使她重新皈依东正教。关于他们就宗教问题进行争论的情况,请参阅尼·谢·列斯科夫的回忆录《论厨下农夫和其他。关于对列·托尔斯泰若干评论的笔记》,收入《尼·谢·列斯科夫文集》,第 11 卷,莫斯科,1958 年,页 147—155。还可参阅 Л. 兰斯基的《陀思妥耶夫斯基散失的信件》一文(《文学问题》,1971 年,第 11 期,页 216—217)中谈到的尤·丹·扎谢茨卡娅给陀思妥耶夫

斯基的信。

[20]　叶·安·施塔肯施奈德在六十年代初与陀思妥耶夫斯基相识,七十年代,他们恢复交往,此后,陀思妥耶夫斯基便经常去施塔肯施奈德家并与她通信。(参阅《陀思妥耶夫斯基书信集》,第4卷,页62、182)叶·安·施塔肯施奈德把她和陀思妥耶夫斯基相会的情况反映在她的日记里和1884年开始动笔而没有写完的关于陀思妥耶夫斯基的回忆录中。(叶·安·施塔肯施奈德,《日记和笔记(1854—1886)》,莫斯科-列宁格勒,1934年)有关陀思妥耶夫斯基到叶·安·施塔肯施奈德家做客的情况亦可参阅韦·米库利奇(利·伊·韦谢利茨卡娅)的回忆录《与作家们的会见》,列宁格勒,1929年。

第七章　一八七四至一八七五年

一　一八七四年。拘留。涅克拉索夫

1874年的头几个月,我们的日子不大好过。无论什么样的天气,费奥多尔·米哈伊洛维奇总得外出处理《公民周报》的事务,而在报纸出版以前,又要接连几个小时坐在炉子烧得很旺的校对室里,这样,他就经常感冒:他起初有点咳嗽,后来咳得越来越厉害,开始气喘,我丈夫找科什拉科夫教授①诊治,后者建议用压缩空气治疗。科什拉科夫介绍西蒙诺夫医生的诊疗所(设在加加林街),费奥多尔·米哈伊洛维奇每星期到那儿去三次,每次得在钟形罩下坐上两个钟头。用压缩空气治疗对他有很大好处,但得占用他很多时间,他整个一天干不成别的事了:他必须很早起身,在约定的时间匆忙赶到诊疗所,等待那些需要跟他一起坐在钟形罩下的迟到病人,等等。这一切搞得我丈夫心绪不佳。

在这个时期,还有一件事使费奥多尔·米哈伊洛维奇感到苦恼:由于编

---

① 德米特里·伊万诺维奇·科什拉科夫(1835—1891),医学内外科学院教授,内科医生。

辑工作繁忙和身体有病,他去年为《公民周报》上的那篇文章而被判拘留两昼夜的处罚尚未执行。最后,我丈夫和阿·费·科尼谈妥,拘留定于3月下旬执行。21日晨,警察分局长来到我家,费奥多尔·米哈伊洛维奇已经在等候他了。他们起初前往区法院。过两个钟头,我得去警察分局打听我丈夫究竟被拘留在哪个机关。后来我得知他被送进干草街的拘留所(现今市立化验室的所在地),就立即带去一只小手提箱和卧具。那个时候情况比较简单,我马上获准去见我的丈夫,我发现费奥多尔·米哈伊洛维奇情绪很好:他详细询问,孩子们是否想念他,要我给他们带些糖果去,同时对他们说,他到莫斯科去买玩具了。晚上,安排好孩子们睡下,我就忍不住又去看丈夫了;但是由于时间太晚,人家不放我进去,我只能请看守把新鲜的白面包和一封信转交给他。我不能和他谈话,也不能安慰他,要他不用为孩子们担心,这使我感到十分懊丧,于是我便站到拘留所窗下(在斯帕斯基胡同),看到我丈夫正坐在桌子边看书。我站了约莫五分钟,然后轻轻地敲了敲窗,我丈夫立即站起来,朝窗外望。他一看到我,便欣喜地笑了笑,向我点头。这时候卫兵朝我走来,我只得离开。我前往阿·尼·迈科夫处(他就住在附近,在萨多沃伊街),请求他明天去探望我丈夫。他是那么好心,把我丈夫被监禁的事通知符谢沃洛德·索洛维约夫[1],后者也在第二天探望了我的丈夫。[2] 翌日,我到丈夫那儿去了两次(晚上我又站在窗下,不过这一次他在等待我),第三天十二点钟左右,我和孩子们欢欢喜喜地迎接"从莫斯科"回来的爸爸。他在路上顺便到商店里为孩子们买了玩具。费奥多尔·米哈伊洛维奇从拘留所回来的时候,心情愉快,说他这两天过得挺好。跟他关在同一拘留所的是个工匠,此人白天连续几小时睡觉;因此,我丈夫可以不受干扰,把维克多·雨果的《悲惨世界》重读了一遍,他对这部作品评价很高。

　　"把我关起来是件好事,"他愉快地说,"要不然,我哪有时间重温很久以前这部伟大的作品留给我的奇妙印象呢?"

---

　　① 　符谢沃洛德·谢尔盖耶维奇·索洛维约夫(1849—1903),历史小说家,评论家。
　　② 　请参阅《符谢沃洛德·索洛维约夫回忆录》,《历史导报》,1881年,4月号。——安·格·陀思妥耶夫斯卡娅注[1]

1874 年初,费奥多尔·米哈伊洛维奇决定完全放弃《公民周报》的编辑工作(由他签名的最后一期《公民周报》出版于[4 月 15 日])。[2]

费奥多尔·米哈伊洛维奇重又向往纯粹的文艺工作。他的脑海里产生了新的主题和典型,他渴望把它们体现在新的作品中。当然,他关心长篇小说的出路问题[3],担心《俄国导报》已经掌握了下一年度准备发表的稿件。不仅如此,对我丈夫来说,主动投稿永远是一件苦事。但是出现了一个情况,使我们为之不安的问题获得了顺利的解决。

4 月里的一个早晨,大概十二点钟左右,女仆交给我一张名片,上面印着:"尼古拉·阿列克谢耶维奇·涅克拉索夫"。我知道费奥多尔·米哈伊洛维奇已经穿好衣服,马上就会出来,就吩咐女仆把客人请到客厅里,同时将名片交给丈夫。过了四五分钟,费奥多尔·米哈伊洛维奇为失迎而向客人道歉,请客人到他的书房里去。

我对涅克拉索夫的来访极感兴趣,他是我丈夫青年时代的朋友,后来却成了文学上的敌人。我记得还在六十年代,在《当代》和《时代》杂志出版的时候,《现代人》杂志就登载过谩骂费奥多尔·米哈伊洛维奇的言论;而且最近几年又不止一次地发表米哈伊洛夫斯基[1]、斯卡比切夫斯基[2]、叶利谢耶夫[3]等人对他攻击的文章。[4]我知道费奥多尔·米哈伊洛维奇回国后还没有碰到过涅克拉索夫,因此,他的来访必然具有某种意义。我的好奇心是那么强烈,以致忍不住站立在餐室通向书房的门后。使我大为高兴的是,我听见涅克拉索夫邀请我丈夫撰稿,向《祖国纪事》提供明年度发表的长篇小说,而且表示愿意给予每印张二百五十卢布的稿酬,而费奥多尔·米哈伊洛维奇直到如今所得的稿酬是每印张一百五十卢布。

涅克拉索夫看到我们家陈设简单,大概以为费奥多尔·米哈伊洛维奇非

---

① 尼古拉·康斯坦京诺维奇·米哈伊洛夫斯基(1842—1904),社会学家,政论家,文学批评家,自由民粹派的思想家,1868 年起为《祖国纪事》杂志撰稿,后任编辑。

② 亚历山大·米哈伊洛维奇·斯卡比切夫斯基(1838—1910),文学史家和评论家,1868 年起经常为《祖国纪事》撰稿。

③ 格里戈里·扎哈罗维奇·叶利谢耶夫(1821—1891),政论家和新闻工作者,《现代人》的撰稿人,曾任《火星》周刊编辑,1868 年起任《祖国纪事》编委。

常满意于稿酬的提高,因而会马上答应下来。但是费奥多尔·米哈伊洛维奇对这一提议表示感谢以后,却说:

"我不能给您肯定的答复,尼古拉·阿列克谢耶维奇,原因有两方面:首先,我得和《俄国导报》联系,他们是否需要我的作品?如果他们明年的稿件已经具备,那么我就不受任何约束,可以答应把长篇小说交给您。我是《俄国导报》的老撰稿人,卡特科夫对我的请求总是给予善意的照顾,如果我脱离他们,不把自己的作品提供给他们,那我就显得无礼了。这事情一两个星期内可以见分晓。我认为有必要事前告诉您,尼古拉·阿列克谢耶维奇,我一向在交稿时预支稿费,数额在两三千左右。"

涅克拉索夫表示完全同意。

"其次一个问题是,"费奥多尔·米哈伊洛维奇接着说,"不知道我妻子对您的提议抱什么看法。她在家,我马上就去问她。"

接着,我丈夫就来找我。

这时候发生了一个很有趣的情况。当费奥多尔·米哈伊洛维奇跑来找我的时候,我急忙对他说:

"干吗还要问呢?答应下来吧,费佳,立即答应吧。"

"答应什么?"我丈夫惊异地问。

"哎哟,我的天!就是涅克拉索夫的提议呗。"

"你怎么会知道他的提议的?"

"我站在门后,全部谈话我都听到了。"

"那么,你是在偷听啰?哎哟,安涅奇卡,你怎么不害臊?"费奥多尔·米哈伊洛维奇遗憾地叫道。

"一点儿也不害臊!你一向什么事都不瞒我,这事反正总要告诉我的。我偷听到了又有什么关系,这不是别人的事,是我们俩共同的事啊。"

费奥多尔·米哈伊洛维奇听到我的逻辑,只能两手一摊,毫无办法。

费奥多尔·米哈伊洛维奇回到书房里,说:

"我和妻子谈过了,如果我的小说能在《祖国纪事》上发表,她感到满意。"

看来,涅克拉索夫有点不快,觉得这样的事无须获得我的同意,他说:

"我怎么也想不到您受您夫人的'管束'。"

"这有什么可奇怪的?"费奥多尔·米哈伊洛维奇反驳道,"我和她相处得十分和睦,我所有的事都让她知道,我相信她的智慧,她的才能。这种对我们俩都十分重要的问题,我怎能不征求她的意见呢?"

"是啊,我当然明白……"涅克拉索夫说,改变了话题。他又坐了二十分钟光景,就走了,临别时,请求我丈夫一接到《俄国导报》的答复,就立即通知他。

为了尽速解决长篇小说的问题,费奥多尔·米哈伊洛维奇决定不与《俄国导报》函商,而是亲自前往莫斯科,4月底,他就动身到那儿去。卡特科夫听到涅克拉索夫的提议,表示愿意付同样数目的稿酬;但是当费奥多尔·米哈伊洛维奇请求预支两千稿费时,卡特科夫却说,他刚为了拿到一部稿子(长篇小说《安娜·卡列尼娜》)而用掉一大笔钱,编辑部在经济上感到困难。这样,长篇小说的问题得到了解决,使涅克拉索夫如愿以偿。

二 一八七四年。出国

费奥多尔·米哈伊洛维奇和家人在旧鲁萨度过了5月,6月4日他便前往彼得堡,为的是遵照德·伊·科什拉科夫教授的嘱咐,到埃姆斯①去治疗。在彼得堡,弗·彼·梅谢尔斯基公爵和他的一位亲戚劝我丈夫不要去埃姆斯,而去索登。经常为我丈夫治病的医生雅·波·布列特采尔也给予他同样的劝告。他们的坚决主张使费奥多尔·米哈伊洛维奇举棋不定,他决定在柏林征求那边的名医弗廖里赫教授的意见。他到了柏林,就去找这位教授。教授让他待了两分钟,只用听诊器听了一下他的胸部,便告诉他埃姆斯的医生古滕塔格的地址,建议他去找这位医生。费奥多尔·米哈伊洛维奇习惯于俄国医生们认真仔细的检查,对德国名医漫不经心的态度感到十分不满。

---

① 埃姆斯,欧洲最有名的矿泉疗养区之一,在德国西部威斯巴登近郊。——译者注

　　费奥多尔·米哈伊洛维奇是在 6 月 9 日抵达柏林的,由于所有的私营银号都关着门,他就到皇家博物馆去看考尔巴赫①的画,后者的作品在人们的言论和文章中谈得很多。费奥多尔·米哈伊洛维奇不喜欢这位画家的作品:他觉得其中"只有冷冰冰的隐喻"。② 但是博物馆中的其他绘画,特别是那些古代大师们的作品,却给我丈夫绝好的印象,他对我们初次到柏林时没有一起去看这些艺术瑰宝感到遗憾。

　　在柏林,费奥多尔·米哈伊洛维奇不得不跑商店,为的是给我们别墅的女主人买一条像我丈夫在德累斯顿时替我买的那种开司米的黑披巾。费奥多尔·米哈伊洛维奇顺利完成了自己接受的委托,买到了一条上好的披巾,价格也不算贵。顺便说说,我丈夫买东西很在行,凡是他所购的物品都挺不错。

　　费奥多尔·米哈伊洛维奇从柏林出发,一路上优美的景色使他心醉神往。他写信给我说:"呈现在眼前的尽是迷人、柔和、神话般的景色,是世界上最富于魅力的佳境;土冈,山岭,城堡以及像马尔堡和利姆堡那样有美丽的塔楼、群山和谷地奇妙地相结合的城市——如此的景物我还从未见到过,就这样,我们在一个天气炎热、阳光照耀的早晨抵达埃姆斯。"③费奥多尔·米哈伊洛维奇还兴高采烈地描绘了埃姆斯之美,可是后来由于思乡和寂寞,他待在这个城市里却感到了压抑。

　　在费奥多尔·米哈伊洛维奇抵达埃姆斯的那一天,找到旅馆以后,他便去找奥尔特医生,布列特采尔医生的那封介绍信就是写给这位医生的。奥尔特给我丈夫仔细地作了检查,发现他患有暂时性的黏膜炎,但是这位医生声明,这病必须重视,因为任其发展,病人的呼吸就会越来越困难。他嘱咐饮用矿泉水,表示经过四个月的治疗后,病人就可恢复健康。

　　就在同一天,我丈夫经过长久的寻觅以后,终于在布卢歇尔的房子七号的二楼为自己找到了两间屋子,租金是每星期十二个塔列尔。此外,女房东

---

①　考尔巴赫(1805—1874),德国画家。——译者注

②　1874 年 6 月 25 日(旧历 6 月 13 日)给我的信。——安·格·陀思妥耶夫斯卡娅注[5]

③　1874 年 6 月 25 日(旧历 6 月 13 日)给我的信。——安·格·陀思妥耶夫斯卡娅注[6]

还供应早上喝的咖啡、午饭、茶和简单的晚饭,每天收费一个半塔列尔。

费奥多尔·米哈伊洛维奇在叙述他怎样度日时,写道:"我只是读普希金的作品,得到极大的乐趣;每天我都有一些新的感受。"就在同一封信(6月28日,即旧历6月16日)中,我丈夫告诉我:"昨天傍晚我出去散步时,第一次看到威廉皇帝①,他是个高大、傲慢的老头儿。这里所有的人都站起来(包括女士们),脱掉帽子,鞠躬致敬;而他却对谁也不点头,有时只挥一下手。我们的皇帝则相反,对这儿的人都点头致意,德国人对这一点很珍视。有人说,德国人和俄国人(特别是我们上流社会的女士们)渴望什么时候能在路上碰到沙皇,向他请个安。"[7]

过了约莫一个星期,费奥多尔·米哈伊洛维奇已经想家人,在这之前,他只有短时间离开过家,而且碰到某种意外的情况,还有可能临时回来。由于我的信没有及时寄到,比我丈夫所期待的日子晚得多,他就越发想家了。我知道他会担心,就亲自把信送到邮局,每次都请求邮政支局局长立即将信发出。我将丈夫抱怨旧鲁萨邮局办事拖拉的信带给他们看,恳求他们不要耽误我们的通信,但是无济于事:信件总要在旧鲁萨搁上两三天,直到1875年春,我们才得知这种拖延的缘由。[8]

在布卢歇尔的房子里住了三个星期后,由于女主人采取故意算错钱的手法,对费奥多尔·米哈伊洛维奇进行欺骗,而且打算让他搬到顶楼去,他就迁至阿尔及尔城市旅馆四至五号。在这套房子里,他住得挺舒服,因为房间比较高敞,还有一个阳台,这阳台要到很晚才关闭。

在埃姆斯,费奥多尔·米哈伊洛维奇有几个俄国熟人,他对他们很有好感。这样,他和库布利茨基②、阿·安·施塔肯施奈德③、X先生和沙利科娃公爵小姐④会了面,他过去曾在卡特科夫处碰到过这位公爵小姐。这位亲切而善良的老妇人愉快、开朗的态度大大地缓解了费奥多尔·米哈伊洛维奇在孤

① 指威廉一世(1797—1888),普鲁士国王(1861—1888)和德国皇帝(1871—1888)。

② 米哈伊尔·叶夫斯塔菲耶维奇·库布利茨基(1821—1875),戏剧史家,音乐家。

③ 阿德里安·安德烈耶维奇·施塔肯施奈德(1841—?),法学家,建筑师安·伊·施塔肯施奈德之子。

④ 纳塔利娅·彼得罗芙娜·沙利科娃(笔名E.纳尔斯卡娅;1815—1878),女作家。

独生活中经受的苦恼。为此,我深深地感激她。我丈夫养成了每天长时间散步(两次)的习惯,由于失去了这一享受,他就越发想家了。在旅馆那挤满了人的小花园里散步是不可能的,而要走山路,健康情况又不允许。他想到今年冬天我们的日子将怎样过,心里又增添了不安。我们从涅克拉索夫那儿预支到的大笔稿费已经花掉:一部分偿付紧迫的债务,另一部分则供丈夫出国之用。不交出一部分小说稿而请求预支是不可能的。这种种情况凑合在一起,影响我丈夫的情绪,他的神经变得有点儿病态(可能还由于喝矿泉水的缘故),这样,他在公众中间便以一个喜欢教训大家的"暴躁的"俄国人出名。①我的书信以及信中写到的孩子们的情况,他们如何淘气,又说了哪些话等等,给予我丈夫莫大的安慰。"亲爱的安尼娅,你谈到孩子们的一些趣事,"他在7月21日(旧历7月9日)的信中写道,"使我精神为之一振,我仿佛见到了你们似的。"在同一封信里,费奥多尔·米哈伊洛维奇提到了对孩子们教育中的缺陷:"他们没有自己的熟人,也就是说,没有像他们那样幼小的朋友和同伴。"确实,在我们的熟人中间,很少人有着跟我们的小家伙们年龄相仿的孩子,只有到了夏天,孩子们才能在约翰·鲁缅采夫家里找到自己的朋友。

在春天筹划费奥多尔·米哈伊洛维奇出国之行时,我和丈夫曾打算,等到疗程结束以后,他再到某个地方去住一阵,进行 Nachkur②,如果弄到钱的话,他想顺便到巴黎去看看。我突然想到寄五十卢布给丈夫,要他在巴黎买一段黑色的绸缎料子,准备为自己做一件比较讲究的衣服,这在某些场合是必不可少的。我寄钱一事使丈夫感到吃惊,他在火头上甚至责备我,因为他没有了解我的话,或者,不如说他误解了我的话。但是他还是一直想到要实现我的愿望,在路过柏林时,跑遍了那里的商店,给我带来了一段上好的锦缎料子。虽然他把所买之物向海关出示,但是那儿的人并不理睬他的申述,而是拼命检查他所带的书籍和笔记本,想要找出什么违禁物。

费奥多尔·米哈伊洛维奇没有足够的钱上巴黎去;但他心中保存着对长女索尼娅的怀念,不能放弃一生中再到她的坟上去一次的愿望。他前往日内

---

① 1874 年 7 月 21 日(旧历 7 月 9 日)给我的信。——安·格·陀思妥耶夫斯卡娅注[9]
② 德语:经过治疗以后的疗养。——译者注

瓦,到儿童墓地"素园"去了两次,从索尼娅的坟上带给我几条柏树枝,这棵树在六年内已经长得枝叶茂盛了。

费奥多尔·米哈伊洛维奇在彼得堡待了两三天,于 8 月 10 日左右回到了旧鲁萨。

三　一八七四至一八七五年。在旧鲁萨的夏日和冬日

费奥多尔·米哈伊洛维奇在 1874 年从埃姆斯给我的来信中几次谈到那个使他苦恼的想法:不久的将来,我们的生活会十分艰难。① 目前的境况确实迫使我们深思,我们本来就经常处于经济拮据的状态中。

我上面已经提到过,尼·阿·涅克拉索夫在 4 月份曾到我们这儿来过,请求费奥多尔·米哈伊洛维奇把他未来的长篇小说在 1875 年的《祖国纪事》上发表。我的丈夫乐意和涅克拉索夫恢复友谊,他很重视后者的才能;涅克拉索夫愿意提供比《俄国导报》多一百卢布的稿酬,我们俩对这一情况感到满意。

但是这件事也有使费奥多尔·米哈伊洛维奇苦恼的一面:《祖国纪事》是对立阵营的杂志,而且还在不久以前,我丈夫编辑《当代》和《时代》杂志的时候,它曾和这两个杂志进行过激烈的斗争。[11]《祖国纪事》编辑部的成员中有几个费奥多尔·米哈伊洛维奇在文学界的敌人:米哈伊洛夫斯基、斯卡比切夫斯基、叶利谢耶夫,在某种程度上还有普列谢耶夫②[12],他们可能要求我丈夫按照他们那一派的思想来修改长篇小说。但是费奥多尔·米哈伊洛维奇无论如何也不可能放弃自己的基本信念。《祖国纪事》呢,也可能不愿意发表我丈夫的某些看法,这样一来,只要发生什么重大的意见分歧,费奥多

---

① 6 月 24 日、7 月 14 日以及其他的日子给我的信。——安·格·陀思妥耶夫斯卡娅注[10]

② 阿列克谢·尼古拉耶维奇·普列谢耶夫(1825—1893),彼得拉舍夫斯基小组成员,诗人,评论家。

尔·米哈伊洛维奇无疑就会把自己的小说要还,不管这对我们会造成何等悲惨的后果。在 1874 年 12 月 20 日给我的信中,他为同样的想法所苦,写道:"现在,要是我有什么地方反对他们的倾向,涅克拉索夫就可以完全牵制我……但是,即使今年我们被迫去要饭,我在倾向性方面是连一行字也不会让步的。"[13]

不管我们一旦与《祖国纪事》发生争执时准备怎么办,想到这个问题终究使我们俩忐忑不安。不消说,我们得马上归还预支的钱,可是我们已经用掉了一部分,对我们来说,立即偿还是太困难了。此外,还需考虑——在费奥多尔·米哈伊洛维奇尚未给自己的小说找到出路之前,我们怎么过日子?要知道,《俄国导报》是当时我丈夫依据自己的信念唯一能为之工作的刊物。[14]

我琢磨着意料中的挫折可能造成的各种后果,最后打定主意,尽可能减少我们家的开支。不管我们的生活过得如何俭朴,除了偿还威胁我们的债务和利息,我们一年至少得花去三千卢布,因为单是我们(一直是简陋的)住房的租金就要七百至八百卢布,再加上木柴,那便是整整一千卢布了。我又想留在旧鲁萨过冬,特别是我和丈夫曾决定明年春天再去旧鲁萨,因为在那儿游泳有利于孩子们的健康。这样一来,回到京城以后,总共只能住上八九个月,而且其中有一个半至两个月要花在寻找和布置住房上,一到春天就又得准备动身。这全部时间都不能用在工作上,而费奥多尔·米哈伊洛维奇十分珍惜能够尽快写完小说的机会,以便着手实现自己的夙愿——出版自己独立的刊物《作家日记》。

至于旧鲁萨的房租低廉,食品比彼得堡便宜三分之二,在京城少不了的其他开支也可以缩减,那就不用说了。

除了经济上的打算以外,整个冬天能够过上我们夏天一直过的那种平静、安宁、异常亲切的家庭生活,对我富有吸引力,每到冬天,我们老是怀着美好的感情回忆那些日子。在彼得堡,临到冬天,费奥多尔·米哈伊洛维奇很少有时间与家人单独在一起:他得跟别人交往,出席斯拉夫人的慈善协会,从 1872 年起,他就是这个协会的成员。[15]他要在家里接待许多人。这一切把费奥多尔·米哈伊洛维奇从我和孩子们身边夺走,他和我们共同度过的时光就少了;可是对我丈夫来说,我们的孩子们,和孩子们作伴,却是他至高的幸福。冬天待在旧鲁萨就能使我们一下子摆脱许多破坏我们幸福的家庭生活的因素。

打定了在旧鲁萨过冬的主意后,我就着手寻找住房。由于许多原因,我们冬天不可能留在格里布的别墅里。可是在旧鲁萨要找到大的住房并不难:那些在避暑季节每季度租金三四百卢布的别墅,冬天没有人住,就以每月十五至二十卢布的价格出租。但是费奥多尔·米哈伊洛维奇不在,我不能断然作出决定;因为他在路过彼得堡时可能在那儿找到合适的住房,这样一来,在旧鲁萨过冬就连想也不用想了。

费奥多尔·米哈伊洛维奇在 7 月底回到旧鲁萨;他在彼得堡待了两三天,但是没有找到住房,而且也不尽力设法去找,因为他非常想家,急着要回来。

他回来以后过了几天,我们谈起过冬的住房以及我们何时离开旧鲁萨的问题。那时候,我用建议的口气说道:

"我们留在旧鲁萨过冬如何?"

我的建议遭到费奥多尔·米哈伊洛维奇的强烈反对。反对的理由出乎意料,但是我听了感到得意。我丈夫说,待在旧鲁萨,过着像夏天那种孤寂的生活,我会发闷的。

"去年冬天你就什么地方也没去,"他说,"也没有任何娱乐活动;今年冬天,上帝保佑,工作会进行得很顺利,经济上可能宽裕一点。你去做件漂亮衣服,会会朋友。我坚决主张这样做。你待在旧鲁萨会委靡不振的!"

我开始劝说费奥多尔·米哈伊洛维奇:今年冬天得全力工作,要继续写《少年》,把它写完,因此,漂亮衣服和娱乐之类我连想也不该想。

"我根本不需要什么漂亮衣服和娱乐活动,对我来说,平静、安宁、不受各种意外事件惊扰的家庭生活更加合乎心意,更加可贵。"

我说,我只担心他在旧鲁萨没有合适的人可以交往,会感到寂寞。但这一缺陷可以弥补——冬季里他可以到彼得堡去两三次,跟那些他尊重和喜爱的朋友和熟人们会面。他单独去不用花很多钱,却有机会更新印象,以适应自己在文学和艺术上的需要。我向丈夫列举了我们留在旧鲁萨过冬的种种好处,包括经济方面和其他方面。我所描绘的宁静的家庭生活使我丈夫神往,在这种生活环境中,他可以把全部精力花在创作上。不过,费奥多尔·米哈伊洛维奇担心找不到宽敞、温暖的住房;那时候,我便向丈夫建议,就在今天出去散步的时候,顺便去看看列昂季耶夫少将那所日内即将空出来而冬天也总是出租的别墅。参观了这所别墅以后,问题终于解决了:费奥多尔·米哈伊洛维奇特别喜爱列昂季耶夫在热闹的伊利英街上那所别墅底层的一套房子。这是一所很大的二层楼房①,避暑季节每季度租金(二楼和底层)八百卢布。我们看中的那套住房包括六个房间。我丈夫感到满意,主要是因为他的房间(卧室及书房)和我们住的那半边隔着一个有着四扇窗的大房间;因此,孩子们的奔跑和吵闹声就不会传到费奥多尔·米哈伊洛维奇那里,妨碍他的工作和睡眠,同时,孩子们也不会感到拘束(我丈夫总是特别关心这一点),而可以尽情地叫嚷和喧闹了。

我们马上和管理房子的太太谈妥,将那套住房租到明年 5 月 15 日,租金为每月十五卢布。为了不丧失工作时间,我们决定马上搬家,安排过冬的生活。

在旧鲁萨度过的 1874 年冬至 1875 年是我最美好的回忆之一。孩子们都很健康,我们家整个冬天一次也没有请过医生,我们住在京城时从没有碰到过这种情况。费奥多尔·米哈伊洛维奇的自我感觉也不错,看来,在埃姆斯的治疗收到了良好的效果:咳嗽减少,呼吸舒畅多了。由于生活平静、有规律,没有碰到任何令人不快的意外情况(在彼得堡,这种情况很多),我丈夫的神经变得强健了,癫痫病发作的次数也相应减少,而且发得比较轻。这样一来,费奥多尔·米哈伊洛维奇也就不大生气和动怒,几乎总是和颜悦色,喜欢说话,心情愉快。那个六年后导致他死亡的疾病尚未发展,我丈夫还没有害上气喘病,因而他能够跟着孩子们一起奔跑和嬉戏。我、我们的孩子们和我们的那些旧鲁萨的朋友们记得很清楚,费奥多尔·米哈伊洛维奇在晚上跟孩子们一起游戏的时候,常常随着自动乐箱②的乐声带着孩子们和我跳卡

---

① 这所房子至今依然存在,而且保持原状。——安·格·陀思妥耶夫斯卡娅注

② 这是费奥多尔·米哈伊洛维奇亲自为孩子买的,现在他的孙子们在玩了。——安·格·陀思妥耶夫斯卡娅注

德里尔舞、华尔兹和玛祖卡舞的情景。我的丈夫特别喜欢玛祖卡舞，应该说句实在话，他的玛祖卡舞跳得姿态豪放，情绪热烈，像个"真正的波兰人"，当我有一次把这个看法说出来的时候，他非常得意。

我们在旧鲁萨的日常生活全是按钟点安排的，一家人都严格遵守。我丈夫在夜间工作，十一点钟以后起身。他出来喝咖啡的时候，便呼唤孩子们，小家伙们高高兴兴地奔到他身边，把这天早晨发生的事和他们散步时见到的一切统统都告诉他。费奥多尔·米哈伊洛维奇呢，望着他们，心花怒放，跟他们进行最生动愉快的谈话。无论过去和以后，我都没有见到过像我丈夫那样能够深入孩子们的心理、用自己的谈话引起他们兴趣的人。在这种时候，费奥多尔·米哈伊洛维奇自己也成了孩子。

下午，费奥多尔·米哈伊洛维奇把我叫到书房里，向我口述夜间他写好的章节，要我速记下来。对我来说，和费奥多尔·米哈伊洛维奇一起工作永远是一种享受；能够帮助他，做聆听作者口述他的作品的第一个读者，我感到十分自豪。

费奥多尔·米哈伊洛维奇通常直接按草稿口述长篇小说。但是，如果他不满意自己所写的章节或者对它缺乏信心，那么，在口述以前，他就把整个章节一下子都读给我听。这样，就可以使我获得比通常的口述更深的印象。

四　我们的口述和记录

我顺便简略地说一说我们的口述和记录的情况。

费奥多尔·米哈伊洛维奇通常在夜间工作，那时候，屋子里寂静无声，没有什么东西打断他的思路。他在下午两点至三点之间口述，这是我生活中最美好的时光，经常浮现在我的心头。听我最心爱的作家口述自己的新作，口述时赋予他的主人公们以各种不同的语调，这对我来说，是件乐事。口述完毕以后，我丈夫总要对我说：

"嗳，你说怎么样，安涅奇卡？"

"喔,挺不错!"我说。不过,在费奥多尔·米哈伊洛维奇看来,我所说的"挺不错"这几个字意味着,他口述的那个情节可能写得还算成功,但没有对我产生特殊的印象;而我丈夫却十分重视我的直接印象。不知怎的,凡是小说中使我感动或难受的篇章对大多数读者总是产生同样的印象,我丈夫根据他和读者的谈话以及批评界的意见确信这一点。

我喜欢真诚,当我没有感到需要称颂或赞叹的时候,我就不说这一类话。我丈夫非常珍视我的真诚。我也不隐瞒自己的印象。我记得,当我听到《白痴》中霍赫拉柯娃太太和将军的谈话时,我感到好笑;听他口述《卡拉马佐夫兄弟》中检察官的言词的当儿,我又取笑了他几句。

"唉,真遗憾,你不是检察官!要知道,你这样的言词会把完全无辜的人发配到西伯利亚去的。"

"那么,按你的看法,检察官的言词是成功的啰?"费奥多尔·米哈伊洛维奇说。

"非常成功,"我肯定地说,"可我还是感到遗憾,你没有在司法部门工作,要不然,你现在已经当上了将军,而我由于你的缘故,也就当了将军夫人,而不是退伍的少尉的妻子了。"

当费奥多尔·米哈伊洛维奇口述费丘科维奇①的言词,向我提出他经常提的问题时,我记得我是这样回答的:

"现在我要说,你,我亲爱的,为什么没有去当律师?!你会把道道地地的犯人洗刷得清白无辜。说实在的,你在这方面的才能被忽视了!你的费丘科维奇写得妙极了!"

然而,有时候我也会掉眼泪。我记得,当我丈夫讲到阿辽沙在伊柳舍奇卡下葬以后带着孩子们回家的情景时,我是那么感动,以致一只手在记录,另一只手则在擦眼泪。费奥多尔·米哈伊洛维奇看到我很激动,就走到我跟前,一句话也不说,吻了吻我的头。

费奥多尔·米哈伊洛维奇总是把我理想化,认为我对他的作品有深刻的理解;但我想,我的理解实际上并没有他所想象的那样深刻。例如他坚信,我

---

① 长篇小说《卡拉马佐夫兄弟》中的人物,一位名律师。——译者注

理解他的小说的哲学方面。我记得,在他讲完《卡拉马佐夫兄弟》的一个章节以后,我回答他经常提的一个问题说:

"你知道,你口述的内容(关于宗教大法官)我实际上不大了解,我认为要了解,一定得有哲学方面的修养,而我却没有。"

"等一等,"我丈夫说,"我给你讲得清楚一点。"

于是他便用我觉得明确的说法向我表达。

"好,现在清楚了吗?"我丈夫问。

"现在还是不清楚。如果要我重说一遍,我就说不上来。"

"不,我根据你向我提的那些问题,知道你是明白的。如果你说不清楚,那只是不懂得怎样表达,没有掌握表达方式罢了。"

顺便说说:我的生活在向前发展,生活中有时出现一些令人哀伤、错综复杂的情况;随着我生活经历的增长,我丈夫的作品向我展示的境界就愈益广阔,从而我对这些作品也就理解得愈益深刻。

我记起,我们生活在旧鲁萨期间,有一次,费奥多尔·米哈伊洛维奇给我读他刚写完的一章小说,其中描绘的是一个姑娘自缢的情景(《少年》,第一部,第九章)。① 我丈夫读完以后,朝我瞅了一眼,就突然喊叫起来:

"安尼娅,你怎么啦,我亲爱的,你脸色苍白,你累坏了,感到头晕,是吗?"

"那是给你吓出来的!"我回答。

"我的上帝,难道这给你那么沉重的印象? 真遗憾! 真遗憾!"

五

让我回过头来重新谈 1874 年的事。口述完毕,和我一起吃过早饭以后,费奥多尔·米哈伊洛维奇就读(在这个冬天)《修士帕尔费尼漫游记》[17]或

---

① 这一章对涅克拉索夫产生了很深的印象,我丈夫在 1875 年 2 月 9 日给我的信中谈到了这一点。——安·格·陀思妥耶夫斯卡娅注[16]

者写信,到了三时半,无论什么天气,他总要到旧鲁萨的那几条寂静、荒凉的街上去散步。他几乎每次都顺路走进普洛特尼科夫家的小铺子①,买些刚从彼得堡运到的货物(下酒菜、糖果之类),尽管数量不多。铺子里的人认识他、尊敬他,只要铺子里到了什么新货色,就赶紧告诉他,他只买半磅②,甚至不到半磅,他们却并不在乎。

五点钟,我们和孩子们一起坐下来用正餐,这时候,我丈夫总是心绪很好。他第一件事就是递给我们儿子的老保姆普罗霍罗芙娜③一杯白酒。"老妈妈,喝杯白酒!"费奥多尔·米哈伊洛维奇邀请道。她接过酒杯,一面喝酒,一面吃着蘸盐的面包。吃饭的时候大家都很愉快,孩子们不住地絮叨,而我们从来也不在餐桌上谈论过分严肃、孩子们不能理解的事物。吃过饭和咖啡以后,我丈夫还跟孩子们一起待上半小时左右,给他们讲故事或者读克雷洛夫的寓言。

晚上七点钟,我和费奥多尔·米哈伊洛维奇俩出去作晚间的散步,在回来的路上,我们总要顺路到邮局去④,那当儿,邮局已经把彼得堡发来的邮件整理好了。

费奥多尔·米哈伊洛维奇的信件相当多,因此,我们有时候就兴致勃勃地急着赶回家,为的是早点读到信和报纸。

九点钟,我们的孩子们开始睡觉,费奥多尔·米哈伊洛维奇总是到他们那儿去进行"就寝前的祝福",和他们一起念《我们在天上的父》、《圣母》和他喜爱的祷文:"圣母啊,一切都指靠你,求你保佑我们!"

---

①　在长篇小说《卡拉马佐夫兄弟》中,这个小铺子被写成一家商店,米佳·卡拉马佐夫在动身上莫克罗耶时,曾到那儿买过糖果。——安·格·陀思妥耶夫斯卡娅注

②　此处指俄磅(俄国采用公制前的重量单位),1俄磅等于409.5克。——译者注

③　普罗霍罗芙娜热爱我们的男孩,为此,费奥多尔·米哈伊洛维奇十分珍视她。我丈夫常常在给我的信中提到她,并且把她,一个为自己那个活着但杳无音信的儿子的灵魂作安息祈祷的老妇人,写进了长篇小说《卡拉马佐夫兄弟》。费奥多尔·米哈伊洛维奇劝她不要这样干,预言她不久就会收到信。后来事实果真如此。——安·格·陀思妥耶夫斯卡娅注

④　在那个时候,铁路只到诺夫哥罗德为止,从那儿开始,邮件由马匹运送八十俄里(从湖上走则为四十俄里);因此邮差要到第二天才能把邮件送到我们那儿。如果我们自己到邮局去取,那就能拿到当天出版的报纸。——安·格·陀思妥耶夫斯卡娅注

　　快到十点的时候,整所房子都安静下来了,因为按照外省的习惯,一家人都睡得很早。费奥多尔·米哈伊洛维奇到书房里去读报;我呢,为家务事忙碌了一天,此刻感到十分疲乏,很想安安静静地待一会儿,于是我就在自己的房间里坐下来,开始摆牌阵,其实,我对这玩意儿并不在行。

　　我怀着激动的心情回忆起我丈夫每天晚上好多次来到我的房间,把他从最近报纸上看到的消息告诉我,或者光是跟我闲聊几句,每次总是帮我摆完牌阵。他肯定,我摆牌阵之所以不顺利,是因为错过了良机,而他却老是能找到需要的、但我没注意到的牌。摆牌阵复杂而奥妙,如果没有丈夫的指点,我就很难取得成功。[①] 时钟敲过十一点,他就出现在我的房门口,这表示,我该睡觉了。我只要求让我再玩一次,获得我丈夫的同意,于是我们便一起摆牌阵。随后,我上了床,全家人都睡了,唯独我丈夫精神抖擞地埋头工作,直至凌晨三四点钟。

　　我们在旧鲁萨过冬的前半段时间(从 9 月到次年 3 月),日子过得十分美满,我和费奥多尔·米哈伊洛维奇享受着我们从未有过的那种恬静的乐趣。固然,生活比较单调,每天都一个样,以致这许多日子在我的记忆中合而为一,我记不起这期间发生过什么大事。不过,我记得发生在初冬的一个令人啼笑皆非的插曲,它搅得我们好几天不得安宁。事情是这样的:我听说商贩们从下诺夫哥罗德的集市买得一批给成人和儿童穿的无面短皮袄,有一次,我把这消息告诉了丈夫。他很感兴趣,说他有个时候穿过无面皮袄,现在我想替我们的费佳同样买一件。我们来到铺子里,商贩们拿给我们看了约莫十件皮袄,一件比一件好。我们选了几件,要求送到我们家里来试穿。费奥多尔·米哈伊洛维奇特别喜欢淡黄色、胸前和前襟有着漂亮花纹的那一件,而这件皮袄穿在我们儿子身上正好合适。我们那个脸色红润的胖小子头戴马车夫的高帽子,身穿短皮袄,腰束红色宽腰带,看上去像个十足的美男子。我们也给女儿定做了一件漂亮的小大衣,我丈夫每天在孩子们出去散步前总

---

　　① 谈到玩牌,我要顺便说几句:费奥多尔·米哈伊洛维奇所接触的那些人没有玩牌的习惯。在我们十四年的共同生活中,我丈夫只在我亲戚家玩过一次朴烈费兰斯,虽然他有十年多没有摸过牌,但却玩得挺出色,甚至还从对手那里赢得几个卢布,这使他感到很不好意思。——安·格·陀思妥耶夫斯卡娅注

要仔细打量他们,对他们欣赏一番。

　　但是我们的欣赏很快就中止了:在一个倒霉的日子,我发现那件淡黄色皮袄的前襟上有几处很大的油渍,而且皮子上的油渍又是重叠的。我们都感到纳闷,因为男孩子在散步的时候不可能沾上油渍。不过,事情很快就水落石出了:我们家有个年老的厨娘,她那视力很差的丈夫总是一清早就坐在我们的厨房里。他吃完早饭,手弄脏了,身边找不到抹布,就把油腻的手指往那件晾在厨房里的皮袄上擦。我们想尽办法,想把油渍从皮子上除掉,但是越刷洗,那油渍就越明显,于是一件漂亮的皮袄就此损坏了。我看到衣服被损坏,心里异常懊丧,要调换一件是不可能的,这使我对厨娘怨恨起来,在气头上差点儿把她和她那愚蠢的丈夫撵走,不过费奥多尔·米哈伊洛维奇为他们说话,把我开导了一番。当然,这件令人不快的小事很快就被我忘掉了。

　　由我们自己出版的两部长篇小说《群魔》和《白痴》都获得很大的成功;因此,我们虽留在旧鲁萨过冬,却决定重版《死屋手记》,这部小说早已卖光了,书商们常常问到它。印刷厂把校样寄到旧鲁萨来给我们过目,但是在书问世之时,我必须前往京城,去卖掉一定数量的书(这我办到了),把书委托给各书店代售,并和印刷厂结账,等等。此外,我还想去探望亲友们,买一些作圣诞节礼物用的玩具和枞树晚会上用的糖果,这晚会我们是为自己的孩子们和对我们一家极为友好的鲁缅采夫的孩子们安排的。我是 12 月 17 日走的,23 日返回。归途中,在通过上了冻的伊尔门湖时,我受惊不小:几辆三驾马车同时进发,一起在湖上迷了路,此时大风雪骤作,我们险些儿通宵待在刺骨的寒风中;幸运的是马车夫放开缰绳,聪明的动物向各个方向徘徊了一阵,最后终于把我们带上了熟路。

六　一八七四年。冬

　　那时光,在旧鲁萨,不论冬天或夏天,常常会失火,把整整几条街付之一炬。这火灾大部分是夜间在某个面包房或澡堂里发生的。要是什么地方起了火,大教堂钟楼上的钟开始敲响(碰到大火燃旺,火场附近的教堂里也会警钟齐鸣),费奥多尔·米哈伊洛维奇就会想起不久以前烧成灰烬的奥伦堡,心里忐忑不安。使费奥多尔·米哈伊洛维奇特别担心的是,他知道我在平时虽然精神饱满,什么也不怕,但是碰到任何意外事件,就会"张皇失措",做出荒唐的行为来。因此,在我们逗留旧鲁萨期间,大家约定,只要一听到警钟,就互相叫醒。通常,费奥多尔·米哈伊洛维奇听到钟声,就轻轻地推我的肩膀,说:"醒醒吧,安尼娅,别害怕,不知哪儿起火了。不要发慌,我请求你,我去看看,是什么地方起的火!"

我马上起身,替睡梦中的孩子穿上长袜和鞋子,给他们准备好外衣,以防他们万一被带出屋子的时候着凉。接着,我拿出几条大床单,把我丈夫的衣服、笔记本和原稿全部包起来。柜子里和五斗橱里的东西——我的连衣裙和孩子们的衣物则包在其他的皮单里。干完这些事,知道最重要的东西可以保全,我就心定了。起初,我把所有的包袱都放到穿堂里,离大门近一些;但是费奥多尔·米哈伊洛维奇有一次从外面探听回来,黑暗中在包袱上绊了一下,差点儿跌跤,在这以后,我就把它们留在房间里了。费奥多尔·米哈伊洛维奇不止一次地取笑我,说火还在三俄里以外,而我已经在抢救东西了。然而,他意识到他的话不能改变我的看法,知道照这样把东西收拾起来会使我安心,他就让我每次听到警钟就"收拾行装",不过,要我在假想的危险性过去以后把所有的东西都放回原处。

我记得,1875 年春,我们从列昂季耶夫的房屋搬回格里布的别墅时,那所房子的看门人在跟我告别时说:

"我最舍不得你们家的老爷走。"

"为什么呢?"我问,因为我知道我丈夫和他平日不打交道。

"那还用说,太太,只要夜里一有火情,大教堂响起钟声,老爷就立即来到我这里,敲我小屋的门,说:'起来,不知哪儿起火了!'这样一来,连警察局长都说:全城没有一个人比列昂季耶夫将军家的看门人更认真负责了,只要警钟一响,他就站在大门口了。今后我可怎么办呢?我怎么会舍得老爷走啊?"

回到家里,我向丈夫传达了看门人对他的赞扬。他哈哈大笑,说:

"你瞧,我有着连我自己也想不到的长处呢。"

我们的生活按着常规一天天地过下去,长篇小说的写作进行得相当顺利。这对我来说十分重要,因为在去彼得堡时,费奥多尔·米哈伊洛维奇和德·伊·科什拉科夫教授会过面,教授看到去年的矿泉水治疗获得了良好的效果,便坚决劝告他春天再去埃姆斯,以便巩固疗效。

1875年4月,我们不得不为出国护照而奔走。在彼得堡办这件事并不难;但是在旧鲁萨,我丈夫就必得从诺夫哥罗德的省长手里取得护照。为了要打听清楚我丈夫该怎样向诺夫哥罗德当局提出申请,该付多少钱等等,我就去找旧鲁萨的警察局长。那时候的警察局长是戈特斯基上校,大家说他是个不动脑筋、轻率行事的家伙,喜欢到附近的各个地主家去串门。警察局长一接到我的名片,便立即请我到他的办公室里,让我坐在圈椅里,接着问我找他有什么事。他在写字台抽屉里翻寻了一阵,递给我一本相当大的蓝封面的本子。我一翻开本子,使我大为惊异的是,其中有着如下的内容:"有关处于秘密监视下,暂时住在旧鲁萨的退伍少尉费奥多尔·米哈伊洛维奇的材料。"[18]我看了几页,不禁大笑起来。

"怎么?我们处在您文明的监视下,我们的一举一动您大概都知道吧?这我可没有想到!"

"是的,你们家的事我全都知道,"警察局长傲慢地说,"不过,我可以说,直到目前为止,我对您的丈夫十分满意。"

"我是否可以把您的赞扬告诉我丈夫呢?"我带着嘲笑的口气说。

"可以,请您转告他,他表现很好,而且我估计他今后也不会给我找麻烦。"

回到家里,我便把警察局长的话告诉费奥多尔·米哈伊洛维奇;想到当局竟把我丈夫这样的人托付给这样一个愚蠢的警察局长监视,就觉得好笑。但是费奥多尔·米哈伊洛维奇听到我带来的消息却感到心头沉重。

"他们对心怀叵测的人一概视而不见,"他说,"而对我这样全心全意忠于皇上和祖国的人却怀疑和监视。这叫人难受!"

由于警察局长的饶舌,那种令我们异常气恼、但弄不清其中缘由的情况得到了说明,我们终于恍然大悟,为什么我从旧鲁萨寄往埃姆斯的信总是不在我到邮局里去寄发的那一天送走,而要被邮局扣留一两天。从埃姆斯寄到旧鲁萨的信也碰到同样的情况。我丈夫没有及时接到我给他的信,这不仅搞得他焦急不安,而且还引起他癫痫病发作,这可以,比如说,从他 1874 年 7 月 28 日(旧历 7 月 16 日)给我的信[19]中看出来。现在真相大白,我们的信暗中受到检查,是否把它们发出去得由警察局长决定,而这位局长却常常要到县里去待上两三天。

我和丈夫的信件(也可能他的全部来往信件)暗中受到某个长官的检查,这种情况在以后几年中仍继续发生,令我丈夫和我惶惶不安;但要摆脱这种困境却不可能。费奥多尔·米哈伊洛维奇本人没有提出解除警察局对他监视的问题,因为有些权威人士曾向他保证:既然他获准当上了《作家日记》的编辑和出版者,那么,对他的活动的监视也就取消了。但是,这种监视一直延续到 1880 年,那一年,在纪念普希金的大会上,费奥多尔·米哈伊洛维奇向某位上层人物谈到了这一点,按照后者的命令,秘密监视被撤销了。[20]

七 一八七五年。彼得堡之行。埃姆斯

2 月初,费奥多尔·米哈伊洛维奇需要到彼得堡去一次,在那儿逗留两个星期。他此行的主要目的是想与涅克拉索夫见见面,双方议定今后长篇小说的出版时间。他也有必要征求一下科什拉科夫教授的意见,因为我丈夫打算今年也去埃姆斯,以便把去年取得的良好疗效再巩固一下。

我丈夫到达京城的第二天,发生了一件令人气恼的事,搞得他心神不宁:他被传唤前往区警察分局。由于他不能在指定的时间(九点)以前起床,他就在日间去,但是他在那儿一个人也没有碰到,他只得晚上再去。原来,我丈夫之所以被传唤是由于他持有的是临时居留证,而警察局要求他出示正式身份证,他却没有。费奥多尔·米哈伊洛维奇向警察分局的副局长说明,从1859 年起,他用的一直是临时居留证,他就是凭这证件领取出国护照的,从

来也没有人要他出示别的证件。下面我引一段他 1875 年 2 月 7 日的信。"警察局的副局长也争辩说:'一句话,我们就是不给您居留证,我们必须遵守法律。'——'那叫我怎么办呢?'——'把您的正式身份证拿来。'——'我眼下到哪儿去拿呢?'——'这不管我们的事。'如此等等。这帮人可真是些蠢货,他们无非想在'作家'面前摆架子。临了,我说:'在彼得堡有两万没有身份证的人,而你们却把一个众所周知的人当作流浪汉扣留起来。'——'这我们知道,知道得十分清楚,您是全俄国有名的人物,但是我们得按法律办事。再说,您何必担心呢?我们明后天会发给您证件来代替您的居留证的,这对您来说不是一样吗?'——'唉,真见鬼,那您为什么不早说,而要争个不休呢?'"[21]结果,他们把我丈夫的居留证扣留下来,直到他动身离开才还给他,没有给他换新的居留证,徒然给他招来一些不必要的麻烦。

我丈夫在 2 月 6 日[22]和 9 日的信中满怀喜悦地告诉我他和涅克拉索夫的友好会见,告诉我后者在读完《少年》第一部的结尾之后的狂喜心情。"'我坐着读了一个通宵,简直着了迷,按我的年纪和健康状况来说,这样做是不相宜的。''老兄,您的小说写得多么清新!'(他最喜欢最后描写丽莎的场面。)'这股清新的气息在我们的年龄已经没有了,并且任何一个作家都没有。列夫·托尔斯泰最近发表的长篇小说中所写的不过是重复他原先的作品中我已经读到过的东西,只是在先前的作品中写得更好。'他认为自杀的场面和叙述是'登峰造极之作'。你想想,他还喜欢开头两章。他说,'您写得最弱的是第八章——那儿有许多纯粹外部的事件',——有什么可说的呢?当我读校样的时候,我自己最不喜欢的也是第八章,我从其中删去了许多。"[23]

回到旧鲁萨以后,我丈夫把他和涅克拉索夫所谈的许多话告诉我,使我深信,他是多么珍视他和青年时代的朋友之间亲密关系的恢复。费奥多尔·米哈伊洛维奇在那个时候和文学界某些人士的会见却没有给他留下如此愉快的印象。[24]总之,我丈夫在京城的两个星期是在奔忙和劳累中度过的,当他回到家里,看到我们大家都健康和平安的时候,他高兴极了。

5 月底,费奥多尔·米哈伊洛维奇又得到彼得堡去待几天,从那儿动身出国。这一次他很不乐意去埃姆斯,我费了很大的劲劝他不要错过夏天治疗的时机。他之所以不乐意去,是因为不愿在我身体不很健康(我怀有身孕)的情况下离开我,除了通常性的想家外,我丈夫还为我十分担心。

在我丈夫治疗已快结束的时候,发生了一件事,向我预示大祸即将临头:6 月 23 日,我接到一封来自彼得堡的信,信中告诉我,在《圣彼得堡新闻报》上发表了关于费奥多尔·米哈伊洛维奇病重的消息。我不相信这封信里的话,就奔到矿泉的阅览室里,找寻昨天的报纸,结果在上述报纸第 159 期的新闻专栏上看到了如下的简讯:

"据悉,我国名作家费·米·陀思妥耶夫斯基病重。"

可以想象这条新闻对我所起的作用。我忽然想到,可能是费奥多尔·米哈伊洛维奇的癫痫病重复发作,每当那种时候,他总是痛苦难熬。但是也可能是脑溢血或其他的病。我在绝望中跑到邮局,给丈夫打了个电报,回到家里,在等待回电的时候,着手收拾行装,准备动身,决定把孩子们托付给鲁缅采夫夫妇照管。主人们试图劝说我不要上丈夫那儿去,但是我无法设想,在丈夫病危、可能身亡之际,而我却不在他身边。幸运的是,快到六点钟,我接到了报平安的回电。如果在我怀着身孕、又为丈夫和孩子们焦虑的情况下只身远行,那不知会发生什么事;每念及此,真是不寒而栗。确确实实,上帝把我们从灾难中救了出来!

我至今还没有弄清楚,究竟是谁在报纸上报道了这条没有根据的消息,使我和丈夫经受了几个钟点的折磨。

费奥多尔·米哈伊洛维奇除了为孩子们和我极度担心以外,还苦于工作无法进展,从而不能按规定的时间交出《少年》的续稿。费奥多尔·米哈伊洛维奇在 6 月 13 日的信中写道:"最使我苦恼的是工作不顺利。至今我一直干不成工作,忧虑重重,缺乏信心,没劲儿动笔。不,不应该这样写文艺作品,不应该按订货的方式被迫写作,应该掌握充裕的时间,按自己的意愿写作。到最后,我觉得自己好像很快就会坐下来认真工作了,但是成果如何,我就不知道了。在这样的愁闷中,我有可能破坏'思想'本身。"[25]

租用过冬住所一事也使费奥多尔·米哈伊洛维奇大伤脑筋。虽然我们在旧鲁萨生活得很好,但是下一个冬天还待在这儿是困难的,特别是因为费奥多尔·米哈伊洛维奇打算来年出版他早就想办的杂志——《作家日记》。

问题在于：我们的住房是在费奥多尔·米哈伊洛维奇路过彼得堡的时候找呢，还是等全家到了京城、在旅馆里安顿下来再找？这两种办法都有不便之处，我倾向于在我丈夫回国之际亲自前往彼得堡，和他一起去找房子。我丈夫考虑到我当时的健康情况，坚决反对这种办法。临了，我们决定，费奥多尔·米哈伊洛维奇在彼得堡逗留两三天，如果在这期间他找不到房子，那么，他就来旧鲁萨。

一八七五年。小耗子

我们住在旧鲁萨的这段时间里，费奥多尔·米哈伊洛维奇的心情始终愉快而开朗，他跟我开的一次玩笑可以作为例证。

1875年的春天即将来临，有一天早晨，费奥多尔·米哈伊洛维奇从卧室里出来，眉头紧蹙，闷闷不乐。我焦急起来，问他是否身体不舒服。

"我身体很好，"费奥多尔·米哈伊洛维奇回答，"但是发生了一件叫人烦恼的事：我床上有一只小耗子。我醒来后感到有样东西在我脚上爬过，我掀开被子，看到一只小耗子。真讨厌！"费奥多尔·米哈伊洛维奇脸上现出嫌恶的神情说。"少不得要在床上找一下！"他又添了一句。

"对，非要找一下不可，"我回答。

费奥多尔·米哈伊洛维奇到餐室里去喝咖啡，我就叫了女仆和厨娘，一起着手检查床铺：我们拿掉被子、床单、枕头，换了被套，可是什么也没有找到，于是又移开桌子和墙边的书架，想找到耗子洞。

费奥多尔·米哈伊洛维奇听到我们忙乱的声音，起初呼唤我，可我没有应声，他便叫一个孩子来找我。我回答，我把房间收拾好马上去。可是费奥多尔·米哈伊洛维奇坚决要我到餐室去。我立即去了。

"怎么样，小耗子找到没有？"费奥多尔·米哈伊洛维奇依旧带着嫌恶的神情问。

"哪能找到呢，它逃啦。但是真奇怪，卧室里连一个小洞也没有，看来，它是从前室跑过来的。"

"四月一号,安涅奇卡!四月一号!"费奥多尔·米哈伊洛维奇回答我,在他那善良的脸上洋溢着亲切、愉快的笑容。原来我丈夫记起四月一号照例是愚人节,他想跟我开个玩笑,可我却信以为真,完全忘记这个日子了。当然,这事挺好笑,我们便开始借"四月一号"互相糊弄,我们的小家伙们(我丈夫通常是这样称呼他们的)积极地参加了这种愚人活动。

八　一八七五年。廖沙出生,返回彼得堡

费奥多尔·米哈伊洛维奇于7月6日从埃姆斯回到彼得堡,在彼得堡逗留了两三天,由于在这样短暂的时间里难以找到合适的住房,他看了几处房子,就没再找,来到了旧鲁萨。他思家心切,一心想见到家里人。我们仔细考虑了一下,想到家里即将增添人口,在此之前,还是留在旧鲁萨,加以我们的房东老夫妇俩喜欢我们的几个孩子,劝我们不要在夏天把他们带走。

费奥多尔·米哈伊洛维奇欣然同意留下来,因为这使他有可能在我分娩以前和之后,在我的协助下,安安静静地写他的长篇小说。眼前得加紧工作,以便到了莫斯科以后有权向涅克拉索夫要求支取《少年》的稿费。在我们返回京城之初,特别需要钱。

一切都进行得很顺利。费奥多尔·米哈伊洛维奇感到自己的身体正在复原,孩子们长大了一些,变得结实起来,还有我,过去每次在分娩前总是害怕自己可能会死,自从这次丈夫回来以后,我的这种恐惧感几乎完全消失了。如此恬静的生活过了一个月,8月10日,上帝赐给我们一个儿子,我们给他取名阿列克谢①。我和费奥多尔·米哈伊洛维奇都为阿廖沙的出生(又是顺

---

①　费奥多尔·米哈伊洛维奇特别景仰圣徒阿列克谢;因此,他给我们刚生下的儿子取了这个名字,虽然在我们的亲属中没有人叫阿列克谢。——安·格·陀思妥耶夫斯卡娅注

产）而欢欣雀跃。这使我很快恢复了精力，重又用我的速记术帮助我丈夫工作。

整个八月天气一直很好，而九月出现了所谓晴和的"小阳春"。但是我们怕天气发生变化，决定在 15 日左右动身。这次旅行将是艰巨的，由于波利斯季河水浅，轮船不能驶到城里，而是停泊在伊尔门湖上，在乌斯特里卡村对面，距旧鲁萨约十八俄里。在一个美好、暖和的早晨，我们一大串人从房子里走出来：费奥多尔·米哈伊洛维奇和两个孩子坐第一辆马车；我带着新生的婴儿和他的保姆坐第二辆；第三辆马车上，在堆积如山的箱子、口袋、包袱上，坐着厨娘。我们在铃铛声中愉快地赶路，费奥多尔·米哈伊洛维奇不时要马车停下来，询问我的情况可好，同时夸耀孩子们跟他在一起感到如何高兴。过了两个半钟点，到了乌斯特里卡，但是我们在这儿碰到了意想不到的情况。轮船是昨天到的；它装走了大批旅客，船长断定今天乘船的人不会多，就决定明天才把船开来。我们无法可想，只得在这儿待上一昼夜。从两三所房子里跑出来几个女房东，邀请我们上她们家去宿夜。我们选择了一所比较干净的房子，全家都转移到那儿。我立即询问女主人，在她那儿宿夜收多少钱。女房东和善地回答："请您放心，太太，我们不会多收，而您也不会让我们吃亏的。"

这个房间中等大小，里面有一张很大的床，孩子们可以横着睡在床上；我决定把几张方凳拼起来，躺在上面，而费奥多尔·米哈伊洛维奇则在一张旧的长沙发上歇息，这沙发的款式使他想起了童年。女仆们则安排在干草棚里过夜。

我们是按地主的方式出远门的，途中带着储存的食品，所以厨娘立即动手做饭，我们则全体外出散步，到了山上，便铺开毛毯，坐观湖上景色。我们把新生的婴儿也带了出来，让他睡在野外，呼吸新鲜空气。这一天过得异常愉快：费奥多尔·米哈伊洛维奇兴致勃勃，和孩子们闹着玩，甚至跑着追赶他们。我也感到高兴，因为我们漫长的旅程中的一部分终于顺利地过去了。我们吃完饭，天色马上暗下来，我们很早就上了床。

翌晨八点钟左右，有人告诉我们，远处有轮船在冒烟，过一个至一个半钟点，轮船就要到乌斯特里卡了。我们动手收拾东西，给孩子们穿好上路的衣服,接着,我就去付账。女房东不知躲到哪儿去了,代她收账的是她的儿子,从他那浮肿的脸孔看来,他是个酒徒。在那张字迹不成样子的账单上,写着十四卢布和若干戈比,其中鸡两卢布,牛奶两卢布,还有十卢布的宿费。我气愤极了,开始提出异议;但是女房东的儿子却不肯让步,而且威胁说,如果不把钱全部付清,他就把我们的箱子扣留下来。临了,钱自然不得不付,但是我忍不住叫他"强盗"。

这时候,轮船驶近,停在离河岸半俄里的地方,但是当我们走下坡、到达岸边的时候,却发现离岸十步路左右有几条小船,一些平民脱掉鞋子,赤足在水里行走。有几个健壮的农妇把我们背到小船上。可以想象,我和丈夫为孩子们多么担心和害怕。他第一个被背上了船,就在那里接过吓得尖声哭叫的孩子们。随后,我被背过去,接着是新生的婴儿。我坐在小船上,心惊胆战地想象着,我们和几个小家伙怎样顺着舷梯登上轮船。然而很幸运,一切进行得挺顺利:船长派了一名水手来迎我们,他把孩子们都背上了船。此时,女房东的儿子乘着另一条小船把我们的行李也运来了。

这一天风和日丽,伊尔门湖呈青绿色,使我们想起了瑞士的湖泊。轮船一点儿也不颠簸,我们在甲板上度过了全部四个钟点的航程。

约莫三点钟,我们到达诺夫哥罗德。费奥多尔·米哈伊洛维奇和我带着孩子们乘车直接前往火车站,我们的行李则和其他旅客们的行李放在一起,由拉货马车运送。过了一小时,行李运到了,我没有托付女仆,而是亲自去检点行李:我们有两只大皮箱,一只黑色,另一只黄色,和几只旅行皮包,我看到这些东西都在那儿,就放心了。

这一天过得相当快,七点左右,管理员走来对我说,最好早点买好票,趁旅客还不拥挤的时候把我们的行李寄放到行李房。我同意了,买了票回来,把需要寄放的两只箱子和两只旅行袋指给管理员看。不料,使我大吃一惊的是,管理员指着那只黑箱子说:"太太,这不是您的箱子,这是另一位旅客刚才要我寄放的。"

"怎么不是我的? 这不可能!"我叫了起来,奔过去查看那只箱子。唉,虽然它的样式和大小跟我们的那只完全相同(可能也是从科斯京商场用十个卢布买来的),但毫无疑问,它是别人的,甚至在箱盖上还印有已经有点磨损的物主姓名的第一个字母。

"天哪，那么我们的箱子在哪儿呢？请您找找吧，"我对管理员说；但是他回答，此处再没有别的黑皮箱了。我沮丧之极：放在这丢失的箱子里的全是费奥多尔·米哈伊洛维奇的东西，包括他的内衣、外衣，而最重要的是长篇小说《少年》的原稿，这稿子明天就要送到《祖国纪事》去，从稿酬中预支一些我们急需的钱。这样一来，不仅两个月来的劳动完全落空，而且连把稿子重写一遍也不可能，因为费奥多尔·米哈伊洛维奇那些放在箱子里的笔记本也丢失了，缺了它们，他就束手无策，就得从新拟定长篇小说的提纲。这次灾祸的后果一下子呈现在我的想象中。我吓坏了，奔到费奥多尔·米哈伊洛维奇和孩子们所在的候车室里。我丈夫看到我那丧魂落魄的样子，吃了一惊，还以为与保姆一起待在女客室的婴儿出了什么事。我语无伦次地向丈夫讲述了事情的经过。

费奥多尔·米哈伊洛维奇听了一震，甚至脸色也发白了，低声说道：

"对，这是个大灾祸。现在我们怎么办呢？"

"你要知道，"我突然想了起来，"是女房东的儿子那个坏蛋没有把箱子送到轮船上，因为我叫他'强盗'，他就存心刁难我。"

"你的猜测大概是对的，"费奥多尔·米哈伊洛维奇同意说，"但是，你知道，事情总不能这样不明不白，一定得设法找到箱子。它不可能是真的不见吧？我们这样办：你和孩子们乘火车去彼得堡（带着孩子和女仆住在此地旅馆里是不可能的，因为钱不够），我留在这儿，明天去找列尔赫（诺夫哥罗德省省长，费奥多尔·米哈伊洛维奇认识他），请求他派给我一名警察，当天就乘轮船去乌斯特里卡。如果房东把箱子留在自己家里，那么，经过仔细搜查，他想必会交出来。不过你千万要定下心来！瞧你急成什么样儿啦？你得为孩子保重身体啊！去用冷水洗洗脸，立即回到我们这儿来！"

我懊丧之极。我为这个不幸的事件责备自己，怪罪自己没有照看好我们最贵重的财产，由于我的疏忽，使丈夫两个月的劳动付诸东流！"但我是注意的啊，我确信这是我们的箱子！"我思忖，"真想不到事情如此凑巧，忽然出现了一只和我们的那只同样的箱子！"

我站在行李车里，背靠着支柱，泪水一个劲儿地顺着脸颊流下来。蓦地，我的头脑里闪过一个念头：这箱子是否会留在轮船码头上呢？在这种情况下，当然会有人把它藏好。是否到那儿去打听一下？于是我便求助于管理员，问他是否可以到码头上去一趟，了解一下那儿可有一只箱子，如果有，就把它带到这儿来；如果那边的人不肯给，那么告诉他们，物主明天亲自去领。管理员回答说，他脱不开身，因为他在值班。那时候，我便没有多加考虑，决定亲自去码头。我走出车站，看到场地上有两辆出租马车，便叫喊道："有谁愿意把我送到轮船码头，来回给一个半卢布？"一个车夫说，他没有空，另一个车夫，一个十九岁左右的小伙子愿意去，于是我便跳上他的马车出发了。这时候大概八点钟左右，天色已经很暗了。马车在城里行驶的当儿，道上有路灯和行人，我还不觉得害怕。等到车子过了沃尔霍夫桥，向右拐弯，从长长的一排排仓库前驶过的时候，我的心突然紧缩了一下：那儿，在黑暗中，在仓库的深处，好像有人躲藏着，甚至有两个衣衫褴褛的人在我们后面奔跑。年轻的马车夫有点胆怯了，拼命甩马刺刺马，那马便疾驰起来。过了约莫二十分钟，我们到了码头。我从马车里跳下来，顺着浮桥向码头的办事处奔去。办事处里一片漆黑，显然，管理员已经睡了。我使足劲儿敲击一面侧壁，接着，敲另一面，随后又敲窗子，开始声嘶力竭地叫喊："管理员，开门！赶快开门！"过了五分钟左右，我已经绝望，准备回到马车那边去，这当儿，传来老人的咳嗽声，接着，有人说话了："谁在敲门？有什么事？"——"开门，老爹，赶快！"我叫道，根据声音，我断定自己是在跟一个老头儿谈话。"我把一只黑色的大箱子忘记在这儿了，我是来取箱子的。"——"有，"里面的声音回答。"那就赶快把它搬出来吧！"——"上这儿来，"老人说着，一面放下侧壁上的木隔板（行李是经由这道隔板传递的），把我的黑箱子从里面投到码头上。请想象一下我当时欣喜若狂的心情吧！

　　"老爹，我给你几个酒钱，把这只箱子给我搬上马车吧，"我请求道，但是老爹没有听清我的话，要不，就是害怕晚间的潮气，他拉上隔板，于是办事处里就跟刚才那样阒然无声了。我推了推箱子，觉得很沉，有三四普特①重。我跑去找那个年轻的车夫，他却不肯离开坐位，说："您自己明白，这是什么地

---

①　俄国重量单位，1 普特等于 16.38 公斤。——译者注

方,我一走开,人家就会把马偷掉!"我无法可想,只能跑回来,抓住箱子的提手,拖着它走,每走一步就停一下。凑巧那浮桥又挺长。但是我终于把箱子拖到了。马车夫跳下车来,把箱子放在乘客的坐位和车夫的坐位中间,可我却径自坐在箱子上,打定主意,万一"无赖们"来袭击,我决不把箱子交出去。车夫动手抽打自己的马,马车飞快地驰过几个向我们叫喊的家伙,行驶了约莫一刻钟,来到商场。到这儿就安全了。车夫鼓起勇气,告诉我他刚才受惊不小:"我想走掉,但又不敢把您丢下。有两个'无赖'跑来盘问,我告诉他们,搭我车的是个汉子,他们听到您不知跟什么人在嚷嚷,就走掉了。"

我请求车夫催马跑快一点,因为这时候我才想到我离开车站已经很久,说不定费奥多尔·米哈伊洛维奇已经在找我了。果真,我丈夫看到我没有回去,就走到妇婴候车室,在那儿没见到我,就丢下孩子们和阿廖沙的保姆,开始寻找我了。他向管理员们打听,是否有人看到过我,有个管理员说:"太太雇了辆马车,朝那个方向走的。"费奥多尔·米哈伊洛维奇急坏了,不知道这么晚我会上哪儿去,为了尽快碰到我,他就走到台阶上。我老远看到他,就叫了起来:

"费奥多尔·米哈伊洛维奇,我来啦,箱子带来了。"

幸亏车站门口灯光不亮,要不然,我那样儿——一位太太,不坐在乘客的坐位上,而坐在箱子上,我想是不大雅观的。

当我把这次冒险行动的经过告诉费奥多尔·米哈伊洛维奇的时候,他惊讶不置,把我叫作疯子。

"我的天啊!我的天啊!"他叫道,"你想想,你在冒什么样的危险!那些追逐你们的流氓看到马车上载的是女乘客,就可能向你们猛扑过来,抢劫你们,伤害你们,把你们杀死!你想想,这样一来,叫我怎么办,叫我和孩子们怎么办?确确实实,那是上帝为了我们的小天使——孩子们而在保佑你!唉,安尼娅,安尼娅!你那急性子会让你吃苦头的!"

费奥多尔·米哈伊洛维奇认为我的急性子,或者所谓冲劲儿,能够在一分钟之内作出决定、付诸行动而不考虑后果,是我的一大缺点,曾经在给我的信中几次提醒我。

费奥多尔·米哈伊洛维奇慢慢地平静下来,我们就在当晚启程,十分顺利地抵达彼得堡。

我之所以写这段插曲，为的是要举例说明，在过去的年代，即使作一次像到旧鲁萨去那样比较近的旅行，也会碰到困难和麻烦。

注释：

[1] 不确。符谢沃洛德·索洛维约夫谈到这方面的文章发表于《历史导报》，1881年，3月号，页614。

[2] 1874年4月，陀思妥耶夫斯基不再担任《公民周报》的编辑，但是实际上他在1873年年底已经只在名义上行使编辑的职权，关于这一点，他于1873年11月12日写信给 M. H. 波戈金说："……我编杂志，读文章，把它们改写，有时亲自写稿——这就是我的工作。至于其他的一切，即使我想干，——我也没法儿干。"（《陀思妥耶夫斯基书信集》，第4卷，页302）

[3] 指长篇小说《少年》。

[4] 此处所指的是《祖国纪事》，因为《现代人》已于1866年停刊。关于四十年代和涅克拉索夫的友谊，关于第一次"永志不忘"的会见，陀思妥耶夫斯基写在他1887年的《作家日记》中。（《陀思妥耶夫斯基文艺作品十三卷集》，第12卷，页29—32；还请参阅《同时代人回忆陀思妥耶夫斯基》，第1卷，页132—133中德·瓦·格里戈罗维奇的回忆）但是他们之间很快出现了隔阂，这主要与别林斯基和他周围的人对陀思妥耶夫斯基的态度改变有关（关于这方面的情况，请参阅《同时代人回忆陀思妥耶夫斯基》第1卷中阿·雅·帕纳耶娃的回忆录）；但是，他们还没有断绝来往。在陀氏兄弟创办的《当代》杂志上刊登了涅克拉索夫的《庄稼汉的孩子们》和《普罗克洛之死》。在《当代》出版的初期，当它的"根基派"倾向表现得尚不明显的时候，不仅涅克拉索夫写了诙谐性的祝词《当代颂歌》，而且车尔尼雪夫斯基对这份新杂志也抱着欢迎的态度。后来，主要是由于该杂志情绪偏激、好斗的主要撰稿人尼·尼·斯特拉霍夫和阿·格里戈里耶夫的缘故，另一方面，随着像萨尔蒂科夫-谢德林那样言词辛辣、毫不妥协的善辩者和讽刺作家的参加《现代人》，《当代》（后来是《时代》）与《现代人》之间的思想斗争就明显地加强了，而在杜勃罗留波夫逝世、车尔尼雪夫斯基被流放以后，则到达尖锐化的程度。这种情况自然不能不使涅克拉索夫和陀思妥耶夫斯基之间的关系随之趋于恶化；但是他们从来没有互相敌视过。甚至在1873年，当陀

思妥耶夫斯基责备涅克拉索夫的作品"制服化",讽刺长诗《俄罗斯女人》时,他还是没有掩盖自己对"我们之中一个最热情、忧郁和'受苦'的诗人"的同情。(《陀思妥耶夫斯基文艺作品十三卷集》,第 11 卷,页 23)安娜·格里戈利耶芙娜认为《祖国纪事》和《现代人》的传统具有继承性,断言《祖国纪事》的撰稿者尼·康·米哈伊洛夫斯基、亚·米·斯卡比切夫斯基、格·扎·叶利谢耶夫对陀思妥耶夫斯基怀有恶意,这种看法是片面的,缺乏具体的根据。其实,斯卡比切夫斯基和叶利谢耶夫除了有个别地方提到陀思妥耶夫斯基外,在《祖国纪事》上没有发表过论述陀思妥耶夫斯基的文章;而米哈伊洛夫斯基只写了一篇心平气和、客观公正的评论《群魔》的文章(《祖国纪事》,1873 年,第 2 期)。关于《现代人》与《当代》和《时代》两杂志的论战,请参阅《对费·米·陀思妥耶夫斯基的回忆》,见《陀思妥耶夫斯基全集》,第 1 卷——《传记、书信和札记》,页 275—276;C. 博尔谢夫斯基,《谢德林和陀思妥耶夫斯基。他们的思想斗争史》,莫斯科,1956 年;y. 古拉利尼克,《六十年代文学—美学斗争中的陀思妥耶夫斯基》,收入论文集《陀思妥耶夫斯基的创作》,莫斯科,1959 年。还请参阅 M. 吉恩《陀思妥耶夫斯基和涅克拉索夫》,《北方》,1971 年,第 11 期,页 103—123;第 12 期,页 106—123。

［5］　《陀思妥耶夫斯基书信集》,第 3 卷,页 102。陀思妥耶夫斯基所说的"冷冰冰的隐喻",大概是指绘饰柏林皇家博物馆前厅的考尔巴赫的画《匈奴之战》和《耶路撒冷的毁灭》。

［6］　《陀思妥耶夫斯基书信集》,第 3 卷,页 103。

［7］　《陀思妥耶夫斯基书信集》,第 3 卷,页 108、110。

［8］　关于这件事,请参阅本书第七章第六节。

［9］　参阅《陀思妥耶夫斯基书信集》,第 3 卷,页 127。费·米·陀思妥耶夫斯基和安·格·陀思妥耶夫斯卡娅在这一时期往来的书信,请参阅《费·米·陀思妥耶夫斯基和安·格·陀思妥耶夫斯卡娅通信集》,页 102—139。

［10］　参阅《陀思妥耶夫斯基书信集》,第 3 卷,页 114、131。

［11］　与《当代》和《时代》两杂志进行论战的是涅克拉索夫编辑的《现代人》,因为涅克拉索夫在 1868 年才开始成为《祖国纪事》的编辑,而《时代》的最末一期出版于 1865 年。

［12］　参阅本章"注释"4。安娜·格里戈利耶芙娜说,"在某种程度上还有普列谢耶夫",这不是偶然的。显然,她知道阿·尼·普列谢耶夫和陀思妥耶夫斯基之间

虽然在思想观点上有分歧(普列谢耶夫在 1874 年担任《祖国纪事》的秘书),但却保持着还在四十年代在彼得拉舍夫斯基小组里开始的完全友好的私人关系。关于这一点,请参阅 Л. C. 普斯季利尼克为《阿·尼·普列谢耶夫致陀思妥耶夫斯基的信件》所写的序言,收入《文学档案》,第 6 卷,莫斯科-列宁格勒,1961 年,页 252—255。关于陀思妥耶夫斯基和阿·尼·普列谢耶夫的关系,还请参阅 B. Л. 科马罗维奇《陀思妥耶夫斯基的青年时代》,《往事》,1924 年,第 23 期,页 3—43。

［13］　参阅《陀思妥耶夫斯基书信集》,第 3 卷,页 45。

［14］　《少年》刊载在谢德林和涅克拉索夫的激进刊物《祖国纪事》上这一事实驳斥了安娜·格里戈利耶芙娜的这种看法。陀思妥耶夫斯基在七十年代对《俄国导报》的政治方向和卡特科夫的政论工作表示赞同。但是,卡特科夫和陀思妥耶夫斯基之间的关系却往往处于紧张状态:随着《罪与罚》、《群魔》、《卡拉马佐夫兄弟》在《俄国导报》上发表,他们之间发生了严重的冲突。另一方面,与《祖国纪事》的倾向在思想意识上的原则性分歧并不妨碍陀思妥耶夫斯基对作为青年时代的朋友和大诗人的涅克拉索夫怀有深挚的同情。

［15］　见第六章"注释"15。

［16］　《陀思妥耶夫斯基书信集》,第 3 卷,页 152。参阅本书页 280。

［17］　帕尔费尼(世俗名字为彼得·阿格耶夫),阿索斯山上的修士司祭,《回忆录》提到的、广泛流传的《修士帕尔费尼在俄罗斯、摩尔达维亚、土耳其和圣地漫游和旅行记》一书的作者。这部获得萨尔蒂科夫-谢德林、安年科夫、屠格涅夫高度评价的作品,陀思妥耶夫斯基可能在塞米巴拉金斯克时就已经熟悉了。帕尔费尼对自己漫游东方的富有诗意、引人入胜的描写对陀思妥耶夫斯基产生巨大的影响。据斯特拉霍夫说(参阅《陀思妥耶夫斯基全集》,第 1 卷——《传记、书信和札记》,页 298),陀思妥耶夫斯基 1867 年出国时所带的书籍中就有《修士帕尔费尼漫游记》一书。陀思妥耶夫斯基在选择长篇小说《少年》中马卡尔·伊万诺维奇的语汇时曾参考过这本书。陀思妥耶夫斯基在 1879 年 8 月 7 日(公历 19 日)给 H. A. 柳比莫夫的信中谈到长篇小说《卡拉马佐夫兄弟》第六卷中以《佐西马长老圣传》为题的那一章时写道:"这是热情洋溢、富有诗意的一章,其原型来自吉洪·扎顿斯基的某些训诫,而叙述的纯朴则借鉴帕尔费尼修士的《漫游记》。"(《陀思妥耶夫斯基书信集》,第 4 卷,页 92)关于帕尔费尼的书对陀思妥耶夫斯基创作的影响,请参阅 P. B. 普列特尼奥夫的著作《陀思妥耶夫斯基和帕尔费尼修士》,《斯拉夫语言学》杂志,第 14 卷,第 1 至 2 期,1937

年,页30—40,以及 C. B. 别洛夫所写的《陀思妥耶夫斯基私人所藏的一本书》,《图书爱好者丛刊》,第 2 期,莫斯科,1975 年,页 183—188。

[18] 当局对陀思妥耶夫斯基逗留在旧鲁萨期间进行秘密监视的材料已经发表,见 A. 3. 扎沃龙科夫和 C. B. 别洛夫《关于退伍上尉费奥多尔·米哈伊洛维奇的材料》,《俄国文学》,1963 年,第 4 期。

[19] 《陀思妥耶夫斯基书信集》,第 3 卷,页 131。

[20] B. C. 涅恰耶娃查明,此处安·格·陀思妥耶夫斯卡娅的说法不确。对陀思妥耶夫斯基的监视早在 1875 年夏撤销,陀思妥耶夫斯基本人到 1880 年才知道这一点。1880 年春,通过"上层人物",即在康斯坦丁·尼古拉耶维奇大公那儿供职的政论家 A. A. 基列耶夫,陀思妥耶夫斯基提出了要求撤销监视的申请书,此后他得到通知,对他的监视早已于 1875 年撤销。(参阅 B. C. 涅恰耶娃《对陀思妥耶夫斯基的秘密监视是何时被撤销的》,《俄国文学》,1964 年,第 2 期)

[21] 《陀思妥耶夫斯基书信集》,第 3 卷,页 147。

[22] 《陀思妥耶夫斯基书信集》,第 3 卷,页 147。

[23] 《陀思妥耶夫斯基书信集》,第 3 卷,页 151—152。

[24] 在 1875 年 2 月 12 日给安·格·陀思妥耶夫斯卡娅的信中,陀思妥耶夫斯基直接谈到他由于在涅克拉索夫的《祖国纪事》上发表《少年》而与阿·尼·迈科夫和尼·尼·斯特拉霍夫产生了分歧。(参阅《陀思妥耶夫斯基书信集》,第 3 卷,页155)早从四十年代后期,当陀思妥耶夫斯基还在许多方面与彼得拉舍夫斯基小组的成员们接近的时候起,阿波隆·尼古拉耶维奇·迈科夫就是他的知交。正是对迈科夫,陀思妥耶夫斯基吐露了当时最秘密的、关于准备政变的消息:他讲述了彼得拉舍夫斯基小组的成员斯佩什涅夫、莫尔德维诺夫、蒙别利、菲利波夫、格里戈里耶夫、米柳京和他的意图,——从彼得拉舍夫斯基小组中分离出来,"建立一个有秘密印刷厂的特殊团体[……]为的是在俄国进行变革"。(参阅《历史档案》,1956 年,第 3 卷,页 224—225;还可参阅阿·尼·迈科夫给帕·亚·维斯科瓦托夫教授的信,《陀思妥耶夫斯基。资料和研究汇编》,第 1 卷,页 266—271)在五十年代和六十年代,陀思妥耶夫斯基和迈科夫之间一直保持着友好关系,而且,正如 A. C. 多利宁所正确地指出的,"当六十年代上半期快要结束、陀思妥耶夫斯基的信念开始蜕变、逐渐带上斯拉夫主义的色彩的时候,他在这条道路上必然会和迈科夫更加合拍,因为后者在早几年(五十年代末)也经历了同样的演变"。(《陀思妥耶夫斯基书信集》,第 1 卷,页 519)

到了七十年代后期,由于《少年》发表在《祖国纪事》上,陀思妥耶夫斯基和迈科夫之间的关系开始有些冷淡,特别是陀思妥耶夫斯基于 1879 年 3 月 13 日在教授和文学家们为祝贺屠格涅夫而举行的宴会上和"年轻一代中的某个人"进行了如下的问答以后:"为什么您只在《俄国导报》上发表作品?"——"因为那儿钱给得多,说得更确切些,是那儿可以先给钱。"就在当天,阿·尼·迈科夫给陀思妥耶夫斯基写了封信,提出抗议,在信中,他伤心地说道:"我还以为您,作为一个具有独立见解的人,一定会说,这是出于对卡特科夫的支持和对他的尊敬,甚至是由于在许多主要问题上与他观点一致。[……]可您却避而不谈。怎么? 您在卡特科夫那儿发表作品是为了钱吗?"(《陀思妥耶夫斯基。资料和研究汇编》,第 2 卷,页 364)然而,尽管两人之间的关系有点冷淡,但是迈科夫一直对陀思妥耶夫斯基的创作天才评价很高。(参阅《阿·尼·迈科夫论及陀思妥耶夫斯基的未发表的信件》,出版者:И. Г. 扬波利斯基。——《陀思妥耶夫斯基。资料和研究集》,第 4 卷,页 281)关于斯特拉霍夫,请参阅本书第十二章第二节《答斯特拉霍夫》以及第十二章"注释"20。

[25]　《陀思妥耶夫斯基书信集》,第 3 卷,页 180。请参阅《费·米·陀思妥耶夫斯基和安·格·陀思妥耶夫斯卡娅通信集》,页 165—211。

第八章　一八七六至一八七七年

一　一八七六年。我开的一次玩笑

1876 年 5 月 18 日发生了一件事,我至今回忆起来几乎还感到胆战心惊。事情是这样的:在那一年的《祖国纪事》上发表了索·斯米尔诺娃①的新作,长篇小说《性格的力量》。费奥多尔·米哈伊洛维奇和索菲娅·伊万诺芙娜很友好,对她的文学才能十分器重。他对她的近作也颇感兴趣,要求我在那几期杂志出版时,为他借阅。我总是在丈夫暂时摆脱《作家日记》工作的那几天,给他借阅《祖国纪事》。但是新出版的杂志通常只能出借两三天,因此,我老是催促丈夫赶紧把杂志看完,以便按时还给图书馆而不致罚款。4 月号也是如此。费奥多尔·米哈伊洛维奇看完长篇小说以后对我说,我们那亲爱的索菲娅·伊万诺芙娜(我也十分欣赏她)在这部长篇小说中把一个男性人物写得很成功。[1] 这天晚上我丈夫去参加某个集会,我安排好孩子睡觉后,就开始读《性格的力

---

① 　索菲娅·伊万诺芙娜·斯米尔诺娃(1852—1920),女剧作家和小说家,曾先后为《祖国纪事》月刊和《新时报》撰稿。她是演员 Н. Ф. 萨佐诺夫的妻子。

量》。在长篇中有一封某个坏蛋写给主人公的匿名信。信的内容如下：

> 最高贵的彼得·伊万诺维奇阁下！[1][2]
>
> 对阁下来说，我完全是个陌生人，但是由于我对您十分同情，因而胆敢提笔给您写这封短笺。我对您高尚的气度有足够的了解，可是您虽然高尚，而您所亲近的人却在卑鄙地欺骗您，每念及此，我不由得义愤填膺。如果她被放到外面，可能与你相距不止千里，她就会像只欢乐的母鸽，展开翅膀，高高地飞向云端，不想再回到自己的家。您放她自由行动，她却走向毁灭，掉进了别人的魔掌，在他面前，她战战兢兢，诚惶诚恐，可是他那诱人的外表使她着了魔，他攫去了她的心，她觉得没有人的眼睛比他的眼睛更可爱了。她甚至对孩子们都感到厌恶，一心只想听到他的甜言蜜语。如果您想知道他——这个坏蛋是谁，那么，我是不会向你道出他的姓名的，您自己去考虑吧，特别要当心黑发男子。您要是看到有个黑发男子经常登您家的门，那就请您留神吧。那个黑发男子早就占了您的上风，只是您没有意料到罢了。
>
> 促使我向您泄露这个秘密的是您的高尚品格，除此以外，别无其他动因。如果您对我不信任的话，那么，您太太的脖子上挂着一个颈饰，您去瞧瞧放在她贴胸的饰物中藏着谁的相片。一个您永远也不会认识、但怀着善意的人。

我该说明一下，最近以来，我的心情一直很愉快：丈夫的癫痫病很久没有发作，孩子们病后完全恢复了健康，我们的债务也逐步还清，而《作家日记》的声誉也在 creszendo[2]。这一切加强了我性格中固有的乐观情绪，在这种情绪的影响下，读了上述的匿名信之后，我的头脑里闪过一个淘气的念头：将这封信抄下来（改掉名字、父名，删去两三行），然后把它寄给费奥多尔·

---

① 《祖国纪事》，1876 年，4 月号，页[457]。——安·格·陀思妥耶夫斯卡娅注
② 意大利语：日益提高。——译者注

米哈伊洛维奇。我以为他昨天刚读过斯米尔诺娃的长篇小说中的这封信，马上就会猜到这是个玩笑，于是我们俩就一起笑一阵。同时，我的头脑里还闪过另一个念头：丈夫如果把这封信当真，那么，我很想知道他如何对待这封信，把它拿给我看，还是把它丢在纸篓里？我照例一想到什么，就动手干。起初我想用自己的笔迹写，但是我每天都替费奥多尔·米哈伊洛维奇把《作家日记》的速记记录转写为普通文字，他对我的笔迹太熟悉了。必须把玩笑开得隐蔽一点才行。因而我就着手用另一种字体较圆的笔迹抄这封信。但是要做到这一点相当困难，我写坏了几张信纸，才把信抄得字迹均匀。第二天一早，我把信丢进邮箱，邮差当天就把它连同其他邮件送到了我家里。

这一天费奥多尔·米哈伊洛维奇不知道在什么地方多耽搁了一会儿，到五点钟才回来；他不想让孩子们等吃饭，就换上家常穿的衣服，没有拆信，就走进了餐室。吃饭的时候，气氛愉快而热烈。费奥多尔·米哈伊洛维奇的情绪很好，有说有笑，回答孩子们提出的问题。饭后丈夫手里拿着一杯茶，照例走到自己的书房里，我则到儿童室去，过了十分钟左右，我才去探询我这封匿名信所产生的效果。

我走进房间，在我惯常坐的书桌旁边的位置上坐下，故意把话题引到需要费奥多尔·米哈伊洛维奇回答的问题上。但是他神情悒郁，一声不吭，在房间里踱来踱去，脚步仿佛有千斤重。我看到他闷闷不乐，倏地可怜起他来了。为了打破沉默，我问：

"你干吗这么愁眉苦脸的，费佳？"

费奥多尔·米哈伊洛维奇气愤地朝我望了望，在房间里又来回走了两次，然后走到我紧跟前站住。

"你戴着颈饰吗？"他用压低了的嗓音说。

"戴着啊。"

"把它拿给我看！"

"干什么？你看到它无数次了。"

"把颈饰拿出来看！"费奥多尔·米哈伊洛维奇声嘶力竭地叫喊起来；我明白我的玩笑开得过了分，为了使他平静下来，我就动手解开上衣的纽扣。可是我自己拿不下颈饰，费奥多尔·米哈伊洛维奇按捺不住满腔怒火，便迅速向我走来，使足劲儿把链条猛地一拉。这是一条很细的链条，是他自己在威尼斯为我买的。它顷刻间断掉了,颈饰就留在丈夫手里。他赶忙绕过写字桌,弯下身子,动手想打开颈饰。但他不知道弹簧在哪里,把颈饰折腾很久。我看到他的双手颤抖,颈饰差点儿从他的手中滑到台子上。我非常可怜他,对自己恼恨之极。我开口对他亲切地说话,要求让我自己来打开颈饰,但是费奥多尔·米哈伊洛维奇气冲冲地把头一摆,拒绝我的帮助。到最后,我丈夫找到了弹簧,打开了颈饰,看到其中的一面是我们的柳鲍奇卡的照片,另一面是我自己的照片。他茫然失措,继续端详着照片,一语不发了。

"嗯,找到了什么啊?"我问,"费佳,你真傻,你怎么会相信匿名信?"

费奥多尔·米哈伊洛维奇立即向我转过身来。

"你怎么知道匿名信的事?"

"怎么不知道?是我自己寄给你的啊!"

"自己寄的,你在说什么啊!你真不可思议!"

"我马上把证据拿给你看。"

我跑到另一张里面放着这一期《祖国纪事》的桌子边,在杂志中间翻寻一阵,找出几张昨晚我试着在上面改变笔迹的信纸。

费奥多尔·米哈伊洛维奇是那么惊奇,甚至把双手一摊。

"这信是你自己编的吗?"

"根本就不是自己编的!完全是从索菲娅·伊万诺芙娜的小说中抄来的。你昨天晚上刚读过,我还以为你马上就能猜到的呢。"

"我哪能想得起啊!匿名信都是这样写法。不过我不明白你为什么要把它寄给我?"

"只是想开个玩笑,"我说明道。

"怎么能开这样的玩笑?在这半个钟头内,我痛苦到了极点!"

"谁会知道你像奥赛罗①那样不经思考,就一头撞在墙上。"

"在这种事情上是没有思考余地的,可见你没有体验过真正的爱情和真正的嫉妒。"

"嗯,就是此刻我也体验到真正的爱情,但是我却不曾有过'真正的嫉

---

① 莎士比亚同名剧作中的男主人公,因听信谗言,疑妻不忠而将她杀死。——译者注

炉'，这都得怪罪于你：你为什么不对我变心呢？"我笑道，想要使他的情绪平静下来，"我请求你，对我变心吧。到那时，我会比你宽厚得多：我不动你一根毫毛，但我要把她，那个女坏蛋的眼睛挖出来！！"

"你老爱开玩笑，安涅奇卡，"费奥多尔·米哈伊洛维奇用愧疚的声调说，"你得想想，弄得不好，会惹出什么样的祸事来！要知道，我在火头上会把你掐死的！现在只能说：上帝怜悯我们的孩子，拯救了我们！你还得想想，我即使没有找到照片，但在我内心也可能对你的忠实始终存在一丝疑虑，并将为此而苦恼终生。我央求你，不要在这种事情上开玩笑，我在狂怒中不能对自己的行为负责！"

谈话间，我感到自己的脖子在转动的时候有点不对劲。我用手帕擦了擦，手帕上留下一条血印：显然，链条被使劲扯下的时候把脖子上的皮给擦破了。我丈夫看到手帕上有血，感到懊恼极了。

"我的天，我干出了什么事啊！安涅奇卡，我亲爱的，原谅我吧！我把你弄伤了！你痛吗，告诉我，你很痛吗？"

我开始安慰他，根本就没什么"伤"，只是擦破了点皮，明天就会好的。费奥多尔·米哈伊洛维奇却是真的慌了神，主要是对自己的冒火感到羞愧。整个晚上他一再请求原谅，表示后悔，流露出无限的柔情。我也觉得极其幸福，因为我那荒唐的玩笑终于这样平安地结束了。我痛悔自己使费奥多尔·米哈伊洛维奇经受了痛苦，我根据经验明白，当我那亲爱的丈夫醋意发作的时候，他会达到何等疯狂、几乎失去自制力的地步。

我至今保存着那个颈饰和那封匿名信（1876 年 5 月 18 日）。

二　一八七六年。找寻母牛

1876 年夏，圣彼得堡大学教授尼古拉·彼得罗维奇·瓦格纳①教授率全

---

①　尼古拉·彼得罗维奇·瓦格纳（1829—1907），俄国动物学家，作家，著有《小猫的故事》等文艺作品，1876 至 1878 年间出版过杂志《光》。他还写过有关招魂术的文章。

家住在旧鲁萨。他带着雅·彼·波隆斯基①的一封信来我们家访问,给我丈夫良好的印象。他们开始经常见面,费奥多尔·米哈伊洛维奇对这位热衷于招魂术的新相识颇感兴趣。[3]

有一次,瓦格纳在公园里碰到我,对我说:

"嘿,昨天费奥多尔·米哈伊洛维奇真使我感到惊讶!"

"什么事啊?"我好奇地问。

"昨天傍晚散步的时候,我想顺便上你们家来,可是走到十字路口,就碰到您的丈夫,我问:'您去散步吗,费奥多尔·米哈伊洛维奇?'

"'不,不是散步,我去办件事。'

"'我可以陪您一起去吗?'

"'如果您愿意,就一起走吧,'他冷淡地回答。

"我觉得他心事重重,看样子,不想继续谈下去。我们走到第一个十字路口,迎面来了一个农妇,费奥多尔·米哈伊洛维奇就问她:

"'大婶,你看到一头栗色的母牛吗?'

"'没有,老爷,没看到,'她回答。

"他问到栗色的牛,这使我感到奇怪,我把他的提问归诸民间的一种传统说法——根据从田间归来的第一头母牛,可以推断次日的天气;因此,我认为,费奥多尔·米哈伊洛维奇之所以问到母牛,是由于他想知道翌日的天气。但是,当我们又走过一段街道,费奥多尔·米哈伊洛维奇向一个碰到的男孩重复同样的问题时,我就忍不住问道:

"'费奥多尔·米哈伊洛维奇,您问那头栗色的牛干什么?'

"'怎么干什么? 我在找它啊。'

"'找它?'我感到惊奇。

"'是啊,我在找我们的母牛。它没有从田间归来。我们家的人都在找它,我也在找啊。'

"这时候我才明白,费奥多尔·米哈伊洛维奇为什么那样专注地察看道

---

① 雅科夫·彼得罗维奇·波隆斯基(1819—1898),诗人和批评家,先为《祖国纪事》、《现代人》,后来又为《当代》、《时代》等杂志撰稿。

路两边的沟渠,而且显得心烦意乱的样子。"

"这有什么使您惊奇的?"我问瓦格纳。

"怎么不惊奇呢,"他回答,"一位大作家的头脑和想象始终被高级的思想所占据,可他却在街上徘徊,寻找什么栗色母牛。"

"显然,您不明白,可敬的尼古拉·彼得罗维奇,"我说,"费奥多尔·米哈伊洛维奇不但是个有才能的作家,而且是个最顾家的人,他对家里发生的一切事情都看得很重要。您瞧,如果母牛不回家,我们的孩子们,特别是最小的一个,就吃不到牛奶,只能吃别人家的母牛的奶,而那头牛也可能有病。因此,费奥多尔·米哈伊洛维奇就要到处去找了。"

必须提一下,我们并没有自家的牛,可是我们来到旧鲁萨消夏期间,附近的农民都争先恐后地想把自家的牛借给我们用一个夏季,指望到秋天牵回的时候,冬季瘦下去的牛会喂得肥壮结实。我们一个夏季付给农民十至十五卢布,但是碰到母牛死亡或者我们使它受了损伤,那就得付九十卢布。每个夏季总有两三次发生奶牛不与牛群一起从田间归来的情况,那时候,我们便全家出动,除了保姆和婴儿以外,都分头到各条街上去寻找。费奥多尔·米哈伊洛维奇深切地关怀着家里的忧乐,碰到上述情况,他也总是帮着去找,有两三回亲自把我们的牛赶回家,把它放进篱笆门。

三 一八七六年。冬天。结交

这年冬天,费奥多尔·米哈伊洛维奇在社交界的熟人增加很多。他在各处都受到十分殷勤的接待,这是由于大家不仅器重他的智慧和才能,而且珍视他那颗同情人们的一切苦难的善良的心。

可是我在这个冬天却决定不参加社交活动:《作家日记》的工作、家务琐事、为我的孩子们操劳,每天都把我搞得精疲力竭,到了晚上,我只想休息,看点有趣的书,而在交际场合,我肯定会表现出厌烦的神情。然而,不参加社交活动丝毫也没使我感到遗憾;因为我们刚回到俄国,就形成这样的习惯,一直保持到我丈夫逝世。费奥多尔·米哈伊洛维奇经常为我不参加活动而难受，担心我会感到寂寞无聊，因而把他在做客时看到和听到的以及和某个人物交谈的一切都告诉我，以此作为补偿。费奥多尔·米哈伊洛维奇的叙述是那么引人入胜，那么富有表现力，对我来说，足以代替社交界给予的一切。我记得，我总是急不可耐地等待他做客回来。他通常在深夜一点钟或一点半回家；那时候，我给他端上刚沏的茶，他换上自己宽大的夏服（代替长袍），喝下一杯滚烫的茶，就开始讲述当晚的聚会。费奥多尔·米哈伊洛维奇明白，我想知道详情细节，因此他不厌其详，把全部谈话的内容告诉我，而我总是提问："那么，她对你讲了些什么，你又对他怎么回答？"

费奥多尔·米哈伊洛维奇做客回来以后就不再动手写作，而他惯于睡得很晚，于是我们便这样坐着谈下去，有时候一直谈到早晨五点钟，费奥多尔·米哈伊洛维奇就强迫我去睡觉，说我肯定会头痛，并且保证第二天把其余的情况讲完。

有时候，费奥多尔·米哈伊洛维奇在我面前自夸，说他在某次有关文学或政治的辩论中怎样占了上风。有时候，我丈夫又告诉我他的疏漏之处，说他没有认出某个人，由此造成了误会，他征求我的意见，要我为他出主意来补救这一过失。费奥多尔·米哈伊洛维奇偶尔也坦率地向我诉苦，说有些人对他如何不公正，力图侮辱他，伤害他的自尊心。应该说句老实话，他的同行们，甚至那些聪明、有才能的人，常常不怜惜他，而竭力用卑劣的讥诮或伤人的话语表示，在他们的眼里，他的才能是如何微不足道。例如，某些人根本不向费奥多尔·米哈伊洛维奇提到他的新作，仿佛他们不愿意以外界的恶评使他伤心；虽然他们明明知道，他期待于他们的并不是赞扬或者恭维，而是他们真诚的意见：在他的小说中是否贯穿了他想表达的主题思想？又如，当费奥多尔·米哈伊洛维奇直接问一位"朋友"是否看过他的小说最近发表的那一章（已经在杂志上刊载了一个月）时，"朋友"回答："这期杂志使年轻人着了迷，从一个人手里传到另一个人手里，他们都赞扬这部小说。"然而，说话的人很清楚，费奥多尔·米哈伊洛维奇所重视的不是缺乏经验的年轻人的意见，而是说话者本人的意见；同时，这位"朋友"也很清楚，他对费奥多尔·米哈伊洛维奇的作品不感兴趣，一个月里没有抽空读一下，这会使作者感到难受。

　　我记得有过这样一个例子：某个作家在社交界碰到费奥多尔·米哈伊洛维奇，说他终于看完了长篇小说《白痴》，而这部小说是在五年前问世的，他喜欢它，但是他发现其中有不确切的地方。

　　"什么地方不确切？"费奥多尔·米哈伊洛维奇很感兴趣地问，以为长篇小说的主题思想或人物性格有问题。

　　"今年夏天我住在巴甫洛夫斯克，"对方回答，"我和女儿们一起散步的时候，大家都寻找长篇小说的女主人公阿格拉雅·叶班契娜住过的那所具有瑞士农舍风味的豪华别墅。无论您怎么说，在巴甫洛夫斯克是找不到这样的别墅的。"

　　按这种说法，费奥多尔·米哈伊洛维奇在小说中所描绘的非得是实际上存在的别墅，而不能是虚构的别墅。

　　后来，又有一位作家宣称，他怀着强烈的好奇心看了两遍长篇小说《卡拉马佐夫兄弟》中检察官的演说，第二次读出声来，手里还拿着表。

　　"为什么要拿表？"我的丈夫感到奇怪。

　　"在小说中，您说，这次演说持续……①一分钟，我想核实一下。原来不是……②，而只有……③"[4]

　　费奥多尔·米哈伊洛维奇起初以为这位作家对检察官的演说是那样感兴趣，以致他决定读第二遍，就像我们看到令人惊异的描述时经常所做的那样；可是这位作家之所以读第二遍却别有缘故，那缘故是如此微不足道，只有蓄意要惹恼或刺激费奥多尔·米哈伊洛维奇的人才会提到它。文学界的同时代人对待我丈夫的这种态度还可以举出不少例子。

　　当然，这一切都是对别人的自尊心的卑鄙的伤害，干这种事有损于那些聪明、有才能的人物的体面；但是他们的行为毕竟对我有病的丈夫的衰弱的神经起了有害的作用。我常常对这些不怀好意的人感到愤懑，觉得这种侮辱性的狂妄行为是出于"同行的嫉妒"（如果我说错，那就请原谅我），而费奥

---

　　①　此处原稿遗漏。——原书编者注
　　②　此处原稿遗漏。——原书编者注
　　③　此处原稿遗漏。——原书编者注

陀·米哈伊洛维奇,应该为他说句公道话,是从来没有这种嫉妒心的;因为他总是给予其他作家的有才华的作品以公正的评价,尽管他所谈到或写到的作家有着与他不同的信念。

费奥多尔·米哈伊洛维奇在回答我的问题时,还描述他在社交界见到的太太们的服装,这总是使我感觉兴趣。有时他表示,非要我缝一件他所喜欢的衣服不可。

"你可知道,安尼娅,"他说,"她身上穿着一件极其漂亮的衣服,款式很简单:右边微微隆起,打上褶子,后边一直垂到地面,但裙边没有在地面上拖着;左边我可忘了,好像微微隆起。你就照这样缝一件,穿着可漂亮呢。"

我答应缝一件,虽然要按照费奥多尔·米哈伊洛维奇所描述的式样做相当困难。

有时候,费奥多尔·米哈伊洛维奇对色彩也会搞混,不大分得清。他曾说出那些在日常生活中不再使用的色彩名称,例如,马萨克色;费奥多尔·米哈伊洛维奇肯定地说,马萨克色与我脸部的肤色一定很相配,要我缝一件这种颜色的衣服。我想满足丈夫的要求,到商店里去买这种颜色的衣料。店员们摸不着头脑,后来我从一个老妇人那里得知,马萨克色是一种深紫的颜色,过去莫斯科人用这种颜色的天鹅绒做棺材套。可能深紫色与某些人的脸相配,也许跟我也相配,然而我终究未能为自己做一件这种颜色的连衣裙来实现我丈夫的愿望。

顺便说说,我丈夫看到我穿漂亮的衣服、戴好看的帽子,总是十分满意。他希望看到我打扮得漂漂亮亮[①],他由此得到的快乐远远胜过我本人。我们的经济情况始终拮据,因此,没有条件考虑到装束。然而,当我亲爱的丈夫有时甚至违反我的意愿,从国外给我买来或捎来什么漂亮的衣服时,他总是显得非凡地满足和高兴。费奥多尔·米哈伊洛维奇每次到埃姆斯去,都尽量节约,用省下来的钱给我买点礼物:有一次给我带来一件工艺品——一把华丽的、有雕刻装饰的象牙扇子,另一次是一架用天蓝色搪瓷做的望远镜,还有一次是琥珀制的首饰(胸针、耳环和手镯)。他选购这些东西花了很多时间,看

---

①　1876 年 7 月 24 日给我的信。——安·格·陀思妥耶夫斯卡娅注[5]

得挺仔细,多次打听它们的价钱;如果这些礼物使我喜欢,他就感到心满意足。我知道丈夫乐于送我礼物,因而在接受礼物时,我总是表现得十分欣喜,虽然我有时内心感到不是滋味,他给我买的礼物虽然精致,但并不那么实用。例如,我记得有一次,费奥多尔·米哈伊洛维奇在卡特科夫那儿拿到了钱,就在莫斯科的一家高级商店里买了一打每件价值十二卢布的女式衬衣,这使我十分心疼。当然,我接受礼物时表面上显得喜出望外,但心里却舍不得钱;因为我的衬衣已经够穿,而用这笔花掉的钱可以买很多我所需要的东西。

在购买衬衣之前发生了一件令我发笑的滑稽事。有一天,约莫深夜一点钟,我丈夫走进房间,把我叫醒,高声向我提出一个问题:"安尼娅,这是你的衬衣吗?"——"什么衬衣,大概是我的,"我在蒙眬中没有听明白。"这么粗劣的衬衣难道可以穿?"我丈夫怒气冲冲地说。"当然可以,我不明白你在讲什么,亲爱的,让我睡吧!"到第二天早晨,我才弄明白他来找我以及冒火的缘由。女仆告诉我,"老爷"起初把她和厨娘吓了一跳,后来又叫她们感到惊奇。前一天黄昏,她洗了自己的两件衬衣,把它们挂在绳子上晾于窗外。晚上起了风,冻硬的衬衣开始敲打玻璃。费奥多尔·米哈伊洛维奇在书房里工作,听到敲击声,担心这响声会把孩子们吵醒,于是他就走到厨房里,站到方凳上,打开气窗,悄悄地把东西一一收进来,接着,将两件衬衣分别挂在炉灶上。就在这时候,费奥多尔·米哈伊洛维奇看清楚了衬衣(当然,它们是用灰色的粗麻布做的),大吃一惊,便跑来叫醒我。早晨我告诉丈夫是怎么回事,他方才知道弄错了,觉得挺好笑。我问丈夫为什么不去叫醒女仆,他回答:"我不忍心去叫醒她,她干了一整天活,让她好好休息吧。"我丈夫对待仆人始终是这样的,他不要求他们替他干额外的活儿。

但是使费奥多尔·米哈伊洛维奇特别高兴的是,在他逝世前两年,他送我一副每只镶着一粒钻石的耳环,价值二百卢布。为了购买耳环,他曾请教过熟悉珠宝的行家彼·福·潘捷列耶夫。我记得,我第一回戴这副耳环是在一次有我丈夫参加朗诵的文学晚会上。当其他文学家在朗诵的时候,我和丈夫并排沿墙壁坐着,墙上镶有镜子。我突然看到我丈夫朝旁边望,不知在向什么人微笑;随后又转向我,兴高采烈地小声说:"在发光呢,好亮啊!"原来,在众多的灯火下,我的钻石正在射出夺目的光彩,丈夫为此而像小孩子那样感到高兴。

四 一八七六年。欠屠格涅夫的债

在我们 1876 年的生活中,我记得有个小小的误会,使我丈夫十分不安,在此两三天以前,他曾发过一次癫痫病。有个年轻人——亚历山大·费奥多罗维奇·奥托(奥涅金)[1]来找费奥多尔·米哈伊洛维奇,此人住在巴黎,后来成了普希金的珍贵的著作和文献的收藏家。奥托先生声称,他的朋友伊万·谢尔盖耶维奇·屠格涅夫委托他来拜访费奥多尔·米哈伊洛维奇,要后者偿还欠款。我丈夫感到奇怪,便问:屠格涅夫是否收到他委托安年科夫[2]转交给屠格涅夫的五十个塔列尔,他是于去年 7 月回俄国途中在火车上碰到安年科夫的。奥托先生证实,屠格涅夫从安年科夫那儿拿到了这笔钱,但说,屠格涅夫记得,他寄往威斯巴登给费奥多尔·米哈伊洛维奇的不是五十塔列尔,而是一百塔列尔;因此,他认为费奥多尔·米哈伊洛维奇还欠他五十塔列尔。我丈夫十分不安,以为自己可能记错,就立即把我叫去。

"你说,安尼娅,我欠屠格涅夫多少钱?"我丈夫把客人介绍给我,然后问。

"五十塔列尔。"

"对不对?你记得很清楚吗?不会记错吧?"

"记得十分清楚。屠格涅夫在信上就写得明明白白,他寄给你多少钱。"

"把信拿给我看,你把它藏在哪儿?"我丈夫要求道。

当然,信不在手边,但我答应把它找出来。我们要求年轻人过一两天再到我们这儿来一下。

费奥多尔·米哈伊洛维奇心神不定,担心我可能记错,他是那么不安,使

---

① 亚历山大·费奥多罗维奇·奥托(1844—1925),普希金的原稿和资料的收集者,也是普希金陈列馆的建立者。

② 帕维尔·瓦西利耶维奇·安年科夫(1812—1887),作家和批评家,回忆录作者。

我下了决心，即使通宵不眠，也要连夜把它找出来。丈夫的不安传给了我，弄得我也怀疑起来，在这件事上是否发生了什么误会。糟糕的是，我丈夫前几年的信件搞得很乱，我至少翻阅了三四百封信，到最后才找到了屠格涅夫的信。我丈夫看了信，确信我没有搞错，他才定下心来。

过了两天，奥托来到我们家，我们便把屠格涅夫的信拿给他看。他感到很窘，要求把这封信交给他，好让他寄给屠格涅夫，而且他还答应将信还给我们。

过了三个星期左右，奥托又到我们家里，捎来了信，但不是我们交给他的那封信，而是费奥多尔·米哈伊洛维奇本人从威斯巴登寄出的一封信，在这封信里，他要求屠格涅夫借给他五十塔列尔。[6]这样，误会冰释，使我们十分满意。只是亚·费·奥托遭了罪，他在好多年以后（1888年12月19日）的一封来信①中这样写到自己：

"我和费奥多尔·米哈伊洛维奇短暂的结交是从一场使他不快的误会开始的，在这场误会中，我不由自主地扮演了角色。我就是很久很久以前你们还住在佩斯基的当儿来找过你们的那个人。当时，费奥多尔·米哈伊洛维奇病情加重，经济困难，我受我的朋友伊·谢·屠格涅夫的委托，来找他还债。当时我心里很不好受，因为你们自己坦率地向我说明了事情的基本情况，后来费奥多尔·米哈伊洛维奇气愤不平，认为伊·谢·屠格涅夫的要求太不公道。出于我那倒霉的急躁性格，我写了一封措词尖锐的信给伊万·谢尔盖耶维奇·屠格涅夫。事情终于弄清楚了：伊万·谢尔盖耶维奇承认了自己的错误，但是我几乎失去他的友谊，凡是卷入两个人矛盾中的第三者，往往会有这样的遭遇。"[7]

五　一八七七年。大衣失窃

1877年初发生了一件"大事"，为了这件事，我不得不与当时京城里的侦

---

①　费奥多尔·米哈伊洛维奇和奥托先生的信还保存着。——安·格·陀思妥耶夫斯卡娅注

缉处打交道：我新买的狐皮大衣被人偷走了。

必须提一下，自从回到俄国以后，到了冬天，我还仍然穿那件在德累斯顿穿的灰色羊皮大衣。费奥多尔·米哈伊洛维奇看到我穿得那么单薄，感到十分担心，预言我会得严重的感冒，导致不良的后果。当然，这件大衣抵挡不住十二月和正月的严寒，在大冷天，我就不得不在大衣外面披上厚厚的围巾，这使我的外貌挺不招人喜欢。但是在回国以后的头几年，我们主要只能考虑如何偿还那些使我们苦恼的债务，因而关于保暖的皮大衣问题，虽然每年春季都提出过，但始终不能获得顺利的解决。最后，在1876年底，我们长久以来的愿望有了实现的可能性，我记得，费奥多尔·米哈伊洛维奇对这件无关紧要的家务事是如何关心。他知道我舍不得花钱购置衣装，就决定亲自办这件事：他把我领到泽泽林的皮货商店（即今之梅尔坚斯皮货商店，那儿总是在夏天把皮大衣保存好），要求掌柜的"认认真真地"给我们挑选做大衣用的狐狸皮和做领子用的貂皮。掌柜的（我丈夫的才能的崇拜者）拿出了整整一大堆狐狸皮，指出它们的优点和缺点，结果按规定的价格（一百卢布）挑选了一块挺不错的皮子。用差不多同样的价格买下的貂皮领子也很出色。他们那儿还有黑缎子的样品，费奥多尔·米哈伊洛维奇仔细地观察了缎子的光泽、颜色和结实的程度。当谈话涉及式样的时候（斗篷刚开始流行），费奥多尔·米哈伊洛维奇要求看看新式样，随即对这种"奇装异服"表示异议。掌柜的开玩笑说，这种斗篷是一个想摆脱自己妻子的裁缝想出来的，这时候，我的丈夫声明道：

"我根本就不想摆脱自己的妻子，因此，请您按照老式样，给她做一件有袖子的大衣！"

我看到丈夫对定制有袖子的大衣很感兴趣，就不坚持要做斗篷了。过了两星期，大衣送来，我把它穿上，费奥多尔·米哈伊洛维奇满意地说：

"哦，你现在完全像个莫斯科河南岸区的商人太太，我现在不用担心你着凉了。"

然而，就是这件经过多年的期待、花费了不少心思"置办起来"的大衣却被人偷走了。

这事情发生在大白天，大约十分钟之内。我从外面回来，得知费奥多尔·米哈伊洛维奇已经起床,并且问起过我,我就马上急匆匆地跑到书房里去找他,将大衣留在前室的衣架上,而往常我是把它拿到自己房间里的。我跟丈夫谈了几句,便回到前室,但是衣架上的大衣已经不见了。全家随即乱成一团;两个在厨房里的使女说,她们没有见到任何人。看看那扇通楼梯的门,——没有上锁。显然,那个帮我脱大衣的使女忘记把门锁上,窃贼就此钻了空子。

大衣丢失一事使费奥多尔·米哈伊洛维奇很难受,特别是寒冷的天气还有整整两个月。我呢,陷于束手无策的苦境,"急得跳脚",责骂使女们,朝自己发火,怪自己不该把大衣留在前室。我们把管院子的人叫来,他把失窃一事报告了警察局。傍晚来了个警官,他盘问了使女,随后建议我亲自前往侦缉处,要求他们仔细进行调查。

翌日早晨,我前往侦缉处。由于我们家在文学界的名声,我马上就获得一个负责官吏的接见。(我丈夫在世时,我们家的姓氏始终给官方机关留下一定的印象:"文学家,大概在报上经常发表作品!")

那个官吏仔细地听完我的话,就问,谁是我怀疑的对象。

我表明,我信任我的使女们,她们俩是我从旧鲁萨带来的,在我们家干了三年活,我没有发现她们有什么不良的行为。我也不怀疑任何其他的人。

"请告诉我,经常到你们家来的有些什么人?"官吏问。

"我们的亲友,还有书店里来取书和杂志[8]的信差。但是他们来的时候总要经过厨房,可昨天没人来过。"

"那么,你们那儿经常有乞讨的人,也就是叫花子上门吗?"

"经常有,而且人数不少。我得告诉您,我的丈夫是个心地非凡善良的人,如果有谁要他施舍,他是不忍拒绝的,当然,他得量力而行。间或有人在我们住房的大门附近向他乞讨,而他身边没带零钱,他就把乞丐带到家里,然后把钱给他们。后来这些人看到钉在门上的小木板,知道了我丈夫的姓名,就开始主动上门,找费奥多尔·米哈伊洛维奇。当然,出去见他们的是我;他们向我诉说自己的灾难,我就给他们三四十个戈比。虽然我们不是有钱人,但是这样的帮助总是能够给予的。"

"偷窃你们东西的正是某个这样的乞讨者,"官吏说。

"我不这样想,请允许我为那些穷人辩护,"我说,"虽然他们叫人厌烦,耗费我不少时间,但是我不相信他们是贼:他们的样儿太不幸,太可怜了。"

"那么让我们来瞧瞧再说,"官吏说,"伊万诺夫,把相册拿来。"

助手拿来一本厚厚的相册,把它放在我面前的桌子上。

"请看一看吧,"他建议说,"也许会找到您熟悉的面孔。"

我怀着好奇心着手翻阅,在第三页上见到了一张我非常熟悉的人的脸。

"天哪!"我叫了起来。"这个人很面熟。他常到我们家来。这个也常来,还有这个,"我一面翻着相册,一面重复说。在每张我的"熟人"的相片下面都有着文字说明:"惯窃",在另一个人的相片下面则写着:"持枪的撬窃犯"。

我大为震惊:那些经常到我们家来、我往往单独与之交谈的人竟是窃贼,甚至是杀人犯,他们不仅有可能抢劫我和费奥多尔·米哈伊洛维奇,而且有可能把我们杀死,使我们一家遭到惨祸。我吓得背上一阵阵发冷,头脑里出现了可怕的想法:那些人会继续到我们家来,我们将来难保不会遭到致命的危险。即使我们今后拒绝帮助他们,我们也会因此激怒他们,从而招致灾难。

我默默地坐了几分钟,心情十分沮丧。

"很遗憾,"我开口说,"我丈夫没有看到我和他都认识的人的相片,他大概不会相信他们是贼。"

"那您就把你们认识的人的相片取下来,反正我们有双份。它们对您有这样的用处:如果他们之中有谁找上门来,那您就说,您已去过侦缉处,那儿的人把他们的照片给了您;请相信,这些家伙将把这个消息相互转告,那么,他们就会整整一年不上你们家的门。"

我很少收到像这个收藏品那样使我喜悦的礼物,直到如今,我还将它保存着。殷勤的官吏在跟我道别时答应派一名富有经验的侦探到我那儿去,他可能会找到我失窃的东西,特别是因为现在已经知道,这个窃贼应该到哪一伙坏蛋中去找。

费奥多尔·米哈伊洛维奇看到这些有着如此独特说明的相片,也跟我一样感到震惊。他清楚地认出了几个人的面孔,他常常在傍晚散步之际碰到他们在奥尔登堡斯基亲王①的医院大门口向行人们乞讨,说他们的侄子或孩子死在儿童医院里,眼前需要钱把孩子埋葬。他们也经常向费奥多尔·米哈伊洛维奇提出这样的请求,而他呢,虽然知道他们乞讨的理由是胡编乱造的,但是却从来也不拒绝帮助他们。

侦缉处给我的这些相片确实对我有用。应该说,在我们失窃以后的第一个月里,没有人来打扰我们,要求施舍。以后,来了最纠缠不休的乞丐中的一个,此人两年前到过我们这儿,我给了他一些零钱,帮助他不仅埋葬了病故的母亲,而且还埋葬了几个姑母。这一次他来请求我给他点钱替他一个害病的姑母买药。我为了自卫起见,把卢克里娅(一个长得高大的姑娘)从厨房里叫出来,向她要了三十戈比,她把这些钱放在桌子上,然后我对这个"惯窃"说:

"听着,把这三十戈比拿去,我请求您,以后不要再上我们家来了。不久以前,有人偷走了我的一件大衣:为了这件事,我到侦缉处去过,他们给了我几张'惯窃'的照片,还说,以后要是有人到我那儿来乞讨,我都得向警察局报告。不知道什么缘故,您的照片也在其中。您想瞧瞧吗?"

"不,您不用费心啦,"那乞丐说,转瞬间就不见了,连放在桌上给他的钱也没拿。显然,他把有关照片的事告诉了同伙,自此以后,有很长时间他们之中没有一个人来过;费奥多尔·米哈伊洛维奇也没有再把他们从街上带来;要是他身边没有零钱,他就叫乞丐等在大门口,回家以后叫女仆把钱拿下去。

第二天,侦缉处答应指派的侦探来了,他硬要我把发生的事件,连同最微不足道的细节,从头至尾叙述一遍,并且带着神秘莫测的样儿,追根究底地询问我一些无关紧要的事。这时候,我向这个侦探提了个问题:失窃的东西是否能找到?他回答说:

"这个嘛,太太,主要得看失主是否想把失物找回来。"

"我认为每个人都想。"

"就算每个人都想,但是有些人想得多些,有些人想得少些。比如说,某位公爵家被人偷走了价值五千卢布的贵重物品。他直截了当地对我说:'如果您能找到,我就给您百分之十的好处。'这样一来,东西就找到了。每个侦

---

① 彼得·格奥尔吉耶维奇·奥尔登堡斯基亲王(1812—1881),彼得堡教养机构的监督官。

探听到,他卖了力气就能得到报偿,他的劲头便来了。"

接着,这个侦探又举了两三个例子。我走开几分钟,去告诉丈夫:事情明摆着,我也得答应给百分之十的好处,即使先付五卢布也好。费奥多尔·米哈伊洛维奇光是摇摇头,认为侦查不见得会有什么结果。我回到侦探那儿,说我愿意给他百分之十的好处,并且当即拿给他一张五卢布的纸币,随后,他答应采取某些紧急措施。

过了两三天,侦探又来了,说他发现了大衣偷窃者的踪迹,只是由于担心打草惊蛇,才决定不把窃贼的名字告诉我。他又开始盘问我,要我叙述一些无关紧要的细节,占去我大约一个钟点的时间。我以为他拿到钱就会走掉,于是我就给了他五卢布,说:我整天很忙,请他等到有可能告诉我有关这个案子的实质性的结果时,再来找我。

过了十天光景,有一次,我和丈夫坐在餐室里,卢克里娅激动地跑了进来,喊道:

"好消息,太太,您的皮大衣找到啦!是侦探告诉我们的,他马上就来了。"

当然,我们大家听了都很高兴。侦探说,窃贼把从我那儿偷去的皮大衣送进了抵押商行(在莫伊卡),他在那儿找到抵押的单据;如果我拿出证据,证明这件皮大衣是我的,那么,抵押商行就得无偿地把它归还给我。他还说,必须赶紧去认领,并且建议我马上跟他一起到抵押商行去,把我的皮大衣立即要回来。

费奥多尔·米哈伊洛维奇对侦探的这个建议很不以为然;他表示,他想自己跟侦探一起去,但是后者不同意,说我丈夫是男子,恐怕不能把丢失的大衣的所有特征说清楚。我急切地想把失窃的东西取回来,就说服丈夫,让我和侦探一起去;再说,要是碰到熟人,我会用密实的面纱遮住自己的脸。于是我,在这阳光灿烂的日子,随同侦缉处的侦探,乘车穿过彼得堡的整个中心区,暗自感到好笑;我心里想,京城里所有在涅瓦大街闲荡的窃贼都会觉得困惑莫解,不知道眼前由侦缉处那个经常跟他们打交道的侦探押送的女贼究竟是谁,他们对她可是一无所知啊。

我们来到了莫伊卡,我想付钱给马车夫,但是侦探说,我还需要用马车,我拿到大衣后，它得把我送回家。于是我就嘱咐马车夫在外面等。我们走进管理处，被领到一个单独的房间里，约莫过了十分钟，有人拿来一件女式狐皮大衣。我一眼就看出这是别人的东西，就此告诉了侦探。

"您还是仔细瞧瞧吧，"他请求我说，"也许会认出来的，看看袖子，太太们大多会根据袖子认出来的。"

这当儿，侦探临时被人叫了出去，我突然看到缝在大衣前襟上的商行的标签。我弯下身去，读了那上面的文字，不由得火从中来。原来这件大衣是在 1876 年 11 月抵押给这儿的，也就是说，那是在我的大衣被窃以前四个月的事。显然，侦探对这一点十分清楚，但是他以为，我认不得自己的东西，即使认得，由于自己的东西找不到，也就乐于把别人的东西占为己有了。当侦探回来的时候，我把标签指给他看，并且当着商行经理的面，对他明显的欺骗行为表示极大的愤慨。他的身子颤动了一下，倏地走开，去看橱窗里的什么东西了。从商行出来，我告诉马车夫，我不打算乘他的车了，并且问他，从格列切斯基大街到这儿的车资，加上停留费，得付给他多少钱。马车夫告诉我，要付七卢布；因为"老爷"一早就乘他的车，刚才从大门出来，还说，"太太会把钱都付清的。"我真是气坏了。当然，我只得把钱如数付掉。这样看来，费奥多尔·米哈伊洛维奇有先见之明，寻找大衣只是白费劲。除了失物的损失外，还得加上花在侦探身上的十七卢布。按照我丈夫的看法，去向任何一个官员告侦探的状都无用：他们会派另一名侦探来，事情照样拖延下去，毫无结果。最好还是，东西丢了就算，以后碰到这种事，无论如何不要去请教这个可敬的机关。

六　一八七七年。购屋。米罗波利耶之行。菲尔德①的预言

1877 年初，我们得知亚·卡·格里布逝世的噩耗[9]，感到十分悲痛。

①　彼得堡的女占卦者。

他是旧鲁萨的别墅的主人,最近四年来,我们都是在那所别墅里度夏的。这位仁慈的老人对待我们全家始终十分热情,我和丈夫除了对他的逝世感到由衷的惋惜外,还担心,这所别墅不知转入谁的手中,那位未来的房主是否愿意让我们做他的夏季房客。这个问题对我们来说很重要:在旧鲁萨生活的五年中,我们十分喜爱这个地方,珍视那儿的矿泉水和泥疗给我们的孩子们带来的好处。我们希望以后也能利用它们。但是,除了这个城市本身外,我们也喜欢格里布的别墅,我们觉得很难找到比它更相宜的住所了。格里布先生的别墅不是城里的房子,而像地主的庄园,里面有绿荫如盖的大花园、菜园、板棚、地窖等等。费奥多尔·米哈伊洛维奇特别欣赏的是设在花园里的一个极好的俄罗斯式澡堂,他不洗盆浴,而常常在那里洗澡。

格里布的别墅坐落在(如今还在)科洛姆兹附近的市郊,在佩列雷季察河边,周围种着高大的榆树,这些树还是在阿拉克切耶夫时代栽植的。房子的其余两面(沿花园)伸展着宽阔的街道,只有宅院的一面和邻家的花园毗连。费奥多尔·米哈伊洛维奇很怕火灾,有时候,一场火灾会把我们那些建满木头房子的城市(奥伦堡)烧光;因此,我们别墅的这种孤零零的状态很合他的心意。我丈夫还喜爱我们那绿树成荫的花园和用石块铺砌的大院子,碰到雨天,当整个城市泥泞不堪、在未铺路面的街道上不能行走的时候,他就在这个院子里散步,而散步对他的健康来说是必不可少的。使我们俩特别满意的是几间并不大、但安排得很恰当的房间以及里面那些古老、结实的红木家具和陈设,我们住在里面感到又温暖又舒适。况且我们亲爱的阿廖沙是在此地出生的,这就使我们把这所房子当作自己的老家。我们有一个时期心里很着急,生怕失去这个心爱的住处,但是事情很快就明朗化了:格里布先生的女继承人离开了这个城市,决定把房子卖掉,要价一千卢布(连同家具,甚至包括十沙绳①木柴),而旧鲁萨的市民嫌这个价钱太贵。当时我们拿不出这笔钱来,但是我很不愿意放弃这所别墅,于是就请求我弟弟伊万·格里戈利耶维奇以他的名义把房子买下来,当我们有钱的时候,再把它转卖给我们。

---

① 沙绳,俄国旧长度单位,1 沙绳等于 2.134 米。——译者注

我弟弟答应了我的请求,买进了房子,直到我丈夫过世以后,我才以自己的名义从弟弟那儿把它买下来。

由于买到了这所房子,用我丈夫的话来说,我们就"有了自己的窠",一到春天,就欣喜地动身到那儿去,深秋离开的时候感到恋恋不舍。费奥多尔·米哈伊洛维奇认为我们旧鲁萨的别墅是自己在肉体上和精神上得到安宁之处;我记得,他把自己喜爱的、有趣的书放到抵达旧鲁萨之后阅读,在那儿,很少有闲着无事的来访者破坏他所期望的幽静气氛。

1877 年,我们继续出版《作家日记》,虽然它在精神上和物质上带来的成果越来越大,但是出版月刊的艰辛也随之增长,诸如邮寄刊物,征求订户,与订户通信,等等,等等。我进行这项事务没有助手(除了听差),因此,我感到疲劳不堪,这影响到我一向结实的身体。最近两年来,我消瘦多了,并且开始咳嗽。我那好心的丈夫素来关怀我的健康,这一次坚持要我在夏季完全休息;但是由于在旧鲁萨家务缠身,我不可能得到这样的休息,于是他便决定接受我弟弟的邀请,到弟弟的田庄去过夏。5 月初,我们家就动身前往库尔斯克省我弟弟的那个靠近米罗波利耶城的"小普里科尔"田庄。

我清楚地记得我们那一次长时间的旅行,在莫斯科和一些大的火车站逗留,由于军队要开赴前线作战[10],我们的火车不得不接连停驶几小时。在每次停车的时候,费奥多尔·米哈伊洛维奇总是到小吃部去购买大量的白面包、蜜糖饼干、香烟、火柴等,把它们拿到车厢里分送给兵士们,还跟其中的某些人交谈良久。

每次忆起这次长时间的旅行,我可以说,总是感到诧异:在日常生活中有时很容易激动的费奥多尔·米哈伊洛维奇却是个特别合适的、有耐心的旅伴。他什么都同意,不提任何意见和要求;相反,当小孩子们对旅行很快就感到厌倦、开始耍脾气的时候,他总是竭力设法减轻我和保姆的负担。我丈夫驯服孩子的本领简直使我吃惊:只要三个小家伙中的一个耍起脾气来,费奥多尔·米哈伊洛维奇就从自己的角落里(他和我们坐在同一个车厢里,但是坐位跟我们有一段距离)走过来,把要脾气的孩子带到他那儿,顷刻间使小家伙安静下来。我的丈夫特别善于和孩子们谈话,了解他们的需求,取得他们的信任(即使对他偶尔碰到的别人家的孩子们来说,也是如此),引发孩子们的兴趣,使他们很快就开心起来,变得听话了。我认为这是出于他始终爱着孩子们,正是爱启发他在某种情况下应该如何行动。

6月底,为了编辑和出版《作家日记》5月和6月夏季双月刊,费奥多尔·米哈伊洛维奇不得不从乡下前往彼得堡。我和两个较大的孩子要到基辅去朝圣,和他同路到科列涅沃车站。费奥多尔·米哈伊洛维奇认为,孩子们幼年时期所体验到的那些鲜明、光辉的印象对他们的教育有着巨大的意义。我丈夫知道,我早就想望到基辅去朝拜圣地,就建议我利用他不在家的机会到基辅去一次,于是我们就高高兴兴地启程了。

费奥多尔·米哈伊洛维奇顺利地办完了《作家日记》夏季号的出版和邮寄工作;但是使我遗憾的是,他由于没有收到我的信而深感不安。我寄给他的信是通过一个管我们房子的老人转交的,这个情况特别使他生气,其实,转交一事我曾征得过他的同意。在癫痫病发作的影响下,我丈夫完全忘记了我们的约定,忘记了下述情况:如果我把信直接寄给他,那么,邮政总局就会按照他春天动身去乡下前的嘱咐,像处理许多寄到彼得堡给他的信件那样,把我的信也送到米罗波利耶。

最近几年来,费奥多尔·米哈伊洛维奇对他不能上达罗沃耶,到他的亡母的田庄去看一下感到遗憾;在他童年的时候,每逢夏天,他总住在那儿。1877年夏,费奥多尔·米哈伊洛维奇觉得自己的健康情况良好,我就劝他从彼得堡回米罗波利耶途中,在莫斯科停留一下,然后从那儿前往达罗沃耶。费奥多尔·米哈伊洛维奇照这样做了,在他的妹妹维·米·伊万诺娃家(田庄转归她所有)住了两昼夜。他的亲戚们后来告诉我,在他逗留期间,他到过公园和近郊的许多他记忆中感到亲切的地方,甚至还步行到他童年所喜爱的"切尔马什尼亚"小树林(离庄园约两俄里),后来他给长篇小说《卡拉马佐夫兄弟》中的小树林就起了这个名字。费奥多尔·米哈伊洛维奇又顺便走访那些与他年龄相仿的庄稼汉,其中许多人他还记得。老头儿和老婆婆们以及他的同龄人从他童年起就记得他,他们高兴地欢迎他,一再邀请他到他们的农舍中去喝茶。达罗沃耶之行勾起了许多回忆,我丈夫回来以后向我们十分生动地叙述了这些往事。[11]他许下诺言,将来一定带孩子们去达罗沃耶,让他们看一看那儿公园里所有他喜爱的地方。为了实现我丈夫的遗愿,让孩子们瞧瞧他童年生活过的地方，我于 1884 年带孩子们前往达罗沃耶，在那儿，我们按照他的亲戚们的指点，走遍了费奥多尔·米哈伊洛维奇最后一次到过的地方。

1877 年夏天，我们全家过得愉快和安宁，可惜到了 9 月，我们不能继续待在乡下了。为了出版夏季 7、8 两月的合刊，我们必须在 8 月底以前回到彼得堡。

通常那种为琐碎小事而烦恼不安的生活又开始了。每天都有熟人和陌生人来看望费奥多尔·米哈伊洛维奇。这年秋天，我丈夫的天才的崇拜者，作家符·谢·索洛维约夫常来我家做客。有一次他来的时候告诉我丈夫说，他认识一位挺有意思的太太——菲尔德夫人，她对他过去的生活谈得很准，她向他预言的某些事情已经应验，使他感到惊奇。在索洛维约夫回家的当儿，我丈夫跟他一起外出，去作长时间的晚间散步。在路上，我丈夫问索洛维约夫，菲尔德夫人住得可远，当他知道她的住所就在附近的时候，他就要求索洛维约夫现在就跟他一起去菲尔德家。后者同意了，于是他们便出发去找这位女占卦者。[12]菲尔德夫人当然不知道这位陌生的客人是何许人，但是她关于费奥多尔·米哈伊洛维奇的预言却丝毫不差地应验了。菲尔德夫人向我丈夫预言，在不远的将来，他会赢得人家的崇敬，享有他甚至无法想象的荣誉——而这预言在普希金纪念会上果然应验了！她还说，我丈夫很快将遭到一场家庭灾难，她的这个预测不幸也言中了——我们亲爱的阿廖沙离开了人间！费奥多尔·米哈伊洛维奇是我们丧子之后才把女占卦者这一令人悲痛的预言告诉我的。

随着这一年岁末的临近，费奥多尔·米哈伊洛维奇开始考虑这样一个问题：他来年是否要继续出版《作家日记》？我丈夫对这一出版物带来的经济利益十分满意，公众在给他的信中所表现的真诚和信任的态度以及许多素昧平生的人们的来访，对他来说弥足珍贵；但是对文学创作的需要还是占了上风，于是费奥多尔·米哈伊洛维奇决定将《作家日记》停刊两三年，着手写一部新的长篇小说。他感兴趣的是哪些文学上的问题，这可以根据在他故世以后找到的一个记事本来判断，在这个记事本上有他 1877 年 12 月 24 日的如下笔记：

终身记住

1. 写俄国的老实人①。

2. 写一本关于耶稣基督的书。

3. 写自己的回忆录。

4. 写一部有关四旬祭的长诗。

（这全部工作，除了最后的一部长篇小说和预定出版的《作家日记》外，至少需要十年时间，而我现在是五十六岁。）

一八七七年发生的一件事

4 月中旬，费奥多尔·米哈伊洛维奇需要到国家银行办一件事。我担心丈夫寻找他要去的支行有困难，就提出，愿意陪他一起去。当我们乘车经过涅瓦大街的时候，看到人们聚集在报贩们的身旁。我们叫马车停下，我挤过人群，买了一张刚出版的文告。这是《一八七七年四月十二日在基什尼奥夫发布的关于俄国军队进入土耳其的诏书》。诏书的发布早在人们的意料之中，现在宣战已是既成事实了。费奥多尔·米哈伊洛维奇读完了诏书，命令车夫将我们送到喀山大教堂。教堂里有不少人在喀山圣母的圣像前不断地祈祷。费奥多尔·米哈伊洛维奇立即隐没在人群中。我知道他在某些激动的时刻喜欢待在僻静处祈祷，不让别人看到，我就没有跟在他后面；过了半小时，我才在教堂的角落里找到他，他深深地沉浸在祈祷和感动的心境中，以致第一眼竟没有把我认出来。这一事件及其对他所热爱的祖国带来的重大后果使费奥多尔·米哈伊洛维奇十分震动，关于去银行的事根本就不用提了。我丈夫把这份诏书归入自己的重要文件，它如今还保存在他的档案中。[13]

---

① "老实人"是法国作家伏尔泰（1694—1778）的同名小说中的主人公，一个心地善良、头脑简单的青年。——译者注

七　一八七七年

　　1877 年 11 月，费奥多尔·米哈伊洛维奇的心情十分沉重：长时期受着疾病折磨的尼·阿·涅克拉索夫生命垂危。对我丈夫来说，涅克拉索夫是和他关于青年时代的回忆，关于他初入文学界的回忆联结在一起的。涅克拉索夫是费奥多尔·米哈伊洛维奇的才能的最初赏识者之一，并且帮助他在当时的知识分子阶层中获得声望。固然，他们俩后来在政治信念方面产生了分歧，到了六十年代，在《当代》和《现代人》两杂志间曾进行过激烈的论战；但是费奥多尔·米哈伊洛维奇并不记恨，而当涅克拉索夫要求他把他的长篇小说在《祖国纪事》上发表的时候，他就同意了，从而恢复了他对青年时代的朋友的友善态度。涅克拉索夫也给予他以真挚的回报。费奥多尔·米哈伊洛维奇得知涅克拉索夫病危后，就经常去探望他，嘘寒问暖。有时候，他请求不要为他去叫醒病人，而只要转达他的衷心问候。偶尔碰上涅克拉索夫精神比较好的时候，他便把自己最后写的一些诗歌读给我丈夫听，并且指着其中的一首诗——《不幸的人们》（名为"鼹鼠"）说："这首诗写的就是您！"这使我丈夫十分感动。[14]总之，和涅克拉索夫的最后几次会面在费奥多尔·米哈伊洛维奇的心中留下深刻的印象[15]，因此，当他于 12 月 27 日得知涅克拉索夫逝世之际，深感哀痛。这一天，他整夜朗读着已故诗人的诗歌，真诚地赞美其中的许多作品，认为它们是俄国诗歌中的真正杰作。我看到他异常激动，担心他的癫痫病会发作，于是就陪着丈夫在书房里坐到天亮，从他的叙述中，我了解到他们青年时代我所不知道的几件事。

　　费奥多尔·米哈伊洛维奇参加了为涅克拉索夫举行的祭祷仪式，而且决定送死者的灵柩落葬。12 月 30 日清晨，我们来到铸造街涅克拉索夫的住所——克拉耶夫斯基①的房子里，在那儿碰到许多手持花圈的青年。费奥

---

　　①　安德烈·亚历山德罗维奇·克拉耶夫斯基（1810—1889），新闻工作者，《祖国纪事》发行人（1839—1884）和《呼声报》发行人（1863—1884）。

多尔·米哈伊洛维奇送灵柩至意大利街,但他没戴帽子在严寒中行走,我担心他会害病,就劝他回家,两小时后再到新圣母修道院去参加安魂弥撒。我们便这样做了,在中午到了修道院。

费奥多尔·米哈伊洛维奇在闷热的教堂中站了约莫半小时,决定到外面透透空气。奥·费·米勒①跟我们一起出来,三个人去寻找涅克拉索夫未来的墓地。墓地上寂静的气氛使费奥多尔·米哈伊洛维奇的内心感到安宁,他对我说:"在我死后,安尼娅,把我葬在这里或者另外什么地方,但是要记住,别把我葬在沃尔科夫公墓,在文人墓地。我不想躺在我的仇敌们中间,我一生受够了他们的气。"

我听了他打算死后葬在何处的话,心里十分难受;我就劝慰他,要他相信,他身体很健康,没理由想到死。为了要打消他的忧郁情绪,我就央求他在这世界上尽可能地活得长久些,同时向他描述我想象中关于他未来的葬礼的情景。

"好吧,你不愿意葬在沃尔科夫墓地,那我就把你葬在涅夫斯基大修道院墓地你所热爱的茹科夫斯基身边。不过你可千万别死! 我会把涅夫斯基大修道院的唱诗班请来,由一位,甚至两位主教主持弥撒。而且我要设法让整个彼得堡——六万至八万人,而不仅仅是这样一大群青年,给你送殡。花圈要多两倍。你瞧,我答应给你举行多么煊赫的葬礼,但是,那得有一个条件:你还要活许许多多年! 要不然,我太惨了!"

我故意说出了言过其实的诺言,因为我知道,这会使费奥多尔·米哈伊洛维奇丢开这会儿使他感到压抑的想法,而我果真达到了目的。费奥多尔·米哈伊洛维奇微笑着说:

"好吧,好吧,我尽力使自己活得长久些!"

奥·费·米勒就我的丰富的想象力说了几句话,然后谈话就转到另外的

---

① 奥列斯特·费奥多罗维奇·米勒(1838—1889),民俗学家,文学史家和评论家,思想观点接近斯拉夫派,1858 年起任彼得堡大学教授,陀思妥耶夫斯基的朋友。

题目上去了。①

在涅克拉索夫的墓地上，他的几位《祖国纪事》的同事发了言，之后，围着墓地的一群青年要求陀思妥耶夫斯基讲几句话。费奥多尔·米哈伊洛维奇情绪十分激动，语不成声，作了简短的发言，在发言中，他高度评价已故诗人的才能，说明诗人的逝世给俄国文学带来的巨大损失。许多人认为，这是在涅克拉索夫落葬时所发表的最真挚的讲话，他的这个讲话后来作了大幅度的增补，刊载在 1877 年 12 月号的《作家日记》上。它包括以下几个部分：一，涅克拉索夫之死——在他墓前发表的讲话；二，普希金、莱蒙托夫和涅克拉索夫；三，诗人和公民——对涅克拉索夫这个人的一般评论；四，为涅克拉索夫辩解。按照许多文学家的看法，这篇文章是对涅克拉索夫这个人的最出色的辩护词，胜过当时任何一位评论家所写的文章。[16]

注释：

[1] 显然，长篇小说的主人公——尼古拉·帕夫洛维奇·索洛沃伊，一个坚强、刚毅的人物，吸引了陀思妥耶夫斯基的注意。这部长篇小说的作者是索·伊·斯米尔诺娃，她是一位女作家，亚历山德拉剧院的演员 H. Φ. 萨佐诺夫的妻子。在七十年代，她积极地为《祖国纪事》撰稿，除了《性格的力量》外，曾先后发表过长篇小说

---

① 三年以后，在费奥多尔·米哈伊洛维奇弃世、为他举行了京城迄今从未有过的盛大葬礼之后不久，奥·费·米勒来访问我，向我谈起，我的预言几乎句句应验了。确实，正如我预言的那样，费奥多尔·米哈伊洛维奇在亚历山大-涅夫斯基大修道院里诗人茹科夫斯基的墓旁找到了自己的安息之处，为他举行安魂弥撒时，有两位主教在场，并由涅夫斯基大修道院的出色歌手们唱诗；参加送殡行列的，就像我预言的那样，人数达六万到八万，花圈无数。我自己也想到我在新圣母修道院墓地所说的富于想象力的诺言，但是对预言如此符合实际，却丝毫也不感到惊奇。我知道自己有一种本领：有时能说出自己的推测和设想（完全是偶然的，仿佛在谈话中脱口而出似的），而它们后来几乎完全应验。这种本领通常是在我的神经受到强烈刺激之际表现出来的；当我们给涅克拉索夫送殡、我焦急不安地看到我丈夫的老友和同时代人的逝世使他万分痛苦时，我的神经正是处在上述的情况下。

我不知在什么地方读到过，某种像"预见"那样的本领是北方的妇女们，亦即挪威和瑞典的妇女们所固有的。我之所以具有这种本领可能是由于我的母亲是瑞典人的缘故，而这种本领在某些场合下给我带来了不少苦恼。——安·格·陀思妥耶夫斯卡娅注

《火光》、《优秀人物》、《学区督学》、《安逸的生活》。斯米尔诺娃在七十年代初与陀思妥耶夫斯基相识,直到作家逝世,始终和他保持友好的关系。索·伊·斯米尔诺娃1878 至 1880 年的日记证实了这一点。(参阅 H. H. 莫斯托夫斯卡娅《索·伊·斯米尔诺娃(萨佐诺娃)日记中的陀思妥耶夫斯基》,《陀思妥耶夫斯基。资料和研究集》,第 4 卷,页 271—278)

[2] 不确。在长篇小说中,信是这样开头的:"伊万·帕夫雷奇阁下!"(《祖国纪事》,1876 年,4 月号,页 457)

[3] 对招魂术的兴趣是陀思妥耶夫斯基和尼古拉·彼得罗维奇·瓦格纳接近的主要原因,后者为降神术和招魂术的热烈宣传者,曾在《欧洲导报》(1875 年,第 4 期)和《俄国导报》(1875 年,第 10 期)上发表过卫护降神术和招魂术的文章,轰动一时。十九世纪七十年代,俄国社会人士开始迷恋招魂术。经常有一些降神者,主要是英国人,来到彼得堡,举办招魂会,招魂会的参加者中间有一些著名的学者和作家:布特列罗夫、博博雷金、A. H. 阿克萨科夫、瓦格纳、列斯科夫。(参阅 H. 莱纳《神秘的结。陀思妥耶夫斯基碰到的一件事》,收入文艺集《红色全景》,1928 年,10 月号,页36—42)这种迷恋是如此强烈,以致彼得堡大学的物理协会建立了一个以德·伊·门捷列夫为首的小组,以便对招魂术现象进行科学的研究。陀思妥耶夫斯基给《新时报》的信——《关于第四维的问题》(《陀思妥耶夫斯基书信集》,第 4 卷,页 10—11)正是在这个时期写的,此信也证明作家对招魂术的兴趣。(参阅 B. И. 普里贝特科娃《回忆陀思妥耶夫斯基》,《字形谜》,1885 年,第 25 期,页 230—232;第 26 期,页 240—245)但是陀思妥耶夫斯基发表在 1876 年《作家日记》中有关招魂术的三篇短文证明他对招魂术的兴趣逐渐冷淡。在最后一篇短文《三言两语再说招魂术》中,陀思妥耶夫斯基两次提到尼·彼·瓦格纳的名字。(《陀思妥耶夫斯基文艺作品十三卷集》,第 11 卷,页 274—275)安·格·陀思妥耶夫斯卡娅关于陀思妥耶夫斯基与尼·彼·瓦格纳相识于 1876 年的说法不确。实际上,他们是在 1875 年夏相识的。陀思妥耶夫斯基给尼·彼·瓦格纳的五封信可以证明这一点,这五封信没有收入由 A. C. 多利宁编的四卷本的《陀思妥耶夫斯基书信集》,而首先发表于捷克斯洛伐克,由捷克文学研究家 Φ. 考乌特曼收入《布拉格人民博物馆文集》(1962),后来才在苏联发表。(参阅 C. B. 别洛夫《陀思妥耶夫斯基的书信》,《苏联档案》,1969 年,第 2 期)还有一封陀思妥耶夫斯基给尼·彼·瓦格纳的信,发信的日期与上述五封信接近,也没有收入四卷本的《陀思妥耶夫斯基书信集》,由 Φ. 考乌特曼发表于捷克杂志《文学档案》,

1967 年,第 2 期,并由 C. B. 别洛夫发表于《文学问题》,1967 年,第 5 期。还可参阅尼·彼·瓦格纳 1877 年 10 月 9 日给陀思妥耶夫斯基的信,由 И. 沃尔金发表于《读者给费·米·陀思妥耶夫斯基的信》一文中,《文学问题》,1971 年,第 9 期,页 190—191。

〔4〕 在《卡拉马佐夫兄弟》中,写明了法庭辩论的时间——从晚上八时检察官开始讲话到午夜一时陪审员们离开为止。

〔5〕 《陀思妥耶夫斯基书信集》,第 3 卷,页 253。

〔6〕 关于陀思妥耶夫斯基向屠格涅夫借钱一事,安·格·陀思妥耶夫斯卡娅此处的叙述不确。1865 年 8 月 3 日(公历 15 日),陀思妥耶夫斯基从威斯巴登写信给屠格涅夫,请求后者赶快借给他一百塔列尔,而不像安·格·陀思妥耶夫斯卡娅所写的那样,是五十塔列尔。(参阅《陀思妥耶夫斯基书信集》,第 1 卷,页 410)不过,屠格涅夫寄给陀思妥耶夫斯基的是五十塔列尔,为此,陀思妥耶夫斯基 8 月 20 日发了一封信表示感谢。(参阅《陀思妥耶夫斯基书信集》,第 1 卷,页 410)

〔7〕 亚·费·奥涅金 1883 年(不是 1888 年)给安·格·陀思妥耶夫斯卡娅的信由 Л. 兰斯基发表在《安·格·陀思妥耶夫斯卡娅手稿集》一文中,该文收入《文化遗迹。新的发现》一书,1976 年年鉴,莫斯科,1977 年,页 71。

〔8〕 指《作家日记》。

〔9〕 安·格·陀思妥耶夫斯卡娅把年份记错了。亚历山大·卡尔洛维奇·格里布死于 1876 年 1 月 1 日;因此,安娜·格里戈利耶芙娜后文谈到的购买旧鲁萨的别墅一事不是发生在 1877 年,而是在 1876 年。(参阅 Л. M. 赖因努斯《费·米·陀思妥耶夫斯基在旧鲁萨》,页 35;Л. П. 格罗斯曼,《陀思妥耶夫斯基的生活和创作》,页 248)

〔10〕 指 1877 至 1878 年的俄土战争。

〔11〕 关于陀思妥耶夫斯基 1877 年 7 月 20 日至 21 日的达罗沃耶之行,请参阅 Д. 斯通诺夫《达罗沃耶村》一文中达罗沃耶农民 И. 马克罗夫的回忆,载《红色田地》,1926 年,第 16 期;B. C. 涅恰耶娃,《有关陀思妥耶夫斯基的文献(达罗沃耶之行)》,《新世界》,1926 年,第 3 期。

〔12〕 符谢沃洛德·索洛维约夫在其所写的《回忆费奥多尔·米哈伊洛维奇·陀思妥耶夫斯基》一文中叙述了他陪同陀思妥耶夫斯基访问女占卦者的情况。(参阅《历史导报》,1881 年,第 4 期,页 849)

[13]　1877 至 1878 年的俄土战争吸引了俄国人士对所谓东方问题或者斯拉夫人问题的注意。陀思妥耶夫斯基按照他所发挥的“根基论”思想来探讨“东方问题”，他认为俄国的参战是实现俄国人民的历史使命的开端，俄国人民将在基督教博爱的基础上把人类，首先是斯拉夫人团结起来。（参阅《作家日记》，1876 年，第 6 期。——《陀思妥耶夫斯基文艺作品十三卷集》，第 11 卷，页 316—333）

[14]　长诗《不幸的人们》不是像安·格·陀思妥耶夫斯卡娅所写的那样属于涅克拉索夫最后创作的诗歌。它发表在《现代人》1856 年第 5 期上。陀思妥耶夫斯基在 1877 年的《作家日记》中回忆他和涅克拉索夫的会见时，写道：“我从服苦役回来时，他（涅克拉索夫）指着他书中的一首诗说，‘我当时写的就是您。’”此处陀思妥耶夫斯基所指的可能正是这首诗。（《陀思妥耶夫斯基文艺作品十三卷集》，第 12 卷，页 33）

[15]　涅克拉索夫的妹妹 A. 布特克维奇在她的日记中写到陀思妥耶夫斯基于 1877 年 3 月 23 日与大诗人会见时的情况：“费·米·陀思妥耶夫斯基来了。对青年时代的回忆把我哥哥和陀思妥耶夫斯基联系在一起（他们是同龄人），他喜欢陀思妥耶夫斯基。‘我不能说话，但是请告诉他，请他进来一会儿，我很高兴看到他。’陀思妥耶夫斯基在他那儿坐了不长时间。他告诉我哥哥，他今天在狱中的囚犯那儿看到《彼得堡风貌》，觉得很惊奇。那一天，陀思妥耶夫斯基脸色十分苍白，一副疲惫不堪的样子；我就探问他的健康情况。‘情况不妙，’他回答，‘癫痫病发作得越来越频繁，这个月里已经发了五次。最后一次是在五天以前发作的，直到现在头脑还有点糊涂。我今天老想笑，你们可别感到奇怪：这是一种神经质的笑，我在发病过后经常是这样的。’”（《同时代人回忆涅克拉索夫》，莫斯科，1971 年，页 441）陀思妥耶夫斯基本人在 1877 年的《作家日己》中提到过他在 1877 年 11 月下旬和涅克拉索夫的会见。（《陀思妥耶夫斯基文艺作品十三卷集》，第 12 卷，页 436）

[16]　在大多数彼得堡的报纸所刊载的有关涅克拉索夫逝世的文章中所写的与其说是涅克拉索夫的诗歌的意义，不如说是他的“实用主义”、“缺陷”和二重性。从这个意义上来说，陀思妥耶夫斯基在《作家日记》上发表的论涅克拉索夫的文章，正如安娜·格里戈利耶芙娜所说的，“是对涅克拉索夫这个人的最出色的辩护词”。这篇文章的结尾是这样的：“涅克拉索夫是俄国的一个历史性的典型，是一个重要的例证，说明在我们这个可悲的转折时期，一个俄国人在精神领域和信仰领域会达到何等矛盾、何等两重化的程度。但是这个人始终留在我们心里。这位诗人的激情经常

是真挚、纯洁和淳朴的！他对人民的向往是多么高尚,这使他,作为一个诗人,处于崇高的地位。至于作为人,作为公民,他又以对人民的热爱和同情证明自己是无可指摘的,而且弥补了自己的许多不足之处,如果真有什么不足之处的话……"(《陀思妥耶夫斯基文艺作品十三卷集》,第 12 卷,页 363)像米哈伊洛夫斯基和斯卡比切夫斯基这样一些《祖国纪事》的主要撰稿人正是把陀思妥耶夫斯基关于涅克拉索夫的发言看成"辩护词"。陀思妥耶夫斯基关于涅克拉索夫的发言对同时代人产生的印象可参阅以下回忆录：A. A. 普列谢耶夫,《涅克拉索夫三十周年忌辰》,《彼得堡报》,1907年,第 355 号,12 月 27 日；格·瓦·普列汉诺夫,《文学和美学》,第 2 卷,莫斯科,1958年,页 206—209；弗·加·柯罗连科,《我的同时代人的故事》,莫斯科,1965 年,页429—431。还可参阅 B. A. 图尼马诺夫《陀思妥耶夫斯基和涅克拉索夫》,收入《陀思妥耶夫斯基和他的时代》,列宁格勒,1971 年,页 33—66。

第九章　一八七八至一八七九年

一

　　1878 年大斋节期间,弗·谢·索洛维约夫受宗教教育爱好者协会的委托,在盐城的办公厅里作了一系列哲学讲演。听讲的人占满了整个大厅,其中许多听众是我们共同的朋友。由于我们家在这个时期平安无事,我就和费奥多尔·米哈伊洛维奇一起坐车去听讲。[1]

　　有一次听讲回来,我丈夫问我:

　　"有没有注意到,今天尼古拉·尼古拉耶维奇(斯特拉霍夫)对我们的态度很古怪?他不像平时那样走到我们身边来,而且在中间休息的时候勉强打了个招呼,立即去和别人谈话了。莫非他在生我们的气,你是怎么想的?"

　　"我也觉得,他好像在躲避我们,"我回答,"不过,我临走时对他说:'别忘了星期天,'他回答,'我会来的。'"

　　我有些担心,不知我是否由于性子急,说了什么话得罪了我们这位星期日的常客。我丈夫很喜欢和斯特拉霍夫谈天,常常在后者来我家吃饭以前要我准备好上等的葡萄酒和客人所爱吃的鱼。

在这个星期天,尼古拉·尼古拉耶维奇来吃中饭,我决定把这件事弄清楚,直截了当地问他,他是否在生我们的气。

"你们怎么会有这种想法,安娜·格里戈利耶芙娜?"斯特拉霍夫问。

"因为我和丈夫感到您上次去听索洛维约夫的讲演时好像有意躲避我们。"

"哦,那一次是特殊情况,"斯特拉霍夫笑了起来,"我不仅躲避你们,而且躲避所有的熟人。列夫·尼古拉耶维奇·托尔斯泰跟我一起去听讲。他叫我不要把他介绍给任何人,因此,我只好躲避大家了。"

"什么! 跟您在一起的是托尔斯泰?"费奥多尔·米哈伊洛维奇十分惋惜地惊叫起来,"我没注意他,真太遗憾了! 自然,我不会强求跟他结识,如果他不愿意的话。不过,您为什么不悄悄跟我说一声,跟您在一起的是谁? 我就是瞧他一眼也好啊!"

"您可以根据他的照片认出他啊,"尼古拉·尼古拉耶维奇笑了起来。

"照片有什么用,难道它们能够表现一个人吗? 亲眼见到就完全不同啦。有时候,只要瞧上一眼,就可以把一个人的印象终生留在自己的心中。我永远也不能原谅您,尼古拉·尼古拉耶维奇,您没把他指给我看!"[2]

此后,费奥多尔·米哈伊洛维奇曾不止一次地对没有结识托尔斯泰表示遗憾。

二　关于一八七八年的回忆

1878 年 5 月 16 日,我们家突然遭到可怕的灾难——我们的幼子廖沙夭折了。在灾难降临之前没有任何预兆:这孩子素来很健康、活泼。在死亡那一天早晨,他还用不是人人都听得懂的语言咿咿呀呀地说话,对着老大娘普罗霍罗芙娜高声大笑,她是在我们去旧鲁萨之前上我家来做客的。倏忽间,孩子的小脸微微抽搐起来;保姆以为这是惊风,孩子们出牙齿期间有时会出现这种情况,他当时恰好开始出臼齿。我十分惊慌,立即去请一向为我们家的孩子们治病的儿科医生格·阿·乔申,他的住所离我们家不远,他一会儿就来了。显然,他认为这病并不严重,处了方,向我们肯定地说,惊风很快就会过去。但是孩子一直抽搐不停,于是我便叫醒费奥多尔·米哈伊洛维奇,他急坏了。我们决定求助于神经科专家,于是我便去找乌斯宾斯基教授。他正在看门诊,他的大厅里坐着二十来个病人。他立即接待了我,并且说,病人们一走,他马上就到我们家来;他开了点镇静药,嘱咐我用氧气袋,不时让病孩吸入氧气。回到家里,我看到我那可怜的孩子处在这样的情况下:他已经失去知觉,小身子时不时地颤抖。但是他看来并不感到痛苦,既没有叫喊,也没有呻吟。我们片刻也不离开我们的小受难者,急不可耐地等待着医生。两点钟左右,他终于来了,对病人进行检查以后对我说:"别哭,别担心,很快就会好的!"费奥多尔·米哈伊洛维奇去送医生,回来的时候脸色煞白,在沙发旁边跪了下来,刚才为了便于检查,我们把孩子搬到了沙发上。我也在丈夫旁边跪下来,想问问他,医生究竟说了些什么(后来我才知道,他对费奥多尔·米哈伊洛维奇说,病人已经垂危),但是他做了个手势,叫我不要说话。过了将近一小时,我们开始发觉,抽搐明显地减轻了。医生的话安了我的心,我甚至感到高兴,以为孩子正在逐渐停止抽搐,而进入平静的睡眠状态,这预示着他的病情已经好转。可是突然间,孩子的呼吸停止,死亡来临了。费奥多尔·米哈伊洛维奇吻了吻孩子,在他胸前画了三次十字,然后大声抽噎起来。我也号啕痛哭,我们的孩子们跟我们一样伤心地哭泣着,他们是那么热烈地爱着招人喜欢的廖沙。

廖沙的夭折使费奥多尔·米哈伊洛维奇受到极大的打击。不知怎的,他对廖沙怀着特殊的、几乎是病态的爱,仿佛他预感到,很快就会失去这个孩子。特别使费奥多尔·米哈伊洛维奇难受的是,这个孩子死于癫痫,这种病是从他那儿遗传下来的。从表面上来看,费奥多尔·米哈伊洛维奇很沉着,勇敢地承受着命运对他的打击,可是我十分担心,他这样强自抑制深切的悲哀必然会影响他那已经不良的健康状况。在这些悲恸的日子里,弗·谢·索洛维约夫常来看我们;为了减轻丈夫的痛苦,使他摆脱忧郁的思绪,我就央求准备今年夏天去奥普塔小修道院参观的索洛维约夫劝我丈夫与他同行。费奥多尔·米哈伊洛维奇早就想去参观奥普塔小修道院,但一直未能成行。弗拉基米尔·谢尔盖耶维奇答应帮助我,就劝说费奥多尔·米哈伊洛维奇跟他一起去修道院。在我的坚决请求下,费奥多尔·米哈伊洛维奇决定于6月中旬前往莫斯科(他前些日子就想上那儿去向卡特科夫介绍自己未来的长篇小说),趁此机会和索洛维约夫一起去奥普塔小修道院。我不敢放费奥多尔·米哈伊洛维奇独自去那么遥远的地方,主要是在当时,旅行使人十分劳累;我虽然认为索洛维约夫"超脱浊世",但是当费奥多尔·米哈伊洛维奇癫痫病发作的时候,他是能够把病人照顾好的。

爱子的夭折使我受到极大的震动;我失魂落魄,伤心之极,经常哭泣,变得谁也认不得我了。我通常那种乐观愉快的心情消失,一贯生气勃勃的精神状态为消沉冷漠所替代。我对一切——家务,工作,甚至自己的孩子们都失去兴趣,老是沉浸在最近三年的回忆之中。我的许多疑惑、想法,甚至话语,被费奥多尔·米哈伊洛维奇写进《卡拉马佐夫兄弟》的《虔诚的乡下女人》一章中,在这一章里,有个丧子的村妇向佐西马长老倾吐了自己的悲哀。

费奥多尔·米哈伊洛维奇看到我的情况,心里十分难受。他劝告我,央求我顺从上帝的意旨,沉着地承受降临到我们头上的灾难,可怜他和孩子们,他认为,我对他们变得"冷淡"了。他的规劝和告诫对我起了作用,我就克制自己,不让自己的痛苦外露,使我不幸的丈夫更加心绪不宁。

阿廖沙埋葬以后(我们把他葬在大奥赫塔墓地),我们立即前往旧鲁萨,接着,6月20日,费奥多尔·米哈伊洛维奇到了莫斯科。在那儿,他很快和《俄国导报》编辑部达成关于明年,即1879年出版他的新的长篇小说[3]的协议。办完这件事以后,费奥多尔·米哈伊洛维奇就动身前往奥普塔小修道院。我丈夫在1878年6月29日给我的信中描述了他和索洛维约夫旅行的经过,或者说得更正确些,"漫游"的过程。[4]

从奥普塔小修道院回来以后,费奥多尔·米哈伊洛维奇的心情好像平静得多了。他向我叙述了奥普塔小修道院的许多习俗,他在那儿待了两昼夜。费奥多尔·米哈伊洛维奇和当时著名的阿夫姆罗西长老共见过三次面:一次是在人群中间,另两次是单独会面,从这位长老的言谈中,他获得了深刻而感人的印象。当费奥多尔·米哈伊洛维奇谈到我们遭遇的灾难和我悲恸欲绝的情况时,长老问他,我是不是信徒;费奥多尔·米哈伊洛维奇作了肯定的回答后,长老便要我丈夫向我转达他的祝福和他的一番话,就是后来长篇小说中佐西马长老对一位悲伤的母亲所说的那些话……①从费奥多尔·米哈伊洛维奇的叙述中可以看出,这位大家所尊敬的长老是一位能够深刻地理解别人的心理、具有先见之明的人物。

我们在秋天回到彼得堡以后,不想再待在原来的住处,因为那里的一切都会勾起对亡子的回忆。我们一家迁至库兹涅茨胡同五号的一所房子里,过了两年半,命运注定我丈夫在这儿告别人世。

我们的住所在二楼,共有六个房间,还有一个大的藏书室、前厅和厨房。七扇窗开向库兹涅茨胡同,我丈夫的书房就在现时钉着大理石板的地方。大门(现在已经封闭)在我们客厅(书房旁边)下面。

虽然我和丈夫竭力想服从上帝的意旨,但是我们仍然不能不思念亲爱的廖沙,不能把他忘怀。悲伤的回忆使整个秋天和随之而来的冬日笼罩着忧郁的气氛。丧子之痛对我丈夫产生了这样的影响:他素来酷爱孩子们,现在爱得更热烈,更为他们操心了。

从表面上看,生活跟过去一样:费奥多尔·米哈伊洛维奇在加紧拟定新的长篇小说的提纲(拟定提纲一直是他文学写作中主要的、也是最困难的工作,他的某些长篇小说的提纲有时候得改写好几次,例如长篇小说《群魔》的提纲就是如此)。工作进行得非常顺利,到 1878 年 12 月,除了把提纲拟好外,还写了近十印张的长篇小说《卡拉马佐夫兄弟》,发表在 1879 年 1 月号的《俄国导报》上。

1878 年 12 月(14 日),费奥多尔·米哈伊洛维奇参加了在贵族俱乐部为资助别斯图热夫女子高级专修班而举行的文学—音乐晚会。他朗诵了《被侮辱与被损害的》中《尼丽的叙述》。所有的听众都惊异于他朗诵的非凡的质朴和真挚,仿佛不是作者在朗诵自己的作品,而是一个姑娘在叙述自己痛苦的生活。如此质朴的朗诵却能对听众产生不可磨灭的印象,其中有着特殊的技巧。此后,如果有人邀请费奥多尔·米哈伊洛维奇为资助在学的青年们而朗诵作品,他总是欣然接受。[6]

---

① 此处原稿省略。[5]——原书编者注

三　一八七八年

在《作家日记》终刊号的前一期上,登载了一项通知:由于费奥多尔·米哈伊洛维奇患病,这个刊物即将停办。[7]自从此项通知发布以后,我丈夫就陆续收到《作家日记》的订户和读者们满怀同情的信件,在这些信中,有的读者为他的病感到遗憾,希望他早日恢复健康;另一些读者则对《作家日记》的停办表示惋惜,这个刊物是多么热烈地关注所有使当时的社会人士激动不安的问题啊!某些人道出了自己的心愿:如果每个月出版杂志对费奥多尔·米哈伊洛维奇来说负担太重,那么,是否可以不定期地出版,以便看到他关于当前生活中重要事件的意见,哪怕偶尔看到也好。在年初,这样的信件共收到一百多封,它们对我的丈夫产生了良好的作用。这些信件向费奥多尔·米哈伊洛维奇表明,他有着志同道合者,表明社会重视他公正的呼声,信任他。因此,我保存了费奥多尔·米哈伊洛维奇给他的朋友斯·德·亚诺夫斯基①的一封发表过的信[8],现在我把它摘录如下:

　　您简直不会相信我在出版杂志的两年中得到俄罗斯人多么有力的支持。我收到了几百封赞许的,甚至表达真诚的热爱的信。自从10月份宣布杂志停办以来,每天都有人从全国各地、从社会的各个不同阶层寄来的信件,信中对停刊表示遗憾,并且请求不要放弃这项事业。只是我不好意思说出大家对我的支持到了什么样的程度。但愿您能知道我本人在这两年的出版工作中从俄罗斯人的几百封信中懂得了多少东西。我懂得的主要一点是:真正的俄罗斯人,不是抱着彼得堡知识分子歪曲的观点,而是俄罗斯人正确而公正观点的人,比我两年前想象的要多得多,人数之众即使在我怀着

---

①　斯捷潘·德米特里耶维奇·亚诺夫斯基(1817—1897),医生。

最热烈的愿望和幻想的时候也难以想象。请相信,在我们俄国,许多人根本不像我们先前所感到的那么沮丧;而重要的是,许多迹象都表明,人们渴望新的、合理的生活,深信我们知识分子那种脱离人民,甚至完全不了解人民的思想方式不久就会改变。您对克拉耶夫斯基生气,但他不是孤立的;他们这一类人都否定人民,过去和现在都嘲笑人民的活动,嘲笑他们意志的卓越和崇高的表现,嘲笑他们用以显示自己愿望的方式。这些先生们将带着这种想法消失,他们是过于陈腐和不合时宜了。毫无疑义,不了解人民的家伙如今必然站在交易所经纪人和守财奴一边,而这些就是我们"先进"思想的最后代表。但是新的事物在产生。在军队里,我们的青年和妇女(护士们)的表现与大家所意料和预言的不同。我们将翘首以待。

（克拉耶夫斯基为一些著名的人物效劳,而且,在我看来,早从塞尔维亚战争起,他就想标新立异。一旦抱定这个目的,他就不能不干下去。）再说我们这儿连报纸上也很少发表议论,除了《莫斯科新闻报》和它那些为国外所十分重视的政治社论。其余的报纸则偶一为之。在我收到的所有几百封来信中,读者们赞扬我的主要是我意见的诚恳和真挚;而这意味着,我们国内所最缺乏的、大家所渴望而难以求得的正是这一点。在我们这儿的知识分子代表们中间,公民义务感很强的人并不多。[9]

1878年2月6日,费奥多尔·米哈伊洛维奇收到科学院常任秘书发来的如下公文:

帝国科学院为了表示对您的文学工作的敬意,选举阁下为本院俄国文学部通讯院士。

这次选举是在1877年12月29日的科学院庆祝大会上进行的。费奥多尔·米哈伊洛维奇对这次选举十分满意,尽管他的当选跟那些和他在同一个时期参加文学工作的人比起来晚了一些[10]（在他从事文学活动三十三年之际)。

我记得,1878年初,费奥多尔·米哈伊洛维奇曾出席文学家协会在各个饭店(在"博雷尔"、"小雅罗斯拉韦茨"等)举行的一月一次的午宴。请帖由著名的化学家德·伊·门捷列夫签字后分发。参加这些午宴的全是文学家,他们分属不同的派别,在这儿,费奥多尔·米哈伊洛维奇碰到他在文学界的宿敌。1878年冬季,费奥多尔·米哈伊洛维奇曾去赴宴三四次,回来的时候总是心情激动,兴致勃勃地把自己与某人意外的相会和结交告诉我[……]

四 一八七八年。一个女崇拜者的来访

1878年早春的一天,我们全家和睦地坐在桌旁吃午饭。费奥多尔·米哈伊洛维奇经过长时间的散步后精神焕发,情绪极佳,愉快地和孩子们谈着话。蓦地里,响起了猛烈的铃声,使女跑去开门,我们隔着那扇通前室的半开的门听到一个女人在尖声说话:

"还活着吗?"

使女听不懂她的问题,没有作答。

"我在问,费奥多尔·米哈伊洛维奇还活着吗?"

"他活着,"不知所措的使女回答道。

我想过去了解一下,究竟是怎么回事,但是费奥多尔·米哈伊洛维奇坐得离门较近,他抢在我前面,一跃而起,几乎奔向前室。

一位中年妇女从椅子上站起身来,向他伸出双手,叫喊道:

"您活着,费奥多尔·米哈伊洛维奇? 看到您还活着,我有多么高兴!"

"哦,夫人,您怎么啦?"吃了一惊的费奥多尔·米哈伊洛维奇也叫了起来,"我活着,而且还要活很久呢!"

"可是在我们哈尔科夫到处风传,"这位太太讲得很激动,"说是您的妻子抛弃了您,由于她的不忠,您病倒了,躺在床上没人照料,我听到这个消息就立即赶来服侍您。我一下火车就到您这儿来了!"

我听到喊声,也走到前室里,看见费奥多尔·米哈伊洛维奇十分气愤:

"你听见没有,安尼娅,"他转向我,"不知哪些坏蛋散布谣言,说什么你离开了我,这有多么气人？ 多么气人?!!"

"镇静点儿,亲爱的,别激动,"我说,"这是误会。你走吧,你站在前室里会着凉的。"我说着,把费奥多尔·米哈伊洛维奇轻轻地拖向餐室。他听从我,走开了,但是从饭厅里还长久地传来他那愤怒的喊叫声。

我留下来跟这位素不相识的女人谈话,她原来是个教师,很善良,但看来不大聪明。她被这样的想法所迷惑:服侍一位被妻子遗弃的著名作家,有机会陪伴他,直至他离开人间,以后,在她的余年,她将为他死在她身边而感到自豪。我极其可怜这位不幸的、显然十分焦急的陌生女子;我对她说了声"对不起",然后走到餐室里,告诉丈夫,我想留她吃饭。

费奥多尔·米哈伊洛维奇摆了摆手,低声说:"好吧,你去请她来,只是让我先走掉!"他急忙从椅子上站起来,到自己的书房里去了。

我回到陌生女子那边,请她休息一会儿,留下来吃中饭,但是她想必为了我丈夫要我接待她而感到伤心,拒绝我的邀请,只是要使女把她那只刚才由扫院人给她搬来的大藤箱放到马车上。我没有坚持,不过打听了一下她在哪儿歇脚,她的姓名和父名是什么。

我回到丈夫身边,看到他处于激怒之中。

"嘿,你想想,"他在房间里激动地走来走去,"他们编造出何等下流的谣言:你把我抛弃了！ 多么卑鄙的诽谤！ 这是什么样的敌人虚构出来的？"

在这次意外事件中,使我丈夫最受不了的是,他想到,有人竟然对我造谣中伤。看到这件并不十分重要的事搞得他如此紧张不安,我就建议他写封信到哈尔科夫给他的老友尼·尼·别克托夫①[11],向他打听一下,那儿到底流传什么样的谣言。我丈夫接受了我的劝告,当晚致函别克托夫[12],他的心情就此平静了一些。第二天,他要我去拜访那位陌生女子,但是我没有碰到她;因为她早晨已经乘火车回去了。

---

① 尼古拉·尼古拉耶维奇·别克托夫(1827—1911),科学院院士,哈尔科夫大学和彼得堡大学的化学教授,社会活动家,陀思妥耶夫斯基青年时代的朋友。

五 一八七九年

这一年的头两个月,我们的日子过得很平静;费奥多尔·米哈伊洛维奇加紧写作长篇小说,而且写得挺顺手。3 月初,我丈夫参加了几个文学晚会。3 月 9 日,他在贵族俱乐部的大厅里为资助文学基金会朗诵了作品。我们的一些优秀作家——屠格涅夫、萨尔蒂科夫-谢德林、波捷欣①等参加了这个晚会。费奥多尔·米哈伊洛维奇选了《卡拉马佐夫兄弟》中《秘密的叙述》这一章,他朗诵得十分出色,引来了暴风雨般的掌声。[13]文学晚会获得很大的成功,以致大家决定 3 月 16 日再举行一次,由同一些人(除了萨尔蒂科夫外)参加。在 3 月 16 日我丈夫朗诵的时候,高级女子专修班的听众们向他献了一束鲜花。[14]在花束的富有俄国风格的绣花缘带上可以看到赞赏朗诵者的题词。

大概在 3 月 20 日,我丈夫碰到了一件有可能导致悲惨后果的麻烦事。当费奥多尔·米哈伊洛维奇照例在午饭前出去散步的时候,一个醉汉在尼古拉耶夫街追上他,使劲朝他的后脑壳猛击了一下,我丈夫就此倒在马路上,跌得满脸是血。顷刻间,聚集了一群围观的人,警察走过来,把醉汉带到警察局,同时请我丈夫也一起去。在警察局里,费奥多尔·米哈伊洛维奇请求警官放走肇事者,因为他"宽恕"后者,警官同意了;但是第二天报上登载了"袭击"的消息,由于受害者是文学界的名流,警察局就把审讯记录送给第十三区的治安法官特罗菲莫夫先生审查。大概过了三个星期,法院传讯费奥多尔·米哈伊洛维奇。在此案审理时,被告——农民费奥多尔·安德烈耶夫——供述,他"喝得烂醉,只是轻轻地碰了碰'老爷','老爷'就跌倒了"②。费奥多

---

① 阿列克谢·安季波维奇·波捷欣(1829—1908),小说家和剧作家,彼得堡科学院名誉院士。

② 《呼声报》,1879 年 4 月 14 日,第 102 期。——安·格·陀思妥耶夫斯卡娅注

尔·米哈伊洛维奇在法庭上声明,他宽恕肇事者,请求不要对其处罚。治安法官勉强同意他的要求,然而由于安德烈耶夫"制造事端"和破坏治安,决定处以十六卢布的罚金,或者以拘留四天的处分代替。我丈夫在法院大门口等待安德烈耶夫,给了他十六卢布,让他付掉罚金。[15]

在复活节周的一天(4月3日),为了赞助福禄培尔协会[16],在盐城举行了文学作品朗诵会。在这个会上,费奥多尔·米哈伊洛维奇朗诵了《在枞树节晚会上的小男孩》。由于这是孩子们的节日,我丈夫就想把自己的孩子们也带去,使他们能听到他在舞台上朗诵的情景,看到公众如何热情地欢迎他。这一次的朗诵也很成功,一群小听众向朗诵者献上一束花。费奥多尔·米哈伊洛维奇一直逗留到晚会结束,和自己的孩子们在大厅里来回走着,欣赏孩子们的游戏,为他们醉心于至今未曾见过的场面而高兴。

在复活节,费奥多尔·米哈伊洛维奇为赞助别斯图热夫女子高级专修班而于亚历山大女子中学朗诵作品。他选择了《罪与罚》中的一个场面,他的朗诵产生了不寻常的效果。女学生们不仅热烈地向费奥多尔·米哈伊洛维奇鼓掌,而且在中间休息的时候把他团团围住,和他交谈,提出她们感兴趣的各种问题,请求他发表自己的看法;等到晚会结束、他打算离开的时候,一大群听众,大约有两百多人,立即跟在他后面走下楼,来到前厅,准备帮他穿上大衣。我站在丈夫身旁,但是急速拥来的人群把我挤开,我便远远地落在后面,相信我丈夫不会独自走掉。果真,费奥多尔·米哈伊洛维奇穿上大衣后,环顾四周,没有见到我,便用抱怨的声音说道:"我的妻子在哪儿?她刚才还和我在一起。请你们帮我找到她,"我丈夫对他周围的女崇拜者们说,接着,她们就一齐喊叫我的名字。幸而她们不用花很多时间叫我,我迅即来到丈夫身边。

春天来了,我们按例急于动身去旧鲁萨,特别是因为科什拉科夫教授嘱咐我丈夫务必前往埃姆斯,而我丈夫想和家人在别墅里住一阵,如果顺利的话,还可以在户外工作一些时候。

糟糕的是,这年春天气候寒冷,淫雨绵绵,我丈夫住在别墅里不仅没有养胖,反倒瘦了,使我们大家都感到难受。

然而夏天我们过得挺不错:我们俩都十分喜爱的安·瓦·科尔文-克

鲁科夫斯卡娅带着她一家人来到旧鲁萨度夏。我丈夫每天散步回来,几乎总要顺便去和这位聪明而善良的妇女谈天,她在他的生活中起着重要的作用。

7月中旬(18日),费奥多尔·米哈伊洛维奇出国,24日到达埃姆斯。他在原先住过的阿尔及尔城市旅馆下榻,随即去找奥尔特医生。虽然我丈夫最后一次去那里距今已经三载,但是医生认得他,而且安慰他,甚至许诺说,"克伦亨矿泉水会使你复原。"我丈夫在7月25日给我的信中写道:医生"发现我的肺有一部分改变了位置,同样,心脏也偏离了原有的地方,——这一切都是肺气肿造成的;然而他又安慰我,说我的心脏完全健康,心、肺位置的改变没有多大关系,不会导致特别危险的后果。当然,他,作为医生,必须说一些使病人宽心的话;但是,肺气肿刚开头就产生了这样的作用,那么以后又会怎么样呢? 不过我还是对矿泉水寄予很大的希望"。[17]

奥尔特医生的话使我困惑莫解,心神不安;因为我近年来一直觉得我丈夫精神饱满、身体健康,没有想到他的病竟然到了如此可怕的程度。但是鉴于克伦亨矿泉水一直对我丈夫具有很大疗效,我就安慰自己,认为这一次也会使他的健康好转。

我很希望费奥多尔·米哈伊洛维奇碰到他所喜爱的友人,而这种会见会给他解闷,使他不致感到每当他离家在外时常常经受的那种寂寞。但是使我深感遗憾的是,我的希望落空了:我丈夫在埃姆斯的五个星期里没有遇见一个熟人,他痛苦地抱怨自己那举目无亲、绝对孤独的生活。"此外还有一件事使我苦恼:在阅览室里只有过期很久的《莫斯科新闻报》和缺德的《呼声报》,它只能把我气疯。[18]唯一能够解闷的是,望着这儿为数很多的孩子们,跟他们聊天。但是,就是在这种情况下,也会碰到恶劣透顶的事:我今天遇见一群孩子上学去,其中有一个五岁的孩子用手掌捂住眼睛在哭。我问他发生了什么事,后来从过路的德国人那儿得知,他的眼睛发炎已经整整一个月(十分痛苦),而他那做鞋匠的父亲却舍不得几芬尼的药费,不愿带他去看医生。这使我难受极了,心里一个劲儿地翻腾,情绪十分低落。唉,安尼娅,寂寞真不好受。由于寂寞,连写作也成了苦事。这光景比服苦役更叫人受不了,是啊,服苦役还比这好受些!"①费奥多尔·米哈伊洛维奇给我的信充满了伤感。丈夫在 8 月 13 日的信中写道:"听到可怜的埃米莉娅·费奥多罗芙娜的消息,我十分哀伤。当然,她害了这样的病是不可能活得久的。但是,对我来说,她一死,亡兄在人世遗留的一切仿佛也就随之告终了。只剩下费佳,费奥多尔·米哈伊洛维奇一个人,过去我曾抱着他,哄他。不知怎的,我哥哥其余的孩子们却不是在我的照看下长大的。你写封信给费佳,告诉他我深切的悲痛;因为我不知道信该寄到哪儿……你猜,我 5 日(我把日子记了下来)做了个怎样的梦:我梦见哥哥躺在床上,他脖子上的动脉被割断,流出很多血,我吓坏了,心里想很快去找医生,但是马上又打消了这个念头,生怕在医生来到之前他的血已流尽。这是个奇怪的梦,特别是它出现在她去世的前夜——8 月 5 日。我并不认为,我有十分对不起她的地方:只要我力所能及,我总是接济她的,直至她的至亲中有人(儿子和女婿)帮助她的时候,我才停止经常性的接济。在我哥哥去世的那一年,我为他们的事不仅毫不犹豫、无所惋惜地花掉我所有的一万卢布,而且献出自己的全部精力,甚至不惜牺牲自己在文学界的名声,为了那失败的出版物而受人羞辱,像头老黄牛那样干活,就连我的亡兄也不能在九泉之下责备我。"在信的结尾还添上这么几句:"到明天,我在这儿已经沉默整整两个星期了,这不仅仅是孤独,而且是沉默。我对说话完全生疏了,只能像疯子似的自言自语。"[20]在 8 月 16 日给我的信中,我丈夫写道:"由于孤独,我变得多疑了,我总觉得一切都糟糕得很,令人抑郁。那愁闷简直难以形容,甚至连说话都忘掉了,偶尔大声说出一个词,自己也会感到吃惊。我已经第四个星期没有听到自己的声音了。"[21]

我也为我丈夫低落的情绪而苦恼,特别是我知道,除此以外,他还因没有收到我答应寄给他的钱而不安;可是我没法给他寄钱,因为《俄国导报》编辑部搞错了:他们把钱汇到了彼得堡的阿亨巴赫和科利银行。我曾答应过丈夫,一天都不离开孩子们;因此,我不能到上述银行去取钱,只能把汇款单退还,请求寄现款到旧鲁萨。我一收到钱,就立刻寄给了丈夫。

---

①　1879 年 8 月 10 日给我的信。——安·格·陀思妥耶夫斯卡娅注[19]

六　一八七九年。关于购买田庄的想法

费奥多尔·米哈伊洛维奇常常想到在自己的文学活动减少或者本人死亡的情况下全家的命运,当他考虑这个问题时,他便产生一个想法:在我们还清债务之后,买一个小田庄,将来部分地靠它的收入生活。我丈夫于 1879年 8 月 13 日从埃姆斯给我的来信中写道:"我亲爱的,我老是在想,我自己一旦离开人世(我在此间对这一点想得很认真),将拿什么留给你和孩子们。大家都以为我们有钱,而我们却一无所有。眼前我背负着《卡拉马佐夫兄弟》的重担,必须把它很好地写完,精雕细刻,不过这个作品很难写,要冒风险,花费很多精力。但是这个作品将决定我的命运:它必须确立我的名望,否则,就没有任何希望了。在我结束这部长篇小说之后,明年年底,我将登报征求《作家日记》的订户,然后拿这笔订费购买田庄,而在下次征订之前,我将靠售书来维持生活和出版《作家日记》。一定得采取有力的措施,要不然,就会一事无成。得啦,不用再说了,我还得跟你商谈,和你争论一番,因为你不喜欢农村,可我却有坚定的看法:一,农村是为孩子们筹备的财富;二,掌握土地的人也参与治理国家的政治权力机关。这关系到孩子们的将来,决定他们将成为怎样的人:是坚强和独立的公民(不比任何人差)还是卑微的人。"在后来的一封信[①]中,我看到下面的话:

"我在这儿老是在想象对未来的安排,想象购买田庄的事。你相不相信,我对这个问题想得几乎入迷了。我为孩子们和他们的命运担足了心。"

在原则上我完全同意我丈夫对这个问题的看法,但我觉得,就我们的情况而言,购买田庄以保障孩子们前途的想法很难实现。主要的问题在于:就算买到了田庄,又由谁去经营呢? 费奥多尔·米哈伊洛维奇即使懂得农务,但是他忙于写作,也未必能积极地从事这项活动。而我呢,对农业一窍不通,

----

① 　1879 年 8 月 16 日的信。——安·格·陀思妥耶夫斯卡娅注

必须经过好几年的学习,才能掌握它,适应这个我完全不熟悉的事业。只能把田庄托付给管家经营,但是根据我们熟悉的一些地主们的经验,我可以预测,由管家经营会导致什么样的结果。

然而费奥多尔·米哈伊洛维奇从这个想法中得到慰藉,他对它那么坚持,使我不忍心反对他,我只是请求他,等到我们终于分到他的姨母亚·费·库马宁娜的遗产中属于我们的那一份土地时,再着手逐步安排农务。费奥多尔·米哈伊洛维奇同意我的主张,决定把《卡拉马佐夫兄弟》的稿费留在《俄国导报》编辑部储存起来,以备经营田庄之用。

早在七十年代初,我们就继承了亚·费·库马宁娜的遗产。它是一个占地六千俄亩的田庄,离梁赞一百俄里,靠近斯帕斯-克列皮基村。这个田庄的三分之一,即两千俄亩左右土地归陀思妥耶夫斯基四兄弟(他们得付钱给姐妹们)所有,费奥多尔·米哈伊洛维奇可以分到五百俄亩地。

由于库马宁娜的继承人很多,要达成协议有很大困难。把整个田庄卖掉吧——找不到买主,而我们和其他的继承人却得交税款,还要付给代理人赴田庄、写公文的钱以及诉讼等费用,这样一来,那份遗产只能给我们带来麻烦,增加开支。

最后,几个继承人总算取得了一致的意见,决定接受现成的土地;但是土地有多种多样,从古老的森林到连绵的沼地,我和丈夫拿定主意,宁可选择一块面积小得多的土地,但求土地质量好。为了选择地块,必得到田庄去察看。每年春天,大家都谈到全体继承人到田庄去选择和划定自己份内一定亩数的土地。但是,到时候,不是这个,就是那个继承人去不成,事情就得拖到来年。到了1879年夏天,继承人终于决定在莫斯科聚会,以便达成最后的协议;如果这次聚会得以顺利进行,那么,全体人马就去梁赞,从那儿前往田庄,在田庄上当场把事情彻底解决。

这时候,费奥多尔·米哈伊洛维奇正在埃姆斯治病,要过一个月才能回来。田庄的问题是我们的一大累赘,眼前出现了能够结束这个问题的机会,如果放弃它,那实在可惜。从另一方面说,我感到很为难——我是否要把这次拟议中的田庄之行告诉丈夫,何况也不一定能成行?我知道费奥多尔·米哈伊洛维奇热爱自己的孩子,很为他们的生活担心,我生怕这一长时间旅行的消息会使他不安,从而妨碍他的治疗。幸而我事前就获得丈夫的同意,准备带孩子们去圣尼尔·斯托尔边斯基修道院(距旧鲁萨一百俄里),由于这次旅行需持续一个星期,我就决定先到莫斯科去两三天。但是到了那儿,碰到几位准备去田庄的主要继承人,我便下决心利用这个机会和孩子们一起去察看土地,选定最合乎我丈夫心愿的地块。我们的田庄之行花了约莫十天时间,事情进行得很顺利,我替丈夫选定了位于所谓"佩霍尔卡"的两百俄亩适合于建筑用的森林以及一百俄亩田地。费奥多尔·米哈伊洛维奇对我的选择感到满意,但是在他从埃姆斯寄来的几封信中却狠狠地责备我不该向他"保密"。每次有什么事瞒着费奥多尔·米哈伊洛维奇,我自己也总感到难受,不过有时候却非如此不可,为的是不要惊动他,不让他由于激动(这可以避免)而又一次发癫痫病,每次发病都把我丈夫搞得痛苦不堪,特别是在远离家人的时候。

9月初,我们从旧鲁萨回来,惯常的生活又开始了:下午二时左右,有几个人在我家聚会,一部分是熟人,一部分是陌生人,他们轮流来找费奥陀·米哈伊洛维奇,有时候在他那儿坐上一个小时。我知道,长时间的谈话会使丈夫感到疲倦,于是我便打发使女请我丈夫到我这儿来一下,当他来到的时候,我就端给他一杯刚沏好的茶。他很快喝下去,问一下孩子们的情况,又急忙去跟人谈话了。有时候,由于谈话时间过长,只得把费奥多尔·米哈伊洛维奇叫到餐室里,以便他接待来请他在为赞助某某机构而举行的晚会上朗诵的代表们,或者和某位来不及等待陌生的客人们依次访问完毕的朋友会面。

这一年冬天,由于《卡拉马佐夫兄弟》问世,社交界对费奥多尔·米哈伊洛维奇的好感进一步加强,他开始收到被邀参加舞会、文学晚会和音乐会的请帖和票子。他得提笔婉辞或者写感谢信,有时候,为了不致得罪邀请者,我丈夫就派我去参加,而我枯坐一两个钟点,寻找庆祝活动的女主办人,以丈夫的名义对她们的盛情表示感谢,同时由于他手头工作紧迫而不能出席向她们致以歉意。这一切使我们的生活复杂化,很少给我们带来乐趣。

1879年12月,费奥多尔·米哈伊洛维奇参加了好几次文学作品朗诵会。例如,12月16日,他参加了为赞助拉林中学贫苦学生救济协会而举行的朗诵会。那天他朗诵的是《在枞树节晚会上的小男孩》,时间是下午一点钟。参加者中间有演员、以善于讲故事著名的伊万·费奥多罗维奇·戈尔布诺夫，我记得，由于他的出席，朗诵室里特别活跃。作家们读完选定的片断后，就留在朗诵室里，不再到听众中间去了。戈尔布诺夫兴致勃勃，讲了许多大家从未听到过的俏皮话，甚至还在海报上画了某个人的肖像。

12 月 30 日又举行了文学早会，在这个会上，费奥多尔·米哈伊洛维奇朗诵了《卡拉马佐夫兄弟》中《宗教大法官》这一章。朗诵获得了很大的成功，听众们热烈鼓掌，迫使作者多次出台致谢。[22]

七　一八七九至一八八〇年

1879 至 1880 年间，费奥多尔·米哈伊洛维奇经常为各个慈善机关和文学基金会等朗诵作品。由于丈夫的健康情况欠佳，我总是陪同他出席这些文学晚会，而且我本人也很想聆听他那真正富有艺术性的朗诵，置身在那些景仰他的彼得堡听众的热烈欢呼声中。①

文学晚会大多数安排在亚历山德拉剧院对面的市信贷公司的大厅里或警察桥边的贵族俱乐部举行。

令人遗憾的是，在我参加上述社交活动的场合，费奥多尔·米哈伊洛维奇常常出乎我的意料，毫无根据地醋劲勃发，有时候把我置于难堪的境地，使我十分扫兴。我举下面一件事为例。

有一次，我和费奥多尔·米哈伊洛维奇去参加晚会时迟到了一会儿，别的与会者已经来齐了。他们看到我们进入会场，就友好地向费奥多尔·米哈伊洛维奇致意，而男子们则吻我的手。看来，这一社交界的习惯（吻手）给我丈夫不愉快的印象。他冷淡地跟大家打了招呼，就走到一边去了。我刹那间

---

① 我去参加晚会时，身边总是带着我丈夫朗诵的原书，咳嗽药（埃姆斯片剂），还多带一块手帕（万一他发病时用）和厚毛围巾（以便丈夫来到寒冷的户外时用以裹住喉部），以及其他等等。费奥多尔·米哈伊洛维奇看到我总是带着很多东西，就称我为他的"忠实的侍从"。——安·格·陀思妥耶夫斯卡娅注

明白是怎么回事。我和在场的人谈了几句话,就在丈夫旁边坐了下来,以便消除他的不快情绪。但是我的目的没有达到:我问了两三个问题,费奥多尔·米哈伊洛维奇都没有作答,随后,他"凶狠地"瞥了我一眼,说道:

"你找他去!!"

我感到惊奇,便问:

"找他,找谁啊?"

"你不明白吗?"

"不明白,究竟找谁去啊?"我笑了起来。

"找那个刚才热烈地吻你手的人!"

所有在休息室里的人都出于礼貌吻了我的手,当然我就吃不准,我丈夫认为哪一个应对我的罪过负责。

费奥多尔·米哈伊洛维奇在说这些话的时候声音放低,但是坐在我们旁边的人仍然听得很清楚。我窘极了,生怕夫妇间吵嘴会让人笑话,就说:

"得啦,费奥多尔·米哈伊洛维奇,我知道你情绪不好,不愿意跟我说话。那么,我还是到大厅里去找个位子。回头见!"

说完,我就走了。不到五分钟,帕·亚·盖杰布罗夫①来找我,说费奥多尔·米哈伊洛维奇叫我去。我猜想,我丈夫大概找不到书中标出需要朗诵的片断,于是便立即走到休息室。我丈夫看到我的时候,神情中充满敌意。

"熬不住啦?! 来看他了?"他说。

"是啊,当然,"我笑着说,"可是我也想看看你。你需要什么?"

"我什么也不需要。"

"你不是叫我来吗?"

"我根本没想到叫你来! 别胡思乱想,劳驾!"

"好吧,如果你没叫我来,那么,再见,我走啦。"

约莫过了十分钟,晚会的干事之一走到我跟前说,费奥多尔·米哈伊洛维奇在打听我坐在哪儿,所以他想,我丈夫希望见到我。我回答说,我刚离开

---

① 帕维尔·亚历山德罗维奇·盖杰布罗夫(1841—1893),俄国新闻记者,《周报》的编辑和出版者。

休息室;因为我不愿意妨碍他,让他得以把注意力集中在眼前的朗诵上。这样,我就没有去。但是在第一次幕间休息的时候;这位干事又来找我,说我丈夫坚决要求我到他那儿去。我急忙前往休息室,走到我亲爱的丈夫跟前,看到他神情窘迫,面有愧色。他朝我俯下身来,轻轻地对我说,声音低得勉强听得见:

"原谅我,安涅奇卡,你握握我的手,祝我成功吧,我马上要出去朗诵了!"

看到费奥多尔·米哈伊洛维奇已经息怒,我高兴极了,只是我摸不着头脑,在出席者中间,他究竟怀疑哪一个对我产生了突发的爱(所有的人都已届高龄)。不过他曾带着轻蔑的口气说过一句话:"瞧这法国佬,老是围着人打转,谄媚讨好,"此话使我懂得,他这一次猜忌的对象是德·瓦·格里戈罗维奇①老头(他的母亲是法国人)。

开完晚会回家以后,我对丈夫毫无根据的猜忌数落了一通。费奥多尔·米哈伊洛维奇照例请求我原谅,承认自己的错误,发誓以后决不重犯;但是,他又要我相信,他无法克制自己的冲动,整整一小时内他嫉妒得好像发了疯,心里难受极了。

差不多每次文学晚会上总会出现这样的场面:费奥多尔·米哈伊洛维奇必然会要干事或熟人来看看我坐在哪儿,和谁在聊天。他往往走到朗诵室半开着的门边,从远处寻找我,看我是否在指定给我坐的位子上(离开第一排几步路、右面沿墙壁的位子通常是给朗诵者的家属坐的)。

费奥多尔·米哈伊洛维奇走上舞台,朝鼓掌的听众们鞠躬致意后,不是立即开始朗诵,而是用心观察坐在右墙边的所有的太太们。为了让丈夫立即看到我,我就用白手绢擦额头,或者从位子上欠一欠身。直到确信我在大厅里,费奥多尔·米哈伊洛维奇才开始朗诵。我的熟人,还有晚会的干事们,自然注意到我丈夫在暗中监视我,探询我的行动,他们往往就此对他和我开几

---

①　德米特里·瓦西利耶维奇·格里戈罗维奇(1822—1899),俄国作家,彼得堡科学院通讯院士,费·米·陀思妥耶夫斯基在四十年代的朋友。主要作品是两部中篇小说:《乡村》和《苦命人安东》。

句玩笑,有时把我弄得很生气。这使我感到厌烦,有一次去参加晚会的时候,我便对费奥多尔·米哈伊洛维奇说:

"你要知道,我亲爱的,如果你今天还是那么注视我,在听众中间寻找我,那么,我向你保证,我一定会从位子上站起来,从舞台旁边走过去,离开大厅。"

"那我就从舞台上跳下来,在后面追你,问你发生了什么事,上哪儿去。"

费奥多尔·米哈伊洛维奇说这些话的时候语气十分严肃,我坚信,如果我突然走掉,他真会干出这种让人笑话的事来的。

八　费奥多尔·米哈伊洛维奇的健忘症

癫痫病的发作使费奥多尔·米哈伊洛维奇的记忆力越来越差,主要是忘记人的名字和面孔,他往往见到人而认不出是谁,这给他招来不少敌对者;而当人们向他说出自己的名字之后,如果他不详细询问对方的话,他就完全不能确定跟他讲话的是何许人。这就得罪了那些忘记或不知道他有病的人,他们认为他傲慢无礼,故意装出健忘的样子来侮辱人。记得有一次我们去访问迈科夫家,在他们房子的楼梯上遇见作家费·尼·贝格,他曾在《当代》杂志工作过,可是我丈夫却把他忘了。贝格十分亲切地跟费奥多尔·米哈伊洛维奇打招呼,看到我丈夫认不出他来,便说:

"费奥多尔·米哈伊洛维奇,您认不出我来了?"

"请原谅,我认不出来了。"

"我是贝格。"

"贝格?"费奥多尔·米哈伊洛维奇用疑问的目光望了望费·尼·贝格(据他说,那时刻他想起了《战争与和平》中罗斯托夫家的女婿,典型的德国人"贝格")。

"诗人贝格,"对方说明道,"难道您不记得我了吗?"

"诗人贝格?"我丈夫重复说,"看到您很高兴,很高兴!"

但是贝格被迫一再说明自己的身份,这使他深信,费奥多尔是故意装作认不得他,他对此次所受的委屈终身不忘。这样,由于健忘,费奥多尔·米哈伊洛维奇树敌很多,尤其在文学界。

费奥多尔·米哈伊洛维奇在社交界碰到某些人而认不出他们来,这种情况有时把我也置于十分尴尬的境地,我不得不为他向别人道歉。我记得一件有关这方面的可笑的事情。我和我丈夫一年中有三四次在节日到我堂弟米·尼·斯尼特金家去做客,我堂弟很喜欢在家里和亲戚们聚会。我们差不多每次在那儿碰到我的教母亚历山德拉·帕夫洛芙娜·涅乌波科耶娃;自从结婚以后,我没有去探望过她,因为她的丈夫和费奥多尔·米哈伊洛维奇的政治观点不同,两个人合不来。我丈夫彬彬有礼地向她们打招呼,但从不跟她交谈;这使她很生气,她把这种情况谈给双方共同的亲戚听,他们告诉了我。我们第一次去斯尼特金家时,我就请求丈夫和亚历山德拉·帕夫洛芙娜多少谈几句,尽可能对她亲切一些。

"好吧,好吧,"费奥多尔·米哈伊洛维奇答应道,"你只消指给我看,哪一个是你的教母,我就会找到有趣的话题。你会对我满意的!"

到了斯尼特金家,我向费奥多尔·米哈伊洛维奇指了指一位坐在长沙发上的太太。他首先专注地朝她望了一望,然后朝我望,接着又朝她望,向她客气地打了个招呼;可是在晚上余下的时间里,根本就没有走到她跟前去过。回到家里以后,我责备丈夫,他连我这个小小的请求也不愿意照办。

"但是,劳驾告诉我,安尼娅,"费奥多尔·米哈伊洛维奇困惑地回答,"你们两个人,到底谁是谁的教母?我方才把你们俩打量了一下:你们彼此没有多少差别!这就把我搞糊涂啦,为了不致弄错,我决定还是不到她身边去好。"

事情是这样的:我和教母的年龄相差不很大(十六年),又加上我一贯穿着很朴素,几乎总是穿深色的衣服,而她却喜欢打扮得漂漂亮亮,戴着头饰,所以显得比她的实际年龄轻。正是她的模样显得年轻,才把我的丈夫搞糊涂了。

不过最奇怪的是,过了一年,又是在圣诞节,我知道我肯定要在斯尼特金家碰到我的教母,于是我便向费奥多尔·米哈伊洛维奇提出同样的请求,着重说明我和她的亲戚关系。看样子,我丈夫对我的话听得很仔细(其实,是在想别的事),答应我这一次跟她谈话,但结果还是没有履行自己的诺言:他又像去年那样怀疑起来了,不能确定"谁是谁的教母",而当着别人的面问我又不方便。

费奥多尔·米哈伊洛维奇有时会忘掉他经常接触、跟他最亲近的人的姓名,这使他处于难堪的境地:我记得有一次,我丈夫去我国驻德累斯顿的领事馆,为的是证明某项委托书确系我签名(我本人因病未能前往)。我从窗口望见费奥多尔·米哈伊洛维奇急匆匆地回家来了,我便走去迎他。他进来的时候神情激动,气冲冲地问我:

"安尼娅,你叫什么?姓什么?"

"陀思妥耶夫斯卡娅,"我困惑不解地回答,对这样奇怪的问题感到吃惊。

"我知道是陀思妥耶夫斯卡娅,可你在结婚前姓什么?大使馆里的人问我,你在娘家的姓,我把它忘了,只得再上那儿去一次。看来,官员们在笑我连自己的妻子的姓也给忘了。你把姓写在自己的名片上,要不,我在路上又会忘记的!"

诸如此类的事情在费奥多尔·米哈伊洛维奇的一生中屡见不鲜,使他树敌很多。

注释:

〔1〕 讲演的题目是"神人合一说"。陀思妥耶夫斯基证实,这是"有上千听众的讲演"。(陀思妥耶夫斯基1878年3月24日给 H. Π. 彼得松的信,《陀思妥耶夫斯基书信集》,第4卷,页9)

〔2〕 有陀思妥耶夫斯基和托尔斯泰出席的这次弗拉基米尔·索洛维约夫的演讲会于1878年3月10日举行。托尔斯泰对斯特拉霍夫没有告诉他陀思妥耶夫斯基也出席这次讲演一事同样衷心地感到遗憾。详细情况可参阅本书第十二章中《和托尔斯泰的谈话》一节。

〔3〕 指《卡拉马佐夫兄弟》。

[4] 参阅《陀思妥耶夫斯基书信集》,第 4 卷,页 29。陀思妥耶夫斯基和弗·谢·索洛维约夫的奥普塔小修道院之游从 1878 年 6 月 23 日至 6 月 29 日。关于这次旅游,可参阅弗·谢·索洛维约夫的回忆录(《弗·谢·索洛维约夫文集》,第 3 卷,页 197)和 Л. И. 斯塔赫耶夫的随笔《群像和画像》(《历史导报》,1907 年,第 1 期,页 84—88)。奥普塔小修道院是一个古老的修道院,位于卡卢加省的古城科泽利斯克,据传说,早在十四世纪建成。这个修道院和萨罗夫斯基修道院(在坦波夫省)、格林斯基修道院(库尔斯克省)、别洛别列日斯基修道院(奥廖尔省)一样,恢复了俄罗斯修道生活的特殊典型——长老制(东正教中的长老是良心的指导者)。奥普塔小修道院的长老们始终吸引杰出的文艺工作者的注意。到过奥普塔小修道院的有:尼·瓦·果戈理、费·米·陀思妥耶夫斯基、列·尼·托尔斯泰、阿·尼·阿普赫金、瓦·安·茹科夫斯基、弗·谢·索洛维约夫、彼·瓦·基列耶夫斯基和伊·瓦·基列耶夫斯基、尼·谢·列斯科夫、伊·谢·屠格涅夫、阿·康·托尔斯泰等。(参阅 Д. И. 波格丹诺夫《奥普塔小修道院和俄国作家们对它的朝拜》,《历史导报》,1910 年,第 10 期。还可参阅 H. 帕夫洛维奇的文章《奥普塔小修道院》,收入《普罗米修斯》,1980 年,第 12 期)值得注意的是:在陀思妥耶夫斯基的藏书中有以下的书籍:《奥普塔小修道院长老,修士司祭列昂尼德传记》,莫斯科,1876 年;《奥普塔小修道院历史记述》,第三版,莫斯科,1876 年。尼·尼·斯特拉霍夫也可能对陀思妥耶夫斯基详细地叙述了有关奥普塔小修道院的情况,他曾于 1877 年和列·尼·托尔斯泰一起到过该修道院。

[5] 在《费·米·陀思妥耶夫斯基作品注释》中,安·格·陀思妥耶夫斯卡娅引了《卡拉马佐夫兄弟》中佐西马的话:"我要提到的,做母亲的,要提到的,我将在祈祷时提起你的忧愁,祈祷你的丈夫健康。"(《陀思妥耶夫斯基十卷集》,第 9 卷,页 66)接着,她写道:"1878 年从奥普塔小修道院回来以后,费奥多尔·米哈伊洛维奇对我转述了以上的话;在修道院,他和阿姆夫罗西长老谈话,告诉后者,我们如何为不久前儿子的夭折而悲伤、哭泣。阿姆夫罗西长老答应费奥多尔·米哈伊洛维奇'在祈祷时提到阿廖沙'和'我的哀愁','祈祷我们和孩子们健康'。跟长老的谈话和他为我们祈祷的允诺使费奥多尔·米哈伊洛维奇深受感动。"(Л. П. 格罗斯曼,《关于陀思妥耶夫斯基的课堂讨论》,页 67)阿姆夫罗西长老在某种程度上是《卡拉马佐夫兄弟》中佐西马长老的原型。把《卡拉马佐夫兄弟》中《腐臭的气味》一章和陀思妥耶夫斯基在奥普塔小修道院听到的阿姆夫罗西的话相对照是饶有意味的。阿姆夫罗西经常

说:"我在生前受到人们很多赞扬,因此,从我身上将会发出臭气。"佐西马的隐修区和修道室的环境和布置是按照奥普塔小修道院的格局再现的。关于阿姆夫罗西长老是佐西马的原型这一情况可参阅 P. B. 普列特尼奥夫所写的《智慧的心灵(陀思妥耶夫斯基笔下的"长老们")》一文,收入论文集《论陀思妥耶夫斯基》,A. Л. 贝姆编,第 2 集,页 73—92,以及 C. B. 别洛夫所写的《佐西马和阿姆夫罗西》,《科学和宗教》,1974 年,第 4 期,页 76—78。

[6]　参阅以下的回忆:医士 A. 多加诺维奇关于陀思妥耶夫斯基在医士学校的文学晚会上发言的回忆(《观察者》,1885 年,10 月号,页 332—334);叶·安·施塔肯施奈德关于陀思妥耶夫斯基在女子中学文学晚会上朗诵的回忆(叶·安·施塔肯施奈德,《日记和笔记(1854—1886)》,页 463—464)。生理学家伊·彼·帕夫洛夫的妻子 C. B. 帕夫洛娃回忆陀思妥耶夫斯基在 1879 年彼得堡教师进修班文学晚会上朗诵的情况时写道:"顷刻间,我听到响亮的声音,我朝舞台上一望,瞧见了'先知'。陀思妥耶夫斯基的面容变了。他两眼冒火,那火点燃了人们的心;他的脸上流露出令人鼓舞的崇高力量! ……在这个晚上,音乐和唱歌只是陀思妥耶夫斯基那具有先知之明的言词的前奏。我一再重复说:'他点燃了人们的心,激发大家为真理和正义而献身!'"(《新世界》,1946 年,第 3 期,页 116—117)

[7]　关于《作家日记》暂时停刊的"告读者书"不是登载在终刊号的前一期,即《作家日记》1877 年 11 月号上,而是登载在 10 月号上。(《陀思妥耶夫斯基文艺作品十三卷集》,第 12 卷,页 265)在写作《卡拉马佐夫兄弟》的紧张时期,陀思妥耶夫斯基暂时停止《作家日记》的出版。

[8]　陀思妥耶夫斯基和医生斯捷潘·德米特里耶维奇·亚诺夫斯基是在 1846 年结识的。他们成了朋友,虽然他们之间并未产生精神上的亲密关系。亚诺夫斯基终生保持对陀思妥耶夫斯基最真挚和亲切的感情。据亚诺夫斯基本人说,当 1859 年陀思妥耶夫斯基从塞米巴拉金斯克到达特维尔的时候,他"是陀思妥耶夫斯基的朋友们中间第一个去探望他的人[……]唯一的目的只在于见到和拥抱我所敬爱的费奥多尔·米哈伊洛维奇"。(《新时报》,1881 年 2 月 24 日,即公历 3 月 8 日,第 1793 号)斯·德·亚诺夫斯基写有《回忆陀思妥耶夫斯基》一文,载于《俄国导报》,1885 年,第 4 期,页 796—819。阿·尼·迈科夫在给陀思妥耶夫斯基的信中提到《永久的丈夫》的题材时写道:"我知道了亚诺夫斯基的历史和他的性格。"(《陀思妥耶夫斯基书信集》,第 2 卷,页 476)

[9]　摘自陀思妥耶夫斯基 1877 年 12 月 17 日给斯·德·亚诺夫斯基的信,《陀思妥耶夫斯基书信集》,第 3 卷,页 285。从六十年代起,在陀思妥耶夫斯基的书信中可以看到他对安·亚·克拉耶夫斯基及其发行的《呼声报》的愤怒的、充满冷嘲热讽的评语。在七十年代,《呼声报》与保守派的报刊,特别是与米·尼·卡特科夫所办的《莫斯科新闻报》的论战趋于激烈。以《文学和社会奇谈》(1872—1873)以及《文学和生活》为题的小品文尖锐地批评了弗·彼·梅谢尔斯基的《公民周报》和米·尼·卡特科夫的《俄国导报》,而它们正是陀思妥耶夫斯基积极地为之撰稿的报刊。安·亚·克拉耶夫斯基的《呼声报》从自由主义的立场出发,反对在以塞尔维亚人和门的内哥罗人为一方、土耳其为另一方的战争中帮助前者,反对俄国参加 1877 至 1878 年与土耳其的战争。陀思妥耶夫斯基认为俄国的政策说明俄国人民对斯拉夫人的兄弟情谊,而刊载在《呼声报》上的一些文章则表达了与他的立场截然相反的观点。陀思妥耶夫斯基在给斯·德·亚诺夫斯基的信中所指的正是《呼声报》对俄国参与对土战争所持的否定态度。据陀思妥耶夫斯基本人说,卑鄙的《呼声报》把他“气疯了”。(《陀思妥耶夫斯基书信集》,第 4 卷,页 95)关于陀思妥耶夫斯基和安·亚·克拉耶夫斯基及其发行的《呼声报》之间相互关系的详情,可参阅 B. B. 维诺格拉多夫的专文《陀思妥耶夫斯基和安·亚·克拉耶夫斯基》,收入《陀思妥耶夫斯基和他的时代》,页 17—32。

[10]　陀思妥耶夫斯基在 1877 年 12 月 2 日当选为科学院俄国文学部的通讯院士;此项选举的结果在 12 月 29 日科学院举行的庆祝年会上宣布,1878 年 2 月 6 日,科学院常任秘书 K. C. 韦谢洛夫斯基以公函通知陀思妥耶夫斯基,并附有用拉丁语写的荣誉证书。(证书的拉丁文本由 Б. Л. 莫扎列夫斯基发表在《陀思妥耶夫斯基——科学院通讯院士》一文中。——《陀思妥耶夫斯基》,《俄国图书学协会日报》,彼得格勒,1921 年 11 月 12 日)在十九世纪下半叶的俄国作家中间,陀思妥耶夫斯基得到这个称号比别的作家们晚。在此之前,列夫·托尔斯泰、屠格涅夫、冈察洛夫、奥斯特洛夫斯基、阿列克赛·托尔斯泰、阿波隆·迈科夫、丘特切夫、康·阿克萨科夫、霍米亚科夫已经是科学院通讯院士了。

[11]　陀思妥耶夫斯基和尼古拉·尼古拉耶维奇·别克托夫是在 1846 年经后者之兄、陀思妥耶夫斯基在军事工程学校的同学阿列克谢·尼古拉耶维奇介绍,互相认识和结为知交的。据陀思妥耶夫斯基本人说,他经受了与《现代人》决裂的痛苦之后,在别克托夫两兄弟那儿,“不仅在精神上,而且在身体上得到了恢复”。(《陀思妥

耶夫斯基书信集》，第 1 卷，页 103）关于陀思妥耶夫斯基和别克托夫在四十年代的友谊，可参阅德·瓦·格里戈罗维奇所著《文学回忆录》一书（莫斯科，1961 年，页 90—93）和 B. 科马罗维奇的《陀思妥耶夫斯基的青年时代》一文（《往事》，1924 年，第 23 期）以及 P. H. 波杜布内所写《陀思妥耶夫斯基在十九世纪四十年代的思想探索与别克托夫—迈科夫集团》一文，《俄国解放运动》，第 8 卷，1978 年，页 23—24）。

　　[12]　这封陀思妥耶夫斯基给尼·尼·别克托夫的信没有保存下来。尼·尼·别克托夫 1878 年 8 月 18 日的回信保存在国立列宁图书馆。在这封回信中，尼·尼·别克托夫报道了关于 Л. A. 奥日吉娜的情况，并且下结论说，陀思妥耶夫斯卡娅的《回忆录》中《一个女崇拜者的来访》这一节里的"女崇拜者"就是 Л. A. 奥日吉娜——她是位女作家，曾在《祖国纪事》（1869 年第 3、5 至 7 期）发表过长篇小说《走自己的路。一个现代姑娘的札记》。（参阅《陀思妥耶夫斯基书信集》，第 4 卷，页 344）

　　[13]　《秘密的叙述》指《卡拉马佐夫兄弟》第一部第三卷第三章——《热烈的忏悔（诗体）》。B. B. 季莫费耶娃（O. 波钦科夫斯卡娅）回忆陀思妥耶夫斯基在 1879 年 3 月 9 日的晚会上朗诵的情况时写道："他朗诵《卡拉马佐夫兄弟》中的一章——《秘密的叙述》，但是对很多人来说，其中包括我在内，这好像是对大家的命运的启示……我在他的朗诵声中听到两句话，它们向我说明了陀思妥耶夫斯基和我们本人的一切想法。我好像觉得，大厅里的听众们起先不了解他向他们朗读的内容，彼此窃窃私语：

　　"'疯子！……狂人！……怪物……'

　　"可是陀思妥耶夫斯基那紧张而激动的声音盖过了这种低语声……

　　"'怪人也罢！疯子也罢！但愿伟大的思想永存！'

　　"这一诚挚感人、充满热情的声音深深地震撼了我们的心灵……不只我一个人，而是满堂的听众都异常激动。我记得，坐在我身边的一个我不认识的青年神经质地颤抖着，叹息着，脸孔一会儿发红，一会儿变白，同时猛力晃动脑袋，握紧拳头，仿佛在使劲控制自己，不让双手情不自禁地拍将起来。可是最后，暴风雨般的掌声终于响起来了……所有的人都鼓掌，所有的人都激动。这突然爆发的掌声不适时地打断了朗诵，仿佛把陀思妥耶夫斯基唤醒了。他颤抖了一下，一动不动地坐在原位上，眼睛盯着原稿。但是鼓掌声越来越响，经久不息。那时候他便站起身来，好像用力摆脱甜蜜的梦乡似的，向大家鞠了一躬，然后重又坐下来朗诵。"（《同时代人回忆陀思妥耶夫

斯基》,第2卷,页182—183)

[14]　关于陀思妥耶夫斯基在1879年3月16日晚会上朗诵的情况,可参阅由阿·费·科尼作序并编辑的《屠格涅夫和萨温娜》这一集子中萨温娜的回忆,彼得格勒,1918年,页68—69;Д. Н. 萨多夫尼科夫在《俄国往事》这一集子中的回忆录,1923年,第1期,页75—76;Н. А. 索洛维约夫-涅斯梅洛夫给 И. З. 苏里科夫的信,《未发表的同时代人书信中的陀思妥耶夫斯基》,Л. Р. 兰斯基出版,《文学遗产》,第86卷,页476—477。献花束者是安·帕·菲洛索福娃的女儿 M. B. 卡梅涅茨卡娅。

[15]　这次开庭有 Д. Д. 米纳耶夫在场,庭审结束后,他立即当了陀思妥耶夫斯基的面朗诵了他写给亚·伊·特罗菲莫夫的一首诙谐的即兴诗:

> 啊,在涅瓦河畔的京都里,
> 你无疑是最幸运的法官,
> 既然陀思妥耶夫斯基本人,
> 等待你公正的裁判。
>
> (《历史导报》,1909年,第9期,页925)

有关陀思妥耶夫斯基生活中的这一插曲还可参阅 Н. 列宾的《陀思妥耶夫斯基和流浪汉》一文,载于《彼得堡报》,1903年12月4日,第333期。

[16]　福禄培尔协会是德国著名教育家弗里德里希·福禄培尔的追随者在俄国建立的。在写《卡拉马佐夫兄弟》期间,陀思妥耶夫斯基着手研究教育方面的优秀著作,其中包括福禄培尔的著作。在长篇小说的草稿本上有着下述的记录:"裴斯泰洛齐①、福禄培尔的著作。列夫·托尔斯泰有关现代小学教育的论文……"(《陀思妥耶夫斯基三十卷集》,第15卷,页199)

[17]　《陀思妥耶夫斯基书信集》,第4卷,页74。安·格·陀思妥耶夫斯卡娅在1879年7月30日从旧鲁萨发至埃姆斯的回信中写道:"你好,我亲爱的丈夫,你身体怎么样,心爱的宝贝,你的健康情况如何?〔……〕我太高兴了,亲爱的,你已顺利地到达目的地,而且开始进行治疗了。主啊,但愿它能给你带来好处!我再没有比这更大的愿望了!我认为奥尔特过甚其词,为了强调严重性而说你的'心脏偏离原有的

---

① 裴斯泰洛齐(1746—1827),瑞士教育家,从人道主义出发,企图通过教育来改善农民的生活。——译者注

地方',上帝保佑,但愿矿泉水能有疗效。你回来的时候,健康已经恢复。看在上帝面上,希望你好好治疗,看病别舍不得花钱。"(《费·米·陀思妥耶夫斯基和安·格·陀思妥耶夫斯卡娅通信集》,页287)

[18]　参阅本章"注释"9。

[19]　《陀思妥耶夫斯基书信集》,第4卷,页95。

[20]　《陀思妥耶夫斯基书信集》,第4卷,页98—99。

[21]　《陀思妥耶夫斯基书信集》,第4卷,页102。

[22]　陀思妥耶夫斯基在这次为资助彼得堡大学学生救济协会而在贵族俱乐部举行的文学早会上朗诵了《宗教大法官》的片断。参加这个早会的,除了陀思妥耶夫斯基外,还有德·瓦·格里戈罗维奇和彼·伊·魏因贝格。由大学生救济协会第二委员会主席谢苗诺夫签名的该委员会给陀思妥耶夫斯基的信以及协会委员会的报道(以上两个文件保存在国立列宁图书馆)证明,陀思妥耶夫斯基的朗诵对听众产生了深刻的印象。然而彼得堡学区督学M. C. 沃尔孔斯基却对听众的热烈反应表示不满,同时禁止以后再朗诵《宗教大法官》。陀思妥耶夫斯基在给维·帕·加耶夫斯基的信中写道:"督学本人出席了朗诵会。但是在我朗诵以后,他通知我,根据所产生的影响,他不准我以后再朗诵这个片断。因此,毫无疑问,《宗教大法官》今后不能朗诵了。看来得选择其他材料。"(《陀思妥耶夫斯基书信集》,第4卷,页133)

第十章　最后的一年

一　书　店

对我们来说,1880 年年初最突出的一件事是我们开始从事一项新的事业:开设"费·米·陀思妥耶夫斯基书店(专门供应外省市)"。

虽然我们在金钱收支方面一年比一年趋于正常,大多数债务,早从六十年代起费奥多尔·米哈伊洛维奇开始承担的债务,已经还清,但是经济情况仍然不稳定:生活费用比过去增加,生活变得复杂起来,我们怎么也攒不下钱来"以备不时之需"。这使我们非常忧虑,特别是费奥多尔·米哈伊洛维奇自己意识到,工作对他来说变得越来越艰难了。而且他的病(肺气肿)也逐渐加剧,种种迹象令人担心,他可能为了健康情况恶化而中断文学工作。正是由于预计到这种不幸情况,我们就想积蓄一点钱或者经营一些旁的事业来增加收入。但是,即使就目前来说,妇女的事业范围也相当狭窄,更不用说在那个时候了。

我花了很长时间考虑,到底经营哪种事业才能多少获得一些收入,以补贴家用。经过长久的思考,并向一些熟人们打听以后,我决定开一个专门供应外省市的书店,特别是我过去曾经几次接触过出版业务,对卖书方面的事多少有点熟悉。对我来说,这项工作具有两个优点:我觉得最主要的是我不必离家外出,可以依旧照顾丈夫的身体,教育孩子们,料理家务和私事;第二个优点是,开设这个书店几乎不用花什么钱,不必租用店铺,购进货物,最初可能只需要买进那些主顾汇钱来订购的书。唯一的支出是需要缴纳税款以获得"商业许可证"和雇用一名徒工上街买书,缝好邮包,把它们送往邮局。上述种种每年得花费二百五十至三百卢布,这笔费用我们还承担得起,可以冒一下风险。当然,要使事业获得成功,有必要在报刊上登广告,但是我想开头依靠那些分别寄给《作家日记》老订户们的胶印广告,到第二年,我打算和《家庭晚会》的出版者[1]共同出资印几万份大型广告分送各处。这广告于1881年年初寄出,但对事业的进展并没有起什么作用。

当然,这个书店只有属费·米·陀思妥耶夫斯基所有,才能指望获得成功。这样,费奥多尔·米哈伊洛维奇在省税务局取得了"商业许可证",他就变成了商人,少不得要被他在报界的敌人们嘲弄一番。不过,这种嘲弄丝毫也不能刺伤我丈夫的自尊心;因为他经过深入的考虑,赞同我的想法,跟我一样相信我们的事业能够获得成功。

我对成功的希望主要建筑在下述的推测上:1876 至 1877 年《作家日记》的订户们鉴于我们的出版工作一贯进行得十分认真、细致,就会对这个出版者所办的书店抱有信心,订购他们所需要的图书。我的希望实现了,过了两三个月不到,在过去《作家日记》的订户中,就有一批人(约三十个人左右),每个月通过我们的书店订购书籍。我记得,例如波尔塔瓦主教通过他的属下 B. M. 叶列茨基公爵,每月订购许多珍贵的出版物(供私人藏书和馈赠友好之用)。我还记得明斯克的一位工程师用大笔钱订购图书,而且不只是他的专业方面的图书。

除了正在形成的一个固定的买主核心外,还有不少零散的、注意到我们这家新开的书店的人。当然也有一些令人气恼的主顾,他们订购某种报纸,书店由此只能净得二十五戈比。但是更令人气恼的是那些迫使我们去寻找某种很早已告售罄的书的买主。经过长时间认真仔细的寻找以后,我们往往只得把钱退还给这些订购者。

这书店并没有占用我很多时间：我只须管理图书，记下要求和计算账目。有人给我介绍一个在书店干过活的徒工彼得，他虽然只有十五岁，但是买书和寄书的活儿却干得挺出色。[2]

费奥多尔·米哈伊洛维奇对我们事业的发展十分关心，每月月底，我总是给他写一份在这方面的收入和支出的清单。年初和年终（订购报刊的时期）的利润在八十至九十卢布之间浮动；夏季的那几个月则在四十至五十卢布之间浮动。总的来说，开店的第一年，除了开支以外，净赚八百一十一个卢布，我和费奥多尔·米哈伊洛维奇认为这样的成果是个前途有望的吉兆。

自然，我们的业务范围可以一下子扩大：有些学校和地方自治机构要求赊购图书，但是由于书款的数目相当大，所以明知有利可图，我们也只得拒绝这些顾客的要求。

开办供应外省市的书店是一项利润很高的事业，当然，这得善于经营，经营得认真、细致才行。我亲眼看到这样的小书店在三十年之内变成了规模很大的图书公司（如巴什马科夫兄弟公司、帕纳菲金公司、克柳金公司），我完全相信，如果我把经售图书的事业继续进行下去，我现在就会拥有一家规模不次于《新时报》的书店。这项事业之所以中断，是因为我要着手出版我丈夫的作品全集，我得把我自己的全部精力和时间都投放进去。

费奥多尔·米哈伊洛维奇去世以后，我表示要把书店关掉；那时候，有许多人请求我把我的书店转让给他们经营，有些人甚至愿意出一千五百卢布，把它买下来。但是我没有同意：和费·米·陀思妥耶夫斯基的名字结合在一起的书店非得我亲自经营不可，因为我意识到自己对这个书店的尊严负有责任。我不知道那些想买下书店或者有意无偿地把它接管的人怎样看待这个问题：如果书店经营不善或者马虎从事会使我所珍视的费奥多尔·米哈伊洛维奇的名字受到非难和嘲笑。

这样，1881 年 3 月初，费·米·陀思妥耶夫斯基书店就停业了。

然而，当我回忆我这项持续不久的事业时，我心中总是怀着美好的感情，主要是因为在顾客和书店之间建立了友好的关系。有些人天真地认为，费·米·陀思妥耶夫斯基本人真的在从事图书销售业务，就把信写给他本人。另外一些人则写信给书店，要求转告费奥多尔·米哈伊洛维奇自己在阅读长篇小说《卡拉马佐夫兄弟》或者他的其他作品时的喜悦心情。还有一些人要求在邮寄收费单时在上面报道"大作家"的健康情况并向他转达良好的祝愿。有一些像这样纯朴、热情的信使费奥多尔·米哈伊洛维奇深受感动,他要求我以他的名义函复这些来信者,向他们问候、致意。费奥多尔·米哈伊洛维奇常常受到他在文学界和其他领域的朋友们和评论家们的不怀善意的对待;因此,他非常珍视那些他完全陌生、但支持他的艺术活动的人们对他的才能所表现的纯朴、有时是天真的迷恋,珍视他们对他的尊重和忠诚。

二 一八八○年初。文学晚会。访问友好

总的来说,1880 年开初的时候,我们家的情况良好:自从去年(1879)到埃姆斯去了一趟以后,费奥多尔·米哈伊洛维奇看样子变得健康起来,发癫痫病的次数大大减少了。我们的孩子们身体也很好。《卡拉马佐夫兄弟》获得毫无疑义的成功,其中有几章使一贯对自己非常严格的费奥多尔·米哈伊洛维奇也感到满意。[3]我们选定的事业(书店)已经创办,我们的书籍销路很好,总之,一切事情都进行得不错。这些情况凑合在一起,对费奥多尔·米哈伊洛维奇产生了良好的影响,使他的情绪愉快、振作。

年初,费奥多尔·米哈伊洛维奇对弗拉基米尔·谢尔盖耶维奇·索洛维约夫的博士论文答辩会很感兴趣,非要出席这一盛会不可。我也随同丈夫前往,主要是为了把他保护好,以免他在人群中染上感冒。答辩会开得很出色,索洛维约夫成功地反驳了那些严厉的评论员们的攻击。费奥多尔·米哈伊洛维奇一直等到公众走散,以便向这次盛会的主角握手庆贺。索洛维约夫对费奥多尔·米哈伊洛维奇不顾身体虚弱,在这个他生活中具有重要意义的日子来到大学,加入他的朋友们的行列,显然感到高兴。[4]

1880 年,费奥多尔·米哈伊洛维奇虽然紧张地从事《卡拉马佐夫兄弟》的写作,但他还是多次参加为了赞助各种团体而举行的文学朗诵会。费奥多尔·米哈伊洛维奇精湛的朗诵技巧吸引着听众;因此,不管他当时如何繁忙,

只要他身体健康，他从不拒绝参加朗诵。

我记得费奥多尔·米哈伊洛维奇在年初参加了下述活动：2月2日应彼·伊·魏因贝格[①]之请，在科洛缅斯科耶女子中学进行了朗诵；3月20日为了赞助圣彼得堡救济院少年部而在市杜马大厅进行了朗诵[②]。他选的朗诵材料是"佐西马长老和村妇们的谈话"。

第二天（3月21日），费奥多尔·米哈伊洛维奇又去参加在贵族俱乐部大厅为资助教师专修班而举行的晚会。我丈夫选择了《罪与罚》中的一个片断："拉斯柯尔尼科夫梦见一匹疲劳不堪的马"。这一片断使人产生压抑感，我亲眼看到，在朗诵到凄惨的情景时，听众们脸色发白，有些人在哭泣。我自己也禁不住流下了眼泪。在3月28日为资助圣彼得堡大学学生救济协会而举行的文学晚会上，我丈夫进行了这一年冬天最后一次朗诵，朗诵的题目是："拉斯柯尔尼科夫和马尔美拉陀夫的谈话"。

1880年秋天，文学朗诵会又恢复活动。费奥多尔·米哈伊洛维奇应文学基金会主席维·帕·加耶夫斯基[③]的约请，在10月19日皇村中学校庆日参加了旨在资助文学基金会的活动，这位主席曾在普希金纪念会上听到过费奥多尔·米哈伊洛维奇的朗诵。费奥多尔·米哈伊洛维奇朗诵了《吝啬的骑士》中地下室的那个场景（第二场），接着朗诵了《在温暖的春日》；后来观众

---

① 彼得·伊萨耶维奇·魏因贝格（1831—1908），诗人和翻译家，陀思妥耶夫斯基在文学基金会的朋友。

② 我不能不谈到1880年3月20日我在文学晚会上碰到的一件趣事。市议会的大厅里坐满了衣着入时的听众，其中大部分是男子。当我仔细打量周围的人们时，有个情况使我感到诧异：我觉得大多数男子都很面熟。我把这情况告诉了费奥多尔·米哈伊洛维奇，他对这奇怪的现象也觉得纳闷。但是在中间休息、所有的与会者和他们的妻子被请到隔壁大厅里去的时候，事情就清楚了。在那儿的几张大桌子上放着香槟酒、水果和糖果，晚会的主人，市长 И. И. 格拉祖诺夫和他的夫人非常殷勤地款待歌唱家和文学家们。市长夫人是圣彼得堡救济院少年部的监护人；因此，中心商场的商人和店员们自然都应她的召唤前来参加为资助她所监护的机构而举行的文学晚会，我呢，为了给孩子们准备夏天穿的衣服料子、寻找漂亮的图案，日前走遍了整个中心商场；这样一来，那些店员们的脸就留在我的记忆里，此刻，我便觉得他们有些面熟。我本来还以为这是某种我所不了解的怪现象，后来，终于真相大白了。——安·格·陀思妥耶夫斯卡娅注

③ 维克托·帕夫洛维奇·加耶夫斯基（1826—1888），法学家，文学史家和图书编目专家，文学基金会的创建人之一，曾任该会主席多年。

请他出场,他又朗诵了《先知》,这首诗激起了听众们极大的热情。信贷社的墙壁仿佛由于暴风雨般的掌声而震颤。费奥多尔·米哈伊洛维奇鞠躬谢幕,但他被听众们一次又一次地请出场,这种情况持续了十分钟左右。[5]

由于这次文学作品朗诵会开得很成功,维·帕·加耶夫斯基就决定在10月26日重复举行一次,节目和表演人与上次完全相同。由于市民们的传扬,这个晚会吸引来很大一批听众,不仅大厅里座无虚席,连过道里也站着许多人。当费奥多尔·米哈伊洛维奇出场的时候,听众们都鼓起掌来,经久不息,以致他不能开口说话;接着,他每朗诵一句诗都引来一片掌声,朗诵就被打断,临了,观众们还不让他下场。当费奥多尔·米哈伊洛维奇朗诵《先知》的时候,人群欢跃,达到了高潮,那情景真是难以言传。

11月21日,为了资助文学基金会,在贵族俱乐部的大厅里,又举行了文学朗诵会。在上半场,他朗诵了涅克拉索夫的诗作《摆脱迷误的时候》,下半场朗诵的是果戈理的史诗《死魂灵》第一部中的几个片断。

11月30日,为了资助彼得堡大学学生救济会而在市信贷社举办了晚会。费奥多尔·米哈伊洛维奇朗诵了《伊柳舍奇卡的殡葬》①。虽然他朗诵的声音低,但却那么富有艺术表现力,那么打动人心,我看到自己周围都是一张张哀痛和哭泣的脸,不仅妇女如此。大学生们向我丈夫献上桂冠,他们一大群人簇拥着他,一直把他送到大门口。费奥多尔·米哈伊洛维奇目睹这情景,确信青年们对他十分喜爱和尊敬。这对我丈夫来说弥足珍贵。

在文学朗诵会上,观众们对待费奥多尔·米哈伊洛维奇非凡亲切。他一上台,就响起了雷鸣般的掌声,持续达几分钟之久。费奥多尔·米哈伊洛维奇从朗诵用的小桌子旁边站起身来,鞠躬致谢,而观众却不让他开口,随后,在朗诵的过程中,他们又屡次用震耳欲聋的掌声打断他的声音。在朗诵结束的时候,情况也是如此,费奥多尔·米哈伊洛维奇不得不应观众的要求,出场三四次。当然,观众对费奥多尔·米哈伊洛维奇热情洋溢的态度不能不使他喜悦,他感到自己在精神上得到了满足。在朗诵以前,费奥多尔·米哈伊洛维奇总是担心他那微弱的声音只能被坐在前几排的人听到,不免为此而苦恼。但是,在这种

---

① 长篇小说《卡拉马佐夫兄弟》中的一个章节。——译者注

场合,费奥多尔·米哈伊洛维奇的神经却如此兴奋,以致他那通常微弱的声音显得异常清晰,他朗诵的每个词都能在大厅的所有角落里听得见。[6]

必须说实话,费奥多尔·米哈伊洛维奇是第一流的朗诵者①,不论朗诵自己或别人的作品,他总是十分清楚而巧妙地把其中所有的韵味和特点都表达出来。但同时,费奥多尔·米哈伊洛维奇又朗诵得朴实无华,不采用演说家的手法。他的朗诵(特别是读到《被侮辱与被损害的》中尼丽的自述或者阿辽沙·卡拉马佐夫关于伊柳舍奇卡的讲述时)给人以极其强烈的印象,我看到在座的人都热泪盈眶,连我自己也禁不住哭泣,虽然我对这些片断已经非常熟悉。费奥多尔·米哈伊洛维奇认为他每次在朗读之前先讲几句开场白是有益的,这可以使那些没有读过或者忘记作品的人听得懂。

1879年冬至1880年,费奥多尔·米哈伊洛维奇除了参加文学晚会以外,还常常去探望友人,每逢星期六,他总是去可敬的伊万·彼得罗维奇·科尔

---

① 为了不致空口无凭,我引用谢·阿·文格罗夫的如下一段话,谈到费奥多尔·米哈伊洛维奇的朗诵对他产生的印象:"我有幸在1879年文学基金会举办的一次晚会上听到他(陀思妥耶夫斯基)的朗诵……作为一个朗诵者,没有人能与他匹敌。称陀思妥耶夫斯基为'朗诵者',因为对这个穿着黑色大礼服、读着自己作品的人,没有别的确切的词儿可以形容了。就在我听到陀思妥耶夫斯基朗诵的同一个晚上,屠格涅夫、萨尔蒂科夫-谢德林、格里戈罗维奇、波隆斯基、阿列克谢·波捷欣等也上台朗诵。除了萨尔蒂科夫-谢德林读得不好、波隆斯基的语调过于激昂外,其余的人都读得很好,但只是读而已。而陀思妥耶夫斯基却是名副其实地在传达神的启示。他用低低的、但十分清晰的声音极其动人地朗诵了《卡拉马佐夫兄弟》中最优美的章节之一——《热烈的忏悔》——米佳·卡拉马佐夫讲述卡捷琳娜·伊万诺芙娜怎样为了拯救他的父亲而来找他借钱。自此以后,我就再也没有见到过大厅里出现这种死一般的寂静,以及上千人的精神活动为一个人的情绪所左右的现象。当别人在朗诵的时候,听众们没有丢开'自我',总是按照自己的某种方式来对待所听到的故事。甚至有萨温娜与之配合的屠格涅夫的出色的朗诵也没有使人忘却自我,进入崇高的境界。而当陀思妥耶夫斯基朗诵的时候,听众们,如同他的那些令人战栗的、天才的长篇小说的读者们一样,完全忘却了自我,好像被施了催眠术似的,全身心都被这消瘦不堪、其貌不扬的老头儿控制住了,这老头儿犀利的目光无目的地射向前方,眼睛里闪烁着神秘的光辉,大概就是过去大司祭阿瓦库姆眼睛里的那种光辉。"(《言论报》,1915年4月25日)——安·格·陀思妥耶夫斯卡娅注[7]

谢苗·阿法纳西耶维奇·文格罗夫(1855—1920),文学史家,图书编目专家,莫斯科大学教授。

玛丽娅·加夫里洛芙娜·萨温娜(1854—1915),彼得堡亚历山德拉剧院的女演员。

阿瓦库姆(彼得罗维奇·阿瓦库姆,约1621—1682),大司祭,俄国分裂教派的首领,传教士和政论家。

尼洛夫①（前维连学区的督学）家，在那儿与许多学者和地位显要的官方人士会面。他也常常参加叶连娜·安德烈耶芙娜·施塔肯施奈德（著名的建筑师的女儿）家的晚会，——每逢星期二，有许多杰出的文学家在她那儿聚会，他们有时候朗诵自己的作品。[8]她家里还演戏，比方说，我记得我和丈夫在1880年冬天曾去观看过《唐璜》，此剧的表演者有阿韦尔基耶娃②（唐安娜），她天才横溢地表演了自己的角色，还有诗人康·康·斯卢切夫斯基③和尼·尼·斯特拉霍夫，后者很适合于演他担任的角色。费奥多尔·米哈伊洛维奇那天晚上十分高兴，向他鼓了掌。在施塔肯施奈德那儿，费奥多尔·米哈伊洛维奇认识了利季娅·伊万诺芙娜·韦谢利茨卡娅，后来她成了笔名为韦·米库利奇的著名女作家。写到这里，我要特别提一下，费奥多尔·米哈伊洛维奇是多么敏感，多么具有先见之明，他和这位女青年谈了两三次话，尽管她年轻，显然很腼腆，但他看出她不是个庸庸碌碌的姑娘，而可能是个天赋很高、怀抱理想的文学天才。费奥多尔·米哈伊洛维奇没有看错，《米莫奇卡》的作者以自己的作品在俄国文学史上留下了显明的痕迹。[9]

费奥多尔·米哈伊洛维奇非常尊敬和喜爱叶连娜·安德烈耶芙娜·施塔肯施奈德；因为她一贯对人仁慈，温顺地忍受着长期的病痛，不仅从不诉苦，而且相反，总是以自己热诚的态度给人以鼓舞。在施塔肯施奈德一家人中，特别获得大家好感的是叶连娜·安德烈耶芙娜的哥哥阿德里安·安德烈耶维奇，一个非常聪明的人，是费奥多尔·米哈伊洛维奇的天才的崇拜者。费奥多尔·米哈伊洛维奇把阿德里安·安德烈耶维奇看作是一位很有才能的法学家，当他碰到任何涉及诉讼的问题时，他总是去请教这位法学家。在《卡拉马佐夫兄弟》中，米佳·卡拉马佐夫的诉讼程序的全部详情细节写得如此确切，以致那些最爱挑毛拣刺的批评家（这样的批评家不少）也找不出

---

①　伊万·彼得罗维奇·科尔尼洛夫（1811—1901），古代手稿和书籍的收集者，1864至1868年任维连学区督学。

②　索菲娅·维克托罗芙娜·阿韦尔基耶娃（1840—1917?），剧作家德·瓦·阿韦尔基耶夫的妻子，女演员。

③　康斯坦丁·康斯坦丁诺维奇·斯卢切夫斯基（1837—1904），诗人，散文作家，评论家，《政府通报》的编辑（1891—1900）。

任何疏漏和失误之处；费奥多尔·米哈伊洛维奇认为，这应归功于阿德里安·安德烈耶维奇。

费奥多尔·米哈伊洛维奇特别喜欢拜访康·彼·波别多诺斯采夫［……］

但是在1879至1880年间，费奥多尔·米哈伊洛维奇最经常去探望的是已故诗人阿列克赛·托尔斯泰伯爵的遗孀苏菲娅·安德烈耶芙娜·托尔斯泰娅①伯爵夫人。这是位才智卓越、颇有教养、博学多识的女子。费奥多尔·米哈伊洛维奇十分乐意和她交谈。伯爵夫人对哲学思想的许多精微之处的洞察力和见解总是使费奥多尔·米哈伊洛维奇感到惊讶，他认为这种才能在妇女中间极为少见。[10]但是这位伯爵夫人除了才智卓越以外，还具有一颗温柔、热诚的心，我始终怀着深切的感激之情想到她所做的一件使我丈夫高兴的事。

有一次，费奥多尔·米哈伊洛维奇和伯爵夫人谈到德累斯顿绘画陈列馆时表示，在绘画中，他最欣赏的是《西斯廷圣母》，但遗憾的是，他始终未能把圣母像的大幅逼真的复制品带回国来，而在国内，这样的复制品无法找到。费奥多尔·米哈伊洛维奇在动身前往埃姆斯时，决心买下这幅画的逼真的复制品，然而始终未能如愿。我也曾去首都的几家版画商店里寻找过圣母像的大型复制品，但亦无所获。他们这次谈话过了三个星期左右，有一天早晨，费奥多尔·米哈伊洛维奇尚未起床，弗·谢·索洛维约夫就带着一个大的硬纸盒来到我家，纸盒里放着《西斯廷圣母》的一件出色的复制品，大小与原件一样，但没有圣母周围的人物。

弗拉基米尔·谢尔盖耶维奇是托尔斯泰娅伯爵夫人的好友，他告诉我，伯爵夫人写信给她的德累斯顿的朋友们，要他们把这件复制品寄给她。伯爵夫人请求费奥多尔·米哈伊洛维奇将它收下，"留作纪念"。这是1879年10月中旬的事，我马上就想到把这件复制品装进画框，让费奥多尔·米哈伊洛维奇在他生日（10月30日）那一天高兴一下。我把自己的想法告诉了索洛

---

① 苏菲娅·安德烈耶芙娜·托尔斯泰娅（本姓巴赫梅季耶娃；1844—1892），阿·康·托尔斯泰的妻子，社会活动家，文学沙龙的女主人。

维约夫,他表示赞同,何况这件复制品如果不装上画框,可能会损坏。我请弗拉基米尔·谢尔盖耶维奇向伯爵夫人转达,我衷心感激她的好意,同时告诉她,在费奥多尔·米哈伊洛维奇过生日之前,他不会看到她的礼物。事情就照这样办了:30日的前夕,一个装订匠送来一个由深色柞木做的、里面装着圣母像的雕花画框,把挂画框用的钉子钉进费奥多尔·米哈伊洛维奇当床铺用的那张长沙发正上方的墙里。如果从长沙发上抬头望,这幅 Chef-d'œuvre①全部独特的美可以看得最清楚。

在我们家庭节日的那天早晨,当费奥多尔·米哈伊洛维奇到餐室去喝茶的时候,画已挂上;经过欢乐的祝贺和交谈以后,我们和孩子们就一起来到书房。费奥多尔·米哈伊洛维奇的眼前蓦地呈现出他所喜爱的圣母像,这当儿他是多么惊奇和喜悦!"你是从哪儿把它找来的?"费奥多尔·米哈伊洛维奇问,还以为是我买下的。我告诉他,这是托尔斯泰娅伯爵夫人的礼物,他被她那热诚的关注深深地感动了,就在当天,他就赶到她家里去道谢。在费奥多尔·米哈伊洛维奇生前的最后几年,我多少次看到他站在这张伟大的画像前面,心情是那么激动,以致没有听到我走进去的声音,而我为了不破坏他祷告的情绪,就悄悄地走出了书房。我对托尔斯泰娅伯爵夫人衷心的感激之情是十分自然的;因为她以她的礼物使我丈夫从圣母像中获得了使他喜悦、感受深切的某些印象!这幅像是我们的传家宝,由我儿子保存着。

费奥多尔·米哈伊洛维奇之所以喜欢拜访托尔斯泰娅伯爵夫人,还因为她家里的人——她的侄女索菲娅·彼得罗芙娜·希特罗沃,一个非凡殷勤的年轻女子和她的三个孩子(两个男孩和一个可爱的女孩)都十分亲切。这一家的孩子们和我们家的几个孩子年龄相仿,我们让他们互相认识。孩子们成了朋友,使费奥多尔·米哈伊洛维奇十分高兴。

在托尔斯泰娅伯爵夫人家,费奥多尔·米哈伊洛维奇碰到了许多上流社会的妇女:亚·安·托尔斯泰娅②(列夫·托尔斯泰的亲戚)[11]、E. A. 纳雷什

---

①　法语:杰作。——译者注

②　亚历山德拉·安德烈耶芙娜·托尔斯泰娅(1817—1904),列夫·托尔斯泰的堂姑,曾和他长期通信。

金娜、安·叶·科马罗夫斯卡娅①伯爵夫人、尤·费·阿巴扎②、沃尔孔斯卡娅公爵夫人、E. Ф. 万利亚尔斯卡娅、歌唱家拉夫罗夫斯卡娅(采尔捷列娃公爵夫人)[12]，等等。这些夫人们对费奥多尔·米哈伊洛维奇非常友好，其中几位是他的天才的真诚崇拜者；费奥多尔·米哈伊洛维奇在和男子们争论文学和政治问题时经常生气，但是始终欣赏和女士们那种温文尔雅的交谈。

在费奥多尔·米哈伊洛维奇生前最后几年喜爱与之交谈并经常前去探望的友人中，我要提一下格奥尔吉协会会长伊丽莎白·尼古拉耶芙娜·海登伯爵夫人。费奥多尔·米哈伊洛维奇非常尊敬她，因为她孜孜不倦地从事慈善事业，具有始终不渝的崇高思想。费奥多尔·米哈伊洛维奇喜欢到尤利娅·丹尼索芙娜·扎谢茨卡娅(游击队员丹尼斯·达维多夫的女儿)家做客，经常就她的宗教信仰同她进行热烈但友好的争论。费奥多尔·米哈伊洛维奇偶尔也上安·帕·菲洛索福娃③家去，他很赏识她的积极的活动，说她具有一颗"敏感的心"。[13]

写到这里，我要顺便提一下，费奥多尔·米哈伊洛维奇在妇女中间有许多真诚的朋友，她们把自己的秘密和疑虑告诉他，征询他友好的意见，她们从来也没有遭到过拒绝。相反，费奥多尔·米哈伊洛维奇总是热忱、好心地关怀妇女，诚恳地发表自己的意见，甚至有时候可能使对方感到不快。但是向他吐露心曲的妇女们凭直觉就能懂得，很少有人像费奥多尔·米哈伊洛维奇那样深刻地了解和揣摩妇女的心灵和她们的苦难。

三　前往莫斯科参加普希金纪念活动

1880 年 3 月，在文学界开始流传关于莫斯科的普希金像已经落成、将于

---

① 安娜·叶戈罗芙娜·科马罗夫斯卡娅(1832—?)，亚历山大二世的宫廷女官。

② 尤利娅·费奥多罗芙娜·阿巴扎，参政员和国务委员尼古拉·萨维奇·阿巴扎的妻子，女作家。

③ 安娜·帕夫洛芙娜·菲洛索福娃(1837—1912)，社会活动家，妇女运动的参加者。

今春揭幕、预计将举行特别隆重的揭幕典礼的消息。我国知识界对这一事件十分关切,许多人打算去参加这项纪念活动。在莫斯科组成了揭幕典礼筹备会,而设于帝国莫斯科大学的俄罗斯文学爱好者协会决定举行大会以庆祝纪念像揭幕。协会会长谢·安·尤里耶夫①向一些杰出的文学家发出邀请信,希望他们参加这个盛典。[14]费奥多尔·米哈伊洛维奇也接到了这样的邀请信,信中向他(也向其他文学家)要求,如果他愿意,请他在大会上发表纪念普希金的演说。在首都出现了各种不同的传说,谈论当时两派——西欧派和斯拉夫派的代表们将要发表的演说;这些传说使费奥多尔·米哈伊洛维奇十分激动,他宣布,如果健康条件许可,他一定前往莫斯科,在纪念普希金的演说中倾吐自己多年来藏在心头的思想和感情。同时,费奥多尔·米哈伊洛维奇表示,希望我能与他同行。当然,我很高兴去莫斯科,这不仅因为可以看到如此不寻常的盛典,而且也因为可以在费奥多尔·米哈伊洛维奇的健康情况令人担心(这我已经预感到了)的日子里待在他的身边。

可是我们同去莫斯科的愿望终于不能实现,这既使我十分扫兴,也使费奥多尔·米哈伊洛维奇感到衷心的遗憾。当我们着手计算这次出门需要花费多少钱时,我们就确信,这非我们的能力所及。费奥多尔·米哈伊洛维奇一向热爱自己的孩子们,自从我们的儿子阿廖沙夭折以后,他更为他们的生活和健康担心,连想也没想到过,我们自己走掉,而把孩子们留给保姆照管。这样,就得带孩子们一起走。由于莫斯科之行至少要一个星期,我们和孩子们在一个上等旅馆里吃住,加上到莫斯科往返的旅费,就得花掉至少三百卢布。况且,去参加这样的盛会,我也必须穿得挺括一点,即使说不到十分讲究,也得比较体面,这就要增加旅行的开支。偏偏我们跟《俄国导报》的账目有点搞错,因此向编辑部支钱有困难。总之,经过长时间的考虑和犹豫以后,我和丈夫最后决定:我应该打消这个迷人的去莫斯科参加纪念会的念头。在以后的生活中,我一直把不能亲眼目睹我丈夫在普希金纪念大会上所获得的非凡成功看作是自己巨大的损失。

---

① 谢尔盖·安德烈耶维奇·尤里耶夫(1821—1888),文学评论家,翻译家,曾任《俄国谈话》和《俄国思想》的编辑和出版者,1878年起为俄罗斯文学爱好者协会会长。

　　为了有可能在安静和自由的环境中考虑和撰写自己在普希金纪念会上的发言,费奥多尔·米哈伊洛维奇打算提早去旧鲁萨,于是在 5 月初,我们全家就已经迁往别墅了。

　　1880 年 4 月,费奥多尔·米哈伊洛维奇的友人们告诉他,在《欧洲导报》上发表了帕·瓦·安年科夫的一篇题为《卓越的十年》的文章,其中谈到陀思妥耶夫斯基。费奥多尔·米哈伊洛维奇对这一类文章很感兴趣,要我向图书馆借阅该杂志的 4 月号。直到动身前夕,我才从朋友那儿借到这本杂志,我们便把它随身带走了。我丈夫看完这篇文章以后,勃然大怒。安年科夫在自己的回忆录中声称:陀思妥耶夫斯基自命不凡,把自己的文学才能看得如此之高,竟至要求他的第一部作品《穷人》印刷得与众不同——即"在每页的页边上加上边饰"。我丈夫对这种造谣中伤十分气愤,立即就写信给苏沃林①,请求后者代表他在《新时报》上声明,**帕·瓦·安年科夫在《欧洲导报》上发表的有关"边饰"等等的说法并非事实,而且也不可能是事实**。许多和费奥多尔·米哈伊洛维奇年龄相仿的人,例如阿·尼·迈科夫,对那个时候的情况记得很清楚,他们对安年科夫的文章也感到愤慨;于是苏沃林便在费奥多尔·米哈伊洛维奇的书信和同时代人的证言的基础上写了两篇有关"边饰"的出色的短文,把它们分别发表在 1880 年 5 月 2 日和 16 日的《新时报》上。

　　对费奥多尔·米哈伊洛维奇的反驳词,安年科夫在……②上答复说,他搞错了,费奥多尔·米哈伊洛维奇有关"边饰"的要求是就他的另一部题为《普利斯梅利科夫的故事》的作品(从未写过)提出的。安年科夫的诽谤使我丈夫如此气愤,以致他决定,如果他在普希金像揭幕庆典上遇到安年科夫,他就装作认不得他,如果对方走到他的身边,他也不伸出手来。[15]

　　普希金纪念像定于 5 月 25 日揭幕,但是费奥多尔·米哈伊洛维奇决定提前几天动身,以便不慌不忙地拿到出席全部庆祝活动所需的票子;除此以外,作为斯拉夫人慈善协会的副主席,他是该协会参加这次盛典的代表,必

---

　　①　阿列克谢·谢尔盖耶维奇·苏沃林(1834—1912),俄国新闻记者和出版者,1875 年起出版《新时报》;1875 年与陀思妥耶夫斯基相识,此后两人一直保持友好关系。

　　②　此处原文缺略。——原书编者注

须订购向纪念像所献的花圈。

费奥多尔·米哈伊洛维奇于 5 月 22 日启程,我和孩子们到火车站去送他。如今我怀着无限的柔情想起我丈夫在临别时所说的话:

"你真可怜,我的安涅奇卡,你终究没有去成!这真遗憾,真叫人难受!我多么希望你能跟我一起走!"

面临的别离使我苦恼,主要是,我为他的健康和心情担忧,我回答说:

"这是没有办法的事儿,可是你应该宽慰我——必须每天写信给我,而且要写得详细,好让我知道你的全部情况;要不然,我会担心死的。答应写信吗?"

"答应,答应,"费奥多尔·米哈伊洛维奇说,"我每天都写。"费奥多尔·米哈伊洛维奇是个信守诺言的人,他履行了自己的诺言,不仅每天给我一封信,有时候还给我两封;他是多么想使我避免为他担心,照例把自己的所见所闻全部告诉我。

我们在分别的时候估计,费奥多尔·米哈伊洛维奇这次出门最多不过一个星期;两昼夜花在去莫斯科往返的旅途上,五天花在出席费奥多尔·米哈伊洛维奇必须参加的纪念会上。我丈夫曾答应过我,他不会在莫斯科多待一天。但是结果呢,费奥多尔·米哈伊洛维奇在那儿不是待一个星期,而是逗留了二十二天才回家,他离家的这三个星期可以说是我惶恐不安、苦恼不堪的日子。

我必须提一下,1879 年底,费奥多尔·米哈伊洛维奇从埃姆斯回来以后,曾去看过我的堂弟米·尼·斯尼特金医生,请堂弟检查一下他的胸部,看看他在埃姆斯的治疗是否获得成效,我的这位亲戚虽然是个儿科医生,但对胸科的各种疾病也很内行。费奥多尔·米哈伊洛维奇相信这位医生,同时喜欢这个善良而聪明的人。当然,如同每个医生所做的那样,堂弟安慰费奥多尔·米哈伊洛维奇,而且有把握地说,他将平稳地度过冬季,劝他不必为自己的健康担心,只要采取一些预防措施。可是在我的一再盘问下,医生只得据实相告,说我丈夫的病情恶化,按照目前的情况来看,肺气肿可能威胁他的生命。医生说明,肺部的小血管是那么纤细和脆弱,身体上的紧张随时有可能使它们破裂;因此,劝告他不要做剧烈的动作,不要挪动或抬举任何重东西,总之要我注意费奥多尔·米哈伊洛维奇,不能让他激动,无论这激动是出于高兴或者不高兴。

虽然医生安慰我说,这种血管破裂不一定会导致死亡,因为有时候会形成所谓"栓子",也就是血块,使血液不致大量流失;但是,可以想象,我如何惊慌失措,又如何战战兢兢地观察着丈夫的健康情况。

为了不让费奥多尔·米哈伊洛维奇单独到一些人家去,在那儿,他可能会碰见某些他所讨厌的人,听到使他不快的谈话,我就向丈夫诉苦,说自己待在家里觉得寂寞,流露出想要参加社交活动的愿望。费奥多尔·米哈伊洛维奇向来对我很少出入社交界感到遗憾,听到我的决定,十分高兴。这样,1879年冬季和1880年整个一年,我经常陪伴费奥多尔·米哈伊洛维奇到友人家去聚会或参加文学晚会。为了参加社交活动,我为自己定做了一件黑色的丝绸衣服,买了两件彩色的头饰,据我丈夫说,这样的穿戴对我很合适。在晚会和聚会上,我有时候不得不耍点花招,以保护费奥多尔·米哈伊洛维奇,使他避免与他所讨厌的人碰面或参加令他不快的谈话。比如说,我请女主人在晚宴上让费奥多尔·米哈伊洛维奇坐在离某位先生和夫人远一些的位子上;当我看到费奥多尔·米哈伊洛维奇急躁起来、与人争论得很激烈的时候,我就在恰当的借口下,把他唤到一旁,总之,我时刻保持警惕;因此,参加社交活动很少给我带来乐趣。

就在我为费奥多尔·米哈伊洛维奇的健康这样提心吊胆的情况下,我们却得离别二十二天,而不是我当初估计的一个星期。天啊,我在这段时间里,经受了什么样的苦恼,特别是当我从费奥多尔·米哈伊洛维奇的来信中知道,他回来的日期越来越推迟,而对他危害性很大的激动和不安的情绪却在增加。我想象到,他的这种激动不安会导致发病,甚至会重复发作,尤其是在他的癫痫病已经好久没有发、预计马上就会发的时候。我的脑海里出现了最可怕的推测。我想到费奥多尔·米哈伊洛维奇会发病,在他还没有清醒的时候,就可能照例上楼来找我①,那儿的人会把他当作疯子,在莫斯科散布流言

---

① 他每次癫痫病发作后还没有清醒过来,就要找我,因为在这种时刻,他感到一种莫名其妙的恐怖,有亲人在旁会使他安心。——安·格·陀思妥耶夫斯卡娅注

蜚语,说他有精神病;谁也不会保护他,使他在发病后保持平静,甚至会激怒他,惹得他做出丧失理智的行动,——这一切想法不断地折磨着我,我几次想下决心到莫斯科去,住在那儿,不和任何人见面,只是照料费奥多尔·米哈伊洛维奇。但是我知道,把孩子们留给保姆照看会使他日夜担心,因此我下不了决心去。我请求我的那些莫斯科的朋友们,如果费奥多尔·米哈伊洛维奇发病,就立即打电报通知我,那时,我便马上搭火车去。日子一天天地过去,纪念像的揭幕典礼延期举行,根据费奥多尔·米哈伊洛维奇的来信可以看出,他那不愉快的情绪在增长[16],从而我精神上的痛苦也相应加剧。直到现在,经过那么长时间的间隔,当我想起这件事的时候,心情还不免感到沉重。

就在那个时候,发生了一件小事;如果费奥多尔·米哈伊洛维奇的信中没有谈到它,本来不值一提。这封信是费奥多尔·米哈伊洛维奇一开完大会就写的,在大会上,他的纪念普希金的演说获得了与会者热烈的赞扬。我在这儿要谈的是有关"马驹"的事。

我们的长子费佳自小喜爱马,每逢夏天住在旧鲁萨的时候,我和费奥多尔·米哈伊洛维奇老是担心他会被马碰伤:他当时只有两三岁,有时候挣脱老保姆的手,奔向别人的马,抱住它的腿。幸而这都是些乡间的马,对孩子在它们旁边转来转去已经习惯,因此,没有出什么事。孩子长大一点后,就要求我们送他一匹真正的小马。费奥多尔·米哈伊洛维奇答应为他买一匹,但不知怎的没有买成。我在1880年5月完全偶然地买下了一匹马驹,后来却为此而后悔不迭。事情的经过情况是这样的:

有一天清晨,我和孩子们上市场去。当我们顺着佩列雷季察河的堤岸往前走的时候,一辆大车从我们旁边疾驶而过,车上坐着几个带醉意的庄稼汉。紧随着大车,有一匹体态匀称的马驹在奔跑,它一会儿赶过大车,一会儿又落在后面。我们对马驹十分欣赏,我儿子说,他要的正是这种马驹。一刻钟以后,我们来到广场,看见几个庄稼汉聚集在大车和马驹旁边,正在争论什么事情。我们走过去,听到一个稍有醉意的庄稼汉想把马驹卖给别人屠宰后剥皮,要价四卢布。他已经找到了买主;但是我由于儿子的请求,又加觉得杀掉马驹可惜,就提出愿意给六个卢布,这样,马驹便归我所有了。我对养马或者农务都一窍不通,看到卖主跑去"喝酒提神",我就询问几个庄稼汉,马驹离开母马是否能活下来。他们的意见不一致：有些人断言活不成，另一些人则认为，这要看用什么来喂它，并且说，如果照管得好，它会长成一匹很不错的马。不过，已经没有犹像的余地了，我们跟在大车后面走回家，马驹则在我们身旁奔跑。我在当天就把我们买马的事告诉费奥多尔·米哈伊洛维奇，真想不到他收到我的信恰好是在他发表他那著名的演说、得到全体与会者热烈反应的那一天。费奥多尔·米哈伊洛维奇读了我的信，在兴高采烈的情绪影响下，添写了以下几个字："吻马驹"[17]，他是多么需要把充满在他心中的激情和喜悦向大家倾注啊！

起初一切都很顺利，马驹一天喝五瓦罐奶，十分高兴，像条狗似的跟在孩子们后面跑。但是后来情况就不妙了。费奥多尔·米哈伊洛维奇了解马的脾性，发现马驹神态"忧郁"，就去请兽医来。兽医给了我们一些指点，但可能为时已晚，因为三星期后马驹就死了。孩子们沮丧至极，我则责怪自己，不该买下这匹马。固然，它在别的买主手里也会死的，但这样，我就不会对它的死像现在那样感到内疚了。

四　费奥多尔·米哈伊洛维奇从莫斯科返回

最后，那幸福的日子终于来临，我的苦恼也就中止了。6 月 13 日，费奥多尔·米哈伊洛维奇回到旧鲁萨，兴高采烈，情绪饱满，他的这种精神状态我已经好久没有见到了。他在莫斯科不仅癫痫病没有发作过，而且由于神经兴奋，老是觉得自己精力充沛。他讲述在莫斯科的活动，我则问长问短，他讲，我问，简直没完没了，他讲了多少我后来在别人描写普希金纪念活动中未曾读到的有趣事儿！费奥多尔·米哈伊洛维奇善于留意一切事物，能够在短时间内把它们记住。费奥多尔·米哈伊洛维奇还顺便告诉我，他开完最后一次晚间举行的会议（普希金纪念活动至此结束），感到疲惫不堪，但同时又觉得异常幸福，这是由于莫斯科公众为他举行了热情洋溢的告别招待会。[18]他精疲力竭，躺下来稍稍休息了一会儿，然后在深夜又去瞻仰普希金的纪念像。

这天夜里天气暖和，但是街上几乎没有行人。费奥多尔·米哈伊洛维奇走到斯特拉斯特广场，吃力地举起在早晨的大会上他发表演说以后听众们献给他的一个大桂冠，把它放在自己"伟大导师"的纪念像的台基前，向纪念像鞠躬到地。

费奥多尔·米哈伊洛维奇对俄国终于了解和珍视天才的普希金的重要意义，在"俄国的中心"莫斯科为之树立了纪念像，感到衷心的喜悦；同时，他想到，自己从年轻时候起就是这位伟大的人民诗人的热烈崇拜者，如今有机会发表演说，以表示对诗人高度的敬意，心中很是高兴；最后，公众对他个人才能的热烈欢呼使他心醉神迷——这一切凑合起来，对费奥多尔·米哈伊洛维奇来说，造成了所谓"至高无上的幸福时刻"。费奥多尔·米哈伊洛维奇在对我叙述他当时的感受时，神情振奋，仿佛他重又经历这些令人难忘的时刻似的。[19]

费奥多尔·米哈伊洛维奇还告诉我，次日早晨，当时莫斯科最有名的摄影师——艺术家帕诺夫来到他那儿，向他提出替他照相的请求。由于我丈夫急于要离开莫斯科，他就不再耽搁，立即跟着帕诺夫去到后者的照相馆。对费奥多尔·米哈伊洛维奇来说，昨天发生的事具有重大意义，由此而来的种种感受生动地反映在艺术家所摄的照片上。费奥多尔·米哈伊洛维奇有无数肖像，但是由于情绪的变动，模样各不相同；我觉得帕诺夫所摄的这帧照片是他的肖像中最成功的一张；从这张照片上，我认出了当费奥多尔·米哈伊洛维奇内心感到喜悦和幸福的时刻我多次在他脸上看到的那种表情。[20]

但是过了十天光景，费奥多尔·米哈伊洛维奇的情绪突然变了，变化的原因是报纸上的反应，他是每天都要在矿泉场的阅览室里把报纸浏览一遍的。报刊上的责难、反驳、诽谤，甚至谩骂，像雪崩似的压在费奥多尔·米哈伊洛维奇的头上。那些曾经兴高采烈地听完他的纪念普希金的演说，被它如此感动，以致热烈地为演说者鼓掌，跑来和他握手的文学界的代表们好像突然间从催眠状态中清醒过来，恢复了知觉，开始斥责这篇演说词，侮辱它的作者。当你读到当时报刊上对这篇纪念普希金的演说词的评论时，就不能不为作者们对费奥多尔·米哈伊洛维奇的那种无礼和放肆的态度所激怒，他们忘记了，他们在文章中所侮辱的是位具有巨大的才能，在文学界卓越地工作了三十五年,理应受到千万俄国读者尊敬和爱戴的人。[21]

应该说,这些卑鄙的攻击特别伤害费奥多尔·米哈伊洛维奇的自尊心,使他十分伤心;他被这种攻击搞得心烦意乱,以致我两次预感到他的癫痫病会发作,果然,我的预感应验了。那两次发病使费奥多尔·米哈伊洛维奇整整两个星期神志不清。在 1880 年 8 月 26 日给奥·费·米勒的信①中,他写道:

"您知道,为了我在莫斯科的发言,我几乎受到所有报刊的责难,好像我在某个银行里干了盗窃、诈骗和伪造的勾当。甚至连尤汉采夫②也没有受到像我所受到的那种污辱。"[22]

确实,费奥多尔·米哈伊洛维奇从自己的文学同行们那里经受的打击很大,实在太大了。

然而,费奥多尔·米哈伊洛维奇并不认为自己已被战胜;他不可能对所有的攻击给予回答,就决定对在文学论战中被他看作与自己旗鼓相当的对手,即圣彼得堡大学教授亚·德·格拉多夫斯基③,就后者的《幻想和现实》(《呼声报》,1880 年,第 174 期)一文进行反驳。[23]费奥多尔·米哈伊洛维奇的答复,连同他在普希金纪念会上的演说词,发表在 1880 年仅出的一期《作家日记》上,这篇演说词起初登载在《莫斯科新闻报》上,读者对它的需求量很大。为了出版这一期《作家日记》,我特意到京城去了三天。载有纪念普希金的演说词和反驳格拉多夫斯基的文章的《作家日记》受到极大的欢迎,六千本书在我还没有离开莫斯科的时候已经销售一空,我不得不吩咐将这一期重版,印数很大,到秋天,连这批书也告售罄。

费奥多尔·米哈伊洛维奇对批评家们作了答复以后,心情稍稍平静了一些,便着手创作长篇小说《卡拉马佐夫兄弟》的最后部分。整个第四部(约二十印张)尚未动笔,必须在 10 月份以前写完;因为我们打算出版这部长篇小说的单行本。为了工作方便起见,我们在旧鲁萨一直待到 9 月底,那年秋季

① 《综合杂志》,1915 年,第 2 期。——安·格·陀思妥耶夫斯卡娅注
② 一桩盗窃银行案件的主犯。——安·格·陀思妥耶夫斯卡娅注
③ 亚历山大·德米特里耶维奇·格拉多夫斯基(1841—1889),彼得堡大学国家法教授,政论家和批评家。

天气很好，这样做正合适。

我们回到彼得堡以后，费奥多尔·米哈伊洛维奇在几个文学晚会上进行了朗诵。[24]当时文学基金会的主席维·帕·加耶夫斯基曾于普希金纪念活动期间，在一次晚会上听到过费奥多尔·米哈伊洛维奇朗诵普希金的《先知》一诗，他约请费奥多尔·米哈伊洛维奇于10月19日，即皇村中学校庆日在为资助基金会而举行的文学晚会上朗诵这首诗。对费奥多尔·米哈伊洛维奇来说，这次朗诵是名副其实的胜利：当他把《先知》朗诵完毕的时候，市信贷社的墙壁仿佛由于鼓掌声而震动起来。应该承认，这是真正具有高度艺术性的朗诵，在听众心里留下了不可磨灭的印象。我曾碰到过一些人，他们在二十年之后还记得费奥多尔·米哈伊洛维奇如何出色地朗诵了这首天才的诗歌。在这次晚会以后，几乎在1880年举行的所有的朗诵会上，听众们都要求费奥多尔·米哈伊洛维奇朗诵《先知》。

主要由于费奥多尔·米哈伊洛维奇的参加，1880年10月19日的晚会获得了如此巨大的成功，以致文学基金会的主席决定过一个星期，即10月26日，再举行一次同样的朗诵会。听众们这一次对费奥多尔·米哈伊洛维奇的热烈欢呼达到了顶峰：他们鼓掌，请费奥多尔·米哈伊洛维奇出场，高声喝彩，恳求他把《先知》重复朗诵一遍，后来又在楼梯上等待他，鼓掌送他到大门口，那场面十分热烈，一些平时颇为冷淡的听众们所表现的兴高采烈的情绪使费奥多尔·米哈伊洛维奇深受感动。

文学基金会于1880年11月21日组织了文学晚会①，费奥多尔·米哈伊洛维奇也参加了。接着，他于11月30日为资助彼得堡大学的学生们而举行的文学晚会上，12月14日为资助彼得堡大学学生救济协会而举行的晚会上，最后，12月22日，为资助圣克谢尼娅孤儿院而在缅格坚伯爵夫人家里举行的文学晚会上作了朗诵表演。在最后一次朗诵会中间休息的时候，遵照玛丽娅·费奥多罗芙娜皇后②的意愿[25]，费奥多尔·米哈伊洛维奇被请进内室，

---

①　费奥多尔·米哈伊洛维奇在晚会上朗诵了[《死魂灵》的片断]。——安·格·陀思妥耶夫斯卡娅注

②　指亚历山大三世的妻子。

皇后感谢他参加朗诵,和他谈了很久。

参加文学晚会引起费奥多尔·米哈伊洛维奇非凡的兴趣。伴随朗诵而来的暴风雨般的掌声对他来说是宝贵的,他心中感到喜悦;但可惜的是,朗诵使他十分激动,花去了许多他本来已经很少的精力。

在费奥多尔·米哈伊洛维奇去世前的最后一个冬天,他特别为我们那些总是十分敏感的青年们所喜爱。他们经常给他送来在各个高等学校举行的音乐会和舞会的招待票。在这些音乐会上,费奥多尔·米哈伊洛维奇往往受到包围;青年们成群地跟在他后面,向他提出问题,而他几乎不得不用长篇发言来回答这些问题;有时候,他们跟他进行热烈的争论,好奇地倾听他的反驳。对费奥多尔·米哈伊洛维奇来说,与这些喜爱并珍视他的天才的青年们交往,极其富有吸引力,他与他们谈话以后回到家里,虽然身体上感到十分疲劳,但是心情却愉快而兴奋。他把那些使他感兴趣的谈话详详细细地告诉了我(在这些晚会上,我一直离他不远,但是待在一边)。

1880 年 12 月初,《卡拉马佐夫兄弟》的单行本问世,印数三千册。这本书一出版,立即受到了很大的欢迎,几天之内就销售了印数的一半。自然,当费奥多尔·米哈伊洛维奇确信他的新小说引起读者的兴趣时,他感到无比的欣慰。这可以说是他那充满各种苦难的生活中最后的欢乐。

注释:

[1]　指索菲娅·谢尔盖耶芙娜·卡什皮列娃。

[2]　这就是后来有名的列宁格勒书商彼得·格里戈里耶维奇·库兹涅佐夫,他留下他在费·米·陀思妥耶夫斯基的书店里当徒工的回忆录。参阅彼·格·库兹涅佐夫,《在陀思妥耶夫斯基那儿干活》,出版者:C. B. 别洛夫,《图书贸易》,1964 年,第 5 期,页 40—41;彼·格·库兹涅佐夫,《一八七九至一八八一年在陀思妥耶夫斯基那儿干活》,出版者:И. C. 西尔伯施泰因,《文学遗产》,第 86 卷,页 332—336。

[3]　当陀思妥耶夫斯基于 1879 年 1 月 30 日把《卡拉马佐夫兄弟》的几章寄给《俄国导报》的编辑 H. A. 柳比莫夫时写道:"随信寄上第三部,我决不认为这一部写

得糟,相反,我认为写得挺成功。(请您包涵,原谅我这微不足道的自我吹嘘。请回忆一下使徒保罗的话:'人家没有夸奖我,我就自我夸奖。')"

[4] 弗拉基米尔·索洛维约夫的题为《抽象原理批判》的博士论文是于1880年4月6日在彼得堡大学通过的。

[5] 关于1880年10月19日陀思妥耶夫斯基参加朗诵的情况可参阅叶·安·施塔肯施奈德《日记和笔记(1854—1886)》。关于陀思妥耶夫斯基1880年参加朗诵的情况可参阅《彼·伊·魏因贝格致陀思妥耶夫斯基的信》,出版者:Г. B. 斯捷潘诺娃,《陀思妥耶夫斯基。资料和研究集》,第4卷,页239—252。

[6] 有趣的是,根据陀思妥耶夫斯基同时代人的叙述,他经常谈起自己在朗诵文学作品时的特点:"难道我是用声音在朗诵吗? 我是在用神经朗诵啊!"(A. 莫申,《大作家们的新鲜事……》,第二版,圣彼得堡,1908年,页73)

[7] 谢·阿·文格罗夫叙述了1879年3月9日和16日在贵族俱乐部举行的晚会。屠格涅夫在第一次晚会上朗诵了《村长》,第二次是短篇小说《落落寡合的人》以及和玛·加·萨温娜一起朗诵的喜剧《外省女人》中的片断。(参阅《呼声报》,1879年,第70期,3月11日,第77期,3月18日;《屠格涅夫和萨温娜》,页68—69,80)

[8] 参阅叶·安·施塔肯施奈德《日记和笔记(1854—1886)》。

[9] 利·伊·韦谢利茨卡娅留下了有关与陀思妥耶夫斯基结识和会晤的回忆录——韦·米库利奇,《与名人会晤》,莫斯科,1903年。上述回忆录收入她的《与作家们的会见》一书。

[10] 苏菲娅·安德烈耶芙娜·托尔斯泰娅在自己家里建立了一个文学沙龙,冈察洛夫、屠格涅夫、弗拉基米尔·索洛维约夫常去参加。陀思妥耶夫斯基对她十分尊敬和热情,他在1880年6月13日给苏·安·托尔斯泰娅的信可以说明这一点。(《陀思妥耶夫斯基书信集》,第4卷,页174)柳·费·陀思妥耶夫斯卡娅在她所著《女儿塑造的陀思妥耶夫斯基形象》一书(慕尼黑,1920年)中《托尔斯泰娅伯爵夫人的沙龙》这一章里写道:"在陀思妥耶夫斯基逝世前几年参加过的彼得堡的一些文学沙龙中,最有影响的是托尔斯泰娅伯爵夫人,作家阿列克赛·托尔斯泰的遗孀的沙龙。"作家的女儿证实,陀思妥耶夫斯基曾说过,他认为托尔斯泰娅具有敏锐的智慧,"锐利得像钢一样"。"伯爵夫人迁居彼得堡以后,她开始在自己家里接待她丈夫过去的朋友们,诗人和作家,而且打算结交文学界的新朋友。自从她遇

见我父亲以后,她就赶忙邀请他,对他十分亲切。我父亲有时在她家吃午饭,晚上也到她那儿去,同意在《卡拉马佐夫兄弟》出版前在她的沙龙里朗诵其中的某些章节。不久,他就养成了习惯,每天在他散步的时候总要顺便到伯爵夫人家去一下,彼此谈谈当日的新闻。我的母亲虽然有点妒意,但她同意我父亲常去看望伯爵夫人,因为这位夫人当时已经过了具有诱惑力的年龄。伯爵夫人老是穿着黑衣服,银白的头发上戴着带有孀妇面纱的帽子,发型很平常,她所想望的只是以自己的智慧和待人的亲切态度获得大家的喜爱。她很少出门,平时不到四点钟就已经在家,为陀思妥耶夫斯基准备好一杯茶。伯爵夫人知识渊博,读过许多用欧洲各国的文字出版的书籍,常常向我父亲介绍某一篇在欧洲发表的有趣的文章。陀思妥耶夫斯基把许多时间都花在创作长篇小说上,自然不能读这么多书,尽管他很想这样做[……]与其他文学沙龙的庸俗习气相比,充满在伯爵夫人沙龙里的那种温和、亲切的气氛具有令人愉快的特色[……]我父亲[……]特别喜欢托尔斯泰娅沙龙的舒适和优雅。"(《柳·费·陀思妥耶夫斯卡娅谈父亲》,出版者:C. B. 别洛夫,《文学遗产》,第 86 卷,页 303—304)

[11]　在《托尔斯泰博物馆》第一卷《列·尼·托尔斯泰和亚·安·托尔斯泰娅一八五七至一九〇三年通信集》(圣彼得堡,1911 年)中摘录了亚·安·托尔斯泰娅对她和陀思妥耶夫斯基会面的回忆。从这些回忆录来看,在陀思妥耶夫斯基逝世前不久,亚·安·托尔斯泰娅和他的关系密切起来,她曾向他介绍列夫·托尔斯泰的一些新观点,并让他看托尔斯泰的信。

[12]　陀思妥耶夫斯基传记的作者们迄今未曾在他生前最后几年的友人中提及拉夫罗夫斯卡娅的名字;而伊丽莎白·安德烈耶芙娜·拉夫罗夫斯卡娅是俄国杰出的歌唱家,在俄国艺术知识界中享有盛誉。她的天才获得屠格涅夫和柴可夫斯基的高度评价,后者认为拉夫罗夫斯卡娅是俄国声乐学派中最大的代表之一(参阅《柴可夫斯基全集》,第 2 卷,莫斯科,1953 年),并把他写的六首浪漫曲和四重唱《夜歌》献给她。在国立列宁图书馆中保存着拉夫罗夫斯卡娅给陀思妥耶夫斯基的信,在信中,她对陀思妥耶夫斯基送给她一张肖像,对他在普希金纪念会上的发言和《作家日记》表示感谢。

[13]　著名的社会活动家安·帕·菲洛索福娃把陀思妥耶夫斯基当作她所"敬爱的、听取她忏悔的神甫"(参阅《同时代人回忆陀思妥耶夫斯基》,第 2 卷,页 322—324 中菲洛索福娃的回忆录),他们之间的友谊引起人们明显的兴趣。在七十年代,

菲洛索福娃对政府持十分对立的态度：在她的住所里存放着非法的读物，还有人猜测，薇拉·扎苏利奇①在受审后就隐藏在她家里。"我憎恨现政府［……］这是一伙抢劫俄国的强盗，"菲洛索福娃在给她的丈夫军事检察长的信中写道。（《纪念菲洛索福娃》，第1卷，彼得格勒，1915年，页326）陀思妥耶夫斯基很尊敬菲洛索福娃，在书信中说她具有一颗"美好、敏感的心"（《陀思妥耶夫斯基书信集》，第4卷，页66—67），据菲洛索福娃的女儿M. B.卡梅涅茨卡娅说，当陀思妥耶夫斯基得知菲洛索福娃可能被捕时，他感到十分不安。（参阅《同时代人回忆陀思妥耶夫斯基》，第2卷，页326。还可参阅 3. A.特鲁别茨卡娅《陀思妥耶夫斯基和安·帕·菲洛索福娃》，出版者：C. B.别洛夫，《俄国文学》，1973年，第3期，页116—118）

[14]　在被邀请参加莫斯科普希金纪念会的最著名的作家中，萨尔蒂科夫-谢德林、伊·亚·冈察洛夫、列·尼·托尔斯泰缺席。萨尔蒂科夫-谢德林在1880年5月8日给谢·安·尤里耶夫的信中说明，他之所以不打算去莫斯科是由于害病的缘故，但是萨尔蒂科夫-谢德林后来对普希金纪念会的意见证明，他不去参加这个会，不单是由于生病。萨尔蒂科夫-谢德林大概对纪念会的组织工作不是由民主力量主持感到不满。他在1880年6月25日给亚·奥斯特洛夫斯基的信中写道："普希金纪念会引起我的疑惑。看来，聪明的屠格涅夫和狂妄的陀思妥耶夫斯基把持了普希金纪念会，使其为他们所用。"（《萨尔蒂科夫-谢德林全集》，第19卷，第1册，莫斯科，1976年，页157）屠格涅夫曾特意前往亚斯纳亚·波利亚纳邀请列·托尔斯泰，后者也拒绝参加普希金纪念会。据康·米·斯塔纽科维奇说："这次拒绝对托尔斯泰伯爵来说完全是合情合理的。他曾不止一次地说过，我们的文学是有钱人惬意的消遣品，而对老百姓来说，有没有普希金与他们无关。"（《行动》，1880年，第7期，页107）

[15]　伊·伊·帕纳耶夫在《现代人》（1855年，第12期，页235）上首次谈到这件事，但未提陀思妥耶夫斯基的名字。帕·瓦·安年科夫在《欧洲导报》1880年4月号上重提此事。阿·谢·苏沃林在《新时报》上驳斥安年科夫说，《穷人》载于1846年的《彼得堡文集》时并无任何"边饰"。《欧洲导报》编辑部（而并非如安娜·格里戈利耶芙娜所说，是安年科夫，——他当时在国外）在该杂志1880年5月号上对《新时报》的驳斥答复说，安年科夫的文章中所指的不是《穷人》，而是陀思妥耶夫斯基为

---

①　薇拉·伊万诺芙娜·扎苏利奇（1849—1919），俄国女革命家，曾参与组织"劳动解放社"，担任过《火星报》和《曙光》杂志编辑，后来成为孟什维克。——译者注

别林斯基出版的《利维坦》①这个集子而写的《普利斯梅利科夫的故事》。但是实际上，正如《新时报》1880 年 5 月 5 日登载的短文中所说，陀思妥耶夫斯基从未写过《普利斯梅利科夫的故事》，他打算为《利维坦》写的是《刮掉的连鬓胡子》和《被毁掉的办事员的故事》。陀思妥耶夫斯基在 1880 年 5 月 14 日给阿·谢·苏沃林的信中要求再次就"边饰"问题发表声明。(《陀思妥耶夫斯基书信集》，第 4 卷，页 143)1880 年 5 月 18 日(并非如本书作者所说，是 16 日)，《新时报》上刊载了以费·米·陀思妥耶夫斯基的名义发表的声明："费·米·陀思妥耶夫斯基目前在旧鲁萨治病，他要求我们以他的名义声明，帕·瓦·安年科夫在《欧洲导报》上发表的有关'边饰'等等的说法并非事实，而且也不可能是事实……"

　　[16]　参阅《陀思妥耶夫斯基书信集》，第 4 卷，页 152—165。陀思妥耶夫斯基决定动身去彼得堡之后，于 1880 年 5 月 25/26 日写信给安·格·陀思妥耶夫斯卡娅说："我现在处于极其困难、令人不安的境地：一方面，我的影响不仅在彼得堡得到加强，而且在莫斯科亦然，这有很重要的意义；另一方面，跟你们分离，《卡拉马佐夫兄弟》的拖累，费用支出等等，使我苦恼。"(《陀思妥耶夫斯基书信集》，第 4 卷，页 151)

　　[17]　参阅安·格·陀思妥耶夫斯卡娅 1880 年 6 月 6 日给陀思妥耶夫斯基的信(《费·米·陀思妥耶夫斯基和安·格·陀思妥耶夫斯卡娅通信集》，页 344)和陀思妥耶夫斯基 6 月 8 日的回信(《费·米·陀思妥耶夫斯基和安·格·陀思妥耶夫斯卡娅通信集》，页 347)。

　　[18]　庆祝普希金像落成典礼起初定于 1880 年 5 月 26 日诗人诞生那一天举行，后因皇后逝世而延期。这次纪念活动由俄罗斯文学爱好者协会举办，为期四天：1880 年 6 月 5 日纪念像建造委员会在莫斯科市杜马的大厅里举行欢迎各代表团的招待会，并由雅·卡·格罗特②发表演说；6 月 6 日，在莫斯科的特维尔广场上举行了纪念像的揭幕典礼，此日晚间在贵族俱乐部大厅内安排了文学—音乐晚会；6 月 7 日，在同一大厅里召开了第一次大会，会上有人发表演说；6 月 8 日举行了闭幕大会，陀思妥耶夫斯基就在这次会上发表了演说。关于纪念普希金的活动，可参阅专集《普希金纪念像前的桂冠》，Φ. 布尔加科夫编，圣彼得堡，1880 年。

　　[19]　陀思妥耶夫斯基在 1880 年 6 月 8 日给安·格·陀思妥耶夫斯卡娅的信和 6 月 13 日给苏·安·托尔斯泰娅的信中写到他发表了纪念普希金的演说以后的

---

①　利维坦，《圣经》神话中的大海怪。——译者注
②　雅科夫·卡尔洛维奇·格罗特(1812—1893)，俄国语文学家，彼得堡科学院院士。

直接印象。(《陀思妥耶夫斯基书信集》,第 4 卷,页 171—172,174—175)同时代人所写的许多有关陀思妥耶夫斯基纪念普希金的演说的回忆录保存了下来,例如,尼·尼·斯特拉霍夫,《回忆陀思妥耶夫斯基》,《陀思妥耶夫斯基全集》,第 1 卷,——《传记、书信和札记》,页 308—312;A. 巴尔苏科娃,《关于陀思妥耶夫斯基纪念普希金的演说的信》,收入《环节》,第 1 卷,莫斯科-列宁格勒,1932 年;Д. 柳比莫夫,《回忆录》,《文学问题》,1961 年,第 7 期;A. 阿姆菲捷阿特罗夫,《至今还听到陀思妥耶夫斯基的演说》,《俄罗斯文学报》,1965 年 6 月 2 日。

[20]　伊·尼·克拉姆斯科伊曾就 M. M. 帕诺夫所摄的这张照片(保存在“普希金之家”)写道:“最近几年来,他[陀思妥耶夫斯基]的脸容变得更独特、更深沉和富于悲剧性;而十分可惜的是,他近期的一些肖像,就艺术价值来说,都比不上别洛夫为他画的那一张。幸而这个缺陷完全偶然地被一张照片所弥补。这张照片是莫斯科的摄影师帕诺夫拍摄的。从摄影技巧的角度来看,这张照片也许并不怎么样,帕诺夫在这方面有着比陀思妥耶夫斯基的照片好得多的作品;但是它的出色之处在于人物的表情。根据这张照片可以看出,在陀思妥耶夫斯基的脸部表情上增添了多少思想的意义和深度。照片很少能表现出一个人脸容的全部内涵;可是帕诺夫的这张照片却是个成功而罕见的例外。可以猜想,在陀思妥耶夫斯基的生活中出现像参加莫斯科的普希金纪念会这样的大事,对这张照片的成功起了促进作用:它是在他发表论述普希金的重要意义这一著名演说后拍摄的。”(《伊·尼·克拉姆斯科伊的生活、书信和文艺评论集。1837—1887》,圣彼得堡,1888 年,页 669)

[21]　陀思妥耶夫斯基纪念普希金的演说,根据他的同时代人的一致证明,对听众们产生了难忘的印象,这在相当大的程度上是由下述原因决定的:陀思妥耶夫斯基把自己的这篇演说词读得十分精彩,而且其中表达的是他最珍爱的思想——为了使那位惶惑不定、到处探索的俄罗斯漂泊者安心,需要全世界和全人类的幸福。“大家的注意力都被那表达得十分清晰的思想,即关于俄罗斯人与生俱来的为别人的不幸而苦恼的思想深深地吸引住了,”格列布·乌斯宾斯基在《普希金的纪念日》一文中写道。(《乌斯宾斯基全集》,第 6 卷,莫斯科,1953 年,页 425)但是,当这篇演说词登载在《莫斯科新闻报》(1880 年 6 月 13 日)和其他报刊上,后来又加上作者的说明和对亚·德·格拉多夫斯基的答复发表在《作家日记》(8 月号,1880 年出版的仅有的一期)上时,却引起了许多不同的反应。自由主义者和民主主义者阵营的批评家们指责陀思妥耶夫斯基,认为他的理想脱离现代俄国生活,而他所宣扬的“全人类

爱"的原则具有抽象的性质。陀思妥耶夫斯基要求温良恭顺、求助于宗教的呼吁特别引起进步的评论家们的反对。有关庆祝普希金纪念像 1880 年在莫斯科揭幕的全部文章,包括对陀思妥耶夫斯基的演说的评论均被编入弗·伊·梅若夫①的专业图书索引,其中最重要的文章收入《俄国批评界论陀思妥耶夫斯基》一书,页 287—321。还可参阅 M. A. 韦涅维季诺夫的回忆录《未发表的同时代人书信中的陀思妥耶夫斯基》,Л. P. 兰斯基编,《文学遗产》,第 86 卷,页 502—507。

[22]　《陀思妥耶夫斯基书信集》,第 4 卷,页 197。康·尼·尤汉采夫是财政部的专员,由于盗用土地信贷互利协会的巨款而于 1879 年 1 月 23 日至 25 日在彼得堡区法院受审。(《A. Φ. 科尼文集》,第 3 卷,莫斯科,1967 年,页 397—411)

[23]　著名的彼得堡大学俄国国家法教授、政论家和批评家亚历山大·德米特里耶维奇·格拉多夫斯基对陀思妥耶夫斯基的演说指出了"两点:对作为人民诗人的普希金的评价和有关演说者本人的信仰的某种表白"。这位批评家承认陀思妥耶夫斯基对普希金的诗歌的本质有深入的理解,但同时断言,陀思妥耶夫斯基在纪念普希金的演说中对他所分析的普希金这一类型人物没有"作出全面、充分的说明,这是由于他没有把他们和以后我国的全部文学运动联系起来,而只是片面地和自己那具有许多弱点的世界观结合在一起"。在谈到陀思妥耶夫斯基的基本原则,即陀氏对"人民的理想"的解释时,亚·德·格拉多夫斯基接触到他和陀思妥耶夫斯基"思想分歧"的"最重要之点":"他要求服从人民的真理、人民的理想;但他把这'真理'和这些理想当作某种现成的、牢固的、永世不变的东西。我们敢于对他说——不。我国人民的社会理想还处在形成、发展的过程中。他们尚须努力提高自己,才能无愧于伟大的人民的称号。他们头脑中长期的奴隶意识的残余还很多[……]这使他们无法要求别人崇敬自己,更无法像陀思妥耶夫斯基君所说的那样,指望使全欧洲走上正确的道路……"批评家驳斥陀思妥耶夫斯基说:与其把俄国人民捧成救世主,捧成"最终的和谐"的创造者,"倒不如对现代的'漂泊者'和'人民'同样说:'请顺从全人类文明的需要吧,感谢上帝,由于彼得的改革,你们也有了这样的文明……'"(《呼声报》,1880 年,第 174 期)

陀思妥耶夫斯基在《作家日记》(1880 年 8 月出版,这年只出了一期)上对亚·德·格拉多夫斯基的答复中尖锐地批驳了教授的自由主义纲领,嘲笑他关于人民的

---

①　弗拉基米尔·伊斯梅洛维奇·梅若夫(1830—1894),俄国图书学家,曾编纂大量专业著作。——译者注

"西欧主义观点";按照陀思妥耶夫斯基的看法,"基督和他的教义深入人民的本质,人民早就获得了教化"。(《陀思妥耶夫斯基文艺作品十三卷集》,第 12 卷,页 392)陀思妥耶夫斯基对格拉多夫斯基的攻击和作家所宣扬的正教思想受到了民主主义批评家们的指摘。(参阅尼·康·米哈伊洛夫斯基《一八八○年文学札记》,《祖国纪事》,1880 年,第 9 期)

[24]　下面,安·格·陀思妥耶夫斯卡娅部分地重复了她在本书页 357—359 上说过的话。

[25]　此处有误。当时玛丽娅·费奥多罗芙娜还没有当上皇后。

第十一章　逝世。安葬

费奥多尔·米哈伊洛维奇天生是个热爱劳动的人。我觉得,他即使手头有钱,根本不愁吃穿,他也不会让自己闲着,而总是会孜孜不倦地寻找文学创作的题材。

1881年初,长期使我们苦恼的债务已经偿清,甚至在《俄国导报》编辑部,还存有我们所挣的钱(近五千卢布)。看来,没有立即动手工作的迫切需要,但是费奥多尔·米哈伊洛维奇不想休息。他决定重新着手出版《作家日记》,因为在最近几年动荡不安的日子里,他的头脑里积累了许多使他忧虑的有关俄国政治情况的想法,而他只能在自己的杂志上把这些想法披露出来。此外,1880年出版的仅有的一期《作家日记》获得了轰动一时的成功,这给了我们希望:重新出版的杂志也将拥有大量的读者,而费奥多尔·米哈伊洛维奇十分重视将自己的想法公之于众。费奥多尔·米哈伊洛维奇预定在两年内继续出版《作家日记》,然后打算写《卡拉马佐夫兄弟》的续篇,在续篇里,原先的主人公们差不多都出场,但时间已经是在二十年之后,几乎是在当代,这时候,他们已经干了许多事,有了许多生活经历。根据费奥多尔·米哈伊洛维奇的叙述和札记来看,他所拟定的未来的长篇小说的布局很有意思,但遗憾的是,这部长篇未能完成。[1]

《作家日记》的征订广告获得了成效,到 1 月 20 号左右,我们有了将近……①家订户。

费奥多尔·米哈伊洛维奇始终保持一个良好的习惯,在订户们的要求没有得到满足以前,他从不把他们的订阅费当作自己的钱;因此,他以自己的名义在国家银行开了个户头,我把订户交来的钱款交银行记入存折。由于这个情况,我就有可能立即把订费还给订户们。

1 月份的上半个月,费奥多尔·米哈伊洛维奇觉得身体很好,常常访问朋友们,甚至同意参加预定于下月初在苏·安·托尔斯泰娅伯爵夫人家举行的家庭戏剧演出。届时,大家准备从阿·康·托尔斯泰的历史剧三部曲中挑选两三场演出,费奥多尔·米哈伊洛维奇自愿担任《伊凡雷帝之死》中苦行僧的角色。

他已经有三个月没有发癫痫病,他那精神饱满、兴致勃勃的神情给予我们希望:这个冬天会平平安安地过去。从 1 月中旬起,费奥多尔·米哈伊洛维奇着手编《作家日记》1 月号,他想在这一期上就全俄缙绅会议发表自己的想法和希望。费奥多尔·米哈伊洛维奇十分担心这篇文章的题目可能使它得不到书报检查机关的批准。[2]刚上任的书报检查委员会主席尼古拉·萨维奇·阿巴扎②从苏·安·托尔斯泰娅伯爵夫人那儿得知他的心事,就请伯爵夫人转告费奥多尔·米哈伊洛维奇,叫他不用担心,因为他的文章将由主席本人检查。到了 1 月 25 日,文章已经写好,送往印刷所付排,只需最后校对校样,送书报检查机关审查,然后付印,以便在本月的最末一天将这一期的《作家日记》出版。

1 月 25 日是星期天,我们家有许多客人。奥·费·米勒教授来到,请我丈夫于 1 月 29 日普希金的忌辰在为资助大学生而举行的文学晚会上朗诵。由于不知道那篇关于全俄缙绅会议的文章命运如何,是否得另写一篇文章来替代它,费奥多尔·米哈伊洛维奇起初不答应参加这个晚会,但后来同意了。

---

① 此处原稿遗漏。——原书编者注

② 尼古拉·萨维奇·阿巴扎(1837—1901),参政员和国务委员,1880 至 1881 年为出版事务总管理局局长。

所有我们的客人都看到,费奥多尔·米哈伊洛维奇身体很好,心情愉快,没有一点儿征兆,预示在几个钟点以后竟会出事。

1月26日,费奥多尔·米哈伊洛维奇照常于下午一点钟起床,我走进书房时,他告诉我,他在夜里发生了一件小事:他的钢笔杆掉到了地板上,然后滚到书架下面(而他非常喜爱这个笔杆,因为除了书写以外,还可用它填装纸嘴的烟卷);为了取笔杆,费奥多尔·米哈伊洛维奇把书架移开。显然,书架很重,费奥多尔·米哈伊洛维奇不得不使劲,这样一来,他的肺动脉突然破裂,血流向喉咙,但是由于吐血不多,我丈夫对此并不介意,甚至不想在夜里惊扰我。我内心惊恐万分,没有向费奥多尔·米哈伊洛维奇说什么,就差我们家的童仆彼得去找经常给我丈夫看病的雅·波·布列特采尔医生,请他立即来。不巧他已去出诊,要到五点钟以后才能来。

费奥多尔·米哈伊洛维奇十分平静,和孩子们谈笑,着手阅读《新时报》。三点钟左右,有一位先生来看我们,此人挺善良,我丈夫对他很有好感,但他有个缺点——老是喜欢热烈地争论;他们谈到将要出版的《作家日记》中的一篇文章;这位先生开始表明某种观点,为昨夜吐血的事有点担忧的费奥多尔·米哈伊洛维奇反驳他,两人便热烈地争论起来。我试图阻止他们,但是无济于事,虽然我两次对客人说,费奥多尔·米哈伊洛维奇身体不好,长时间高声说话对他有害。最后,将近五点钟,客人走了,我们准备吃饭,突然间,费奥多尔·米哈伊洛维奇在沙发上坐了下来,沉默了三四分钟,蓦地,我看到丈夫的下巴被血染红,血形成一股细流顺着他的胡子流下来。[3]我喊叫起来,孩子们和女仆应声而来。可是费奥多尔·米哈伊洛维奇却并没有惊慌失措,相反,他开始劝说我和开始哭泣的孩子们安心;他引孩子们到写字台跟前,把刚寄来的那一期《蜻蜓》周刊拿给他们看,其中有一幅漫画,描写两个钓鱼的人卷进网里,掉入了水中。[4]他甚至把这首诗读给孩子们听,读得那么高兴,孩子们就安静了下来。这样平静地过了一小时左右,我再次派人去请的医生终于来了。当医生开始检查和叩击病人的胸部的时候,他又开始吐血,这一次吐得那么厉害,他终于昏了过去。在他恢复知觉以后,他对我说的第一句话是:

"安尼娅,求你赶快去请神甫来,我要忏悔,领圣餐!"

医生为了安慰病人,向他保证说,没有特殊的危险性;但我还是满足了他的愿望。我们住在弗拉基米尔教堂附近,过了半小时,梅戈尔斯基神甫①就已经来到了我们家。费奥多尔·米哈伊洛维奇平静而和善地迎接神甫,作了长时间的忏悔,并且领了圣餐。神甫走了,我和孩子们便走到书房里,祝贺费奥多尔·米哈伊洛维奇受了圣礼,接着,他为我和孩子们祝福,要孩子们和睦相处,彼此相爱;要他们爱我,保护我。费奥多尔·米哈伊洛维奇把孩子们打发走以后,便向我表达感激之情。他说,我给了他幸福,如果他有什么地方使我伤心的话,请求我原谅。我半死不活地站着,无力说出一句话来回答他。医生走进来,把病人安置在沙发上,嘱咐他一点儿不能动,也不能说话,同时要我立即派人去请两位医生来,一位是布列特采尔医生的朋友 A. A. 普费费尔,另一位是我丈夫有时向之讨教的德·伊·科什拉科夫教授。科什拉科夫从布列特采尔医生的便条中获悉病人的情况严重,就立即来到我家。这一次医生没有检查病人,免得惊动他。由于病人出血不很多(三次共两杯左右),科什拉科夫认为有可能形成"栓子",那就有复原的希望。看来,费奥多尔·米哈伊洛维奇睡得挺平静,布列特采尔医生在他床边待了一整夜。我也到快天亮的时候才睡着。

1月27日一整天平安地过去了:费奥多尔·米哈伊洛维奇没有再吐血,他显得挺平静,心情愉快,还吩咐孩子们上他那儿去,甚至低声和他们交谈。白天他开始为《作家日记》担心,苏沃林印刷厂的拼版工人带着最后的清样来到我们家。为了能让两印张纸容得下全部材料,必须删去七行字。费奥多尔·米哈伊洛维奇开始不安起来,我便提出在前面几页中削减几行,丈夫同意了。虽然我让拼版工人等了半小时,但我把两处修改的地方读给费奥多尔·米哈伊洛维奇听之后,事情就妥善解决了。费奥多尔·米哈伊洛维奇从拼版工人那儿得知这一期的条样曾送尼·萨·阿巴扎审查并已获通过,他就放心多了。

这时候,关于费奥多尔·米哈伊洛维奇病重的消息传遍了全市,从下午

---

① 叶夫格拉夫·伊万诺维奇·梅戈尔斯基(1839—?),彼得堡的弗拉基米尔教堂的神甫,后升为大司祭,喀山大教堂的堂长,曾写有宗教和道德方面的著作。

两点到夜晚，时时传来门铃声，到头来，不得不把铃系住：熟悉和不熟悉的人都来打听病情，送慰问信或电报。医生禁止任何人去看病人，我只能花两三分钟时间接见友好，把病情告诉他们。大家的关怀和同情使费奥多尔·米哈伊洛维奇感到十分温暖，他低声询问我，甚至向我口述了几句话，作为对一封慰问信的答复。科什拉科夫教授来了，发现病人的情况有了很大的好转，便安慰我们说，病人有希望在一个星期后起床，两个星期以后复原。他嘱咐病人尽可能多睡觉；因此，我们家的人很早就上床了。由于我前一夜是坐在圈椅里度过的，未曾入眠，因此，这天晚上家里人就在费奥多尔·米哈伊洛维奇躺着的长沙发旁边为我放了个床垫，在上面铺了被褥，便于他随时叫我。我上一夜彻夜未眠，白天又终日提心吊胆，这时候感到疲惫已极，很快就睡着了。夜里我起来了几次，借着小灯的光，看到我亲爱的丈夫睡得挺平静。我早上七点左右醒来，看到他正朝我这边望。

"嗳，你感觉怎么样，我亲爱的？"我向他俯下身去，问道。

"你知道，安尼娅，"费奥多尔·米哈伊洛维奇低声说道，"我已经三四个钟头没有睡着，左思右想，到现在才清楚地意识到，我今天就要死了。"

"我亲爱的，你怎么会有这样的想法？"我惊慌不安地说，"要知道，你的病有了好转，不再吐血，显然'栓子'已经形成，正像科什拉科夫所说的那样。看在上帝面上，不要多疑，免得折磨自己，你还要活下去，我向你保证！"

"不，我知道，我今天一定会死的。点上蜡烛，安尼娅，把《福音书》①拿给我！"

这本《福音书》是十二月党人的妻子（普·叶·安年科娃、她的女儿奥莉加·伊万诺芙娜、H. Д. 穆拉维约娃-阿波斯托尔[5]、冯维津娜）在费奥多尔·米哈伊洛维奇去托博尔斯克服苦役时送给他的。她们求得狱吏的同意，与来到那儿的政治犯会面，跟他们待了一个小时，"祝他们走上新路，给他们画十字，分送每个人一本《福音书》，——这是在狱中唯一准许看的书"。② 费奥多尔·米哈伊洛维奇在整整四年服苦役期间始终把这本书带在身边。[6]后来

---

① 指《圣经·新约》的前四篇。——译者注
② 《故人》，《作家日记》，1873 年。——安·格·陀思妥耶夫斯卡娅注

它总是放在我丈夫书桌上显眼的地方，当他想到什么事、心存疑惑时，他就随手翻开《福音书》，阅读他首先看到的那一页左侧的文字。此刻，费奥多尔·米哈伊洛维奇也想按照《福音书》来检查一下他的疑惑是否有根据。他亲自翻开圣书，要我读给他听。

《福音书》打开在《马太福音》第三章第十四节上："约翰想要拦住他，说，我当受你的浸，你反倒上我这里来吗？耶稣回答说，不要拦住我；①因为我们理当这样尽诸般的义。"

"你听见没有，——'不要拦住我'，那就是说，我要死了。"我丈夫说着，合上了书。

我的眼泪不禁夺眶而出。费奥多尔·米哈伊洛维奇开始安慰我，对我说一些亲切、温柔的话，为了我在我们俩的共同生活中给予他的幸福而感谢我。他把孩子们托付给我，说他相信我，希望我永远爱他们，卫护他们。随后，他对我说了经过十四年的共同生活以后，做丈夫的很少会对妻子说的话：

"记住，安尼娅，我永远热烈地爱你，从不背叛你，连思想上也没有背叛过你！"

他的那些倾心的话语深深地感动了我，但同时我又十分惊慌，生怕激动

---

①　上一世纪出版的《福音书》中"不要拦住我"这几个字在最新的版本中改为"暂且许我"，修改后的整个句子为："约翰想要拦住他，说，我当受你的浸，你反倒上我这里来吗？耶稣回答说，你暂且许我；因为我们理当这样尽诸般的义。"

在费奥多尔·米哈伊洛维奇逝世那一天，《福音书》向他展示的这几句话对我们的生活具有深远的意义。我的丈夫可能会复原，再活一个时期，但是他也活不长久：费奥多尔·米哈伊洛维奇崇拜沙皇——农民的解放者，毫无疑问，3月1日的暴行[7]会使他震惊；刚刚愈合的动脉会重新破裂，他就此离开人世。当然，即使在混乱的时候，他的逝世也会产生很大的影响，但是不会产生像当时那样巨大的影响；因为在前一种情况下，整个社会都会全神贯注地思索着此次暴行以及随着这悲剧性的时刻而出现的国家生活中复杂化的情况。在1881年1月，当一切都显得平静的时候，我丈夫的逝世乃一次"社会性事件"：社会各界人士、政治观点极不相同的人们都为之哀悼。费奥多尔·米哈伊洛维奇出殡和落葬的非凡隆重的场面使他在那些本来对俄国文学不感兴趣的人们中间赢得了大量的读者和崇拜者；由此，我丈夫的崇高思想就得到更为广泛的传播，得到了与他的天才相称的应有的评价。

慈爱的沙皇—解放者逝世以后，皇上的恩泽有可能不再施及我家，但是我丈夫的宿愿却由于皇上的宏恩而获得了实现：我们的孩子受到了教育，以后得以成为对沙皇和祖国有用的仆人。——安·格·陀思妥耶夫斯卡娅注

会给他带来危害。我央求他不要想到死，不要因多疑而使我们大家伤心，要休息好、睡好。丈夫顺从了我，不再说话了，但是根据他那平静的脸容，可以很清楚地看出，他还是在想到死，对他来说，去到另一世界并不可怕。

九点钟左右，费奥多尔·米哈伊洛维奇安静地睡着了，他的一只手还握着我的手不放。我坐在那儿不敢动弹，害怕我一动就会惊醒他。但是十一点钟时，我丈夫蓦地醒了，从枕头上微微抬了抬头，他又吐血了。我束手无策，陷于绝望，但是竭力振作起精神，并且向丈夫保证，血出得不多，它也会像前天那样止住的。费奥多尔·米哈伊洛维奇听了我安慰他的话，只是悲哀地摇了摇头，仿佛完全相信，死亡的预言今天必然会应验。

白天的时候，亲友们和不熟悉的人又前来访问，有人送来信件和电报。费奥多尔·米哈伊洛维奇的继子来了，我曾在前一天写信把丈夫害病的事通知他。帕维尔·阿列克桑德罗维奇一定要进去看病人，但是医生不放他进去；他就只得从门缝里窥视。费奥多尔·米哈伊洛维奇看到了他在窥视，就急躁不安起来，说："安尼娅，不要让他来看我，他会搞得我心烦意乱的！"

这时候，帕·阿·伊萨耶夫十分激动，向所有前来探问费奥多尔·米哈伊洛维奇病情的熟悉和不熟悉的人说，他"父亲"还没有立下正式遗嘱，应该请个公证人到家里来，以便费奥多尔·米哈伊洛维奇亲自支配他留下的财物。前来探望病人的科什拉科夫教授得悉继子想要请公证人的意图，对此表示反对，他宣布，必须竭尽全力保存病人的精力，此类办理公文的事需要病人作出安排和说明，这只能使他加深自己即将死亡的感觉，而一切激动和不安可能导致病人的毁灭。

实际上，没有必要立遗嘱：费奥多尔·米哈伊洛维奇早就在1873年就把他的著作权让给了我。除了留在《俄国导报》编辑部的五千卢布外，费奥多尔·米哈伊洛维奇一无所有；而上述一笔数目不大的款子的继承人是我们，是我和孩子们。

我整天守在丈夫身旁，一刻也不离开他；他握着我的手轻声说道："可怜的人……亲爱的……我有什么留给你啊……真可怜，你今后的生活会多么艰难！……"

我要他定下心来，安慰他，说他有希望恢复健康；但是很清楚，他本人对此并不抱任何希望,而且为了他几乎没有给家里留下任何财物而苦恼。保存在《俄国导报》编辑部的这四五千卢布是我们唯一的生活来源了。

他几次低声说:"去把孩子们叫来。"我叫来孩子们,丈夫将嘴唇朝他们凑过去,他们吻了他,按照医生的嘱咐,立即就走了,费奥多尔·米哈伊洛维奇则月悲哀的目光伴送他们。在费奥多尔·米哈伊洛维奇逝世前两个钟头左右,孩子被叫到他跟前,他吩咐把《福音书》送给自己的儿子费佳。

白天,我们家先后来过很多人,我没出去接待他们。阿波隆·尼古拉耶维奇·迈科夫来了,和费奥多尔·米哈伊洛维奇谈了一会儿,费奥多尔·米哈伊洛维奇用耳语来回答他的问候。

二点钟左右,我们家的客厅和餐室里聚集了许多人,大家都在等待科什拉科夫,他将近这个时候来到我们家。倏忽间,没有什么明显的原因,费奥多尔·米哈伊洛维奇颤抖了一下,微微从沙发上欠起身来,一缕鲜血染红了他的脸。我们开始给费奥多尔·米哈伊洛维奇用冰块,但是流血仍不止。这当儿,迈科夫带着他的妻子又来了,好心的安娜·伊万诺芙娜决定去请 H. Π. 切列普宁医生。费奥多尔·米哈伊洛维奇失去了知觉,孩子们和我跪在他的床头边流泪,竭力不让自己哭出声来;因为医生预先告诉过我们,一个人最后保留的感觉是听觉,任何对寂静的破坏都可能拖延垂死者的最后挣扎,延长他的痛苦时间。我握着丈夫的手,感觉到他的脉搏越来越弱。晚上八点三十八分[1],费奥多尔·米哈伊洛维奇与世长辞了。乘车来到的 H. Π. 切列普宁只能听到他最后的心跳。[2]

当亲人终于撒手而去的时候,我和孩子们纵情宣泄自己的悲哀:我们流泪,痛哭,嘴里说着话,吻着我们那身上尚有余温的已故亲人的脸和手。这一切都是我模模糊糊感觉到的,只有一点在我的意识中十分清晰:从这时刻

---

①　在场者中间有人(好像是马尔克维奇)记下了费奥多尔·米哈伊洛维奇逝世的准确时分。——安·格·陀思妥耶夫斯卡娅注[8]

博列斯拉夫·米哈伊洛维奇·马尔克维奇(1822—1884),作家,《俄国导报》曾刊载过他的一些"反虚无主义"的小说。

②　H. Π. 切列普宁对我说,许多年之后,他还保存着这个听诊器,作为宝贵的纪念品。——安·格·陀思妥耶夫斯卡娅注

起，我个人那无限幸福的生活告终，我在精神上变得永远孤苦无依了。我是那么热烈、那么无私地爱着我的丈夫，为了对这个具有极其崇高的道德品质的人的爱情、友谊和敬仰而感到无比自豪；对我来说，他的逝世是无法弥补的损失。在那异常可怕的诀别时刻，我仿佛觉得，我经受不住丈夫的永逝，我的心脏眼看就要破裂（它在我的胸膛里猛烈地跳动），也可能我会马上发疯。

　　自然，几乎每个人在他的一生中都会遭到失去亲人和心爱的人的不幸，每个人都能体会和了解与亲人们永别的深切哀痛。但是在这难忘的时刻，人们大多是在自己的家人、亲友中间承受精神上的悲痛的，因而可以不受拘束、无须克制地尽情表达他们的激情。可是我却没有那么幸运：我亲爱的丈夫去世时有许多人在场，其中一部分人对他抱有真挚的好感，也有一部分人无论对他或者对我们失去亲人的家庭的痛苦持十分冷漠的态度。仿佛为了增加我的痛苦似的，这时候，作家博·米·马尔克维奇也在场，他从未来看望过我们，此刻是应苏·安·托尔斯泰娅伯爵夫人的请求前来打听医生对费奥多尔·米哈伊洛维奇的诊断结果的。我知道马尔克维奇其人，确信他忍不住会把我丈夫生活中最后的时刻描写一番；我感到衷心的遗憾，为什么我所爱的人不在安静的氛围中，在和那些真正忠诚于他的人们单独在一起的场合下离开人世。我的顾虑终于得到证实：第二天我伤心地得知，马尔克维奇给《莫斯科新闻报》送去一篇记叙昨日不幸事件的"富有艺术性的"文章。过了两三天，我读了文章本身（《莫斯科新闻报》，第32号），其中写到的许多情况我都不了解。文章中记叙的我所说的一些话是那么不符合我的性格，不符合在那悲痛欲绝的时刻我的情绪，以致我认不出说话的人竟是我自己。[9]

　　但是，仁慈的上帝也赐给我安慰：在这个哀痛的晚上，约莫十点钟，我的弟弟伊万·格里戈利耶维奇·斯尼特金来到了我家。他有事从乡间去莫斯科，办完事已经准备回家，但他自己也不知道为什么，突然想到要来彼得堡看望我们。虽然他在某张报纸上看到过费奥多尔·米哈伊洛维奇患病的消息，但他并不把这消息看得很严重，认为我丈夫的癫痫病有时候来势很猛，现在这病又发作了。他乘的火车误了点，他在旅馆里歇脚，决定晚上来我们家。到了大门口，他惊奇地发觉，我们住房的全部窗子里灯光通明，在门前站着两三个穿着厚呢长外衣的可疑人物。其中一个人跟随我弟弟跑上楼梯，轻声对他说道：

"先生，劳驾，帮帮忙，请向我订货吧……"

"什么？订什么货？"我弟弟被弄得莫名其妙，问道。

"我是某某店的棺材匠，说的是关于订棺材的事。"

"是谁死了？"伊万·格里戈利耶维奇不由自主地问。

"是个什么作家，姓名记不得了，是管院子的人说的……"

听了他的话，我弟弟的心往下沉了，他急速往楼上奔，跑进没上锁的前室，里面聚集着几个人。弟弟很快脱去皮大衣，急匆匆地走到书房里，费奥多尔·米哈伊洛维奇那逐渐变冷的身躯还安静地躺在那儿的沙发上。

我跪在沙发旁边，看到进来的弟弟，就哭着向他奔去。我们紧紧地互相拥抱，我问："万尼亚，你从谁那儿得知费奥多尔·米哈伊洛维奇去世的消息？"我完全忘记弟弟不是住在彼得堡，现在待在莫斯科，不可能得知噩耗，这么快就赶来。显然，悲痛和死亡的突然性（科什拉科夫教授在前一天还给予我很大希望，使我相信丈夫一定会恢复健康）把我搞得失魂落魄，以致我失去了清楚地进行思考的能力。

我把弟弟在如此凄惨的时刻的来临看作是上帝的恩赐：不用说，有我亲爱的弟弟，我的真诚的朋友在场，对我来说是一种安慰；而且，此刻，在我身边有了一个忠实于我的亲人，我可以向他讨主意，可以把安葬费奥多尔·米哈伊洛维奇的一切琐碎而十分复杂的事托付给他。有弟弟在，我摆脱了一切事务性的问题，从而避免了在这些悲伤的日子里可能碰到的许多麻烦和苦恼。

在我的记忆中，1月28日整个夜晚以及随后的四天（1月29日至2月1日）是个令人痛苦难熬的噩梦。那几天发生的许多事历历在目地出现在我眼前，也有许多事从我的记忆中溜走了，其中有不少事是别人后来告诉我的。我记得，比如说，这天深夜十二点钟左右，阿·谢·苏沃林来到我们家，对我丈夫——他所十分尊敬和喜爱的人的逝世表示深切的哀悼。苏沃林把这天深夜的访问记发表在《新时报》上。[10]

深夜十二点多的时候，所有必要的准备工作都已做好，我们那已故的亲人已经躺卧在书房中央的灵床上，床头前面立着一个架子，上面放有圣像，点着一盏长明灯。死者的遗容十分安详，好像他没有死，而是在沉睡，梦中向着他此刻已经认识的"伟大的真理"微笑。

午夜时分，所有的外人都离开了，我安排我那几个为丧父而哀痛万分、整个夜晚都在哭泣的孩子睡下；这样，我们三人（我的母亲、弟弟和我）就可以不受干扰地守在亲人遗体的旁边。此刻，我怀着对命运的深挚的感激之情回忆这最后一个夜晚，那时候，我亲爱的丈夫还整个儿地属于自己的家庭，我身边没有外人，可以不受拘束、无须克制地表达自己的哀伤，可以尽情地痛哭，热烈地祈祷死者灵魂的安息，请求逝去的亲人为了家庭中不可避免的小龃龉而原谅我，我有可能曾经不自觉地，或者出于误会而使我始终热爱的丈夫受了委屈。

我和弟弟在灵床边坐立不安地一直待到早晨四点钟，随后他硬劝我去睡一会儿，他预料我白天肯定会十分激动，此刻非恢复一下精力不可。

1月29日十一点钟左右，由当时的内务大臣洛里斯-梅利科夫伯爵①派来的一位很可敬的先生来到我家。这位官员代表伯爵对我丈夫的逝世表示哀悼，并向我致以深切的慰问，随后，他说要转交给我一笔我丈夫的丧葬费。我不知道这笔钱有多少，反正我不想把它收下。我当然知道政府各部对失去亲人的家庭有着补助丧葬费的惯例；但是有人要向我提供这样的补助，我却几乎生起气来。我请求这位官员向洛利斯-梅利科夫伯爵转达我对提供补助一事的深切谢意；但是我声明，我不能接受，因为我认为，用我丈夫所挣的钱来安葬他是我的道德责任。此外，这位官员还以伯爵的名义向我宣布，我的孩子们可以免费进入我希望他们就读的学校。我请求官员转达我对伯爵的好意的真诚的感激之情；但是在心里我却打定主意，我的孩子们受教育的费用不应该由国家来负担，而是应该依靠他们的父母亲的劳动所得。使我深感欣慰的是，我终于履行了我所担负的责任，后来我的孩子们的学费是用他们父亲的著作全集的稿酬来支付的。我坚信，我拒绝接受丧葬费和孩子们的教育费这一行动正是实现我念念不忘的丈夫的遗愿。

熟悉和不熟悉的人们从报上得知费奥多尔·米哈伊洛维奇的噩耗后，从

---

①　米哈伊尔·塔里耶洛维奇·洛里斯-梅利科夫(1825—1888)，俄国国务活动家，1880年任维护国家秩序和社会安宁最高治安委员会主席，1880至1881年任内务大臣。

十一点开始就陆续来到我们家,在他的灵枢旁祈祷,他们为数很多,形成密集的人群,很快把五个房间都占满了。在举行祭祷的时候,我和孩子们为了要站得离灵枢近一些,只能吃力地从人群中挤过去。

我请了我丈夫的忏悔神甫……①为他主持祭祷仪式,在第一天,唱诗的歌手们来自弗拉基米尔教堂。关于后两天举行的主要祭祷,报上曾登过通知(下午一时和晚上八时),那两天,伊萨基辅大教堂的、由 E. B. 波格丹诺维奇领导的整个合唱团,征得了长老的同意,自愿前来与礼唱诗。但是,除了由我指定的祭祷仪式外,每天都有两三个由各个机关派来的代表团带着各自教堂里的祁甫和唱诗班的歌手们来到,请求我准许他们在已故作家的灵枢边祭祷。我记得海军军部的一个代表团,其中的一位大司祭隆重地主持了祭祷仪式,当时还有海军的出色的合唱团唱诗。

我不打算一一列举来我丈夫灵枢边祭祷的人名。来者大多是我们文学界一些同情费奥多尔·米哈伊洛维奇并且珍视他的天才的杰出代表;也有一些与他公开对立的人物,他们得知他的噩耗以后,明白俄国文学界遭受了多么巨大的损失,想要对它的最崇高的代表之一表示应有的尊敬。当时还十分年轻的德米特里·康斯坦丁诺维奇大公和他的教师参加了一次晚间的祈祷仪式,使在场的人惊喜交加。

1 月 29 日这一天,许多人问我,费奥多尔·米哈伊洛维奇将葬在哪儿?我记得,在涅克拉索夫安葬时,费奥多尔·米哈伊洛维奇曾表示,他喜欢新圣母修道院旁的公墓,我就决定把他葬在那儿。我请求我的姐夫帕·格·斯瓦特科夫斯基去墓地商定安葬事宜,而要我女儿莉利亚去选择墓穴的位置。我之所以派她与我姐夫同去新圣母墓地,主要是想让她乘此机会在城里走走,呼吸一下新鲜空气(我可怜的孩子们!在费奥多尔·米哈伊洛维奇落葬以前的三天内,他们坐在家中几个挤满人的房间里,参加全部祭祷仪式,我的女儿莉利亚把放在亡父胸口的花圈上的花朵摘下来,分赠给崇拜他的天才的人们留作纪念)。

在他们前去新圣母修遭院墓地的时候,《圣彼得堡新闻报》的编辑维·

---

① 此处原稿遗漏。——原书编者注

维·科马罗夫来了。他声称,他代表亚历山大-涅夫斯基大修道院向我表示,愿意提供该修道院所属墓地上的任何一个地方作为我丈夫永久安息之处。维·维·科马罗夫说,"大修道院请你们无偿使用墓地,并且认为陀思妥耶夫斯基,一位热诚地捍卫东正教的作家能在该修道院内长眠,是它的光荣。"亚历山大-涅夫斯基大修道院的提议给予我们很大的荣誉,如果放弃,就会感到衷心的遗憾。然而,可能帕·格·斯瓦特科夫斯基已经买下了新圣母修道院里的墓穴。我感到为难,不知道如何回答维·维·科马罗夫才好。幸而我姐夫回来说,该修道院的女院长认为提供我女儿选择的那个位置有困难;因此,买墓穴一事只能拖延到第二天。这样,我就感到安心了。由于亚历山大-涅夫斯基大修道院可以让我们选择它所属的墓地上的任何一个位置,我就请求维·维·科马罗夫在齐赫文斯基墓地靠近卡拉姆津和茹科夫斯基的坟墓选择一个位置,费奥多尔·米哈伊洛维奇对上述两位的作品十分喜爱。在诗人茹科夫斯基的纪念碑旁边凑巧有个空位置,它就被选定为我念念不忘的丈夫的永久安息之处。

1月30日,皇室侍从长尼·萨·阿巴扎前来参加日间的祭祷,他转交给我财政部长的一封信,信上说:为了感谢我已故的丈夫对俄国文学所作的贡献,皇帝陛下指定每年给我和孩子们两千卢布的抚恤金。我热烈地感谢尼·萨·阿巴扎带来这么好的消息,马上就走向丈夫的书房,想告诉他这个好消息,让他知道,从今以后孩子们和我的生活有了保障,但是一走进安放他的遗体的书房,就想起他已经离开人世,我不禁伤心地哭泣起来。(顺便说说,自从费奥多尔·米哈伊洛维奇逝世后,这种我自己都不明白的健忘状态至少持续了两个月左右:有时我急匆匆地赶回家,生怕他在等我准备中饭,有时,我为他买了糖果,有时我听到某个消息,心想,应该立即把它告诉我丈夫。当然,过了一分钟,我就想起他已经溘然长逝,于是我心头就感到说不出的难受。)

应该说,每当我忆起我丈夫的遗体陈放在家里的那两天半时间,我就感到有点害怕。最使人苦恼的是,我们的住所每小时都有来访者:密集的人流从正门进来,另一股人流则从后门经过我们所有的房间,停留在书房里,有时候,那儿的空气是如此混浊,氧气是那么稀少,以致灵柩周围的长明灯和大蜡烛逐渐熄灭。我们家日夜都有人来访,有些人想在费奥多尔·米哈伊洛维奇的灵柩边守夜,另一些人则连续几小时在他旁边读《诗篇》。我记得,出殡的前夜,在灵柩边读《诗篇》的是费奥多尔·米哈伊洛维奇的天才的崇拜者,皇上的侍从武官尼古拉·费奥多罗维奇·海登伯爵①。

自然,这一切说明费奥多尔·米哈伊洛维奇的天才的崇拜者对他衷心的哀悼,说明他们对死者的深深的敬意,我只能对这些如此厚爱我丈夫的人们表示真挚的感激。但是在表示最衷心的感激的同时,我心里还感到有点遗憾,因为大家夺去了我的丈夫,在他周围虽然是些喜爱他的人们,但是我这个他最亲近的人却不能像他去世的第一夜那样单独跟他在一起,不能一次次地吻亲人的脸和手,把头紧贴在他的胸膛上。有旁人在场,我就不得不克制自己感情的流露,生怕无聊的记者第二天会用荒谬的表现形式来描写我的凄楚。我唯一可以无所顾忌地发泄自己悲哀的场所是我母亲在那儿暂住的小房间。当我实在忍不住的时候,我便跑到她那儿,锁上房门,扑倒在她床上,竭力想弄明白眼前发生的事。但是即使把自己锁在屋子里,我还是不得安宁;有人来敲门说,某个机关委派的代表们来了,想当面向我表示慰问。我走到外面,他们之中有人按照预先准备好的漂亮动听的发言词,谈到我那已故的丈夫在俄国文学中所起的作用,列举他宣扬的崇高思想,并且说,"他的逝世使俄国遭受的损失"有多么巨大!我默默地听着,表示衷心的谢意,跟大家握了手,就回到母亲那儿。可是过了些时候,又来了新的代表团,一定要见到我本人,当面向我表示慰问。于是我又走出去,从头至尾听完他们的发言,其中谈到我丈夫的作用,谈到他的逝世"使俄国失去了什么人"。三天内听了许许多多表示同情的话,我终于陷于绝望的境地,心里想:

"天哪,他们把我折磨得好苦啊!'俄国失去了什么人',这与我有什么关系?在这种时刻,'俄国'与我何干?想想吧,我失去了什么人?我失去了世界上最好的人,一个成为我生活中的欢乐、骄傲和幸福的人,他是我的太阳,我的上帝!在这种时候,请怜悯我,怜悯我本人,而不要向我谈论俄国的

---

① 尼古拉·费奥多罗维奇·海登伯爵,亚历山大二世的侍从武官,国务活动家和军事大臣Ф.Л.海登的儿子。

损失吧!"

当许多代表中有一个人想起,除了为俄国,也为我表示惋惜时,我是那么感动,以致抓住这个陌生人的手,吻了一下。

我完全相信,在那几天里,我的思绪混乱而失常。顺便提一下,这种精神状态由于我当时过着对健康极为不利的生活而加剧:接连五天(1月26日至31日),我没有离开过那几个窒闷的房间,只吃些白面包,喝点茶。好心的友人把我的孩子们带出去散步,在他们家吃饭,因为一批批的人从后门进来,厨娘无法做饭,大家只能吃干粮。

到了最后一天(1月30日),我开始发歇斯底里病:有一次发作的时候,出了件可能促使我死亡的事故:在一次祭祷之后,我喉头有痉挛的感觉,于是就请一个亲戚给我拿缬草酊①来。站在客厅里我身旁的人们匆忙中把女仆叫来,说:"拿瓦列里安纳②来,要瓦列里安纳,瓦列里安纳在哪里?"由于存在"瓦列里安"这个名字,我那病态的头脑里出现了一个可笑的想法:一个寡妇在哭,大家为了安慰她,正在招呼某个"瓦列里安"前来帮忙。这个荒谬的想法使我发狂似的哈哈大笑,像我周围的人那样叫喊着:"瓦列里安,瓦列里安!!"歇斯底里病开始大发作。碰巧女仆没找到缬草酊,于是大家就打发她到药房里去买,同时买些氨水③来,以备我昏厥时用。约莫过了十分钟,两种药都买来了,我则仍然哈哈大笑,全身颤抖,周围一群太太在照料我。其中一位太太,好心的索菲娅·维克托罗芙娜·阿韦尔基耶娃,是个性格果断的女人,往一只酒杯里倒了三十滴不知什么液体,不管我如何反抗,强迫我喝下去。但是我的舌头忽然产生了灼伤的感觉,我赶忙掏出手帕,把喝进去的东西全部吐了出来。原来索菲娅·维克托罗芙娜在匆忙中把两只药瓶搞混了,她给我喝的不是缬草酊,而是三十滴或者三十多滴氨水。一夜间,我嘴里的皮全部脱掉,差不多过了整整一星期才长好。后来有人告诉我,如果我当时把这液体吞下去,那么,我的食道和胃也同样会灼伤,这即使不会导致死亡,

① 　一种镇静剂。——译者注
② 　俄语"Вапериана"(缬草)的音译是"瓦列里安纳"。——译者注
③ 　低浓度的氨水可作药用,对呼吸和循环起反射性刺激,用于治疗昏厥。——译者注

也会引起一场大病。

我忘记谈到,我丈夫逝世后的第二天,在许多前来探望我们的人中间,有著名画家伊·尼·克拉姆斯科伊。他自愿为死者画一张等身像,并且以卓越的才能完成了这项工作。在这张像上,费奥多尔·米哈伊洛维奇好像没有死,而是睡着了,面容开朗,几乎带着笑意,仿佛他已经发现了谁也不知道的彼岸世界的秘密。[11]

除了伊·尼·克拉姆斯科伊外,还有几位画家和摄影师给死者画像和照相,以供出版画册之用。现今著名雕塑家列奥波德·伯恩斯塔姆①当时还默默无闻,他为我丈夫做了面部模塑,据此,以后才有可能制作与本人惊人地相似的半身像。[12]

星期六,1月31日,费奥多尔·米哈伊洛维奇的遗体从我们的住所被抬到亚历山大-涅夫斯基大修道院。我不准备写送殡的队伍,已经有许多人对它作了描绘。[13]而且我也看不见整个队伍,因为我紧随在灵柩后面,只能看到近边的景象。根据旁观者的说法,这次送殡的队伍颇为壮观:长长的一串抬着花圈的行列,为数甚众的唱着悼歌的青年合唱队,抬得高过人群头顶的灵柩,跟在送殡队伍后面的成千上万的群众——这一切给人以深刻的印象。这个悼念费奥多尔·米哈伊洛维奇的葬礼的可贵之处在于它事先没有经过任何筹备。到后来,盛大的葬仪成为习俗,要举行并不费力;可是在那个时候,隆重的送殡行列(除了诗人涅克拉索夫那相比之下参加人数较少的葬礼外)还很少见,而且时间(两天)匆促,无法准备。还在出殡前夕,我弟弟为了要使我高兴,告诉我,有八个机关打算在费奥多尔·米哈伊洛维奇的灵柩前献花圈,可是到第二天早晨,已经放上了七十四个花圈,可能还要多一些。后来发现,所有的机关和团体都自发地订购花圈和选出代表。总之,派别完全不同的人们都在哀悼陀思妥耶夫斯基的共同感情中联合起来,衷心希望尽可能隆重地纪念他。

送殡行列在十一点钟从家里出发,只过了两小时就到达亚历山大-涅夫

---

① 列奥波德·阿道福维奇·伯恩斯塔姆(1859—1939),人像雕塑家,曾塑造普希金、陀思妥耶夫斯基、萨尔蒂科夫-谢德林、冈察洛夫和福楼拜的半身像。

斯基大修道院。我走在儿子和女儿旁边，哀伤的思绪始终萦绕在我的心间：费奥多尔·米哈伊洛维奇是那么热爱自己的孩子们，如今他不在了，叫我如何教育失怙的孩子们呢？今后我对亡夫肩负着多么重大的责任，我是否能名副其实地履行自己的义务呢？我在费奥多尔·米哈伊洛维奇的灵柩后面走着，心里发誓要为孩子们活着，立志竭尽全力，把余生用以为我难忘的丈夫增光，用以传播他那崇高的思想。如今，当我面临垂暮之年，扪心自问，可以说，我已竭尽全力，履行了我在为我永志不忘的丈夫送殡的沉痛时刻所许下的誓愿。

就在同一天（1 月 30 日）晚上，在亚历山大-涅夫斯基大修道院内，费奥多尔·米哈伊洛维奇的灵柩在那儿停放的饭一派教堂里，举行了隆重的彻夜祈祷。我和孩子们前往教堂参加彻夜祈祷。教堂里满是祈祷的人；青年人、各大学的学生、神学院和高等女校的学生特别多。他们之中的大多数人通宵待在教堂里，轮流在陀思妥耶夫斯基的灵柩边读《诗篇》。后来有人告诉我一个特殊的情况：当看守来收拾教堂的时候，竟然没有发现一个烟头，这使修士们十分惊异；因为通常在举行这样长时间的祈祷仪式中，几乎总有人会悄悄地丢烟头。可是这一次，参祷者却出于对死者的尊敬，没有一个人想到要抽烟。

1881 年 2 月 1 日，在亚历山大-涅夫斯基大修道院的圣灵教堂内为费奥多尔·米哈伊洛维奇举行了安魂祈祷。这个教堂外观宏伟：死者的灵柩高踞于教堂中央，上面放着许多花圈。其余那些系着宽阔的丝带、丝带上印有银色或金色题词的花圈则用竿子高高地撑起，沿教堂的四壁竖立着，这赋予教堂以特有的美。

在举行弥撒的一天，我弟弟雇车把我的儿子和母亲送到涅夫斯基大修道院。尤·丹·扎谢茨卡娅（游击队员达维多夫之女），我丈夫的天才的热烈崇拜者，答应用自己的四轮轿式马车送我和我女儿到那儿。我们在十点钟出发。扎谢茨卡娅的轿式马车驶到离小修道院不到一百沙绳的地方，与一辆出租马车相遇，这辆马车里坐着某位上校，他向扎谢茨卡娅点头致意，后者向他招手。广场上人山人海，约有几千之众，马车不可能驶到大门口，只能在广场中央停下来。我和女儿下了车，向大门走去，扎谢茨卡娅则留在马车里等上校,说也会送她上教堂的。我们费力地从人群中挤过去,但有人拦住我们,要我们拿出入场券来。当然,我在哀伤和忙乱中根本就没有想到要带入场券,以为我们就是不带,人家也会放我们进去的。我告诉他们,我是"死者的遗孀,而那是他的女儿"。

"这儿已经有好多陀思妥耶夫斯基的遗孀走过去了,有的独个儿,有的带着孩子,"我听到这样的回答。

"可你们瞧,我全身穿着丧服啊。"

"那些妇女也戴着面纱啊。那么,请出示您的名片。"

自然,我连名片也没带。我试图坚持要他们把葬礼的主持人请来,说出了格旦戈罗维奇、雷卡乔夫①、阿韦尔基耶夫的名字,但是他们回答说:"我们上哪儿去找呢,在这人山人海中间,难道能一下子找到吗?"

我陷于毫无办法的困境中:不用说,那些不了解的人没看到我参加为我丈夫举行的安魂弥撒会有什么看法;我自己也渴望与丈夫作最后的告别,在他的灵柩旁祈祷和哭泣。我急得不知如何是好,心想,扎谢茨卡娅已经走过去,不能来替我解围了。幸而事情并非如此,扎谢茨卡娅的同行者有力地证明了我的身份,我们被放行了,于是我和女儿就向教堂奔去。碰巧弥撒刚刚开始。

安魂弥撒由高级神职人员,维堡区的主教涅斯托尔主持,修士大司祭和修士司祭们辅助,出席安魂弥撒的有:神学院院长约·列·亚内舍夫以及与我丈夫有私交的大修道院副院长西梅翁。[14]

亚历山大-涅夫斯基大修道院扩大的合唱团和伊萨基辅大教堂合唱团唱得极为感人。在举行安魂弥撒之前,大司祭亚内舍夫发表了卓越的讲话,其中突出地描述了作为作家和基督徒的费奥多尔·米哈伊洛维奇的全部美质。[15]

安魂弥撒结束之后,费奥多尔·米哈伊洛维奇的天才的崇拜者们把他的灵柩抬起来,走出教堂,在这些崇拜者中间,年轻的哲学家弗拉基米尔·谢尔

---

① 米哈伊尔·亚历山德罗维奇·雷卡乔夫(1840—1919),物理学博士,科学院院士,物理总观象台台长。

盖耶维奇·索洛维约夫那激动的神情特别引人注目。

　　齐赫文斯基墓地上挤满了人,他们爬上纪念碑,坐在树上,抓住栅栏;抬灵柩的行列则缓慢地移动着,两边是各机关的代表们送的花圈,行列就在那些高高地立着、朝着行列倾斜的花圈下面前进。落葬以后,人们开始在未撒上土的墓前发表讲话。第一个讲话的是过去彼得拉舍夫斯基小组的成员亚·伊·帕利姆①;接着讲话的有奥·费·米勒、康·尼·别斯图热夫-留明②教授、弗·索洛维约夫、帕·亚·盖杰布罗夫和其他人。在未撒上土的墓前还有许多人朗诵了献给死者的诗歌。[16]群众带来的花圈几乎覆盖了墓穴的顶部。其余的花圈被扯开,在场的人把上面的叶子和花朵带回家去,留作纪念。快四点钟的时候,墓穴才封上土,我和孩子们被眼泪和饥饿弄得精疲力竭,乘车回家去。可是人群还长久没有走散。[……]

注释:

　　[1]　根据阿一谢·苏沃林的回忆,陀思妥耶夫斯基又一部写卡拉马佐夫兄弟们的长篇小说的主人公预定"是阿辽沙·卡拉马佐夫。作者意欲使他在修道院度过一段时期后成为一个革命者。他犯下了政治上的罪行。他受到残酷的惩罚。他寻找真理,而在寻找的过程中很自然地成了革命者"。(《阿一谢·苏沃林日记》,莫斯科-彼得格勒,1923年,页16)根据儿童文学作家 A. M. 斯利维茨基的回忆,陀思妥耶夫斯基"打算把长篇小说《孩子们》作为《卡拉马佐夫兄弟》的续篇,前一部长篇中的孩子们应该是续篇的主人公……"(《同时代人回忆陀思妥耶夫斯基》,第2卷,页355)德国女研究家恩·霍夫曼曾来到彼得堡,从安·格·陀思妥耶夫斯卡娅那儿收集了许多材料,在她所写的论述陀思妥耶夫斯基的书中也报道了有关《卡拉马佐夫兄弟》的续篇的某些情况。这位女研究家按照陀思妥耶夫斯基的妻子的叙述,记下了计划

---

　　①　亚历山大·伊万诺维奇·帕利姆(1822—1885),彼得拉舍夫斯基小组成员,诗人和作家,笔名 II. 阿利明斯基。他在长篇小说《阿列克谢·斯洛博金》中用假名描绘了陀思妥耶夫斯基、彼得拉舍夫斯基、杜罗夫。

　　②　康斯坦丁·尼古拉耶维奇·别斯图热夫-留明(1829—1897),俄国历史学家,教授,斯拉夫慈善协会主席。

中续篇的情节："根据作家的计划,阿辽沙一定会遵照佐西马长老的遗嘱,来到世人中间,承担起他们的痛苦和罪过。他娶了丽莎,但是后来为了美丽的女罪人格鲁申卡而把丽莎遗弃了,这个女罪人激发了他身上的'卡拉马佐夫精神'。经过了迷惘、疑惑和否定的动荡时期,阿辽沙成了孤身一人,重又回到修道院。他置身于孩子们中间——陀思妥耶夫斯基的主人公把自己的一生献给了他们:他真诚地爱他们,教导他们。谁都会想到这与梅什金关于孩子们的叙述的联系;谁都会忆起那个小主人公,所有他那些令人心醉的孩子的特点,而这些特点只有在爱面前才会展现出来。"(参阅恩·霍夫曼《费·米·陀思妥耶夫斯基。传记研究》,柏林,1899年,页427。比较C. B. 别洛夫《关于〈卡拉马佐夫兄弟〉的续篇的又一说法》,《文学问题》,1971年,第10期,页274—275)

[2]　《作家日记》的最后一期(出版于1881年1月)发表了陀思妥耶夫斯基的"遗言",其中充满了对俄国和俄国人民未来历史性发展的深切忧虑:"随后出现了没有节制的狂饮,醉的海洋仿佛在俄国泛滥,虽然它至今还在肆虐,但人民纵然喝醉了酒,他们仍然没有丧失对新事物、新的真理、完美的真理的渴望。他们可能从来没有像现在这样容易受另一种思想和潮流的影响而无力抵御[……]主要的是,我们的人民孤苦无依,也就是说,处于孤立的状态,一切全得靠自己的力量,没有人在精神上支持他们。虽有地方自治机构,但它是'领导'……"(《陀思妥耶夫斯基文艺作品十三卷集》,第12卷,页433—434)在这篇文章里,陀思妥耶夫斯基还说出了自己关于"穿灰色自制粗呢大衣"①的代表们的乌托邦式幻想,这些代表们的使命是,以民主精神改变地方自治机构,从而拯救俄国。同时,陀思妥耶夫斯基又描绘了整个俄国社会解体的十分鲜明的图景,这显然使他为《作家日记》1月号的命运担心,请求出版事务总管理局局长尼·萨·阿巴扎调换《作家日记》的检查官(本来应为 H. E. 列别杰夫)。尼·萨·阿巴扎就亲自担任了1月号的检查工作。(《彼得堡报》,1881年,第24期,2月3日)

[3]　安·格·陀思妥耶夫斯卡娅的这一说法不能认为完全可靠,这是关于陀思妥耶夫斯基死前发病情况的一种较晚时期的说法。安娜·格里戈利耶芙娜没有指出加遽作家死亡的一个非常重要的原因,那就是为库马宁娜的遗产而引起的家庭纠纷。亚·费·库马宁娜于1871年逝世,根据她有关地产的安排,陀思妥耶夫斯基于

---

①　指农民。

1881 年 1 月取得了她在梁赞的田庄的部分土地,条件是付给没有分到土地的姐妹们一笔款子。陀思妥耶夫斯基的妹妹维拉·米哈伊洛芙娜·伊万诺娃请求作家为了姐妹们的利益而放弃梁赞田庄的那一份土地。根据作家的女儿的回忆,在兄妹之间就库马宁娜的遗产问题进行了激烈的争论,结果陀思妥耶夫斯基吐血,过了两天就与世长辞。(参阅柳·费·陀思妥耶夫斯卡娅《女儿塑造的陀思妥耶夫斯基形象》,页96—97。不过,柳·费·陀思妥耶夫斯卡娅弄错了这次谈话的日期,她认为是在 25日,而不是 26 日)安·格·陀思妥耶夫斯卡娅本人于 1883 年 10 月 21 日给尼·尼·斯特拉霍夫的信中关于她丈夫逝世的叙述也证实了柳·费·陀思妥耶夫斯卡娅关于作家和他妹妹维·米·伊万诺娃之间激烈争吵的回忆。这封信载于 л. П. 格罗斯曼的《陀思妥耶夫斯基的生活和创作》一书,页 352。有关陀思妥耶夫斯基死前发病的情况还可参阅雅·波·布列特采尔的回忆录《关于陀思妥耶夫斯基》,出版者:H. 3.谢列布良,《文学遗产》,第 86 卷,页 309—314。

　　[4]　根据 л. П. 格罗斯曼的查考,此处安·格·陀思妥耶夫斯卡娅的说法不确,当时陀思妥耶夫斯基给孩子们看的不是《蜻蜓》周刊,而是载于《花絮》周刊征订广告反面、根据《有志者事竟成》这一集子中几幅幽默画(两个渔夫)翻印的复制品。在这份如今保存在“普希金之家”的广告上,有着安·格·陀思妥耶夫斯卡娅用铅笔写的说明:“费奥多尔·米哈伊洛维奇在 1881 年 1 月 26 日他发病的那一天细看了这幅画。”(л. П. 格罗斯曼,《陀思妥耶夫斯基的生活和创作》,页 320)

　　[5]　不确。十二月党人马·伊·穆拉维约夫-阿波斯托尔的妻子的名字和父名为玛丽娅·康斯坦丁诺芙娜;这里所指的不是她,而是十二月党人亚·米·穆拉维约夫的妻子——若泽菲娜·阿达莫芙娜·穆拉维约娃(布拉克曼),那时候,后者住在托博尔斯克。参阅 M. Д. 弗兰采娃《回忆录》,《历史导报》,1886 年,第 6 期。关于陀思妥耶夫斯基在托博尔斯克和十二月党人的妻子会面的情况也可参阅 И. Л. 亚斯特列任布斯基的回忆录以及 E . 叶夫谢耶夫和 A. 莱费尔的文章《西伯利亚的会见》,《西伯利亚星火》,1971 年,第 11 期,页 162—176。

　　[6]　陀思妥耶夫斯基关于这方面的回忆请参阅 1873 年《作家日记》上《故人》一文。(《陀思妥耶夫斯基文艺作品十三卷集》,第 11 卷,页 10)

　　[7]　1881 年 3 月 1 日,亚历山大二世为民意党人所杀。

　　[8]　博·马尔克维奇在其回忆录《三言两语记费·米·陀思妥耶夫斯基的逝世》中(《莫斯科新闻报》,1881 年 2 月 1 日,第 32 号)指出了陀氏逝世的时间——八

时三十六分。关于陀思妥耶夫斯基逝世的情况还可参阅阿·谢·苏沃林的回忆录《关于死者》(《同时代人回忆陀思妥耶夫斯基》,第 2 卷,页 417—418),阿·谢·苏沃林所写的悼念陀思妥耶夫斯基的文章,(《文艺杂志》,1881 年,第 2 期),安·格·陀思妥耶夫斯卡娅 1883 年 10 月 21 日给尼·尼·斯特拉霍夫的信(收入 Л. П. 格罗斯曼的《陀思妥耶夫斯基的生活和创作》,页 352),作家的女儿的回忆录(《女儿塑造的陀思妥耶夫斯基形象》,页 98—99),尼·尼·斯特拉霍夫的回忆录(《陀思妥耶夫斯基全集》,第 1 卷——《传记、书信和札记》,页 323—324)。

　　[9]　安娜·格里戈利耶芙娜对博·米·马尔克维奇的反感大概是受陀思妥耶夫斯基本人的影响。马尔克维奇是米·尼·卡特科夫的《俄国导报》和《莫斯科新闻报》的固定撰稿人,他在自己的小品文中对俄国解放运动的活动家和作家,特别是对米·叶·萨尔蒂科夫-谢德林、伊·谢·屠格涅夫进行政治告密;他指责后者与"俄国虚无主义者"和恐怖分子有关系。虽然陀思妥耶夫斯基对这个活动家并没有发表过什么否定的评论,但是,很清楚,对他来说,马尔克维奇同 В. Г. 阿夫谢延科和弗·彼·梅谢尔斯基一样,是"镀金的"、"上流社会"文学的代表。他对这些代表感到难以遏止的厌恶。他们那些极端狂妄的反动观点、带有侮辱性的言论本身也可能引起陀思妥耶夫斯基的反感。例如,《莫斯科新闻报》经常刊载博·米·马尔克维奇所写的有关接近激进民主派的著名女社会活动家安·帕·菲洛索福娃的拙劣文章,而陀思妥耶夫斯基则始终对她怀有真诚的敬意。安·格·陀思妥耶夫斯卡娅也可能知道马尔克维奇诽谤安·帕·菲洛索福娃的文章。

　　[10]　参阅陌生人[阿·谢·苏沃林]《关于死者》,《新时报》,1881 年 2 月 1 日,第 1771 号。

　　[11]　在《历史导报》上(1881 年,第 3 期,页 487—488),登载了关于伊·尼·克拉姆斯科伊绘制这幅画像的简短报道,这篇报道如今保存在"普希金之家"中,上面写道:"死者的友人之一克拉姆斯科伊在费·米·陀思妥耶夫斯基逝世后的翌日清晨得知噩耗后,立即前往故人的住所,在那儿搭好支架,用铅笔和墨水在几小时内画好了一张肖像,他的最优秀的作品之一。这张肖像与本人非常相似。摄影师们要想在光线微弱的小房间里,而且必须从侧面摄下死者的这张画像的尝试未获成功。克拉姆斯科伊请求陀思妥耶夫斯基的遗孀收下画像的原本,作为他送的一份薄礼,以感谢陀氏的作品给画家带来的那些欢乐的时光。"

　　[12]　列·阿·伯恩斯塔姆在陀思妥耶夫斯基生前就准备替他塑造半身像。

德·瓦·格里戈罗维奇在1880年1月6日给陀思妥耶夫斯基的信和1881年1月20日给安·格·陀思妥耶夫斯卡娅的信中曾请求过陀思妥耶夫斯基的同意。（参阅《陀思妥耶夫斯基的文献资料。俄国作家们的书信》，彼得格勒，1923年，页26—27）

〔13〕 刊载那些描述陀思妥耶夫斯基葬礼的定期刊物的完备目录，可参阅安·格·陀思妥耶夫斯卡娅《一八四六至一九○三年有关费·米·陀思妥耶夫斯基的生活和活动的图书索引》（圣彼得堡，1906年）；而有关同时代人的回忆录可参阅 C. B.别洛夫《同时代人回忆费·米·陀思妥耶夫斯基。图书索引》，《赫尔岑教育学院学报》，第320卷，页274—316。1881年第631期的《世界插图》杂志对陀思妥耶夫斯基的葬礼作了最为详尽的描述。还可参阅 Г. Я. 加拉甘《费·米·陀思妥耶夫斯基的逝世和葬礼》，《陀思妥耶夫斯基。资料和研究集》，第1卷，页285—304；Л. И. 库兹米娜，《彼得堡从未见到过这样的情况》，收入《陀思妥耶夫斯基和他的时代》，页305—307；И. Ф. 秋梅涅夫，《日记摘录》，出版者：H. H. 丰尼亚科娃，《文学遗产》，第86卷，页336—343。

〔14〕 康·彼·波别多诺斯采夫在1879年2月24日给费·米·陀思妥耶夫斯基的信中说："此刻修士大司祭西梅翁在我家，他要我把他从书中摘录下来的有关修士安葬的详细叙述转交给您，他上次和您见面时忘记向您谈这些细节了。"（《文学遗产》，第15卷，页135）显然，这些摘录供陀思妥耶夫斯基在《腐臭的气味》一章中描述佐西马长老安葬情况之用。（《卡拉马佐夫兄弟》，第三部，第七卷，第一章）

〔15〕 约·列·亚内舍夫在为陀思妥耶夫斯基举行安魂弥撒之际发表的讲话发表在《教会导报》1881年2月第6、7期上。陀思妥耶夫斯基与约·列·亚内舍夫于1865年在威斯巴登相识，自此以后，陀氏对亚内舍夫怀有真诚和友好的感情。（参阅《陀思妥耶夫斯基书信集》，第1卷，其中刊有他给约·列·亚内舍夫的两封信）

〔16〕 参阅小册子《费奥多尔·米哈伊洛维奇·陀思妥耶夫斯基。生平。——他的作品——他生命的最后时刻。——他的殡葬和俄国社会的热烈场面》，莫斯科，1881年。

第十二章　费奥多尔·米哈伊洛维奇逝世以后

一　和托尔斯泰的谈话

我一生中只有一次有幸见到列·尼·托尔斯泰伯爵,并和他进行了交谈。由于我们的谈话只涉及费奥多尔·米哈伊洛维奇,因而我认为可以把这次谈话写进我的《回忆录》里。

我和索菲娅·安德烈耶芙娜·托尔斯泰娅伯爵夫人相识于1885年,是在她有一次来到彼得堡的时候,在此以前,我还未曾见过她。她来到我家里,就出版问题征求我的意见。伯爵夫人告诉我,直到那时为止,她那著名的丈夫的作品一直由莫斯科的书商萨拉耶夫出版,后者付的版权费相当少(如果我没有记错的话,大概是两万五千卢布)。她从她的熟人们那儿得知,我丈夫的作品由我顺利地出版,于是她就决定尝试由她本人出版列夫·尼古拉耶奇的作品。她来向我打听,出版书籍是否特别费事,会有很多麻烦。伯爵夫人对我产生了异常良好的印象,我怀着由衷的喜悦之情,把我从事出版工作的全部"秘密"告诉她,同时拿出我分送各处的预约发售的书籍和广告的样本给她看,并且提醒她,要预防我出过的差错,等等。由于细节很多,我就不得不到伯爵夫人的妹妹塔·安·库兹明斯卡娅①家去拜访她,同时,伯爵夫人也到我家来过两三次,为的是要弄清楚那些她感到模糊的问题。

使我极其高兴的是,我那些有关"出版工作"的意见对索菲娅·安德烈耶芙娜伯爵夫人有用:她的出版工作干得很出色,得到了很大的收益。从那时候起,二十多年来,伯爵夫人很成功地亲自出版列夫·尼古拉耶维奇伯爵的作品。

和伯爵夫人的屡次接触和会面使我们有可能相互了解,我们成了朋友,而且我相信,索菲娅·安德烈耶芙娜伯爵夫人是她的天才的丈夫的真正的天使和保护者。伯爵夫人来到彼得堡的时候总来看我,我去莫斯科的时候也必定顺便去找伯爵夫人,后来,我向她和她的一家提供机会从"陀思妥耶夫斯基纪念馆"的窗口观望已故的皇帝亚历山大三世的遗体运至阿尔汉格尔斯克大教堂的场面。

我去莫斯科大多是在春天(为了访问我的"纪念馆"),或者在秋天,从克里木回来之际;当我去拜访伯爵夫人的时候,从来也没有碰到过列夫·尼古拉耶维奇伯爵:他不是早春上亚斯纳亚·波利亚纳去,就是在那儿度过秋天。但有一次冬天,我傍晚到了伯爵夫人那儿,得知列夫·尼古拉耶维奇伯爵在莫斯科,但是他病了,谁也不接见。伯爵夫人跟我谈了一会儿,就去找她的丈夫,而我则留下来和她家里的人聊天。过了约莫十分钟,伯爵夫人回来了,告诉我她的丈夫知道我来到他家,一定要见我,要我到他那儿去。她预先提醒我,伯爵今天肝病发作,一整天感到很乏力;因此,她请求我不要跟他长谈。我和伯爵夫人顺着纯粹莫斯科式的过道从一所房子走向另一所房子,当我走在过道上的时候,甚至不十分乐意去他那儿。虽然我很想见见这位天才的作家,对他那些富有诗意的作品始终极其欣赏,但是又有点儿怕他;我预感到,我会给他不愉快的印象,而这是我决不愿意的。

我们走进一个大而低矮的房间,列夫·尼古拉耶维奇伯爵坐在那儿的一张沙发上,身上穿着人们在他的照片上可以看到的那种灰色上衣。他见到我

---

①　塔季扬娜·安德烈耶芙娜·库兹明斯卡娅(1846—1925),回忆录作者,索·安·托尔斯泰娅的妹妹,列·尼·托尔斯泰的好友。

的时候愉快地叫了起来，我的畏惧感也就随之立即消失了。

"这真令人惊讶，我们作家们的妻子多么像她们的丈夫啊！"

"难道我像费奥多尔·米哈伊洛维奇吗？"我欣喜地问。

"像极了！我想象中的陀思妥耶夫斯基的妻子正像您那样！"

当然，在我丈夫和我之间，没有任何外表上的相似之处，托尔斯泰说我像我那亲爱的丈夫，这完全不是实情，但是却没有比他这句话更使我高兴的了。不知怎的，我觉得伯爵一下子就变得可亲了。

列夫·尼古拉耶维奇让我坐在他旁边的圈椅里，指了指他那上面放着一些枕形物（里面装有热的草灰或燕麦）的胸部，说他觉得不舒服，我们有一会儿都没有开口。

"我早就想来探望您，亲爱的列夫·尼古拉耶维奇，"我说，"衷心感谢您就我丈夫逝世一事写给斯特拉霍夫的那封动人的信，斯特拉霍夫把这封信给了我，我把它作为珍物保存着。"

"我所写的都是肺腑之言，"列夫·尼古拉耶维奇伯爵说，"我为了从未见到过您的丈夫而始终感到遗憾。"

"他也为此而深感遗憾！你们本来有机会相见——是在盐城听弗拉基米尔·索洛维约夫演讲的时候。我记得，费奥多尔·米哈伊洛维奇甚至责备斯特拉霍夫，为什么没有告诉他，您也在听讲。当时我丈夫说：'我即使不能跟他讲话，就是瞧他一眼也好啊！'"

"真的吗？在那次演讲会上，您丈夫也在场？为什么尼古拉·尼古拉耶维奇不告诉我？[1]我真感到遗憾！对我来说，陀思妥耶夫斯基是个珍贵的人①，也许还是唯一我能够向之讨教许多问题，而他能在许多方面给予我回答的人！"

伯爵夫人走进来了。我记得她事先对我的警告，就站起身来想走，但是伯爵阻止我说：

---

　　① "他（陀思妥耶夫斯基）逝世以后，我感到，他对我来说是个十分重要和珍贵的人。"（摘自瓦连京·斯佩兰斯基《回忆列·尼·托尔斯泰》，《言论报》，1915 年，第 307 期，11 月 7日）——安·格·陀思妥耶夫斯卡娅注

"不,再待会儿。请告诉我,在您的心里,在您的回忆中,您的丈夫是怎样一个人?"

我被他谈到费奥多尔·米哈伊洛维奇时那种亲切的语调深深地感动了。

"我亲爱的丈夫,"我充满激情地说,"是人的典范!在他身上,最高度地表现了那些使人美好的道德上和精神上的优秀品质。他善良,宽容,仁慈,公正,无私,对人温和,富有同情心——谁也比不上他!可是他的坦率、刚直却给他招来了多少敌人!哪个人离开我丈夫的时候不曾得到过他的忠告、安慰或者某种形式的帮助?碰到他发病后身体不适或者工作紧张的当儿,他是严厉的;但是,如果他知道有人需要他帮助,那么,他的严厉就会刹那间变为仁慈。他流露了多少真挚的温情以补偿他的急躁和严厉。您知道,列夫·尼古拉耶维奇,没有比在日常生活中,在家庭里更能清楚地表现出一个人的性格了;那么,我要说,跟他共同生活了十四年,看到他的行为,我只能惊异和感动。有时候,我完全意识到他的行为不切实际,甚至对我们本身有害;但是我应该承认,我的丈夫在某种情况下所做的正是一个珍视高尚的品格、珍视公道的人应有的行为!"

"我也一直是这样想他的,"列夫·尼古拉耶维奇伯爵若有所思、满腔热情地说,"我始终觉得陀思妥耶夫斯基是个具有丰富的、真正的基督教徒感情的人。"①

伯爵夫人又进来了,我站起身来,紧紧地握了握这位我所爱戴的作家向我伸出的手,带着我很少经受到的那种富有魅力的印象走了。[2]是啊,这是位善于征服人心的作家!

当我顺着空荡荡的莫斯科街道回家、重温刚才经受到的深刻印象时,我向自己发誓(我信守了这个誓言),以后再不去探望列夫·尼古拉耶维奇伯爵了,虽然好心的伯爵夫人屡次邀我去,甚至到亚斯纳亚·波利亚纳去做客。我担心,如果我下次看到他,适逢他身体不适、容易发火、缺乏意志力的时候,我会看到他成了另一个人;那么,我曾体验到的、我如此珍视的魅力就会烟消

① 瓦·斯佩兰斯基在其《回忆列·尼·托尔斯泰》一文中也是这样说的。(《言论报》,1915 年,第 307 期,11 月 7 日)——安·格·陀思妥耶夫斯卡娅注

云散！为什么要使自己失去命运有时在我们的生活道路上赐给我们的精神瑰宝呢？

二 给斯特拉霍夫的答复

目前，在我的《回忆录》接近尾声的时候，我不得不捍卫我所念念不忘的丈夫的英灵，反驳那个几十年来被我的丈夫、我以及我们全家视为挚友的人对他的无耻诽谤。我指的是登载在《现代世界》1913 年 10 月号上的那封尼·尼·斯特拉霍夫给列·尼·托尔斯泰伯爵的信(1883 年 11 月 28 日)。[3]

此年 11 月，我度夏以后回到彼得堡，碰到朋友和熟人时感到有点奇怪，他们之中几乎每个人都问我，是否读过斯特拉霍夫给托尔斯泰伯爵的信。我问，这封信登载在哪儿，他们回答我，是在某张报纸上看到的，究竟是什么报纸，那就不记得了。我没有去注意他们的这种健忘现象，对这一消息也不特别感兴趣，因为我丈夫一向把斯特拉霍夫说成是个杰出的作家，赞许他的活动，向他提供创作题材和主题；我想，除了好话以外，斯特拉霍夫还能写我丈夫什么呢？直到后来我才领悟到，我那些"健忘的"朋友和熟人们认为，我们那个虚伪的朋友的这封信会使我伤心透顶，而他们不愿意看到我这样。1914 年夏，当我整理新闻机构为了充实莫斯科"费·米·陀思妥耶夫斯基纪念馆"而向我提供的无数剪报时，我才看到这封倒霉的信。

我把这封信摘引如下：

亲爱的列夫·尼古拉耶维奇，我此刻在给您写封简短而内容十分丰富的信；但是要充分阐明主题，那会使人感到不舒服，而且信写得很长。您现在大概已经收到《陀思妥耶夫斯基传记》[4]了吧。请您屈尊关注，谈谈您对这本书的看法。我想趁此机会向您吐露心曲。在我写《传记》的时候，我处于自我斗争之中，与心头升起的厌恶感作斗争，竭力想把这种恶劣的感觉压下去。请帮助我找寻摆脱它的出路。我不能认为陀思妥耶夫斯基是个高尚而幸福的人（实际上这两者是一致的）。他凶恶粗暴，妒贤嫉能，道德败坏，一生都处于激动不安之中，这使他显得卑微渺小，显得滑稽可笑；与此同时，他却又刻薄而且机灵。他跟卢梭①一样，认为自己是最高尚和幸福的人。在写《传记》时，我十分清晰地忆起所有他的这些特点。有一次，在瑞士，他当着我的面十分专横地对待侍役，致使后者感到抱屈，对他说："要知道，我也是人啊！"我记得，当时我是如何震惊，因为这话是针对一个人道的宣扬者说的，这表明自由的瑞士对人权的看法。

这样的事在他是经常发生的，因为他不能抑止自己的狂暴。我多次看到他那完全老娘儿们式的、出人意料的、不该有的乖张行为，并未作声；可是偶尔有两三次我对他说了些使他十分恼火的话。不过，在令人恼火方面，他当然总是胜过一般人；而最糟糕的是，他以此为乐，对自己所干的一切坏事从来也不感到后悔。他对肮脏的勾当心向往之，还为它们叫好。维斯科瓦托夫②告诉我，他曾得意洋洋地说，他在澡堂里和一个由女家庭教师领到他跟前的小女孩……而且，请注意，在发泄兽欲时，他丝毫也没有感觉到兴味，感觉到女性的美和魅力。从他的小说中可以看出这一点。他和《地下室手记》中的主人公，《罪与罚》中的斯维德里盖洛夫，《群魔》中的斯塔夫罗金最为相似。卡特科夫不愿意发表作者描写斯塔夫罗金的一个情节[5]，可是陀思妥耶夫斯基却在这儿把它读给许多人听。

他虽然具有上述的天性，但又充满甜蜜的感伤心理，耽溺于高尚的人道的幻想，而这种幻想乃是他的倾向，他的文学基调和手段。其实，他所有的小说都是自我表白，这证明在一个人身上，高尚的情操可以和各种各样卑劣的心理并存。

---

①　卢梭（1712—1778），法国启蒙思想家，文学家和哲学家，在其自传《忏悔录》中讲述自己"本性善良"，但是社会环境使他受到不良的影响。——译者注
②　帕维尔·亚历山德罗维奇·维斯科瓦托夫（1842—1905），俄国文学教授，哲学博士。

　　我不能摆脱这样的思想,找不到调和的着眼点,这使我多么苦恼! 难道我狠毒? 嫉妒? 对他怀有恶意? 决不:我只是想哭,因为这原本可以是愉快的回忆,现在却只能叫我心头憋闷!

　　我想起了您的话:过分熟悉我们的人自然会不喜欢我们。但往往也会出现另一种情况。由于相知,认识了一个人的特点,后来就可能原谅他的一切。真诚善良的感情、亲切温暖的火花,甚至一分钟由衷的悔悟,可能补救一切。如果我忆起陀思妥耶夫斯基身上有类似的特点,我也会原谅他,为他而高兴。然而,一味把自己看作优秀人物,光是奢谈头脑和文学中的人道——天啊,这是多么令人厌恶!

　　这是个真正不幸的、邪恶的人,可是却把自己想象成幸运儿和英雄,单单钟爱自己。我了解自己,知道自己也可能引起别人的厌恶感,学会了理解和宽恕别人身上的这种感情;因此,我寻思,在对待陀思妥耶夫斯基的问题上,我也会找到出路。但是我找不到,怎么也找不到!

　　以上是我对我的《传记》的小小的注释;我本来可以把陀思妥耶夫斯基的这个方面也写出来,在我的脑际现出许多情景,要比我所描述的生动得多,我的叙述也会真实得多;但是,听凭这真相湮没,让我们像到处奉行的那样,拿生活中的表面现象来炫耀一番吧。

　　……我还寄给您两部书(复本),这两部书我本人很喜欢,我过去造访您时,发觉您对它们也感兴趣。普雷桑塞①的一本极好的书[6],他是第一流的学者,而马·奥勒留②著作的若利的译本自然是最好的译本,其译笔令我惊叹。[7]

下面我摘引列·尼·托尔斯泰的复信。

---

①　埃德蒙·普雷桑塞(1824—1891),法国(基督教的新教)神学家和国务活动家。
②　马可·奥勒留(121—180),罗马皇帝和新斯多葛派哲学家。

普雷桑塞的书我也读过,可是作者的渊博却由于一个致命伤而归于徒劳。常有这样的骏马,比如一匹速步马,价值千金,可是遇到障碍却会猝然停步,中止前进,于是这匹既漂亮又强健的马便会变得分文不值。我涉世愈深,就愈看重那些遇到障碍而不会半途而废的人。您说您能容忍屠格涅夫。可是我却很喜爱他。说来好笑——我所以喜爱他,就因为他好比一匹遇到障碍而不会中止前进的马,能把你载到目的地;否则,尽管是一匹速步马,你骑着它,却哪儿也去不成,即使还没有掉进沟里的话。不论是普雷桑塞或者陀思妥耶夫斯基,他们俩遇到障碍就会半途而废;因此,前者空有学问,后者则空有智慧和良心。要知道,屠格涅夫能比陀思妥耶夫斯基更长久地保留在人们的记忆里——不是由于艺术性,而是由于他遇到障碍不会半途而废。[8]

我再引尼·尼·斯特拉霍夫1883年12月12日的复信。

如果这样,那就请您,亲爱的列夫·尼古拉耶维奇,写有关屠格涅夫的文章吧。我是多么渴望读一些像您所写的那种内涵深刻的文章!而我们写的东西则不同,要不是给自己消遣解闷的玩意儿,就是演给别人看的喜剧。在我的《回忆录》里,我始终突出文学方面,要想写文学史的一页,但是无法完全克服自己内心的冷漠。对于陀思妥耶夫斯基,我本人竭力只写他的优点;但是他所没有的品质,我也不妄加于他。您大概对我有关文学情况的叙述不大感兴趣。但是否能允许我直截了当地说呢?您对陀思妥耶夫斯基的判断虽然向我说明了许多问题,然而对他而言,您的话太委婉了。如果没有任何事物能超过一定的界限而深深地打动一个人的灵魂,那么,在这个人身上怎么能发生根本性的转变呢?我说"没有任何事物",是就这个词的确切含义而言的,我对他的灵魂的看法就是如此。啊,我们这些不幸而可怜的人!唯一的生路是背弃自己的灵魂。[9]

　　尼·尼·斯特拉霍夫的信激起我满腔愤慨。这个人几十年来出入我们的家庭，受到我丈夫真心实意的热忱对待，可是临了，他原来是个说谎的家伙，竟然对我丈夫进行如此卑劣的诽谤！我为自己，为自己的轻信，为我和丈夫俩受这个宵小之徒的欺骗而气恼。

　　令我感到惊异的是：尼·尼·斯特拉霍夫的信中说，他在编写(《回忆录》)的过程中一直与他心中升起的厌恶感进行斗争。斯特拉霍夫既然对自己承担的工作感到厌恶，显然不尊敬他要写的那个人，可是却并不像任何一个自重的人处在他的地位所做的那样，拒绝进行这项工作，这究竟是为什么呢？是不是因为不想使我这个出版者在物色传记作者时处于困境？但是，要知道，写传记的工作是奥·费·米勒自愿承担的，而且另外还有几位文学家(阿韦尔基耶夫、斯卡卢切夫斯基)撰写我丈夫的传记，准备以后出版。[10]

　　斯特拉霍夫在他的信中说，陀思妥耶夫斯基凶恶粗暴，而且胡扯了一个我丈夫十分专横地对待侍役的例子作为证明。我丈夫由于有病，有时候十分急躁，碰到他点好的饭菜迟迟不给他送来，就有可能大声叫喊侍役(除此以外，对待侍役还有什么地方可以"专横"的呢)，但是这不说明凶恶，而只是性子急。侍役回答："要知道，我也是人啊！"这颇不足信。在瑞士，平民是那么粗野，要是仆人受到欺侮，他不会仅仅以怨言来回答，而是能够并且敢于报以极其粗鲁的话，因为他充分估计到自己不会受到处罚。

　　我不明白，斯特拉霍夫怎么下得了笔，写什么费奥多尔·米哈伊洛维奇"凶恶粗暴"，"单单钟爱自己"？《当代》杂志由于斯特拉霍夫亲笔写的那篇拙劣文章(《决定性的问题》)而遭查封，致使陀思妥耶夫斯基兄弟俩陷于极其困难的境地，斯特拉霍夫不就是这件事的见证人吗？[11]如果斯特拉霍夫不写这样含混不清的文章，杂志能继续出版，在米·米·陀思妥耶夫斯基去世以后仍能获得收益，那么，我丈夫就不用负担杂志的全部债务，他也不必在余年为偿还自己承担的杂志的债务而受尽折磨。真可以说，斯特拉霍夫是我丈夫的魔星，我丈夫不仅在生前受其害，现在看来，在死后，还吃他的苦。而且，斯特拉霍夫曾亲眼目睹费奥多尔·米哈伊洛维奇长时期接济他的亡兄米·米·陀思妥耶夫斯基一家，接济害病的弟弟尼古拉·米哈伊洛维奇和继子帕·阿·伊萨耶夫。一个心肠凶狠、只钟爱自己的人是不会承担难以履行的经济上的义务,也不会主动关怀亲戚们的命运的。然而,熟知费奥多尔·米哈伊洛维奇生活上的详情细节,却说他"凶恶","只钟爱自己",这从斯特拉霍夫这方面讲,完全是昧心之举。

从我这方面来说,我和丈夫共同生活了十四年,认为自己有义务证明,费奥多尔·米哈伊洛维奇是个心肠极好的人。他不仅对待自己的亲人,而且对待任何人,只要听到他们遭受不幸、挫折和苦难,都会表现出自己的好心肠。他不需要别人来求他,他会主动去帮忙。我丈夫的朋友中有几位权威人士(康·彼·波别多诺斯采夫、捷·伊·菲利波夫、伊·阿·维什涅格拉茨基①),他利用他们的影响去解除别人的苦难。他把多少老人安置在养老院,让多少孩子进了孤儿院,又替多少不走运的人谋得了差使!他还阅读和修改过别人的许多原稿,很多次倾听别人的自白,就别人最隐秘的私事替他们出主意,想办法。只要能为别人效劳,他总是全力以赴,决不会吝惜自己的时间和精力。他又以金钱接济别人,如果自己手头没有钱,他就在期票上签上自己的名字,有时还为此而代人付款。费奥多尔·米哈伊洛维奇的善行往往违反家庭的利益,我时而埋怨他如此无休无止地做好事;但是看到他为了有机会做好事而感到莫大的幸福,我就不能不心悦诚服。

斯特拉霍夫说,陀思妥耶夫斯基"妒贤嫉能"。但是他妒忌谁呢?所有关心俄国文学的人都知道,费奥多尔·米哈伊洛维奇终身景仰普希金的天才,他在莫斯科普希金纪念像的揭幕典礼上关于普希金的演说词是颂扬这位伟大的诗人的最佳之作。

如果回忆一下我丈夫在《作家日记》上发表的一些文章中谈及列·托尔斯泰伯爵的那些言论,那就很难设想他会对后者的天才怀有嫉妒之心。试举1877 年出版的《作家日记》为例:在 1 月号上,费奥多尔·米哈伊洛维奇谈到《童年和少年》中的主人公时表示,这是"对儿童的异常严肃的心理素描,写得极好"②。2 月号上,我丈夫称托尔斯泰是"具有极高水平的艺术家"③。在

---

① 伊万·阿列克谢耶维奇·维什涅克拉茨基(1831—1895),学者和国务活动家。
② 1877 年的《作家日记》,1883 年,页 34。——安·格·陀思妥耶夫斯卡娅注[12]
③ 1877 年的《作家日记》,1883 年,页 55。——安·格·陀思妥耶夫斯卡娅注

《作家日记》7、8 两月的合刊上，费奥多尔·米哈伊洛维奇认为《安娜·卡列尼娜》是个"具有特殊意义的事例，它能替我们向欧洲作出答复，我们可以指着它面对欧洲"①。接着，（就在同一篇文章中），他说："在长篇小说的天才的一幕，即女主人公病危的那一幕中，作者表现了诗人的天才。"②在本文的结尾，我丈夫说："像《安娜·卡列尼娜》的作者那样的人物乃是社会的教师，我们的教师，而我们仅仅是他们的学生。"③

费奥多尔·米哈伊洛维奇推崇著名的小说家冈察洛夫，不仅认为他是位"才智卓越的人"④，而且把他看作天才，真诚地喜爱他，把他称为自己最喜爱的作家。⑤

在青年时代，我丈夫对屠格涅夫的态度是热情的。他在 1845 年 11 月 16 日给哥哥的信中提到屠格涅夫，说："可是哥哥，这是个多好的人啊！我几乎爱上他了。诗人，天才，贵族，美男子，有钱，聪明，有学问，二十五岁，——我不知道，大自然还有什么不曾赋予他？此外，说到性格，他又无限坦率，美好，有良好的素养。"⑥后来，费奥多尔·米哈伊洛维奇在信念方面与他存在分歧，但是屠格涅夫在 1877 年［3 月 28 日（公历 4 月 9 日）的信中写道："虽然我们之间产生了误会，我们的私交因而中断，但我还是下决心写这封信给您。我相信，您不会怀疑，这些误会毫不影响我对您的看法，我认为您是位第一流的天才，您在我们文学界理应占有很高的地位。］⑦1880 年，在莫斯科的庆祝会上，费奥多尔·米哈伊洛维奇在谈到普希金的塔吉雅娜时说："在我国文学中，如此优美的俄罗斯妇女的正面典型几乎没有重新出现——大概除了屠格涅夫的《贵族之家》中丽莎的形象。"⑧

费奥多尔·米哈伊洛维奇对待诗人涅克拉索夫的态度又如何呢？在他

---

① 1877 年的《作家日记》，1883 年，页 230。——安·格·陀思妥耶夫斯卡娅注
② 同上，页 234。——安·格·陀思妥耶夫斯卡娅注
③ 同上，页 258。——安·格·陀思妥耶夫斯卡娅注
④ 《传记和书信》，页 318。——安·格·陀思妥耶夫斯卡娅注[13]
⑤ 1877 年的《作家日记》，1883 年，页 229—230。——安·格·陀思妥耶夫斯卡娅注
⑥ 《传记和书信》，页 42。——安·格·陀思妥耶夫斯卡娅注[14]
⑦ 《屠格涅夫的第一本书信集》，1885 年，页［315］。——安·格·陀思妥耶夫斯卡娅注[15]
⑧ 《传记。回忆录》，页 310。——安·格·陀思妥耶夫斯卡娅注[16]

对自己的青年时代的回忆中，他始终觉得涅克拉索夫是可贵的，称之为塑造伟大的"符拉司"①的伟大诗人。② 费奥多尔·米哈伊洛维奇在悼念涅克拉索夫的一篇文章中说："在许多诗人（也就是说，具有'新成就'的诗人）中，他的地位应该紧接在普希金和莱蒙托夫之后。"③精通俄国文学的行家们承认，这篇文章可以被认为是追悼诗人的文章中的杰作。

我的丈夫对待我国杰出的作家们的天才和作品的态度就是如此，而斯特拉霍夫却说陀思妥耶夫斯基妒贤嫉能，这是对他极不公正的说法。

但是，更为不公道，到了令人发指的地步的是，斯特拉霍夫竟然说我丈夫"道德败坏"，"他对肮脏的勾当心向往之，还为它们叫好"。斯特拉霍夫还举出长篇小说《群魔》中那个"卡特科夫不愿意发表，可是陀思妥耶夫斯基却在这儿把它读给许多人听"的情节作为证明。

为了对尼古拉·斯塔夫罗金作艺术性的描述，费奥多尔·米哈伊洛维奇必须写出长篇小说的主人公某种可耻的罪行。卡特科夫确实不愿意发表长篇小说中的这一章节，而要求作者改写。卡特科夫的否定使费奥多尔·米哈伊洛维奇感到难受；为了检验卡特科夫的印象的正确性，费奥多尔·米哈伊洛维奇就把这个章节读给康·彼·波别多诺斯采夫、阿·尼·迈科夫、尼·尼·斯特拉霍夫等朋友们听，但不是像斯特拉霍夫所说的那样，为之叫好，而是想征求他们的意见，来评判自己。当他们大家认为此一情节"过分真实"的时候，我丈夫便开始考虑这一在他看来对描述斯塔夫罗金的性格必不可少的情节的改写方案。改写方案有几个，在澡堂里的情节是其中之一（这是真实事件，有人告诉我丈夫的）。[17]有一名"家庭女教师"参与了这一情节中的罪恶活动，为此，我丈夫向之叙述此方案、征询其意见的人们（其中包括斯特拉霍夫）提出了看法，认为上述情况可能引起读者对费奥多尔·米哈伊洛维奇的指责，仿佛他通过对"家庭女教师"的这种可耻行径的控诉，反对所谓"妇女问题"，正如过去有人指责陀思妥耶夫斯基，说他把大学生拉斯柯尔尼

---

① "符拉司"，涅克拉索夫的长诗《谁在俄罗斯能过好日子》中的人物。——译者注
② 1877年的《作家日记》，1883年，页[390]。——安·格·陀思妥耶夫斯卡娅注
③ 同上，页387。——安·格·陀思妥耶夫斯卡娅注

科夫写成杀人犯,企图以此来控诉我们的青年一代、控诉我们的大学生犯了这种罪行一样。

斯特拉霍夫为了泄愤,竟然毫无顾忌地把长篇小说改写后的这个情节,把斯塔夫罗金的卑鄙行径妄加在费奥多尔·米哈伊洛维奇身上;他忘记了,要搞这种经过精心策划的淫乱勾当需要很大的费用,只有十分富有的人才能办到,而我丈夫在经济上一生都处于困境中。斯特拉霍夫说,这件事是帕·亚·维斯科瓦托夫教授告诉他的,这更使我吃惊,因为这位教授从未到过我家;费奥多尔·米哈伊洛维奇认为此人相当浅薄,他给阿·尼·迈科夫的信中有关他在德累斯顿与某个俄国人相会的叙述可以证明这一点。①

从我这方面来说,我可以证明,虽然我丈夫对其作品中主人公们的卑劣行径有时描写得过分真实,但他一生始终与"淫乱好色"沾不上边。显然,一个大作家,靠了他的天才,要描写主人公所犯的罪行,并不需要亲自犯罪;要不然,那就得承认,既然陀思妥耶夫斯基能够淋漓尽致地描绘拉斯柯尔尼科夫如何谋杀两个妇女,那么,他一定亲自杀害过什么人。

我怀着深挚的感激之情忆起费奥多尔·米哈伊洛维奇对我的关切,他怎样保护我,不让我阅读淫秽的小说。当我由于年轻,把我从别人那儿听到的一个猥亵的故事告诉他的时候,他十分冒火。我丈夫在谈话中总是极其稳重,决不说下流肮脏的话。对于这一点,记得他的人大概都会同意。

读了斯特拉霍夫的诽谤信,我决定提出抗议。但是该怎样抗议呢?反驳这封信的时机已经错过:信是1913年10月发表的,而我几乎过了一年才知道。何况,登载在报纸上的反驳文章又能起什么作用呢?它隐没在当前的新闻中间,被人遗忘,而且,是否有许多人读它呢?我和那些熟悉我亡夫的朋友们商量,他们的意见有分歧。有些人说,对这些卑鄙的诽谤应该予以蔑视,它们只配受到如此的回报。他们又说,费奥多尔·米哈伊洛维奇对俄国和全世界文学的影响是那么巨大,诽谤并不能损害他的崇高声誉。他们还指出,这封信的发表甚至在当前的文学界没有引起任何议论,因为绝大多数作家对这些诽谤是清楚的,对诽谤者也是了解的。另外一些人则持相反的看法,认为

---

① 《传记和书信》,页171。——安·格·陀思妥耶夫斯卡娅注[18]

我必须提出抗议，记住下述的谚语："Calomniez，calomniez，il en reste toujours quelque chose！"①他们说，我把自己的一生献给我的丈夫，终身为他服务，可是有人诽谤他，我却无法反驳，这种情况可能会引起别人的推测，认为在诽谤中有着某种真实的成分。我不置一词，仿佛是对诽谤的默认。

　　许多人被斯特拉霍夫的信所激怒，但是他们觉得单由我来驳斥是不够的；他们认为，那些对费奥多尔·米哈伊洛维奇抱有好感的人应该写抗议书来驳斥斯特拉霍夫对他的诽谤。有些人承担了写抗议书和收集签名的工作，另外一些人则想个别写信来表达自己的愤慨。我的许多朋友发表意见说，为了驳斥诽谤，应该在抗议书中附上各杂志在不同时期刊载的、把费奥多尔·米哈伊洛维奇作为一个非凡善良和富有同情心的人加以描绘的文章（回忆录）。我遵照朋友们的意见，把我的抗议书和文章都合并在我的回忆录中。

　　我和许多人谈起这封恶毒的、给我的晚年蒙上阴影的信时，询问他们的看法：斯特拉霍夫写这封信的动机是什么？大多数人认为这是文学界常见的"jalousie de métier"②。费奥多尔·米哈伊洛维奇大概由于坦率，还可能由于说话生硬而得罪了斯特拉霍夫（后者自己也谈到这一点），于是斯特拉霍夫便产生了报复的意图，即使对方已经不在人世，对他报复一下也好。斯特拉霍夫不敢在报刊上公开说出自己的看法；因为他知道，招致陀思妥耶夫斯基的许许多多保护者来反对自己，和人们争吵，这不符合他的性格。有个熟悉斯特拉霍夫的人对我谈了这样的看法：斯特拉霍夫想用这封信给陀思妥耶夫斯基"抹黑，贬低"他在托尔斯泰眼中的地位。当我对这种推测表示怀疑的时候，我的对话者发表了对斯特拉霍夫富有独创性的见解：

　　"斯特拉霍夫实际上是怎样一个人呢？这是那种古时很多、现代已经消逝的'贵族食客'的典型。请回忆一下吧，他逗留在托尔斯泰家、费特③家和丹尼列夫斯基家，一住就是几个月，而在冬天，则按规定的日子在朋友们家里吃饭，一家家地传播流言蜚语。作为作家和哲学家，很少有人对他感兴趣，但

---

　　① 法语：诽谤吧，诽谤吧，肯定会留下什么痕迹的！——译者注
　　② 法语：同行之间的嫉妒。——译者注
　　③ 阿法纳西·阿法纳西耶维奇·费特（1820—1892），俄国诗人。

他却是个到处受欢迎的客人；因为他认为自己是托尔斯泰的朋友，总能谈一些有关托尔斯泰的新消息。他非常重视这种交情，而且，他自视甚高，还可能认为自己是托尔斯泰的支柱呢。当托尔斯泰得悉陀思妥耶夫斯基的噩耗后，把死者称作自己的'支柱'，对两人未曾会面一事感到衷心的遗憾[19]时，真不知斯特拉霍夫气恼成什么样子。托尔斯泰可能常常赞扬陀思妥耶夫斯基的才能，屡次谈到这一点，这使斯特拉霍夫感到不快；为了制止这种赞扬，他便决心对陀思妥耶夫斯基进行一系列的诽谤，使陀思妥耶夫斯基的光辉形象在托尔斯泰的心目中黯然失色。也可能，由于陀思妥耶夫斯基曾经得罪过斯特拉霍夫，后者萌生了报复的念头，要想在后代人面前给陀思妥耶夫斯基抹黑。他明白，他那位天才的朋友具有多么强大的吸引力，因此他能预计到托尔斯泰与人来往的信件日后将会出版，即使是在许多年之后，他的恶毒目的终将达到。"

我不尽同意我的交谈者上述独特的意见，我要用斯特拉霍夫信中的话来结束我生活中这件沉痛的事："在一个人身上，高尚的情操可以和各式各样卑劣的心理并存。"[……][20]

三　回忆录的作者们

在我一生悠长的岁月中，"回忆录的作者们"，那就是说，那些熟悉或者仿佛熟悉我的亡夫、撰写有关他的回忆录的人们，给我带来了许多苦恼。每次当我从某杂志上看到某人所写的关于我丈夫的回忆录时，我的心总会由于忧郁的预感而发紧，我思忖：不知又出现了什么夸张、杜撰的新花样，什么流言蜚语，而我这种想法往往没有错。即使那些认真的回忆录的作者们，对费奥多尔·米哈伊洛维奇真正的性格和行动也未必了解，对他的道德品质的评价也不尽正确，对这一点，我也没有估计错误。当然，我所说的只是有关私人交往方面的回忆。这不涉及对文学活动的评价；相反，有些评论与费奥多尔·米哈伊洛维奇本人对自己作品的看法和评价相接近。

使我始终感到惊奇的是那些回忆费奥多尔·米哈伊洛维奇的文章所共

有的、几乎成为公式的基调：所有回忆录的作者们仿佛事前约好似的（大概根据他的作品），都把费奥多尔·米哈伊洛维奇写成一个阴郁沉闷、难以相处、容不得不同意见、总是和大家争论、要使对方气恼的人；此外，又特别高傲，十分"自大"。只有少数人——韦·米库利奇①、费奥多尔·米哈伊洛维奇在莫斯科的亲戚们以及那位记得费奥多尔·米哈伊洛维奇住在莫斯科附近一所别墅里的情况的 H. H. 方-福赫特先生②——认为自己可以谈出另一种完全不同的印象，而正是这些印象符合客观实际。

有多少次我听到或读到这样的说法：费奥多尔·米哈伊洛维奇带着阴郁的神情走进客厅，默默地跟别人握手，不对任何人说句问候的话，坐在圈椅里，一语不发，这就立即给大伙儿带来一股寒气，而在他来之前，客厅里却充满着欢乐、热闹的气氛。费奥多尔·米哈伊洛维奇"高傲地"坐在那里，整整半个钟点，有时半个钟点还不止，一直不开尊口，或者偶尔对别人的问题或者致意回答一两句话，临了，他终于"屈尊俯就"，开始跟普通人说起话来，但通常不是跟大伙儿聊天，而是挑选某个他认为顺从他的人或者他的崇拜者，与之悄悄地谈，偶尔向其他在场者突然说出一句蔑视或贬低某人的话，这句话马上被那些正在交谈的人抓住，加以评论，然后作为费奥多尔·米哈伊洛维奇褊狭和自大的新的例子，添枝加叶地在文学界传播。

事实上，费奥多尔·米哈伊洛维奇在社交界的行动可以十分简单地解释清楚：自从他回国以后，说得更确切一点，自从 1872 年起，他的呼吸道得了炎症，也就是说，害了肺气肿。虽然他曾去过埃姆斯治疗，但病情却逐年加剧，他的肺越来越不能畅快地吸进他所需要的空气，甚至坐在家里的时候，他间或也会喘不上气，剧烈地咳嗽起来，好像他的胸部经受不住这样的紧张状态，眼看就会出现灾难似的。事实果真如此：费奥多尔·米哈伊洛维奇由于肺部出血而死。

因此，可以想象，当我可怜的丈夫在严寒的天气，或者，更糟糕的是，在潮湿天，乘车赶路之后，登上三楼（信贷公司、贵族俱乐部的大厅），有时候，登

---

①　参阅韦·米库利奇《与名人会晤》。——安·格·陀思妥耶夫斯卡娅注[21]

②　参阅 H. H. 方-福赫特《费·米·陀思妥耶夫斯基生平》，《历史导报》，1901 年，第 12 期。——安·格·陀思妥耶夫斯卡娅注

上五楼（例如，他喜欢去做客的波隆斯基家）之际，他会有什么样的感受。在他登楼的时候，每走上一个梯级，就得停下来喘气，有时对我说："慢些走，让我歇一下，气喘不过来，我好像鼻子上蒙着一块折成四层的羊毛头巾在呼吸。"我当然走得慢，我们登上三层或四层楼得花二十分钟光景，等到费奥多尔·米哈伊洛维奇走进友人家的时候已经疲惫不堪，几乎喘不上气来了。如果看门人没有在下面打铃，通报又有客人来了，我们能慢慢地上楼，那就算幸运了。但是客人们差不多是在同一时间到的，熟人们往往赶过我们，预先告知主人们，费奥多尔·米哈伊洛维奇马上就要来到；而这时候，费奥多尔·米哈伊洛维奇却坐在梯台的椅子上，要过半个钟点才到。"哦，莫非'奥林匹斯山神'高不可攀，要人家恭候那么长时间？"那些对他抱反感的人这样想，同时说出了口。得到通知的主人们，有时候，加上他的崇拜者们，走到前室来迎他，纷纷向他问候致意，帮他脱去皮大衣、皮帽、围巾（而过多的、快速的动作使病人的胸部十分难受），等到费奥多尔·米哈伊洛维奇走进客厅，他已经精疲力竭，连一句话也说不出来了，只是想稍稍歇歇气，让自己清醒过来。他在交际场合之所以显得阴沉，其原因就在于此。费奥多尔·米哈伊洛维奇的大多数友人知道他不单单害着癫痫病；但是，费奥多尔·米哈伊洛维奇从来不为自己的健康向人诉苦，而总是表现得精神饱满，任何时候也不拒绝参加为支持慈善团体而举行的朗诵会，不拒绝别人对他进行有关公务和其他方面的访问；因此，认识他的人在那致命的结局来临之前，多半不把他胸部的疾病当作一回事，而有些人，由于人类固有的弱点，就以那些与我丈夫高尚的个性格格不入的品质来解释他的阴郁和沉默。

费奥多尔·米哈伊洛维奇常常在友人家里（苏·安·托尔斯泰娅伯爵夫人家、施塔肯施奈德家、波隆斯基家、盖杰布罗夫家等）参加家庭晚会，想在工作之余得到休息，跟人聊聊，排解愁闷，因此（完全不是由于傲慢或者"高不可攀"），他爱和那些他喜欢的人悄悄地交谈，有时（特别是发病后）甚至很不愿意结识新朋友。①

---

① 《符谢沃洛德·索洛维约夫回忆费·米·陀思妥耶夫斯基》，1881年，由阿·苏沃林出版。——安·格·陀思妥耶夫斯卡娅注[22]

我可以证明，与上述某些人的说法相反，费奥多尔·米哈伊洛维奇跟大家在一起时，特别不喜欢夸夸其谈，张口与人争论或者故意刁难和嘲笑某人。

我记得，伊·伊·扬茹尔①的《回忆录》②使我吃惊，同时感到不快和难受。他在《回忆录》中提到，有一次，在盖杰布罗夫家的星期日聚会上他遇到费奥多尔·米哈伊洛维奇的情况。扬茹尔描述了在费奥多尔·米哈伊洛维奇谈到科学及其代表人物时仿佛激起在场者气愤的整个情景。读了这段描写以后，使人（不止我一个人）产生这样的印象，仿佛费奥多尔·米哈伊洛维奇对那些受过高等教育的人怀着妒意（因为他只读完工程学校），一有机会就想惹恼和侮辱学术界的随便哪位代表人物。其实，费奥多尔·米哈伊洛维奇非常珍视真正的教育，他在那些才智卓越的教授中间有着相交多年、真诚相待的朋友，他总是愉快地，兴致勃勃地和他们会面和交谈。例如，他与弗·伊·拉曼斯基、瓦·瓦·格里戈里耶夫（东方学家）、尼·彼·瓦格纳、阿·费·康尼、亚·米·布特列罗夫③之间的关系就是这样的；而那些平庸的学者却并没有以自己的学术或评论活动起过有益的作用，对这些人他当然不尊重，而且，他也似乎有权这样做。

我知道费奥多尔·米哈伊洛维奇喜欢与人个别交谈的习惯（许多回忆录的作者都谈到这一点）④；我觉得奇怪，伊·伊·扬茹尔怎么能听到费奥多尔·米哈伊洛维奇与女主人的轻声（我丈夫的声音低沉）谈话，而且明白，费奥多尔·米哈伊洛维奇此举是针对他的，其目的在于侮辱他。

十分遗憾，伊·伊·扬茹尔的《回忆录》是在上述情景的见证人均已亡故、它的准确性无从查考的时候发表的。《回忆录》的作者与我丈夫的第二次相逢也同样使我觉得奇怪。费奥多尔·米哈伊洛维奇极少去剧院，即使

---

① 伊万·伊万诺维奇·扬茹尔（1846—1914），经济学家，莫斯科大学教授。1895 年起为科学院院士。

② 伊·伊·扬茹尔，《一八六四至一九〇九年的经历和见闻回忆录》，第 2 卷，圣彼得堡，1911 年。——原书编者注[23]

③ 亚历山大·米哈伊洛维奇·布特列罗夫（1828—1886），化学家和社会活动家。

④ 米库利奇、符·索洛维约夫、德沃朗。——安·格·陀思妥耶夫斯卡娅注

格里戈里·亚历山德罗维奇·德沃朗（1847—1916），新闻记者，民族志学者，旅行家。[24]

去,也总是和我在一起(而我不记得有这么一次会面);而且,我丈夫未必会认出伊·伊·扬茹尔教授,因为他完全记不得人,特别是他只见过一次的人。

在1901年(3月)的《历史导报》上发表了圣彼得堡神学院一个学生的回忆录[25],其中每句话都是捏造的。他描述在耶稣受难节①,教徒们抬着圣像举行巡列仪时他在亚历山大-涅夫斯基大修道院碰到陀思妥耶夫斯基的情况。我可以证明,所有在受难节周和复活节周举行的重要的祈祷仪式都是我和丈夫一起去参加的(我担心他会由于屋里拥挤、空气憋闷而发病),而我们经常的去处是兹纳缅斯克教堂中右侧的副祭坛,最后三年则是弗拉基米尔教堂。我丈夫生前最后几年很注意保重身体,提防得感冒;而我们的住所离亚历山大-涅夫斯基大修道院有五俄里光景,春天,当涅瓦河上流动着涅瓦河和拉多加湖上的冰块、散发出寒气的时候,他是不可能想到去那个修道院的。

回忆录的作者说,他来访时在我丈夫的书房角落里看到普希金的一个胸像,其实,这个像是不存在的,我们家根本就没有任何人的胸像。

此外,这位写回忆录的人不可能在圣灵教堂吻别死者;因为棺材没有打开,连亲人也无法这样做;为了埋葬时方便,盖子只是稍稍抬起一点。总之,我认为,所有这一切是写回忆录的人梦见的,而他却把梦境当作了现实,把它写进回忆录了。不过,我还是非常感激这位写回忆录的人;因为他没有像不久以前"回忆录的作者"尼·尼·菲尔索夫所做的那样,在1914年(6月号)的《历史通报》上发表的题为《回忆十九世纪六十年代俄罗斯的进步活动家》[26]一文中,把一些恶劣的习气硬加在我丈夫身上。此文的作者在他逗留旧鲁萨期间曾见到过费奥多尔·米哈伊洛维奇,据他说,我丈夫每天晚上都要听乐队演奏,一边沉思默想,一边**拖着沉重的双腿**,**艰难地**在军乐队周围踱步,在音乐的影响下,考虑自己的作品;这样,他一回到家里,就立即重新在房间里来回走,一面口述数页自己的长篇小说。但是最奇怪的是,回忆录的作者在1858或1859年在莫斯科于诗人普列谢耶夫家初次结识陀思妥耶夫斯基时,费奥多尔·米哈伊洛维奇(当时可能三十七至三十八岁)也是**拖着沉**

---

　　①　耶稣受难节,基督教节日,复活节前的星期五,纪念耶稣被钉死在十字架上。——译者注

重的双腿艰难地(暗示戴脚镣)在房间里来回踱步。不管怎么说,这是捏造。费奥多尔·米哈伊洛维奇喜欢步行,而且能够步行很久,但是从来不拖着沉重的双腿走路,而是脚步匀称,这是他服兵役时留下的习惯。上文的作者不注意自己描述的不合理:只有足部有病的人才**拖着沉重的双腿艰难地**行走,而这样的病人宁愿坐在位子上,而不会经常踱步的。在旧鲁萨,费奥多尔·米哈伊洛维奇从来也不参加音乐会,而经常去阅览室看报,或者上矿泉公园散步,始终远离人群。在旧鲁萨没有军乐队,而有一个十至十二人的弦乐队,它的演奏不大可能激发人的灵感。何况当着听众的面,在乐队周围踱步很不雅观,而我的丈夫是从来也不愿把自己置于可笑的地位的。我问自己,为什么写回忆录的人要编造这样的谣言,把陀思妥耶夫斯基的名字牵扯上?
[……]

注释:

〔1〕　这次有托尔斯泰和陀思妥耶夫斯基出席的弗·索洛维约夫的演讲会于1878 年 3 月 10 日举行。安娜·格里戈利耶芙娜曾在前文中引用斯特拉霍夫的话,说托尔斯泰本人请求斯特拉霍夫不要向他介绍任何人。(参阅本书页 326)此处与前文中的说法有出入,这也许可用下述原因说明:斯特拉霍夫出于炉忌,自己不愿意介绍托尔斯泰和陀思妥耶夫斯基认识;因为他那时对自己的"朋友"怀有恶感,但同时又试图在表面上保持与陀思妥耶夫斯基真诚、友好的关系;斯特拉霍夫这种不体面的两面派行为在他 1883 年 11 月 28 日给托尔斯泰的信中暴露无遗。(参阅本章第二节——《给斯特拉霍夫的答复》)

〔2〕　根据安·格·陀思妥耶夫斯卡娅 1889 年 2 月 25 日给她的儿子费·费·陀思妥耶夫斯基的信(参阅 л. 兰斯基《安·格·陀思妥耶夫斯卡娅手稿集》,《文化遗迹。新的发现》,1976 年年鉴,莫斯科,1977 年,页 74),这次安·格·陀思妥耶夫斯卡娅和列·尼·托尔斯泰的会见是在 1899 年 2 月进行的。

〔3〕　斯特拉霍夫 1883 年 11 月 28 日给托尔斯泰的信还发表在《列·尼·托尔斯泰和尼·尼·斯特拉霍夫通信集》的第 2 卷中,圣彼得堡,1914 年,页 307—310。

〔4〕　此处指《陀思妥耶夫斯基全集》,第 1 卷——《传记、书信和札记》。这本《传记》是奥·费·米勒和尼·尼·斯特拉霍夫应安·格里戈利耶芙娜的请求编

写的。关于奥·费·米勒和尼·尼·斯特拉霍夫编写陀思妥耶夫斯基这部《传记》的情况可参阅他们与安·格·陀思妥耶夫斯卡娅往来的书信。（C. B. 别洛夫出版，《贝加尔》,1976 年,第 5 期,页 138—140）

〔5〕 指《在吉洪家》一章,这章写斯塔夫罗金的自白和他那真诚忏悔、自我净化的失败企图。按照陀思妥耶夫斯基的最初构思,这一章应该放在《伊万王子》一章后面,而且已经付排,但是《俄国导报》的总编米·卡特科夫不同意把它发表。

〔6〕 此处究竟指新教神学家普雷桑塞的哪一部著作,不详。据悉,托尔斯泰有他的以下两部著作:《基督教会最初三世纪史》(1856—1859)以及《耶稣基督,他的时代及生平》(1865)。

〔7〕 指马可·奥勒留的哲学名著《自省录》的巴黎版:《马可·奥勒留皇帝的自省录。若利译自希腊文》,巴黎,1803 年。

〔8〕 参阅托尔斯泰 1883 年 12 月 5 日给斯特拉霍夫的信。(《托尔斯泰全集》,第 63 卷,莫斯科,1934 年,页 142)这封信的准确原文最初见于 H. H. 古谢夫的《列夫·尼古拉耶维奇·托尔斯泰。一八八一年至一八八五年的传记材料》,莫斯科,1970 年,页 221。

〔9〕 参阅《列·尼·托尔斯泰和尼·尼·斯特拉霍夫通信集》,第 2 卷,页 310。

〔10〕 参阅《陀思妥耶夫斯基全集》,第 1 卷,《中短篇集。陀思妥耶夫斯基的生平和创作概述》,德·瓦·阿韦尔基耶夫编,圣彼得堡,1885 年;《陀思妥耶夫斯基全集》,第 1 卷,《中短篇集。陀思妥耶夫斯基的生平和活动概述》,康·康·斯卢切夫斯基编,圣彼得堡,1888 年。关于斯卢切夫斯基的《概述》,可参阅 T. Π. 马祖尔《陀思妥耶夫斯基和斯卢切夫斯基》,《陀思妥耶夫斯基。资料和研究集》,第 3 卷,列宁格勒,1978 年,页 209—217。

〔11〕 1863 年,《当代》杂志 4 月号出版后,由于该杂志发表了署名"罗斯基"的《决定性的问题》一文(出自尼·尼·斯特拉霍夫的手笔)而被最高当局勒令停刊。这篇文章涉及波兰问题,是用官方的爱国主义精神加以探讨的;然而文章却受到曲解,被人认为是对波兰文化的推崇而有损于俄罗斯民族。(参阅 A. C. 多利宁《陀思妥耶夫斯基的杂志受检查的经过》,收入《陀思妥耶夫斯基。资料和研究汇编》,第 2 卷,页 423—430)还可参阅 B. C. 涅恰耶娃著《米·米·陀思妥耶夫斯基和费·米·陀思妥耶夫斯基的杂志〈当代〉》,莫斯科,1972 年。

〔12〕 安娜·格里戈利耶芙娜·陀思妥耶夫斯卡娅在这一章中所引的 1877 年

的《作家日记》可参阅《陀思妥耶夫斯基文艺作品十三卷集》，第 12 卷。

　　［13］　摘自陀思妥耶夫斯基 1876 年 4 月 9 日致赫·丹·阿尔切夫斯卡娅[①]的信，《陀思妥耶夫斯基书信集》，第 3 卷，页 206。

　　［14］　《陀思妥耶夫斯基书信集》，第 1 卷，页 84。

　　［15］　原稿中没有［　］号中的这段引文；但是，根据安娜·格里戈利耶芙娜引用的是《屠格涅夫的第一本书信集》这一点来看（虽然她提到的出版年份不确切，应该是 1884 年，而不是 1885 年），首先，根据引文的涵义来看，安娜·格里戈利耶芙娜没有写全的正是屠格涅夫 1877 年 3 月 28 日（公历 4 月 9 日）致陀思妥耶夫斯基信中的这段话。

　　［16］　参阅《陀思妥耶夫斯基十卷集》，第 10 卷，页 447。

　　［17］　这件事也可能系陀思妥耶夫斯基本人虚构，借以"逗弄"屠格涅夫的。至少，И. И. 亚辛斯基在自己的回忆录中十分肯定地写道，有一次，陀思妥耶夫斯基来到屠格涅夫那儿，向他坦白自己的罪行，表示忏悔："唉，伊万·谢尔盖耶维奇，我来找您，为的是要您以崇高的道德观来衡量我卑下的程度！"可是，当屠格涅夫听了陀思妥耶夫斯基的叙述而气愤的时候，后者却在临走之际说，"这都是我自己编造出来的，伊万·谢尔盖耶维奇，这完全是出于对您的爱。我想逗您乐一下。"根据 И. И. 亚辛斯基的说法，在陀思妥耶夫斯基走后，屠格涅夫同意此一说法：这件事完全是由作家虚构的。（参阅 И. И. 亚辛斯基《我的生活的长篇小说。回忆录》，莫斯科-列宁格勒，1926 年，页 168—169）索·瓦·科瓦列夫斯卡娅证明，还在 1863 年，陀思妥耶夫斯基就构思了类似的情节。（参阅索·瓦·科瓦列夫斯卡娅《回忆录与书信》，页 107）安·帕·菲洛索福娃的孙女 З. А. 特鲁别茨卡娅引用陀思妥耶夫斯基 1870 年底在安·帕·菲洛索福娃的沙龙里的叙述："'最令人震惊、最可怕的罪恶是强奸幼女。剥夺人的生命是可怕的，'陀思妥耶夫斯基说，'但是使人对爱情的美失去信心是更可怕的罪行。'于是陀思妥耶夫斯基便叙述他童年时代的一件事。'在我童年时，我父亲曾在莫斯科一所给穷人治病的医院里当医生，我就住在这所医院里，常和一个小姑娘（车夫或厨师的女儿）玩耍。这是个约莫九岁的柔弱、优美的孩子。当她看到一朵花从石头中间钻出来的时候，总是说："瞧，多美、多好的花啊！"可是有个喝醉酒的坏蛋强奸了这个小姑娘，她就此流血而死。我记得，'陀思妥耶夫斯基说，'我被打发

----

　　①　赫里斯季安娜·丹尼洛芙娜·阿尔切夫斯卡娅（1841—1920），乌克兰女启蒙教育家。——译者注

到医院的另一所侧屋去找父亲,父亲奔了来,可是为时已晚。这件事作为无法饶恕的滔天罪行终身萦绕在我的心头,我就以这最可怕的罪行来处决《群魔》中的斯塔夫罗金。'"(3. A. 特鲁别茨卡娅,《陀思妥耶夫斯基和安·帕·菲洛索福娃》,出版者:C. B. 别洛夫,《俄国文学》,1973 年,第 3 期,页 117)B. H. 扎哈罗夫在其《对陀思妥耶夫斯基的研究问题》一书中就斯特拉霍夫这一诽谤事件作了详细的分析和有力的驳斥。(彼得罗扎沃茨克,1978 年,页 75—109)

[18] 安娜·格里戈利耶芙娜所指的是陀思妥耶夫斯基 1867 年 8 月 16 日(公历 8 月 28 日)给阿·尼·迈科夫的信,在这封信中,作家叙述了他在德国与某个俄国人相会的情况:此人在国外定居,憎恨俄国,只是为了收取领地上的进款才回国来。(参阅《陀思妥耶夫斯基书信集》,第 2 卷,页 28)但是安娜·格里戈利耶芙娜根据什么理由认为陀氏此处指的就是帕·亚·维斯科瓦托夫教授,不详。

[19] 根据列·尼·托尔斯泰 1881 年 2 月初给尼·尼·斯特拉霍夫的信:"我从来没有见到过这个人(陀思妥耶夫斯基),从来没有和他发生过直接的关系;可是突然间,他去世了,我这才明白,他是我最亲近、宝贵和需要的人。[……]我失去了一个支柱。我惘然若失,后来意识到他对我来说是如何珍贵,我就不禁哭泣起来,此刻也在哭。"(《托尔斯泰全集》,第 63 卷,莫斯科,1934 年,页 43)

[20] 陀思妥耶夫斯基认识哲学家和评论家尼·尼·斯特拉霍夫是在 1859 年 12 月,他从流放地回到彼得堡以后不久。从 1861 年起,斯特拉霍夫是陀氏兄弟所办的《当代》杂志,随后是《时代》杂志的主要撰稿人,完全同意陀思妥耶夫斯基的那个通常被称为"根基论"的社会—政治思想体系。斯特拉霍夫在其哲学著作中表现了他是黑格尔的信徒,在这些著作中,最著名的是《世界是一个整体》(第二版,1892 年)、《哲学概论》(1895 年)、《论心理学和生理学的基本概念》(第二版,1894 年)。在文学评论著作中,最重要的是:《评屠格涅夫和托尔斯泰》(第二版,1895 年)和《我国文学与西方的斗争》(第三版,1898 年),还有《陀思妥耶夫斯基全集》第 1 卷中关于陀思妥耶夫斯基的第一篇大型传记(1883 年)。关于斯特拉霍夫的生活和活动,可参阅 Б. 尼科利斯基《尼·尼·斯特拉霍夫评传概略》,彼得堡,1896 年;C. B. 别洛夫、E. Б. 别洛杜布罗夫斯基《尼·尼·斯特拉霍夫的私人藏书》,《文化遗迹。新的发现》,1976 年年鉴,莫斯科,1977 年,页 134—140。

尽管陀思妥耶夫斯基和斯特拉霍夫在思想观点上互相接近,尽管他们同属"根基派",但他们彼此之间的关系却从未亲密过。这在斯特拉霍夫 1883 年 11 月 28 日给托尔斯泰的那封有名的信中揭示得特别清楚。(参阅《列·尼·托尔斯泰和尼·尼·斯特拉霍夫通信集》,第2卷,页307—310)斯特拉霍夫向托尔斯泰坦白承认,他在自己所写的有关陀思妥耶夫斯基的《回忆录》中对后者作了十分片面的描绘。(参阅《传记、书信和札记》,收入《陀思妥耶夫斯基全集》,第1卷,页177—329)但是,在斯特拉霍夫关于陀思妥耶夫斯基的《回忆录》中已经可以看出他给托尔斯泰的信中加以发挥的那种"暴露性"的倾向(虽然写得十分谨慎)。另一方面,陀思妥耶夫斯基也绝没有美化斯特拉霍夫。例如,他在自己的一封信中写道:"此人无非是个恶劣的神学校的学生而已;他已经离开过我一次,等到《罪与罚》获得成功,他才跑回来。"(《陀思妥耶夫斯基书信集》,第3卷,页155)

在《文学遗产》第83卷中,首次摘引了1877年陀思妥耶夫斯基所写的有关斯特拉霍夫的笔记:"纯粹是一副神学校学生的面孔。一个人的出身是怎么也掩盖不了的。他根本不懂得公民的感情和义务,任何丑行都不能激起他的义愤,相反,他本人就干丑事;虽然他在表面上道貌岸然,暗地里却贪淫好色,为了任何淫荡、下流的勾当,为了一块肥肉,他不惜出卖任何人,背叛公民的义务(他感觉不到这种义务),背叛工作(他对之满不在乎),背叛理想(他没有理想);这倒不是因为他不相信理想,而是为了一块粗劣的肥肉,他对什么都感觉不到了。我以后还要谈到我国文学界的这类典型,必须不断地揭露他们,叫他们显出原形。"(《文学遗产》,第83卷,页620)

Л. M. 罗森布吕姆在评述陀思妥耶夫斯基这篇反对斯特拉霍夫的笔记时,作了正确的推测,认为安·格·陀思妥耶夫斯卡娅为了准备出版作家逝世后他的全集第1卷,向斯特拉霍夫和奥·费·米勒提供了熟悉陀思妥耶夫斯基档案的机会,在这当儿,斯特拉霍夫看到了这篇笔记。那时候,还决定出版陀思妥耶夫斯基最后一个时期的大部分笔记。

Л. M. 罗森布吕姆认为,安·格·陀思妥耶夫斯卡娅显然没有发觉这一反对斯特拉霍夫的笔记片断;否则,她就会在她针对斯特拉霍夫给托尔斯泰的信所发表的声明中提到它了。"斯特拉霍夫当然明白,"Л. M. 罗森布吕姆写道,"以后不仅陀思妥耶夫斯基的最后一个时期的笔记要出版,其余他所写的一切都将发表。他还知道,将来某个时候,列夫·托尔斯泰与亲友们往来的信件也会发表。也许,这种想法在某种程度上促使他写信给托尔斯泰,作为对陀思妥耶夫斯基的一种独特的'答复'。"(《文学遗产》,第83卷,页23)

安·格·陀思妥耶夫斯卡娅曾向许多熟悉陀思妥耶夫斯基的人呼吁,请求他们在针对斯特拉霍夫上述信件的抗议书上签名。（可参阅安·格·陀思妥耶夫斯卡娅1916年7月16日给女作家A. H.佩什科娃-托利韦罗娃的信,出版者：C. B.别洛夫,《贝加尔》,1976年,第5期,页144）在这份抗议书上签名的有A. B.科鲁格洛夫、索·维·珂韦尔基耶娃、Ж. A.波隆斯卡娅、赫·丹·阿尔切夫斯卡娅、阿·安·施塔肯施奈德、索·谢·卡什皮列娃、米·亚·雷卡乔夫等。

抗议书是这样写的：

"我们,这些熟悉已故作家费奥多尔·米哈伊洛维奇·陀思妥耶夫斯基的人,读了发表在1913年10月《现代世界》杂志上尼·尼·斯特拉霍夫1883年11月28日给列·尼·托尔斯泰的信,感到由衷的愤慨。

"在这封信中,尼·尼·斯特拉霍夫说,费·米·陀思妥耶夫斯基'凶恶粗暴,妒贤嫉能,道德败坏'。

"我们姑且不谈费奥多尔·米哈伊洛维奇在他哥哥死后承担了《当代》杂志欠下的、为数达两万卢布的债务,直到他去世前才还清这件尽人皆知的事实;许多人都可以证明,他自身有病,经济拮据,还要接济自己的继子帕·阿·伊萨耶夫、害病的弟弟尼古拉和亡兄米·米·陀思妥耶夫斯基的家庭。

"然而,得到费奥多尔·米哈伊洛维奇关怀的不仅是他的亲人：存在无数的例证,无论是形诸笔墨的或口头上叙述的都表明,凡是来找他求助的,即使是他不认识的人,都能得到他友好的劝告、指点以及某种方式的帮助。如果他像尼·尼·斯特拉霍夫所写的那样,是个'单单钟爱自己的人,他怎么会有这样的行动呢？

"按照尼·尼·斯特拉霍夫的说法,费奥多尔·米哈伊洛维奇'妒贤嫉能'。但是,关心俄国文学的人士都记得他的关于普希金的演说以及他那些发表在《作家日记》上的有关涅克拉索夫、列·托尔斯泰伯爵、维克多·雨果、巴尔扎克、狄更斯、乔治·桑的热情的、卫护性的文章和评论,显然,他没有'嫉妒'他们。怀疑费奥多尔·米哈伊洛维奇嫉妒别人的官衔、功名或财富,这是不可思议的;因为他一生中为自己并无所求,却自愿把他所有的一切分给穷困的人们。

"但是,尼·尼·斯特拉霍夫的信中更使我们吃惊的是,他指责费奥多尔·米哈伊洛维奇'道德败坏'。在费奥多尔·米哈伊洛维奇的青年时代,在彼得堡和在西伯利亚,那些熟悉他的人(亚·彼·米柳科夫、斯·德·亚诺夫斯基、里森坎普夫医生、亚·叶·弗兰格尔男爵等),在他们关于他的回忆录中从未提到过他往昔有过一丁点儿道德败坏的行为,而我们这些在他生活的最后二十年里熟悉他的人可以证明,他是个患有重病(癫痫病)的人,因此,他有时容易激动,显得不大和善,整日埋头于工作,屡屡被生活上的苦恼弄得抑郁寡欢;但他一贯善良,严肃,在表达自己的意见时,谨慎持重。我们之中许多人知道费奥多尔·米哈伊洛维奇是个十分顾家的人,温存地爱着自己的妻儿,他那些已经发表的信件可以证明这一点。

"尼·尼·斯特拉霍夫在上述信中所说的一切与我们这些在不同程度上熟悉费·米·陀思妥耶夫斯基的人对他的道德面貌的看法是如此矛盾,以致我们认为负有道德上的义务,必须对尼·尼·斯特拉霍夫的毫无根据、信口雌黄的指责提出抗议。"(《安·格·陀思妥耶夫斯卡娅和同时代人往来的书信》,出版者:C. B. 别洛夫,《贝加尔》,1976 年,第 5 期,页 144)

这份抗议书没有单独发表,而是被安·格·陀思妥耶夫斯卡娅用作她的《回忆录》中《对斯特拉霍夫的答复》这一章的基础。关于陀思妥耶夫斯基和尼·尼·斯特拉霍夫的关系,可参阅 A. C. 多利宁所著《陀思妥耶夫斯基的最后两部长篇小说》(页 307—343),Б. И. 布尔索夫的《在陀思妥耶夫斯基新坟旁》(《列·尼·托尔斯泰和尼·尼·斯特拉霍夫来往的信件》,《赫尔岑教育学院学报》,第 320 卷,列宁格勒,1969 年,页 254—270),В. Я. 基尔波京的《陀思妥耶夫斯基、斯特拉霍夫和叶夫根尼·帕夫洛维奇·拉多姆斯基》(《旗》,1972 年,第 9、10 期)。斯特拉霍夫给陀思妥耶夫斯基的信可参阅《六十年代》一书,莫斯科-列宁格勒,1940 年,页 255—280。

[21] 参阅第十章"注释"9。

[22] 符·谢·索洛维约夫的回忆录最初发表在 1881 年第 3、4 期的《历史导报》上,后来又于 1881 年在彼得堡出单行本,由阿·谢·苏沃林出版。有关符·索洛维约夫和陀思妥耶夫斯基相会的情况,亦可参阅符·谢·索洛维约夫的《日记》,《未发表的同时代人书信中的陀思妥耶夫斯基》,出版者:Л. P. 兰斯基,《文学遗产》,第 86 卷,页 423—426。

[23] 此处安·格·陀思妥耶夫斯卡娅留下空白,准备援引伊·伊·扬茹尔的回忆录,但是忘记填写了。莫斯科大学教授伊·伊·扬茹尔在回忆陀思妥耶夫斯基时,他的语调之所以如此不友好,其原因在于:伊·伊·扬茹尔和莫斯科大学的多数教授一样,属于自由主义的西欧派,他们尖锐地批判陀思妥耶夫斯基的宗教思想。陀思妥耶夫斯基于 1880 年 5 月 28 或 29 日,在举行普希金纪念像揭幕典礼的前几天,从莫斯科写给安·格·陀思妥耶夫斯卡娅的信中说:"主要的是,我所需要的不只是俄罗斯语文的爱好者,而是整个我们这个派,整个我们已经为之奋斗三十年的思想,因

为敌对的那一派(屠格涅夫、科瓦列夫斯基以及差不多整个大学)显然想否定人民性本身,降低普希金作为俄国人民性的表达者的意义。"(《费·米·陀思妥耶夫斯基和安·格·陀思妥耶夫斯卡娅通信集》,页328)所谓莫斯科大学里"敌对的那一派",陀思妥耶夫斯基所指的可能不止是该校的社会学和历史学教授 M. M. 科瓦列夫斯基,而且还有伊·伊·扬茹尔。顺便说说,科瓦列夫斯基对陀思妥耶夫斯基关于普希金的演说亦持否定意见。(参阅《K. A. 季米里亚泽夫选集》,第 2 卷,莫斯科,1957 年,页 538—558)

[24]   新闻记者、民族志学者和旅行家格·亚·德沃朗的回忆录载于《昔日之声》杂志,1914 年,第 4 期,页 122—135,标题为《往事随笔》(费·米·陀思妥耶夫斯基、格·伊·乌斯宾斯基……)。

[25]   这篇题为《与陀思妥耶夫斯基斯的三次会面》的回忆录出自后来的教会历史学家亚·阿·泽列涅茨基的手笔。这篇回忆录的片断现保存于俄罗斯文学研究所(普希金之家)。亚·阿·泽列涅茨基回忆道:

"我当时还是个圣彼得堡神学院的十分年轻的学生。

"那是在受难节。我忽然想起去大修道院参加晚祷。需要指出,亚历山大-涅夫斯基大修道院的礼仪特别隆重:教徒们不是抬着圣像巡游,而是把圣像从一个教堂(圣灵教堂)送往另一个教堂(圣三一教堂)。举行此项仪式时,由主教亲自抬圣像,一百二十人的合唱团唱诗。圣诗唱得那么动听,以致有许多人老远跑来听。自然,要从头至尾看到仪式的全过程,得去圣像从那里抬出的圣灵教堂,然后跟人们一起把它送往圣三一教堂。但是我有个习惯,总要先进大修道院去,吻一吻亚历山大·涅夫斯基的圣骨,因为过后人山人海,我就难以如愿以偿了。

"我走进大修道院,吻了圣骨,已经向门口走去,蓦地看到了一个穿皮大衣的人,他显然在等待什么,焦急不安地环视着四周,他那尖锐、迅速转动的眼睛正在东张西望。我觉得他有点面熟。看到他在等待或寻找着什么,我就向他走去。

"'要是您在找圣骨,那么,它在那儿,在唱诗班席位的右首,'我说,用手指了指。

"'不,'他说,'我在等待抬圣像的仪式;但是很奇怪,已经两点钟了,连一个人也没有。不像在做准备工作的样子。'

"'圣像不是从这个教堂抬出去,而是从另一个教堂抬到这儿,抬着圣像巡游的仪式在晚祷以后举行,全部准备工作将在晚祷的时候完成。'

"'那您能不能告诉我,是从哪个教堂抬出来呢?这里教堂不止一个啊。'

"'您跟我一起走吧;我领您去,反正我们是同路。'

"'非常感谢您,'这个陌生人高兴地说,'我们走吧,走吧。'

"我们就举步走,很快便走到圣灵修道院。我把大门指给他看。

"'多谢您啦!我不知道怎样酬谢您才好。如果您有什么困难或者需要的话,我愿意帮助您。这是我的名片。欢迎您来找我,不用客气。'

"卡片上印着:'费奥多尔·米哈伊洛维奇·陀思妥耶夫斯基'。

"我急忙跟着他走进了教堂。

"这时候,圣像从祭台上抬出来了。陀思妥耶夫斯基站在柱子旁边,望着圣像,不停地在自己胸前画十字,泪如雨下。他脸上表现出深受感动的神情[……]

"随后,人流把我卷走,我就看不见费奥多尔·米哈伊洛维奇了[……]

"下面是我和费·米·陀思妥耶夫斯基第三次,即最后一次会面的情况:

"那期间,我已开始写点东西。当时,我的诗作发表在科罗普切夫斯基出版的《言语》杂志上。但是我觉得光发表短诗是不够的,我还打算写长诗。这是一篇不高明的、粗糙的作品,但从头至尾充满了对人民和青年学生的爱。我在写这首长诗的时候,好像觉得它会成为一篇杰作,但是当我写完以后,我自己发现长诗写得不好。于是我对自己是否有才能,产生了疑问。

"这个问题使我忐忑不安。另外还有一个问题使我同样感到不安(也许,使我不安的程度超过前者),那就是关于上帝存在的真实性、灵魂的不朽以及精神生活的必要性问题。

"我在童年时笃信正教,但是过了十六岁,当时一般年轻人迷恋达尔文、斯宾塞和进化论,这种迷恋也影响了我,于是我就成了个怀疑主义者,虽然我仍按照习惯去教堂望弥撒。我不否认道德,虽然我觉得没有宗教,只讲道德是不行的。据我了解,即使在无神论的体系中,也有很多漏洞。除此以外,我对民粹主义这个问题也感兴趣。

"于是我就决定带着自己的疑问去求教费·米·陀思妥耶夫斯基。

"陀思妥耶夫斯基乐意接待当时那些专门带着各种问题去请他解决的青年们。

"他当时住在库茨涅茨胡同。

"我登上楼,打了铃。

"一个女仆出来开门。

"'您找谁?'

"'费奥多尔·米哈伊洛维奇。'

"'贵姓?'

"'就说有个大学生来访。'

"过了一会儿,她回来了。

"'请进。'

"我走进陀思妥耶夫斯基的书房。我记得,我起初没有去注意房内的陈设,到后来才看到窗子旁边的一张宽阔的写字台,一个放书的格子柜,桌子上的一大堆书和角落里壬架上的一个普希金的胸像。我的全部注意力都集中在这间书房的主人身上。高个子,白皮肤,未戴帽子,脑门上端微秃,俄罗斯人的脸,浅红褐色、十分稀疏的胡子,中间杂有几茎白须。右面脸颊上有个痣。一双聪慧、敏锐的灰色眼睛。

"'您好,您有什么事啊?'他看到我慌了神,不知说什么好,便用亲切的语调问。

"'请坐。'

"我马上把手伸进自己常礼服的侧面口袋里,从那儿取出一首长诗和几首小诗。

"'您瞧,费奥多尔·米哈伊洛维奇,如果您没有困难的话,是不是费神把它们看一下,告诉我,我有没有才能。'

"'想发表吗?'

"我作了回答。

"他把几首小诗很快地浏览了一遍。

"'短诗您可以继续写,以后您会逐渐有所提高……可这是什么?长诗?如今没有人写这种东西了。'

"他匆匆地把长诗翻阅了一下,看了看开头、中间和结尾。

"'嗯,这首诗写得不好。看来,您不了解生活,您完全是个阅历很浅的孩子。我建议您放弃长诗,写些短诗,而小说呢,到您真正了解生活之后再写。显然,您有表达能力,但是您对生活还根本不熟悉。即使熟悉生活以后,您最好还是写您亲自经历过的事,而不写那些听来的传闻:您有所谓主观的才能。我再重复一遍:您暂缓写小说,先得观察生活,深入考虑它的各种现象,更要倾听自己的心声……再过五年或十年,您就可以动手写小说了。'

"我向费奥多尔·米哈伊洛维奇道了谢。

"'您要跟我说的就是这件事吗?'他问。

"'不,我还没有跟您谈我来求教的最主要的问题。'

"'是什么问题呢?'

"于是我就详细地向他作了自白,谈了自己的信仰。

"我说完以后就不再作声,惊慌不安地望着费奥多尔·米哈伊洛维奇。

"他沉默着,忧郁地、带着责备的意味摇摇头。

"'您是哪个学校的?'

"我告诉了他。

"'天哪!甚至在那里也会产生无神论的想法?……'

"于是他重又忧郁地摇摇头[……]

"1881 年 1 月 28 日,陀思妥耶夫斯基逝世了。我和一个同学前往陀思妥耶夫斯基的寓所。这一次接待我们的是陀思妥耶夫斯基的妻子安娜·格里戈利耶芙娜,她擦去满脸的泪水,把我们领到费奥多尔·米哈伊洛维奇在其中长眠的灵柩边[……]他的安魂祈祷仪式是在我命中注定初次与他相见的那个教堂里举行的;也就在那儿,我最后吻别了他。"(《历史导报》,1901 年,第 3 期,页 1021—1022,1025—1026,1028—1029)

[26] 著名的作家、翻译家和政论家尼·尼·菲尔索夫用笔名"Л. 鲁斯金"发表的回忆录的篇名为《在〈俄国言论〉杂志编辑部(回忆十九世纪六十年代俄罗斯的进步活动家)》。

写在我的《回忆录》之后

　　在我的一生中，我觉得下述情况在某种程度上是个谜：我那善良的丈夫不仅像许多做丈夫的疼爱和尊重他们的妻子那样疼爱和尊重我，而且几乎对我怀有崇敬之情，仿佛我是个专为他而创造的特殊人物，在我们夫妇生活的初期如此，在他逝世前的全部岁月中都是如此。其实，我貌不出众，既无才华，也不具备很强的智力，只受过中等教育，却赢得了一个聪明过人、天才横溢的人的深挚的敬意，几乎是崇拜的感情。①

　　当我读了瓦·瓦·罗扎诺夫在《被放逐的文学家》一书中对尼·尼·斯特拉霍夫1890年1月5日的信所作的注释时，我觉得这个谜在某种程度上已经解开了。现在我把这个注释摘录如下。（页208）

　　"任何人，甚至'朋友'，都不能改造我们，但是在生活中碰到这样的人是巨大的幸福：他具有与我们完全不同的性格、不同的气质、不同的观点，但他**始终保持自己的本色**，从来不随声附和我们，不迎合我们（喜欢迎合的人有的是），他的心灵不参与（参与是虚情假意）我们的心理活动，我们那些乱七八

---

　　① 郏些读过我亲爱的丈夫给我的信的人不会认为我上述的话是自我吹嘘。——安·格·陀思妥耶夫斯卡娅注

糟的思想,我们的内心体验——他却像一堵坚固的墙,阻止我们干'蠢事'和'丧失理智的事',而这类事任何人都免不了会干的。这是一种由矛盾,而并非一致所促成的友谊。确实,上帝赐给我斯特拉霍夫这样的老师,我和他的友谊,跟他的关系,始终像一堵坚固的墙,我感到自己在任何时候都能依靠它,或者说得更确切一点,能够在它那儿寻找庇护。它不会让人跌倒,而是给予温暖。"

实际上,我和我丈夫是"具有完全不同的性格、不同的气质、不同的观点"的两个人,但是却"始终保持自己的本色",从来不彼此附和或迎合,我既不以自己的心灵参与他的心理活动,他的心灵也不参与我的心理活动;因此,我那善良的丈夫和我——我们俩都感到自己在精神上是自由的。费奥多尔·米哈伊洛维奇总是单独思考许多有关人类心灵的深奥问题,他想必对我不干预他的心灵和精神生活十分欣赏,因此,有时他对我说:"你是唯一了解我的女子!"(对他来说,这是最重要的。)他和我的关系始终像"一堵坚固的墙……他能依靠它(他感觉到这一点),或者说得更确切一点,能够在它那儿寻找庇护。它不会让人跌倒,而是给予温暖"。

在我看来,这是我丈夫所以对我和我的一切行动极度信任的原因,尽管我所做的都是平凡而普通的事。

正是我们之间的这种关系使我们双方有可能在人世间至高无上的幸福中度过了十四年的夫妇生活。

编 后 记

　　在世界著名作家的遗孀中,安娜·陀思妥耶夫斯卡娅注定要占有一个显赫的位置。托尔斯泰关于安娜的一个著名说法是:"俄罗斯许多作家将会自我感觉良好些,如果他们的妻子都像陀思妥耶夫斯基的妻子这样。"的确,相对于托尔斯泰与其妻子索菲娅时不时充满"斗争"的紧张关系,安娜与丈夫十四年的共同生活基本是在"相濡以沫"的氛围中度过的。

　　1866 年 10 月,安娜携刚刚掌握的速记术,闯进了陀思妥耶夫斯基的生活,一举改变了他(她)的命运。首先是挽救了身陷一份要命的合同威胁下的陀恩妥耶夫斯基。很快,她勇敢地答应了年长的文学偶像的文学式求婚。这次婚姻正是陀思妥耶夫斯基在经历了第一次混乱的婚姻之后所热切想望的。低调、简朴的婚事之后,年轻的姑娘一下子进入了自己所不熟悉的生活领域,各种困难迎面而来。为躲避大家庭的混乱无序,躲避债权人,同时也为了陀思妥耶夫斯基的健康状况,陀氏夫妇计划去国外待三个月,谁知这一走就是四年。在远离彼得堡的日子里,夫妻俩经过了通常夫妻免不了的磨合,甚至经历了失去爱女的撕心裂肺的痛苦,最终他们的爱情和家庭得到了巩固。

　　安娜出国时是一个未谙世事的新婚女子,回来时已是一个性格坚定、治家有方的少妇。此后,她继续是她的速记员、缮写员,同时还是他的秘书,丈夫作品的出版人,为他排除一切干扰,使丈夫得以摆脱日常生活中的琐事,专心创作。由于疾病,陀思妥耶夫斯基需要特别的、全身心的照顾,在这一点上,安娜作为丈夫的"母亲"、"监护人—安慰者",没有人做得比她更好。正是安娜,给予陀思妥耶夫斯基那最富创作成果的时期(1866—1881)。陀思妥耶夫斯基将自己的总结之作《卡拉马佐夫兄弟》题献给了安娜,这是对安娜功绩的公开展示,也是丈夫对妻子的至高敬意与感激。

陀氏去世后,安娜还活了三十七年。然而,这是怎样的三十七年啊! 三十七年间,她七次出版陀氏文集,建立陀思妥耶夫斯基"旧居博物馆",编辑出版有关陀思妥耶夫斯基生平和社会活动的"文章与艺术作品图书索引",参加文学晚会、文学展览会,与数量庞大的陀思妥耶夫斯基天才的崇拜者通信,解译1867年的速记日记,最后是依据速记日记撰写回忆录。

安娜一生生活简朴,丈夫去世后,她依然如故。年轻时,为了丈夫,她的装扮一向是严肃、老成的,成为真正的老太太之后,她更变本加厉,一身素黑,离群索居,生活重心始终紧张地放在丈夫的事业和声誉上。

《回忆录》的撰写是带有竞争性的动机的。由于陀思妥耶夫斯基的崇高声誉,同时代人在其逝世后发表了大量回忆性文字。安娜作为生活中的陀思妥耶夫斯基最重要的见证人,她觉得同时代人的评判之语不尽准确,甚至有的有恶意诽谤、丑化之嫌(《回忆录》专辟一章来反驳),她觉得有必要讲述自己所知道的关于丈夫的一切。事关丈夫声誉,她眼里容不得沙子。

安娜不是专业作家,但《回忆录》以其卓越的叙事技巧、温婉撩人的幽默感以及资料的翔实准确(这最后一点由于1867年日记的完全解密有了些微的动摇,可参见《一八六七年日记》俄文版编者 C. B. 日托米尔斯卡娅在其《作为文史资料的安·格·陀思妥耶夫斯卡娅的日记》中的精彩分析),赢得了读者和专家的一致称赞,被认为是"关于陀思妥耶夫斯基的回忆性文献中占据特殊位置的著作。在该书中展现出来的不仅是作者无可争辩的文学才能,还有她所特有的精细与明晰的智慧"。

《回忆录》的重心放了在了陀思妥耶夫斯基身上,除第一章简短交代自身家世和生活环境、教育背景外,视线始终没有离开过陀思妥耶夫斯基。安娜本人"在远景,在暗影中,起着不显眼的传记作者加妻子的作用,一位为读者虔敬地复活丈夫的个性特点的女性"。这也是《回忆录》散发着浓浓爱意的一个例证。

　　这本《回忆录》在中国也大受欢迎。上世纪八九十年代,至少出现了六个不同的译本:《陀思妥耶夫斯基:陀氏夫人的日记和回忆录》,吕千飞译,浙江文艺出版社,1983 年 9 月;《回忆陀思妥耶夫斯基》,路远译,陕西人民出版社,1984 年 7 月;《陀思妥耶夫斯基夫人回忆录》,李明滨译,北京大学出版社,1987 年 3 月;《陀思妥耶夫斯基夫人回忆录》,马占芳、远笙、九仁译,北京出版社,1988 年 6 月;《永生永世的爱:陀思妥耶夫斯基夫人回忆录》,樊锦鑫译,漓江出版社,1992 年 7 月;《相濡以沫十四年》,倪亮译,上海译文出版社,1993 年 7 月。《回忆录》的俄文版有三个。最早的版本是苏联陀学大家列昂尼德·格罗斯曼编辑的,出版于 1925 年。1971 年又有 C. B. 别洛夫、B. A. 图尼马诺夫整理出版的新版本。1981 年纪念陀思妥耶夫斯基逝世一百周年之际,苏联在 1971 年版的基础上又推出最充实、完整的版本。除最早的吕千飞版是转译自英文本外,其他都是根据最新版本翻译的。别洛夫和图尼马诺夫所下的功夫极深,除长篇导言外,还对正文进行了校勘和修订,另附有近三百条详尽的注释(虽然因为年代关系,注释中的一些评论性文字是带有苏联文学的某些意识形态倾向的)。中译本的情况各有不同,除北京出版社版外(这一版本是全译本,尤其可贵的是,在附注之前详细讲解了俄文版《回忆录》的版本变迁),要么省掉了编者导言,要么省掉了附注,要么二者都省掉了。

　　选择倪亮老师翻译的这个版本纳入"文学纪念碑",主要考虑的是译文由一人独立完成,风格统一,且相对较全,虽然没有翻译编者导言,但保留了原书所有注释,并以原书"人名索引"中的介绍文字为基础添加了大量脚注。此外,也许更为重要的是,倪老师作为资深的翻译家兼专业的外国文学编辑,她的译文精准地传达出了安娜行文的调性和氛围。遗憾的是,倪老师已于上世纪九十年代辞世,为新版本修订已无可能。于是我邀请耿海英教授增译了别洛夫和图尼马诺夫的导言,并校订了全部译文,修正了不准确和不统一之处。

　　选择这个译本其实也有顾虑。刚开始为版权寻找倪亮老师时，只搜得若干译作，其他一概不知。请教了徐振亚老师后方才明白，倪亮是倪延英的笔名，上海译文出版社的老编辑。在徐老师的指点下，我去找了上海翻译家协会以及上海译文出版社，都没有得到倪老师及其子女的进一步信息。在网上搜索，也只得三条相关资料。其一，译文社老编辑、儿童文学家、翻译家任溶溶老师写的一篇回忆倪老师的文章《话说一位老译文编辑》，其中颇能见出倪老师的敬业精神；其二，"译文论坛"里一帖子，列举了其部分经历和代表性译作；其三，在"上海女性"网"妇女志"内附一份上海市获全国"三八红旗手"称号者名录里，倪延英位列1982年度获得者，其前后分别是黄宗英、菡子和丁是娥、周渝生。此后，继续委托相关老师、朋友四处打听倪老师子女的情况。希望见到本书后，他们能与我取得联系（mijianka@163.com）。

　　倪亮老师的这个译本原是收入上海译文出版社的"作家回忆录"系列的。这个系列主要是关于俄国古典文学大师的回忆录，计有九种十二册：《巴纳耶娃回忆录》《同时代人回忆托尔斯泰》（上、下）、《父亲》（上、下）、《残酷的天才》（上、下）、《伟大诗人普希金》《淡淡的幽默：回忆契诃夫》《相濡以沫十四年》《列·托尔斯泰一生的最后一年》《群星灿烂的年代》。

　　2006年，我起意主编"文学纪念碑"也是从俄苏文学着眼的。丛书以传记、回忆录、日记、书信等非虚构作品为主。俄苏文学曾经对包括中国在内的世界文学影响深远，但如今似已式微。不过，俄国文学的伟大传统不仅仅存在于经典文学作品中，非虚构类作品里还储藏有大量财富，它们绝非俄罗斯文学的边角料。俄罗斯有套赫赫有名的"名人传"丛书（最早是由彼得堡出版商帕夫连科夫的出版社出版，1933年经由高尔基的建议由报刊联合出版社恢复出版，1938年起改由青年近卫军出版社出版至今），里面囊括了全部经典作家的传记；俄国作家的文学回忆录传统源远流长，作家们似乎都愿意在回忆录中留下自己的思索，其中两位女性娜杰日达·曼德施塔姆和利季娅·丘可夫斯卡娅的书写尤其了得，为残酷的二十世纪留下尖锐的证言；俄国还有为经典作家辑录相关回忆录的传统，题名通常是"同时代人回忆……"（译文社的"作家回忆录"有四种即出自其中）。谁知道呢，也许，在这个碎片化、到处都是书（速）写的时代，从侧面更能召唤伟大的俄罗斯文学的精魂。

面对这样的时代（大乎？小乎？），我们需要一点坚实的精神底子。

　　但在筹备入选图书时，还是遭遇了波折。出于个人的文学趣味和偏爱，这套丛书的首选就是陀思妥耶夫斯基。博尔赫斯有言：发现陀思妥耶夫斯基，就像发现大海，发现爱情。在我看来，像安娜一样，热爱陀思妥耶夫斯基是一项事业。那时我心中已经有理想的版本，即斯坦福大学资深陀思妥耶夫斯基专家约瑟夫·弗兰克教授的五卷本陀传。但是未获领导首肯。我不甘心，在彼时兴起不久的豆瓣网上稚气地呼吁同好集资出版，虽有若干反应，终于事无补。一直等到今年年初，当然，也是在等理想的译者，才将其纳入出版流程；可惜弗兰克教授却于今年3月6日辞世。紧接着看中的是俄国知名作家德米特里·贝科夫那本得过2006年俄罗斯"大书奖"的《帕斯捷尔纳克传》，可惜兜兜转转，版权花落别家。最终，有意思的是，"文学纪念碑"打头的是对陀思妥耶夫斯基颇有微词的纳博科夫的传记（纳博科夫研究权威新西兰奥克兰大学资深教授布赖恩·博伊德的杰作，分别为"俄罗斯时期"和"美国时期"）。这两卷美不胜收、洞幽察微的传记为"文学纪念碑"奠定了选书的标准——体量丰厚、见解通透、声誉卓著，同时也为丛书赢得最初的声誉。此后诸如安娜·萨基扬茨的茨维塔耶娃传、纳博科夫眼中的果戈理、利季娅笔下的经典作家，继续为丛书添砖加瓦。去年，我开始考虑将"作家回忆录"逐步融入"文学纪念碑"，先期选择的就是《相濡以沫十四年》（为避免重复，更名为《安娜·陀思妥耶夫斯卡娅回忆录》）、《残酷的天才》（译名不能完全涵盖陀氏之特色，恢复为原书名《同时代人回忆陀思妥耶夫斯基》）。顺利的话，剩下的也会陆续纳入。这两套立意相近的丛书如今能够合流实在是幸事一件。希望没有辜负前辈的努力。如今，"文学纪念碑"已规划到二十余种，不管如何，它还会继续壮大，选书也将不限于俄苏文学。

　　是为编后记。谨以此自勉，或激发同好之热情！

魏　东

2013年7月10日于杨浦长海四村